# 世界史

## A World History

# 推薦序
## 西方霸權的興起，亦或終結？　　　　許倬雲

　　臺北的商周出版正在出版重新翻譯的麥克尼爾《世界史》，要求我作一篇介紹。

　　這本書在六十多年前出版，**轟動一時**，成為世界史的標準教科書。麥先生在這本書以前，以《西方的興起》一書著稱於世。這本世界史，也可以說是從西方興起的基礎上，陳述若干非西方文化，各自發展的過程，但是後半段幾乎都是敘述西方文化對非西方文化的衝擊。從這個主題上，麥先生在《世界史》之後，又發表了一連串的著作，分別討論瘟疫、動植物、商業、能源等等，最後歸結到西方的霸權。譯者黃煜文先生中文譯本，文字通順，具有相當的可讀性，值得推薦。

　　由於這本書的啟發，後來許多學者開始跳出區域研究或個別文化的研究，分別注意到大文化區之間的彼此交流和影響。例如，有人就討論到，大洋航道開通以後，如何從海上追尋香料，一步一步走向以兵艦支撐的西方強權。也有人注意到，各地人口的轉移和分散，文化和信仰的傳播與改變。從全球格局看，歷史學家們注意到，自然環境和人類快速交通之後發生的影響，例如，疾病的傳播、瘟疫造成的災害、各地物價落差造成的經濟差異、大區域間的多角貿易等等。現在的歷史教學與研究，世界史已是

顯學。過去以國家歷史為主題的史學，竟逐漸轉變為全球史觀。從這個角度看，麥先生的書，的確有發蹤之功。

可這本書究竟還是六十多年前出版的名著。到今天，幾乎三個世代累積的知識，對於許多問題已經有更深一步的想法。例如，《世界史》中，各地古代史部分，都因為六十多年來考古的發現，增加了許多資料。麥先生當年提出來的一些綜合理論，有相當部分需要修正。單以中國考古學而論，今天我們對中國史前歷史，其理解的程度有極大幅度的不同。中東考古學、新大陸的考古學，甚至連歐洲地區的考古學，或多或少，都與麥先生的時代所見的古代史，很不一樣。

麥先生是從西方的興起作為出發點，討論世界的整盤歷史。雖然他沒有種族的偏見，也沒有文化優勢的驕傲，但是這西方中心論還是無法避免的。二〇一二年，史丹福大學的一個考古學家，伊恩·摩利斯（Ian Morris）出版了一本《西方的霸權，還在今天？》（*Why the West Rules—For Now: The Patterns of History, and What They Reveal About the Future*. New York: Farrar, Straus and Giroux. 2012）這本書也是討論西方五百年來主宰世界。從書的標題就可以理解：一方面他還是著眼在西方文化霸權的出現，另外一方面，他又提出疑問：西方霸權是否到今天就要終結？這本書毋寧是麥先生《世界史》的續集，對六十年前幾乎無可質疑的西方霸權，開始討論其如何興起，以及是否已經走到盡頭？

這本書的論點，是西元一五〇〇年前，他稱為「東方」的亞洲，和稱為「西方」的歐洲，以各地發展而論，東方並不輸於西方。而一五〇〇年以後，西方突飛猛進，到今天，東方不僅趕上西方，而且甚至有取而代之的趨向。他在整部書中的潛台詞，毋寧是拿中國作為西方的對照面。他解釋西方興起的原因，是從地理上的偶然，使得西方可以一步一步從中東逐漸發展，終於主宰了非洲，也佔有新大陸。由於他是西方古典文明的考古

學家，在古代的部分著墨不少。他也設法量化各種資料，將東方和西方的發展程度，分別以生活水平和戰備能力，作為對比的指標。這一個方法，從細節上說，不無值得深一步推敲之處，但是這種借用量化對比的方法學，固然有其一定的限度，也有其值得注意的長處。

　　麥先生的《世界史》，在臺灣曾經有過賈士蘅女士的譯本，不知何故後來絕版了。商周出版願意重新翻譯，以供臺灣的學子作為讀物和教材。當然是好事情。我也盼望商周是不是也找人翻譯摩利斯的新著，兩本書合著一起看，對於我們了解走向今天全球化世界的歷史背景，有比較明確的了解。臺灣長期以來，雖然和世界各處商業往來，各處的物質文明進入臺灣，也相當程度地改善了臺灣的日常生活。但是，臺灣心理上的閉關，卻是常常令人擔心。有幾本好的世界史書籍，應當是我們樂見其成的好事。

許倬雲

匹茲堡　2013 年 5 月 2 日

（本文作者為中央研究院院士）

　　《附記》六十年前，我在芝加哥大學讀書，麥先生是我校年輕教授中的新銳明星。我對他十分欽佩；可是因為我的專業是古代史，竟沒有選讀他的課程。一九六七年，香港邀請三位歷史學者，為他們籌畫大學歷史課程。領隊是英國的波特費特爵士，麥先生是中生代，我是隨習的第三代，三人合作，共事一場。這一段香火緣，給我學習機會，終生難忘。這回有此機緣，為麥先生的名著中譯本撰序，是我的榮幸，也借此向二位前輩致敬。

# 推薦序
## 世界如同劇場，歷史是部大戲：
## 麥克尼爾《世界史》導讀　　　　周樑楷

假使有人想找一本中文（或中譯）的西洋通史或世界通史，我建議先到 Google，直接搜尋「麥克尼爾」或「William McNeill」就對了。

麥克尼爾於一九一七年在加拿大的溫哥華出生。這個年代難免讓人想起俄國曾經先後發生兩次革命，結果不論是正面的或負面的影響，都改變了二十世紀的整個世界。麥克尼爾十歲的時候，跟隨家人遷往芝加哥，而後從一九三四年到一九三八年間，就讀芝加哥大學。日後他回憶說，那段時間曾經讀過《共產主義者宣言》（*The Communist Manifesto*，1848 年出版），而且多少也感受到馬克思主義（Marxism）中的使命感，不過他始終都沒有成為馬克思主義的信徒。

這種人生境遇剛好與霍布斯邦（Eric John Ernest Hobsbawm, 1917-2012）形成強烈的對比。霍布斯邦也在一九一七年出生。由於猶太血緣的背景，他輾轉從埃及、維也納、柏林，最後到倫敦，入籍英國。十五歲時，如宿命的安排一般，他參加了共產黨的青年組織，並且接受馬克思主義的洗禮，終生不渝。他的著作等身，建構了一套馬克思主義的世界史觀，但有別於共產國家中那套教條化的說法。有興趣的讀者，也可以順便 Google 一下，其中有不少中譯的著作，在臺灣的銷售量相當可觀。

　　麥克尼爾和霍布斯邦這兩位同年出生的史家，分別都成為世界史的名家。他們的觀點不同，卻共享聲名，好比史學界的雙子星，近五、六十年來一直受人矚目。

　　麥克尼爾的著作中，屬於通史、宏觀性的可以分為兩種。一是西洋通史或歐洲史；另一種是世界通史。這兩種著作就版本來說，都有各自的起源，然而都在一九六〇年代期間發行出版。他的《西方的興起》（*The Rise of the West*），首先於一九六三年出版，書名正好與德國思想家史賓格勒（Oswald Spengler, 1880-1936）的《西方的沒落》（*The Decline of the West*，1918 年出版）唱反調。這兩本書的內容對近五百年西方世界的看法，分別為一樂觀，一悲觀。麥克尼爾的樂觀正好呼應了二次大戰後至一九六〇年代期間美國的富強，尤其與當時盛行的現代化理論（Theory of Modernization）相互共鳴。難怪這本新書出版相隔一年，便贏得美國政府的大獎。這本書到了一九九三年，作者本人先後增訂了四版，直到今天仍然受歡迎，有人拿它當作教科書或相關考試的用書。假使讀者嫌本書的篇幅過多，讀起來還是費時，不妨讀讀《歐洲史的塑造》（*The Shape of European History*，1973 年出版）。麥克尼爾撰寫這本簡明版的歐洲史，由劉景輝教授夫婦翻譯，中文初版叫《歐洲史新論》（1997 年）。而後再修訂，改名為《歐洲史的塑造》（2007 年）。

　　麥克尼爾的第一部世界通史就是《世界史》（*A World History*）。這本書的原著於一九六四年殺青，緊跟在《西方的興起》之後一年。內容除了埃及、中東外，還拓展到印度和中國等古文明。不過，純粹就歷史的分期法來說，這兩本通史卻是一致的，那就是：1. 從遠古時代到西元前一七〇〇年；2. 西元前一七〇〇年至西元前五〇〇年；3. 西元前五〇〇年至西元一五〇〇年；4. 西元一五〇〇年之後。然而值得我們好奇的是，麥克尼爾如何把全球幾千年來經驗世界中的史實組織起來，融會貫通呢？在本書

的前言中，他雖然已經簡要地表示，但是我還想把他的這段話理解成兩句，以便進一步向本書的讀者說明：

不管在什麼時代，各種文化之間的世界均衡關係都免不了受到干擾。這些干擾起源於一個或多個中心成功創造出極具吸引力或較大的文明。

與這些中心直接或間接相鄰的文化，在受這些中心吸引或逼迫下改變了自己的傳統生活方式，有時候借用其技術或觀念。但更常見的是調整改變外來事物，使其能平順地與本地文化融合。

上述這兩句引文中的第一句，與人類學學者的說法有關。麥克尼爾在芝加哥大學就讀時期，曾接受雷德費爾德（Robert Redfield, 1897-1958）影響。麥克尼爾坦承借用了人類學中「文化模式」（Cultural Pattern）之說，強調在世界史上數不盡的文化（Culture）裡，有些屬於所謂的「文化核心」。在核心裡，不僅有較多的創造契機，而且有較高超的技術，更有種種地緣上的優勢與交通上的便利。「文化核心」如果能集合種種正面的條件，再配合「文化流」（Cultural Flow），就很可能形成所謂的「文明」（Civilization）。這裡所謂的「文化流」，換成歷史學界中淺顯易懂的行話，其實就是「時變」或「歷史意識」了。麥克尼爾身為史家，當然在應用「文化流」這個觀念時，要有憑有據依照史實，寫得很有「時變」的流動感。另外，在麥克尼爾的「文明——文化」模式中，介於「文明」與「野蠻」（barbarian）之間，有所謂的「文化斜坡」（Cultural Slope）。斜坡上好比梯田一般，有一階又一階水準高低不同的「文化」。就理論的層次來看，這種說法頗能自圓其說，值得參考。不過，可玩味的是，麥克尼爾在這本世界史裡對那些「文化核心」的分析，似乎比較偏向「地理——物質——經濟——科技」等層面的因素，以致於鮮少有「思想——觀念」的影響力。這種觀點可以說，也就是「現代化理論」的世界史翻版。有興趣的讀者不妨參照拙文：〈麥克尼爾世界史新架構的侷限：兼論「文明」

的自主性〉（刊於《當代》第六十七期，一九九一年十一月）。

　　至於上述引文中的第二句話，涉及「文化」與「文化」之間互動的關係。字裡行間透露著英國史家湯恩比（Arnold Toynbee, 1889-1975）那套「挑戰與反應」的史觀。湯恩比的理論打從《歷史的研究》〈*A Study of History*〉的前三卷於一九三四年出版後，曾經風靡一時。在歐洲史及世界史的領域裡，湯恩比的名聲不讓艾克頓（Lord Acton, 1834-1902），和魯賓遜（J. H. Robinson, 1863-1963）專美於前。英國史學家艾克頓從十九世紀末年開始主編《劍橋近代史》（*Cambridge Modern History*），厚實的一套叢書，闡述近五百年來西方的自由民主進步史。同時期，美國史家魯賓遜在紐約哥倫比亞大學開啟西洋史的教學和研究，他所編著的教科書也一度成為美國各大學的典範。麥克尼爾在史學界比艾克頓、魯賓遜和湯恩比至少晚了一輩。尤其值得注意的學術背景中，湯恩比的鉅著出版的時候，麥克尼爾剛好是歷史系的新生。他一方面有意邁出艾克頓和魯賓遜在通史上的權威，另一方面活學活用湯恩比的理論，並且融會人類學學者的文化模式為一爐。當然其中也需要個人智慧，才能成一家之言。

　　任何歷史書總是有觀點的，而且有觀點的歷史書才有可能成為佳作。我們應該從觀點的層面深入分析麥克尼爾的著作，而不是拿它只當作教科書或考試必備的參考書而已。

　　「觀點」這個詞彙讓人比較歡喜，聽起來沒有像「理論」那麼嚴肅唬人。其實「理論」的英文 theory 字源來自 thea，本意與觀看有關，引申就是觀點了。英文裡的 theater，也和這個字源有關，指的是供人觀看的場所，或是事件發生的場所。就前者來說，供人觀看的場所，相當於中文裡的戲院或劇場。而後者，重大事件發生的場所，其中可能指某個戰場或戰區。

在戰場中有我方和敵方之分。人類的歷史從遠古氏族社會以來，就有自我與他者的認同（identity）問題，因此現實意識與歷史意識也永無終止的互動。如果我們同意戰場（theater）指的是廣義的，有關自我與他者各種衝突的場域，毫無疑問地，我們的世界就如同戰場一樣，而且就語意來說也如同劇場。從戰場到劇場，再到理論，這一切種種都源自「觀看」，所以我們可以說，「觀點」反而比「理論」更貼切現實人生。

我的書房裡掛著一幅版畫，那是美國一個行動劇團的海報。畫上只有一張面孔，雙眼裡各有一個「see」，畫面全是墨色，張力十足。另外，在畫中頭部上方留白處印有「see the world」幾個字，用紅色呈現，與整幅畫的墨色相襯，非常突出。有一回有位主修文化批評的英國學者來訪，特別喜歡這幅版畫。他說，「the world」要比「globe」（全球），讓人感覺更有人文和文化的氣息。我深表同意。的確，「全球」或「全球史」似乎有些冰冷，好比韋伯（Max Weber, 1864-1920）所比喻的，近代世界在一味地傾向理性化之後結果成為「鐵籠子」（iron cage）。也好比從衛星觀看的地球一樣，美歸美，但看不見人影。怪不得近來有些標榜「全球史」的著作，總是少了人的「主體性」（subjectivity）以及「人們製造歷史」（Men Make History）的感覺。包括麥克尼爾父子在內，他們兩人於二〇〇七年出版的《文明之網》（*The Human Web*），反而比不上他之前寫的《世界史》來得有人情味、更像場大戲。

我對這位英國學者表示，特別受那個 see 字所吸引。See 是種觀點，而 world 是種種事件發生的戰場或劇場。世界歷史的發生既是讓眾人觀看的，也是作者依個人觀點編撰的大戲。

周樑楷

臺中青松齋　2013 年 5 月 20 日

（本文作者為國立臺灣師範大學歷史學系兼任教授）

# CONTENTS 目次

## PART I　舊世界主要文明的出現與形成：直到西元前五〇〇年 / 021

## PART II　文明之間的均衡：西元前五〇〇年到西元一五〇〇年 / 129

# CONTENTS 目次

# CONTENTS 目次

## Chronological table 年表

# 前言
## Preface

　　人類由於不同的生活方式而產生不同的社會。從前人類與原人類時代開始，人類產生了數量繁多的社會，這些社會貫串了整部人類歷史。文明是異常龐大的社會，它以鬆散而一致的方式將數百萬人的生活交織在一起，其範圍往往延伸數百英里乃至於數千英里，與個人的壽命相比，文明存續的時間極為漫長。文明由於範圍廣大而時間漫長，其數量因此極為稀少。事實上，從人類社會首次達到文明的複雜與規模以來，舊世界曾經同時存在的各種重要文明不超過四個；在新世界裡，美洲印第安人的發展一直微弱而遲緩，這裡曾出現的獨特文明不超過三個。　◀ xv

　　這些事實允許我們將人類歷史當成一個整體來加以通盤描述。當然，我們也要記住，世界各個地區發生的事件層出不窮，我們只能專注某些面向，而忽略其他的事實。就算研究比較細部的人類歷史，也要有所取捨。舉例來說，研究國別史時必須無情地忽略每座城鎮或村落的在地歷史！就像製圖學一樣，每一種比例尺各有優缺點，各能表現適當的細節內容。資料太多會模糊整體；資料太少無法呈現歷史的真實，而且也掩蓋人類經驗中無限意外的可能。十九世紀歷史學家建立的國別史架構，至今仍廣受認同；到了二十世紀，美國教科書作者也對所謂的「西方文明」建立起粗略　◀ xvi

的共識。但對於世界史，卻還沒出現一致的標準。什麼該忽略而什麼該重視，至今學者仍充滿爭論與異議。

因此，在這種缺乏共識的狀況下，這本簡明人類史的完成應具有一定價值。我的作品《西方的興起》（ *The Rise of the West,* Chicago, 1963）獲得相當大的回響，這使我相信，簡明的作品讓我的人類史整體觀點更容易被學生與一般讀者接受──這種觀點雖然不盡完美，卻具有凝聚力強且容易理解的優點，讀了之後易於掌握、記憶與反思整體的歷史。

我組織歷史的觀念很簡單：不管在什麼時代，各種文化之間的世界均衡關係免不了受到干擾。這些干擾起源於一個或多個中心成功創造出極具吸引力或較強大的文明。與這些中心直接或間接相鄰的文化在受這些中心吸引或逼迫下改變了自己的傳統生活方式，有時是直接借用其技術或觀念，但更常見的是調整與改變外來事物，使其能平順地與本地文化融合。

往後的時代，對世界產生干擾的主要中心開始轉變，我們因此能對世界史做出分期。首先，我們要研究產生主要干擾的中心或幾個中心，然後思考世界其他民族在發現或體察（通常是經由二手或三手的傳遞）這些主要文化創造中心的發明時，會做出何種回應或抗拒。

從這種觀點來看，地理環境以及不同文明之間交通與訊息的傳遞路線就顯得格外重要。殘存的文字紀錄有時會掩蓋上古文明之間的關係，此時考古學、科技與藝術史往往能提供這方面的重要線索。

本書的寫作開始於一九六四年夏季，於一九六五年夏季從事修改；一九七〇年夏天，為了發行第二版，除了修改本文外，也大幅擴充了最後部分。一九七八年的第三版中，我做了小幅修改，將新的考古發現囊括進來，此外也補充其他資料。卡內基基金會（Carnegie Corporation）資助本書

的準備工作，而且協助印製一系列讀本供世界史實驗課程之用。我特別感謝芝加哥大學約翰・威爾遜教授（John A. Wilson）協助審閱第一部分，以及加州大學聖塔芭芭拉分校徐中約教授審閱遠東部分。兩位教授發現的錯誤與不當之處，我希望自己已完全改正。在準備第二版時，我得到克雷頓大學（Creighton University）的艾倫・史萊克（Allan M. Schleich）、明尼蘇達大學的大衛・瓊斯教授（David Jones）與哈特佛德大學（University of Hartford）的比爾・布瑞菲爾德教授（Bill B. Brayfield）的大力幫忙，他們根據自己在世界史課堂上使用第一版的經驗，給予我詳細的建議。瓊斯、約翰・霍德（John Hord）與休・斯戈根（Hugh Scorgin）也在第三版給予我類似的協助；斯戈根還幫我修改了參考書目。

XVII

威廉・麥克尼爾

芝加哥，伊利諾州　一九七八年六月

# PART I

直到西元前五〇〇年

## 舊世界主要文明的
# 出現與形成

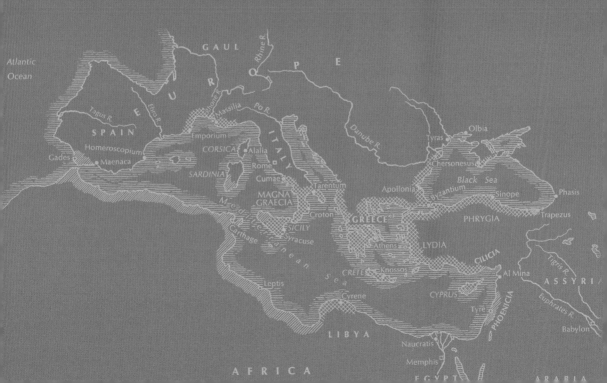

3▶　　　人類歷史的第一項劃時代偉大成就是糧食生產的發展。這項發展使人類數量得以大幅增加，而且為文明的出現立下基礎。狩獵與採集是如何、何時與在何地逐漸被農耕與畜牧所取代，對此我們仍無法確定。這項轉變最早也最重要的例子發生在中東，時間大約介於西元前八五〇〇年到前七〇〇〇年之間。現代學者對於這段過程的來龍去脈還無法完全掌握，但約從那時起，穀物種植透過遷徙與借用逐漸散布到歐洲、印度、中國與非洲部分地區。美洲、季風亞洲與西非的農業可能是獨立發展，但這點有待確認。

　　　第二項劃時代偉大成就是出現了具有技術與組織複雜的社會，我們稱之為文明。中東是最早出現文明的地方，這點無庸置疑。人類最初的文明群體發展於底格里斯河與幼發拉底河谷地（Tigris-Euphrates），此外還有尼羅河谷地（Nile），時間大約介於西元前三五〇〇年到前三〇〇〇年。緊隨其後的是印度河谷地（Indus）。起初，要達成文明所需的複雜度需要特殊的地理環境。唯有灌溉過的土地才能年年在同一塊土地上獲得大量收成；唯有需要灌溉的地方，才有必要以大量人力合作挖掘溝渠。農業的剩餘造成職業分工，也讓社會組織吸納更多人力，這種現象最初主要出現在中東大河的氾濫平原上，直到稍晚之後，才擴及到其他地區。

　　　大約又過了一千年，人類開始將文明擴展到雨水灌溉的地區。犁的發明在此具有舉足輕重的地位。犁使上古時代農民得以運用獸力進行耕作，個別農民因此得以大量增加糧食產量。原本只能在灌溉農地上才能產生糧食剩餘，現在在其他地區也能做到。此外，文明也需要特定的社會秩序。統治者必須迫使農民交出剩餘糧食來興建新的宮廷與宮殿城市。另一項重大差異是4▶海上貿易，它可以讓克里特（Crete）這樣的島嶼取得所有地中海海岸的產物，並且以貿易的利潤來支撐克諾索斯（Knossos）的宮殿城市。

　　　第四項是人類關係出現重大變遷，大草原上的畜牧者與戰士首次登上歷史舞臺。時間大約是在西元前一七〇〇年之後不久，美索不達米亞（Mesopotamia）北緣的某個地方發展出車戰技術。戰車使得懂得馴馬的戰士如虎添翼，而且由於養馬的主要中心位於大草原上，因此車戰技術發明以後的主要獲益者便是這些居住於中亞細亞與烏克蘭地區（Ukraine）的戰士

部落，他們都是印歐語系民族。這些戰士席捲全歐、西亞與印度。其他獲得車戰技術的民族也征服了中國黃河流域的農民。

　　在歐洲、印度與中國，既存的農耕民族與土地新主人之間的互動關係為三個廣泛獲得成功的新文明奠下基礎。這三個文明的發展步調大致相同，到了西元前五〇〇年左右，歐洲類型的文明在希臘出現；印度風格的文明在恆河流域興起；在黃河中游沿岸，中國文明也嶄露頭角。

　　中東的歷史比較複雜。戰車征服了美索不達米亞與埃及，但影響相當有限，因為當地民族很快就學會如何使用戰車，並且趕走了征服者。在埃及、小亞細亞與美索不達米亞北部興起了三個文明帝國，彼此爭奪中東霸權，直到出現新一波蠻族入侵為止。這些新來者配備嶄新而數量繁多的鐵製（實際上應該說是軟鐵）武器，使用青銅器的龐大帝國無法抵擋這些部族的攻擊。儘管如此，蠻族征服的影響同樣短暫。新帝國興起，首先是亞述人（Assyrians），然後是波斯人（Persians）。在不穩定的政治統一模式下，這兩個帝國達到鼎盛時期，征服了整個古中東文明地區。

　　經過這段混亂的發展過程，原本互不統屬的埃及與美索不達米亞文明，連同圍繞這兩大河谷文明周圍利用雨水灌溉土地興起的各個文明，全部融入 ◀6 到一個全新具世界性的中東生活方式之中。與這種世界性文明相呼應的中東式世界觀隨之出現，而有系統地針對這種世界觀進行陳述的則是猶太人。猶太人的宗教在西元前八世紀到前六世紀之間開始受到先知的塑造，其生命力與說服力與印度佛教、中國儒家或希臘哲學如出一轍，這些世界觀全在西元前六世紀結束前建立了思想雛型。舊世界文明在這四種清楚而顯著的模式塑造下，逐漸在西元前五〇〇年聚焦，世界史的構成階段也在此告一段落。

　　本書第一部旨在探索人類文明史的最初時期，此期出現的重要思想與行為模式將首次在人類的心靈與情感留下印記，而且將主導往後各個時代絕大多數人的生活。

500,000BC　各種類型的人類與原人類出現
30,000BC　完全屬於現代的人類類型出現——智人
7500BC　糧食農業開始在中東出現

| 西元前 | 歐洲 | 埃及非洲 | 敘利亞巴勒斯坦 | 美索不達米亞伊朗 | 印度 | 中國 | 其他 |
|---|---|---|---|---|---|---|---|
| 新石器時代 3500 | 新石器的穀物農耕 | | | **蘇美城市出現** | | | |
| 3000 | | 美尼斯第一王朝 太陽曆　古王國時代 | | 曆法　楔形文字 文字 | | | 東南亞的塊根作物與稻米種植；墨西哥的玉蜀黍（或許更早） |
| 青銅器時代 2500 | 庫班古墳 | | | | | 黃河流域的新石器農民 | |
| | 巨石傳教士　米諾斯文明 | 中王國時期 | | 阿卡德的薩爾貢帝國的開始　雨水灌溉地區衛星文明的出現：西臺人、迦南人、埃蘭人、胡里人等等　亞伯拉罕離開烏爾前往迦南 | | | |
| 2000 | | 西克索人 | | 漢摩拉比 喀西特人 | | | |
| | 駕馭 | 戰 | 車 | 的 | 蠻 | 族 | |
| 時代 1500 | 阿開亞人　邁錫尼文明 | 字母　卡肯那頓文字　阿頓崇拜 | 西臺帝國 | 米坦尼　亞述第一帝國 | 雅利安人入侵　「英雄時代」 | 商朝　安陽 | |
| | 特洛伊的劫掠 | 海上民族 | 希伯來人 非利士人 | | | | |
| | 鐵 | 器 | 時　代 | 的　入 | 侵 | 周朝 | |
| 新王國時期 1000 | 鐵器時代 | | 所羅門王　大衛王 | | | 西周 | |
| | 伊特拉斯坎人 荷馬？ | 迦太基的建立 | 亞 述 | 帝 | 國 | | |
| | 斯基泰人 凱爾特人 泰勒斯 畢達哥拉斯 埃斯庫羅斯 培里克利斯 柏拉圖 | 騎 | 兵 | 居魯士 瑣羅亞斯德　波斯帝國 | 恆河王國 | 鎬京（西安）遭到劫掠 | |
| | | 波 | 斯　希伯來先知 | 帝　國 | | | |
| 500 | 亞里斯多德 | 大流士 薛西斯 | | | 佛陀 | 孔子　戰國時代 | 東南亞的東山文化 |
| | 亞 里斯多德 | 歷　托勒密 | 山　希　臘 | 大　化　科　帝　學 | 國　孔雀王朝 | 秦始皇帝 | |
| | 羅 | 馬 | 帝 | 國　安息帝國 | | 漢帝國 | |
| 時期 | 人 | 類　時 | 代　第 | 一 | 階 | 段　終　結 | |

▲ 年表：從肇始到西元前一〇〇年

第一章

# 肇始

人類歷史開始於智人（Homo sapiens）從原人類中出現之時。這段過程 ◀7
無疑相當緩慢，但到了約十萬年前，從生物學來看已與現代人無異的獵人群
開始四散遊徙於非洲大草原上，而且或許已經開始在氣候較溫和的亞洲定
居。這些最初的人類群體泰半仰賴從原人類祖先傳承下來的技術過活。例
如，木製與石製器具的使用似乎早在智人之前就已存在很長一段時間。初步
的語言與合作狩獵的習慣也承襲自原人類。或許火的使用也來自於原人類。

智人與在智人之前繁盛一時的原人類，兩者之間的主要差異是智人有著
較長的嬰兒期與幼兒期。這意謂著孩子依賴父母的時間較長，相應地，父母
也會花較長的時間教導孩子生活技能。從孩子的角度來看，較晚成熟代表塑
造的時間較長而學習能力也大幅提升。學習能力增加，則人類對於偶然間的
發明與發現更有可能有意識地加以保存。一旦出現這種現象，文化演進的速
度將開始超越生物演化的緩慢步調。人類行為將更傾向於受人類在社會上學 ◀8
習的事物影響，而非決定於個人經由神奇的 DNA 分子機制得到的生物遺
傳。當文化演進取代生物演化成為主導力量時，嚴格定義下真正的歷史也將
就此展開。

## 最初的人類

即使我們知道現代人的最初演化發生在單一的地理中心，但我們仍無從得知人類最初如何從發源地往外擴展。儘管如此，我們的確從世界各色人種的外觀差異看到人類擴展時產生的細微生物變異。而現代人類種族是在何時何地發展完成，至今仍無明確答案。幸好歷史學家可以忽略這類問題，因為人類在時間過程中形成的行為變遷，與不同人種間的生物差異沒有太大的關聯性。

事實上，乍看之下不同人種間的文化差異也不是非常明顯。無論從哪個角度來看，世界各地歷經長久時間發展出來的手斧與其他石製工具，彼此間擁有驚人的一致性。智人在地球上絕大多數時間以狩獵與採集維生，他們使用簡單的木器與石器，懂得用火。就我們所知，智人世世代代幾乎過著一成不變的生活。

智人依照自己的需要，以砍劈刮削的技巧製作石器，但我們光從殘存的石器不容易看出石器製作者大部分的生活內容。一般而言，仰賴狩獵維生的智人除了以動物的肉為主食，還會撿拾如蠐螬與昆蟲、可食用的塊根植物與種子等東西來補充飲食。從事狩獵的智人過著四處遊徙的生活，如同現代僅存的極少數原始狩獵民族。這些獵人組成的遊群規模很小，大約二十到六十人。鄰近的遊群偶爾才接觸一次，這顯然是原始生活的一項特徵。這類接觸或許逐漸演變成定期儀式，鄰近遊群會在一定時間前來聚會，除了慶賀彼此身體健康，也進行平常無法從事的交易。遊群也許會利用這個機會安排不同群體的成員進行婚配，當然也會交換一些罕見的物品，例如寶螺貝。鄰近遊群也許會爆發戰爭，至少偶爾有過，但這方面的證據極為缺乏，因為殘存的石刃與斧片除了用來殺人，也可以用來狩獵。

## 生態的影響

最初的狩獵生活方式非常穩定，顯示人類已頗能適應環境。每個遊群都傳承了一套適當而固定的對策，以因應各種可能的情況。只要動植物的生態

平衡未出現重大變化，早期的獵人便能維持一定的做法，讓人類生活持續遵循小群狩獵與採集者建立的行為模式。如果人類一直維持這樣的生活，那麼文化演進的步調將大幅減緩，它會比較類似於智人依循生物發展規律從原人類中演化出來的過程，而不像歷史一樣頭也不回地向前發展。

　　然而世界上有些重要地區的自然環境並非如此穩定。人類（與原人類）生活區域的北界，此地的氣候變遷劇烈，而且生態環境也不斷地反覆改變，居住在這裡的人必須面對一連串嚴酷的挑戰，他們的適應與發明能力也因此受到嚴重考驗。很可能在這種嚴苛的環境下，才使文化演進的潛力從人類慣常習性交織的緊密網孔中釋放出來，而讓演化的潛力不再受到上古時代的獵人生活模式局限。

　　生態變化觸發了人類歷史，而生態之所以發生變化與北半球最近一次大陸冰河融化息息相關。大約在三萬年前，歐洲、北亞與美洲各地的冰河開始融化北退。冰融之後，裸露的土地首次長出苔原與稀疏的樹林。氣旋風暴行經灣流（Gulf Stream）的溫暖水面，一路北上來到舊世界的大西洋沿岸，在西歐形成較為潮濕而穩定的氣候。西歐因此植物繁茂，養活了許多大型亞寒帶草食性動物：猛獁、馴鹿、野牛與更多其他野生動物。而這些草食性動物則成為原始人與其他大型肉食性動物的食物來源。

　　但人類還需要一些基本發明才能掌握這些契機。尤其人類必須學會如何 ◀10 將獸皮縫製成人造皮衣，使體表無毛的人類能在非常寒冷的環境下保持溫暖。人類需要錐子與某種可以充當「線」的東西，譬如動物肌腱或生皮做的皮繩。有了必要的發明，這些骨架與現代人無異的獵人遊群便在大約兩萬五千年到三萬年前開始入侵西歐的苔原與森林。而原先居住此地的人類或似人的人類，即那些骨骼結構不同於現今人類的尼安德塔人（Neanderthal），遂因新來者進佔此地而消失無蹤。

　　石製的工具與武器並不是這些入侵的獵人留下的唯一生活證據。今日法國南部的著名洞穴壁畫，以及在洞穴黑暗深處留下的巫術宗教儀式遺跡，這些正是當時獵人的傑作。我們不得而知一萬八千年前，這些獵人是基於什麼樣的想法在漆黑的洞穴深處畫上他們獵捕的獵物圖像。也許有精巧的神話可

以解釋人類與人類殺害的動物之間關係。也許洞穴的儀式是用來激勵動物的靈魂，使其能在地表上繁衍眾多、生生不息。但這些只是我們的猜測。

在西歐，獵捕寒帶大型動物的獵人仰賴獸群，而獸群仰賴青草、苔蘚與其他植物。當冰河持續北退，氣候溫暖化使濃密的森林得以生長，這些糧食來源也就跟著斷絕。廣大的獸群消失，人類必須改變原有的生活方式。獵人此時也許放棄了洞穴，跟著數量變少的亞寒帶獸群朝冰河後退的方向往北往東移動。在西歐，以樹葉維生的動物，如鹿與牛，來到了森林，而獵人（或許也是新來者）很快就改以這些動物做為狩獵的對象。然而這些終其一生都在獵捕鹿與野牛的獵人遊群，留下的考古遺跡非常少。有些獵人轉而在水中尋找食物來源，他們發明了簡易的船、魚網與魚鉤。此時也開始發展出定居的群體，因為船隻必須有港口才能靠岸，而顯然只有少數幾處適合建立避風港的地點。在這些定居遺址中，可以發現巨大的垃圾堆，主要是食用後殘餘的貝殼。這些遠古留下的垃圾讓現代考古學家得以研究上古人類接續的生活層，並且回溯他們在工具組裝上的變遷。

11▶　世界其他地區不像西歐那樣受到詳細探索，我們目前並無法確切得知這些沿著舊世界西北邊緣發生的變遷。世界其他地區很可能沒有如此劇烈的變化。西歐在冰河與灣流兩股力量拉扯下呈現動態平衡，它的氣候與生物圈的變遷遠比其他地區來得劇烈；就我們有限的知識推斷，世界其他地區的人類居地與生活模式，其變化也應該不會像西歐那麼劇烈。美洲或許是個例外，由於冰河融化北退，使得獵人遊群得以沿亞洲太平洋岸北上然後橫跨到阿拉斯加。他們一路南下，直到走遍整座美洲大陸與鄰近島嶼為止。人類最初在美洲定居的時間點仍有爭議，但至少在兩萬年前，最初的獵人遊群可能已經在北美各地遊徙。人類在另一塊可居住的大陸澳洲生活的時間似乎更早於此，其年代或許可以上溯到澳洲與東南亞仍有陸橋連接的時期。

## 農業帶來的變遷

原始獵人遊群抵達南美洲最南端的火地島（Tierra del Fuego）之後不

久，新形態的人類生活已經在整個中東地區形成清楚的輪廓。西元前八五
○○年到前七○○○年左右，美索不達米亞的北部與東部山區，開始有少數
人類群體以種植作物與馴養牲畜的方式改造當地的自然環境。他們最重要的
作物是小麥與大麥；主要馴養的牲畜是綿羊與山羊。最初的糧食生產群體出
現在森林地帶。只要環切樹幹周圍的樹皮，就可輕易殺死任何數量的樹木。
死亡的樹木葉子盡皆掉落，日光得以不受阻攔地直接照射地面，而掉落地面
的葉子則在枯幹周圍形成鬆軟的腐葉土，在這種土地播種可以長出茂盛的作
物。經過兩三次收成之後，土地的肥力耗盡，此時可焚燒已經乾枯的樹幹，
將剩餘的灰燼撒在地上使其恢復肥力。原始農民清理林地之後，土地上會長
出雜草，但農民對這些雜草無計可施；經過數年之後，這些不請自來的雜草
逐漸喧賓奪主，搶佔了作物的生長空間。唯一的對策是繼續從森林清出空
地，然後重複一次切割樹皮、播種、收成、焚燒樹木的過程。至於放棄的土
地只能等它重新長出樹木，慢慢回到原初未開墾的狀態。這種種植方式目前
仍然存在世界上少數幾個偏遠角落。地理學家稱之為燒墾農業。

　　最初的農民需要三件對獵人來說並不重要的工具：伐木的斧頭、翻土播
種的鋤頭，以及收割作物的鐮刀。可用的鋤頭可以完全以木頭製成，鐮刀則
需要鋒利的刀刃，這種刀刃與獵人用來切割與刮削動物屍體的工具基本上並
無不同。但斧頭必須夠硬，才能禁得起重擊而不致粉碎。獵人長久以來習慣
以燧石來製作箭頭與刀刃，但這種燧石太易碎，不適合製作斧頭。其他的岩
石，如花崗岩與玄武岩，則是太堅硬而不易鑿劈，必須慢慢打磨才能製成斧
刃。這種磨製法創造出一種獨特的新石器時代工具風格。

　　此外，新石器時代的農民也在獵人的工具組外另行發展出其他重要物
品。當人類不再需要四處遷徙時，可以儲存穀物與其他糧食的籃子與陶壺才
有存在的價值，而且重要性與日俱增。人類很快懂得如何運用泥磚房屋、織
布工具、適合煮食穀物與其他食物的燒製陶器以及烘烤與釀造技術。固定的
聚落取代四處遷徙的遊群成為人類社會的基本單位。農民在田裡規律而勤勉
地工作，加上必須計算時間以確定正確的種植季節，這種要求紀律的生活方
式迥異於獵人。此外，農民還必須具有遠見與自制，就算面臨飢餓，仍必須

儲存一定分量的穀物種子以確保未來的收成。對獵人而言，勇氣以及暴力的習尚有其必要，但對農民而言卻不是很重要。

終於，當人類不再只是自然環境的掠食者時，人類的數量便開始大量增加。人類不再只是罕有的物種，相反地，其數量逐漸多到足以劇烈改變動植物生態的平衡，之所以如此，有部分是出於人類有意識的行動，有部分則是無心插柳。

在季風亞洲，出現了以塊根作物為中心的農業類型，這種農業類型的發展似乎完全獨立於中東以穀物為中心的種植方式。許多專家認為，美洲、東亞與西非的糧食生產也是獨立發生的。考古調查仍無法清楚說明這些地區的農業在何時開始、如何展開，而這些最初的農民留下的遺跡通常很少，所以想精確找出這些農業類型的地理與年代事實，也許是永遠不可能的事。

## 最初的文明

儘管如此，中東的穀物農業與動物馴養仍在人類歷史上佔有特殊地位，這是因為人類最初的文明就是從中東的生活方式中孕育出來的。

人類聚居的規模開始超越單純的村落，通常是因為其居住的地點成為珍奇商品的聚集之處。這些早期城鎮中心首先出現在古中東地區。舉例來說，耶利哥（Jericho）控制了通往死海鹽產地的要道；當人類改以穀物為主食時，開始需要鹽來維持體內的液體均衡。大約在西元前七○○○年之後，農業開始在耶利哥附近擴展，獲取鹽的管道變得彌足珍貴，耶利哥也因此發展成城牆城市。另一個早期中心位於小亞細亞的加泰土丘（Catal Hüyük），這裡盛產火山玻璃，又稱黑曜岩。斷裂的黑曜岩切面無比鋒利，可以做為刀刃，相當珍貴。因此，加泰土丘也出現了與耶利哥非常類似的貿易中心，時間大約在西元前六○○○年。

但是，這些孤立的「城市」本質上是無法擴張的，因為城市的發展仰賴稀有商品的壟斷或近乎壟斷。文明想對外擴展，所需的生態基礎必須比耶利哥和加泰土丘更廣大。蘇美之地（Sumer）正可提供這樣的基礎。它瀕臨波

斯灣，位於底格里斯河與幼發拉底河下游平坦的沖積平原。蘇美之地由河流 ◀14
每年沖積出來的土壤所形成，想在這片土地獲得豐收，必須改變原有的原始
農耕技術。在中東山區的森林地帶，初夏的降雨足以讓穀物持續成長到收成
之時。但在夏季幾乎不下雨的南部地區可不是如此。因此，除非將河水引入
田裡灌溉作物，否則無法收成。但是灌溉運河、溝渠的建設與維持需要數百
乃至於數千人力，所需的社會紀律也比最初的農耕群體來得嚴密。在新石器
時代的聚落裡，一個以生物關係為基礎的小家庭就能算是一個基本的工作單
位。每個家庭光靠種地就能養活自己，不需要組織大量人力進行合作，除非
是為了儀式與宗教場合。每個人受制於變化多端的天氣，但每個人也一樣自
由，因為社會身分的差異只來自年齡與性別。遷徙到河岸之後，這個簡單的 ◀15
社會結構出現重大變化。以人力的尺度來說，想控制河水，必須動用大量勞
動力，而且必須由管理菁英來指揮調度。

　　我們並不清楚管理階級最初是如何興起的。一個民族被另一個民族征
服，社會勢必會分成主人與僕人，管理者與被管理者。另一方面，長久以來
一直在人類社會擁有特殊地位的超自然專家，此時也開始出現職能分化，而
這種分化過程持續了很長一段時間。往後，美索不達米亞的神話解釋，人類
是神明創造的奴隸，人類必須將糧食、衣物與其他生活必需品送到神明家
中——也就是神廟，使神明無須從事生產就能足衣足食。

　　這些觀念如何付諸實踐，我們略有所知。在拉格什（Lagash）有一篇碑
文記載，土地所有人依據城市土地的三種不同類型向神明繳交賦稅。最重的
一級賦稅很可能讓農民難以維生。因此，農民在一年內必須抽出一段時間為
神明服勞役，也就是說，從事祭司計畫的灌溉工程與其他建設。如此一來，
農民繳交到神廟的穀物與其他農產品又會以工資的名義回到農民身上。這些
祭司以神明的僕人自居，而農民從事勞役其實都是出自祭司的指示。

　　這種制度顯然可以集數千人之力執行規模龐大的計畫。這種制度也能形
成分工，各個領域的專家如舞者、歌手、金匠、廚子、木匠、建築師、織布
匠等各展所長滿足神明的衣食需要，並以浮誇與奢侈之物博取神明歡心，娛
樂、敬拜神明。這些專家不需花時間生產糧食，因此能培養出超越前人的技

術與知識。從西元前四○○○年，人類首次定居底格里斯河與幼發拉底河下游開始，到西元前三○○○年，蘇美文化的社會與思想開始記錄在現代學者可解讀的文字紀錄中，短短一千年間，文明逐漸成形。

16▶ **蘇美的發明**

　　科技發展一開始非常快速。青銅器、輪製陶器、使用輪子的車輛、帆船、雕刻、紀念性建築物，以及或許是人類最重要的發明——犁。從考古紀錄來看，這些物品幾乎是同時出現。獨特的藝術風格也快速形成，我們可以

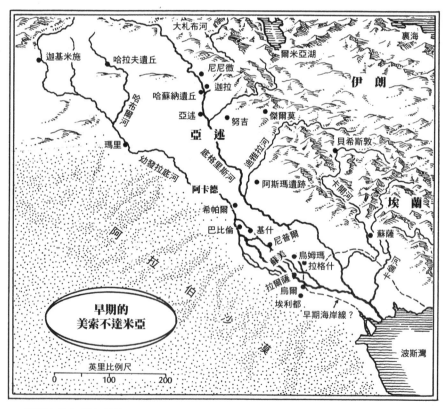

▲ 早期的美索不達米亞

從現存的數千件印章雕刻得到明證。現代考古學者雖未發現其他技術的遺跡，但有些技術肯定伴隨著這些發展一同出現。例如，羊毛原料的紡織與染色，後來成為美索不達米亞城市主要的出口商品，而神廟儀式的精緻鋪張，其做法肯定可以追溯到蘇美文明起源之時。此外，測量技術達到前所未有的精準性，並取得史無前例的重要性。運河與溝渠的建設，以及不朽神廟的興建，需要精確的測量與縝密的計畫。當神廟完成時，建築物聳立在平原上，如同一座人造假山。

不過，與上述發明相比，更重要的還是時間的測量。農耕年的基本規律取決於知道何時耕作。月亮的盈虧最能清楚顯示時間的流逝；但月亮的週期與陽曆不一致，因此祭司必須觀察、測量與調和太陽與月亮的運行，才能編訂可靠的曆法。對農民而言，曆法的維持正是祭司存在的最重要目的。維持曆法所需的知識也讓祭司在社會上擁有崇高地位。一般農民也許認為，能預測季節的人一定與神明有特殊連繫，所以應該遵循他們的指示。灌溉工程的組織，以及伴隨而來的各種科技與社會結果，可能都是在祭司的指導下開始進行，而祭司在社會上的領導地位多半來自於他們有能力預測季節。

## 宗教

祭司的權力與聲望還有一項基礎，那就是他們了解神明，知道如何取悅神明。即便他們無法取悅，至少也知道如何安撫。祭司主要的知識內容是知道如何演唱聖歌與舉行聖禮。但蘇美祭司不滿足只遵循前人的說法與做法。大概在某個時點，也許是在文明剛開始發展的時候，這些祭司發展出有系統的教義，解釋眾神如何統治這個世界。我們是從日後寫下的詩歌中得知這些祭司的想法，這些觀念很可能是在西元前一八〇〇年左右，也就是絕大多數詩歌寫成文字的年代。這些詩歌普遍受到民眾接受，因而才記錄下來。即使古蘇美宗教含有一些野蠻原始的因子，例如我們知道，在烏爾（Ur），初期有個國王去世後，他的妻妾與大臣都必須活埋陪葬，但不容否認，上古時代的祭司的確發展出前後一貫的神學體系，來解釋自然與人類現象。

◀ 17

　　基本的觀念很簡單。重要的自然力量都被擬人化，也就是說，這些自然力量都被當成人類，不同的是它們擁有比人類更為巨大的能力，包括長生不死。每個被擬人化的自然力量或神祇，在神的政治社會擁有不同地位，眾神的統治者是天空之神阿努（Anu）。每年，眾神會在新年這天聚會決定未來一年的吉凶禍福。個別神明的意見可能遭到否決。舉例來說，眾神可能決定要讓某座城市遭受災禍，儘管該座城市的守護神不希望自己的子民遭到傷害，但祂的反對無法左右眾神的決定。即使是神也不能違逆眾神組成的社群；當未來一年的命運決定時，即使是神也無法扭轉。風暴與雷鳴之神恩利爾（Enlil）負責執行眾神意志，根據每年新年眾神所做的決定來懲罰降災。

　　每個神祇的性格就像是一個人。神廟彷彿是神的家，神棲身在祭祀用的神像上，就像人的靈魂寄寓在肉體中。有時候，神祇的靈魂可能前往遠方，就像人的靈魂在夢裡四處漫遊；但當有特別重要的問題要求神問卜時，祭司還是有辦法將神召喚回來。神明會以預兆與徵象的方式來回答問題：神的旨意會透過鳥的飛翔或供奉的羊肝形狀傳達給專家。祭司必須每日供應神明飲食、娛樂神明，並讚頌神明的詩歌。每逢特殊節慶，全體民眾還可以到神廟觀賞儀式的進行。如果預兆與徵象指向災難，那麼可以用別的儀式及時讓神明息怒。

　　這些基本假定涉及到神的性質、神與神以及神與人之間的關係，只要人們可以接受，那麼這些體系自然言之成理。而這種現成的解釋什麼情況都說得通：如果預兆與徵象提到的災難最後沒有出現，那麼這就表示祭司所做的防止措施是有效的；如果事先沒有出現預兆與徵象，卻還是發生災難，那麼這就表示神明不願事先警告祂的人民。

　　這樣的一套信仰觀念相當強而有力。蘇美人在文明之初創造了這些觀念與儀式，往後三千年間，美索不達米亞的祭司持續加以發展。此外，許多野蠻民族也深信蘇美萬神殿裡的偉大神祇確實統治著這個世界。這些民族當中不乏東歐與西亞大草原的上古居民，他們的後代，如希臘人、羅馬人、凱爾特人（Celts）、日耳曼人與斯拉夫人，仍繼續崇拜著天空之神、雷神、日神、月神與其他由古蘇美祭司最早加以神化的各種自然力量與性格。

## 文字

　　從後世的角度來看，蘇美祭司最卓越的發明是他們發現了可以用來記錄口語的工具。做法是用尖銳的蘆葦末端在柔軟黏土上做記號。如果想留下永久的紀錄，那麼只要將剛刻好的黏土放到爐子裡烘烤，就能製成難以毀壞的文件。有了這些經過烘烤的黏土板，我們才能對古美索不達米亞有更詳盡的認識。藉由這種做法而逐漸衍生出來的字體又稱為楔形文字（cuneiform）。

　　起初，蘇美祭司使用文字主要是為了記錄神廟庫房的物品進出。然而在紀錄保存上，祭司一直不知道怎麼做才能將從事這類交易的人員姓名記錄下來。最後，這個問題是用雙關語的方式來解決。某人姓名的音節如果跟另一個容易繪製的字發音類似時，就用那個字來記錄他的姓名。很快地，這類圖形符號就用來表示聲音而非事物，因此可以在任何脈絡下將每個音節適當記錄下來。等到發展出足夠的標準音節圖形後，書記就可以記錄下所有日常語言的聲音。西元前三○○○年之後不久，人類終於可能寫下完整的句子、神聖的故事、宗教祈願、法律、契約與許多其他種類的文件。◀19

　　傳統上，歷史學家以文字的發明做為史前時代與歷史時代的分界，這麼做並非毫無道理。儘管考古學的進展已逐漸抹除這道涇渭分明的時代分期，但文字畢竟是現代學者賴以解讀上古時代人類活動的憑藉，從中獲得的洞見往往比考古挖掘更為深入，因此這項區別仍有存在的理由。

　　現有已知的文字形式可能（有些人認為可能性極高）直接或間接傳承自蘇美文字。無論這種說法是否屬實，有一點是千真萬確的，那就是蘇美祭司致力於精確記錄哪些人交了貢品而哪些人沒有，正是這種動機催生了世界上已知最早的文字出現，並且大幅增進人類記錄與獲取精確資訊的能力。日後，文明社會的有效管理有很大一部分要仰賴資訊處理能力的提升，沒有文字就無法做到這點。

## 灌溉

　　西元前三○○○年左右，當古蘇美的知識逐漸記載成文字時，蘇美的水

利工程早已獲得相當巨大的進展。所有可灌溉的土地已經開闢成良田。蘇美有數十座城市，每座城市有數千名居民，經灌溉的田園景觀點綴其中，城市裡最宏偉華麗的建築物是神的居所，也就是神廟。尼普爾（Nippur）在蘇美諸城中似乎居於某種優越地位。蘇美各地的祭司也許有時需要到尼普爾的風暴之神恩利爾神廟參加聚會，交換消息與觀點，並磋商與鄰城相關的各種事務。如果沒有這樣的聚會，蘇美文明很難維持凝聚力與一致性。

20 ▶　　當鄰近城市爆發爭端時，祭司會議一定會設法加以解決。但隨著蘇美水利工程瀕臨地理與技術的極限，爭端必然日趨嚴重，而隨著灌溉運河的加寬與延長，每次引水必將影響下游的河水供應。水權在乾季時可能霎時演變成攸關生死的大事，此時要和平解決爭議絕非易事。因此，鄰城間的戰爭，很快就擴大成城市聯盟間的戰爭，這也成了蘇美周而復始的重要生活特徵。此外，對抗入侵的蠻族也是一項艱鉅的任務。蘇美河谷是一片開闊平地，四周無險可守，灌溉工程與工匠的專門技術為此地積攢了驚人的財富，蘇美諸城自然成為蠻族垂涎的目標。

## 軍事力量與君主制

　　西元前三〇〇〇年，蘇美諸城已經發展出足以與祭司領導地位匹敵的軍事組織。國王的地位起初是基於這樣的理論而生：諸神委託某人擔任祂們在人間的代表。在和平時期，這個重要職位由大祭司擔任；但到了戰爭時期，大祭司要不是親自出征，就是另行指派年輕有精力之人以大祭司（與諸神）的名義出征。當戰爭成為常態，軍事領袖的重要性逐漸凌駕於儀式與其他和平職能之上。有時祭司領袖與軍事領袖之間會出現摩擦。當敵國仍然構成威脅，而決定性的勝利又遙遙無期時，戰爭的需求就沒有滿足的一天。但是，很明顯地，只要蘇美平原的城市仍各自為政，就不可能獲得決定性的勝利。唯有成立一個單一政府統一分配水源與解決各城市的糾紛，才能終止內部的鬥爭。人們可以合理預期這樣的統一王國可以嚇阻邊境蠻族，當蠻族啟釁時，它可以組建一支具有壓倒性力量的大軍。

　　要設計一套機制，使單一君主能有效控制國內的偏遠地帶，是一件相當困難的事。最初的偉大征服者手中似乎隨時握有一支數量龐大的禁衛軍。為了讓數千名武裝部隊保持忠誠，有些統治者，例如阿卡德的薩爾貢（Sargon of Akkad，約西元前二三五〇年），認為有必要持續巡視王國各地。掠奪敵國以獲取穩定收入或許也是維繫軍心的必要做法。然而這種掠奪式政權，先天卻有不穩定的因素。國王的軍隊只要遭遇一次挫敗，就足以讓地方城市敢於抗拒中央的命令。然而，如果不採取集中軍力或掠奪物資的做法，就只能將軍隊分散到每座城市駐防，以確保這些城市臣服於國王；但國王的軍力分散，面對地方敵對勢力時就少了數量優勢。此外，軍隊長期駐防於偏遠地區，一旦有事，很可能無視國王的號令。

　　遭遇這些困難的古蘇美從未獲得長久的和平。蘇美文明從最初發展的那一刻開始，各地居民就已培養對自身所處城市深刻的忠誠，因此任何想建立統一王國的嘗試均屬枉然。敵對城市之間沒有長遠的盟約關係，也無法形成實力均衡的局勢來防止戰爭。因此，對內維持和平，對外共禦外侮，這些願望從未實現。儘管如此，無論是蘇美人還是往後的美索不達米亞文明，都將這個問題視為當務之急。於是他們改良武器，甚至成立規模更大、組織更完善的軍事力量。同時採取行政與政治措施來控制偏遠地區的人民。蘇美人的發明有些成為此後文明政府的基礎制度，諸如公開的法律、由任命的官僚組成的政府，以及官方的郵政服務，這些元素全可追溯到古美索不達米亞。遺跡甚至顯示，當時已有官方宣傳讓人民相信，蘇美之地「一直」統一在唯一真神與唯一國王的最高權威之下。

　　早在這些用來維持和平與秩序的機制失靈之前，蘇美文明的重要面向已經吸引了遠近鄰邦的注意，並且刺激它們依據蘇美的成就來改變自己的生活方式。蘇美文明對異邦人造成的最初影響，將是我們下一章要考察的主題。

## 第二章

從最初到西元前一七〇〇年
# 文明的擴展

22 ▶ 　　西元前四〇〇〇年到前一七〇〇年左右，人類社會受到兩波來自相同文明中心向外擴展的影響。彷彿是兩顆石子前後隔了約三千年的時間，先後投入池塘的中心。地理與社會的不均質，意謂著接續掀起的兩波漣漪向外擴散時不一定能形成規則的幾何圖案。它們可能在此處加快速度前進，在彼處輕輕拍打保守島嶼的周圍，或者在另一處碰到不可穿越的氣候障礙而突然中止。然而，儘管情況如此錯綜複雜，這個比喻仍有用處。在歐洲、亞洲與美洲各種不同地形景觀下，只要溫度、降雨與自然森林允許，中東式燒墾農業就能持續往新土地擴展。更複雜的社會也能成功地在一段距離以外的土地上建立起來，特別是那些未被開發、氣候環境宜人之處。我們可以恰如其分地稱這些社會為文明社會。

## 畜牧

　　隨著燒墾式穀物種植不斷擴展，以這種生活方式過活的人也大量增加，
23 ▶ 針對最初農耕類型所做的兩項重大調整在此時取得了重要性。首先，位於最早出現農業的山區以北，分布著歐亞大陸的大草原，這個地區幾乎沒有森

林，自然不適合燒墾農業。另一方面，廣闊的牧草地賦予大草原特殊性格，這個地區因此特別適合放牧馴養的動物。當大草原的獵人接觸到最初農民發展出來的各項技巧，獵人有效率地調整他們適應地理環境的方法。這些獵人馴養動物，不願從事耗費勞力的墾地與栽種收成。

獨特的畜牧生活方式於焉出現，這種生活方式雖然精通農業，卻鄙視農業。山區以南也有一處與山區以北類似的環境，只不過更為炎熱而乾燥，這裡的草原地帶逐漸隱沒到沙漠之中，並且在阿拉伯半島北部形成一片廣大的弧形區域。這個地區也是一樣，新石器農耕技術變形成為畜牧文化在此地發展。南方地區馴養的動物種類不同於適合在北方生存的大型野獸。綿羊、山羊與驢子比牛馬更能忍受半沙漠氣候夏天食物的缺乏，而牛馬的龐大體格則比較能在北方草原的寒冷冬天裡存活。

在農業世界的南北緣，畜牧成為一種獨特的生活模式，但它的起源年代至今仍無法精確推算。在西元前三〇〇〇年之前，從事畜牧的人口或許不多。此後經過很長一段時間，人類仍無法完全適應大草原上的游牧生活。舉例來說，像騎馬這種看似簡單的技術，一直要到西元前九〇〇年之後才開始普及，或許是因為馬上生活需要一種能接受訓練的馬種，這種馬必須讓人騎在牠的背上而不感到驚慌。或許還需要有人不斷嘗試馴養馬匹使其便於騎乘，即使一開始馬匹狂野地躍起前腿將他們重重摔在地上。

牧人與獵人一樣以草食動物為生。牧人也與獵人一樣過著遷徙生活，他們長途跋涉以尋找牲畜所需的牧草。牧人通常或多或少依循固定的遷徙路線，根據一年季節的變化，從低地遷往高地的牧場。最重要的是，牧人必須　◀24
保護自己的牲畜不受肉食動物的侵擾，不管這些威脅是來自於動物還是其他人類。這種生活需要一名領袖，他必須決定行進的路線，並且在緊急時刻領導牧群阻止對手侵佔傳統牧場或攻擊牲口。

以大型動物為目標的傑出獵人，其特有的尚武組織與暴力習尚，在畜牧生活中屢見不鮮。相較之下，最初的農耕群體則愛好和平與講求平等。這項　◀25
對比使牧人在與農民發生軍事衝突時佔有優勢。事實上，牧人因為享有極大優勢，因此總是千方百計要像馴服動物一樣征服與榨取農民。

　　農耕使人口增加，畜牧則使政治軍事組織應運而生，往後舊世界人類歷史的開展，就是一段人口數量優勢與優良政治軍事組織之間互動較勁的過程。兩者間的平衡有時傾向農耕人口，有時傾向畜牧人口，雙方的強弱取決於社會組織與凝聚力的盛衰以及科技的發展。歷史上的突發因素有時也會對平衡帶來干擾，像是偉大征服者、帝國創建者、毀滅性瘟疫的爆發。不論何時何地，只要農民與牧人的關係出現重大變化，就會對人類社會帶來災難與

▲ 畜牧的出現，約西元前三○○○年

影響，但是這兩種截然不同的生活方式之間爆發的血腥衝突也迫使人類做出以往未曾有過的冒險與嘗試。大約在西元前三○○○年之後，整個舊世界的社會演進開始加快腳步。

## 犁的發明

　　犁的發明也深刻改變了人類生活形態，使其變得更多樣化。在西元前三○○○年之前不久的某個時期，某地的人類學會如何運用獸力耕田。這產生了幾個重要影響。人類首次結合穀物種植與獸力耕田，並且讓兩者互相依存。此舉也讓中東的耕作方式趨於成熟，使其遠遠超越其他種植類型。

　　首先，犁的使用使穀物種植者得以在同一地點永久定居。顯而易見，當農耕群體的數量增加，適合燒墾的森林土地也越來越難取得。面對這種情況，一種做法是從中東山區往外遷徙，農業因此開始向四面八方擴散。但有些農耕群體並未離開，他們必須越來越頻繁地回到已耕作的土地上。這種情況下，人們無法期待土地能有處女地那樣的豐富肥力。然而，犁可以開墾的土地要比鋤頭與掘棍來得多，因此雖然作物單位產量變少，但開墾面積擴大，農民還是能維持乃至於增加糧食供給。

　　此外，人們很快發現，休耕的土地，也就是犁過但未播種的土地，可以在來年獲得令人滿意的收成，因為犁田可以在雜草的種子生長之前摧毀雜草。藉由耕地與休耕地交互輪替的方式，犁田者可以永遠待在同一個地方耕作。與燒墾種植者使用的處女地相比，犁過的田地肥力較低，但這可以透過有系統而適切的土地規畫來彌補。畢竟，燒墾留下的殘幹會嚴重妨礙整齊的精細耕作，即使使用鋤頭也無法改善。其實，我們一想到農田，腦子裡浮現平坦而整齊且通常種植單一作物的耕地，這完全是犁塑造出來的。犁的大小與笨重不利於旋轉，加上犁無法適應林地特有的圓丘或凹地，因此農民必須比林地種植者花更大的力氣運用犁改造土地。

　　小片的矩形田地開始遍布整個中東地區，這是在同一片土地上以犁反覆耕作的結果。此時中東的農民也發現，就算沒有河水淤泥重新覆蓋或灌溉渠

道經過的土地，也能有糧食剩餘。在這種社會裡，獸力已能有效補足人力，因此有少數人已經可以不用直接生產糧食就能養活自己。就連灌溉區以外的地方也能產生文明。我們即將看到，不久之後，在文明發源地附近的雨水灌溉土地上，也開始出現創造與維持文明社會的可能。

因此，在西元前三五〇〇年到前二五〇〇年間，畜牧群體的興起與犁耕村落的出現，使得人類的生活內容更為豐富，同時也為文明往歐亞大陸與北非的地理大擴張鋪路，這兩個地方的溫度與雨量都適合大規模穀物種植。

27 ▶

## 埃及文明

然而，在西元前二五〇〇年之前，文明社會的傳布需要非常特殊的地理環境。如果要達成文明所需的技術與知識，必須在可灌溉的河谷，運用既有技術供養一批專家。離蘇美不遠處有幾條小河可以滿足這些條件，例如約旦河（the Jordan）與卡倫河（Karun river）。今日的卡倫河在離底格里斯河河口不遠處注入底格里斯河，但在上古時代，卡倫河是獨流注入波斯灣。約旦河與卡倫河沿岸出現了一些年代非常久遠的城市；或許在其他類似的河谷，考古學家也能挖掘出古城。不過，約旦河與卡倫河太小，不足以支撐像蘇美這麼龐大的社會，也無法與同時間在尼羅河谷地與印度河谷興起的古文明相比。

直到一九三〇年代為止，一般咸信埃及文明是世界上最古老的文明。但埃及學家現在同意，一九二〇年代首次挖掘出來的蘇美遺址才是最古老的文明。傳統上埃及的歷史是從美尼斯王（King Menes）統一上下埃及時開始起算。時間大約在西元前三〇〇〇年到前二八五〇年間，此時蘇美諸城已經發展了好幾個世紀。

蘇美曾影響埃及文明最初的發展，這已從埃及留下的少數遺跡中證實。當時可能有一些航海者從波斯灣頂端航行繞過阿拉伯半島（Arabia），再沿紅海北上，而與狹長尼羅河谷地的居民接觸。蘇美人熟悉的技術與觀念，在早期埃及人眼中相當具有價值，而埃及人的生活環境剛好又與底格里斯河與

幼發拉底河下游極為類似。在埃及美尼斯王時代，美索不達米亞已經發展出灌溉、冶金術、文字、犁、有輪的交通工具與紀念性建築。這些發明全在很短的時間內被埃及人吸收模仿，並且按造自身的需要加以改造。

埃及的政治統一使埃及人得以迅速接受蘇美人的各項工具發明，但在此同時，埃及人也拒絕了與埃及傳統和地理條件格格不入的蘇美元素。換言之，埃及文明在迅速興起的過程中，風格仍保持一貫，而且保留了自身的制度架構。美索不達米亞花費一千年乃至於更長時間才完成的事，在埃及只花了不到一半的時間，這完全是因為埃及得益於蘇美的經驗。

埃及人不只是單純地模仿蘇美模式，他們還將蘇美那一套經過調整與改造來符合在地口味。這充分顯示在早期埃及文字（又稱象形文字）與蘇美楔形文字的差異上。埃及人不僅使用不同的材料書寫，也使用不同的音節符號。結果，兩個文明的文字形式迥然不侔。唯一的連結是，兩者都思索如何將抽象口語拆解成音節元素，然後將聲音記錄下來。埃及藝術也同樣獨立於蘇美模式之外，而只在紀念性建築、計算精確的結構與石雕方面有共通點。埃及高級文化處處充滿了本土的獨特風格。

一般而言，人們也許可以說埃及與蘇美社會結構的基本差異是構成埃及早期文明較為完美卻也較為脆弱的主因。埃及將所有心力集中在神王（或法老）的朝廷裡。在蘇美，雖然神明的需求、性格與行為跟人沒什麼兩樣，但一般相信神明是不可見的。相反地，埃及人卻宣稱他們的國王是神。國王本身是不死的，而他也能把不死的能力賦予其他人。埃及人有強烈的動機服從法老，因為神王可能會為了酬謝此生服侍他的人，而慈悲地分享一點自身的神性給他們，使他們成為永遠不死的忠實奴僕。違逆法老將無法擁有來世。

## 古王國

尼羅河谷地的獨特地理環境也有助於政治的中央集權。尼羅河兩岸不毛的沙漠幾可免於遭受任何危險的外敵入侵。南方努比亞人（Nubians）或西方利比亞人（Libyans）的入侵，並不像美索不達米亞遭遇的蠻族攻擊那樣

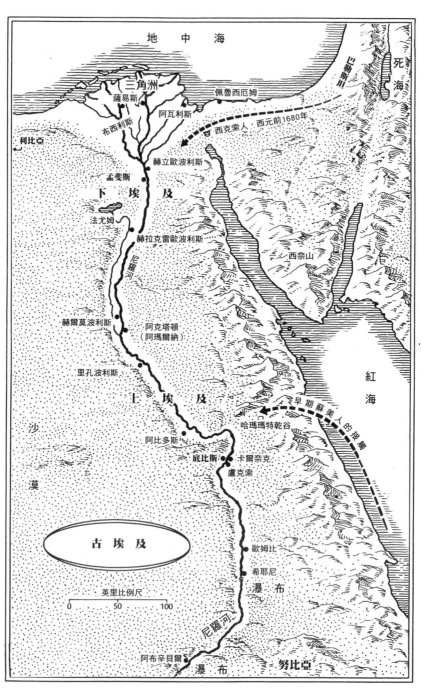

地　中　海

死海

三角洲

薩易斯

佩魯西厄姆

阿瓦利斯

巴勒斯坦三角洲

布西利斯

利比亞

西克索人　西元前1680年

赫立歐波利斯

下　埃　及

孟斐斯

西奈山

法尤姆

赫拉克雷歐波利斯

尼羅河

赫爾莫波利斯

阿克塔頓
（阿瑪爾納）

紅海

里孔波利斯

上　埃　及

沙漠

阿比多斯

哈瑪瑪特乾谷

早期蘇美人的接觸

底比斯　卡爾奈克

盧克索

古　埃　及

歐姆比

希耶尼

瀑布

英里比例尺

0　50　100

尼羅河

阿布辛貝爾　瀑布　努比亞

▲ 古埃及

猛烈。此外，就河谷本身來說，緩慢壯闊的尼羅河水可以毫無困難地將船隻帶往北方，回程時幾乎同樣不費力氣，只要揚起船帆，埃及一年到頭吹拂的北風與東北風就能將船隻吹向南方。由於船舶在尼羅河上下游運送貨物極為容易，因此埃及其他的交通運輸工具變得難以發展。埃及的沃土全集中在尼羅河兩側，而且幾乎任何一處河岸都能停靠船隻將貨物與人員運往上下游，從尼羅河河口的沼澤三角洲到第一道瀑布，可一路暢行無阻。在這種情況下，控制河運就能控制整個埃及。自然地，針對在上下游航行的船隻進行管理與查驗，要比針對路線無須固定的陸路運輸容易得多。美索不達米亞費盡心力仍無法建立一個完善的統一王國，相對地，埃及卻不需要創設一套制度來支持中央集權的帝國政府。埃及的神聖統治者只需要一些聽話認真的僕人沿河駐守，就可以毫無困難地統治整個埃及。

當美尼斯首次統一上下埃及時，有兩個彼此獨立的王族仍各自統治著王國的一部分，但最終這兩個部分還是收歸到單一政府之下。事實上，神聖的法老王室就像蘇美神廟，他將尼羅河可航行河段的剩餘農產全集中到一個地方。因此，法老的朝廷掌握了壓倒性的權力。埃及因此解決了蘇美一直無法克服的內部和平與秩序問題。

法老王室也構成埃及文明成形的主要架構。隸屬於神王王室的工匠與官員興建了金字塔，並且在美尼斯征服後的三、四百年間創造出足以媲美蘇美的埃及藝術習尚。象形文字、上釉的瓷磚與陶器、精緻的木工，以及從考古遺跡不容易看出的音樂、舞蹈與其他技藝，這些全在法老王室的統治下茁壯發展。如果這類技藝在別的地方發展，大概只會是一種單調而不完美的地方形式。

中央集權有利大規模工程的進行。例如，大金字塔的興建只有在農閒時期將全埃及的農村人力召集起來興築才可能完成；而且唯有像法老朝廷這樣的單一領導中心才能發號施令。另一方面，古埃及嚴密的中央集權政體不可避免有其脆弱的一面。一切事務的順利進行完全取決於偏遠地區人民願意遵從法老或其代理人的命令。為期四百年的古王國時代（大約從西元前二六〇〇年到前二二〇〇年），除了短暫的王朝遞嬗，人民似乎都願意服從法老

◀31

的指示。

即使在古王國的極盛時期，法老權力底下其實仍存在著強烈的地方多樣性。這一點在古埃及的宗教混亂中特別明顯。地方神祇通常以動物或半人的形象呈現，祂們是地方民眾效忠的對象，這些神明不像蘇美諸神那樣有一貫的階序體系。地方神廟與祭司很可能保留了各種彼此互不相容的信仰。經過一段時間之後，地方宗教開始發展出繁複的儀式並且著手興建規模足以與古美索不達米亞神廟相提並論的宗教建築。

儘管如此，實際上瓦解埃及中央集權政府的不是這些不聽話的祭司，而是發動叛亂的地方官吏。受過教育的書記在字裡行間表現出他們對法老秩序瓦解的不安，他們認為埃及政治的混亂是一項大錯。西元前二二〇〇年之後，埃及有一個世紀以上的時間處於政治分裂，就像美索不達米亞長久以來的分崩離析。

此後，埃及文明在各方面急速衰微。地方統治者努力維持高級藝術與其他足以代表法老權威的象徵，但資源的減少意謂著無法維持那麼多的奢侈品與專家。然而，即使在混亂與政治分立的時代裡，法老文明的記憶仍流傳下來。古王國的榮光已經將它的理想深植於尼羅河谷地的土壤之中。


## 中王國

因此，當埃及歷經近兩個世紀的政治分裂而於西元前二〇〇〇年左右再次統一時，我們並不感到驚訝。新征服者來自南方，他不以尼羅河三角洲頂點附近的孟斐斯（Memphis）為都，反而選擇遠在上游的底比斯（Thebes）。新征服者建立的國家，史稱中王國。中王國一直持續到西元前一八〇〇年左右，而後埃及再度陷入小國分立的局面，每個統治者都宣稱自己才是全埃及的正統法老。

從藝術風格與其他紀錄可以看出，中王國的統治者有意上追古王國法老的成就。不過兩者之間存在著重大差異。神廟建築變得更繁複精巧。像是祭司或世俗人的地方豪強擁有比古王國時期更高的地位。埃及社會與文明因此

較少依賴單一中心，相應地也比較能從政治災難中存活下來。然而這些優點有其代價，埃及因此喪失了古王國巔峰時期（約西元前二六○○年到前二四○○年）的文化特徵，無法再呈現出無以倫比的藝術成就與風格的一貫性。

亞洲蠻族西克索人（Hyksos）征服埃及，是埃及歷史的下一個劃時代事件。中王國時期文化領導中心的分散，對於埃及文明風格的存續或許相當重要。如果中王國跟古王國一樣，所有的專門人士全集中在單一的法老王室之下，那麼法老的毀滅很可能連帶造成埃及文明的毀滅；但在西克索人出現之前，這項風險已經透過埃及社會結構中專門技術與知識中心的分散而消弭於無形。

## 印度河文明

我們對於西元前三千年於印度河谷地出現的另一個偉大文明所知甚少。現代學者無法解讀印度人使用的文字，因此了解印度河文化最重要的一條路徑至今仍無法開啟。在印度河遺址進行的考古調查也不完整，已經進行的挖掘工作也不盡理想。儘管如此，我們還是可以從已挖掘的部分做出合理推論。印度河文明有兩座巨大的都市中心，其中之一位於哈拉帕（Harappa），另一座則是在印度河下游數百英里處的摩亨佐達羅（Mohenjo-daro）。印度河文明的政治統一與埃及古王國時期類似，考古遺跡裡這兩座城市驚人的一致性提供了最佳解釋。

印度河流域與蘇美的接觸是確定的事實，因為從年代可以追溯到西元前二五○○年左右的美索不達米亞地層裡，挖掘出印度河流域製造的印章與其他小物件。與蘇美的海上交流，加快了印度河文明的成長，這一點與蘇美對埃及最初發展的影響相同。與埃及一樣，印度人的藝術風格與文字形式顯然和蘇美模式沒有關係。埃及人與印度人從蘇美人身上得到的是刺激，這種刺激促使他們發展出自己獨特的生活方式。除了在文明發展的最初時期，也就是在本土風格尚未確立之前，埃及與印度才有可能出現直接模仿或拙劣仿傚蘇美技術。在埃及，考古學家已經找到模仿的例證，但在哈拉帕與摩亨佐達

羅，則由於地下水阻礙了最底層的挖掘工作而未有新發現，但我們相信在這個地層應該能找到類似直接模仿的證據。

摩亨佐達羅與哈拉帕可以分成兩個部分：高聳的城堡、神廟，與低矮的街區。有些地區建有一長排一模一樣的房間，這可能是給徵召來的士兵或奴工睡覺的地方。我們對古印度社會的結構頂多只能推論至此。如果以埃及與蘇美來做類比，那麼印度河文明的核心應該是由一群侍奉神明的祭司所組織起來的社會，但我們無從證實。

這兩座城市殘留下來的遺址土丘，我們可以很有把握地確立它們的年代。在對印度河流域與蘇美兩地所發現的印章與進口物品進行交互定年之後，我們認為印度河文明可能繁盛於西元前二五〇〇年到前一五〇〇年左右。摩亨佐達羅與哈拉帕這兩座大城後來遭到入侵者摧毀，這些人無意在此定居，他們屠殺當地居民然後放火燒城。我們幾乎可以確定，來自北方說著雅利安語的部族就是摧毀印度河城市與粉碎印度河文明的元凶。他們將印度河文明毀滅得相當徹底，印度河文明的城市元素已消失殆盡，只剩鄉村殘存。大約在西元前一五〇〇年到（最晚）前一二〇〇年間，當蠻族殺光或驅逐了所有的領導階層（很可能是祭司）之後，這些領導階層曾擁有的特殊知識與高超技藝也隨之失傳。如果埃及中王國時期的政治發展未在西克索人入侵與踐踏埃及之前，把維持埃及文明所需的技術與知識傳布到無數的神廟與貴族領地，那麼法老統治的埃及很可能遭逢類似的命運。

35 ▶

## 美索不達米亞文明，西元前二五〇〇年到前一七〇〇年

當這些巨大變化轉變了埃及與印度河谷地的生活時，美索不達米亞的文明生活也無法維持穩定與持續。然而往後幾個世紀，蘇美之地反覆發生的事件，已遠不如西元前三五〇〇年到前二五〇〇年間發生的事件那樣重要。邊境蠻族企圖掠奪灌溉平原的財富，防衛蠻族入侵的問題一直未獲解決。維持城市間的和平同樣是棘手的問題，但這項難題最終卻是在全體城市臣服於（但通常是心懷憤懣）某個蠻族或者說半蠻族征服者的統治下獲得解決。

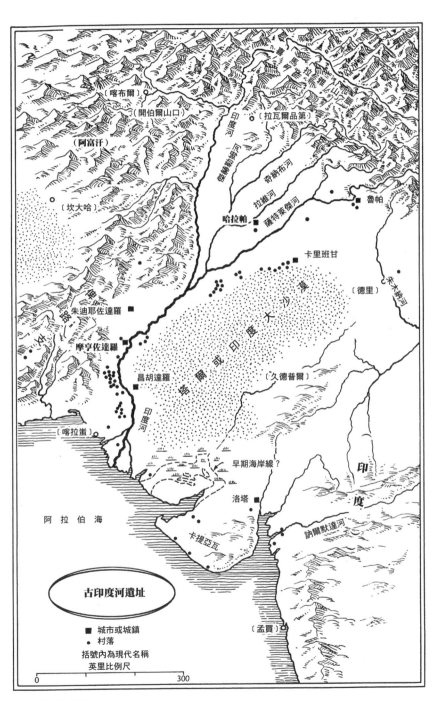

▲ 古印度河遺址

　　在永無止盡的政治與軍事動盪中，有兩項重要變遷值得一提。首先，西元前二〇〇〇年之後不久，蘇美語不再是日常語言。取而代之的是各種閃米特語（Semitic languages），其中阿卡德語是第一個用於文學寫作的語言。蘇美語從日常語言中消失，這段過程是漸進的。使用閃米特語的人從沙漠邊緣來到蘇美，他們的人數越來越多，使得蘇美語逐漸被壓縮到只能在宗教場合使用，後來演變成只能在學校裡才學得到，並且成為宗教節慶的詠唱語言。蘇美語言苟延殘喘了幾個世紀，因為蘇美人為了要與神明溝通，必須使用神熟悉的語言。祭司必須學習蘇美語，就跟我們今日可能要學習拉丁文一樣，這種情況使祭司必須製作雙語詞彙對照表與其他協助學習的指南。現代學者一旦能在以古波斯語製成的雙語碑文協助下精通阿卡德語，就能夠辨識與解讀蘇美語。

　　其次，儘管進展緩慢而且經常遭遇挫敗，但廣土眾民的政治帝國最終還是取得凝聚與穩定。之所以能如此，是因為帝國發展出三項對後世政治而言具有根本重要性的制度：官僚制、法律與市場價格。官僚制原則在今日被視為理所當然，因此我們很難想像人類社會中個人的公共角色或業務角色並非源於他所擔任的官職或被任命的職位。然而，官僚制觀念剛出現時，人們的確需要很長一段時間去習慣。一名陌生人抵達某地，手裡拿著一份文件，上面寫著以國王之名任命他為總督，此時這名陌生人就不能和其他陌生人一樣受到同等看待。法官、軍官、稅吏以及其他官吏也有特殊的角色要扮演，他們必須說服其他完全陌生的人相信，他們是基於官員的身分地位行使職權，因此這些人必須與他們合作。一旦這種觀念為人們所接受，國王就能透過他的軍官與官員來統治偏遠地區。此時，就算未能像尼羅河一樣在埃及提供一種特殊聯結，國王也能有效控制遙遠的邊疆地帶。

　　法律可以適用於國王統治下任何地方的特定案例，因此也有類似效果。法律使人類關係變得更容易預測，這點與官僚制原則相同。陌生人可以彼此交易，而且對結果產生確信。如果有人未履行義務，相對人可以將他送交國王的法律與法官，使其為自己的行為負責。早期法典中，最著名的是巴比倫（Babylon）國王漢摩拉比（Hammurabi，大約西元前一七〇〇年）頒布的

法典，不過從現存的案例紀錄來看，我們無法確定這部法典的條文是否曾經施行過。

市場價格以及可以在法院執行的買賣規則，也讓陌生人之間能成立有效的合作關係。在古美索不達米亞，價格起初是以大麥為單位來計算的。日後在交易量龐大時則以銀塊計價；但平民很少從事交易。就算平民從事交易，通常也是以物易物，並不存在共同的計價單位。

大多數人是貧農，他們從事農耕，如果稅吏與收租者願意讓他們留下足以度日的糧食，他們就該覺得自己走運。貧農與國王的官吏、國王的法律，或地區間的市場幾乎毫無瓜葛。但對於不擇手段聚攏剩餘農產與其他商品的富人來說，官僚制、法律與市場價格的逐漸發展確實有助協調空間廣達數百英里，而時間長達數年或甚至數十年的交易活動。 ◀37

然而古美索不達米亞的政治帝國一直無法長治久安。鄉土觀念依然根深柢固；運輸與通訊遲緩而昂貴；只有像漢摩拉比這種精力充沛的統治者才能有效控制整個美索不達米亞。他寫給大臣的書信，許多仍留存至今。帝國政治中心有往上游移動的趨勢，之所以如此，部分原因是水分蒸發造成土壤鹽化，美索不達米亞極南端最早開墾的田土肥力遭到破壞，最終完全無法耕種。此外，就軍事的角度來看，上游城市總是握有優勢，因為它能切斷運河與下游城市的水源。結果，阿卡德從薩爾貢時代（大約西元前二三五○年）開始支配蘇美；而更北方的巴比倫則在漢摩拉比時代成為美索不達米亞的首都。

在漢摩拉比時代，巴比倫的祭司也大膽修改蘇美人與阿卡德人的知識，開始尊崇巴比倫神聖的所有者與保護者馬爾杜克（Marduk）的名號與力量。所謂的「創世史詩」（敘述世界如何被創造出來，日後而有《創世紀》的產生）使馬爾杜克成為眾神之首。馬爾杜克取代尼普爾的風暴之神恩利爾，而恩利爾原本是蘇美諸神之首。另一方面，漢摩拉比時代的書記與數學家也顯示出不尋常的冒險性格。例如，這個時代的黏土板首次出現複雜的算術計算；但接下來超過一千年的時間裡，數學完全沒有任何新的進展。

從蘇美到阿卡德，再從阿卡德到巴比倫的地理移動，以及伴隨著財富與

權力中心北移而出現的語言轉變，這些並未改變美索不達米亞文明根本的連續性。最初由蘇美祭司發展來解釋世界與神人關係的觀念，仍然禁得起時間的考驗。為了適應氾濫平原生活而發展的早期科技也依然通行無阻。美索不達米亞文明在這些方面的改變微乎其微。發明與小幅改良通常集中在政治與軍事方面，如我們所見，帝國行政的技巧一直在精進之中。

## 38 ▶ 遷移到雨水灌溉地區

美索不達米亞谷地的文明區域在地理上不斷擴大，同時遙遠的尼羅河、印度河谷地也興起埃及與印度河文明，這些發展顯然鞏固了人類文明的進程。然而，只要這類複雜社會仍必須以灌溉河谷來維持自身的存在，這些社會就只能是人類生活的罕見特例，如野蠻海洋中的文明孤島。唯有當雨水灌溉土地能夠支撐數量充足的專門人員，使文明社會存在時，文明才能支配全球。這段過程花了近四千年才發展完成，從西元前二○○○年之前不久開始，一直到十九世紀才大功告成。

雖然遷移到雨水灌溉地區的事實已確然無疑，但首次發生的時間以及詳細過程卻不得而知。舉例來說，到了西元前二○○○年左右，美索不達米亞逐漸被一群衛星文明或原型文明包圍，其中最著名的是小亞細亞的西臺（Hittite）社會，以及敘利亞（Syria）與巴勒斯坦（Palestine）的迦南人（Canaanite）。埃及沙漠使尼羅河谷地兩側無法出現類似發展，但印度河文明的元素卻可能（可能性極高，只是尚未出現考古證據）往南方與東方散布，進而影響印度南部與中部非灌溉民族的生活。

文明在什麼條件下才能在雨水灌溉土地上繁榮發展，要指出這點並不難。首先，農民必須生產剩餘糧食。其次，社會機制必須將剩餘的糧食從負責生產的農民手中轉移給專門人員，使他們可以不用將大部分時間用來耕種（像大部分農民那樣），而能專注發展高級技藝與神祕知識。

我們已經看到，犁的傳播使一般農民能在各種土壤與大部分季節生產出剩餘糧食。想在灌溉地區之外建立文明，這是一項不可或缺的初步條件。不過，我們目前還不是很清楚犁耕農業的確切起點與早期擴展的過程。同樣

地，將糧食從生產者轉移給專門化的消費者的社會機制，其起源與性質目前 ◀39
我們也無從得知。征服與貿易或許是兩項主要因素。但是，征服者與商人對
於既有的社會領導形式有著不同的影響，因此使得往河谷灌溉地區以外擴展
的文明與原型文明社會出現相當程度的結構差異。

　　例如，在小亞細亞東北部挖掘到一批西元前一八○○年左右由亞述商人
寫下的黏土板，我們可以從這些文物窺見新興的西臺文明樣貌。當時，地方 ◀40
上的統治者已經開始聚集一批士兵、祭司、商人與工匠，為一個世紀後在西
臺首都哈圖薩斯（Hattusas）發展的小型宮廷生活打下基礎。西臺生活直接
引進許多美索不達米亞的生活內容。例如，西臺直接借用楔形文字與美索不
達米亞宗教的一些神話傳說。不過在此同時，他們仍維持地方傳統的重要元
素。於是產生了美索不達米亞地域主義與地方獨特性的混合體。西臺的藝術
作品敏銳地顯示出這種文化立場，儘管哈圖薩斯的雕刻與美索不達米亞有著
密切關係，但前者毫無疑問有自身特有、但也相當拙劣的風格。

　　西臺社會包含幾個不同的種族，西臺文明似乎是以一個族群征服另一個
族群形成的社會分化為基礎。只有當地方首領與統治者能支配一定數量的財
富或勞動力時，文明商人才能真正開始從事貿易。遙遠文明地區生產的貨
物，可能太昂貴而無法引起一般農民的興趣，而文明商人想交易的東西，例
如金屬、木材或其他原料，往往要花不少工夫從事運送或其他準備工作。有
些人為了從事這類交易活動而組織地方人力，並且向文明商人購買布匹、金
屬與其他貨物，這些人之所以有能力從事這類活動，很可能是憑藉自己最初
身為族群領袖征服他族所獲得的財富與權力才能如此。軍人地位的崇高，以
及西臺雕刻矮胖笨拙的特徵，充分顯示當地征服者的沉重壓迫。征服者為了
維持小城市的運轉，而向受害者收取租金與徵收勞役。在小城市中，工匠與
其他專門人員可以迎合征服者的口味。

　　大體來說，美索不達米亞其他邊境地帶似乎也出現了相同的社會演進模
式。西方的迦南人可能比較重商，而不崇尚軍事：但在底格里斯河谷地北方
與東方的山區，胡里人（Hurrians）與埃蘭人（Elamites）以美索不達米亞文
明生活方式為基礎，發展出獨特的風格，他們崇尚軍事或遵循與此相近的路

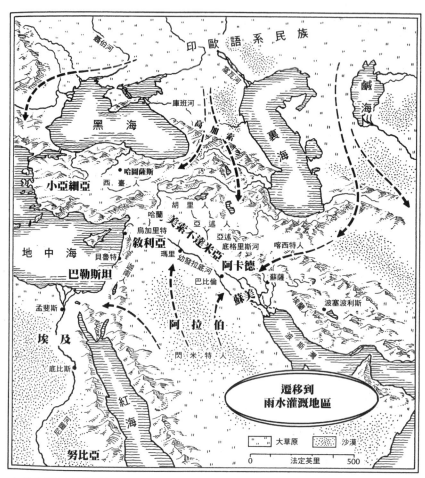

▲ 遷移到雨水灌溉地區

線，我們的資訊極不完整，只能如此推論。

41▶　　在位於山區之外更遙遠的大草原地帶，牧人對於金屬尤其感興趣，金屬可以改良武器或為服裝增添光采。西元前二五〇〇年左右，在高加索（Caucasus）山脈以北的庫班河（Kuban）谷地，當地部族首長開始以精美的青銅製武器與首飾來裝飾自己的墳墓。青銅器使大草原上原本已相當好戰的蠻族更加難以對付。事實上，這些蠻族證明自己有能力征服遙遠的四鄰。

因此，在往後的六、七百年間，拿著青銅武器的蠻族成群結隊從大草原湧入整個西歐，不僅征服全境，而且吸收了當地人口。青銅器時代蠻族的入侵，使暴力習尚以及對軍事美德的推崇深植歐洲人的意識裡。歐洲的語言也開始歐洲化，除了芬蘭人（Finns）、愛沙尼亞人（Estonians）、馬札爾人（Magyars）與巴斯克人（Basques）外，歐洲所有現代居民說的語言都是源自同一種古代語言（或者說是數種彼此關係密切的古代語言），這種語言是青銅器時代的征服者從歐亞大陸西側的大草原帶來的。

這個語族稱為印歐語系，它的語言分支不僅遍及歐洲，也分布波斯與印度北部。印歐語系的現代分布證明大草原上勇猛健壯的蠻族一旦獲得最進步的青銅武器，便開始大肆往東與往南擴展。在中東，一小群說著印歐語言的戰士似乎征服了山民胡里人而成為他們的統治者：更往東的喀西特人也淪為另一群戰士的臣民。就連說閃米特語的西克索人也吸收了一些印歐語系民族加入他們的行列。征服印度河谷地並且摧毀古印度河文明的雅利安人，是這波蠻族遷徙最邊緣的一支。其他比較不知名的部族，如吐火羅人（Tocharians），則是繼續往東移動，日後最遠或許到達了中國邊境。

關於這波民族大遷徙的性格與影響，我們將在下一章進行更深入的探討。

## 海上文明

當文明技術與蠻族社會的互動在歐亞大陸種族地圖上造成巨大變化時，◀42另一個規模沒有那麼廣大但並非不重要的海上擴展，也改變了地中海與大西洋沿岸的人類生活與文化。

米諾斯的克里特島是早期海上文明的重要例子。西元前四○○○年之前，在島上定居的人並不多，而地中海也大約在此時開始有人從事航海。克里特島殘存的古代垃圾清楚顯示當地在西元前三○○○年左右與埃及有貿易往來。一千年後，完整的文明已在島上發展，著名的米諾斯（Minos）宮殿初次建成是在西元前一九○○年左右。大約在此同時，至今尚無法解讀的文

字形式，連同冶金術、華麗陶器、迷人的自然主義藝術風格，以及其他古代文明附屬品都已經在這座島上出現。

工匠與其他專門人員創造出光彩奪目的米諾斯文明，而維持這些人員所需的財富則主要來自於海上貿易。米諾斯的船隻在地中海各處航行。尋找需要的銅與錫以製作青銅器，可能是促成米諾斯人遠航的主要誘因。無論如何，在薩丁尼亞島（Sardinia）的古銅礦區附近挖掘出米諾斯人居住的遺跡。克里特島本身出產木材與橄欖油，並且出口到敘利亞海岸與埃及。此外，米諾斯商人或許還在地中海東岸的文明工匠與地中海北岸和西岸的原料商之間擔任仲介。

米諾斯社會組織的確切形式已不可考。米諾斯或許是一個頭銜，就像法老一樣，而統治者的權力或許比較多是來自於宗教而非軍事或行政角色。戰爭在這裡顯然不像在大陸上那麼重要。就目前挖掘的成果可以看出，米諾斯的首都克諾索斯周圍並沒有防衛的城牆；而武器與盔甲在克里特島的遺跡中相當不起眼。

宗教是米諾斯權力的基礎，而與米諾斯宗教有關的崇拜甚至一直沿續到小亞細亞的歷史時期。米諾斯宗教的中心神祇似乎是「大母神」（Great Mother），其特殊的象徵是雙面斧。此外，公牛與蛇是受到特別尊崇的對象。公牛舞，是一種雜耍性質的宗教表演，其中年輕人抓住直衝過來的動物雙角，然後高高跳起躍過動物的背。這是一項重要的宗教儀式。西班牙的鬥牛或許就是從這種古代宗教運動流傳下來的。

43▶ 與嚴肅而呆板的西臺雕刻相比，米諾斯藝術在現代觀賞者眼中是輕快、優美、自然的。魚類與其他水中生物的自然主義圖畫，以及傳統但充滿活力的人類肖像，顯示米諾斯的繪畫比西臺及其他大陸社會的繪畫更具有愉悅的氣氛而少有暴力。在西臺與其他大陸社會的繪畫裡，軍事鬥爭與被征服者遭受嚴酷壓迫是文明與原型文明的現實主題。

地中海再往西一點有一座馬爾他島（Malta），當克里特文明正值巔峰之時，另一處高級文化中心在此地出現。這座島嶼似乎是「巨石」（megalithic）宗教的「母會」（mother church）遺址所在。可以確定的是，

從摩洛哥（Morocco）到瑞典南部，有許多巨石砌造的墳墓與建築物遍布在
西歐與北非的海岸地帶。為什麼有人要費這麼大的工夫蓋這些建築物，我們
不得而知。也許傳教的祭司說服了當地居民，使他們相信這麼做值得。祭司
一方面組織需要的人力，另一方面則教導當地民眾必要技術，使他們有能力
興建巨大的紀念性建築。巨石宗教的導師可能懷抱著某種希望，相信到了這
些位於日落處極西之地的小島可以受到祝福而長生不死。墳墓與其他巨石建
築可能是用來確保人們獲得幸福而永遠不死的人生。巨石宗教也許跟埃及的
死者崇拜有某種關聯性；但這種聯結形成的詳細情況，則還有待調查。事實
上，由於沒有文字記錄，所有巨石宗教的教義只能從後世愛爾蘭與凱爾特的
民間傳說來推知一二。

　　巨石遺跡散布在歐洲與非洲各地，說明了巨石文化者走的是水路，而且
這些人還是技術精良的船員。這些人的船很可能只是簡單的小船，也就是
說，用枝條編成，外面再罩一層防止海水滲漏的獸皮。使用這種輕便簡單的
小船，只要接近岸邊就能航行非常長的距離，而且一遇到暴風雨隨即就可以
靠岸。當船隻意外遭遇暴風雨時，有時會因此偶然橫渡大海。加那利群島
（Canary Islands）之所以有人定居，很可能就是一場意外航行下的結果。當
十四世紀歐洲人首次在這些遙遠島嶼上發現一些生活在石器時代的人類時，◀44
這些島民很可能就是那些石器建築者的子孫。事實上，即使使用的是上古時
代巨石建築者的小船，要一路橫渡大西洋技術上也是可行的，就像哥倫布日
後所做的，只要利用東北貿易風就可以橫渡大海。

　　巨石原型文明向遠西擴張，大約是在西元前三○○○年到前一七○○
年。祖先來自歐亞大草原的蠻族征服者，來到了歐洲的大西洋岸，征服了這
些愛好和平的巨石建築者。土地的新主人偶然間使用了古老的巨石時代技術
來興建像英格蘭巨石陣（Stonehenge）這樣的建築物。這些由直立石頭構成
的圓圈——除了巨石陣外，其他地方還有好幾個這樣的石圈——或許代表著
一種宗教建築方式。這種建築方式原先是用樹幹繞成一個圓圈，現在為了使
這種建築能傳之久遠，於是改以石頭砌成。這種石圈可能具有曆法的功能。
以這種方式排列這些大石頭，在陽曆的重要日子裡，太陽（以及一些明亮的

星星）升起與落下時會與石頭的縫隙連成一條直線。藉由這種方式，可以非常精確地定出一年之中白晝最長與最短的日子。

## 東亞與美洲

我們對於西元前三〇〇〇年到前一七〇〇年之間，世界其他地區人類生活的變遷，知道的並不多。中國文明在黃河中游迅速興起，並且形成以小米為主食，相當稠密的農耕人口。這些農民開墾的是一種特殊的土壤，名叫黃土。黃土是冰河時期風吹拂的塵土沉積而成，相當容易耕作。黃土區沒有森林，因此種植技術與中東燒墾法完全不同。基於這點，而且也因為小米在其他地區並非重要作物，所以絕大多數學者認為中國農業是獨立產生，與中東農業無關。不過，小麥與大麥這兩項中東特有的作物，黃土區也有種植，而且時間還相當早。

更往南走，東南亞的大河谷地，一種相當不一樣的栽培種植類型在西元前三〇〇〇年到前二〇〇〇年之間逐漸嶄露頭角。在這個地區，季風是一種支配性因素：一年有一半的時間下雨，而且幾乎每天都下，而另一半時間則是乾旱。濕季與乾季交替極為鮮明，表示這個地方極易發生洪水，而水災之後則逐漸轉變成旱災。許多塊根植物很能適應這種環境；稻米亦然，它成了季風農業的主食。

以稻米農業的成熟形式來看，季風亞洲的稻米種植在三個重要面向上不同於中東的穀物農業：首先，稻作要從特別育種的園圃移植到田裡（亦即，就像塊根植物或其他可以分枝移植進行繁衍的植物一樣）；其次，種植時，以獸力輔助人力並非絕對必要；最後，稻田必須浸在一層淺水裡幾個月的時間，直到稻作成熟為止。這些差異意謂著，東南亞栽培式農業要比中東式田野農業更集約與更耗費勞力。尤其開闢稻田需要大量的工作與相當的技術，此外一年裡面還要有部分時間讓稻田自然浸泡在水裡。在其他地方，首先必須先整平田地，並且挖掘低矮溝渠讓水平均分散到稻田各處。然後從溪流引水使其流入田裡，要剛剛好讓水位保持在適合稻作生長的位置。然而，雖然

田地表面需要進行這樣的改造工作，但經過妥善照顧的田地卻能有很大的產量，足以維持種植所需的勞動力。因此，以稻田農業為基礎，季風亞洲得以發展出非常稠密的農民人口；但在剛開始的時候，這種農業緊靠著河岸，自然氾濫可以減輕稻農的工作。一直要到中國文明出現之後，地勢較高的山區土地才開始大規模地進行稻米種植。

　　儘管如此，西元前三〇〇〇年到前一五〇〇年之間，一連串人口稠密的群體開始沿著東南亞河岸與海岸平原興起，並且從孟加拉（Bengal）一路往中國延伸。這些社會以稻米與塊根作物為食物，發展出高度的航海技能。但其複雜性仍不足以與中東文明相比。技術的專門化，以及將大量人力組織成單一的政治與經濟單位，這裡的規模不如中東，或許這是因為季風區的氣候條件不需要眾人一起努力進行大規模灌溉，事實上，在雨水充沛的地區進行這種工作也相當荒謬。◀ 46

　　早期亞洲航海者在太平洋島嶼之間航行到多遠，我們還無法說明，因為這方面的考古研究還相當零星。這裡或許曾經出現遷徙，或許他們遷徙的範圍比歐洲巨石文化者還要遼闊，就算航海技術原始，但在這個可以預測季風與貿易風的地區航行是相對輕鬆的；相反地，經常出現風暴的北大西洋則是全世界最不平靜的海域。

　　在新世界，隨著冰河北退而跨越白令海峽（Bering Strait）的遊徙獵人遊群，在西元前八〇〇〇年左右佔據了南北美洲。從南美洲最南端的火地島挖掘出來的劈鑿石器證實了這點，這些石器的年代同樣也是西元前八〇〇〇年左右。這些美洲人並不是一直維持狩獵與採集生活。就在第一批獵人抵達火地島前不久，玉蜀黍種植的痕跡已經在墨西哥中部、美國西南部，或許還有南美洲的祕魯和其他地方出現。但玉蜀黍最初的種植形式與日後的種植形式有很大的差異，早期的產量與營養價值或許都比較少。無論如何，美洲農業的萌芽並未快速導致城市興起與文明出現。直到西元前幾世紀，即使在新世界最先進的地區，也只產生了簡單的村落生活。

　　儘管我們的資訊存在著許多不確定性與明顯闕漏，但我們仍可清楚看出，到了西元前一七〇〇年，人類的成就已相當突出。與先前時代的文化進

展速度相比，此時社會變遷步調之快，已令人眼花撩亂。不到兩千年的時間，舊世界的核心地區已經興起三個灌溉文明；許多小規模的衛星文明在雨水灌溉地區發展，文明成就的回響也傳至北方大草原的蠻族戰士，並且傳布到地中海及大西洋的沿岸居民，或許還擴及印度洋。另一個較不複雜、技術層次較低與較少人知的文化進展也在季風亞洲與黃河流域黃土區出現。

47 ▶

簡言之，文明的歷史，連同其複雜的內涵，已經完全啟動。文明與半文明的冒險者、拓荒者、戰士、商人、傳教士、探礦者與搶奪土地者已經彰顯力量，他們騷擾其他弱小的民族，並且深入世界上嶄新而更遙遠的地區。

第三章

西元前一七○○年到前五○○年

# 中東的世界主義

　　西元前一七○○年之後的三百年間，文明世界遭到蠻族征服者的入侵。　◀48
美索不達米亞北部與東部山區的居民，敘利亞、巴勒斯坦與阿拉伯北部沙漠
邊緣的部族，連同大批來自北方大草原的戰爭遊群，這些民族前仆後繼地攻
擊一切既有的文明生活中心。往後的歷史，再也看不到規模如此龐大的蠻族
入侵。偏遠文明地區的社會結構能維持的專門技術並不穩固，一旦被蠻族征
服，這些偏遠地區獲致的成果絕大多數將毀於一旦。文明世界的兩個端點，
克里特島與印度，在亞該亞人（Achaean）與雅利安人的攻擊下，只留下冒
煙的遺跡。亞該亞人與雅利安人的劫掠在西元前一五○○年到前一四○○年
間達到高峰。

　　離中心較近的文明生活根基較穩固，蠻族征服造成的影響較不嚴重。美
索不達米亞與埃及文明只有局部地區受到嚴重破壞，整體的影響是暫時的。
征服兩地的兩支蠻族（西克索人在西元前一六八○年左右征服埃及，喀西特
人大約在同時征服美索不達米亞）希望能繼續享有這些文明中心帶來的好　◀49
處。他們因此需要祭司、書記與其他專家的協助，讓神明與居民各安其分，
如此一來，租金、稅收與專門技術工匠生產的奢侈品就能源源不斷地流入。
結果，文明賴以存續的社會結構並未崩解。事實上，美索不達米亞與埃及文

化的傳統形式所經歷的變遷可說是微乎其微。

## 車戰技術

這些蠻族征服的範圍與力量，和某項戰爭技術的重大進展密切相關。蠻族征服者擁有輕型戰車以及拉戰車的快馬。在疾馳戰車保護下，蠻族在對敵軍放箭的同時，自己卻能毫髮無傷。蠻族的戰術是先佯攻數回，在接近敵陣時放箭，隨即後撤。蠻族最後攻擊時會集結所有的戰車衝鋒，一口氣擊潰敵軍。

戰車在西元前七世紀享有的優勢，如同坦克在二十世紀前半時與缺少支援的步兵對抗所擁有的優勢一樣。機動性、火力與防禦力這三項戰爭的主要決定要素全對戰車兵有利。戰車兵最大的弱點在於戰車以及戰車兵身上的裝備非常昂貴。要製造一輛可用的戰車需要青銅製的武器與甲冑、馬匹、有技術的木匠、皮革工與其他各種工匠技藝，這些都需要耗費巨大的成本。因此，戰車的數量一直不多。戰車的時代因此是貴族的時代，軍事權力以及經濟與政治的控制權，全掌握在一小撮菁英手裡。

戰車在何時何地發展完成，我們還無法確定。伊朗（Iran）與亞塞拜然（Azerbaijan）的文明工匠技術，尤其製輪匠的技藝，是馴養馬匹的牧人可以接觸到的，因此這裡很可能是戰車最初發展的地方。而最可能出現戰車的年代應該是在西元前一七〇〇年以後不久，因為當時蠻族正如火如荼地向外擴張。

隨著戰車的優勢完全顯現，這項新的支配性兵器也威望日隆。即使在弓箭難以發揮效果的森林地區，例如歐洲北部與西部，當地蠻族部落也想盡可能取得最好的戰車。希臘就是一個例證。當然，荷馬（Homer）筆下的亞該亞戰士在特洛伊（Troy）城下採取的戰術實在太不合理。荷馬的英雄不使用弓箭，反而走下戰車進行肉搏，戰車在他們眼裡只是前往或離開戰場的交通工具。這剝奪了戰車的實際功能，使其淪為儀式的工具。然而更往東走，開闊的地形使弓箭成為實用的武器。入侵印度的雅利安人，以及在西元前一四

〇〇年之前在中國黃河流域建立統治的其他戰車兵，他們合理使用戰車，將其當成一座可站立其上拉弓射箭的移動平台。

　　車戰技術的完善，使馴養馬匹的蠻族逐漸取得巨大的軍事優勢。即使蠻族擁有的戰車不多，也能對他們的征服產生極大的幫助。早先，在西元前二〇〇〇年之前不久，有些土地貴族於美索不達米亞周邊逐步建立起邊陲文明；如今，他們建立的速度開始加快，因為少數人在配備戰車之後，與其他人在軍事實力上的差異變大。結果，在遭受蠻族最初的燒殺擄掠之後，印度河與克里特文明步入衰微，蠻族征服者開始在希臘與印度建立起屬於自己的文明，粗鄙但在軍事上頗具威嚇力。從他們的統治也衍生出古典希臘與印度文明。同樣的情形似乎也出現在遙遠的中國，戰車兵的到來或許是商朝建立的關鍵。（傳統商朝的年代，如果採取最短的說法，是西元前一五二五到前一〇二八年。）可以確定的是，商朝是中國傳統有紀錄以來的第二個王朝，在此之前，夏朝已經為中國文明樹立許多基礎。儘管如此，商的戰車仍為中國社會與政府帶來重大的新衝力與新方向。

　　戰車的發明，使得騎兵與步卒在戰場上的實力落差越來越大，並且為三 ◀52
個舊世界偉大的偏遠文明塑造登場舞臺。邁錫尼的希臘、雅利安的印度以及商代的中國，這三個地區的軍事與貴族政府，及其興起時間的接近，顯示此時有一層鬆散的親緣關係延伸到整個歐亞大陸。美索不達米亞間接影響了戰車最早發展成熟的地方，也就是美索不達米亞的周邊地區，同時也在舊世界所有偉大文明之間建立起一個真實卻又遙遠的相互關係。


## 三個中東帝國

　　戰車征服者對古老而根基深厚的中東文明影響不大。獲勝的蠻族入侵者很快就建立起廣闊而鬆散的封建帝國政府。戰爭遊群的成員散布鄉野，他們成為地主與既有百姓的主人。不久，征服者至少也採納了部分文明的做法。舉例來說，西克索人是埃及人痛恨的異邦人，但西克索人卻大量接受古埃及宗教與文明的風俗與儀式。在美索不達米亞，喀西特蠻族的同化甚至更

為徹底。

　　儘管如此，古代中東民族仍不願意服從蠻族主人的統治。不久，一些地方領袖開始學習車戰技術以擺脫異族加諸在他們身上的桎梏。在埃及，到了西元前一五七〇年左右，南方底比斯一名地方小君主對西克索人發動叛亂，將他們全數驅離尼羅河谷地。在美索不達米亞，遠在北方的亞述王領導「本地叛變」，擺脫蠻族的統治（大約在西元前一三八〇年左右）。西臺人也從首次遭遇新型戰爭的震撼中回過神來，他們獲取製作戰車的技術，而且很快就成為第三個強權，與當時最強大的國家埃及及亞述爭奪遙遠的敘利亞邊地。

　　西元前十四世紀埃及的外交紀錄檔案出土，使現代學者得以清楚一窺這三大帝國跨國性的貴族生活。阿卡德楔形文字是外交語言。為了締結盟約，◀ 53
國王的女兒必須遠嫁他國，因而偶然地將宮廷生活方式與文明傳布到異國土地。職業戰車兵組成衛戍部隊，他們是戰鬥部隊的核心。士兵的薪水來自於戰利品與黃金或其他由統治者藉由徵稅取得的珍貴物品。埃及金庫裡的黃金來自第一道瀑布以外的努比亞金礦，埃及由於擁有最大的黃金來源，因此能維持最精良的軍隊。法老招募的傭兵來自尼羅河各處邊境地帶。

　　貴族戰士、馴馬者與英勇善戰者是一群桀驁不馴的臣民。戰士國王也許能說服這些人跟隨在他的旗幟之下從事各種大膽冒險；但一個國家以戰車貴族的粗略共識為基礎，不可能發展出秩序井然的官僚政府。因此，埃及、西臺與亞述第一帝國都是組織鬆散的國家，每隔一段時間，地方就會出現叛亂。每當地方上的小君主或土地豪族對中央權威深感不滿時，他可以游刃有餘地違抗國王及其代理人的命令，就算其他貴族也起而支持國王，最後反叛者頂多只是遭受斥責而已。戰車貴族盡可能從最務實的角度考慮自己下一步的做法，他可能遵守王命前去平叛，也可能不遵王命拒絕出兵。國王的權力因此完全受制於這些有力貴族的共識。同樣地，這種粗略共識也限制了個別貴族任意發動叛亂或不遵王命。

　　作戰時謹守騎士禮儀，鎮壓農民與奴僕時卻毫不留情，這些是青銅時代各個帝國的共通特徵。戰士統治階級與社會其他階級之間在情感上的疏離，

成為帝國的深刻弱點。但是，只要平民無法擁有能與車戰戰術一較高下的武器，普遍流行的貴族騎士精神就會繼續盛行。

## 鐵器時代

然而，西元前一二〇〇年以後不久，一種新穎而遠比青銅廉價的金屬出現了。貴族戰車兵仰賴青銅，因此新金屬的出現劇烈改變了軍事平衡。再一次，數量開始對戰場造成影響。這種新金屬是鐵，它的礦藏比製造青銅所需的銅來的多，尤其比錫來的豐富。然而煉鐵的技術卻困難許多。

銅與錫可以輕易從礦砂加以還原。青銅合金（銅裡面加入百分之三到十的錫）可以輕易鎔化而加以塑形，既可以直接倒入模子成形，又可反覆敲擊成為鑄塊。鐵的冶煉方式則大不相同。鐵的鎔化溫度遠高於原始火燄所能達到的高點，不過如果埋在燒紅的木炭中則可輕易還原出固態的鐵砂。這種做法產生了海綿鐵，要強化這種鐵無須達到鎔化溫度，只需在白熱狀況下敲打就能排除礦砂中的岩石雜質。經過強化之後，鐵在高溫下極具延展性，容易打製成形，不同的鐵片也能在固態下以敲擊方式鎔接起來。

將鐵埋入燒紅的木炭中長期加熱，可以讓鐵吸收碳（含碳量在百分之零點一到一之間）而成為鋼。鋼與鐵的不同，在於鋼在燒得通紅時放進水裡冷卻，可以獲得極高的硬度。然而冷卻過程必須巧妙地加以中斷，以免冷卻速度太快，而冷卻後的鋼也要緩緩再加熱使其稍微軟化，如果沒有這道手續，鋼會變得易碎。後面這道程序要到西元一千年後才成為普遍做法，而早期鐵器的品質差異極大。最好的產品相當罕見，而其鑄造者往往名重一時。鐵很難均勻地與碳結合轉變成鋼，人們使用的鐵當中只有極少數是硬度較高的鐵。早期的鐵，品質「沒有」青銅好，鐵的大行其道主要在於鐵礦的易於開採。

鐵出現在西元前二〇〇〇年左右，或許是在鎔化銅或鉛時偶然得到的副產品。鐵的真正生產大約開始於西元前一二〇〇年，但鐵器與鐵製武器的廣泛流通卻要等到四個世紀之後。

　　這項科技進展的第一項重大影響是引發新一波蠻族入侵，這波侵略浪潮先是侵擾古代中東偉大帝國的周邊，而後於西元前一二○○年到前一○○○年間，接二連三地傾覆這些帝國。鐵器時代蠻族的軍事勝利，仰賴的是蠻族社群內部因人人幾乎地位平等而產生的心理凝聚力。在蠻族的社群裡，每個◀56人都可以成為能征善戰的軍人，他們的上下之分也不像文明世界長久以來通行的君民之別那麼深刻。貴族戰車兵在數量上顯然處於劣勢，他們四周又圍繞著對他們懷抱不滿的臣民，就連貴族內部也存在著長年未解的傾軋敵對，在這種狀況下，這些戰車兵當然不是大量手持鐵製武器的蠻族的對手。

　　這些中東的新入侵者與他們青銅器時代的前輩一樣，都來自相同的邊境地區：美索不達米亞北部與東部的大草原與山區，以及南方的沙漠邊緣地帶。後世知名的許多民族都是源出這一波遷徙的遊群：伊朗的米底亞人（Medes）與波斯人；敘利亞與巴勒斯坦的非利士人（Philistines）、希伯來人（Hebrews）與阿拉姆人（Aramaeans）；愛琴海地區的弗里吉亞人（Phrygians）與多利安人（Dorians）。絕大多數的入侵者都以部族為單位組織而成。各部族在地方上建立起自己的政治體制，有時（希伯來人就是如此）會以非正式的方式結合成一個廣大的部族聯盟，以應付非常的危機。

## 鐵的影響

　　鐵的使用有著重要的經濟、政治與軍事影響。新金屬的產量豐富到足以讓農民擁有鐮刀刃、犁頭與其他鐵製農具。這些工具使農耕的效率提高，特別是針對黏質土壤這種較難開墾的地區，改善的效果尤其顯著。

　　在中東一些地區，鐵器時代蠻族入侵後產生的自由農開始以自己生產的農作物換取工匠製品，其中包括最重要的鐵製工具與武器，以及像輪製窯烤的陶器與裝了輻條的車輪等物品。這些器具的製造需要特殊技術，一般農民無法自行生產。即使地主與稅吏在中東社會重新恢復地位——這段恢復的過程並未花費很久的時間——城鄉之間的地方性貨物流通也未因此而斷絕。一群卑微的城市工匠擁有技術並且生產農民需要的物品，他們的存在將成為永

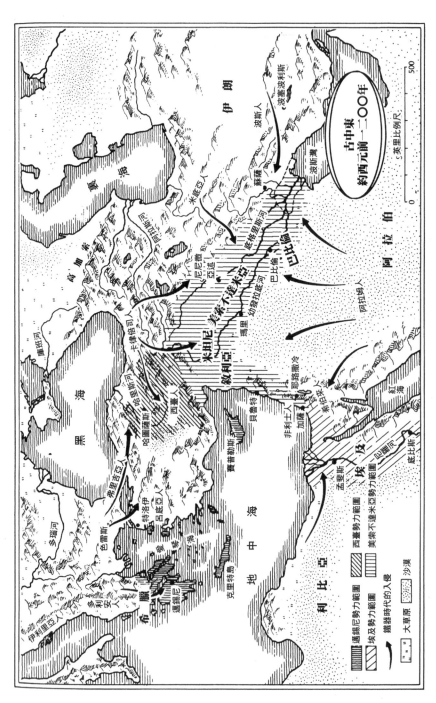

▲ 古中東，約西元前一二○○年

久現象。無論此後這個地區發生什麼樣的軍事災難或政治崩解，這種地方技術專門化的現象仍能持續存在或很快就恢復生機。

　　隨著經濟專門化的好處逐漸滲透到中東社會的最底層，文明也首次獲得充分而不可動搖的發展。大多數人都無法置身於交換與互相依存的網路之外。每個人都因專門化而獲益，即使是最窮的農民也一樣，他們現在也開始到市場購買必需的工具。這或許是鐵器時代的最大成就。社會分化與專門化原本是極不尋常的地理與社會環境產物，現在卻成為中東農業社會的永久部分。文明社會的複雜性與專門化在經過約兩千年的發展之後，終於成為社會的固有之物。 ◀ 57

　　相較之下，鐵器時代蠻族入侵所建立的政治秩序卻非常不穩定。地方部族與部族聯盟間的鬥爭，很快造成大型領土國家的再度興起。亞述人是最成功的帝國建立者。他們能從吃苦耐勞、數量眾多的地方農民中選拔出作戰的士兵。此外，古美索不達米亞留下的帝國傳統與治理技術則由亞述諸王有意識地加以繼承與保存。另一方面，埃及在勉強擊敗接續三次來犯的入侵者（西元前一二二○到前一一六五年）之後，只能在尼羅河谷地領域內採取守勢，他們只想與入侵者保持距離，試圖保存最古老的法老文化遺產。

　　儘管歷經無情而近乎永不止息的戰爭，亞述帝國卻從未真正獲得太平。臣服的民族如以色列人與巴比倫人仍周而復始地反叛。嚴厲的報復，例如將所有顯貴家族從以色列王國移往巴比倫（西元前七二二年），仍不能防止叛亂再度發生。只要一有機會，當地隨時可能發生暴亂。然而最後推翻亞述人統治的不是內部叛亂，而是另一次重大的戰爭技術革命。這場軍事革命發生於西元前八五○年到前七○○年，主要中心在大草原上。這場革命的本質單純得讓人覺得有點荒謬：經過幾個世紀的時間，大草原上的游牧民族開始習慣騎馬。他們組成騎兵，靠著利用馬的力量與速度這個簡單方法取得機動性的優勢。

58▶ **騎兵革命**

　　我們對騎馬習以為常，很容易把使用馬匹當成再自然也不過的事。為什麼人類花這麼長的時間才習慣騎馬？事實上，人類早在西元前二〇〇〇年之前就已經在偶然間騎上馬背。但這裡有個難題。在軍事行動中，騎馬的弓箭手必須騰出兩手來射箭。馬匹的行動如果有任何差錯，騎士很可能從馬背上直接摔落在敵人面前。戰車兵可以安排一人駕車一人射箭來解決這個問題，但騎兵必須一個人同時做兩件事。這裡需要的不是兩個人之間的分工，而是下半身與上半身之間的分工。下半身要控制馬匹，上半身要拉弓射箭。在這種情況下，唯有馬匹與騎士都受過長期訓練養成，才能確保馬與人之間的協調，使騎馬變得安全可靠。因此，希臘傳說的半人半馬與歷史的騎兵便在兩種不同的物種之間形成引人矚目的共生關係，而對於人類花了漫長時間才讓騎馬變得重要，我們無須感到驚訝。

　　隨著騎馬日漸普及，其所展現的軍事效果也類似於早期的戰車發明。游牧民族騎在馬背上，彎弓搭箭，他們擁有的機動性與打擊能力遠非任何步兵所及——無論這些步兵組織多完善，紀律多嚴明。從大草原發動突襲然後迅速退去，這種做法既安全又容易。想阻止這類突襲，唯一的辦法是擁有跟對方同樣機動但紀律較佳或數量較多的騎兵。亞述人無法提供騎兵。他們的故土缺乏草地，不適合飼養馬匹。馬匹的數量無法提升，於是馬匹僅能成為統治者與貴族身分的象徵，一般亞述士兵根本不可能擁有。

　　西元前七〇〇年以後不久，希臘人知道的幾個民族，如欽梅里亞人（Cimmerians）與斯基泰人（Scythians），這些民族開始運用大草原的這股新力量對中東廣泛進行突襲。騎兵的成功突襲促使亞述的後方民族反叛。於

59▶ 是，南方蠢蠢欲動的巴比倫人、東方伊朗高原的米底亞人，與北方大草原的斯基泰人，終於在西元前六一二年合力推翻亞述帝國。勝利者平分戰利品：斯基泰人返回北方大草原，他們的馬匹滿載掠奪來的金銀財寶，至於米底亞人與巴比倫人則與新興且野心勃勃的埃及平分亞述帝國領土。

　　勝利者隨即陷入紛爭，尤其巴比倫與埃及為了控制巴勒斯坦與敘利亞而輕啟戰端。在這場衝突中，猶大王國（kingdom of Judah）選擇與埃及結

▲ 騎兵革命，西元前八〇〇年到前五〇〇年

盟，因而激怒了巴比倫國王尼布甲尼撒（Nebuchadnezzar，統治期西元前六〇五到前五六一年）。巴比倫軍隊於西元前五八七年攻陷耶路撒冷（Jerusalem），摧毀城市，而且將居民遷到巴比倫。這個事件本身並不特別引人注目，但日後卻對猶太教（Judaism）的發展產生重要影響。

## 波斯帝國，西元前五五九年到前三三〇年

　　在不到半世紀的時間裡，新征服者波斯人居魯士（Cyrus the Persian，統治期西元前五五九到前五三〇年）從東部的高原崛起，他幾乎將所有中東地區全掌握在自己的手中。居魯士的繼承者，岡比西斯（Cambyses，統治期西元前五三〇到前五二一年）與大流士大帝（Darius the Great，統治期西元前五二一到前四八六年），陸續將埃及與印度西北部併入帝國版圖。波斯人為了保護重要的邊疆草原地帶，於是僱用邊境的騎馬游牧部族為他們守邊，以防止更遠處的草原民族入寇。當這項安排出現崩解的危機時，居魯士與大流士出動大批波斯野戰部隊走出國境陳兵大草原上，就算不能擊敗游牧民族的騎兵，至少也能起到威嚇作用。居魯士死於邊境戰爭，而偉大的大流士在西元前五一三年獲得的只是無足輕重的戰果。大流士曾入侵歐洲，深入斯基泰人境內，也就是今日的南俄地區。

　　在中東文明的核心地帶，波斯人起初讓那些被他們兼併的各個民族重獲自由，並且讓他們恢復自己的傳統宗教與地方制度。居魯士允許猶太人回到耶路撒冷，而有些猶太人確實回去了。居魯士同時也恢復或承認古埃及或古巴比倫的祭司權威，條件是他們必須支持波斯政權。但居魯士的兒子岡比西斯，以及大流士都認為必須削除這些特權，因為地方信仰與祭司的煽動性言語顯然成了叛亂溫床。於是，繼承者放棄了居魯士的解放政策，重新採取古老的亞述統治技術，甚至更進一步地加以改良精進。中東諸民族不斷試著要確保地方獨立，但接二連三的失敗使他們心灰意冷，於是他們對這個來自遙遠異邦的大君主無上政治權威進行的抵抗也越來越弱。儘管如此，波斯帝國的國祚僅維繫了兩百餘年，它的滅亡（西元前三三〇年）不是源於本國叛

亂，而是遭受位於帝國西部邊陲仍處於半野蠻狀態的馬其頓（Macedonia）攻擊所致。

　　在我們離開中東並且將注意力轉向印度、希臘與中國之前，我們應該思考（儘管只是短暫地）中東文明在漫長而動盪的幾個世紀裡，產生的幾項遠較過去值得注意的關鍵發展。首先是帝國技術的演進；其次是字母文字的發明；最後則是倫理一神教的興起。


## 帝國的技術

　　一般而言，帝國政府的基本制度早在西元前十八世紀青銅器時代蠻族入侵前，就已在古美索不達米亞初具規模。由官僚（也就是說，其權力的取得源自於他們的官職而非個人）支配的政治秩序，則是在漢摩拉比（Hammurabi）統治下得到充分發展。亞述人重新恢復了這項原則，而波斯人也一仍舊貫，完全採納這項做法。經由任命產生的官員網絡其實相當稀疏。一名負責管理廣大領土的皇家總督，不可能對於省內各地發生的所有事情予以監督與控制。實際上，總督必須應付各種地方權威——神廟祭司、城市長官、擁有封地的小王侯、部族酋帥或其他地方豪族。

　　習俗與慣例是決定以下關係的主要因素：地方當局向總督支付的稅額或負擔的兵役；國王、總督與地方當局的管轄權；為了與神明維持良好關係而必須遵守的宗教與儀式規定；簡言之，官方管轄的事務只要與地方生活有關，就必須處處受到習慣與風俗掣肘。總督與地方當局都無法單方面地改變這種關係。一方面，國王與總督動員全體社會資源進行戰爭或其他目的的能力大受局限，另一方面，帝國政府本身的穩定卻受到保障，因為傳統的貢賦與徭役或多或少能維持定額，政府不用每年費神跟地方協商或強制收繳。

　　在西元前的一千年間，這項統治原則已不新穎，但亞述人、巴比倫人、米底亞人與波斯人卻是首次將這項原則推行於比以往更為遼闊的領域之上，而其施行的時間也遠較過去為長。這些民族成功的主因，在於廣土眾民的大國領袖在軍事上足以壓制其他弱小的對手。在帝國強大的背後，是軍事組織

的重大進展。舉例來說，亞述人發展了某種近似職業軍官團的組織，並且以數十人、數百人為單位來建立正規軍。一名成功的軍官想獲得晉升，完全取決於上級長官的意願與裁斷。徹底的合理性在軍政的發揮空間遠大於民政。此外，每年或幾乎每年進行的戰爭，可以讓帝國軍隊維持良好的作戰狀況，他們可以輕易擊敗任何臨時組織起來的地方反抗勢力，以及威嚇絕大多數來自遠方邊境的威脅。

在阿卡德的薩爾貢時代（約西元前二三五〇年），要維持常備軍是一件極為困難的事，你必須將物資聚集到一個地點，而且規模要大到足以維持一支可觀的部隊。但是，把軍隊分派到有現成糧食可吃的鄉間，就必須冒著中央權力瓦解的風險。薩爾貢解決這道難題的方法是讓他的軍隊不斷在征服的土地上進行掠奪。漢摩拉比將士兵駐紮在地產上，他詳細記錄每一名男子的軍事義務，督促他們定期服役。亞述人與波斯人統治期間，這道古老難題依然無解，但運輸與交通的改善使問題不那麼尖銳。現在，帝國朝廷有可能集中足夠的物資來維持一支常備軍，也就是皇家禁衛軍。帝國無法在首都維持所有的部隊，在戰事與戰事之間，這些軍隊必須分散到鄉間，有需要時再召集過來。但是，隨著皇家禁衛軍的規模與職業化日漸擴大，例如波斯的「不死軍」（Immortals）就達到萬人之眾，帝國的中央權威自然而然比起任何地方的反對勢力擁有軍事優勢。皇家禁衛軍的存在本身就足以迫使遙遠省分遵守王命調派部隊前來，因為大家知道不遵王命很快就會遭受壓倒性的報復。除了一些極不尋常的軍隊組織，例如西元前七世紀到處突擊掠奪的斯基泰騎兵，或西元前四世紀亞歷山大以組織緊密的馬其頓軍隊入侵波斯，否則幾乎沒有人能撼動這支禁衛軍的軍事優勢。

亞述與波斯政治軍事成功的祕密就在這裡。從世界史的宏觀架構來看，戰時輔以半專業化的民兵，也就是常備軍的發展做為基礎的權力工具，顯然是一項劃時代的政治演進。羅馬與近代歐洲軍隊都以古亞述人與波斯人首先發展出來的這項行政原則做為治軍的基礎。

職業常備軍的興起是以經濟與科技進步為前提，如此才能讓物資大量集中，並且年復一年地維持規模龐大的軍隊。有系統地鋪設道路也有助於貨物

流通。亞述軍隊定期鋪設適合有輪車輛行駛的高速公路。這項措施可以加速軍事物資的供應，也能在戰時讓軍隊快速抵達遙遠的帝國邊境。在和平時期，道路也能降低人員與貨物的運輸成本，加快運送的速度。

此外，針對商人的權利與特權而訂定的一連串法律與慣例，促進了長距離與彼此陌生而互不信任的人群之間的貿易。在西元前兩千年到前一千年間，巴比倫法律已經考慮到商人的需求，而在亞述與波斯帝國的巔峰時期，政府也持續給予商人重要的法律保障。舉例來說，商人可以免服兵役。商人與工匠居住的重要城市可以享有廣泛的自治權，但相對的也要向政府支付貢金。更重要的是，帝國政府會負責道路的治安——原則上是如此，實際上則不一定。因此，任何試圖劫掠來往商旅的盜匪，都有可能遭受帝國官員率領的地方衛戍部隊的懲治，或遭受野戰軍分遣部隊的征討。所以，從事跨地區貿易的商人與帝國軍隊之間，或多或少維持著一種有意識而審慎的結盟關係。商人與軍隊構成了西元前一七〇〇年到前五〇〇年間古中東社會主要的成長點。

## 字母文字

單一中央政治權威的優勢與日俱增，而且產生廣泛而複雜的影響。舉例來說，商人、官員以及其他參與跨地區事務的人需要共通的語言。大約在西元前一〇〇〇年之後，他們開始以阿拉姆語（Aramaic）做為共通語言。他們還需要一套比較簡單的書寫方式。文字書寫技術自從在蘇美神廟萌芽以來，就局限在人數極少的知識階層之內。學習者必須在學校裡學習數年，才能精通大量用來代表口語的音節符號。但到了西元前一三〇〇年之前，書寫技藝經過大幅簡化，使得書寫變得相當容易學習。社會的廣大階層因此有了識字的可能。

嘗試使用簡易書寫方式的地區似乎集中在東地中海沿岸，也就是從西奈半島（Sinai）延伸到托魯斯山脈（Taurus mountains）的地區。這個區域位於埃及與美索不達米亞之間，同時流通著象形與楔形這兩種風格完全不同的

文字。儘管如此，這裡卻沒有完整的學校體系來訓練男孩精通這兩種複雜的文字。在這種情況下，未受過完整教育的書記，對於正確書寫古老文字不感興趣，他們任意簡化文字來記錄口語。這些書記根據原則來創造各種「字母」，這項原則就是，如果單一符號可以用來表示某個可辨識的子音，那麼只需約三十個符號就能將人類口語記錄下來。在此地通行的閃米特語，不一定非寫下母音不可，因為在寫下的子音之間插入正確的母音是很容易做到的。即使到了今日，阿拉伯語與希伯來語也還是省略母音。

65 ▶ 字母何時起源，精確的年代已無法確定。到了西元前一三〇〇年左右，字母在敘利亞與巴勒斯坦已相當普及。從許多記錄一般交易內容的陶器碎片可以發現，字母的使用很快廣泛滲透到當地的城市地帶。美索不達米亞與埃及的書記當然拒絕承認這種新書寫方式。基於神聖目的，古老的楔形文字與象形文字仍一直使用到開始使用基督紀年之前不久的時代。但就一般事務來說，字母只要稍微調整一下就能用來表示各種語言，這種特性使字母能從發源地敘利亞往四面八方傳布。字母這種新媒介也使當時的流行作品在某種程度上可以永久保存下來。

字母發明的重要性可以媲美鐵的引進，兩者大致發生於相同時期。鐵製工具與鐵製武器模糊了貧富差異，使戰爭與社會更加平民化。我們前面也解釋過，鐵器將農村的農民與城市的工匠結合成互惠的交換關係，使文明第一次真正紮根於人類的生活之中。同樣地，字母使平民能初步掌握書寫，因而使知識平民化。文明社會的高級知識傳統原本是特殊祭司團體與受過高度訓練的書記的禁臠，現在卻前所未有地讓俗人與平民接觸。更重要的是，字母使俗人與平民大量擴展並增加文學的種類，因而使他們更容易對文明社群的文學遺產做出貢獻。如果沒有發明字母，舉例來說，像阿摩司（Amos）這樣單純的牧人（或者是其他任何一名希伯來先知），他的話語似乎不可能保存下來，並且直到今天一直影響人類的思想與行為。

因此，在鐵器與字母的影響下，社會有更大比例的人口能充分參與文明的經濟與思想追求，因而能比過去更穩固地建立起文明的生活方式。然而，我們也不能過度誇大鐵器與字母的影響。事實上，當時的城鄉差異仍非常巨

大，除了極少數例外，絕大多數中東農民都是被動地捲入政治事務，而且多半是受害者。此外，農民對於城市高級文化少有共鳴，他們執拗地遵守地方 ◀66
習俗與信仰，憎恨苛酷的稅吏、不誠實的商人與貪婪的地主。這些人的生活方式與農民迥然不同，在農民眼中，稅吏、商人與地主的存在，本身即是不公不義的明證。

## 一神教的興起

　　西元前一七〇〇年到前五〇〇年間，中東的文化領袖遭遇了各種問題，農民與他們的疏離只是其中之一。古老的思想與情感，在祭司信仰以及古美索不達米亞和埃及的知識影響下日漸僵化，無法恰當地解釋世界主義時代出現的各種明顯嶄新的事物。舉例來說，當埃及軍隊與外交人員縱橫亞洲、敘利亞與巴勒斯坦時，他們有時取勝，有時也遭遇挫敗。因此，他們不可能繼續相信神聖法老的意志無所不在，也不可能相信法老像神一樣，擁有高於眾人的力量。當政治權力與經濟財富沿著底格里斯河與幼發拉底河谷地往上游移動，先是移往巴比倫，而後遷至尼尼微（Nineveh），任由曾經繁盛的蘇美諸城傾頹或完全荒廢時，把蘇美視為世界中心與神祇關心的重點的宗教讚美詩與儀式，也無法理所當然輕易獲得人們的認同。眼前的事實與歷代相傳的信仰所產生的矛盾，對於那些居住在埃及與美索不達米亞之間的少數民族而言更是如此，因為他們發現自己越來越受到外國軍隊與異族主人的擺布，這些入侵者對於當地祭司尊崇的神話、儀式與神祇所知甚少，而且毫不在意。

　　一般來說，這些矛盾引發了兩種彼此對立的反應。有些人認為，在虔誠的期望與現實之間出現落差，是因為神明對於人類未能適當地執行傳統儀式感到不悅。因此該做的是更忠實地遵守古老前例，才能祈求神明重新恢復人間秩序。拘泥的保守主義與有意識的仿古，尋求與恢復已經失去或遺忘的古老形式，這些做法對於接受這種解釋的人來說極其適當。

　　另一些人認為，早期有關神人關係的觀念需要加以修正，或甚至應該以

67 ▶ 新啟示來加以取代。然而，宗教改革者再怎麼激進，仍然主張自己是為了恢復因時光流逝而逐漸模糊且遭人遺忘的真理。另一方面，保守的仿古者也可能成為革命份子，尤其是當他們抱持的真理與正確服侍神的觀念與現行宗教實踐在一些重要面向上發生衝突的時候。事實上，真正對人類世界觀造成永久變動的重要運動，往往結合了兩種訴求，一種是希望回到美好的（有時是虛構的）過去，另一種則訴諸新啟示的權威。

　　古中東社會的思想與宗教演進，傾向於朝著倫理的與先驗的一神教發展。但是唯有猶太人能前後一貫引領這股趨勢，並且得出邏輯明確的結論。其他民族即使將某個神抬高在其他眾神之上，擴大祂的權力，使其足以囊括整個宇宙，卻仍然無法完全拋開傳統多神教的包袱。

　　舉例來說，巴比倫祭司宣稱馬爾杜克是宇宙的主宰者。古老的讚美詩與儀式遭到「修正」，凡是與祭司看法不合的都遭到刪除。例如蘇美讚美詩中有關國王神性的段落都遭到削去。但古代文本經過這種淨化的過程之後，進一步的修改也停止了，神聖的作品（大部分源自於古蘇美時期）就這樣固定下來，幾乎原封不動地流傳到亞述時代。這種宗教的悠久歷史與權威無疑令人印象深刻，但對於在偉大的世界主義帝國中載浮載沉的個人來說，這種宗教無法提供精神慰藉。

　　埃及的宗教演進比較激烈。當埃及人將西克索人趕出埃及國土，並且開始向亞洲從事帝國冒險時，他們遭遇了尼羅河谷地以外的奇風異俗。過去認為尼羅河與法老是全宇宙的中心，現在這種舊觀念已無法解釋外在世界。因此，到了西元前十四世紀，出現了一群改革者與宗教激進份子，他們認為埃及與其他地方的傳統神祇全是虛假。唯有阿頓（Aton），光輝的太陽，祂在每個地方都同樣耀眼，而且公平地施惠給眾人。法老就像太陽一樣，他照顧每個百姓（至少原則上是如此），而且無所不在。在改革者眼中，唯有阿頓才具有真實的神性印記。阿蒙霍特普四世（Amenhotep IV, 西元前一三七九到前一三六二年）成為法老之後開始推廣這種概念。他改名阿肯納頓（Akhnaton），並且運用法老的傳統權力推翻了埃及的舊儀式與舊信仰。此舉在祭司與保守份子之間引發反對熱潮，於是在阿肯納頓死後，阿頓信仰遭

68 ▶

受打壓，情況與阿頓信仰當初短暫迫害埃及舊宗教如出一轍。此後，埃及人放棄重組宗教傳統，他們不打算把遙遠民族帶到眼前的新現實囊括到舊宗教中。拘泥的保守主義表現在各方面，對於古代學問的任何小處都極度珍視，只因為這些東西源自遠古，這種心態成為埃及人的思想主流。古老就是好，在藝術上，雕刻家仿製古王國時代的作品，他們的技藝如此精巧，就連現代學者也總是無法確定哪一件作品是西元前三千年的產物，哪一件出自兩千年後！

　　古中東的政治史進一步鞏固了這種心理轉折。西元前一一○○年之後，埃及的勢力退回到狹窄的尼羅河谷地，它的自然防線中止了亞述人的入侵，也讓波斯人對埃及的控制無以為繼。簡言之，埃及在思想與行為上都隔絕於世界其他地區，藉由這種方式，它得以保存自身古老的政治與文化認同，一直到羅馬時代。


## 早期猶太教

　　在西元前的一千年間，真正的思想果實並未產生於中東文明的古代中心，而是在兩個邊陲地區：巴勒斯坦與伊朗。巴勒斯坦位於埃及與美索不達米亞之間，居民同時接觸兩方的文化傳統，卻未照單全收。伊朗東部的文化位置與巴勒斯坦類似，它是美索不達米亞與興起中的印度文明的文化分水嶺。因此，在巴勒斯坦與伊朗東部，當地方的情況刺激人們重新解釋宇宙的運作時，他們發現自己眼前存在著不只一個，而是兩個彼此競爭的思想體系。在這種情況下，針對文明神話進行簡單的同化或適度的調整來滿足地方的需求與傳統，已無法令人滿意。相反地，更自由與更激進的宗教啟示出現發展的契機。這兩個地區嚴肅而敏感的人們開始苦思人類生命的永恆問題，　◀69
但他們不再從現成的、自證為真與淵遠流長的教義中尋求解答。

　　在這場重新界定人與超自然之間關係的鬥爭中，以巴勒斯坦為中心並且記錄在希伯來聖經裡的猶太傳統居於極為重要的位置，它不僅孕育了現代猶太教，同時也是基督教（Christianity）與伊斯蘭教（Islam）的溫床。

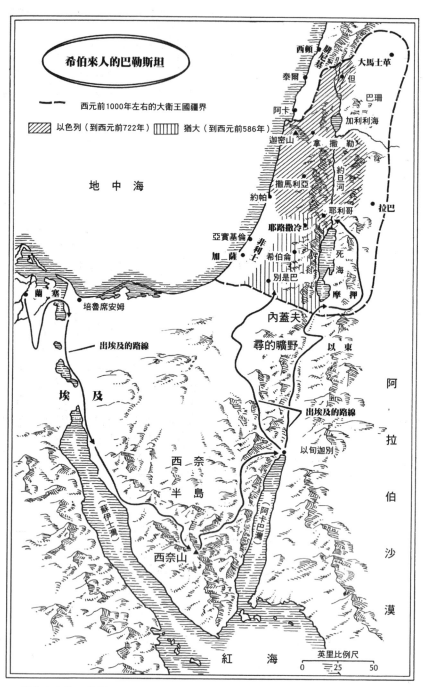

希伯來人的巴勒斯坦

西元前1000年左右的大衛王國疆界

以色列（到西元前722年）　　猶大（到西元前586年）

地　中　海

西頓
泰爾
阿卡
迦密山
撒馬利亞
約帕
亞實基倫
加薩
別是巴

大馬士革
但
巴珊
加利利海
拿　撒　勒
約旦河
耶利哥
耶路撒冷
希伯侖
死海
摩押
拉巴

非利士

蘭塞
培魯席安姆
出埃及的路線

埃　及

西奈半島

蘇伊士灣

西奈山

內蓋夫
尋的曠野
以東
出埃及的路線
以旬迦別

阿拉伯沙漠

（瀕巴卡阿）

紅　海

英里比例尺
0　25　50

▲ 希伯來人的巴勒斯坦

　　聖經傳統將希伯來人上溯到亞伯拉罕（Abraham），他離開蘇美城市烏爾（或許在西元前一九〇〇年左右），在美索不達米亞與敘利亞的沙漠邊緣過著游牧生活。據說亞伯拉罕遷徙的範圍遍及整個肥沃月彎，從肥沃月彎往阿拉伯沙漠北方轉折，最後他與追隨者抵達了迦南地，日後稱為巴勒斯坦。傳統的描述本質上並非無稽之談。

　　希伯來歷史的下一段重要插曲是埃及奴役時期，這段歷史比較令人困惑，因為埃及的紀錄與年代紀和聖經故事很難契合。或許有些希伯來人隨西克索人移入埃及，後來成為埃及本土法老的臣民；但沒有任何埃及的紀錄提到這點。帶領希伯來人離開埃及的摩西（Moses）也許曾接觸過阿頓宗教；但是關於這點，除了摩西的埃及姓名外，沒有留下任何證據。聖經敘述受壓迫的希伯來人如何離開埃及並且在西奈半島上過著游牧生活，這在歷史上應該有其根據。摩西與耶和華（Yahweh）立約並且在西奈山腳下頒行法律，這似乎是已經遺忘如何在沙漠生活的民族所需要的。

　　現代學者多數認為，在西元前一二〇〇年之後不久入侵迦南並且佔據巴勒斯坦山區的希伯來人，都是從沙漠地區新移入的，當中只有少部分（在十二個部族中或許只有一兩個部族）過去曾待在埃及或接受摩西的宗教。儘管如此，一部成文法典與一個證明其力量可以保護子民逃離埃及迫害的戰神，顯然可以做為缺乏政治或文化凝聚力的部族的資產。因此，耶和華信仰能成為對抗迦南人的軍事行動匯集點也就不令人意外了。另一方面，一旦希伯來人開始定居務農，他們自然而然開始崇拜土地之神巴力（baals），因為過去的長期經驗顯示，巴力的確有保護農作物與讓土地長保肥沃的力量。◀71

　　耶和華崇拜一直未能與迦南盛行的肥沃崇拜合而為一。當耶和華的信徒消滅迦南人並且毀壞他們的偶像時，對沙漠與昔日美好時光的記憶使這些信徒維繫著對迦南信仰的敵視。而當需要防衛非利士人與其他鄰近民族的侵襲時，希伯來人不得不統一在一個國王的領導下，這些先是為掃羅（Saul）而後為大衛作戰的勇士自然而然接受了耶和華尚武旗幟的號召。然而，在大衛統治下，王國（約西元前一〇〇〇到前九六一年）急速擴張，不僅為宮廷帶來大量奢侈品，也與鄰邦產生密切的交流。這種現象引發先知們的不滿，他

們以耶和華為名，批評一切因文明引進而產生的腐化靡爛，並且發動新一波對巴力崇拜的攻擊。在這些早期先知中，最有名的是以利亞（Elijah）。

先知的預言出現新的轉折，有些人強烈感受到上帝的力量與意志，因而在啟示下以充沛的情感寫下詩歌，宣洩他們對社會不公的不滿，而這些詩歌全被記錄與保存下來。在這些以文學表現的先知中，最早出現的是阿摩司（約西元前七五〇年）。這段時期的希伯拉先知重新塑造了耶和華信仰，他們將耶和華改造成普世的力量，而不只是單一部族的戰神（尤其在入侵迦南時是如此）。同時，他們也宣稱上帝既公正又仁慈，祂懲罰惡人，但罪人若及時悔過，祂也願意原諒他們。

耶和華是個善妒的神祇，祂要求子民必須全心忠實於祂，不許敬拜其他神明。因此，希伯來先知比較容易將耶和華信仰發展成毫不妥協的一神教。中東其他民族無法既信奉一神教，又同時維持自身的傳統信仰，因為他們承襲的是多神的宗教形式。然而，當遠在數百英里外的王國統治者與不可預知的事件也能對地方事務產生深遠影響時，一神教反而成為唯一能對整個世界提出合理解釋的宗教。此外，這個時期的宗教地方主義也與常識和日常經驗發生衝突。傳統儀式變得空洞無意義；只有希伯來人能充分表現人們對宗教普世主義的廣泛需求。希伯來人建立的具倫理性質的一神教也成為古中東文明最偉大與存續最久的成就。

耶和華信仰取得的制度形式也深刻影響日後的宗教發展。只要希伯來人能繼續享有政治獨立，耶和華的崇拜就會繼續集中在首都舉行的聖殿儀式上。聖殿儀式在所羅門王（King Solomon，大衛的兒子與繼承者，統治期間約西元前九六一到九二二年）時代達到巔峰，他在耶路撒冷興建壯麗的新聖殿來榮耀耶和華。希伯來的政治力量在所羅門王去世（約西元前九二二年）後衰弱，王國一分為二：北方的以色列王國以撒瑪利亞（Samaria）為都，南方較小的猶大王國（Judah）以耶路撒冷為都。而後，如我們先前提過的，西元前七二二年亞述人征服以色列，所有的領導家族全遭流放，類似的命運也於西元前五八七年降臨在猶大王國身上，這次的征服者是巴比倫的尼布甲尼撒。

　　以色列的流亡者失去自身的認同（十個「消失的支派」），而與中東居民融合在一起。因此在北方王國，耶和華宗教只在農民的生活層次上繼續存在。這類信仰者日後稱為撒瑪利亞人。繼承猶大王國豐富宗教傳統的猶太人瞧不起撒瑪利亞人，他們認為這些人的宗教信仰攙雜了迷信。

　　猶大王國的流亡者與以色列大不相同。早在耶路撒冷陷落（西元前五八七年）前，猶太人就致力於純淨耶和華的崇拜。在這場改革中，神聖的經典編纂成舊約聖經，其內容與今日的版本大致相同。因此，當猶大王國的領導家族被流放到巴比倫時，雖然遠離耶和華的聖殿，但他們至少有聖經可以研讀。信仰者每星期聚會一次，由老師（拉比）解釋經文來代替聖殿儀式，這種做法成為日後猶太教的核心崇拜。即使波斯人居魯士允許流亡者返回耶路撒冷（只有極少數人回去），在重建的聖殿中進行的宗教儀式也未能取代當地每星期的讀經聚會。絕大多數猶太人無法親自到聖殿敬拜，因為他們當中有許多人散布在遙遠的地方與異族雜處。儘管如此，這些人仍堅守自己的宗教，並且藉由反思聖經上的應許來鞏固自己的信念。

　　宗教因此與地域脫勾。猶太人在外在舉止上與周遭的民族無異，他們可以說著不同的語言，有不同的穿著打扮與行為方式，但卻能維持對耶和華的信仰。簡言之，宗教完全獨立於人類文化的其他面向。無須仰賴教士在耶路撒冷聖殿進行宗教儀式，信徒也不需要集中居住在單一地區或恪守一致的風俗習慣，只要少數耶和華的崇拜者聚集起來研讀思索聖經的意義，猶太教就能繼續發展下去。　◀73

　　流亡者也在猶太教的情感層面上做出重大改變。強調未來將會賞善罰惡一直是先知預言的主要特徵。但猶太人在巴比倫流亡的經驗使他們賦予未來更大的重要性。猶太人禁不住要問：上帝為什麼讓惡人得勢？上帝為什麼如此嚴厲地懲罰忠實的僕人？為了解答這些問題，出現了兩種理論。有些人，如以斯拉（Ezra）與尼希米（Nehemiah）強調應更忠實地奉行上帝揭示於聖經的意旨，因為當前的苦難顯然是上帝對過去錯誤不滿所致。但另一派，特別是偉大的詩人以賽亞（Isaiah）則認為這是上帝在肅清祂的子民，試煉子民的耐心與毅力，凡是通過考驗的人都將在偉大的「審判日」（屆時世界將

會終結，所有的不義將被掃除一空）得到酬謝。對於主張這項看法的人來說，眼前的苦難越大，表示審判日越接近，而更重要的是，必須謹守聖經上記載的上帝誡命。

聖經的不同篇章在許多地方似乎彼此矛盾，而許多個人問題似乎也在聖經上找不到答案，拉比於是必須絞盡腦汁將聖經應用於日常生活。他們因此逐漸發展出一套行為規章，以回應人們面對的各項問題，同時也讓日常生活獲得了意義與價值。正當古中東的文化陷於疲弱無力，大城市居民失去祖先宗教價值的同時，又未能獲得任何真實的信仰或適合在城市實踐的道德規範，猶太教的信念與道德規章遂在這種情況下成為指引人心的明燈。因此，在其他信仰都已破滅的大城市裡，唯有猶太教一枝獨秀，而在充滿不確定與苦難的時代裡，也唯有猶太教的信徒能對自己的信仰堅信不移。

聖經的經文直到西元前五〇〇年之後很長一段時間仍是開放性的，而拉比對聖經的評釋直到基督紀元之後數個世紀才真正確立。儘管如此，在西元前五〇〇年時，猶太教獨特的教旨與活力已清楚呈現在大家眼前。

## 祆教

在此同時，在東方的遠處，也就是美索不達米亞的另一側，另一場宗教運動在西元前六世紀取得重大進展。與瑣羅亞斯德（Zoroaster）的名字緊密連結的波斯宗教改革，其發展和猶太教大異其趣，不僅只有一名偉大先知，而且這名先知還否認與抨擊自己的民族傳統，並試圖建立全新的宗教。現代印度的帕西人（Parsis）認為他們的宗教信仰可以上溯到瑣羅亞斯德，然而兩者的連結相當薄弱。舉例來說，我們無法確定帕西人保存的神聖經典是否真的出自瑣羅亞斯德之手。這些經典中最古老的是《神歌》（Gathas），以最晦澀的波斯語寫成，其中許多篇章至今學者仍無法理解其中意涵。

基於上述原因，我們很難得知瑣羅亞斯德教導的詳細內容，至於他傳教的地點與時間也引發激烈的論戰。唯一毫無爭議的事證是波斯王大流士（死於西元前四八六年）曾在石碑刻下瑣羅亞斯德的名言，顯示大流士本人也是

祆教的信仰者。在大流士時代，祆教似乎還是新生事物，當波斯人四向拓展帝國版圖之時，他們發現自己置身在一個不斷變遷的世界裡，瑣羅亞斯德正是為了解釋與安排這個變化多端的世界而寫下這些作品。

　　瑣羅亞斯德的訊息崇高而抽象。他傳布至高無上、無形而無所不在的神祇阿胡拉馬茲達（Ahura Mazda）的榮耀。阿胡拉馬茲達與阿利曼（Ahriman，惡的原則）進行著無休止的鬥爭。顯然，每個善人的責任是站在光明這邊，遵從先知瑣羅亞斯德傳達的阿胡拉馬茲達的指示。這些指示包括適切的儀式（明確禁止血祭）以及立身處世要符合道德。做為善行的報償，瑣羅亞斯德承諾信眾可以在此世過著富足的生活，在來世獲得永生。瑣羅亞斯德也相信世界末日將在預定的季節到來，屆時阿胡拉馬茲達為了純淨這個世界，將降下鎔化的金屬洪流把惡人吞噬一空，藉此宣示祂的勝利。光明的力量，包括了神、天使與人，都將一起歡欣慶祝迎接最後勝利的到來。 ◀75

　　祆教（Zoroastrianism）從未成為波斯人以外各民族的信仰；就連波斯人本身也僅限貴族與大臣信奉瑣羅亞斯德的教義。在薛西斯（死於西元前四六五年）時代之後，波斯諸王留下的碑文提到的神祇與概念完全悖逆瑣羅亞斯德的教誨（無論如何，現代學者是這麼解讀的）。因此，嚴格意義的祆教似乎在波斯宮廷流傳的時間不長。然而波斯人在居魯士統治下取得了政治權力，而大流士進一步鞏固了帝國，這意謂著在波斯統治的地區，各民族或多或少曾聽聞瑣羅亞斯德的宗教。因此，日後猶太教的某些特點，例如天使與讓惡人受烈火灼身之苦的概念，要不是借用瑣羅亞斯德的教義，就是受到他的影響。

　　猶太教（連同衍生的基督教與伊斯蘭教）具有改變世界的性格，這是祆教欠缺的。儘管如此，瑣羅亞斯德仍足以與偉大希伯來先知並駕齊驅，因為他們都傾注心力想為變動不居的古中東世界主義世界帶來宗教的指引與秩序。瑣羅亞斯德的二元論比嚴格一神教信仰更能合理解釋惡的存在。因此，在猶太教—基督教—穆斯林傳統中反覆出現的二元論，其源頭可間接回溯到瑣羅亞斯德；但祆教本身卻未留存下來，即使印度的帕西社群宣稱自己是祆教的信徒，其內涵也與原始祆教有很大的差異。

第四章

直到西元前五〇〇年
# 印度文明的形成

76▶ 西元前一五〇〇年左右毀滅印度河城市的好戰入侵者，在印度開啟了一段黑暗而野蠻的時期。幾波雅利安入侵者越過山區向南遷徙，這段過程持續了約三百年。在這段期間，彼此敵對的戰士遊群驅趕牛群四處漫遊，有時停下來收割作物，而後繼續移往他處。這些漫遊者彼此戰鬥，在遷徙時看到在地住民就加以征服。這些戰士遊群逐漸深入到印度未知的地區，他們將雅利安語言傳布到各地，打破了內陸森林居民的孤立。新來者憑藉戰士的習性與較佳的武裝，往往能輕易壓制這些森林居民。

然而，雖然過程很緩慢，但這些漫遊者終於定居下來，過著比較穩定的農業生活。在遷徙征服的英雄時代，放牧具有相當重要的地位，一旦定居下來，放牧也就跟著沒落。在田中辛勤工作，取代了戰士牧人的愜意遊徙。然而，即使入侵者已經完全融入農業生活之中，雅利安人還是沒有停止對印度77▶的南部與東部進行擴張。他們採取燒墾的耕作方式，這種做法一旦舊農地長滿雜草就無計可施，因此需要不斷遷往新地。

印度歷史上的「英雄時代」幾乎未留下任何遺跡遺物。由於缺乏建築完好的城市或永久的居住地點，早期雅利安人只留下很少的證據供考古學家挖掘。這個時代雖然留下了文學文獻，但這些文獻是透過祭司才保留下來，而

這些祭司往往基於宗教儀式的需要而改編這些文獻。經過一代又一代的口授言傳，原初的文獻不斷遭到修改。結果，後人往往難以辨別什麼才是上古文獻，什麼才是後人添入的部分。儘管如此，《梨俱吠陀》（*Rig Veda*，可說是現存梵文詩歌中最神聖也最古老的作品）與《摩訶婆羅多》（*Mahabharata*，一部龐大的史詩集）都收錄了一些篇章，裡面談到貴族的弓箭手與敵方英雄交戰時，如何一邊搭乘戰車馳騁沙場一邊拉弓射箭。這些詩歌證明了印度與希臘、中東一樣，都曾經歷一段貴族車戰的時代。

西元前九○○年左右，車戰戰術在印度逐漸沒落。鐵傳入印度次大陸，與中東一樣，鐵使得無力負擔馬匹與戰車的窮人有能力打造盔甲保護自己。鐵的傳入因此抵消貴族的優勢。一旦鐵改變了戰場上的力量均勢，小國也跟著興起，這些小國的戰鬥人員往往擁有政治決定的權利。這些居民能武裝自己而且大致擁有平等地位的社群，其存在的證據主要分布於印度北方，特別是在喜馬拉雅山脈（Himalayas）的山麓地區；也許在恆河谷地大型中央集權王國開始壓制這類地方社群之前，類似的政治平等社群分布得更廣。事實上，只有當這些原始氏族共和體制屈服於某個強有力的國王的統治之下時──這個過程大約在西元前六○○年發展完成──我們才能察覺到這些社群的存在。

## 轉移到恆河流域

鐵對印度生活還產生另一層重要影響。鐵製工具加速叢林的砍伐，特別是在恆河流域，當地豐沛的季風雨量使植物繁盛生長，也讓砍伐林地後的土壤變得異常肥沃而適合耕作。我們之前曾經提到，稻米可能是最早被東南亞園圃式耕作者馴化的作物。稻米傳入印度，使恆河流域的生產力大幅提升。小麥與大麥是中東農業的兩大主食，但這兩種作物的每英畝產量遠比稻米少得多。因此，適合種植稻米的地區可以支撐較稠密的人口。稻米耕作可以讓農地永久固定下來，稻田以人工調節水量的方式可以大幅調整田地的乾濕程度。藉由這種方式，幾乎可以去除所有的雜草。此外，為了引導灌溉用水，

需要開溝排水、挖掘田土與保持田地的平整，這些都需要花費大量勞力，因此定期遷移開闢新田亦非明智之舉。完全定著的農業、永久的村落與城鎮中心，加上可輕易徵稅的人口（因為種稻的農民無力負擔逃到叢林裡另闢田地的龐大成本），這些都發生在恆河地區，因而促成稻米文明的興起。

　　因此，到了西元前八〇〇年左右，恆河谷地已經滿足了各項條件，準備往文明躍進。但此時的印度河谷地反而處於落後的局面。舊式游耕仍是印度河地區的主流。這裡的居民無法支撐堅實、大規模的政治結構，因為只要王室派人來徵稅或要求服勞役，游耕農民往往能輕易逃到密林之中。相反地，在東方的恆河谷地，稻田不僅綁住了種植者，農業生產類型也讓種植者有能力負擔繁重租稅又不至於影響他們的生存。

　　恆河谷地開始發展出幾個大王國，王國內部出現各司其職的專業行政官員與職業軍人。在此同時，印度河谷地（可能還包括印度南部，但我們對當地一無所知）仍處於部族分立的狀態，就算出現統一王國，也只是不穩定的共主體制，國王真正的行政權威只限於他個人能直接發號施令的臣民。但在恆河地區，各地王國已有效完成中央集權，這種發展促成宮廷中心的出現，而首善之區往往能快速發展出高超的工匠技術。跨地區貿易也漸形重要，甚至開始以恆河地區為中心向外擴展到印度河谷地，並且為印度河地區的生活增添嶄新且極具潛力的元素。考古證據顯示，到了西元前八〇〇年左右，印度再度恢復了與美索不達米亞的海上貿易。

　　綜上所述，印度的發展與中東不同的地方僅在於印度的發展稍微遲緩一點，而遺物與文獻紀錄也略嫌寡少。但是，西元前八〇〇年以後開始在印度出現的新生活方式，與位於興都庫什山脈（Hindu Kush）以北與以西的亞述帝國及波斯帝國的世界主義世界盛行的生活方式迥然不同。新興的印度文明之所以獨特，主要在於它的種姓制度以及宗教對禁慾超驗的強調。

## 種姓制度

　　現代種姓是一群彼此共同飲食與通婚的人，這群人將其他人排除於飲食

與通婚這兩件親密活動之外。任何特定種姓的成員必須帶有一些可資區別的印記，讓其他人知道誰屬於與誰不屬於這個種姓。面對其他種姓成員時該有什麼樣的行為，規定相當明確，也有其必要，因為種姓間的接觸頗為頻繁。當整個社會逐漸根據這些原則被組織起來時，任何陌生或外來的族群都會自動成為另一個種姓，只要一談到飲食與通婚，居民的排外習性不可避免會將新來者歸類為另一群人。數量龐大的種姓很容易因為一些爭端或只因為地理上長時間的區隔而分裂成較小的群體。新職業可能衍生出新的種姓。遊民或居無定所之人可以在社會中找到新的定位，他們會被鄰人慣有的種姓思維自動歸類為某個一同飲食與通婚的族群。

　　印度社會如何或何時根據這些原則而組織起來，至今仍無清楚的解釋。或許印度文明本身就建築在某種類似種姓的原則上。例如雅利安入侵者與他們攻擊的深色皮膚民族之間的截然二分，後者在往後的印度一直居於種姓制度的底層。然而無論種姓的根源為何，印度的思想與情感有三項特徵被動員來支撐後世的種姓原則。其中之一是儀式純淨的觀念。由於擔心與低層「不潔的」種姓成員接觸會玷污自己，婆羅門（Brahmans）與其他接近金字塔頂端的種姓因此有強烈的理由限制自己與低層種姓接觸。◀80

　　從另一個角度來看，貧窮卑微之人也有充足的理由支持種姓制度。只要你不屬於最悲慘與最邊緣的種姓，那麼你總是能輕視某人，這是種姓制度不可忽略的一項心理特徵。此外，地位卑微的種姓通常是那些剛擺脫原始森林生活的人群。這些人即使身處於城市或混雜村落的環境裡，即使與不同背景與不同種姓之人緊鄰生活，仍理所當然想維持自身獨特的風俗與習慣。其他文明社會通常會說服或強迫這些新來者放棄自身獨特的生活方式，並且在幾個世代的時間裡將這些人同化到整個文明人口之中。但在印度卻完全相反，這類群體可以在種姓制度架構下保留自身獨特的風俗習慣，因此能世世代代傳承族群的獨特身分認同。

　　第三項支持種姓原則的特徵是理論上的：轉世與「種姓」（Varna）教旨。瓦爾納宣稱人類生來可分成四個種姓：祈禱的婆羅門，戰鬥的剎帝利（Kshatriyas）、勞動的吠舍（Vaisyas）與執行不潔任務的首陀羅

（Sudras）。官方把前三個種姓歸類為雅利安人，最後一個種姓是非雅利安人。種姓等級的分別森嚴，婆羅門位於頂端，首陀羅位於底部。然而，現實與理論有著不小的差距。以我們能追溯的範圍來看，印度的種姓數量即使沒有數千個，至少也有數百個，遠超過婆羅門教承認的四大種姓。但這個理論的重要之處，在於當瓦爾納與轉世教旨兩相結合之後，原本明顯的不公與異常全消失無蹤。事實上，轉世觀念為瓦爾納體系提供了符合邏輯的說明與理由，它解釋種姓是神建立的世襲制度，用來獎賞與懲罰前世靈魂的一言一行。這種觀念無疑有助於穩定令人困惑的現實。一個出身最底層種姓的人如果努力過著毫無缺點的人生，他可以寄望自己來世能降生在等級較高的種姓。相反地，一名出身高級種姓的人如果未能符合適當的行為標準，來世可能降生在階級較低的種姓。大奸大惡之人甚至可能轉世成為蟲子或甲蟲。

81▶　我們今日觀察的種姓制度顯然不存在於上古時代的印度。儘管如此，現代種姓是社會組織模式產生的結果，而這些組織模式卻可上溯到人類最古老的紀錄。舉例來說，許多早期佛教故事已經提到種姓的區別，而《梨俱吠陀》與其他古代作品的一些篇章也指出類似種姓的行為與態度。我們至少可以確定，到了西元前五○○年，現代種姓社會組織的種子已在印度的土地上成長茁壯。

　　種姓制度降低了政治、領土治理的重要性。每個人最看重的身分認同就是自己的種姓。因此，種姓階級不僅沒有明確的內部治理組織，也沒有清楚的領土疆界。特定種姓的成員總是與其他種姓的成員雜居在一起，但彼此之間又謹慎提防以免對方污染了自己。沒有任何一名國王或統治者能讓民眾齊心合力對他效忠，因為民眾總是覺得自己是屬於某個種姓，而非某個國家。事實上，種姓成員普遍把統治者、官員、軍人與稅吏當成製造麻煩的外來者，能忽視就忽視，除非萬不得已，否則絕對不會遵從他們的命令。這種現象使印度絕大多數的邦國相當脆弱。印度早期歷史有關戰爭與政府方面的資料極度缺乏；或許這反映了印度各民族情感上對國家和政治的完全漠視。

　　種姓制度也使印度文明能廣泛吸納各色各樣的新族群。新來者無須激烈地調整自己原先的風俗與習慣，就能以新種姓的名義加入印度境內數量已相

當繁多的種姓之中。因此，非常原始與遠古的思想與行為模式仍然在印度社會結構裡若隱若現，被各民族永久保存下來。這些民族為了與其他陌生的民族雜居，不得不調整自己的生活方式，儘管如此，藉由種姓制度，他們泰半還是能維持遠祖的巫術儀式、咒語與思想習慣。

## 超驗宗教

　　漠視戰爭與政治，包容各色各樣的風俗習慣，這些特徵與印度獨特的宗教演化若合符節。直到最近，印度的宗教教義主要仍是以師徒口耳相傳的方式進行。嚴肅探索真理的人可能不只追隨一名導師，因此時常可見各種教義的混合交流。此外，沒有明確的年代時間協助我們梳理出整個宗教思想的發展流程。現存的宗教文獻雖然卷帙浩繁，卻很少提到足以供人辨識特定時空的事件或人物。因此，想要解開思想的線索，必須仰賴邏輯而非歷史。儘管如此，邏輯的序列應該會與歷史的發展階段相符，只是我們無法得到確證。

　　當然，現存的紀錄全是以梵文寫成，這是入侵者雅利安人使用的語言。他們引進許多神祇，其中最主要的戰爭領袖與最強悍的神祇是因陀羅（Indra），祂是城市的摧毀者、雷神與風暴之神。其他神祇體現了其他自然元素與力量——天空、空氣、土地、水以及其他事物。祭司組織也隨著入侵者一同進入印度，他們的功能是祈求神明保佑、供奉祭品與執行其他適當的儀式以避免神明不悅。他們進行的虔誠儀式希望實現的目標不外乎在和平與戰爭時維持富足、長命百歲以及身體健康。

　　印度宗教與印歐語系其他野蠻部族，如希臘人、拉丁人、凱爾特人、日爾曼人、伊朗人、斯拉夫與其他民族的目標與態度並無明顯不同。這些民族敬畏自然界的各種現象，並且賦予這些現象明確的人格。每個民族尊奉的神祇也許細節上不盡相同，但我們可以明顯看出，建立早期印歐宗教基礎世界觀的祭司階級至少隱約知道美索不達米亞人如何將掌管宇宙的眾神設想成像人類一樣具有善變而爭論不休的性格。蘇美諸神與印歐各民族的神祇可以說是大同小異，這種類似的程度只能從兩者之間的影響來加以解釋。

## 《吠陀》與《梵書》

我們對雅利安宗教的認識，主要來自於《吠陀》（*Vedas*）。《吠陀》被當成一種宗教儀式手冊，內容包括祭祀時大聲吟唱的歌曲以及指示祭司典禮如何進行的篇章。然而，在經過一段時間之後，《吠陀》的語言變得越來越不可理解，就連祭司也不易解讀。人們於是開始致力於保存聲調與發音的細節，透過師徒世代傳承的方式，一字不漏地將文本記憶下來。詩歌的任何細微之處都不可忽略，因為文字的脫漏或發音的錯誤將使所有祭祀歸於無效，甚至可能招致神明不悅。

由於專注於細節的正確與否，人們的注意力很快從雅利安的神祇轉移到崇拜與祈求的行為本身。而雅利安祭司可能也受到印度河文明祭司巫術影響。無論如何，有些婆羅門開始主張，只要能正確執行儀式，就能迫使神明答應人類對他們提出的任何要求。事實上，祭祀與祈求這兩種行為創造出一個全新的神人世界，而且再次鞏固了自然與超自然現實之間的重要關係。如果從這種觀點出發，則個別神祇的重要性與人格將變得無關緊要，而祭司的力量與技術則將越來越受重視。在一些被統稱為《梵書》（Brahmanas）的文獻裡，到處可見祭司提出的狂妄主張。這些主張經過整理之後，以評釋的形式收錄在《吠陀》之中。雖然這些評釋對古老文本的意義做了詮釋，但詮釋的過程往往改變了原初的意義。

## 《奧義書》、神祕主義與印度教的起源

祭司宣稱自己握有凌駕於神與人之上的權柄，然而這項主張在古印度並未獲得廣泛迴響。酋帥與戰士或許對祭司的巫術忌憚三分，但他們不會因此乖乖照《梵書》所言將大權讓渡給祭司。地位較低的社會等級也反對祭司階級的僭越。而且事實證明，在印度出現了另一個與祭司競爭的信仰類型，這種信仰類型很快成為整個印度宗教傳統中最具特色的元素。關於這項宗教發展的證據，來自於另一部口述文獻《奧義書》（*Upanishads*）。《奧義書》並非有系統的論述，在細節上也不連貫。但這部文獻確實在一些重要面向上

表達了普遍共識。

首先，《奧義書》以極為嶄新的方式設想宗教生活的終結。睿智而神聖之人不應追求財富、健康與長壽，而應努力擺脫無盡的輪迴。若能擺脫轉世的無窮迴圈，靈魂就能返歸降生為人之前的梵我合一，成功超越苦難、痛苦與存在的不完美。

其次，遵從祭司的指示與恪守典禮儀式並不能讓自己變得神聖與讓自己從輪迴中解脫。真正的聖人不需要中介者，也不需要神。透過自律、冥想、禁欲與棄絕日常生活的罣礙，成功的宗教苦行者可以看到真理的神祕景象，觀看者因此能滌淨心靈獲得至福。這種神祕景象的本質與內容非語言文字所能形容。唯有個人的靈魂與宇宙的靈魂合而為一時，真理的樣貌才能在眼前展現。這種經驗超越了人類的悟性與日常語言，是棄絕自我與宇宙合一的終極至福的前兆，而梵我合一正是睿智而神聖的生活其最終目標。

《奧義書》表達的主題與態度與《吠陀》和《梵書》世俗而實際的語調大相逕庭，非神祕主義者可能會對其中的變化過程深感疑惑。也許早在雅利安人入侵以前，印度祭司與聖人已有禁欲苦行的傳統。若是如此，則《奧義書》記載的宗教生活正可說明梵文文學反映了前雅利安時代的宗教態度與禁欲內容。然而我們沒有證據顯示前雅利安時代的宗教，因此這項解釋只能說是一種推測。

第二種解釋認為印度的社會變動是神祕主義傳布的主因。《奧義書》對禁欲與彼世的強調開始吸引雅利安語系民族的注意，大概是從一些在鐵器時代期間於印度北部興起、由平等的自由人組成的小社群，之後逐漸被強大的恆河谷地集權官僚王國消滅之後開始。由於陌生的民族與遙遠統治者派來的官吏已經將他們祖先流傳下來的社會與政治秩序摧毀殆盡，人們發現自己無法重拾過去熟悉的生活方式，因此轉而投入到禁欲主義之中。根據這項推測，喪失戰士與統治者地位的人，藉由追求自我神聖來取代自己喪失的自由。這些人絕大多數生活在祕林之中，遠離日常雜務的擾擾。在這種地方，禁欲苦行的宗師試圖將自身的神祕經驗傳承給其他人，《奧義書》因此產生。

第三種是生理學上的解釋。懷疑論者當然可以毫無困難地證明長期禁食、不眠乃至於刻意屏住氣息會產生不尋常的身體感受。當人們一心想把所經歷的這種情況解讀成某種神聖、終極實在的遭遇時，這種感受經驗自然會產生壓倒性的情感與個人重要性。

然而，對於擁有神祕經驗的人來說，第三種解釋完全無關宏旨。擁有經驗而且希望再次感受精神狂喜的人知道這種經驗具有證明自我存在的效果。合理說明毫無必要，解釋是不可能的，懷疑更是不可想像——成千上萬神祕主義者的話語與行為強烈顯示了這一點。

《奧義書》指示的無神禁欲主義，與《梵書》要求的恪守儀式規定，兩者顯然是對立的。不過古印度婆羅門祭司找到一個簡單的方法來融合這兩種矛盾的理想。他們認為《奧義書》的方式適合在一個人人生接近終點時進行，也就是人們在年輕時仍應尊敬祭司、遵守典禮儀式並且養家活口，到了晚年再來奉行《奧義書》的指示。依照這種方式，《奧義書》融入婆羅門教，而《奧義書》針對祭司妄自尊大所做的抨擊，則讓祭司平靜回歸到為一般民眾提供宗教儀式的角色上。

《吠陀》與《奧義書》這兩種宗教傳統的合流，標誌了印度教的誕生，而印度教是世界偉大的宗教系統之一。印度教有著繁複的宗教儀式與信仰內容，至今仍持續演變；印度教之所以不斷發展變化，主要是因為各教派的祭司在儀式與神祕主義上彼此標新立異所致。其他更具體系的宗教的出現，也刺激印度教不斷演變發展。

## 耆那教與佛教

西元前五〇〇年左右，佛教與耆那教（Jainism）的興起成為印度教首度面對的外來挑戰。佛教與耆那教各有其歷史創立者，他們或許活躍於西元前五〇〇年左右，不過詳細年代難以確知。耆那教的創立者或重新建立體系者是馬哈維拉（Mahavira，意謂大雄）；佛教則是以瞿曇王子（Prince Gautama）這名充滿魅力的人物為中心而發展。這兩種宗教有許多共通點。

兩者在某種意義上都普及了《奧義書》所表達的抽象觀念。馬哈維拉與瞿曇（即佛陀）都把棄絕我執與從輪迴中解脫當成宗教努力的最高目標。但這兩個宗教在某些關鍵教義上存在著差異，而耆那教從未像佛教那樣盛行。耆那教的信仰者一直局限於菁英階層，要求嚴格的禁欲主義，極端者甚至選擇絕食而死。

　　與耆那教相反，佛教的教旨較為溫和可行。瞿曇年輕時曾嘗試禁欲苦行，但後來他認為這種苛待肉體的方式並不能跳脫苦難與折磨。於是他提供一條介於縱欲與極端禁欲之間的中庸路線。瞿曇與眾多門徒將時間分成冥想、宗教討論與乞討。在雨季時，瞿曇喜歡跟志同道合的夥伴待在固定的地方。到了乾季，他雲遊四方，以民眾的施捨維生。佛陀的終極目標是藉由棄絕我執而斷絕人世間一切苦難。然而，這項終極目標——涅槃——絕大多數人均難以企及。此外，佛陀也期許弟子能培養內在的神聖，修行「八正道」：正見、正思惟、正語、正業、正命、正精進、正念與正定。佛陀從未明白解釋「正」的意義。他以實例教導弟子，從不徒託空言。佛陀的弟子以他的生活方式做為自身的典範，並且遵守他解決問題時偶然立下的規定。

◀87

　　瞿曇在世之時，一些弟子認為他立下的生活規範明確易行，因此在他死後（約西元前四八三年），他們仍以教團的形式遵循他的教規，並且尊奉他為佛陀。英語作家一般將這些教團稱為 monasteries。日後的基督教修道院事實上與這些教團頗為類似，因為許多佛教教團擁有信徒捐贈的財物與能從事生產的土地，這些信眾希望藉由捐助聖人而獲得救贖。

　　藉由這種方式，原本師徒間的短暫結合，逐漸演變成永久性的結社，並且一直延續至今。佛陀的教導在經過長久時間之後當然會受到後人的增益並且產生劇烈的變化，但僧侶教團制度卻始終賡續不絕。多達數億人的生活、情感與行為受到這些教團及其傳布與體現的宗教理想所影響。儘管佛陀自己出生的地方拒絕了佛教信仰，但這個發源於印度的宗教卻藉由僧眾四向傳布而散播到印度以外的地區：中國、日本、朝鮮等地，幾乎東南亞全境。

　　在印度本土，佛教在最初幾個世紀曾盛極一時、穩健發展，並且建立起《奧義書》風格的宗教生活。佛教將彼世的、神祕的與禁欲的傳統烙印在印

度文明中，就連後世的印度思想家與聖人也未能擺脫佛教確立的發展方向。然而，儘管佛教在初期獲得了勝利，卻未能堅持到最後。事實上，轉變後復興的印度教證明它更能贏得與掌握絕大多數印度人的支持。這種轉變背後的原因是什麼，我們必須留待後面章節再做討論，但值得一提的是佛教有一項實際的弱點導致它由盛而衰。佛教的初期發展並沒有為人類生活的重要時刻安排一套儀式──出生、死亡、婚姻、成年等等。因此民眾在生活上仍有用得著婆羅門的時候，而這項需求使得《吠陀》的研讀與婆羅門教各項儀式的進行得以存續下去。佛教的生活方式只能為那些不尋常的個人提供完全的指引，這些人放棄正常的家庭生活，完全投入神聖的追求。絕大多數人無法在沒有傳統儀式與祭司幫助下過日子。早期佛教對於一般民眾日常生活上遭遇的種種困難完全未提供任何指引。印度因此從未成為一個徹底的佛教國家，而印度文明也從未完全依照佛教的教義發展。

　　儘管如此，我們可以公允地說，到了西元前五〇〇年左右，種姓制度與印度宗教的特徵已大致確立，印度整體文明已經奠定永久性的特質與獨特的性格。當然往後印度還會更進一步發展，並且累積更多的轉變，但佛教時代的古印度文明已然與目前的印度有了明顯可見的文化認同連結。

直到西元前五〇〇年
# 希臘文明的形成

　　當古美索不達米亞東側的印度逐步確立嶄新而獨特的文明之際，西側也 ◀89
有一個新文明正在興起：希臘人。希臘早期歷史的主要階段，與我們對印度
早期發展所做的推測頗為類似。但最後的結果卻截然不同。希臘人重視城邦
的政治組織更甚於其他結社基礎，而希臘人解釋世界與人時，採取的不是神
祕啟示，而是自然法則。因此，儘管印度與希臘的起始頗為類似，兩者同樣
有凶猛的「馴馬者」侵擾以祭司為首的農業社會，如荷馬（Homer）日後在
詩歌中吟詠的，但到了西元前五〇〇年，印度與希臘的文明風格卻有了極大
的分野。

## 邁錫尼維京人

　　印度與希臘的巨大差異從一開始就已出現。印度的雅利安人是陸上民
族，但愛琴海地區最早的希臘入侵者卻來自海上，他們滲透到米諾斯克里特
島的克諾索斯，並且在愛琴海諸島與希臘本土建立據點。從米諾斯文明的考 ◀90
古遺址可以發現，克諾索斯早期說希臘語的統治者幾乎沒有做出重大變革，
不過他們還是發展出新的文字（線形文字 B），這種文字保存了希臘語的古

老形式。到了西元前一四〇〇年左右,克諾索斯遭海盜侵襲而摧毀,這些入侵者或許來自希臘本土新建立的首都邁錫尼(Mycenae)。往後兩百年的時間,一連串海上掠奪,中間或許穿插著和平貿易,將邁錫尼的船隻帶往地中海各沿岸地帶。我們從埃及記錄中得知,「海上民族」聯盟曾三次進犯埃及,而邁錫尼希臘人或許佔了其中一小部分。西元前一一九〇年,埃及人成功擊退海上民族最後一次入侵,殘餘的入侵者轉而定居於巴勒斯坦,成為聖經歷史上的非利士人。另一次類似的劫掠行動(傳統上認為發生時間是西元前一一八四年)目標是達達尼爾海峽入口處的特洛伊城,而這起事件也成為荷馬英雄史詩的主題。

## 城邦

　　西元前一二〇〇年之後不久,大規模海上掠奪行動告一段落。新一波入侵者,也就是說希臘語的多利安人從北方南下侵襲邁錫尼的權力中心。多利安人不僅帶來了鐵,也帶來在世界各地均可見到的政治後果。在邁錫尼巔峰時期主導戰爭與政治的貴族戰車兵,被手持鐵製兵器四處漂泊的戰士部族所擊敗。這些部族只要找到更好的耕地或牧場,隨時可以遷徙。多利安入侵者逐步往南移動,迫使許多民族再次遠離故土。希臘本土的難民陸續搭船越過愛琴海到小亞細亞沿岸建立新定居地。這些地區日後被稱為愛奧尼亞(Ionia),更往北的地區則稱為伊奧里亞(Aeolia)。為了抵禦原住民的反抗,希臘移民聚居於易守難攻的半島以及其他適合居住的海岸地帶。這些難民就像《出埃及記》的希伯來人一樣,沒有現成的領導模式或風俗規章可資遵循,因此他們必須創造一套有形的法律與政府體制以確保新定居地能有效合作。結果他們創建了最早的希臘城邦。

　　在一到二個世紀之前,摩西也同樣領導以色列子民從埃及進入沙漠。他為了在新環境組織希伯來社群而進行立法,而這些法律日後成為猶太教的核心。希臘人在小亞細亞沿岸建立的自治城邦,在世界史上幾乎可以佔有一席之地。城邦(polis,我們使用的 politics 源自這個字)的創建使愛奧尼亞的

希臘人提供一種雛型，使整個西方世界從一開始就傾向把政治組織擴大成具有領土的主權單位（即國家）。希臘把市民身分置於其他形式的人類結社之上，這種傾向並非理所當然亦非不可避免，否則印度也不會有種姓制度。如果我們西方人在宗教上深受逃離埃及法老掌握的希伯來難民影響，則我們的政治原則也廣受逃離多利安人統治的希臘難民啟迪，這些希臘人在摩西率領子民出埃及之後兩個世紀，為了在嶄新而充滿敵視的環境裡生存，因而不得不重新組織與合理化他們的傳統社會。

　　希臘本土城邦地位的提升遠較小亞細亞緩慢。首先，半遷徙的部族要在特定地點永久定居，然後必須結合鄰近民族建立單一領土單位以創立城邦。這條發展路線相當清楚。暴力減少、人口成長、土地逐漸稀少與耕地固定是必經之路。隨著人口定居，地方部族領袖發現，在國王主掌下，大家坐下來開會解決爭端遠比使用暴力便捷得多。在大會未召開期間，必須任命一些人來處理全民共同關切的事務，同時制衡國王以免其擴充權威。行政官員因而興起，他們有任期規定，而且在任期內受人民委託行使法律規定內的權威。在某些新興的城邦，國王是受委任的行政官員；在另一些城邦，王位則由特定家族世襲。

## 殖民與貿易

　　隨著人口持續成長，移民海外成為國內無土維生之人的出口。政治鬥爭 ◀92
也鼓勵了移民，垮臺的政治派系有時會選擇乘船到海外尋找適合地點建立自己的新城邦。在上古時代，移民通常不是個人或家族的事務，而是組織數百人進行的集體行動。必須募集足夠數量的移民才能保障安全。而且也唯有充足的數量才能讓新定居地在蠻族環伺下維持希臘認同，即使這些地點遠在西西里島與南義大利，或愛琴海北岸與黑海沿岸。希臘殖民地從一開始就擁有完全自治的地位，只有在宗教上仍與母城維持著紐帶關係。

　　殖民有助於貿易，新城市通常會做為內陸蠻族與希臘舊城市之間的中間人。一些希臘城市開始專門生產葡萄酒與橄欖油，大幅激勵了遠距貿易的出

現。葡萄酒與橄欖油是相對珍稀的產品，它們需要特殊的氣候與技術才能生產。不過，油與酒卻相當容易儲存，而且也能裝入桶中以船運送。希臘船隻所到之處的蠻族很快就發現這些產品的好處，於是提供穀物、木材或其他原料進行交易。很快地，釀酒人與橄欖種植者從這些交易中獲得鉅額利益。蠻族的貴族會用大量原料換取這些他們無法自行生產的商品。蠻族提供大量穀物與原料給從事商業性農業的希臘城市，這些交易的穀物數量已遠多於希臘城市從事農業所能生產的穀物數量。換言之，只要酒與油的出口持續暢旺，希臘城市的人口就能超越城市糧食生產的限制而持續成長。

西元前六世紀，里底亞（Lydia）王國發明了貨幣，貨幣因此成為希臘經濟交易重要的潤滑劑。銅幣與銀幣的出現使一般民眾能更方便地買賣日常用品。事實上，在最大最重要的幾座希臘城市裡，絕大多數民眾購買的糧食全仰賴船運進口。勞務也以金錢價值計算，因此每日需要大量的貨幣流通。同樣地，每一種商品也都使用貨幣交易，包括土地與稅收。

93 ▶ 在希臘城市，市場關係也首次向下傳布到社會的最底層。這意謂著希臘社會比過去的社會更有彈性。價格上升吸引人力物力到某個特定活動上；價格下跌則讓人力物力從過多或無效率的活動中抽離。價格漲跌反映供給與需求，但官員會努力調節穀物的儲存與流通以穩定糧食供給。這種彈性顯示希臘人與其他和物價緊密結合的民族，可以比過去的社會更快速而有效地對任何經濟變遷做出回應。

出口油與酒以換取穀物與原料，這種交易模式在往後的希臘羅馬歷史上佔有舉足輕重的地位。

首先，貿易使生產橄欖與葡萄的沿海地帶出現相對較大的城市，因為這些城市可以從海外進口穀物來養活市民。其次，貿易使農民成為城市商業生活積極而充滿活力的參與者。在古中東社會，農業剩餘通常是以經濟上無償的地租與租稅形式運往城市市場。這種關係必然造成被動而孤立的農民，他們把統治者與城鎮居民視為壓迫者與天敵。但希臘不是如此。生產油與酒的農民自認為（別人也這麼看他們）是理想的市民典型，他們可以自由進入市場買賣，而在無須農忙的乾季，他們有足夠的空閒時間參與公眾事務。

## 重裝步兵的影響

西元前六五〇年左右，軍事戰術的重大變化使一般農民取得參與政治生活的穩固基礎。這項變化就是重裝步兵（phalanx）的發明。重裝步兵是大量士兵排成的密集陣形，縱深八列，陣中士兵必須訓練到能一致奔跑衝鋒的程度。數千名精良武裝士兵整齊一致衝鋒，可以在戰場上橫掃騎兵或任何敵對的兵種。重裝步兵的優勢為人所知之後，每座城市都盡可能組織與訓練市民，以編制出數量更多的重裝步兵。重裝步兵的訓練不足，將危及城市的安全。有時在情勢十分危急下，城市當局被迫做出激烈的回應，如西元前七世紀斯巴達發生的事件，當時奴隸群起反叛撼動多利安人的統治。暴亂平定之後，斯巴達人把斯巴達變成一個軍事重地，要求每個二十歲到三十歲的市民都必須住在軍營裡，在軍中用餐。沒有任何城市像斯巴達一樣採取如此極端的做法，也沒有任何城市能像斯巴達一樣訓練出如此專業化的軍隊。其他城市通常滿足於舊有的貴族制度，把軍事大權交給擁有資力的市民組成的大會，只有這些市民才有能力負擔盾盔劍矛等重裝步兵的配備。

<!-- 94 -->

重裝步兵的引進還有另一層深遠的影響。每個有能力負擔必要的盔甲與武器的年輕人，必須長時間與其他年輕同袍一起練習重裝步兵應有的節奏與戰技。速度、力量與勇氣，光有這些還不夠。每名男子必須學會跟上戰歌的節拍，才能避免盾牆在戰場衝鋒時被攻破。每名男子的安全完全仰賴鄰兵是否能堅守自己的位置，因為每名男子的盾牌是用來保護右側鄰兵的安全。在這種情況下，個人的英勇善戰就跟怯戰或未能跟上衝鋒節奏一樣等同於擅離職守，因為戰線的破壞很可能讓部隊在瞬間潰滅。

現代軍隊的教官都知道，讓士兵長期接受節奏訓練可以產生強大的情感效果。這類操練可以引發本能的共鳴，這是人類遠祖流傳下來的天賦，當時的人類繞著營火跳舞，不僅表現同時也創造了社會心理的連帶感，而這種連帶感正是族人合作圍獵所需要的。重裝步兵操練的目標與頂點就是戰爭；戰爭可以猛烈激發人類的原始衝動，而這股衝動直接源自於人類從原人類時代開始的豐富狩獵經驗。

也許因為這些操練反映出人類最根本的社會性，因此每一名希臘市民與

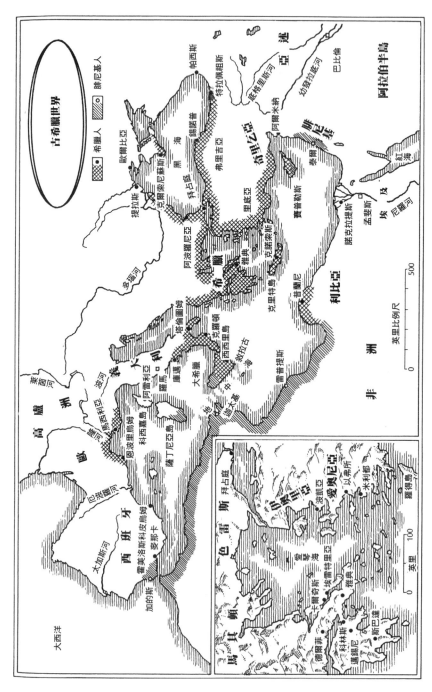

▲ 古希臘世界

士兵只要曾經忍受長期訓練以成為一名能打勝仗的重裝步兵，只要他們曾經　◀96
歷過戰場的疲憊與危險，並且從這類冒險中獲得強烈的喜悅與體會戰場的瞬
息萬變，他們往後的人生就會與曾經同生共死的袍澤產生無法切斷的連帶
感。這種強烈的情感成為對城市的偉大與光榮充滿集體自豪的基礎，所有市
民都平等地屬於城市的一份子，而市民可以從服務城市中獲得自我實現。藉
由這種表面上看似矛盾的方式，希臘城邦在要求市民遵從共同節奏並對他們
施予嚴苛訓練的同時，卻又讓市民強烈感受到個人自由。

　　因此，我們無須訝異重裝步兵的引進如何改變了希臘理想中的個人行
為。在早期貴族時代，人們普遍推崇自我表現與炫耀自身財富。荷馬頌揚的
個人英勇事蹟，與個人奢華的展示，兩者總是如影隨形。反觀重裝步兵卻是
嚴守軍隊絕對服從的紀律。這項原則很快帶進城市生活之中，生活奢華或標
新立異成為無禮的、違背希臘精神的與不適切的行為。競相表現自我的習尚
逐漸轉變成對城邦的集體關注。當然，運動競技仍為個人競爭提供殘餘的宣
洩管道。這些競技是泛希臘祭典宗教儀式的一部分，其中最有名的就是奧林
匹亞祭典（Olympia，奧林匹克運動會即源自於此）。但在日常生活上，好
市民的定義要求民眾要做到一致與合作，這種主張侵蝕了個人化的風格——
雖然實際上不一定如此，但原則卻如此主張。

## 城邦是希臘文化的主宰

　　城邦具有強大而令人難以拒絕的吸引力，幾乎每個面向的希臘文化活動
都急速地吸收到城邦之中，被希臘文明的新主宰制度所消化。宗教、藝術、
文學與哲學，在市民全心投入的城邦影響下，形成與以往不同的風格。以下
我們將概述希臘生活的各個面向，以便清楚顯示它們與城邦之間的關係。

　　首先是宗教。在多利安人入侵後的黑暗時代，各地國王與氏族領袖擔負　◀97
起為家族與追隨者主持宗教儀式的責任。後來，這些傳統的宗教責任改由有
任期的官員來負責，通常是由出身高貴的貴族出任。這些祭祀官對於他們承
襲的各種混雜矛盾的教義淡然處之。希臘宗教混合了兩種特定元素。有些故

事提到奧林帕斯山（Mount Olympus）上住著眾神，這些神話應該是希臘人從北方傳入的（這些神祇類似雅利安人帶進印度的神祇）。其他神話則與古老的肥沃女神有關，這種崇拜早在希臘人抵達之前就已盛行於當地。

德爾菲神廟的神諭祭司，與自認為（別人也這麼認為）受到神啟的詩人努力要為這種混亂的情況注入秩序。尤其赫西奧德（Hesiod，西元前八世紀）曾試圖將各種神話組織成整體一貫的故事。但赫西奧德與他才華洋溢但神學上毫無建樹的前輩荷馬，兩人均無法化解這兩種互不相容的宗教體系造成的大量矛盾。邏輯上的混亂使人有了思辯的空間，許多人開始思索世界的本質與人在世界的地位。哲學因此在這種情況下誕生。

宗教開始往另一個方向發展。一般民眾與政治人物對於傳統神話中存在的明顯衝突並不感到困擾。只要傳統上對每個神祇的祈求與崇拜方式能清楚劃分，使人了解什麼情況該膜拜什麼神祇，這樣就已經足夠。但隨著希臘城市越來越富有，尤其富人競相資助公共崇拜成為一種習尚，使得傳統宗教儀式在不斷添加新意之下，逐漸擴大成眩人耳目的盛大慶典。而在儀式踵事增華的過程中，奧林匹亞崇拜與古老的土地崇拜兩項元素也逐漸合而為一。在一年當中最盛大的宗教節慶泛雅典娜節（Panathenea），熱鬧的遊行隊伍從古代神祕崇拜中心厄琉息斯（Eleusis）走向衛城（Acropolis），象徵性地將兩者連結起來。狄奧尼索斯並非來自奧林匹亞，祂是新的神祇。而同樣地，狄奧尼索斯的崇拜毫無分別地從奧林匹亞眾神與前奧林匹亞宗教傳統中汲取神話，並成為加以戲劇演出的場合。日漸繁榮的城邦藉由公共崇拜典禮，將希臘各種彼此不協調的宗教傳統予以混合，並且有效地加以掩飾。

希臘藝術，或至少是留存至今的紀念性建築，絕大多數是在西元前六世紀的城邦體制下完成的。公共神廟的建築讓石匠與建築師有了工作機會。神廟需要的崇拜神像，加上廟牆的雕飾與山形牆，這些都讓雕刻師傅得以一展身手。古典希臘藝術基本上就是為了滿足這類公共需要而產生的。在這種描繪神祇與英雄外貌的藝術風潮下，個人肖像顯得極不適切。希臘人想表現的是理想的人體之美，希臘藝術家以無比的自信成功表現出這一點，至今他們的成就仍廣受世人讚美。

　　西元前五○○年之後，戲劇的興起為希臘文學烙上城邦的印記。在此之前，詩歌主要是為了迎合貴族喜好，用來榮耀個人，誇飾成就。最偉大也最具影響力的希臘詩人荷馬正是這種詩歌的佼佼者。荷馬大約生存於西元前八五○年到西元前七○○年之間的小亞細亞；但他的詩歌主角卻是邁錫尼的英雄，而且相當精確地反映出那個時代的面貌，想必這些詩歌的內容是藉由吟遊詩人傳統口耳相傳而來。現代考古發現進一步提高了荷馬史詩的可信度，包括阿基里斯（Achilles）的憤怒與奧德修斯（Odysseus）的旅行；但《伊里亞德》（Iliad）與《奧德賽》（Odyssey）也清楚呈現出時代倒錯的內容，證明荷馬的生存年代遠較他陳述的故事晚，而古典時代的希臘人也抱持相同的見解。荷馬史詩中的理想英雄典型，一方面行為粗暴而愛好逸樂，另方面又帶有失敗與死亡的強烈宿命，這些成了希臘生命觀最根本的一環。就像訓練有素的重裝步兵整齊劃一衝入戰場一樣，他們因個人意志而振奮，卻也受到集體殘暴的激勵。因此，每個古典時代的希臘人傾向於把自己的城邦視為荷馬的英雄之一，他們藉此輕易說服自己要為城市集體的利益與光榮而戰，而不顧個人的代價與結果。透過這種簡單的方式，希臘人得以將重裝步兵的絕對服從，與荷馬史詩崇拜的古老貴族自我表現的理想合而為一。為了駕馭英雄式的暴力與無拘無束的自我表現使其為城市效力，希臘人對所有價值進行重估，並且獲致了非凡的成果，在同一時期的印度也同樣完成了價值的轉換，他們以禁欲而神祕的觀念取代了雅利安人對此世的依戀。 ◀99

　　儘管城邦在事物的安排上普遍獲得成功，但還是有少數人對希臘宗教與傳統世界觀的不合邏輯感到苦惱。隨著貿易發展，學習其他民族智慧的機會也大為增加。喜愛探索的希臘人很快發現，中東祭司對一些根本問題，例如世界如何產生，以及為什麼有些行星在天空中每隔一段時間會停止前進，然後在短暫後退一段時間之後又繼續接著先前的軌跡前進。對這些問題他們並無一致的看法。最早有系統地思索這些問題的是愛奧尼亞的思想家，他們甚至把自己的觀點記錄下來。這些最早期的哲學家用想像的方式結合理性力量，試圖解釋世界的現象。一旦他們發現神話充滿衝突與缺乏根據的故事，他們便不再滿足於神話的解釋，甚至完全捨去神明，大膽地以自然法則取代

神明做為統治宇宙的力量。當然,這些愛奧尼亞哲學家對自然法則的運作方式並無共識,而他們天真地想解釋廣大的自然現象,最後成果亦極其有限。

儘管如此,愛奧尼亞哲學家運用思辯理性來解釋事物的本質,標誌著人類思想發展的一項重大轉折。愛奧尼亞人認為,宇宙並非某些神聖人格一時的念頭所能左右,而是由無人格且恆久不變的自然法則所主宰,這個觀念一直延續至今。往後歐洲與中東的思想史處處可見希臘的事物本質觀點與古中東的神意宇宙觀點持續對立,但在雙方的拉扯中卻也產生豐碩的成果。一些思想家不願在兩種立場中擇其一,因此絞盡腦汁試圖融通神意的無所不在與自然法則的恆久不變。然而,這兩種觀點在邏輯上完全互斥,如同愛奧尼亞哲學家與神話之間的對立,任何的解釋或調和都不可能得出長遠而普遍的共識。因此,思想家往往要不斷捲土重來思考更令人滿意的形上學與哲學,而對往後的歐洲思想家來說,這個問題一直是取之不盡用之不竭的靈感來源。

事實上,自然科學近來的成功似乎證明了愛奧尼亞自然法則觀點的正確性,但方法與複雜程度必會使泰勒斯(Thales,約死於西元前五四六年)及他的追隨者驚訝不已。當初他們的觀點似乎更像是一種猜測,但他們很幸運得到正確的結果。他們是怎麼辦到的?比較合理的解釋是,愛奧尼亞人之所以提出自然法則的觀點,可能是他們把城邦這個擁擠的小世界投射到宇宙的結果。顯然,城邦是依照法律來治理,而不是根據個人的意志或統治者一時的念頭。如果無形而抽象的法律可以管理人類的行為,把人類限制在約略可預測的範圍內行動,那麼類似的法則是否也主宰著自然世界?針對這個問題,愛奧尼亞哲學家認為是肯定的,而他們的看法也為往後希臘與歐洲思想奠立了基本方向。

## 城邦的局限

如果我們認為希臘生活的所有面向都能順利而輕易地在城邦體制內進行,那可就大錯特錯。繁忙的公眾世界並未留下多少空間讓個人反思內在經驗。在希臘,我們看不見印度文化環境裡那種對純淨、救贖與神聖的熱切追

求。然而希臘人並非沒有這種渴望。他們可以從古老的神祕宗教以及畢達哥拉斯（Pythagoras，著名數學家與神祕主義者，約死於西元前五○七年）創立的「教團」中滿足這項需求。然而一旦這些追求演變成有組織的形式，就會造成根本上的互不相容，城邦要求每一個市民要無條件地效忠，勢必影響一個人對內在神聖的追求。畢達哥拉斯教團的歷史顯示這種齟齬會產生多麼激烈的結果。追求神聖的教團如果不佔領城邦（他們曾短暫佔領義大利南方的克羅頓〔Croton〕），就有可能遭到城邦行政官員的迫害（此事發生在畢達哥拉斯晚年時）。這當中似乎完全沒有轉圜的空間，儼然成了西方歷史上教會與國家發生衝突最早的例子。

西元前五○○年希臘與印度制度之間的根本差異，可以從比較中清楚看◀101出。印度種姓制度允許鬆散的文化聯盟，而且願意接納各種追求神聖的組織，例如佛教僧侶社群。相反地，希臘城邦壟斷了市民的時間、努力與情感，而且內部不許出現任何能與城邦抗衡的團體。

城邦汲取了巨大的能量。與過去的文明社會相比，城邦投入於文化與政治活動的人口比例更高，結果產生了繁盛的古典希臘文明。然而政治紐帶的強化局限了市民的活動與情感需求，也與人類群體的領土組織格格不入，因而播下往後希臘城邦內戰的種子，而且隨即演變成一場災難。然而每一項成就都必須做出一些犧牲：只不過希臘的成就實在太耀眼，因而使它排除的事物更形凸顯。

第六章

直到西元前五〇〇年
# 中國文明的形成

102 ▶　　黃河到了中游，逐漸遠離荒涼的內蒙古草原，黃河在切穿柔軟的黃土區
後，就朝著低平的氾濫平原流去。這塊肥沃易耕的土壤區偶有零星降雨，有
時豪雨造成突如其來的水患；但連續好幾季不下雨，農作物飽受乾旱之苦，
有時還會連續好幾年不下雨，這完全要看季風的北緣能否移動到此處。

　　西元前三〇〇〇年之前，新石器時代的農民開始在這個不穩定的環境裡
種植農作物。往後，中東傳入的小麥與大麥，以及季風亞洲傳入的稻米，也
逐漸為黃河農民所知。但在水源極度缺乏的地區，稻米絕不可能取代生產力
較低但較為耐旱的小米、小麥與大麥。

　　在黃河中游的河谷地區，發現三處類型明確的新石器聚落。其中之一是
所謂的「黑陶」文化，這種文化發展出相當大型的村落，有時外圍還圍起堅
103 ▶　固的土牆。黑陶文化的大型祭祀陶器，其細部特徵非常類似中國文明早期精
美的青銅器。因此，黑陶民族有可能是歷史上中國人的祖先，不過在缺乏證
據之下，我們也不敢斷定製作其他不同陶器風格的民族與中國文明的形成無
關。

　　從本質來看，中國文明是獨立產生的。半乾燥黃土構成獨特的自然環
境，適合的農耕方式也迥異於其他地區，這成了中國發展獨特高等文化的基

礎，並且於西元前二〇〇〇年左右開始發展。不過，中國文明在歷史早期階段似乎曾與一些入侵者有過接觸，這些入侵者的核心技術很可能（至少是以間接的方式）來自西亞。

　　安陽的考古挖掘證實了這點。安陽曾在西元前一四〇〇年到前一一〇〇年左右成為商朝首都。這裡出土的遺物與黑陶村落農民留下的遺跡有很大的不同。尤其帝王陵墓裡有馬匹的骸骨、青銅製的武器與裝備以及戰車。這些特徵當然讓人強烈聯想到同時期的中東、希臘與印度。另外兩項明證是複合弓（特別經過加強，弓身縮短但威力強大，適合在狹小的戰車空間使用）與矩形的城市佈局，四周以城牆圍住，城市的正中心有兩條大街十字交叉而過。

　　有些學者鑑於中國文明的獨特性以及黃河流域與西亞之間距離的遙遠，因而認定中國與中東在這麼早的時期不可能有任何重要連結。中國文字的特殊性與青銅器表現出來的精湛技藝，也使人難以想見中國文明的基礎曾受到遠方中東文明的影響。但是戰車一旦經過改良，懂得駕馭這種嶄新而所向無敵的武器的人，勢必會發現運用戰車可以輕易征服中亞綠洲地區和平的農耕居民，正如其他戰車兵征服美索不達米亞、埃及、印度與愛琴海地區一樣。此外，大小不一的綠洲如串珠般一路迤邐橫越中亞，終年白雪皚皚的高山，如喜馬拉雅山、阿爾泰山與天山，融化的雪水沿坡而下，在山腳的沙漠匯聚成綠洲。事實上，就某種意義來看，黃河河谷如同面積最大與位置最靠東方 ◀104
的綠洲，高山雪水匯聚成為龐大的河流，使其足以突破沙漠的阻隔，而後再度流返雨水灌溉的地面，最後穿過陸地注入海洋。

　　年代的順序也與戰車科技分別往東、西、南方傳布的看法一致，因為從戰車首次在中東出現，直到類似的軍事裝備抵達中國為止，中間大約有兩百年的落差。但綠洲遺跡的考古調查（如果前述說法可信，則綠洲應該留存著戰車征服者的遺跡），成果仍相當粗淺，還找不到任何與戰車兵有關的證據。這意謂著安陽統治者與西亞的連結還只停留在假說的階段。

## 商朝

　　後世認為夏朝是中國第一個朝代。然而除非我們認為黑陶村落可以代表夏朝的遺跡，否則便不能認定目前的考古發現是夏朝的遺物。另一方面，安陽則明確屬於中國歷史記載的第二個朝代，也就是商朝的遺跡。關於商朝的年代，傳統上有兩種見解。我們採納年代較短的說法，也就是商朝的歷史是從西元前一五二三年到前一〇二八年，而且現代學者也認為這項記錄的正確性無庸置疑。

　　顯然，要詮釋不完整的考古資料，謹慎是必要的。如果征服者真的經由綠洲穿越中亞，那麼他們或許會在遷徙的過程中與所經之地的女子通婚，並且派遣自己的後代子孫前往下一個乃至於再下一個綠洲，這段過程耗時約兩個世紀。因此，人們不需要假設印歐蠻族曾大量流入中國，就像他們在商朝剛建立時大量入侵印度一樣。此外，征服者顯然很快接受了新臣民的文化；或者說得更精確一點，當商朝貴族對黃河河谷的農耕人口建立統治權威時，統治者開始收取地租，並且以部分所得豢養一批工匠，隨著這些工匠日漸專業化，他們的技術也快速提升。有些技術對中國來說似乎是全新的產物，例如青銅的鑄造與車輪的製作，而這兩種器具是戰車兵的必要裝備。但新的技術也可能應用於舊的用途上，例如商朝墓穴曾挖出數千件精美的青銅禮器。這些禮器在各方面與黑陶民族慣用的陶器形制類似。而禮器上用來裝飾的動物幾何圖案也可能源於黑陶民族慣用的古老木雕藝術形式。

　　安陽考古最重要的發現是出土了大批「甲骨」文物。甲骨是古代用來占卜的獸骨或龜甲，目的是為了解答未來的各種急迫問題。像是「會下雨嗎？」與「蠻族會攻擊嗎？」這類問題。負責占卜的貞人是一些勤懇誠實的專業人士，他們努力改善自己的技術以詮釋神明惠予的各種象徵。貞人不僅記下提出的問題，也記下占卜得到的答案。他們使用的文字與今日中國的象形文字有直接的傳承關係——由於兩者間有如此直接的親緣性，因此當甲骨文被挖掘出來時，學者驚訝地發現要判讀這些文字竟不是那麼困難。

　　甲骨上的紀錄過於簡短，使人難以推論商朝社會與政府的詳細狀況。從其他考古資料我們也只能得知商朝是好戰的貴族社會，它豢養了一小群技藝

高超的工匠，為貴族生產精美的物品。大多數的人口從事耕作，這些人無法在宮廷生活與貴族家庭中扮演任何重要角色。商朝很可能是由幾個戰士首帥領導的部族共同組成的「帝國」，這些首領只是遙尊商王做為天下共主。儘管如此，我們擁有的證據太少，不足以得出確切的結論。

　　甲骨文的確提供了比較完整的商朝宗教觀念的資料。我們看到其中出現了一些神祇的名稱，只是我們不清楚祂們各自掌理的事務。有些神祇似乎是山脈、河流、湖泊或一些自然特徵的化身。還有一些甲骨文的確切意義不容易掌握，或許這些文字指涉的內容與祖先的靈魂有關。商朝用活人殉葬，國王死後，他的侍從與大臣也會追隨他到墓穴之中。這種做法引起後世中國人的反感，也提醒我們商朝社會仍帶有濃厚的野蠻習性。◀106

## 周朝

　　西元前一〇二八年左右，商朝被周人推翻。周人是來自中國西部邊境的征服者，原本居住於今日甘肅省的渭河谷地。中國傳統歷史的精確性是無庸置疑的，它把周朝一分成二：前半期叫西周（西元前一〇二八到前七七一年），首都仍位於渭河谷地；後半期叫東周（西元前七七〇到前二五六年），新都洛陽幾乎就位在當時中國世界的中心點。

　　西周時期，中央政府多少還有能力控制廣大的華北地區。但到了西元前七七一年，蠻族猝不及防攻陷首都，殺害幽王，重創中央權威。隔年，平王於洛陽即位，建立東周，然而中央權威已無法有效恢復。取而代之的是地方諸侯為了爭權奪利而彼此攻伐，外交往來與戰爭也頻繁出現。諸侯透過行政與戰爭技術的提升而擴展、加強自身的實力，諸侯間的鬥爭也因此變得越來越無情而殘酷。

　　東周末期，傳統上稱為「戰國時代」（西元前四〇三到前二二一年），這是中國文明在地理上迅速擴張的時期。因中心戰亂相尋而向外遷徙的難民，將中國文化與技術傳進周邊民族，但這麼做也使這些民族捲入文明中心的政治漩渦。諸侯與蠻族結盟也有相同的效果。這些過程使華北的濱海地區

首次融合到中國的文化圈裡，而且將中國的生活方式往南拓展到長江流域。簡言之，中國在這個時期地理上的快速擴展，已使日後的中國版圖略見雛形。

107 ▶ 　周朝除了奠定中國版圖的基本規模，更重要的是，它也為中國塑造了基本的歷史形貌。周朝建立的許多基本觀念成為後世中國文明各項思想與制度的根本。周朝末年，中國分裂成數個諸侯國，這些國家各自發展出官僚政府的統治技術以及與官僚中央集權相容的社會體制。當然，這些觀念與實踐並不是一開始就能合理地相容共存，一直要到漢朝建立（西元前二〇二年）之後，這些問題才獲得解決。無論如何，中國文明風格的主要元素與特徵早在漢朝之前的三個世紀，也就是西元前五〇〇年左右就已出現。

　周朝建立之初，統治者似乎早已去除商朝宗教的野蠻習尚。殉葬與活人獻祭均已廢止。征服者宣稱他們之所以能奪取天下，是因為有天命的加持。這個觀念成為日後中國政治思想的礎石。孔子相信，這種觀念最早可以溯源到周朝最初幾位征服者身上。在後世學者的發展下，這個理論認為「天」（人格化的萬物主宰）把統治天下的權利交給了祂特別選定的代理人，也就是「天子」或皇帝。只要天子能表現出虔敬，廣施仁政，那麼他就能繼續保有統治者的地位。相反地，天子要是不虔敬、實行暴政與舉措失當，那麼天將會收回成命，另選其他有德之人擔任天子。

　在周朝，統治者與巫術的施展息息相關。人們認為君主可以讓上天降下雨水，例如，只要需要雨水，君主就應該舉行祈雨儀式，使天降甘霖。這種觀念逐漸形成為宇宙論，並且在漢朝獲得充分發展，也就是所謂的天人感應說。正如天上星辰圍繞著北極星旋轉，地上的萬事萬物也以皇帝為中心，皇帝不僅主掌戰爭與國家大政，也掌管可能影響人類活動的所有世界現象。好皇帝能帶來和平與豐收，惡皇帝恰恰相反。根據仔細規定的儀節行事是皇帝的核心職責。唯有如此，天人才能和諧，人類福祉才能獲得保障。

108 ▶ 　這類觀念在大幅提高君權的同時，卻也對君權施以嚴格的限制。一個明顯的意涵是天無二日，世上只有一個天子。其他統治者必須透過某種授權才能從天子身上獲取權威，而這授權無論是真實或假想的形式。周朝初年，君

主掌握的權力相當確實，在理論上不構成嚴重問題。地方貴族透過封建特權取得的土地，很快就演變成世襲制。封建制度潛藏的離心傾向受到宮廷教育的節制，貴族子嗣必須接受訓練，不僅要習得軍事技藝如弓術，也要掌握禮儀知識，他們在成為一家之長並且要為家族與部屬謀福祉時，必須符合這些禮法。禮儀知識背後蘊含了一套觀念，如政治正當性與人類社會秩序的理論

◀109

▲ 古中國，西元前五〇〇年到前三〇〇年

認為天子才是世上最高的領導者。要適切進行必要儀式也需要識字，因此周朝的年輕貴族至少要學會基礎的中國文字。這些貴族因此結合了統治者、戰士、僧侶與文士的技能與職責，他們一個人執行了中東社會長期以來由不同職業分擔的角色。

然而，西元前七七〇年之後，現實與理論開始分道揚鑣。周王過去曾實際掌握的權威，後期的統治者已無福享有。有名無實的天子成為居於中國世界中心的弱小統治者，反觀地處邊陲的諸侯則建立起更為強大的王國，他們對於周朝的宗教與宇宙論已無敬虔之意，頂多只是施點口惠。有效徵集更多稅收與動員更多可靠的軍隊，是戰國時代各國存續的關鍵。諸侯必須破格尋找賢才，把人才當成實現國家目的的工具。簡言之，各國必須建立健全的民政與軍事的官僚制度。

## 儒家與道家

周而復始與不斷擴大的暴力戰爭，加上國家為遂行戰爭而必須全面集權的壓力，這些現象都與古老的信念產生嚴重衝突。舊信念認為恪守傳統禮儀是建立良好人際秩序與繁榮世界的關鍵。然而，也有人公開拋棄對過去的信仰。一些講求實際的政治家與實務者便是這項觀點的無情支持者，這群人被稱為「法家」。儘管如此，他們全面排斥傳統觀念的激進立場最後並未成為主流。相反地，一方面頑強保守，另方面又適度尊重過去的儒家，反而成為中國社會的印記，並且一直沿續到現在。

儒家在孔子（西元前五五一到前四七九年）生存的時代未能得勢。事實上，孔聖人覺得自己是失敗者，因為他從未得到施政的機會；他相信一個受過教育的人的德性只有透過掌握權力與擔負責任才能獲得充分展現。諷刺的是，孔子自身德性的展現卻是透過他的弟子而及於全中國，事實上，就算孔子得償所願掌握權力，在那個列國競爭的時代，他對中國的影響恐怕也不如透過歷朝各代追隨者的傳布來得長久與深遠。

孔子身後的成功，恐怕他自己也感到荒謬，因為他認為自己從未添加古

人的智慧。某方面來說，孔子不認為自己提出了新觀念，這種說法並沒有錯。因為孔子以濃厚的懷舊心態回顧周朝初年，甚至上溯商朝、夏朝乃至於傳說中的堯舜時代。他認為那是一段美好的時期，因為天與人維持著正確的關係。孔子以這種歷史觀來回應當時的核心問題：仁者在亂世如何自處？如果天與人之間的和諧關係，如我們所見，早已消失殆盡，那麼智者該怎麼做？

　　孔子雖然沒有提出體系性的說法，但他的回應冷靜而適切。他說，仁者無論在哪一種環境下都應該追求德性，即使處於顛沛之中亦然。仁者應盡可能了解與遵守古代的禮儀。仁者無論何時都應具有仁心、睿智與果敢。仁者應尊敬身分較高之人，同時也應期盼自己獲得身分較低之人的尊敬。仁者應做好準備，有朝一日若能任官，才能睿智而周全地履行自己的職務；仁者不應以不適當的方式謀取權力，這樣不但有礙自己的身分，也違反孔子耳提面命的君子行誼。以不正當方式謀取的權力，違反了德性，而孔子認為德性是人類生活的最高宗旨。

　　孔子認為貴族身分沒有世襲的必要。相反地，適當的教育可以讓有才德的年輕人成為一名君子，即使這名年輕人出身卑微。因材施教，讓積極進取之人有機會晉升到社會階層的頂端。這項主張成為儒家支配下的傳統中國一項特出而重要的面向，它明確否定了周朝的貴族世襲制度。 ◀111

　　孔子不願思索鬼神之事。雖然他不否認神靈的存在或力量，但當人世充滿混亂與無秩序時，孔子寧可把心思放在人類事務上，而不願理會上天與祖先靈魂的神祕，他認為這些事物不適合拿來仔細考察。學習傳統禮儀，過去的仁者靠著這套禮儀來服侍上天與祖先，這比你空想神明的性質或力量要管用多了！

　　弟子將孔子說過的話記錄下來，將其視為廣受尊敬的老師的智慧結晶，並且將這份語錄（或許經過一番編輯）傳諸後世。傳統認為孔子曾整理過「五經」，但這種說法幾乎可以確定是虛構的。儘管如此，大量的傳統中國作品彙整成五部經典，對後世確實產生很大的影響。五經成為有學問的人必讀的作品。適切地引經據典，下筆為文時呈現純粹的古典風格，這些都成為

中國君子必備的能力。鑽研數量有限的文本（其中當然包括孔子的語錄《論語》），使後世中國人擁有共同的核心經驗，不僅界定了中國人的基本態度與價值，同時也使中國文明固結成一體。

儒家對禮儀與自制的強調無法滿足每個人的需求。儒家忽略的事物太多：人類的熱情與自然的奧祕，這些都在嚴謹規制的儒家世界裡缺席。其他一些認真思考現實面向的學派，在中國引發廣大的關注。其中最重要的就是道家。這個定義並不十分清楚的傳統，是以多少帶點神祕色彩的知識為中心建立起來的。道家強調巫術的咒語與儀式，祈求健康與長壽，甚至企圖求取超越人力與自然的不尋常力量，例如在天空飛翔的能力。往後，在佛教傳入的刺激下，道家開始明確地界定自身的學說。但在孔子的時代，道家似乎比較像是西伯利亞的薩滿巫師或美洲印第安部落的巫醫，而不像是希臘哲學家或印度的聖人。

儘管如此，道家的存在卻使中國古代的世界觀更為均衡，光憑儒家不可能實現這點。穩健與自律需要神祕與巫術的補充，才能滿足人類的一般需求，使在艱難而充滿不確定的世界裡生活的人們得以表達內心波動的情感。儒家與道家彼此互補——一方擁有的，正是另一方缺乏的——兩者共同構成非比尋常的穩定思想模式。這種模式經歷許多變遷，也不斷充實內容，從孔子時代直到二十世紀，儒家與道家從未斷絕。沒有任何文化傳統能像儒道一樣長久地主宰數千萬人。中國與其他高等文化的隔絕促成這種穩定發展模式；但中國本身特有的吸引力，加上人類精益求精的共同趨向，使中國文化不但源遠流長，也創造出輝煌的成果。

## 第七章

## 西元前一七〇〇年到前五〇〇年
# 蠻族世界的變遷

　　中東文明海納百川的世界主義風格，加上印度、希臘與中國這三個新興 ◀113
的高等文化，明顯增加了對蠻族世界產生影響的文化種類。不過就我們所
知，在更遙遠有人居住的地區，並未出現非常重大的變化。舉例來說，澳洲
的狩獵生活仍維持古老的形式，完全沒受到其他大陸的影響。此外，從美洲
大陸的考古發現也可看出，此地並未出現急速的發展。玉米與其他作物的栽
種漸形重要，而墨西哥（Mexico）中部高原人口稠密的中心也開始興起，並
且往南擴展到今日的瓜地馬拉（Guatemala）。南美洲西岸的歷史較為模
糊，因為年代的問題始終無法確定，不過祕魯（Peru）發展出稠密農業人口
中心的時間可能比墨西哥稍晚一點。

　　撒哈拉以南非洲也與世界其他地區缺少交流。可食用的塊根植物與其他
作物的栽種很可能在西非出現重大進展，而在非洲大陸的東岸，偶爾至少會
有來自文明港口的航海者造訪。埃及的文明風格溯尼羅河而上，直抵努比 ◀114
亞。但努比亞與非洲內部更深處是否有過接觸交流，我們不得而知。想描繪
出可靠的撒哈拉以南非洲的上古歷史圖像，必須要有廣泛的考古調查才行。

## 地中海

在舊世界，只要是鄰近文明主要發展中心的地區，很容易發現變遷的重要遺跡。舉例來說，地中海西部不只是希臘人成功殖民的地方，也是腓尼基人（Phoenicians）與伊特拉斯坎人（Etruscans）這兩個中東文明代表者建立根據地之處。迦太基（Carthage）是最繁榮的腓尼基殖民地，大約於西元前八〇〇年之前不久建於北非。其他腓尼基殖民地則分別散布於北非海岸與西西里島的南部和西部地區。第二個文明開化的民族是來自東方的伊特拉斯坎人，他們的確切起源至今仍是古代史的謎團。伊特拉斯坎人於西元前八〇〇年左右出現於地中海西部地區，在義大利的中部與北部建立一連串的城鎮。這些中東文明風格的前哨站，連同位於西西里島東部與義大利南部的無數希臘殖民地，使文明生活的好處傳遍整個地中海海岸地帶。透過商路的傳遞，許多內陸地區也沾染了濱海城市生活的資訊與繁華。

## 從大草原往西

文明經由海洋所做的地理延伸，與草原戰士民族的持續擴展相比，可以說相形見絀。我們提過，這群草原戰士是許多文明人口的征服者，例如喀西特人、西克索人、邁錫尼人、阿利安人與其他民族。其他的草原戰士則仗著勇猛善戰征服許多開發較晚的地區。這些地區絕大多數位於歐洲，他們往西前進，一路上不斷取代原本居住當地的民族，大約到了西元前二〇〇〇年之前稍早，他們終於蓄積了足夠的力量，從大草原進入森林地帶。最後，如我們先前提到的，他們將蠻族的文化風格傳遍了整個歐洲大陸。

115 ▶ 西元前九〇〇年之後，騎兵戰術的傳布使草原民族與中東文明中心的關係更加緊密。成功的劫掠，例如斯基泰人於西元前七世紀進行的掠奪，使粗魯的戰士與游牧民族接觸到文明的奢侈品與逸樂。此後，邊境戰爭與小規模的入寇成為常態。這意謂著草原部落將持續受到文明的引誘，將自己組織成更強大與更具凝聚力的單元，好進行更大規模的掠奪。舉例來說，斯基泰人從中亞移居南俄羅斯（Russia）之後（大約就在西元前七〇〇年之前），便

在烏克蘭建立了部族式的帝國，而且很快就與南方興起的希臘世界進行大規模的貿易交流。交易的基本內容是斯基泰人以穀物換取愛琴海城邦生產的油與酒。在貿易的影響下，到了西元前五〇〇年，南俄羅斯的斯基泰貴族已開始對希臘的奢侈品建立起非常細緻的品味。

更往西走，凱爾特語系部族運用騎馬的機動性，將勢力擴展到整個西歐地區。凱爾特人散布的中心位於今日德國南部。這個地區剛好位於歐亞大草原最西側，也就是匈牙利（Hungary）中央大平原的外緣，被其他民族驅趕而被迫移居此地的部族必須重新調整自己的習慣，以適應嶄新的森林環境。最大的問題是弓箭，草原民族使用的標準武器無法在森林地區發揮功用，因為箭矢經常受到枝椏與樹枝的阻礙。古凱爾特戰士為了解決這個問題，於是發明了雙手握持的巨劍，用來在馬背上使用。凱爾特人配備這項武器之後，得以征服原先居住於法國、西班牙、英國、愛爾蘭與義大利北部的民族。他們偶爾也零星地入侵希臘、小亞細亞與義大利中部。

與斯基泰人一樣，西歐的新主人對於他們接觸到的地中海文明奢侈品很感興趣。舉例來說，在西班牙，迦太基商人與殖民者與凱爾特人結盟，征服原先居住該地的住民。在今日的法國，希臘人與凱爾特蠻族的交易從西元前六〇〇年之後，開始從馬西里亞（Massilia，今日的馬賽〔Marseilles〕）港往北深入。這種交易模式與南俄羅斯類似。

草原民族的征服使歐洲社會軍事化，並且為日後歐洲的發展奠定基本條件，但早先存在於此地的巨石文化成果也因此遭到毀滅。當海岸線的主人總是把陌生人當成是敵人，而如果這些敵人看起來很好欺負，他們還會搶奪財物並將其殺害時，巨石文化以小船進行遠程航海的做法自然就不再安全。另一方面，許多巨石文化的僧侶或許順利殘存下來，他們也許改變了宗教形式，凱爾特人的德魯伊德教派（Druids）或許就曾受到他們的影響。 ◀116

大草原東側發生的事件，不像歐洲發生的事件那樣清晰。這是因為中亞的考古研究仍處於極不完整的狀態，我們若不想全然無知，就只能草率地做點推敲與猜測。馬術與游牧民族的技藝穿過草原往東傳布的過程似乎相當緩慢。住在草原或草原附近的民族主要是從更西邊的鄰近民族學習必要的技

巧。已經具備完整游牧生活技術的部族只會把往東遷徙當成無計可施時採取的辦法，因為這等於要他們從優良的水草地遷徙到貧瘠的地區。當人們從歐亞大草原往東移動到蒙古（Mongolia）時，唯一感受到的就是降雨與溫度都不斷在下降。

由於這項地理現實，因此一直要等到西元前四〇〇年左右，當大草原上住滿了游牧民族時，一種規律而強大的東西方梯度壓力才開始成形。蒙古高原的環境極為艱苦，人類與野獸都必須禁受得住這種艱困才能在此過活。從大草原往西一路延伸到匈牙利平原，隨著海拔高度遞減，氣候越來越溫暖，土地也越滋潤，挾帶雨水的西風也靠得更近。草原生活若出現任何政治動盪，很容易促使失敗者與／或征服者在肥美水草與舒適氣候召喚下往西遷徙。因此數世紀以來，總是定期出現一波往西遷徙的熱潮。發跡於阿爾泰山（Altai）的斯基泰人，遷徙到了烏克蘭草原。斯基泰人西遷後，突厥部族取代他們在中亞的位置，而突厥人原有的據地又由蒙古語系的民族跟上來填補。

草原戰士擁有馬群，從小在馬鞍上長大，勇猛善戰，令人畏懼。掠奪草

117▶

原南方文明地區是一項有利可圖的職業。文明統治者為了防備掠奪而建立的防務，如果稍有鬆懈，很容易被游牧民族零星的騎手察覺，他們當下就會試探性地往南入侵，尋找他們可以帶走的財貨。幾次小規模突襲的成功，很快就會引來數千名游牧民族在英明酋帥領導下入侵。因此，游牧民族的騷擾很可能像滾雪球一樣，一下子演變成大規模的攻擊，除非文明的抵抗力量能及時組織起來，否則後果不堪設想。在西亞，最著名的例子是西元前六一二年斯基泰人圍攻與劫掠亞述首都尼尼微。但是我們曾經提到，此後不久，米底亞人與波斯人就找到了對付草原威脅的方法，那就是以夷制夷，雇用游牧部族在中東守邊。

## 從大草原往東

在遠東地區，西元前七七一年西周首都遭到劫掠，也許就是源自中亞的

游牧民族幹的好事。可惜的是，這起事件在中國歷史上記載並不詳細，我們無法確認這群摧毀西周的民族是否就是精於騎射的草原游牧民族。

有些現代學者認為，這群草原的掠奪者一路來到太平洋，抵達現代中國南境的海岸。西元前七〇〇年左右，有一個文明雛形在此地興起，以航海為主要特徵。這些「東山」（Dongson）民族遺留下來的考古遺跡，與歐亞大草原西部地區出土的考古遺物有著驚人的類似性。或許，就在騎兵戰術剛發展出來的時候，少數大膽冒險的騎士從阿爾泰地區往南越過四川，征服了濱海地區的東山民族。東山航海者累積的大量財富，或許是引誘游牧民族前來攻擊的原因。

東山的航海者曾經到過何處，至今仍是個未解之謎。一年當中絕大部分時間，南太平洋的風力與海象都相對平靜而可靠。即使在沒有精確航海儀器下駕著小船出海，還是有辦法長距離地橫越這片海洋。婆羅洲（Borneo）與菲律賓（Philippines）南部的馬來人（Malay）或許就是這些早期航海者的後裔。就在基督紀元前不久，東山民族派遣一批殖民者前往印度洋另一邊的馬達加斯加島（Madagascar）──今日，這座遙遠島嶼的主要語言仍殘留著馬來腔，足以提供一項明證。此外，其他航海者也可能進入了太平洋地區。例如新幾內亞（New Guinea）就發現了東山航海者的遺跡，其中也許有幾艘船抵達了美洲海岸，可能就是這些人教導美洲原住民鎔合錫與銅，鑄出了青銅器。

或許只有這種跨越大洋的接觸，才能解釋美洲印第安人（早期的墨西哥與祕魯）的藝術與亞洲大陸東南濱海地區的藝術之間令人困惑的類似性。此外，東西南北四個方位與特定顏色連結在一起，這種特殊的觀念也同時出現在太平洋兩岸，應可證明兩地早期的確存在著跨洋接觸。另一方面，美洲原住民文明賴以維生的作物並非來自於舊世界，有些學者認為，就算早期有東山航海者遭遇船難成功漂洋過海到了美洲，他們對於美洲印第安文明的興起也起不了太大作用。這種觀點顯然認為，青銅器的鑄造以及舊世界與新世界之間的類似性，完全只是各自獨立發明的結果。

無論真相為何，有一點是可以確定的，那就是美洲印第安人擁有的文化

與技術水準遠遠比不上舊世界。主要的發明中心與最重要的文明全位於歐亞大陸,而到了西元前五〇〇年,這裡已出現至少四個主要的文明。

**總結**

從西元前一七〇〇年到前五〇〇年,在高等文化影響的地理範圍內,人類的生活內容已出現極大的變化。新文明中心的興起,伴隨著草原蠻族的高度發展,就連西歐、中國南方、北非與(雖然我們對此地幾乎一無所知)印度南方也受到眷顧。此時的文明已開始隨各地風土的不同而有特異的發展,只要發現肥沃的可耕地,文明就能開花結果。

往後兩千年的歷史,從西元前五〇〇年到西元一五〇〇年,是文明生活方式不斷擴張但不一定成功的歷史,其成果總是以消除鄰近的野蠻主義為代價。這段歷史也是中東、印度、歐洲與中國四大文明中心約略維持均衡的歷史。本書的第二部分將介紹這段文化均衡時期的主要轉捩點與重要特徵。

119▶

## 【書目提要】

　　歷史地圖集與年代辭典對於任何對歷史有興趣的人來說，都是有價值的參考 ◀120
工具。最好的一本世界歷史地圖集是 *Westermanns Atlas zur Weltgeschichte*
(Braunschweig, 1956)，可惜這本書從未發行英文版。對英語世界的人來說，另一
本備用的地圖集是 William Robert Shepherd, *Historical Atlas,* 9th ed. (New York
1964)。William L. Langer, ed., *An Encyclopedia of World History*, rev. ed. (Boston,
1972)是一部標準而有用的年代辭典，可以用來查閱年代並且提醒人們歷史事件的
先後次序。

　　世界史的書籍很多，有些是集體作品，例如劍橋史系列：*The Cambridge
Ancient History*, 12 vols. (Cambridge, 1923-39), *The Cambridge Medieval History*, 8
vols. (Cambridge, 1913-36), 以及 *The Cambridge Modern History*, 13 vols. (Cambridge,
1902-12)。其他的世界史作品則帶有個人獨特的看法，在解釋上較具有一貫性，不
過也因此產生爭議，因為沒有人能夠精通每一門歷史領域。一般來說，廣受讀者
喜愛的有以下四部作品：H. G. Wells, *The Outline of History* (London, 1920); Oswald
Spengler, *The Decline of the West*, 2nd ed. Rev., 2 vols. (New York, 1931); Arnold J.
Toynbee, *A Study of History*, 10 vols. (London, 1934-54); and William H. McNeill, *The
Rise of the West* (Chicago, 1963)。湯恩比的作品也出了節縮本，D. C. Somervell, ed.,
*A Study of History*, 2 vols. (London, 1946, 1957)，另外還有一本圖解的節縮本，
Arnold Toynbee, *A Study of History* (New York, 1972)。

　　此外還有兩種書籍是學習者應該注意的。《聖經》與古典作品（如荷馬）的
譯本版本非常多，而且在歷經數代學者的努力後，這些譯本已極為精確。如果硬
要從這些譯本中挑出一本最好的，等於是吹毛求疵。其他文明傳統的著作，目前 ◀121
的英譯作品只能反映出其中一部分內容。關於古中東部分，James B. Pritchard, ed.,
*Ancient Near Eastern Texts Relating to the Old Testament*, rev. ed. (Princeton, 1969)收
錄了許多珍貴而值得注意的文獻，同樣重要的還有 James B. Pritchard, *The Ancient
Near East, New Anthology of Texts and Pictures* (Princeton, 1975)。N. K. Sandars, tr.,

*The Epic of Gilgamesh* (Penguin, 1960)是一部價格不貴而且容易購得的美索不達米亞文學鉅作。Hans Goedicke, tr., *The Report about the Dispute of Man with his Ba* (Baltimore, 1970)對於埃及人的生死觀提出了卓越的見解。關於印度文化，W. T. DeBary, Jr. et al., eds., *Sources of Indian Tradition* (New York, 1958)從《吠陀》、《奧義書》與其他早期文獻中摘錄了一些重要的片段。Johannes A. B. van Buitenen, *The Mahabharata* (Chicago, 1973- )開始對印度最偉大的史詩進行翻譯。W. T. DeBary, Jr. et al., eds., *Sources of Chinese Tradition* (New York, 1960)收集與摘錄了早期中國的文獻。此外，Arthur Waley, tr., *The Analects of Confucius* (New York, 1939), Arthur Waley, tr., *Shih Ching, Book of Songs* (Boston, 1937)，與 Richard Wilhelm, tr., *The I Ching, or Book of Changes*, 3rd ed. (Princeton, 1967)，這些都值得注意。

　　許多上古時代研究在行文時經常會引用一些古代文獻的譯文。翻譯與評論交錯使用，要比毫無詮釋的譯文更能讓人了解主題，尤其當我們研讀的是不熟悉的文化時。古中東這方面傑出的作品有 Samuel Noah Kramer, *Sumerian Mythology* (Philadelphia, 1944); Henri Frankfort et al., *Before Philosophy* (Penguin, 1941); J. A Moulton, *Early Zoroastrianism* (London, 1913)。印度文化方面，Edward Conze, *Buddhism: Its Essence and Development* (New York, 1959); Sir Charles Eliot, *Hinduism and Buddhism: An Historical Sketch*, 3 vols. (London, 1921); 與 Heinrich Zimmer, *Philosophies of India* (New York, 1951)，這些都是極有助益的作品。此外值得一提的還有 Fung Yu-lan, *History of Chinese Philosophy*, 2 vols. (Princeton, 1952，馮友蘭《中國哲學史》上下冊)。關於早期希臘思想有兩本作品：John Burnet, *Early Greek Philosophy*, 4th ed. (London, 1930)是一本嚴肅、傳統與精詳的著作；相反地，F. M. Cornford, *From Religion to Philosophy: A Study in the Origins of Western Speculation* (London, 1912)則是生動、充滿玄思性與啟發性。

　　古代藝術品與其他器物的遺跡是學習者探索上古時代的第二條重要門徑。它的優點在於沒有傳譯者橫阻在你與第一手資料之間。此外，只要翻閱有豐富插圖的作品，就能在短時間內輕鬆遍覽大量的文物樣貌。這種做法可以讓人進行比較，而藉由比較可以讓人清楚感受到人類的感性模式在時空中歷經的變化——如

果學習者願意在心中構築一幅稀疏的時空座標，並且將每件藝術品歸入其所屬的位置的話。藝術與藝術史可以做為歷史學家過度冗長的敘述（他們運用的史料多半屬於文字資料）的補充與更正，因此這方面的資料值得我們高度重視。關於史前藝術，H. G. Bandi et al., *Art of the Stone Age* (New York, 1961)是一部好作品。關於古中東的藝術，可以參考以下作品：André Parrot, *Sumer: The Dawn of Art* (New York, 1961); André Parrot, *Arts of Assyria* (New York, 1962); Henri Frankfort, *The Art and Architecture of the Ancient Orient* (Penguin, 1959); W. Stevenson Smith, *Art and Architecture of Ancient Egypt* (Penguin, 1958)。H. A. Groenewegen-Frankfort and Bernard Ashmole, *Art of the Ancient World* (New York, n.d.)是古中東與古地中海世界的標準入門書。

Heinrich Zimmer 與 Joseph Campbell 的 *The Art of Indian Asia*, 2nd ed., 2 vols. (New York, 1955)，這本鉅著比任何作品都更能顯示印度文化傳布到東南亞的過程。Ludwig Bachhofer, *A Short History of Chinese Art* (London, 1947)對中國古代青銅器的技術與風格提出具信服力的分析。另一部更引人注目的風格分析之作是 Henri Frankfort, *Cylinder Seals* (London, 1939)，作者利用古美索不達米亞遺留下來的大量物品，從這些物品的藝術主題的變化來推論古代社會與政治秩序的變遷。想要找出比這本書更能充分說明藝術史與整體社會發展之間關係的作品，我想幾乎是不可能。

可惜的是，擁有豐富圖片的藝術書籍通常相當昂貴，而這也限制了它的普及性。University Prints 提供了一個簡單（儘管無法完全令人滿意）的方式，以公道的價格販售單張的古代藝術品照片。如果教師希望讓班上每個同學都有相同的照片來進行研究與討論，那麼 University Prints 的確提供了一個有彈性且易於取得的資料來源。University Prints 的地址是 15 Brattle Street, Cambridge, Mass., 02138。

現代學者的作品可以根據幾個主題分述如下：

**人類的演化與史前史。**W. E. Le Gros Clark, *The Antecedents of Man* (Chicago,

1960); Kenneth P. Oakley, *Man the Tool-Maker*, 5th ed. (London, 1976); Robert Ardrey, *African Genesis* (London, 1961); Sol Tax, ed., *Evolution after Darwin*, 3 vols. (Chicago, 1960); Carleton S. Coon, *The Origin of Races* (New York, 1962); M. F. Ashley Montague, ed., *Culture and the Evolution of Man* (New York, 1962); James Mellaart, *The Neolithic of the Near East* (New York, 1976); and Grahame Clark, *World Prehistory, A New Outline* (Cambridge, 1969). 理論成分多於歷史成分，但極具思想性的小書，這是 Robert Redfield, *The Primitive World and its Transformations* (Ithaca, N. Y., 1953).

古中東。Henri Frankfort, *The Birth of Civilization in the Near East* (Bloomington, Ind., 1951); V. Gordon Childe, *What Happened in History* (Penguin, 1943); Samuel Noah Kramer, *The Sumerians: Their History, Culture and Character* (Chicago, 1963); John A. Wilson, *The Burden of Egypt: An Interpretation of Ancient Egyptian Culture* (Chicago, 1951); A. Leo Oppenheim, *Ancient Mesopotamia, Portrait of a Dead Civilization* (Chicago, 1964); Karl W. Butzer, *Early Hydraulic Civilization in Egypt: A Study in Cultural Ecology* (Chicago, 1976); W. Stevenson Smith, *Interconnection in the Ancient Near East: A Study of the Relationships between the Arts of Egypt, the Aegean and Western Asia* (New Haven, Conn., 1965); O. R. Gurney, *The Hittites*, rev. ed. (Penguin, 1961); George Steindorff and Keith C. Seele, *When Egypt Ruled the East*, rev. ed. (Chicago, 1957); A. T. Olmstead, *A History of Assyria* (Chicago, 1923); Donald Harden, *The Phoenicians* (New York, 1962); William F. Albright, *The Archeology of Palestine*, rev. ed. (Penguin, 1960); T. H. Robinson and W. O. E. Oesterly, *History of Israel*, 2 vols. (Oxford, 1932); H. H. Rowley ed., *The Old Testament and Modern Study* (Oxford, 1951); A. T. Olmstead, *A History of the Persian Empire* (Chicago, 1948); R. C. Zaehner, *The Dawn and Twilight of Zoroastrianism* (New York, 1961); Jack Finegan, *Light from the Ancient Past: The Archeological Background of Judaism and Christianity*, 2nd ed. (Princeton, 1959); David Diringer, *The Alphabet: A Key to the History of Mankind*, 2nd ed. Rev. (London, 1953); Ignace J. Gelb, *A Study of Writing*, rev. ed. (Chicago, 1964); Otto Neugebauer, *The Exact Sciences in Antiquity* (Leiden, 1950); Charles Singer et al., eds., *A History of Technology, I: From Early Times to Fall of*

Ancient Empires (Oxford, 1954); and R. J. Forbes, *Metallurgy in Antiquity* (Leiden, 1950).

歐洲。J. G. D. Clark, *Prehistoric Europe: The Economic Basis* (New York and London, 1952); C. F. C. Hawkes, *The Prehistoric Foundations of Europe to the Mycenean Age* (London, 1940); V. Gordon Childe, *The Dawn of European Civilization*, 6th ed. (New York, 1958); John Boardman et al, eds., *The European Community in Later Prehistory: Studies in Honor of C. F. C. Hawkes* (Totowa, N. J., 1971); J. D. Evans, *Malta* (New York, 1959); J. D. S. Pendlebury, *The Archeology of Ancient Crete* (London, 1939); R. W. Hutchinson, *Prehistoric Crete* (Penguin, 1962); Sinclair Hood, *The Minoans: The Story of Bronze Age Crete* (New York, 1971); A. R. Burn, *Minoans, Philistines and Greeks,* B.C. *1400-900* (London, 1930); Chester G. Starr, *Origins of Greek Civilization, 1100-650* B.C. (New York, 1961); M. I. Finley, *The World of Odysseus* (New York, 1954); Eric R. Dodds, *The Greeks and the Irrational* (Boston, 1957); Alfred E. Zimmern, *The Greek Commonwealth*, 5th ed. Rev. (Oxford, 1931); M. I. Finley, *Early Greece: The Bronze and Archaic Ages* (New York, 1970); M. Pallottino, *Art of the Etruscans* (London and New York, 1955); Raymond Block, *Origins of Rome* (New York, 1960); T. G. E. Powell, *The Celts* (New York, 1958); B. H. Warmington, *Carthage* (London, 1960); and Marija Gimbutas, *The Slavs* (New York, 1971).

◀124

歐亞大草原。V. Gordon Childe, *The Aryans: A Study of Indo-European Origins* (New York, 1926); Tamara Talbot Rice, *The Scythians* (London, 1957); M. Rostovtzeff, *Iranians and Greeks in South Russia* (Oxford, 1922); George Vernadsky, *Ancient Russia* (New Haven, 1943); William M. McGovern, *The Early Empires of Central Asia* (Chapel Hill, N.C., 1939); Charles Burney and David M. Lang, *The Peoples of the Hills, Ancient Ararat and Caucasus* (New York, 1972); and V. M. Masson and V. I. Sarianidi, *Central Asia: Turkmenia before the Achaemenids* (New York, 1972).

印度。Stuart W. Piggott, *Prehistoric India to 1000* B.C. (Penguin, 1950); R. E. M.

Wheeler, *Early India and Pakistan, to Ashoka*, rev. ed. (London, 1968); R. E. M. Wheeler, *The Indus Civilization, The Cambridge History of India*, Supp. Vol. (Cambridge, 1953); R. E. M. Wheeler, *The Indus Civilization* (Cambridge, 1968); R. C. Majumdar and A. D. Pusalker, eds., *History and Culture of the Indian People,, I: The Vedic Age* (London, 1951); Bridget and Raymond Allchin, *The Birth of Indian Civilization: India and Pakistan before 500* B.C. (Penguin, 1968); and J. H. Hutton, *Caste in India: Its Nature Functions and Origins* (Cambridge, 1946).

中國。Ping-ti Ho（何柄棣）, *Cradle of the East* (Chicago, 1975); Herrlee G. Creel, *The Birth of China* (London, 1936; reissued 1951); Li Chi（李濟）, *The Beginnings of Chinese Civilization*（《中國文明的開始》）(Seattle, 1957); Cheng Te-k'un（鄭德坤）, *Archeology in China, I: Prehistoric China* (Cambridge, 1959); Cheng Te-k'un, *Archeology in China, II: Shang China* (Cambridge, 1960); Cheng Te-k'un *Archeology in China III: Chou China* (Cambridge, 1964); Chang Kwang-chih（張光直）, *Archeology of Ancient China*（《古代中國考古》）, rev. ed. (New Haven, 1977); Chang Kwang-chih, *Early Chinese Civilization: Anthropological Perspectives* (Cambridge, Mass., 1976); William Watson, *China: Before the Hand Dynasty* (New York, 1961); Herrlee Creel, *The Origins of Statecraft in China, I: The Western Chou Empire* (Chicago, 1970); L. C. Goodrich, *A Short History of the Chinese People*, 3rd ed. (New York, 1959); 此外還有三本具爭議性但極吸引人的作品，Herrlee G. Creel, *Confucius, the Man and the Myth* (New York, 1949; 新書名，*Confucius and the Chinese Way* (New York, 1960); Joseph Needham, *Science and Civilization in China*，多卷本 （Cambridge, 1954- ）; and G. F. Hudson, *Europe and China* (London, 1931).

世界其他地區。世界其他地區，絕大部分在西元前五○○年之前幾乎都還沒出現歷史紀錄。然而，有三部非洲史前史值得一提：Sonia Cole, *The Prehistory of East Africa* (New York, 1954); J. Desmond Clark, *The Prehistory of Southern Africa* (Penguin, 1959); and George Peter Murdock, *Africa: Its Peoples and Their Cultural History* (New York, 1959). 至於新世界與東南亞的研究作品，將留待本書第二部分的書目提要再做介紹。

# PART II

西元前五〇〇年到西元一五〇〇年

## 文明之間的
# 均衡

129 ▶ 　　大約有兩千年的時間，也就是從西元前五〇〇年到西元一五〇〇年，世界上沒有任何一處文明生活中心能凌駕其他文明。在此之前，中東居於世界文明的首位，它影響了鄰近民族與鄰近民族的鄰近民族，甚至傳布到偏遠的地帶。中東居民所熟悉的各種生活面向，在其他地區居民眼中顯然比他們先前所知的任何生活都要來得優越。但是隨著印度、希臘與中國文明發展出特定形貌，這些文明的擁有者在面對中東時不再感到自卑，而且相應地對於這個外來根源傳來的各種影響不再大驚小怪。在文明的邊緣地帶，蠻族擁有數種不同的文明生活模式可以選擇，而這些生活模式通常混合了不同文明的元素。

　　西元前五〇〇年，舊世界興起這四種獨特的文明生活方式，彼此之間旗鼓相當。往後的幾個世紀，這些文明從未停止成長與調適。每個文明在世界所盤踞的領域不斷擴張。當然，這不僅為每個文明的核心地帶增添了內容與變化，也使隔離在文明之間的野蠻地區為之減少。從歐亞大陸的一端到另一端，各地區的接觸儘管遭遇一些挫折，但隨著時間進展，交流變得越來越頻繁。透過接觸，某些文化的領導者可以向自己感興趣的文明進行借用或改造。事實上，這種跨文化的借用可以刺激每個獨立的文明從事創造發明。而這種借用總是出於自動自發，絕非來自強迫。

　　換句話說，舊世界的各個主要文明在這兩千年間一直維持著一定的自主性。四大文明之間的關係也許可以視為是一種均衡狀態。任何干擾都有可能影響整個體系，但沒有任何一個文明擁有足夠的規模或力量可以根本改變整個體系的四重平衡。

132 ▶ 　　儘管如此，世界文明之間的均衡仍遭受一連串的震撼，這些衝擊構成這段時期世界史的重要基準。先是希臘，而後是印度，這兩個文明先後邁過原始疆界向外廣泛傳布。然而，中東的希臘化，就像中國與日本的印度化一樣，最終證明只是膚淺而暫時的現象。在這兩個例子裡，本土居民強烈排斥前幾個世代急欲接受的絕大多數外來元素。然後是第三次干擾，世界平衡受到伊斯蘭教急速崛起與接續幾次擴張的威脅，先是遍及古中東、北非與西班牙（六三二年到一〇〇〇年），然後進入印度、東歐與中亞（一〇〇〇年到

一四五三年）。信奉印度教的印度最終（一五六五年）失去了政治獨立的地位。結果，穆斯林的君主與統治者，連同皈依伊斯蘭教的信徒（主要來自於下層種姓），合力對印度教施加限制與壓力，這對印度教往後的發展有著深遠的影響。

此外，還有第四次干擾，這一次來自西歐，全球的文化平衡終於遭到破壞。這段過程始於西元一五〇〇年後，歐洲的冒險事業首次打開了美洲大陸，並且開始探索世界其他適合居住的沿海地帶。然而實際上，西方世界一直要到一八五〇年後才對世界其他主要文明產生壓倒性優勢，才有能力迫使所有非西方社會領袖放棄經過時間考驗、祖先的生活方式，並使其拋棄傳統文化的自主性，死心塌地向西方學習技能以進行「現代化」。

世界史的近現代時期將留待第三與第四部分討論。在第二部分，我們將處理中間時期，與之前及之後的時代相比，這個時期的明顯特色是文明世界的每個分離部分都各行其是，鮮少關注其他地區的發展。

| | 西歐 | 東歐 | 中東與北非 | 歐亞大草原 | 中國 | 印度與東南亞 | 其他 |
|---|---|---|---|---|---|---|---|
| | 凱爾特人的擴張 | 波斯戰爭 | 薛西斯<br>波斯帝國 | | 孔子 | 佛陀 | |
| 400 | | 雅典帝國<br>伯羅奔尼撒戰爭 | | | 戰國時代 | | |
| | 高盧人劫掠羅馬 | 希波克拉底 | | | | | |
| 300 | | 柏拉圖<br>亞里斯多德 | 馬其頓帝國 | | | 亞歷山大的征服 | |
| | 羅馬統一義大利<br>漢尼拔的戰爭 | 歐幾里德<br>普拉克西特列斯<br>薩摩斯島的<br>阿里斯塔爾克斯 | 塞琉古帝國　托勒密帝國 | | 秦始皇帝<br>統一中國 | 阿育王　孔雀帝國 | |
| | 羅馬的興起<br>希帕克斯 | | | | | | |
| 100 | **人 類 時 代 第 一 階 段 終 結** | | | | | | |
| | | | | | 司馬遷 | | |
| | 盧克萊修<br>西塞羅<br>維吉爾 | 尤利烏斯·凱撒<br>奧古斯都 | 安息帝國 | 匈奴 | 漢朝 | | |
| 1 AD | 克勞狄<br>圖密善<br>塔西佗 | 耶穌被釘十字架<br>猶太人叛亂；神廟被毀<br>聖保羅<br>福音書寫成 | | | | 印度文化<br>傳布到東南亞 | |
| 100 | 圖拉真<br>馬庫斯·奧理略 | 猶太人叛亂<br>希臘科學的編纂集成：<br>蓋倫，托勒密 | | 嚈噠人<br>突厥人的支配 | | 印度教的復興 | |
| 200 | 內戰與入侵<br>羅馬帝國復興 | 摩尼<br>普羅提諾 | | | | 發明十進位制 | |
| 300 | **基督教成為國教**<br>匈人<br>**日耳曼人入侵** | | | 柔然　阿提拉 | 蠻族入侵 | 古典梵文<br>迦梨陀娑　笈多王朝 | 美洲印第安人文明的<br>「古典」時代開始 |
| 400 | 羅馬的劫掠<br>聖奧古斯丁<br>聖派屈克<br>克洛維 | | 薩珊王朝 | 貴霜帝國 | | 佛教的傳布 | 西非迦納 |

▲ 年表：從西元前五○○年到西元一五○○年

伊斯蘭的擴張

| 年代 | | | | | | | | |
|---|---|---|---|---|---|---|---|---|
| 500 | 聖本篤 | 查士丁尼　羅馬拜占庭帝國的部分復興 | | | 隋朝 | | | 佛教在日本建立　玻里尼西亞人散布 |
| 600 | 奧斯特拉西亞的入侵 | 斯拉夫人滲入巴爾幹　阿瓦爾人 | 穆罕默德　伊斯蘭教的征服　歐瑪亞王朝 | | 中國再統一　中國控制中亞綠洲 | | | 日本奈良時代 |
| 700 | 西班牙的穆斯林　圖爾之戰 | 伊索里亞的里奧三世　擊退穆斯林 | | 恒羅斯之役 | 李白　發明印刷術 | 唐朝 | 信德的穆斯林 | |
| 800 | 查理曼‧羅馬皇帝 | | | 回鶻帝國 | 佛教的傾覆 | | 商羯羅 | |
| 900 | 維京人、馬札爾人、阿拉伯人的入侵　克魯尼改革 | 保加爾人 | 突厥人的支配 | 阿拔斯王朝　土耳其人的支配　吐蕃 | | | | 美洲印第安人文化的古典時代結束　紫式部 |
| 1000 | 馬札爾人與挪威人的改宗　教宗改革 | 羅斯人的改宗　巴西爾二世　拜占庭帝國復興　東西教會分裂　曼奇科特之戰　伊本‧西那 | | 大草原部族改宗伊斯蘭教 | 發明羅盤與火藥 | | 伽色尼的馬哈默德；北印度的征服 | 穆斯林征服西非 |
| 1100 | 第一次十字軍東征　聖安瑟倫　阿伯拉　聖方濟 | 加札利　歐瑪爾‧海亞姆　伊本‧魯世德 | | | 宋朝　朱熹 | | 德里的奴隸蘇丹國 | |
| 1200 | 第四次十字軍東征　霍亨斯陶芬帝國的崩潰　聖托馬斯‧阿奎那 | 土耳其人的支配　第四次十字軍東征　蒙古帝國　亞歷山太‧涅夫斯基 | | 成吉思汗 | | | 土耳其人的支配 | |
| 1300 | 亞維農教廷　但丁　太分裂 | 黑死病的肆虐　科索沃之戰 | 哈菲茲　伊本‧赫勒敦 | 帖木兒 | | | | 墨西哥的阿茲特克 |
| 1400 | 百年戰爭　義大利文藝復興　攻克格拉納達 | 土耳其人攻陷君士坦丁堡 | 波斯藝術的極盛期 | | 明朝　鄭和航行到印度 | 卡比耳 | | 祕魯的印加文明 |

## 第八章

西元前五○○年到前三三六年
# 希臘文明的繁盛

133 ▶　　西元前五四六年，居魯士大帝從里底亞國王克羅伊斯（Croesus）手中
奪取了小亞細亞，愛奧尼亞的希臘城市因而承認波斯人的統治。但到了西元
前四九九年，希臘城市卻群起反抗。五年後，叛亂平定。位於愛奧尼亞海岸
的領導城市米利都（Miletus）遭到劫掠。希臘人與波斯人之間的第一回合戰
鬥，顯然是波斯獲勝。儘管如此，波斯王大流士仍不滿意，因為雅典與埃雷
特里亞（Eretria）這兩個名不見經傳的希臘城市居然敢派幾艘船艦越過愛琴
海前來援助叛軍。西元前四九○年，一次懲罰性的遠征掠奪了埃雷特里亞，
卻未能攻下雅典。可以確定的是，波斯人的確在離雅典二十六英里的馬拉松
（Marathon）登陸，並且期待雅典內應能開城降敵。但計畫失敗。雅典人在
波斯人再度登船時在馬拉松迅速發動一場小規模戰鬥，並且獲得勝利，一名
跑者在波斯艦隊抵達前將消息帶回雅典（這就是現代「馬拉松」賽跑的由
來）。結果，當波斯船艦真的出現時，雅典內應卻毫無動靜，入侵者眼見計
畫失敗，只好渡過愛琴海撤退回國。

134 ▶　　這些小衝突只是波斯人大舉入侵希臘的前奏曲。西元前四八○年，波斯
王大流士之子和繼承人薛西斯，召集帝國野戰軍六萬多人，準備發動戰爭。
波斯人的準備十分周詳。他們在赫勒斯滂（Hellespont，今達達尼爾海峽）

搭建浮橋，在愛琴海北岸儲藏軍需物資，然後派遣使臣到希臘勸降。許多城市以及具影響力的德爾菲神諭都認為應及早接受波斯人的條件。但是約有二十座城市在斯巴達的領導下組成鬆散聯盟，拒絕向波斯投降。斯巴達一支分遣部隊在北方的溫泉關（Thermopylae）企圖阻擋波斯大軍，卻未獲成功。之後，隨著薛西斯的軍隊逐漸南下，雅典人不得不從城市疏散，任由波斯人掠奪與縱火焚城。

然而，除非希臘人屈服，否則光憑這些勝利仍無法決定戰局，因為在充滿敵意而殘破的希臘土地上，波斯軍隊很難獲得充分補給。因此，薛西斯決定以攻擊希臘艦隊為首要目標。在此之前，希臘艦隊已先行躲入雅典西方的薩拉米斯灣（Bay of Salamis）。在薩拉米斯島與大陸包夾的狹窄海峽中，波斯艦隊無法展現數量優勢，反之希臘人以純熟的戰技與堅定的決心，一舉擊敗波斯而取得決定性勝利（西元前四八〇年）。戰敗之後，薛西斯決定與大部分軍隊返回波斯，因為希臘的補給無法讓大軍在當地過冬。

於是，隔年春天，數量銳減的波斯軍在普拉提亞（Plataea）與希臘城市聯合軍對峙，再一次，希臘陣營勝利（西元前四七九年）。在此同時，雅典人也將戰事延伸到愛琴海對岸，光是看到雅典戰艦出現，就足以激勵愛奧尼亞諸城起而反抗波斯統治。

波斯人從此不再對希臘發動大規模的軍事行動。雙方的敵對一直持續到西元前四四六年。希臘城市聯盟幾乎每年夏初都會派出一支艦隊前去攻擊波斯在愛琴海沿岸的堡壘；每年秋天艦隊返回時，幾乎總是帶回新的戰果。斯巴達是希臘世界最強大的陸上軍事霸權，在波斯入侵的立即威脅消失之後，斯巴達就不願繼續主動出擊，因此這些海上戰事的領導權全落到雅典身上。

## 雅典海上戰爭的影響

◀135

海上戰爭的無限延長，為雅典城邦的內部平衡帶來巨大變化。貧窮或身無分文的市民擔任戰艦上的槳手。這些人為城邦擔負的兵役逐漸變得跟方陣一樣重要。換言之，就連那些窮到無法負擔方陣裝備的市民，也能在艦隊中

扮演重要的軍事角色。此外，划船的薪水，連同攻下城市後有機會擄獲的豐厚戰利品，對許多雅典市民來說是一年之中極受歡迎的額外收入。

早在波斯大舉進犯之前，雅典已經是一座民主城市。然而起初貧窮市民的投票權並不穩固，它並非藉由窮人自身的力量或組織爭取而來，而是貴族政治人物為了獲取下層階級支持而給予的好處。但是，當在戰艦上服役划船成為每年夏天固定的工作時，這些窮人取得的軍事地位使他們得以參與國家大事。民主體制因此第一次獲得確立。昔日的農民步兵被推擠到雅典政治的邊緣。農民住的地方離城市太遠，無法定期參加市民大會，相反地，當艦隊未出港時，城市貧民通常無事可做，因此一定會參加集會。

雅典狂熱地發起侵略性海上戰爭，很快就引起立場保守的希臘城市的疑慮。例如，西元前四六七年，納克索斯（Naxos）島拒絕派遣船隻與士兵參與對抗波斯的戰爭。雅典人認為此舉形同叛國。他們將矛頭轉向納克索斯，擊敗了島民，責令他們支付貢金。此後，其他的盟友也遭遇相同的命運。結果，原本自由參與的反波斯城市聯盟，現在卻演變成雅典帝國。雅典帝國在極盛時期支配了五十座以上大大小小散布在愛琴海各處的城市。

137 ▶ 儘管雅典的公共生活採取了民主形式，但長期以來城市的領導者與軍事指揮官一直由貴族出任，這些貴族在傳統上擁有優越的政治地位。就連培里克利斯（Pericles）這樣的民主人士也同樣出身貴族，他在前四六○年到前四二九年之間支配雅典政治，他的名字也成為雅典極盛時期的代表。在他死後，雅典與斯巴達及其盟邦打了一場漫長而艱苦的伯羅奔尼撒戰爭（Peloponnesian war，西元前四三一年到四○四年）。這場戰爭使雅典內部出現利益分化，農民步兵與無土的艦隊槳手之間成見日深，陳舊的貴族領導已不足以因應此一危局。於是在培里克利斯之後，由一名能幹但不擇手段的平民克裡昂（Cleon）繼起領導雅典。克裡昂戰死（西元前四二二年）之後，貴族對政治領導權的壟斷再也未能恢復。

希臘世界一項更不祥的變化日漸腐蝕城邦忠誠。這項變化在希臘世界俯拾皆是，過去，幾乎所有希臘成年男子都從事農耕，遇到戰爭時便組成方陣與自己的同胞並肩作戰，這種單純的社會形式逐漸被更複雜的社會分化所取

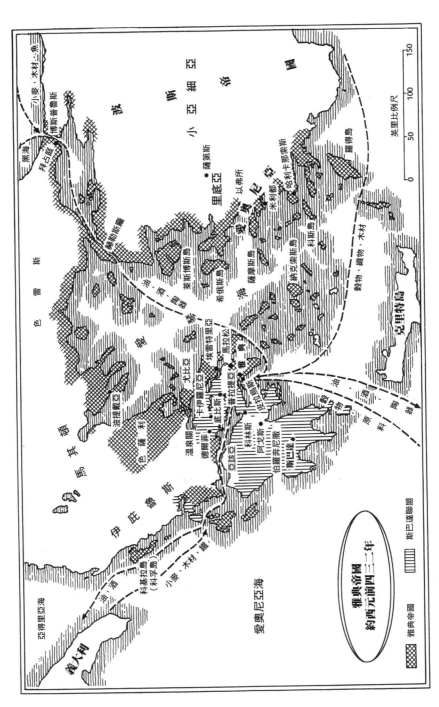

▲ 雅典帝國，約西元前四三二年

代，如商人、工匠、農民、士兵、水手、奴隸、外國人、地主與佃農。曠日持久的伯羅奔尼撒戰爭更是加快了這個分化過程。每座城市（甚至包括雅典）的富人與保守份子都傾向支持斯巴達，至於民主人士則同情雅典。由於總是有外來勢力介入支持某一黨派或與其對立的黨派，因此叛國的誘惑與機會也隨之大增。過去的觀念認為個人的利益與野心應該排在城邦整體福祉之後，但這種想法已抵擋不住壓力。希臘城市接二連三喪失內在凝聚力，黨派之間的敵對逐漸惡化成一連串的威脅、暗殺與流放。

## 古典時代

但是，在城邦世界陷入悲慘的內部鬥爭之前，大約有五十年的時間，也就是從西元前四八〇到前四七九年薛西斯掀起的那場大災難開始，到西元前四三一年伯羅奔尼撒戰爭爆發為止，整個希臘世界，尤其是雅典，經歷了一段黃金時代。與人類歷史的其他時期相比，這段極盛年代在時間與空間上較為集中，在表現也更為完美。

在出人意表地成功抵抗波斯帝國大軍之後，希臘人開始對自己與自己的生活方式產生自信。希臘世界，尤其是雅典，不再對東方的浮誇矯飾與神祕知識感到敬畏，反而對自己產生無比的信心，並且急欲探索自己的內在與周遭世界。希臘人發現自己能結合思想與行動，使兩者彼此支持並且相互驅策前進。畢竟，當雅典贏得勝利而且持續在海外獲得成功時，誰還會懷疑雅典制度在本質上的完善與傑出？雅典迅速成為東地中海霸主，誰還會懷疑在此匯聚的新經驗、陌生的新物品與新奇的觀念有許多值得學習之處？雅典人自豪過去，致力當下，並且急欲探索未來未知的事物。他們懷抱著冒險犯難的自信，為希臘文化各個面向增添古典的表現形式：戲劇、哲學、歷史、修辭學、建築與雕刻。

## 戲劇

在一些希臘城市裡，敬拜酒神狄奧尼索斯（Dionysus）的〈山羊歌〉（goat songs）是由一群戴著面具的合唱團來演唱。唯有雅典將這些粗略的初始形式發展成悲劇。西元前五世紀，音樂、舞臺演出、服裝與舞蹈都變得更細緻繁複。在盛大的酒神節慶上舉行競賽，選拔出最佳的合唱團，這種做法逐漸成為慣例，合唱團的訓練時間也開始延長。主唱與合唱團之間的對唱發展成戲劇對話。不久，舞臺上同時出現兩名演員，之後增加到三名。在這種發展下，合唱團逐漸退出觀眾視線的中心而成為次要角色，他們負責評論、警告或為整齣戲營造氣氛，戲劇的主軸則改由演員擔綱。

古雅典的悲劇表演呈現出華麗的景象。所有男性市民都可自由觀賞，因為節慶仍被視為是一種公共的崇拜活動。每次演出所需經費全由富人負擔，他們期望自己資助的表演能從競賽中勝出，藉此得到滿足。即使是最愚笨的市民也能應和舞蹈、歌曲與語言的韻律，因為合唱團詠唱的歌詞與演員的臺詞全符合詩的韻律。希臘戲劇的這些面向，現代人幾乎已無從得知。目前只剩下少數劇作文本與一些殘缺的作品。然而，這些斷簡殘編仍讓人讚嘆不已，不僅因為它們散發出詩的力量，也因為它們表達的觀念。這種讚美是永恆的，因為古雅典的悲劇詩人繼承傳統慶典，編寫出人類生命根本問題的故事。他們觸及的主題永遠令人關注，而且就某些意義來說，是每個人都會遭遇的問題。 ◀139

三位偉大的詩人促成了古山羊歌的巨大轉變：埃斯庫羅斯（Aeschylus，西元前五二五年到前四五六年年）、索福克里斯（Sophocles，西元前四九五年到前四○五年年）與歐里庇得斯（Euripides，西元前四八四或四八○年到四○六年）。他們的主題源自遠古流傳下來的通俗故事材料，我們稱之為神話，而希臘人認為這些是古代的歷史。但這些悲劇詩人似乎會任意地按照自己的目的更動傳統故事的細節。他們在嘗試解釋神與人、命運與自由意志以及私人與公共責任的關係時，只從他們處理的主題中舉幾個例子，甚至會更自由地運用自己個人的洞察與想像。

不過，雖然這三位偉大的悲劇作家仍忠實於傳統的形式與限制，但我們

無須具備高深的洞察力也能看出，在歐里庇得斯身上，悲劇已逐漸喪失探索嚴肅道德與神學問題的功能。老一輩的埃斯庫羅斯與索福克里斯，與絕大多數聽眾有著一樣的傳統信仰。他們對傳統道德與宗教觀念做了改變、適應、細思與質問，並且深切而精妙地表現出古老的觀點。他們並未粉碎這些觀點，而是擴大與重新確認這些觀點的一般結構與有效性。歐里庇得斯則不是如此。他成長的世代，傳統信仰已在好學深思的雅典年輕人身上消磨殆盡。但在公共場合，歐里庇得斯必須符合傳統，或假裝符合傳統。不這麼做，會被認為是褻瀆了宗教儀式，而儀式畢竟是儀式。為了解決這個難題，歐里庇得斯以近乎輕蔑的手法來表現傳統信仰的陳腔爛調。這有助於闡明情節或挽救某種處境。也就是說，神差和神諭為生活的困難提供看似有理而簡單的解答，但歐里庇得斯在人類的戲劇層次上，通常會用一種隱約與這種解答矛盾的方式來表現人生。

顯然，當時的雅典思想菁英已不相信市民大眾所接受的前提。像歐里庇得斯這樣的人不再相信像狄奧尼索斯這樣的神的存在與力量，但身為悲劇詩人，他必須慶祝酒神慶典！因此，不意外在他之後雅典再也沒有賡續悲劇傳統的偉大詩人。相反地，反覆重演的古典悲劇很快成為一項慣例。新的戲劇創作局限於喜劇，喜劇可以探討機智、懸疑與人類性格上的小缺點，卻不用像西元前五世紀的悲劇那樣急切地討論人類生存的深刻議題。

## 哲學

哲學家接續了悲劇作家未能完成的工作。從柏拉圖（Plato）絕大多數作品採取的對話形式可以看出這一點。哲學對話的最大好處是它不需要符合已經過時的傳統，也不需要迎合雅典城邦的所有市民。任何一名喜歡思索的、有空閒時間的、熟悉阿提卡希臘語（Attic Greek）而且對於事物本質感到好奇的人，都能閱讀柏拉圖的作品：他可以同意或不同意、閱讀與反覆閱讀他的對話，或認為這些作品純屬徒勞。但是無論作者或讀者，都無須仰賴群眾的認同與負責安排傳統宗教慶典的公共官員的准許，而戲劇詩人則要受這些

紐帶束縛。因此，當存在於公共大眾與雅典最進步思想家之間的普遍而基本
的融洽關係消失無蹤時，而這正是歐里庇得斯的困境。想對人類本質與人類
在世界上的地位做更進一步的考察，只能透過哲學對話這種比較私人與個人
的媒介才能進行。

　　早期的雅典還不是希臘思想的重鎮。但當雅典成為愛琴海的霸主時，哲
學家與異邦人全匯聚於此。雅典人性格多疑。舉例來說，著名哲學家同時也
是培里克利斯的私人好友阿那克薩哥拉（Anaxagoras），曾經因主張太陽只
是一枚燒得通紅的石頭而不是神，而被定以不信神的罪名遭到流放。

　　另一群智者，也就是詭辯學者（sophists），在雅典卻較受歡迎。他們 ◀141
的工作是訓練年輕人修辭技巧。在雅典這樣的民主城市裡，能言善道顯然是
從政的必備技能，無法說服市民大會，什麼大事也幹不成。但當老師與學生
開始思考與討論字句與話語時，他們隨即發現，語言與論證具有規則，因此
語言與論證本身可以做為分析的主題。這是個令人振奮的發現。有些詭辯學
者相信，如果人類有機智與膽量徹底精通邏輯規則與邏輯在語言中的具體表
現，將可解開宇宙所有的謎團。

　　詭辯學者不信任風俗與習慣。這種態度有著相當大的破壞力，因為若從
冷酷無情的邏輯來推論，則城邦法律能有什麼拘束力呢？反正城邦法律因城
市與國家而異，完全沒有邏輯。大膽而勇敢的人為什麼不穿透傳統面紗，精
確地運用語言邏輯工具來挖掘事物的本質，並以此做為行動的基礎？說實在
的，為什麼不呢？特別是當大膽的年輕人剛好屬於某個政治派系或社會階
級，因此幾乎沒有機會透過法律程序取得控制政府的權利時。因此富有的年
輕人往往受到激進詭辯學者的吸引，這些學者對既有的法律制度提出質疑，
連帶地撼動了法律框架的公共生活。詭辯學者提出種種說法證明年輕人不效
忠城邦有其合理性。他們發現雅典的庸俗民主人士有求於他們，但這些需求
逐漸成為令人討厭的負擔。尤其是在與斯巴達長期作戰的悲慘歲月裡（西元
前四三一年到前四○四年）。

　　在此同時，還有一位充滿謎團的人物也致力於解決詭辯學者提出的道德
與政治問題。他的名字叫蘇格拉底（Socrates，死於西元前三九九年），生

於雅典，曾服過兵役，也曾接受徵召擔任長官，但他無法說服自己相信雅典的法律與政府是正義的、明智的與良善的。蘇格拉底經常在公共場所與人辯論，他窮追不捨地尖銳質問這些人，而他們可能在辯論的過程中，發現自己的意見與信仰實際上非常不適當。

142▶　　蘇格拉底沒有留下任何作品。我們所知的蘇格拉底，主要來自柏拉圖對話錄，他在當中總扮演質問者的角色。柏拉圖描繪蘇格拉底時，很可能依照自己的觀點與喜好做了修改。喜劇詩人阿里斯托芬（Aristophanes，死於西元前三八五年）與史家色諾芬（Xenophon，死於西元前三五四年）也留下對蘇格拉底的描繪，只不過與柏拉圖說的頗有出入。然而，儘管蘇格拉底的生平隱晦不明，有一點卻確然無疑，那就是蘇格拉底跟他的弟子柏拉圖一樣，都是立場非常保守的哲學家。事實上，蘇格拉底企圖以詭辯學者的語言工具與邏輯分析來支持傳統價值、階序與標準，他想找出既有傳統背後的普世真理或現實。蘇格拉底是否找到了普世真理，是否對自己的做法感到滿意，我們不得而知。西元前三九九年，當一群民主派政治人物控告他腐化青年與不信雅典神明時，蘇格拉底寧可一死也不願背棄自己的處世之道。他主張自己必須首先聽從正義的指示，且永遠這麼做，即使這樣可能與人為的法律扞格，而雅典人就是根據他所違反的法律判他有罪並且將他處死。

　　當蘇格拉底根據雅典法律服毒而死時，柏拉圖（西元前四二七年到前三四七年）還是個年輕人。和其他曾聚在蘇格拉底身邊聆聽他貶低暴富者的雅典年輕人一樣，柏拉圖也出身貴族，他甚至聲稱自己源出古雅典的王族。或許因為這個緣故，柏拉圖最關心的議題總是與政治有關：如何撥亂反正，使善者得以執政，正義得以伸張。但是，真正的改革需要真實的知識，沒有真實的知識，就無法判斷某人的意見是否優於他人，若不能判別意見的優劣，雅典將無法避免劇烈的黨派爭鬥而陷入分裂。為了追尋這種知識，柏拉圖奉獻畢生的心力。他幾乎集結了所有希臘早期哲學，將其中的用語與核心主題傳承給往後的西方哲學：例如，靈魂與肉體、知識與意見、觀念與現實之間的關係，以及天真但必要的問題，如真、善、美的本質。

　　在兩篇對話錄裡，柏拉圖描繪了一個以真理與正義為基礎的理想國度；

但當他嘗試將理想轉變成現實時，卻遭遇完全的失敗。這件事發生在西西里島（Sicily）的敘拉古（Syracuse），一名政治家邀請柏拉圖前往該城，卻無 ◀143
法說服年輕的統治者接受柏拉圖的教導。到了晚年，柏拉圖逐漸以思想活動與著述取代以往的政治追求，雖然他認為自己有資格成為政治領袖，但是他毫不通融且不受歡迎的觀點使他無法在雅典這樣的民主城市執政。柏拉圖創立的阿卡德米學園（Academy）成為研討哲學、數學與科學的中心。這所學園維持了九百年以上的時間，比任何一所現代大學都久。在這段時間裡，阿卡德米學園使雅典成為古典世界高等教育的重鎮。

亞里斯多德（Aristotle，西元前三八四到前三二二年）在建立里克翁學園（Lyceum）之前，有好幾年的時間是阿卡德米學園的成員，並且順理成章成為職業的思想家。一望即知之事不在亞里斯多德的興趣範圍內。他鑽研廣博而論證緊密的哲學，針對一切重要之事提供中肯而符合常識的解釋，而在他死後也幾乎沒有留下什麼待解的難題給門徒。

亞里斯多德之後的時代，希臘城市失去實質的獨立地位，希臘生活的政治火花也完全熄滅。哲學漸漸成為一種生活指引，同時也成為專為滿足希臘富人與知識階級需求而存在的事物。當哲學的核心本旨淪為僅能幫富人訂立合理的行為準則時，令人不安的新思想與新資訊也成了禁忌。在這種變遷下，原先詭辯學派熱切的企圖心，像是想要蘇格拉底與柏拉圖畢生努力追求確定的真理，亞里斯多德對新知識的強烈喜愛促使他努力思索，這樣追求真理的貪婪渴望完全枯竭。希臘哲學的偉大時代因此步入尾聲。然而希臘哲學家提出的觀念，與他們提出關於世界與人類思想、信仰與知識性質等各種問題，仍繼續流傳後世，他們在真理討論上的複雜與精細對後人的啟發，早先的思想家與不熟習希臘哲學傳統的人士永遠難以企及。愛奧尼亞哲學家於西元前六世紀開始運用人類的理性，大膽去理解世界，到了西元前五到四世紀的雅典，這份理解世界的努力受到大力推廣與深化。儘管在亞里斯多德死後，對人類理性力量的信仰終於抵擋不住時代的變遷而消磨殆盡，但希臘哲 ◀144
學的影響仍繼續流傳，顯示希臘哲學家的努力並非徒勞無功。

## 科學，修辭學與歷史學

　　馬其頓的征服（西元前三三八年）終結了雅典的偉大時代，也為希臘科學的重要發展揭開序幕。儘管如此，在此之前，幾何學與幾何天文學已經吸引柏拉圖與其他哲學家認真探討，亞里斯多德也建立了令人信服的物理學體系。在此同時，科斯島的希波克拉底（Hippocrates of Cos，約西元前四六〇年到前三七〇年）建立了具影響力的醫學學派，他強調仔細觀察與診斷，認為疾病並非像中東普遍流行的觀點，它不是來自惡靈的騷擾而是身體內部液體（稱為「體液」〔humors〕）失衡的結果。

　　修辭學在希臘教育中擁有很高的地位。在民主國家，公開演說是從政的必要技能，即使修辭學逐漸失去實際的政治功能，也依然受到人們的讚賞與重視。演說技巧的研究與實踐衍生出口齒清晰、用語正確的原則，而後持續發展。於是優美而高雅的朗讀技能廣受人們讚揚，至於朗讀者朗讀的內容是否重要已非重點。希臘城邦失去獨立政治地位以後，修辭學淪為一種禮儀與教養。在此之前（之後則鮮少如此），只要市民大會遭遇必須處理的急迫問題，修辭學者就有了緊急而不可逃避的主題。

　　歷史做為一門學科，源自於哈里卡納索斯的希羅多德（Herodotus of Halicarnassus，約死於西元前四二五年）的研究。希羅多德對波斯戰爭做了引人入勝而散漫的描述。他說，這是為了給予希臘人與蠻族「應得的榮耀」。希羅多德形容這場戰爭是自由與奴役的鬥爭，而他顯然相信希臘出乎意料的勝利證明了自由而獨立的城邦優越於世上最強大的君主國家。在君主國家裡，所有人都必須匍匐於國王的意志之前。雅典是希羅多德歷史的主角，但希羅多德從未忘記人類必須聽從諸神的命令，屈從於無法控制的命運。自大與虛榮將招來神明的懲罰，這個主題周而復始地出現在希羅多德的作品中，而他也用這個主題來解釋薛西斯入侵的失敗。

　　修昔底德（Thucydides，約死於西元前四〇〇年）是希臘第二位重要的歷史學家。他成長於雅典，當時正值詭辯學派與理性主義的極盛時期。修昔底德不相信希羅多德認為的神明會直接干預人類事務。相反地，他主張國家如同人體，容易因各部位的失衡而罹患令人不適的疾病。修昔底德探討雅典

與斯巴達於西元前四三一年開始的戰爭，這場漫長的鬥爭同時也是一場鬩牆之禍。戰爭的起因迂迴曲折，雙方引發的衝突規模遠逾城市與城市之間的戰爭。但修昔底德卻因此有了觀察希臘城市公共生活失調的機會。

修昔底德原先不是一名被動的戰爭觀察者。西元前四二四年，雅典人選舉他擔任將軍，但他未能避免嚴重的軍事挫敗，因而遭到流放。之後，修昔底德在公共事務上再也沒擔任過積極角色。他轉而探索交戰雙方的言論與行為，希望診斷出兩國的病根，試圖找出定爭止紛的良方。

修昔底德並非冷靜客觀的觀察者。他也不完全否定道德教訓與超自然力量對人類的干預。到了戰爭末期，雅典陷入垂死掙扎，身為雅典人的修昔底德或許開始相信，自己目睹的其實是不可測知的神明對雅典施加的懲罰，因為這座城市違反了正義，而且對於自己的成功志得意滿，因而目空一切。當修昔底德發現他的主題符合這種模式時，他開始調整他的敘事，賦予雅典悲劇英雄的角色，並且顯示雅典是被自身的偉大附隨的瑕疵所背叛。修昔底德因此將悲劇作家的傳統適用在當代歷史上，而且以散文體裁從事寫作。同樣地，希羅多德也運用史詩傳統撰寫歐洲與亞洲最近一場戰爭史，而荷馬《伊里亞德》記錄的則是更早的一場歐亞衝突。

雅典傾覆是件歷史大事，修昔底德除了力求細節正確無誤，提出具洞察力的分析，同時也謹慎控制自己的熱情。他自豪地表示，他的作品「不僅在當下受到推崇，日後也將流傳後世」。

## 建築與雕刻

古典時代的希臘紀念性建築幾乎全是神廟與公共建築物。傳統形式局限 146
了建築師的巧思，使他們轉而專注比例的精確與細節的完善。建築師在柱子與支撐柱子的地板細微曲度上灌注了大量心血，完成的建築因此呈現視覺上的精確與完美。若非投入大量心力，不可能有這樣的成就。

西元前五到四世紀有一些原創的雕刻作品留存至今，使我們得以一窺希臘雕刻家在雕刻技術上的成就。後世評論家推崇菲迪亞斯（Phidias，約死於

西元前四三一年）是最偉大的雕刻家，他曾規畫帕德嫩神廟（Parthenon）的雕刻裝飾，而且也許曾親手完成其中幾樣作品，但現存的作品中沒有任何一件能證實出自他的創作。菲迪亞斯的經典作品包含位於雅典的雅典娜（Athena）女神像與位於奧林匹亞與宙斯（Zeus）神像，以象牙與黃金雕刻而成。這兩座珍貴的雕像未能留存至今。但是文字敘述清楚提到菲迪亞斯賦予這兩座大雕像崇高莊嚴與穩重之美，即使日後人們已不再相信奧林帕斯（Olympus）諸神真的存在，但兩座雕像仍讓他們留下深刻的印象。與悲劇作家索福克里斯、史家希羅多德一樣，菲迪亞斯生存的年代，舊信仰與虔誠依然有效，它們需要的只是多一點精確與適當的表達。菲迪亞斯使用的是黃金與象牙，而其他人使用的是文字：他們重塑與充實古老的概念，使這些概念能符合他們生存的複雜時代。

後世的雕刻家繼續傳承這項傑出的技藝，但菲迪亞斯表現的穩重自信與內在和諧卻無法流傳下來。緊接其後的是自我意識色彩較濃、帶有戲劇風格的作品，目的是為了讓觀者感到驚訝。往後的神明塑像，例如普拉克西特列斯（Praxiteles，約死於西元前三二○年）著名的赫美斯（Hermes）雕像，完全失去菲迪亞斯的莊嚴神韻。儘管如此，普拉克西特列斯卻展現出理想人類的優雅與美麗。他的赫美斯看起來既不偉大也不強壯，與其說是世界的統治者，不如說是想像中的美麗玩物。

在我們提及的每個領域中，雅典的確實與自信在波斯戰爭後的最初幾年獲得充分的發展，並且產生更多樣、更專精與複雜的樣貌。分工導致意見不合，有時還造成幻滅。但是如此龐大的活力一旦被喚起，就需要漫長的時間才能用盡，即使首次盛開的雅典偉大時代已經凋謝，但希臘文化仍有能力在往後許多世紀繼續影響其他民族。

## 伯羅奔尼撒戰爭後的社會變遷

希臘的政治與社會演化證實了（甚至可以說是引發）這項文化轉變。伯羅奔尼撒戰爭結束後（西元前四○四年），絕大多數希臘城市富人與窮人之

間原本緩和的敵意逐漸浮上檯面。階級與階級之間陷入不信任與恐懼。隨著市民不再（除非在特殊情況）直接參與軍事戰役，過去藉由一同服役擔任重裝步兵所培養的心理團結也蕩然無存。

　　斯巴達取代雅典的霸權地位。儘管斯巴達人宣稱他們為「希臘人的自由」而戰，但他們最終證明自己是個嚴厲的工頭，而且苛刻的程度不下於雅典人。雅典的力量因此快速復興；但首次在戰場上擊敗斯巴達的卻是底比斯（西元前三七一年），並且開啟了一段短暫的底比斯霸權時期。當時仍處於半野蠻時期的馬其頓（Macedon）王國做出干預，這個強大的政治單位因此進入希臘政治的核心。然而，即使馬其頓在卡伊羅尼亞（Chaeronea）之役（西元前三三八年）充分展現軍力的優越，希臘人仍頑強地渴望地方自治與政治獨立，因此馬其頓的力量只要有一丁點轉弱，就會激起希臘人擺脫馬其頓加諸給他們的負擔（儘管實際上極為輕微）的想法。

　　西元前三三八年之後，經濟與軍事組織的規模出現變化，各自分立的城邦無法再擁有實質的主權。訓練有素的重裝步兵必不可少，但最好採取僱傭的方式。舊式的市民軍隊仰賴重裝步兵成員間的互信。但市民之間早已充滿猜忌，因為伯羅奔尼撒戰爭為每座城市帶來黨派鬥爭，內耗的苦澀使絕大多數市民軍隊無法有效運作。職業軍隊因此開始補充乃至於取代市民軍隊。特別是要遠征遙遠地區之時，一場戰爭可能持續數年之久。擁有田產或其他能生產收入的財產的市民，寧可付錢讓自己待在國內，而放棄扮演父祖認為自由人與負責任的市民都應該擔負的辛苦英雄角色。

◀148

　　局勢演變至此，私人的生活領域開始擴大而且獲得人們的關注，政治領域則不再像過去一樣完全掌控希臘人的想像與情感。在希臘世界裡，窮人、無公民權的市民、無土地之人、難民、異邦人與奴隸的人數不斷增加。仍擁有公眾事務發言權的市民也發現自己的特權越來越空洞。單一與個別城市的市民聲音也許還有人聆聽，但此時的城市已自身難保。整個希臘其實已成為軍事與外交棋局裡的一枚小卒，掌握全局的是那些擁有龐大職業陸海軍與財政資源的政府，它們的力量遠非任何一個希臘城市所能匹敵。

　　西元前三三八年，馬其頓的征服使希臘城邦喪失主權，希臘文明與文化

也因此喪失先前的活力。唯有菁英才能理解柏拉圖哲學的精微之處，或看出普拉克西特列斯雕像中隱含的懷疑。卑微、未受教育、陷於貧困的勞苦大眾過的是一種生活，出身高貴的富人過的又是另一種生活；原本將貧富階級連繫起來的城邦團結力量已所剩無幾，而這些終成人們的記憶，而非活生生的現實。

往後，希臘文明還有一段璀璨的未來，龐大的地理擴張力量將在希臘內部傾軋下登場。古希臘文明的偉大，無論是遠地之人，還是數世紀後的私淑者，都不約而同地以充沛的活力回應雅典黃金時代的不朽事蹟。歐洲淵遠流長的思想與感性，無不在這些希臘人作品中找到他們最初與最清晰的表達方式。

希臘人的創新在當時已聲名遠播。因此，我們接下來將探討鄰近民族對希臘人成就的回應方式，而這些回應又助長了希臘化文明的擴展。

## 第九章

## 西元前五○○年到西元二○○年
# 希臘化文明的傳布

我們已經看到商人如何將希臘文明的各個面向帶到蠻族酋長面前，這些 ◀149
蠻族通常位於地中海世界的一些落後地區，如斯基提亞（Scythia）、義大利
北部與高盧（Gaul）。（見頁一一七與一一八。）馬其頓王國接近愛琴海文
明的中心，受到希臘生活風格的影響較深，這構成了馬其頓日後征服希臘文
明核心地帶的先決條件。馬其頓入主希臘的過程具有啟發性，因為其他邊境
國家就像馬其頓一樣也從地處文明邊緣中獲利，它們拓展領土建立軍事強
權，而在經由文明的效率加以組織之後，有能力征服位於舊文化中心邊緣的
其他小國。

### 馬其頓對外征戰

馬其頓諸王把自己的宮廷當成教導希臘禮儀風俗的學校。例如，悲劇作
家歐里庇得斯就曾是馬其頓宮廷的座上賓，而亞里斯多德也曾教導過亞歷山
大大帝（Alexander the Great）。無疑地，馬其頓諸王的確真心讚賞希臘文明

150 ▶ 的美好。但他們的希臘化（Hellenization）＊政策也有其他的好處。來到宮廷的年輕馬其頓貴族逐漸培養出希臘人的品味；然而一旦如此，他們很快就發現，除了在宮廷服侍國王，在馬其頓其他地方不可能過著希臘式的生活。因為馬其頓的鄉野住著自由強健的農民，要他們隨著國王的率領打仗是可行的，但要從他們身上抽取地租與稅金則辦不到。因此，住在邊遠蠻荒林區的貴族缺乏現金來源，無法私下購買從希臘進口的物品。國王可以從礦區與沿海征服的城市獲取大量現金，因此可以進口文明生活所需的各項奢侈品，並且將這些物品封賞給有功的臣僕。透過這種方式，馬其頓國王建立了一批忠誠服從卻又以自由自豪的貴族軍官與王室廷臣。

當國王底下這些軍官開始教導馬其頓農民希臘重裝步兵的戰術時，他們很快就建立起非常有效率的戰爭機器。馬其頓人口眾多，他們刻苦耐勞而且強悍。他們通常只遵從自己首領的命令，但現在這些首領首次願意放棄各部族間長久以來的仇恨（這是過去馬其頓貴族桀驁難治的原因），一同遵從國王的命令。馬其頓國王菲利普（Philip，統治期間西元前三五九到前三三六年）是馬其頓新軍事力量的首位受益者。他征服鄰近的野蠻地區如伊利里亞（Illyria）、色雷斯（Thrace），然後將矛頭轉向希臘。他的軍隊所向披靡，為他的兒子亞歷山大（統治期間西元前三三六到前三二三年）創造的軍事偉業立下先聲。

亞歷山大的功業將希臘文明往東延伸。西元前三三四年，他的軍隊與波斯作戰，各地莫不轉而支持希臘。西元前三三〇年，波斯最後一任國王大流

151 ▶ 士三世被自己的臣子殺害，亞歷山大於是宣稱自己已將謀殺國王之人繩之以法，並且成為大流士三世的合法繼承人。然而亞歷山大依循希臘模式並未放棄自己身為城市建造者與希臘英雄典範的角色。亞歷山大渴望征服全世界，

---

＊ 有一些名詞很容易搞混。我們使用的「Greeks」（希臘人）是羅馬人的用法，古希臘人在遇見羅馬人之前並不知道這個字。當古希臘人想總括地指稱自己時，他們用的是「Hellenes」這個字。因此，「Hellenic」指的是古希臘人的或與古希臘人有關的，而「Hellenism」是希臘文明的一種泛稱。「Hellenization」指在某些方面變得與古希臘人類似，而「Hellenistic」指類似古希臘人，但並非完全相同。

然而令他沮喪的是，他的軍隊在弭平波斯帝國極東處與入侵印度西北部之後已深感疲憊，他們拒絕繼續往恆河流域挺進。在艱苦的回程途中，亞歷山大與他的士兵沿著印度河到了河口，而後橫越廣大的內陸地區回到巴比倫，這位戰無不勝的馬其頓人卻在此時突然染上熱病而死（西元前三二三年）。

亞歷山大英年早逝，從他率軍東征起，還不到十二年的時間他就去世了，引爆諸將的內訌。他的遺腹子與繼承人成為最早的受害者。在將近半個世紀的戰爭之後，終於出現三個大致穩定的國家，分別由幾名馬其頓將領的後裔統治：埃及的托勒密王朝（Ptolemies）、亞洲的塞琉古王朝（Seleucids）與馬其頓的安提哥那王朝（Antigonids）。在這三個國家當中，托勒密的埃及是最強大的。在海上，托勒密王朝與安提哥那王朝爭奪愛琴海的控制權。在陸上，托勒密王朝也與塞琉古王朝爭奪巴勒斯坦與敘利亞。

## 希臘移民

托勒密帝國與塞琉古帝國相當仰賴希臘移民。亞歷山大對外征服之後，成千上萬的希臘人離開故鄉到異邦追尋財富。有些人成為政府官員與行政人員，有些人服兵役，有些人到特殊的軍事殖民地務農。但絕大多數希臘人成為城市居民，在城市裡從事數百種五花八門的職業，有些人投身政府部門，有些人從事商業與自由業，例如商人、醫師、建築師、文書人員、包稅人、職業運動員與演員等等。

龐大的移民潮不僅是希臘經濟衰退的結果，也是它的原因。亞歷山大東征後的一個世紀，我們看到荒廢的農田與空無一人的村落。有越來越多務農的希臘人離開鄉村，而奴隸與異邦人則緊跟其後取代他們的位置。就某方面來看，這些變化使得希臘社會逐漸走向中東長期以來的發展模式。農民與城市居民之間的緊密連繫是希臘文化初次繁盛時的主要特徵，這項特質在這個時期逐漸喪失。城市的上層階級（這些人許多是地主，靠著從鄉村收取租金為生）與粗鄙的農民之間出現一道難以逾越的鴻溝。在城市裡，窮人與富人（包括知識階級）之間的隔閡也同樣巨大，而城市的政治與經濟也逐漸集中

到富人手裡。

　　這種社會兩極化的現象一直是中東的常態。貧富懸殊是文明的必要之惡，在生產與運輸技術限制下，想讓社會上一部分民眾有閒暇享受精緻的高等文化，那麼其他的民眾就必須沒日沒夜地工作。古典時代也無法跳脫這樣的限制。極盛時期的雅典如同掠食者，掠奪愛琴海與黑海沿岸弱小社群的財富來維持自身的繁榮。雅典市民享受從異國搶掠來的資源，並且把大量的財富與閒暇投入到公共展示而非個人消費上。這種對遙遠異國的集體剝削，不一定比地主對鄰近佃農施加的壓迫來得輕微；由有教養的地主及其僕人、隨從、教師以及其他滿足地主日常所需的各種職工組成的社會，不一定比由地位平等的人民組成的帝國社會來得不文明，因為在帝國統治下，民眾的生活主要仰賴對臣服的異邦人進行剝削，他們不斷要求異族朝貢，並且持續在海外進行搶掠與壓榨。

　　當希臘高等文化逐漸成為城市上層階級獨佔的事物，加上城市上層階級的收入主要來自於地租與政府薪水時，高等文化將變得更容易往海外傳布。要建造像雅典或斯巴達這樣的城市需要很特殊的條件。但現在海外的地主階級只要擁有充足的現金收入，便可不需要改變當地社會的結構，就能接受希臘教育與學習希臘風俗，成為徹頭徹尾的希臘人。

　　因此，當希臘人深入中東時，希臘本土文明中濃厚的城市上層階級性格也快速傳布給中東社會的長期支配者，例如地主與富人。希臘的生活風格，例如裸體運動員與跳舞女郎，以及哲學與詩歌，這些都深受中東上層階級喜愛。基本上，中東上層階級只要接受適當程度的希臘教育與風俗，希臘人便願意承認他們是希臘的一份子。就連卑微的平民也察覺到學習希臘文的便利與必要，因此，在亞歷山大東征後的二到三個世紀之內，希臘文便迅速取代當地的阿拉姆語，成為整個東地中海地區的通行語言。

## 宗教變遷

　　起初，所有的交流都是單向的。中東各個民族向希臘人借用藝術與風

153 ▶

俗，反觀征服者並不認為這些臣民的生活有何值得讚賞或學習之處。儘管如此，文化的借用很快形成雙向交流的態勢。尤其城市的下層階級發現中東宗教要比希臘傳統宗教更能恰當地解釋當前的世界。逐漸地，再也沒有人認真看待奧林帕斯諸神。希臘諸神的崇拜總是與公共儀式及城市慶典緊密結合，然而地中海各大城市的貧民需要的是能撫慰他們個人的痛苦、讓他們期望有一個更好未來（如果此世無法達成，便訴諸來世）的宗教。

　　受過教育的士紳階級仍深受哲學家的細密論證所吸引，這些哲學家儘管在細節上有所差異，但基本上都認為有智慧的人應該避免極端，也不該沉溺於任何事物，以免因執迷於外在事物而破壞內在的寧靜與自制。只要生活上未出現真正重大的危機，那麼即使公共事務掌握在遙遠的國王以及國王派來的不肖官吏手中，這些哲學指示還是能讓人擁有美好的個人生活。然而，當災難來臨之時——對希臘化時代東地中海地區的士紳階級來說，所謂災難指的是粗鄙的羅馬士兵與總督踐踏他們的花園，橫徵暴斂，需索無度——哲學的慰藉顯然變得緩不濟急，而且冷漠得讓人覺得不切實際。在這種狀況下，上層階級也覺得應該要有一個更貼近個人與更富於情感的信仰。

　　有幾種宗教結合了希臘與中東元素，可以滿足民眾的需求。有些希臘人 ◀154 受到猶太教的吸引，因為猶太教仍保留著充沛的活力與情感信念。但虔誠的猶太人對於希臘的風俗習慣卻相當憎惡，尤其裸體從事體育活動對猶太人來說實在過於震撼，因此兩種文化難有折衷的可能。其他的信仰，例如密特拉（Mithra）與塞拉匹斯（Serapis）崇拜顯然較具彈性，它們能緊密結合希臘與中東的觀念和宗教儀式。因此，早在羅馬的征服劇烈改變東地中海地區的政治秩序之前，希臘人已經普遍朝一神論詮釋世界的方式發展。

## 希臘化時代的科學與藝術

　　中東與希臘文化交流產生的第二項成果表現在天文學上。數世紀以來，巴比倫的觀察家已經累積了許多精確的觀測資料，例如日月的蝕缺，他們也發展出可行的方式，以圓形的座標方格來標定天體位置。當希臘人發現這些

座標圖時，他們急欲解釋巴比倫的資料，並且建立了天體的幾何模式。薩摩斯島的阿里斯塔爾克斯（Aristarchus of Samos，約去世於西元前二三〇年）提出地球繞日說，但由於能觀測恆星視差的工具尚未出現，因此這個想法未為當時人所採信。尼該亞的希帕克斯（Hipparchus of Nicaea，約去世於西元前一二六年）另外提出一套系統，這套系統成為往後幾個世紀的標準。他認為恆星與行星各自鑲嵌在不同的透明球面上，各以不同的速度繞地球旋轉。為了解釋行星每隔一段時間就會出現逆向運行的現象，希帕克斯假設有一個小而火紅的行星繞著另一個行星轉，而後者又繞著地球轉。因此，逆向運行的現象是兩種獨立運行模式造成的結果，兩個行星有時同向運行，有時方向完全相反。這種系統的好處在於，如果在觀測上有新的發現，只要創造出一個新行星，讓它的大小、速度與旋轉軸可以配合這項發現，一切就可自圓其說。

　　我們深受哥白尼天文學的影響，因此很難體會這些人以幾何學來解釋天體的熱情。這麼複雜的機械原理就今日來看實在不合理；但對當時以及往後數世紀的人來說，最讓他們印象深刻的是這個系統在數學上的精確度，它幾乎可以用來預測所有的天體運行。一旦能精確預測天空某個動向飄忽的亮點在未來某個時點的位置（或它們過去曾經位於某處），也就證明了整個系統正確無誤。

　　希臘化時代天文學的發展，也反映在占星術的運用上。占星術的基本觀念認為天體的運行預示人世的變動。當希臘數學與巴比倫的天體觀測紀錄結合起來之後，人們就可以估算行星無論過去或未來在任何時間的相對位置。有了這種技術，似乎就能預言未來將發生什麼事。如果一個人出生時的天體位置會影響他的一生，那麼只需單純的計算就能預測這個人未來的命運。對於不懂數學的人來說，這種計算肯定令他們印象深刻。結果，發源於埃及亞歷山卓（Alexandria）的占星術幾乎從一開始就獲得了熱烈而持續的歡迎。能正確排定天宮圖的人變得非常搶手，而這也使得數學天文學能繼續傳承下去。羅馬天文學家托勒密（西元二世紀）撰寫了希臘數學天文學的專書，今日我們知道的書名源自於阿拉伯文 Almagest，即《天文學大全》。之後不

久，蓋倫（Galen，約去世於西元二〇〇年）為後世編纂了希臘醫學大全，正如之前的歐幾里德（Euclid，約活躍於西元前三〇〇年）對幾何學的貢獻一樣。

　　希臘化文化其他的面向，使希臘的舊傳統發展得更多元，卻未能開展出新的途徑。舉例來說，雕刻、建築、城市計畫與築城技術仍然遵循舊規。文學要不是變得充滿學究氣味，總是引用前人作品，就是變得矯揉造作，總是以愚蠢的牧羊女這類人物做為題材。歷史學退化成修辭學的分支，修辭學家只追求以漂亮文字來展現吸引人的觀念。文學的漸趨細緻與雕琢，使文學只能吸引受過教育的人。窮人與一般大眾只能從默劇中尋求近似文學的內容。這是一種民間戲劇形式，它保留了雅典喜劇中淫穢猥褻的傳統。

## 羅馬的興起

◀156

　　羅馬的征服為原本民族與文化上已極度混雜的東地中海地區注入嶄新且具有政治重要性的元素。首先遭到征服的是馬其頓與希臘（西元前一四六年），然後是塞琉古王朝的亞洲（西元前六四年），最後則是埃及（西元前三〇年）。羅馬的政治事業是從擔任義大利中部拉丁城市同盟的領袖開始。伊特拉斯坎國王的統治結束之後，取而代之的是由貴族統治的羅馬共和國（西元前五〇九年）。羅馬共和國起初努力抗拒希臘與伊特拉斯坎文明的腐敗，以維護拉丁單純的農業生活方式。超過一個世紀的時間，羅馬人持續進行邊境戰爭，緩慢地擴張領土。不過羅馬有時也遭遇挫敗，例如高盧人曾經攻陷羅馬，幾乎就要拿下卡匹托丘＊（西元前三九〇年）。此後，羅馬開啟了一段快速擴張的時期，到了西元前二六五年，義大利亞平寧山脈（Apennines）以南的地區全掌握在羅馬手中。

　　羅馬的成功有部分歸功於眾多吃苦耐勞的農民，他們在頑強的貴族帶領下接受有紀律的訓練。羅馬貴族向來對於文明的近鄰充滿疑慮，認為他們的

---

＊ 譯註：卡匹托丘（capitol）是羅馬最重要的神廟朱比特神廟所在地。

奢侈與財富將帶來腐化。此外，義大利原住民的組織鬆散，通常以部落和區域的形式聚居，並非全以城市為根據地。這些原住民沒有能力保衛自己的自主地位，羅馬的軍隊與政治力很快就支配了這些民族，尤其羅馬原本是當地城市同盟的領袖，因此對於當地政治體系的運作知之甚詳。這是為什麼羅馬能以一座城市的力量輕易支配整個義大利，相反地，希臘人長久以來一直致力於統一希臘全境，卻從未贏得各地方的效忠，因此也未能穩定地建立龐大的政治實體。

羅馬的興起與迦太基位於北非的帝國城市發生衝突。西西里島在幾個世紀以來一直是希臘人與迦太基人爭執的焦點，此時卻成為羅馬覬覦的對象。為了擊敗迦太基人，羅馬人必須先建造艦隊，羅馬因此首次成為海上霸權。西元前二四一年，迦太基人被逐出西西里島。西西里島成為第一個羅馬行省，由特別委任的行政長官或總督來進行統治，而且必須向羅馬繳稅。

羅馬遭遇的第二項且更重大的考驗出現在西元前二一八年到前二〇一年之間，迦太基名將漢尼拔（Hannibal）率領大軍從西班牙入侵義大利。羅馬人完全不是漢尼拔的對手。坎尼（Cannae）戰役（西元前二一六年）的慘敗，使羅馬人決定避免與迦太基正面交鋒，但羅馬人並未退出戰場，他們只是採取了游而不擊的策略。迦太基人原本預期臣服羅馬的義大利城市與民族會起而反叛羅馬人。事實上，的確有少數城市把漢尼拔視為解放者而歡迎他的到來，但羅馬絕大多數的義大利臣民與盟友仍傾向於支持羅馬，不願倒向迦太基。漢尼拔在義大利征戰十二年，從未打過敗仗，然而此時羅馬遠征軍煽動北非原住民反叛迦太基的統治，一時間主客易位，漢尼拔被迫率軍返國。在北非札馬（Zama），羅馬人與非洲盟邦贏得最後的勝利（西元前二〇二年）。他們逼迫迦太基簽訂屈辱的和約，將西班牙的控制權轉讓給羅馬。此後，羅馬人在西地中海再無敵手。

長年戰亂使義大利滿目瘡痍。負責耕作的農民是羅馬力量的骨幹，他們在戰爭中受創最大。在與迦太基開戰之前，羅馬政府主要由政務官構成，他們由兩個不同的人民大會選舉產生，此外還有第三個人民大會負責議決法律。這個運作不甚順暢的制度統合在元老院之下，有了元老院，羅馬的政府

施政才真正具有連貫性。政務官遇到重大事務時需向元老院諮詢，而且很少違背元老院的建議。舊貴族支配了元老院，但「新人」只要能獲選擔任重要政務官，也有機會進入元老院。在漢尼拔戰爭之前，平民（拉丁文是plebs）的政治影響力一直處於穩定提升的趨勢。

戰爭不僅改變了羅馬的政治結構，也改變了羅馬的社會與經濟。民眾支持的領袖在戰爭初期敗於漢尼拔之手，而後舊貴族將領挽救了羅馬的命運。◀158平民領袖因此喪失了民眾的信賴。戰後，許多農民喪失土地，進一步削弱平民政治人物的權力基礎。反觀軍事將領則是一躍而起，他們包辦了羅馬最重要的政治職位。這些將領的權力來自於軍隊對指揮官個人的效忠。儘管如此，元老院仍握有最高權威，唯有經過元老院的同意，政務官才能被任命為將軍（拉丁文是 imperator），而後才能合法地徵募軍隊從事戰爭。在這種狀況下，想從政的人首先必須討好元老院讓自己取得軍事指揮權，而後才能收買士兵，更進一步對國內政務官與元老院議員予取予求，使自己的政治地位更上層樓。將領、士兵，通常還包括元老院，三者利害相關，休戚與共，他們都希望軍隊離國內越遠越好。因此，羅馬變得輕易對外挑釁，它開戰的理由與其說是基於外力威脅，不如說是為了轉移國內的不安。


## 共和國的崩潰

東方的戰事不久即告展開，但有半世紀的時間，元老院議員一直避免直接統治東地中海地區的希臘化世界。西元前一四六年，這項政策改弦易轍，馬其頓（已經吃了三次敗仗）成為羅馬的一省，而希臘則是最後一次遭外來征服者「解放」。不久，羅馬的總督、士兵與稅吏便沉溺於希臘化文明的精緻與奢華之中。隨著掠奪的財富源源不斷地注入羅馬，羅馬人的品味也開始轉變。在此同時，羅馬社會也經歷一場災難性的貧富分化，就像三個世紀前伯羅奔尼撒戰爭在希臘造成的危機一樣。

敵對的將領各自率領專業化的部隊廝殺火拚，這場內戰使得共和國落入軍事獨裁者的掌握。尤利烏斯・凱撒（Julius Caesar）是高盧的征服者與羅

160 ▶

馬下層階級擁戴的人物，他也是第一位未依據法律而長期掌握羅馬大權的領袖。凱撒明白表現重組羅馬政府的意圖，因而引發元老院議員的強烈反彈。他們視凱撒為僭主與篡奪者，於是在元老院的臺階上將他殺害。他們的行動雖然是為了恢復共和體制，卻適得其反使得羅馬世界再次陷入內戰，而這場內戰最後勝出的是凱撒的養子奧古斯都（西元前三十年）。

奧古斯都（Augustus）在地中海地區建立起無庸置疑的最高權威之後，便借用政敵的口號，於西元前二十七年宣示他將「恢復共和體制」。實際上他的確恢復了共和形式，甚至將帝國的一些行省交由元老院治理。但奧古斯都仍緊抓兵權，而且暗地裡有效地操縱選舉與限制元老院審議的權力。儘管如此，共和政府的形式並未完全架空，不過這也只是因為皇帝（源自於拉丁文 imperator）努力避免傷害元老院的感情的緣故。

共和主義外觀使帝位傳承變得十分棘手。世襲原則顯然與共和主義理論扞格，因為後者主張以自由選舉來決定政治領袖。儘管如此，由皇帝指定繼承人的慣例卻運作得相當順利，因為人人都不希望內戰再度發生。結果，在奧古斯都勝利後兩百多年的時間，羅馬世界內部一直維持著和平狀態，唯一的例外是某個充滿災難的年份（西元六十九年），在很短的時間內有三名皇帝輪番由不同的軍隊扶立，帝國的心臟地帶因為派系的傾軋而淪為戰場。邊境戰爭仍持續進行。例如，奧古斯都將邊界推進到萊茵河（Rhine）與多瑙河（Danube）畔；皇帝克勞狄（Claudius，統治期間西元四十一到五十四年）開始征服不列顛；圖密善（Domitian，統治期間西元八十一到九十六年）佔領萊茵河上游與多瑙河之間的部分日耳曼地區，而圖拉真（Trajan，統治期間西元九十八到一七七年）征服了達基亞（Dacia，位於今日的匈牙利與羅馬尼亞）與美索不達米亞。巴勒斯坦兩次激烈的猶太人叛亂也招來了羅馬軍隊（西元六十六到七十年與一三二到一三五年），與東方安息人（Parthians）及北方日耳曼人的戰爭則令羅馬軍隊免於耽溺逸樂。然而這些戰爭對於帝國內部幾乎毫無影響，這個時期是羅馬帝國最和平與最秩序井然的時期。

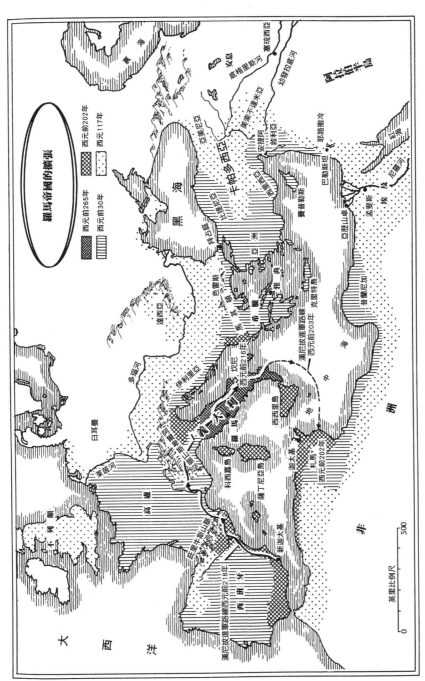

▲ 羅馬帝國的擴張

161▶

## 羅馬帝國的希臘化

在這段長期和平時期，羅馬帝國目睹了希臘化文明大量往西移植義大利、高盧與西班牙的過程。當然，這些地區的主要語言是拉丁文而非希臘文，因此，在羅馬西部省分植根的是其實是穿著拉丁外衣的希臘化文化。雕刻家學習當時希臘化文化的所有技巧，但羅馬偏愛寫實的人物塑像，因此賦予了羅馬雕刻獨特的風格。我們只提了幾位像是盧克萊修（Lucretius，死於西元前五十五年）、西塞羅（Cicero，死於西元前四十三年）與維吉爾（Vergil，死於西元前十九年），他們將拉丁文發展成一種能充分表現希臘哲學、修辭學與詩文高雅之美的語言。然而拉丁文永遠不可能變成希臘文。即使忠實地以希臘文為典範或受希臘例證啟發，拉丁文字與思想仍維持著自身獨特的風格。

在帝國統治的架構下，帝國行省組織成一系列城邦，每個城邦各有著符合當地風土民情的公共制度、建築物與政府程序，而這些制度也是早期希臘與羅馬生活存在的基礎。在長期羅馬和平時期，各省城市逐漸被各地地主階級支配。他們在享受精緻文明的同時，也直接犧牲了城市周圍努力耕種支付地租的農民。文雅高貴，連同某種程度的無趣乏味與文化脆弱，這些均是文明發展不可避免的結果。只有相對少數的人口才理解或關注大地中海世界的高等希臘羅馬文化，這群為數不多的天之驕子，他們的安全完全仰賴邊境守軍對皇帝的服從，而這些士兵絕大多數從未見過皇帝。在這種狀況下，和平能維繫如此之久令人驚訝。手無寸鐵的地主階級，在社會上的特權地位一直未受到挑戰，這種現象直到西元一九三年才完全改觀，此時出現的內戰與蠻族入侵使羅馬帝國再度陷入烽火之中。

起初，羅馬帝國的統治讓大多數地方機構自行其是。然而跨越舊行政疆界的商業往來漸趨重要，為了管理這些商業行為，新的法律體系應運而生。

162▶

羅馬政務官首先詳盡地闡明法律原則，使其能適用帝國境內的所有民眾；皇帝卡拉卡拉（Caracalla）為了擴大稅基，宣布每個自由民都應該視為羅馬公民（西元二一二年），發展了幾個世紀的羅馬法自此普及於帝國全境。

羅馬法律體系的核心觀念是人際關係應以契約來加以規定，民眾可以自

由締約，而且可以透過法院來強制執行。第二項基本觀念是任何形式的財產都應該只有一個單一而明確的所有人，財產所有人有充分的權利以自己的財產來訂定契約。這種觀念顯然可以活絡商業，而它構成的社會將使個人可以透過契約來提升自己的財富與地位，但同時也可能因此讓個人陷入貧窮與卑賤。第三項原則是政治的最高權威可以隨心所欲地制訂法律。這意謂著整個法律體系可以因時制宜滿足新的需要與適應新的環境。

羅馬法的效率與彈性顯然有助維持羅馬帝國社會經濟體系的活力，不管是在西元一九三年羅馬和平崩解之前還是之後都是如此。即使日後歐洲各地的習慣法紛紛主張自身的法律位階高於羅馬法，但羅馬法仍未遭到遺忘，只要一有需要，人們就會重新適用。羅馬法加快了日後商業活動恢復的腳步，它也是羅馬帝國留存至今的永恆遺產。

## 基督教

基督紀元開始的前兩百年，羅馬生活希臘化的外觀背後，正醞釀著巨大的變遷。中東與希臘的文化交流早在羅馬人出現之前就已開始，此時仍快速進行中。羅馬的國家組織，連同急速發展的官僚、稅吏、法律體系、郵遞制度與常備軍，大量取法中東的帝國統治模式。此外更重要的是宗教變遷，就在這幾個世紀，結合了猶太與希臘元素的基督教信仰，融入了嶄新而極具說服力的啟示內容，創造出一股力量，在往後兩千年形塑人類的心靈與情感。然而直到西元二〇〇年之前，基督教與其他為人世的痛苦和磨難提供救贖的「神祕宗教」一樣，雖然彼此競爭，在當時卻都是相當卑微的宗教，因為最早從基督教教義中尋求慰藉的幾乎都是城市裡的貧苦大眾。

◀163

基督教福音書是以希臘文撰寫而成，而聖保羅（St. Paul，約死於西元六十四年）在談到原罪與救贖時，用語也帶有濃厚的希臘文風格，儘管如此，基督教基本上重新肯定的仍是中東的世界觀與人性觀。早期基督徒對上帝與救贖的關切，以及他們熱切期盼世界末日盡快降臨，這些特質均根源自猶太教，而新信仰帶來的情感力量，顯然要比三位一體神學或新宗教特定的

希臘面向所包含的抽象複雜性來得強。

除了分析基督教的起源，我們也不該忽略福音書與《使徒行傳》單純陳述的事件。這些事件帶有全新的意義，而且極為吸引人。耶穌與他的門徒明白表示他們期待上帝能快點介入人世，以祂的力量撥亂反正。然而事與願違，羅馬派駐耶路撒冷的行政長官逮捕耶穌並且將他釘在十字架上（約西元三十年），一時間他們的期望似乎全化為泡影。但不久之後，當使徒們沮喪地齊聚在與耶穌共進「最後晚餐的餐室」時，他們突然再次感受夫子的臨在，因而滿心感動。耶穌的門徒重新燃起強烈的希望，認定耶穌不久將帶著榮耀再度來到人世，並且將為人們等待已久的審判日揭開序幕。耶穌，他們的朋友，也是他們的夫子，如今看來已經相當明確，他的確是古老預言裡的彌賽亞（Messiah），上帝派他來拯救留心他教誨的人，而他不久將駕著火雲降臨人間，審判生者與死者。

如此驚天動地的消息，人們不可能置若罔聞。使徒們情緒高昂地到各地傳布福音，他們向願意聆聽的人解釋過去發生與未來即將發生的一切。在這些充滿熱情的傳教士主張的要旨周圍，逐漸形成了歷史基督教的龐大結構——這段過程與佛陀、孔子或人類其他偉大導師啟迪的廣泛行為變遷一樣驚人且撼動世界。

不過，歷史上基督教的發展與其他偉大宗教有一項重大差異。博學而有地位的猶太人從一開始就不願接受耶穌是彌賽亞的說法。只有少數猶太人接受了新福音。但聖保羅與其他使徒卻在敘利亞與小亞細亞的希臘化城市的異教徒中，找到願意聆聽他們傳教的聽眾。渴望救世主卻不願接受猶太教儀式規則的民眾發現基督教的信息完全能說服他們。改信基督教的民眾從一開始就不需要遵循猶太教的律法。光是信仰基督（Christ，這是希臘文的詞彙，意思是「受膏者」，相當於希伯來文的 Messiah，即「彌賽亞」）與改信成為基督徒社群的一員就已足夠。因此，在西元六十六年到七十年猶太人叛亂期間，耶路撒冷的猶太基督徒散布各地。在東地中海地區說希臘語的城市中，基督教社群於是趁機與猶太教一刀兩斷。其他的偉大宗教在萌芽階段並未經歷這種環境變化，因為希臘的觀念與宗教遺產與猶太人不盡相同，但這

群異教改信者仍不可避免帶入許多過去的思想習慣。

　　尤其希臘人對這種將神性與人性結合於單一個人的做法並不陌生。耶穌基督不只是人，也是神的兒子，因此具有神性，這種想法深深吸引了帶有希臘思維、說希臘語的信眾。基督的神性因此日漸受到強調。同樣地，希臘人邏輯論證的習慣要求對聖父、聖子與聖靈的關係做出清楚界定，因為聖靈有時會眷顧與啟示基督教信眾，正如祂過去在耶穌釘十字架之後曾眷顧使徒們一樣。從這裡衍生出精微的三位一體神學。但在教義的抽象定義受重視之前，基督徒最感需要的還是有關耶穌在世時的可靠紀錄。因此，從西元七十年到一百年，四福音書陸續完成，每一部記錄的都是對夫子言行的記憶，但其中容有些許差異。不久，聖保羅的書信與其他規勸與預言的文字也跟著匯集成《新約》。每週閱讀一次神聖經典與猶太聖經，並且歌唱與舉行聖餐禮以紀念耶穌與門徒的最後晚餐，這些儀式維繫了不斷成長的基督徒社群的信仰。

　　基督徒社群的成員願意在疾病與極其困頓的狀況下彼此扶助，這對早期　◀165
基督教會來說是個非常大的助力。儘管羅馬統治者對於傳布世界末日將至與羅馬權威即將傾覆的半祕密社會充滿不信任，但基督教會仍然能繼續吸引窮人與無產者加入。

　　基督教的成功，連同希臘異教活力的普遍消褪，顯示希臘化文明終於喪失對外擴張的力量。然而到了這個時期，亞洲與歐洲各民族早已依據自己的需要轉化、借用了希臘化文明的各個面向，並且創造出具有自身特色的文明。這段過程不斷往東延伸到印度，乃至於遙遠的中國。關於這點，我們將在下一章進行討論，我們將思索在希臘主義得勝的年代，這些文明有何進展。我們要調查文明的成就對於整個蠻族世界造成什麼影響。

第十章

## 西元前五○○年到西元二○○年

# 亞洲

166 ▶ 　　當希臘文明從愛琴海的搖籃往外擴散，成為鄰近地區眼中的高等文明時，舊世界其他文明並未停止發展的腳步。馬其頓與羅馬的征服，其影響遠逾希臘化世界與羅馬國境之外，甚至傳入印度境內。此時在蒙古，首次出現實力強大的游牧民族聯盟，它在大草原上引發了大規模的民族遷徙。而遷徙的結果使得歐亞大陸上所有文明與半文明民族之間的交流遠較過去更為密切而頻繁。儘管在文明的主要中心仍存在著根深柢固的文化保守主義，但整個歐亞大陸的頻繁交流確實刺激了地處要衝的各個民族，使其產生不尋常的創造力，特別是在宗教領域。

### 印度的孔雀帝國

　　當亞歷山大揮師入侵印度河谷地（西元前三二七年）時，恆河谷地絕大部分地區已經統一在摩揭陀（Magadha）王國之下。馬其頓入侵印度西北部，瓦解了當地的防衛能力與同盟關係，無意間為摩揭陀國王旃陀羅笈多・孔雀（Chandragupta Maurya，統治期間約西元前三二一到前二九七年）併吞

167 ▶ 印度河地區鋪路。到了旃陀羅笈多的孫子阿育王（Asoka，統治期間約西元

前二七四到前二三六年）在位時，印度的中部與南部（除了最南端）也併入了孔雀帝國（Mauryan empire）的版圖。

　　這個領土遼闊的國家大量吸取了波斯與希臘化的模式。孔雀王朝從興都庫什山脈以外的地方找來工匠製作雕刻品。旃陀羅笈多的宮殿，外觀非常類 ◀168
似於波斯的波塞波利斯（Persepolis）宮殿。阿育王著名的柱令廣泛豎立於帝國各地，這種做法似乎是波斯王室給他的靈感，後者曾在貝希斯坦（Behistan）的峭壁上雕刻文字。或許就連孔雀王朝懷抱的普世帝國概念也是受到波斯與馬其頓的影響。

　　阿育王年輕時沉迷對外征戰，而後幡然悔悟成為一名虔誠的佛教徒，並且將餘生致力於靈性的征服上。他派遣僧侶四處傳教，甚至遠及海外。他也在各地設立廟宇供奉佛陀的遺骨。曾有一段時間，佛教看起來似乎將成為印度最重要的信仰，然而官方的獎掖，加上向佛陀祈願、到聖地朝聖、施捨，乃至於其他虔誠的宗教儀式，這些都無法彌補佛教先天的弱點。儘管佛教出現上述創新，但佛教提供的生活方式只能滿足僧侶的需求。社會上各行各業的百姓在遇到婚喪喜慶時還是需要婆羅門為他們舉行適當儀式，更甭說有時還需要消災解厄。

　　阿育王死後不久，孔雀帝國便陷入軍閥割據。新一波入侵者從中亞越過隘口進入印度，他們是希臘人、塞卡人（Shakas）、貴霜人（Kushans）與安息人。這些入侵與大草原上的遷徙和移動息息相關，而草原民族的遷徙與移動則由新統一的中國與內外蒙古的突厥語系游牧民族之間的衝突所引發。


## 中國的統一

　　中國統一之後，草原各民族之間開始陷入動盪。統一中國是秦國統治者的功業。秦國士兵長期在邊境與草原蠻族對抗，逐漸磨鍊成英勇善戰的軍隊，秦王就是靠著這支軍隊才擊敗所有對手統一中國，並且自號秦始皇帝。秦始皇無情而大幅地改組中國的行政制度，他施行的郡縣制，仍為現代中國沿用。他下令統一文字，此舉雖然為現代中國文字奠定基礎，卻或多或少使 ◀169

上古書籍變得難以辨識。秦始皇完成萬里長城的修建，將游牧民族隔絕於塞外，他還在各地設立有效率的驛站與馳道，以便快速將軍隊運往受威脅的邊

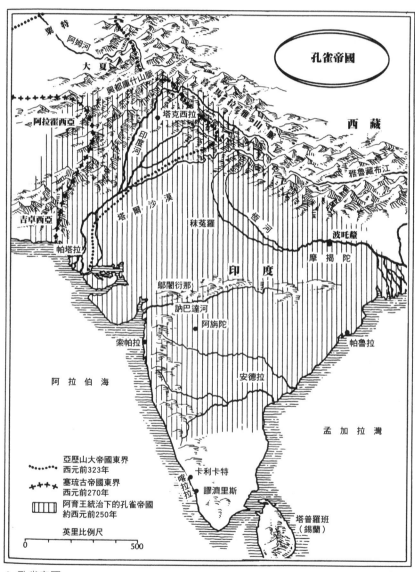

孔雀帝國

▲ 孔雀帝國

區或叛亂的郡縣。

秦始皇這位偉大的專制君主與征服者無視於地方傳統，破壞一切可能限制他權力的慣例。這意謂著秦始皇和主張以傳統慣例限制君權的儒家出現衝突。秦始皇於是禁止儒家學說傳布，並且下令除了皇家檔案館收藏的圖書外，其餘儒家經典都必須予以焚燬。這道命令使得秦始皇受到後世儒家的唾棄。當時秦始皇強徵民力，造成民心普遍不滿。西元前二一○年，秦始皇駕崩，他的繼承人顯然無法維持父親的權力。新一波的內戰爆發，戰爭結束於西元前二○二年，漢朝創立者於此時確立統一全中國的霸權。他的子孫傳承帝位直到西元二二○年，中間只有一小段時間曾遭到篡奪（西元九到二十三年）。◀170

漢朝皇帝一開始與地主階級分享政權，後者向來是中國社會的統治階級。地主家庭的兒子接受主流的儒家教育，而後被徵召到朝廷擔任帝國官員。官員與地主之間於是營造出普遍的和諧外觀，而官員與地主通常也會聯合起來，設法讓農民與社會的其他下層階級繼續維持原有的被支配地位。中國社會藉由這種方式獲得了穩定，其中一個明顯特徵是戰國時代百家爭鳴的現象逐漸衰微。例如秦始皇採納法家學說，強調國家權力凌駕一切；到了漢朝則是罷黜百家獨尊儒術。儒家以外的學說遭到壓抑，這種排擠的力量主要透過官方的反對，而非思想上的拒斥，逐漸地，帝制的中國知識階級開始呈現驚人的一致性。

## 中亞的政府

統一的中國還沒形成穩定的結構，便迫不及待對外彰顯它的軍事實力。秦始皇剛統一天下，隨即對外用兵，將游牧部族趕出內蒙古。這些民族往北穿過戈壁沙漠逃到草木稀疏的外蒙古。這些難民成為蠻族草原聯盟（中國人稱他們為匈奴）的核心，沒有多久，他們就組織起一支軍隊，足以與統一的中國抗衡。漢朝開國皇帝與匈奴作戰時差點丟了性命（西元前二百年），驚魂未定的他與匈奴訂立和約，除了向匈奴單于進貢財物之外，也將內蒙古拱◀171

手讓給匈奴。

　之後，匈奴開始向西方大草原擴張。他們趕走原先居住當地的伊朗語系
民族，這些民族向西南遁逃，結果推翻了希臘王國大夏。大夏是一個有趣但
罕為人知的國家，它地處塞琉古與孔雀這兩個正在衰退的帝國之間。遠居東
方，與其他希臘王國隔絕。此後，連續數波的入侵者越過喜馬拉雅山脈，流
竄於印度西北部。在這段混亂的時期過後，中亞與西亞的綠洲與牧地又重新
建立起穩定的政權。西元前一○二年，中國軍隊西征至錫爾河（Jaxartes

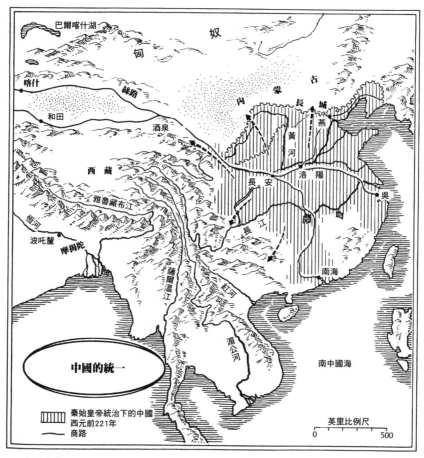

▲ 中國的統一

river），漢朝成為西域諸國的宗主。往後（確切時間仍有爭議），由貴霜諸王統治的強大王國在大夏故地建國，即今日的阿富汗，並且越過山脈進入今日的巴基斯坦。貴霜人是匈奴從中國西疆逐出的伊朗部族後裔。更往西，另一群來自草原的伊朗新來者，安息人，也建立相當穩定的帝國，國祚從西元前一七一年延續到西元二二六年。

## 戰爭與貿易的變遷

　　中亞的文明政府之所以普遍穩定，主要是因為騎兵戰爭技術出現重大進展。西元前一百年之前，安息人發現專門種植與收成紫花苜蓿，並以此飼養馬匹，可以培育出比草原上粗毛矮種馬體形更大、更強壯與更美麗的品種。這種馬可以承受更重的盔甲，而這項特點的重要性在於，全副武裝的騎士與馬匹可以抵禦草原輕騎兵的箭矢。重騎兵部隊可以與草原騎兵互射，並且支撐到敵方箭矢射盡為止，而後便能將他們逐出田野，甚至讓他們無法全身而退。然而，重騎兵速度很難追得上輕騎兵，這種現象造成文明的重騎兵與草原游牧民族的輕騎兵之間的僵局。雙方均無法在對方的地盤獲勝。高大的馬匹無法在野生草原獲得充分給養，反之在農業地帶，未穿戴盔甲的游牧民族則非新型重裝甲騎兵的對手。◀172

　　如果沒有可以種植紫花苜蓿的灌溉農地，那麼也可以用乾草與穀物餵養馬匹，農業社群有能力飼養大型馬匹，因此能夠對抗游牧民族的掠奪。但這些費用相當龐大，因為馬匹與盔甲，乃至於能有效使用這些武器、受過訓練的職業戰士均所費不貲。另一個問題是地方組織經常要做出調整，集中充足的資源給個別的戰士，使他們有能力購買與維護這些昂貴的裝備。這表示要以一個村子或數個村子之力來給養一名重武裝的戰士。但是當鄉村真的籌組出令人望之生畏的武士階級時，中央政府的命令將遭到挑戰，它只能指望這批新軍人階級自發性的默許與認同。由於君主、農民與城市居民都對這種轉變存有疑慮，因此文明社會並未馬上接受這種新的重盔甲戰爭科技，除非是在經常遭受草原民族侵襲的地區，如伊朗與中亞。

儘管如此，一旦中亞有能力抵禦草原游牧民族的侵襲，文明政府與商人就能通力合作建立起有組織的商路，透過裝備完善、維持治安與課以重稅的商隊來連結中國與羅馬的雙向貿易。中國絲綢沿著「絲路」往西運送到羅馬帝國的敘利亞，回程帶回了金屬、玻璃與大量的錢幣等各種物品。

幾乎就在同一時期，航行於紅海說希臘語的船長們發現可以利用印度洋的定期季風，從亞丁海峽一路跨洋航往印度南部。類似的航行很快也在連結印度東岸與馬來亞的孟加拉灣（Bay of Bengal）出現。連接兩條水路的克拉

173 ▶（Kra）地峽＊，使航行者得以接觸在東南亞沿岸航行的中國船隻。因此，在基督紀元即將開始之前，羅馬與中國的海路運輸除了有一小段為了越過馬來西亞頸部而必須進行的陸路運輸外，基本上算是連通了。

數百乃至於數千人仰賴這些商路為生：駱駝夫、水手、衛哨、商人、挑夫與其他平民百姓。他們很少在文獻紀錄上留下蹤跡。然而，從營火旁與港口旅店裡的交談，我們大可相信，他們散布著來自已知世界的每個角落訊息（當然也包括錯誤的訊息），這些消息先是在亞洲市集裡口耳相傳，而後一路從敘利亞傳至中國，或從印度南部傳播到北方的鹹海。

## 藝術的發展

中國、印度與中東之間的交流與旅行日漸頻繁，但舊世界四大文明卻未出現任何根本性的變遷。我們之前提過希臘的生活方式如何滲透到中東社會的上層階級，而希臘文明又是如何影響歐洲蠻族並且開化了整個地中海歐洲，以及在興起的基督教裡留下印記。然而，與舊世界其他文明的接觸充其量只是為希臘羅馬上流社會的生活加添幾件奢華的絲織品，此外並無值得稱述之處。

其他文明也是如此。例如中國的主流文化並未因為與其他文明世界接觸而受到任何重大影響。學者與官員浸淫於儒家經典中，他們對於地位卑下的

---

＊ 譯註：西瀕安達曼海、東鄰暹羅灣，是馬來半島上最狹窄的陸地。

商人所說的愚蠢故事不感興趣。羅馬的上層階級亦然，對他們來說，基督教這種新興的迷信就像奧林帕斯眾神一樣不可信。我們對印度上層階級婆羅門所知不多，但想必他們也對街談巷議以及港口與旅店流傳的誇張故事興趣缺缺。然而偏偏港口與旅店卻是希臘、印度與中東文明交流成果最豐碩的地方。

另一方面，舊世界文明仍持續它們原本的發展步調。在中國，從孔子去世（西元前四七九年）到秦始皇統一天下（西元前二二一年），這段時期是中國文明的繁盛時代。不同學派彼此競爭，與儒家和道家競逐君主的青睞；但漢朝為中國帶來和平之後，原本爭鳴的百家要不是偃旗息鼓，就是吸收成為儒家的一部分。這段吸收的過程使儒家增添許多孔子原先忽略的部分，而這些思想也成為孔子追隨者的傳統學問。通常的做法是藉由諷喻或回文的方式將各種新觀念融通到儒家的經典中，這種做法暗示唯有博學聰穎的學者才能解讀各種作品的意義，進而發掘真理。日後人們解讀基督教聖經時也使用相同的方法，而在中國新觀念也是藉此才得以毫無困難地進入儒家學說的架構之中。◀174

史學演變成特定的文學形式，使中國學問獲得進一步擴充。司馬遷（西元前一四五到前八十七年）是中國史學的偉大先驅，他將自己知道的過去編纂成多卷本的史書，從事物起源寫起，直到他生存的時代為止。司馬遷撰寫歷史時心中存有一套組織歷史的觀念，他認為每個朝代都是由上天揀選的有德之君創立，之後傳承的君主道德逐漸淪喪，最後上天失去耐性，從無用的亡國之君身上收回天命。司馬遷以這種架構解釋中國歷史，由於極具說服力，因而使他的作品成為後世中國歷史寫作的標準。

我們對印度的文學與思想文化所知不多。僧侶、宮廷的優雅風格與禁慾的戒律，這三者的連繫很可能已臻於成熟，並且在笈多時代（約西元三二〇到五三五年）達到古典的表現形式。然而在確切年代無法掌握的狀況下，我們最好將印度的思想與文學保留到下一章來討論。

伊朗地區仍是一團迷霧。統治伊朗與美索不達米亞的塞琉古帝國被安息帝國取代（西元前一七一年），但政治的遞嬗並未在文化上造成劇烈影響，

至少一開始是如此。安息諸王與塞琉古王朝一樣,他們主要的稅收來源是美索不達米亞的希臘化城市,因此他們通常採取親希臘的立場。然而鄉村地區卻恰恰相反,這裡仍信仰祆教,因此也維持著較純粹的伊朗生活方式。西元二二六年薩珊帝國(Sassanian empire)或新波斯帝國的建立,正是這種傾向在政治上的清楚展現。

175 ▶ 　　藝術反映在新視覺經驗上,要比文學接觸其他學術傳統時的回應更敏銳,因為視覺經驗無須翻譯就能讓陌生人或異邦人產生反應。相反地,文學文化對於不識文字的人來說完全是不可理解的。關於這一點,最佳的例證是希臘雕像對印度藝術家造成的刺激,使他們在極短的時間內形成風格獨立的雕刻。目前已知最早的印度雕像可以追溯到阿育王時代。此後不到兩個世紀的時間,印度就發展出豐富而成熟的雕刻風格,例如桑吉(Sanchi)佛教大窣堵波(stupa)上的精美雕刻。藝術史家至今仍對印度藝術家受希臘人影響多深存有爭論。然而,從印度雕刻常見的自然主義風格,從它對地中海裝飾主題的自由運用,以及印度石匠的確有很多機會看到大量的希臘雕刻品(至少可以取得來自亞歷山卓的廉價品)來看,這兩個雕刻傳統的連結是真實無疑的。

　　在興都庫什山脈兩側,出現了一種混合的藝術風格,那就是以希臘形式來雕刻佛像。佛教的傳教士將這種藝術形式傳布到中亞,並且在本章討論的年代末期傳入中國。當這種藝術傳往東方時,希臘的傳統方式也遭到曲解。希臘的藝術精神變質了:原本應該如阿波羅雕像一樣呈現出自然主義風格,最後卻成為寄託彼世渴望的制式表現。希臘式佛教藝術真正影響中國是在漢朝末年(西元二二〇年),它深刻轉變了早期中國藝術。而透過輾轉影響,我們可以毫不誇張地表示,希臘藝術風格的確傳遍了亞洲,在傳布的過程中,希臘藝術不僅改變了意義,連象徵方式也與過去不同。

## 新興的世界主義宗教

　　然而,藝術風格的傳布並非舊世界文明交流下最重要的文化成果。更重

要的是，在一些地區，不同文化的人在市集裡碰面與討價還價，在此也出現了無根的游蕩者與精神失去依靠之人的社群。這些人創新了宗教，使自己身處的艱苦世界變得較能忍受，而這些宗教在往後的日子裡也充分證明，它們在數百萬人心目中，不僅深具吸引力，也是安身立命的礎石。

有三個地區成果特別豐碩。它們分別是印度南部，印度西北部，以及羅 ◀176
馬帝國境內的希臘語地區。基督教顯然是地中海東部城市的希臘語居民創造的偉大宗教。在此同時，印度教也在印度南部以不同的面貌出現，而大乘佛教（Mahayana Buddhism）則以印度西北部為中心蓬勃發展。這三個地區都是遠距貿易的重鎮，有繁榮的新城市，聚集了許多無家可歸的人。這三個地區也是幾個古老宗教與文化傳統重疊交會的地方，它們帶來的刺激使一些敏銳人物透過新的啟示、神祕經驗、繁複儀式以及邏輯重新審視自己的信仰。

關於基督教的起源，以及猶太與希臘傳統的融合為早期基督教提供的背景，這些先前已做過介紹，在此不再贅述。

印度南部匯聚了雅利安、達羅毗荼（Dravidian）與希臘羅馬的影響，在基督紀元開始的前幾個世紀，這裡的印度教逐漸產生清晰的輪廓。改變是漸進的，印度教的先知或傳教士並未刻意或有意識要改變印度的傳統信仰。說得更清楚一點，印度教的改變不是經由教義，而是透過儀式創新的過程，使印度各個種姓崇拜的無數神祇與神話，逐漸匯聚到兩個敵對而彼此互補的神祇之下。這兩個神明是濕婆（Shiva）與毗濕奴（Vishnu）。崇拜者相信濕婆與毗濕奴會依照每個人的悟性與感性，在他們眼前幻化成各種不同的形象。因此，幾乎所有的原始崇拜或具地方色彩的儀式都能輕易與毗濕奴或濕婆信仰結合，因為每個香火鼎盛的地方神祇，其受歡迎的事實正可做為祂是毗濕奴或濕婆化身的明證。

儘管如此，這種教義卻為印度教帶來新的秩序與體系。過去，地方崇拜是毗濕奴或濕婆的一種崇拜形式；現在，信眾不再只是崇拜毗濕奴或濕婆在各地方的化身，而是共同參與更繁複的崇拜儀式。

新形式的印度教真正重要的特徵在於：毗濕奴與濕婆的崇拜者相信這些神明是救世主，祂們隨時能將他們從目前的辛苦生活中解救出來，並且提升

177▶ 他們的階級，使他們往至福、完美的狀態前進。轉世仍然是印度教教義的核心。底層民眾相信虔信與供奉神明可以確保來生能轉世到較高的種姓。另一方面，知識階層仍以《奧義書》為典範，認為應棄絕自我與至高無上的現實合一（在這種現實面前，毗濕奴與濕婆不過是表象），才是宗教應努力達成的目標。因此，結合了曲高和寡的形上學與庸俗的迷信，印度教滿足了每個人的需要。這種結合強而有力，甚至取代了佛教，使佛教在自己的發源地失去立足之地。

然而，在佛陀追隨者遭此噩運之前，佛教信仰曾有過蓬勃發展的時光，地點主要在印度西北部，這裡同時也是印度、希臘、波斯與草原民族相遇與融合之處。佛教的發展或許發生在貴霜帝國控制印度西北邊境之時（西元前一世紀到西元二世紀）。偉大的貴霜國王迦膩色伽（Kanishka）成為日後佛教傳統的知名人物，他獎掖新信仰的一些重要神學先驅。佛教的核心創新，表現在對一些救世主的信仰上，這些救世主具有神性但卻以人的形體在世間濟世救人，這些人又稱為菩薩。菩薩是已經超凡入聖的靈魂，卻為了救度眾生而不入涅槃。這些救世主以精神的形式生活在九天之上，但一般民眾的禱告與祈求祂們仍可聽聞，並且對飽受磨難的世人給予精神上的同情與幫助。

菩薩信仰的闡述者將他們的教義稱為「大乘」，即大車之意，以此自別於歷史較悠久的「小乘」（Hinayana）。這項發展使佛教遠離創立者原先（可能）傳布的理念：形而上的悲觀主義與自我棄絕的理想。崇拜者藉由適當的祈禱與儀式向自己喜愛的菩薩祈願，希望有一天自己也能成為菩薩（不過或許要經過無數次的轉世投胎），在死後享受至福的生活，這樣的願望與基督教承諾的來生其實相距不遠。

基督教、大乘佛教與新形式的印度教，這三種宗教之間的類似或許可以歸因於時代精神。我們不難想見在西亞貿易與政治中心來往穿梭的人群，他178▶們離鄉背井，置身於陌生的國度，因此對救贖產生嚮往。基督教、大乘佛教與印度教──更甭說還有其他無數影響力較小的崇拜，例如密特拉教（Mithraism），伊西絲（Isis）、庫柏勒（Cybele）與其他女神崇拜。這些信仰使來自不同背景的人產生勇氣，讓他們在面對沮喪與艱難時能努力不

懈。這些信仰為人們帶來未來的希望，使他們相信世上的不公不義總有一天會徹底而永遠地改正過來。此外，這些宗教並未局限於特定地區或社群。例如後流亡時期的猶太教，無論這一小群信眾聚集在哪兒，他們總能燃起熾熱的救贖希望。在最終至福之日降臨之前，宗教社群成員每日的提攜互助，也能為生活的艱困與孤獨帶來不小的安慰。因此，這些宗教與城市生活一拍即合，在此之前的信仰，除了猶太教之外，幾乎很難適應城市環境。由於不義與艱困和文明生活密不可分，因此這類信仰的出現很可能使得文明更容易長久存續。

## 疾病與帝國

　　舊世界交流得更密切，也帶來意想不到的結果。社群與社群之間交流的不只是貨物、觀念與技術，還包括病菌。隨著交流擴大，原本局限於歐亞與非洲一小部分地區的疾病，逐漸蔓延到新的地帶。對於從未暴露在病菌中的人口來說，病菌可能造成極高的死亡率。根據記載，西元一到二世紀，中國與羅馬曾遭遇一連串嚴重的瘟疫。羅馬帝國境內人口大幅減少，人力不足於是成為西元二〇〇年之後（如果在此之前還不構成大患的話）羅馬當局必須面對的隱患。有人認為，整個歐亞大陸與絕大部分非洲的交流日趨緊密而造成疫病流行，是羅馬帝國與漢帝國崩潰的主要原因，這樣的主張並非空穴來風。當然這兩個帝國的崩潰還有其他原因：蠻族大舉入侵與內部社會緊張顯然也扮演著重要角色。

　　即使羅馬和平與漢朝統治不可避免走向衰亡，世界三大宗教——基督　◀179
教、大乘佛教與重整後的印度教，興起於基督紀元開始之後的前幾個世紀，此後仍持續發展，並且在往後的動盪歲月裡繼續吸引上層人士的目光。上古時代人類的傑出成就，僅剩宗教至今仍維持無比的活力。

# 希臘雕刻藝術的發展

## 城邦戰士與公民

　　阿里斯提恩（這個刻在底座的名字 Aristion，有「善」或「高貴」之意）身上穿戴甲冑，手持長矛，但少了全副武裝的重裝步兵應有的頭盔、佩劍與盾牌。

　　像阿里斯提恩這樣貴族也願意不乘馬匹，而是與一般務農的市民肩並肩地一起組成雅典方陣，這種作戰與生活方式開啟了希臘的古典時期。從這張照片可以看出，古樸的生硬線條、均衡的自然主義（觀察雕像前臂的肌肉）以及傳統技法（衣紋、頭髮與鬍鬚），其所使用的技術或許就像政治技巧一樣，企圖在英雄的自我主義與雅典黃金時代下個人對城邦的服從之間取得瞬息萬變的平衡，而這個過程中所呈現的便是古典的希臘藝術風格。

◀ 圖 1：阿里斯提恩石碑，西元前五一〇到前五〇〇年，在阿提卡的維拉尼德薩發現，收藏於雅典國立博物館。

▲ 圖 2：波塞頓，西元前四七〇到前四五〇年，在阿特米希
恩岬外海發現，收藏於雅典國立博物館。

## 古典希臘之美

　　偶然保存下來的作品，使現代人得以體驗古典希臘雕刻顛峰時期的美學
力量。青銅製的波塞頓像（圖二）並不屬於西元前五世紀任何著名雕刻家的
作品。我們看到的很可能是當時雅典作坊裡的每日固定生產的作品。利姆諾
斯島的雅典娜（圖三）是菲迪亞斯作品的仿作。實際完成時間很可能比菲迪
亞斯晚了數世紀，當時羅馬人特別喜愛西元前五世紀的希臘藝術作品。

▲ 圖 3：利姆諾斯島的雅典娜頭像。波隆納市立博物館。

▲ 圖 4：不知名的羅馬人像，西元前一世紀，亨利·皮爾斯
（Henry Lillie Pierce）捐贈，波士頓美術館收藏。

## 羅馬共和國與羅馬帝國

　　這兩座不知名的羅馬人像顯示希臘雕刻家以自己的技藝來迎合羅馬人對
家族塑像的愛好。圖四頭像（西元前一世紀）的簡單與明顯的寫實主義，表
現出活力、自制與領導統御的氣息，正是這些特質使羅馬偉大。第二座胸像
大約出現在一個世紀之後，當時帝國宮廷生活的優雅與華麗取代了過去簡樸
刻苦的美德，正如這名婦人高聳而帶有圖案的捲髮分散了人們的注意力，但
髮飾仍無法隱藏底下堅毅高傲的臉龐。

▲ 圖 5：羅馬貴婦像，西元五十四到一一七年。羅馬卡比托利歐博物館收藏。

▲ 圖6：加冠的婦人頭像，西元二世紀，法國維恩，法國里昂博物館收藏。

## 古典主義如何衰微

　　這兩座頭像的完成年代在西元二世紀左右，當時古典主義已成為極少數地主附庸風雅的才藝活動。戴冠的女性代表高盧地方城鎮的「精神」──這種傳統的象徵其實是五世紀前東方希臘化世界的發明。雕刻家用來複製古代動機與風格的技術跟過去一樣；但作品看來卻退步了。斯多噶哲學家與皇帝奧理略的胸像（圖七）從技術上來看並未更精進，卻傳達出一種對良善事物的追求，而非向衰微的諸神與人格化的諸城（如圖六的婦人）尋求慰藉。

▲ 圖 7：奧理略的胸像，西元二世紀，瑞士阿旺什博物館收藏。

▲ 圖 8：尤特羅普斯像，西元三到五世紀。維也納藝術史博物館收藏。

## 古典主義的終結

　　這座胸像完成於西元三到五世紀之間，也就是嶄新的拜占庭風格開始確立的時代。基督教的興起、蠻族的入侵與羅馬帝國的崩解剛好與這裡表現的藝術轉變發生於同時。事實上，這座胸像似乎表現出對人類世界的幻滅以及對超驗真理的追求，而後者正是早期基督教賴以繁盛的基礎。

# 希臘雕刻的對外傳布與轉變

▲ 圖 9：阿溫提庫姆的赫爾維提安頭像。瑞士阿旺什博物館收藏。

### 西傳風格的融合

　　這座頭像在瑞士的羅馬遺址中發現。希臘羅馬的技術與風格，和原住民藝術傳統（或許是木刻？）的融合與雜揉，產生了這種奇怪但令人印象深刻的作品。

▲ 圖 10-1：雅典娜或羅馬，西元二
到三世紀，巴基斯坦，拉合爾。

▲ 圖 10-2：佛陀，西元四世
紀，巴基斯坦，拉合爾。

## 東傳風格的融合

藝術風格經過一段時間與空間之後，會出現驚人的變化。這裡選出四個
圖來說明橫亙整個歐亞大陸以及經過三到四世紀之後的演變。西元一〇〇年
左右，希臘羅馬文化的地方參與者或傳布者雕刻了體型豐滿的雅典娜（或羅
馬），也就是圖十之一凝視我們的塑像。地方性的希臘羅馬藝術在第二座雕
像上有了新的表現方式，這座雕像跟第一座來自相同的地區，而時間稍晚
（圖十之二）。這裡，藝術家使用希臘羅馬的主題，如頂髻與托加來描繪佛
陀。接下來，中國雕刻家接受了印度希臘佛教藝術提供的模式，而產生最初
的混合式中國藝術（圖十一之一），然後是完全中國化（圖十一之二）的佛
陀。觀察希臘藝術的自然主義風格如何改變，最後完全與中國雕刻家迥然不
同，後者不僅減少了衣紋，也將佛陀的腳化約為平坦的、裝飾的與令人愉快
的曲線圖案。

▶圖 11-1：陝西的佛陀，西元五
　世紀，杜林，薩包達美術館。

◀圖 11-2：河南的佛陀，西元五世紀，
　羅斯（Denman Waldo Ross）捐贈，
　以紀念岡倉覺三。波士頓美術館。

▲ 圖 12：悉達多苦行，西元三○○～四○○年，巴基斯坦，拉合爾，希克里。

▲ 圖 13：迪達加尼夜叉女，孔雀王朝，正面圖與背面圖。印度，巴特那博物館。

## 印度的兩個面貌

　　苦行主義與感官享受——兩者經常發展到人類生理的極端——在印度兼容並蓄的文化母體中相輔相成。這兩座雕像以戲劇和視覺的方式表現出這兩種極端。

# 印度建築的發展與向外傳布

▲ 圖 14：十七號神廟，西元五世紀，桑吉。

## 建築反映的印度社會

本頁與往後幾頁照片顯示西元五世紀到十三世紀印度神廟建築的繁複精巧。門廊，用來安放神像的封閉式房間，除了圖十四以外，每張照片都能看見，凡神像安放之處的上方均建有一座高塔，每座神廟的平面配置與規模雖不盡相同，但塔的建築是一定具備的。

神廟整體結構的鬆散與繁複的裝飾（比較圖十八與十九）反映了印度社會本身。印度社會的核心制度種姓，保障了無數次級群體的特定生活方式與習慣，而且可以不斷容納新來者，無論這些人是原始的狩獵族群還是來自遠方的強大征服者。同樣地，在這些神廟上加添一扇門、一座塔或一群雕像，只是更豐富了整體，而不會破壞神廟的結構。

▲ 圖 15：馬利吉帝希瓦拉雅神廟，約西元六二五年，巴達米。

▲ 圖 16：巴拉蘇拉米斯瓦拉神廟，約西元七五○年，布瓦尼斯瓦拉。

第十一章

西元二〇〇年到六〇〇年
# 印度文明的繁盛與擴張

180 ▶ 　　到了西元二〇〇年，希臘化文明已經失去了吸引力。希臘哲學家留給羅馬士紳彬彬有禮、冷靜穩健的生活風格已無法符合時代需要，特別是長期的羅馬和平在一九三年遭到嚴重破壞，在短暫恢復穩定之後，又在二三五年到二八四年之間爆發一連串漫長而慘烈的內戰、蠻族入侵與帝位的爭奪。在此同時，採行儒家思想的中國也遭遇類似災難。漢朝最後數十年飽受內戰與蠻族入侵之苦，最後漢朝於二二〇年傾覆，伴隨而來的是政治與軍事的亂局，中國因此陷入長期的分裂狀態。

　　然而在文明世界的中心卻有著截然不同的面貌。從裏海（Caspian）到興都庫什山脈，林立著許多波斯貴族建立的小國，他們起而對抗草原騎兵的侵襲。這些貴族擁有高大的馬匹、堅固的甲冑與強力的弓弩，只要邊境有

181 ▶ 事，他們就馬上趕赴戰場保衛他們的農民（農民繳付的地租是貴族的經濟基礎）。這些波斯小國為中東與印度文明核心地區提供了最有效的防衛。企圖進行掠奪的草原民族必須穿過重重障礙的鄉野，而許多配備先進武器的戰士早已在此處等著他們。草原民族入侵的次數明顯減少；已經嘗試過的也不願再試第二次。

　　在這層屏障保護下，印度以及復興的波斯逐漸發展出優雅精巧的文明，

宗教也有了更進一步的進展。尤其印度於此時進入黃金時代，後世的印度人也以「古典」一詞來形容這個時期。反觀波斯薩珊王朝的文化成就卻罕為人知。由於穆斯林與基督徒對於祆教徒以及其他異教徒缺乏同情的理解，因此對這些教徒的記載相當寡少，我們對薩珊王朝的文學與宗教歷史因而所知有限；薩珊王朝流傳至今的藝術作品也多半殘缺不全。但薩珊對羅馬與中亞的影響，如同印度對東南亞與遠東中國的影響一樣深遠。因此，我們要將西元二〇〇年到六〇〇年的歷史分成兩個「力場」（fields of force），先後以兩個章節（儘管兩個帝國處於同一時代）來介紹印度與薩珊的成就與影響。本章將先描述印度文明的繁盛與擴張，然後再於下一章討論薩珊波斯的建樹。

## 笈多帝國

三二〇年，恆河下游一名精力充沛的國王旃陀羅－笈多（Chandra-gupta）*在一場特殊的典禮中自行加冕為「世界的統治者」。為了符合自己的稱號，旃陀羅－笈多不斷對外征戰。在不到一個世紀的時間裡，他的後繼者把從孟加拉灣到阿拉伯海的整個北印度全納入掌握。笈多帝國於焉建立，並且一直持續到五三五年。在帝國統治期間，戰爭與政治動亂在印度幾乎絕跡。紀錄中只有一次來自山脈以外的襲擊，時間是四五五年。笈多帝國經過 ◀183 這次入侵，永遠無法回復原來的凝聚力，然而隨後的混亂卻未妨害文化的持續發展。在印度，騎士規範與宗教訓示大大減輕了戰爭的毀滅性。在這種情況下，印度文明得以持續繁盛，使笈多王朝成為印度人與外國人眼中印度極盛時期的代表。

儘管領土廣大，笈多王朝的統治者卻未在梵文文學傳統中留下多少紀錄。我們擁有的資訊幾乎全來自中國、錫蘭與其他佛教朝聖者的報導。因此，這段印度史上的偉大時期殘存的政治、軍事、地理與編年事實竟與印度

---

＊ 這個名字與六百五十年前孔雀帝國的創立者完全相同。為了區別，我們通常將孔雀帝國創立者的名字寫成一個字，而將笈多帝國統治者的名字以連字號連結。

其他乏善可陳的時代一樣模糊不清。政治資料的缺乏，正顯示出印度社會與文化特有的政治冷感，這種傾向早在岌多帝國興起前就已持續千年之久。

笈多王朝統治者受印度傳統價值影響甚深，對於政治與國家事務的看法相對草率淺顯。舉例來說，笈多的征服者允許被擊敗的統治者（或他們的近親）繼續統治故土。平日，笈多王朝只派一名大臣常駐於屬國朝廷；到了國家慶典之時，儀式性的崇敬就能讓笈多皇帝感到滿意。

笈多王朝也獎掖復興的印度教，它推動的宗教政策部分接受了印度教的法律觀念，使統治者的法律權威變得十分微弱。印度教教義認為《吠陀》是最高的權威來源，其次是《吠陀》的評釋（亦即《梵書》），再來是聖人的身教，最後則是個人看法，也就是統治者的詔令與其他公共權威。

這些觀點完全出自笈多時代編纂的法律典籍《法論》（*Dharma shastras*），往後也成為印度生活的基本元素。舉例來說，《法論》定義了種姓制度，並且詳細規定不同種姓的人在各種特定環境裡應有的行為。此生若能善盡種姓的責任，來生就能轉世晉升到等級較高的種姓。在不斷轉世的過程中，若能切實踐履道德，則靈魂最終將可擺脫轉世的命運，進入梵我合一的境界。但在目前，每個人應盡的道德義務就是遵守自身的種姓傳統，並且遵行自己所屬群體的儀式與實踐，無論這些習俗有多麼粗鄙、簡陋或不可理喻。

因此，宗教、法律、神祕形上學與粗鄙的迷信全緊密結合在一起，牽一髮而動全身。以我們對笈多時代公共與政治生活的了解，當時的國家事務也毫無困難地融入這個複合體中，成為密不可分的環節。


## 梵語的口傳學問

在三種機構的刺激下，笈多時代文化進入了繁盛階段。皇家宮廷獎掖藝術家、作家、音樂家、占星家、天文學家、醫生與其他專業的專家。其次是寺廟，它是文化活動的重鎮，為了適切而隆重地侍奉濕婆、毗濕奴，或者兩個神明其中之一的化身（avatar），寺廟往往要求舉辦與君主相同規格的盛

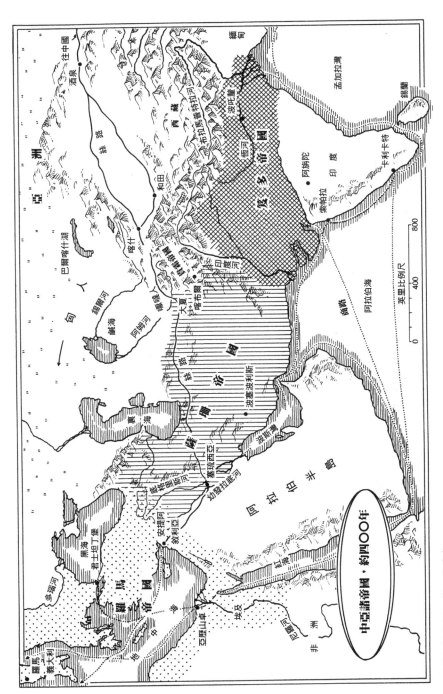

▲ 中亞諸帝國，約四〇〇年

大儀式。此外，除了宮廷與寺廟，還有古代流傳下來的學校系統，在這裡，大量知識的累積表現在梵語口傳文學上，藉由口述的方式將知識世代傳承下來。

在學校，最重要的是聖人與門徒之間的關係，門徒透過默記的方式學習聖人傳授給他的各種傳統智慧。記誦《吠陀》與其他神聖經典，同時留心誦讀的重音與文法，這些都是教育系統的核心。經典的評釋，與評釋的再評釋，經過長時間的踵事增華，早已超越人類記憶的極限，因此學者們開始分門別類，各自負責一部分梵語學問，並且形成幾個穩定的「學派」。

笈多時代，學校系的聲望與實際重要性因梵語的復興而獲得顯著的提升。在佛陀時代，梵語曾是知識階層的語言，由婆羅門僧侶在宗教典禮中吟誦，但在宗教以外的領域，梵語卻遭到遺忘。早期的佛教經典是以當時的流行語言表現的文學形式，這些語言全源自梵語，但彼此之間存有差異，就像法語與西班牙語和拉丁語的不同一樣。孔雀帝國曾使用地方語言做為行政語言。到了笈多時代，一切都改觀了。梵語再次成為通行的文學語言，而且開始出現精煉而優美的梵文作品。

梵語能順利復興，與各地方難以用方言溝通有關。隨著地區差異漸形擴大，各地非知識階層的日常口語也變得難以理解，為了讓各地民眾擁有共通的溝通基礎，「通用語」的需求因此日漸殷切。在阿育王時代，當時各地方言的差異還不是很大，要克服溝通問題並不是那麼困難，但到了笈多時代，建立通用語已是刻不容緩。

然而，真正促使梵語復興主要還是學校系統，凡是想獲得知識的人都可以在學校學習梵語。這群說著相同語言、擁有相同思想波長的人，藉由學校而得以世代傳承。到了笈多時代，這群知識階層實際掌控了每個層面的文化活動。佛教徒過去摒棄了梵語學問，認為梵語對靈魂來說不過是無用的包袱，此時佛教徒的地位也被這群知識階級所取代。佛教最終在印度失敗的原因，有一些我們已在第四章討論過。婆羅門梵語學者在過去三到四個世紀努力回應希臘與伊朗世界帶來的外界刺激，他們的表現確實令那些日漸富有、孤立且不問世事的佛教僧侶望塵莫及。

　　梵語學問的擴展，最明顯的例子是天文學與醫學，這兩門學科顯然受到希臘人的影響。梵語學問雖然吸取了希臘人帶來的行星運動力學觀念，以及用來計算天宮圖的數學技術，卻未因此變成死板的外來知識。相反地，人類心智的偉大發明之一，數字符號的小數位系統，就是在二七〇年於印度出現的。簡單的數字符號系統，雖然我們稱為「阿拉伯數字」，但阿拉伯人正確表明這種數字其實源自印度。阿拉伯數字與字母文字一樣，是重大而關鍵的人類發明。一旦發明了數字符號，計算就變得簡單而快速。結果，無論是市場裡的買賣還是理論數學家艱深的研究，都因此加快了腳步。儘管如此，這種完美的符號卻傳布得相當慢。很長一段時間，阿拉伯數字一直是專家的數學玩物，他們仍舊使用古老陳舊的數字符號。阿拉伯人開始在日常生活運用阿拉伯數字是十世紀的事，等到傳到拉丁基督教世界時已經又過了兩個世紀。

◀186

## 梵語文學

　　梵語學問的核心不在於自然科學，而在於文學與語言學的探究。對於遠古的、學識的與神聖的語言的熱中，引導出文法學的發展。帕尼尼（Panini）寫的梵語文法後來成為經典，但他的生存年代如今已難以確定。

　　同樣地，印度兩大史詩的精確文學歷史也不可考，因為口語相傳與數世紀的修改增益，已經沒留下多少明確的遺跡供現代學者分析。儘管如此，可以確定的是，《摩訶婆羅多》（*Mahabharata*）與《羅摩衍那》（*Ramayana*）都在笈多時代完全確定下來。《摩訶婆羅多》是卷帙浩繁的一部史詩，規模大約是整部基督教聖經的三倍半左右。它的內容包羅萬象。史詩的核心是古代英雄戰爭史，是敵對的貴族戰車兵聯盟彼此征戰的紀錄，這些故事肯定是從古老雅利安時代的吟遊詩歌流傳下來的。不知從什麼時候開始，婆羅門在宗教儀式上開始朗誦這些詩歌。僧侶們認為傳統故事的血腥暴力可以與各種傳道與宗教教誨的故事相容。如果基督教教父們修訂荷馬的作品，使《伊里亞德》得以收錄到宣揚基督教教義的手冊中，那麼效果應該

很類似。此外，民間故事與童話有時會打斷敘事。有時故事裡還有故事，主旨因此被懸置了數百頁的篇幅。《羅摩衍那》的分量較少，組織也比較緊密。故事提到英雄羅摩（Rama）與他的妻子悉多（Sita），漫長冒險帶來的試煉與磨難使夫妻兩人分離，但他們在故事末尾終於能夠團圓。

《摩訶婆羅多》與《羅摩衍那》至今在印度仍十分受歡迎。裡面的小故事提供後世文學創作的豐富養料，就像希臘劇作家從荷馬與赫西奧德身上獲得情節靈感，或莎士比亞（Shakespeare）運用義大利與古典作家創作自己的作品。這種方式塑造出印度日後的文學傳統。這兩首史詩創造的文學參考架構與言說世界，至今仍為印度文學所沿用。

我們無法確定《摩訶婆羅多》與《羅摩衍那》的作者是誰；顯然這兩首史詩在笈多時代最後定形之前，曾經過長時間的發展與修訂。梵語戲劇的歷史則大異其趣，因為留存至今的劇作通常附有作者的名字，而且詳細記錄由誰編寫然後在宮廷裡演出。希臘舞臺技術名詞的使用，顯示希臘模式對梵語戲劇具有一定的影響。但影響多大則仍有爭議，因為梵語戲劇有自己的慣例，而印度劇作家通常是從傳統史詩材料中汲取他們的情節。

迦梨陀娑（Kalidasa，約四〇〇到四五五年）是廣受推崇的梵語文學大師。他的劇作被推崇為經典，他的史詩與抒情詩也流露出優雅的情性，但就二十世紀西方的鑑賞角度來看，這些著作的自我意識似乎過於強烈，而且也有矯揉造作之嫌。迦梨陀娑作品的這項特質受到其他宮廷作家的仿傚發展，最後形成徒具詞藻毫無內容的空洞文學形式。

## 笈多時代藝術

由於保存不良的緣故，我們很難對笈多時代的雕塑藝術做出公允的判斷。日後的穆斯林征服者認為印度北部寺廟是偶像崇拜的大本營，而有系統地加以摧毀。因此，位於印度北方的笈多王朝權力中心很少有風格獨特的印度藝術留存下來。南方少數的雕刻藝術雖可追溯到笈多時代，但這些雕刻品多半過於粗劣，它們的藝術成就無法令人滿意。印度神祇的本質在於形式的

多變，印度教萬神殿裡的無數神明彼此連結為一體，祂們全是毗濕奴或濕婆接續的化身，面對這樣的神祇，藝術家想以視覺形式來表現祂們顯然是一件極為艱困的任務。而就現存的紀念性建築來看，笈多時代的藝術家似乎未能成功克服這項難題。

另一方面，佛教藝術卻在此時達到最終的完美階段，此後便步入衰途。　◀188
阿旃陀（Ajanta）的石窟壁畫實至名歸，它反映了笈多時代高雅奢華與細緻的一面。另外還留存著少數佛像，這些佛像顯示出與阿旃陀壁畫不分軒輊的藝術成就，儘管其中已隱約帶有衰頹的色彩。

宗教與印度文化生活密不可分。法律典籍、兩大史詩、紀念性的廟宇、崇拜的神像，與其他視覺藝術作品，更甭說還有已經失傳的音樂與舞蹈藝術，這些全是印度教的一部分。就某種意義來說，這些事物完全表現了人類與超自然之間的關係，而且每一樣作品也都以自身的方式劃定了人類經驗的重要疆界。然而印度教在教義上的明確樹立，必須再等幾個世紀，直到笈多時代結束後才出現。商羯羅（Shankara，約七八八到八五○年）主張一元論的超驗哲學，受到日後印度教護教者的大力支持，當穆斯林與基督徒對印度傳統信仰提出批評時，這些人總是以商羯羅的學說來進行反駁。

笈多時代在各個文化層面都發展到臻於完美的境界，為印度教與梵語文化留下無法磨滅的影響，然而在此同時，笈多時代卻未曾為印度文化帶來任何劇烈的改變或嶄新的事物。雖然達到全面性的完美與均衡，卻也喪失了從事創新的力量。笈多時代的作家與學者恪守成規，而且欣然接受祖先為他們劃定的界線，他們將上一代傳承下來的事物加以潤飾、改良，然而一旦他們的成就達到極致，他們的下一代也就喪失了超越的可能。

## 印度文明的東傳

笈多王朝黃金時代的影響及於印度以外地區。印度文化的主要傳播者是商人與傳教士，而非軍人，後者是把希臘化文化帶入中東以及將希臘羅馬文明帶入高盧的主要媒介。在東南亞，與印度文明毗連的地區沒有強大的文化

可以跟印度對抗。此地因此形成了印度文化圈。從一〇〇年到六〇〇年左右，緬甸（Burma）、蘇門答臘、爪哇、馬來亞（Malaya）、暹羅（Siam）與越南（Viet Nam）的國家與王室一直以印度文明做為仿傚的對象。

　　在山脈以北，印度商人與傳教士遭遇非常不同的情況。儘管中國、波斯與希臘羅馬文明對於印度文化的某些面向毫無招架之力——特別是印度聖人長期發展的苦行修練之道——但這些文明不會如此輕易全盤放棄自己的過

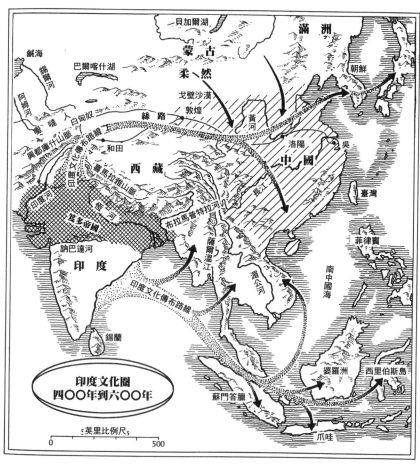

▲ 印度文化圈，四〇〇年到六〇〇年

去。因此，印度文化只有幾個面向獲得其他文明世界接受而得以在當地生根發展。相較之下，印度對東南亞的影響只受到殘存的蠻族與簡樸的村落所稀釋。

　　從東南亞的傳說可以得知印度生活方式如何滲透到孟加拉灣與南中國海 ◀190
的寧靜村落裡。一般來說，印度商人會藉由聯姻打進部落酋長的家族裡，並且利用這種身分把文化與政治影響力散布到周圍的聚落，直到形成小型的國家為止。在這些國家，國王的權力多半以巫術的觀念為基礎，人們往往把土地的肥沃、國王的能力以及儀式性的石頭象徵——也就是石刻的陽具，又稱為林伽（linga）——緊密連繫起來。這種觀念充分表現在神廟、王室宮殿以及壯觀的林伽上。起初，東南亞的統治者想完全重現印度的宮廷生活，他們盡可能做出與印度完全相同的奢華裝飾。他們甚至從印度進口巨大的雕像與其他儀式需要的器具與袍服。然而，在將近六〇〇年時，東南亞發展出獨立的風格，並且在往後幾個世紀興建了壯觀的建築與雕刻，充分顯示東南亞宮廷擺脫印度的影響。

　　我們應該強調一點，印度宮廷生活方式與建築的引進對東南亞絕大多數民眾來說影響並不大。繁重的勞役與賦稅或許是村民唯一感受得到的差異。同樣的狀況或許也可以用來說明羅馬時代高盧與不列顛的村民，從各方面來說，他們幾乎未曾受到主人的希臘化文化的薰陶。與希臘化文化西傳相比，印度在東南亞的擴張地理範圍較為廣大，影響人口也較為眾多，印度對東南亞當地文化的影響一直持續至今。

## 佛教向遠東傳布

　　印度文化最初傳入東南亞時，佛教扮演著重要角色，但最後真正在東南亞盛行的卻是印度教的觀念與儀式，這或許是因為印度教要比佛教更能融入當地的宗教傳統。在山脈以北，印度教從未獲得重大進展。相反地，佛教卻 ◀191
在二〇〇年到六〇〇年間如洪流般湧入中國，並且延伸到朝鮮與日本。

　　佛教在中國獲得接受，這是一種有意識的與儒家傳統和價值的決裂。對

於冷靜、入世、穩健，而且強調家族與政治責任的儒家來說，最無法接受的就是印度佛教這種出世且藉由禁欲苦行擺脫人世紐帶關係的宗教。或許正是因為佛教與儒家的完全對立，才吸引了中國人的注意。當漢朝逐漸失去對國家的掌握，而蠻族入侵又為原本悲慘的內戰增添幾許暴力，儒家聖賢講求的節制與禮儀聽在民眾耳裡，肯定就像同一時期羅馬人對希臘哲學的觀感一樣，覺得這些說法空泛無用。在亂世裡，靈魂需要效果更強的藥方。羅馬人尋求的解藥是基督教，中國人找到的則是佛教。雖然佛教在中國的信眾越來越多，但儒家學說的鑽研者仍不乏其人，而這些人也從未放棄對佛教教義出世與遠離政治的不信任。

為了正確了解佛陀的意旨與真實的形象，有些中國人親赴印度朝聖，實際見證佛陀人生經歷的地方。有些人返國時帶回大量的佛教經典，並且組織進行有系統的翻譯。到了六百年左右，中國狂熱學習佛教教義的初期階段可以說已經大功告成。

中國佛教徒並不在意印度佛教徒之間的宗派差異，他們也對印度僧侶殫精竭慮思索的複雜形上學毫無興趣。然而，神祕主義式的覺悟，以及脫離文明社會與一群志同道合追尋心靈平靜之人組成有紀律的團體，這些卻可以滿足中國儒家與道家傳統無法處理的需求。中國佛教因此很快發展出屬於自己的路線，當印度佛教衰微時，中國佛教反而欣欣向榮。

佛教把獨特的新藝術帶進中國，這是希臘與印度元素在中亞融合後產生的一種莊嚴高貴的風格。在中國，佛教藝術很快就適應了中國的風土，到了六○○年，中國已經發展出具有明顯本土色彩的佛教藝術。在佛教傳入前，中國藝術以幾何圖案的裝飾為主流。佛教藝術使中國以自然主義描繪菩薩形象的風格更為豐富，也就是說，以人類的形象來表現普渡眾生的菩薩。此外，佛教壁畫與雕刻講述的故事往往需要藝術家凸顯人物間的空間與其他關係。佛教藝術的這些面向豐富了中國的藝術傳統，儘管中國日後曾出現排佛，但佛教對藝術的影響並未因此中斷，還是具有很大的重要性。

佛教對朝鮮與日本的影響更為深遠。這兩個地方此時並不存在令人印象深刻的高等文化。它們發現自己位於中國文化圈的邊緣地帶，而此時的中國

正急切地吸收佛教文化。因此，披上佛教外衣的中國文明吸引了朝鮮君臣的注意，從三七二年到五二八年，朝鮮半島分裂的幾個小國紛紛以佛教做為自己的國教。比朝鮮更偏遠的日本比較沒有意願引進中國剛發展的文明模式。儘管如此，在五五二年有一批佛教僧侶抵達日出之地，而且獲得重大的成功。從此以後，日本列島加入了以龐大的中國為首的文明（與半文明）國家圈。

## 印度對西方的影響

　　印度對文明世界的伊朗與羅馬的影響，遠不如印度對遠東與中亞的影響那麼明顯。事實上，學者不認為印度對歐洲與西亞有過任何重大的影響。問題出在缺乏史料。伊朗與羅馬世界的基督徒與其他宗教苦行者從未提到他們深受印度影響；而衡諸實際，我們也很難期盼有紀錄留下。可以確定的是，來往於印度與亞歷山卓之間的商旅百姓，他們有很多機會交換彼此聽來的奇聞軼事，其中一定包括了印度苦行者的神奇力量。事實上，我們知道至少有一名印度聖人來到地中海，因為他公然在雅典自焚，他的行為引起眾人議論，因而才有紀錄留下。基督教僧侶看見異象而且將異象解釋成與上帝相遇，他們不可能知道或也不可能承認印度的偶像崇拜者曾在數世紀前做著相同的事。儘管如此，基督教苦行的一些細節，與印度聖人的完全投入，兩者之間有著驚人的類似性。早期埃及與敘利亞僧侶對神聖的狂熱崇拜，也與更古老的印度苦行戒律及出世思想有類似之處。早期基督教僧侶可能從印度苦行的故事或個人研究中取得如何才能達致神聖的提示，這種事完全有可能，只是我們無法證明。◀193

　　普羅提諾（Plotinus，死於二七〇年）曾是希臘異教理性主義的驕傲與奧祕，他在哲學領域引進新主題並有神祕主義傾向，相信長年研讀《奧義書》的人一定會感到極為類似。至少，普羅提諾與同時代的人都知道印度哲學的存在，他們也知道印度哲學的博大精深不下於希臘哲學傳統。

　　西方人總是低估文化移動的重要性，它總是以隱蔽而有限的方式影響西

方人的過去。因此，我們大可強調一項事實，那就是印度文明往東南亞擴張以及它對中國、朝鮮與日本生活方式的影響，使擁有世界一半以上人口的文明產生共同的調性。亞洲社群擁有的文化傳統，幾乎全是印度人與中國人、日本人、朝鮮人、蒙古人、藏人、緬甸人、柬埔寨人以及錫蘭人結合的結果，這源自於古印度文明的四向傳布，尤其表現在宗教上。

就這點來看，希臘化文化其實不會比印度文明更為輝煌。

第十二章

## 西元二〇〇年到六〇〇年
# 蠻族的入侵與文明的回應

正當印度的宗教與宮廷文化在南亞與東亞贏得信仰者之際，在北方，戰 ◀194
士刺耳的叫囂聲與刀劍交錯的鏗鏘聲在草原蠻族與文明社群的漫長歐亞邊界
上迴盪著。無論是中國還是歐洲，文明的防衛都遭步步進逼的蠻族擊退，但
在這條漫長邊界的正中央，伊朗人卻成功抵禦了草原民族。中國在歷經
三百五十年的分裂與混亂後，終於同化了入侵者，重建統一帝國（五八九
年）。反觀羅馬帝國在蠻族大舉入侵後（從三七八年到五一一年），卻從此
一蹶不振。*

　　伊朗人面對的是一場令他們吃驚的命運。在長期成功抵禦草原蠻族以及 ◀195
一連串與君士坦丁堡羅馬人艱苦而不分勝敗的戰爭之後，薩珊朝的波斯帝國
卻在南方阿拉伯入侵者面前土崩瓦解。征服者剛剛才皈依了穆罕默德的信
仰，這個神學武器證明與他們（其實威力並不強）的騎士、弓箭與長矛一樣

---

* 但人們並未停止對羅馬的幻想。舉例來說，在西歐，最後一位「羅馬」皇帝於一八〇
　六年退位，並且採用了比較切合實際的稱號「奧地利皇帝」。在巴爾幹，說希臘語
　的羅馬皇帝在「新羅馬」君士坦丁堡持續他們的統治直到一二〇四年。在五六五年之
　後，這些羅馬皇帝又通稱為拜占庭皇帝，但他們仍自稱是羅馬人，最後一任皇帝結束
　於一四五三年，當時土耳其人已攻陷了君士坦丁堡。

有效。然而，在伊朗人的文化認同與伊斯蘭世界合而為一之前，他們對草原民族與文明鄰邦的軍事勝利卻迫使或引誘西方的羅馬人與東方的中亞綠洲居民群起仿傚，這段過程成為西方史家長期以來慣稱的「中世紀」。

　　因此，二〇〇年到六〇〇年這段時間，文明世界的北部主要受到兩個特定力量的影響：不斷兵臨城下的草原蠻族；還有屢次組織有效的防衛、擊退蠻族的伊朗人。我們只要仔細觀察這些事件的過程，就會發現這種拉鋸的景象不斷在文明世界難以設防的各個邊疆出現。

## 匈人與西方大草原

　　歐亞大草原上的游牧民族，我們也許可以把他們比喻成裝在漏氣瓶子裡的氣體分子。從任何一點施壓，壓力很快就會擴及整個體系。任何一個游牧部落一旦失去了牧場，如果不迅速以武力奪取鄰人的放牧地，那麼整個族群將會面臨毀滅。因此，每隔幾季，牧場變動造成的騷亂往往從大草原的一端蔓延到另一端，相鄰的遊牧部落一個推著一個，直到實力最弱或組織最鬆散的族群滅絕，或逃進大草原北方或西方不適人居的林地中，或者是索性往南攻破文明的防線，那麼他們或許還有機會成為農業人口的主人。

　　我們已經看到在西元前二〇〇年左右匈奴如何興起，而他們的崛起也開啟了一波遷徙的浪潮（見前文一六七頁）。西元三五〇年之後不久，與匈奴類似的部族聯盟再度在外蒙古興起。中國人稱他們為柔然。柔然極盛時期勢力從滿洲一路延伸到巴爾喀什湖（Lake Balkhash）。當柔然沿著大草原向西橫掃之時，他們眼前所有的部落與民族全都望風逃竄。

　　其中一支逃竄的部族，在歐洲史上稱為匈人。他們於三七二年出現在南俄羅斯，隨即打敗在當地統治逾一個世紀的東哥德人（Ostrogoths）。鄰近的西哥德人（Visigoths）畏懼匈人的威勢，於是進入羅馬帝國境內避難。這些四處遊蕩的戰士部族寄居鄉野，與羅馬當局保持或戰或盟的關係。西哥德人於四一〇年劫掠羅馬城，之後便西遷到西班牙，在當地建立王國，一直延續到七一一年。幾個以掠奪為生的日耳曼部族很快也跟隨西哥德人的腳步；

其他部族則臣服在強大的匈人之下。

在此同時，匈人已在匈牙利平原建立根據地，他們從這個有利位置往南入侵巴爾幹半島，往西掠奪義大利與高盧。然而到了四五三年，當匈人最後一位偉大的戰爭領袖阿提拉死後，匈人的部族同盟瞬間瓦解，其崩潰的速度甚至比興起時還快。敵對酋帥的爭執，加上被征服民族的反叛，使這個廣土眾民的帝國幾乎在一夜之間遭到毀滅。

匈人帝國的傾覆並未為西歐帶來任何形式的秩序。一些原本臣服於匈人的日耳曼民族往南方與西方逃亡，進入羅馬帝國境內，而且在北非（汪達爾人）、高盧（勃艮第人）與義大利（東哥德人）建立新王國。在此同時，日耳曼部族在不列顛（Briatin）與萊茵蘭（Rhineland）的進展卻大不相同，而且遠較其他地區來得持久。說日耳曼語的農人在此新獲得了肥沃的土地，在此之前，這個地方原先稀稀落落居住著羅馬人（亦即，絕大多數的居民是凱爾特人）。這個農業聚落不斷持續下去，反觀由說日耳曼語的戰士遊群建立的國家全都非常短命，在中國北部與伊朗東部建立的蠻族政權也有類似的命運。


## 東方的草原民族

匈人的突然出現使西歐發生遷徙與政治劇變，無獨有偶，就在同一時期，嚈噠人（Ephthalites，又稱白匈奴）也突然入侵伊朗東部。並且以此為◀197據點，向印度西北部進行劫掠，最後還自己建立了掠奪性的帝國，並且與過去貴霜帝國一樣，領土橫跨山脈兩側。嚈噠人為印度帶來的混亂結束了笈多時代與笈多王朝。然而這批入侵者無法像歐洲的匈人那樣，能在自己征服的土地上建立穩定政權。到了五四九年，嚈噠人在印度的統治開始解體並且引發內戰。在此同時，山脈以北的游牧部族也完全遭到消滅（五五四年）。

不管在什麼地方，這些蠻族國家的根本弱點都是相同的。這些蠻族統治者試圖進行兩件互不相容的事。一方面，勝利的首領及其追隨者仍想維持過去傳統的生活方式與尚武的精神。另一方面，他們試圖從新臣民身上壓榨商

品與勞務，好讓自己能享受文明生活的奢侈與愉悅。但是，征服者越文明，昔日部族與戰爭遊群傳統就越難維持。安逸的生活與惡習往往在一兩代的時間裡就能瓦解蠻族的活力與尚武的精神。

一般來說，文明的民族總是不喜歡蠻族統治者。只要一有機會，他們就會歡迎忠於舊傳統與理想的解放者。中國人與波斯人是擊退蠻族最成功的例子，他們的方式就是如此。五五二年，柔然遭中國與突厥聯軍擊滅，但突厥很快抓住這個機會建立與柔然一樣強大的新草原帝國。然而新帝國統治家族出現內訌，使突厥汗國於五七二年分裂為東西兩部，彼此相攻不息。

當草原帝國因分裂而減輕了威脅與壓力時，新的中國王朝（隋朝）趁勢而起，於五八九年掃蕩中國北部最後一個蠻族國家，再次統一中國。中國對周邊蠻族的軍事與文化優勢也隨之重建。

幾乎相同的事件規律也在伊朗東部邊疆出現。五五四年，薩珊王朝的波斯諸王聯合突厥推翻了嚈噠人。突厥汗國在五七二年的分裂與內爭，使薩珊王朝得以將波斯帝國的疆界再次拓展到阿姆河（Oxus river）畔，使東方邊地再次成為伊朗人的土地。

## 羅馬帝國的衰微

然而，羅馬人不是如此成功。在首次漫長而痛苦的內戰與入侵危機期間（二三五到二八四年），羅馬帝國政府逐漸變成不折不扣的軍事專制政權。官員的橫徵暴虐使政權不得民心。此外，士兵的意志反覆無常。被叛變士兵擁立為帝的將領，可能在無預警下遭到罷黜，只因為他無法讓擁立他的軍隊滿意。由「羅馬元老院與人民」選舉擔任官職只是做做樣子，它不過是對赤裸裸的軍事篡奪進行儀式性追認。

皇帝君士坦丁（Emperor Constantine，統治期間三〇六到三三七年）在兩個重要面向上改變了羅馬政府。他在拜占庭營建新都，改名君士坦丁堡，而且讓基督教成為國教。新都的地理位置不僅適合貿易，也易於防守，因為這裡可以輕易從遙遠的黑海與愛琴海的沿岸地帶獲得補給。羅馬（通常稱為

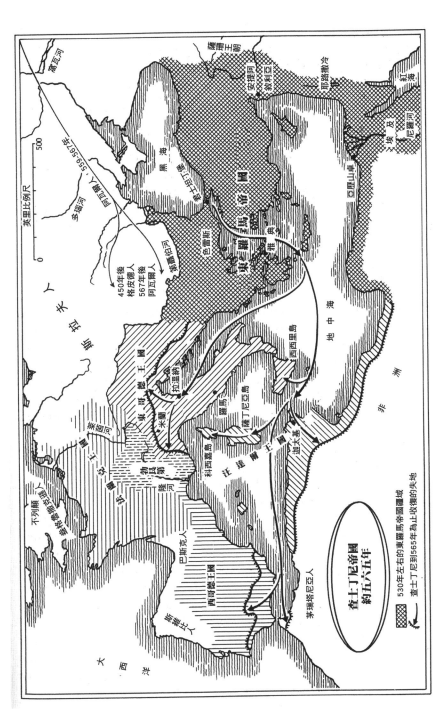

▲ 查士丁尼帝國，約五六五年

拜占庭）帝國政府之所以能維繫到一二○四年，靠的就是這一點。

　　從君士坦丁以降，基督教也為羅馬帝國政府提供了重要支持。基督教的主教絕大多數都願意與皇帝合作，而且將君士坦丁及其繼承者視為上帝替帝國選擇的統治者。這是個簡單而能說服人的觀念，能為赤裸裸的軍事篡奪披上一件正當性的外衣。皇帝狄奧多西（Emperor Theodosius，死於三九五年）使政教合一，因此理所當然地禁絕一切非基督教的信仰，使羅馬帝國成為基督教國家。

　　然而此舉引發另一項尖銳問題，因為基督徒彼此對教義莫衷一是。士兵皇帝與政治主教對於這項爭議同感棘手，因為神學理論問題成為民眾對既有權威表達不滿的憑藉。

200 ▶　　西歐的日耳曼王國絕大多數面臨類似的問題。幾乎所有日耳曼國王都接受了基督教的分支，也就是阿里烏斯教派（Arianism）的信仰。這使他們在絕大多數羅馬臣民眼中成了可憎的異端。皇帝查士丁尼（統治期間五二七到五六五年）因此有充分的理由預期，如果他能擊敗日耳曼諸王的軍隊，各地群眾應該會倒戈支持他。於是他在地中海西部發動一連串戰役，企圖重新統一羅馬帝國。查士丁尼未竟全功；他在北非、西班牙與義大利攻取的土地，幾乎都在他死後馬上失去，因為此時有一批新的入侵者對羅馬邊疆展開攻擊。

## 中國與伊朗對蠻族的回應

　　六世紀時，中國、伊朗與羅馬在重新統一與建立國家安全上各自取得程度不一的成功，從中可以看出這些國家面臨蠻族挑戰時在政治與軍事制度上的適切程度。

　　中國的優勢在於，它的傳統帝國體制早在漢代就已形成一套抵禦蠻族（匈奴）的方法。因此隋朝與之後繼起的唐朝（六一八到九○七年）可以忠實繼承古代帝國的先例，重建有效邊防以抵禦突厥汗國的入侵。外交、金援以及由中國將領統率蠻族傭兵守邊，這些都是可運用的方法。隋朝在重建邊

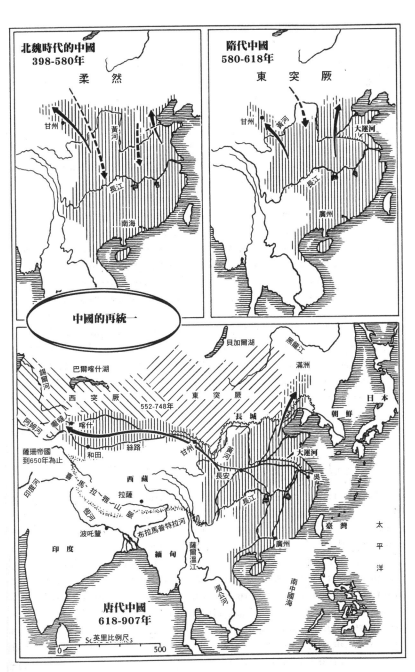

▲ 中國的再統一

防的同時，也組織了有效率而無情的官僚政權，它最大的成就是完成連結長江與黃河的大運河。這條運河很快成為帝國經濟的大動脈。南方沃土的產品通過運河運送到北方的帝國首都，使官員與士兵可以輕易享用大量的補給。大運河的開通也讓帝國政府更緊密地控制長江流域，並且將貨物更集中於帝國核心地區。因此，重新統一的中華帝國遠比漢代來得強盛，它能動員比過去更大的人力物力進行戰爭或維護和平。面對再統一的中國擁有的高度組織力，蠻族的入侵很快失去了威脅性。

202 ▶

伊朗的問題更為複雜。與中國不同，伊朗無法輕易取得新資源來強化帝國的中央權力。當然，伊朗人早已精通重裝騎兵科技。問題在於要創造一個社會體系來支撐數量充足、全副武裝與訓練精良的騎兵，並且將他們配置在沿邊地帶以有效而持續地防禦草原民族入侵。安息諸王允許（或許甚至是鼓勵）地主軍人階級發展自己勢力，讓這些人自行武裝成重裝騎兵，持續保護自己的土地免受掠奪。然而安息諸王沒有能力將中央權力向外拓展，因此也無力節制底下的伊朗豪族。安息皇家政府似乎偏愛城邑與市鎮，並且從中抽取現成的現金。但伊朗與美索不達米亞的城鎮提供的金錢不足以讓國王維持常備重裝騎兵，國王因此無法威服底下強大的臣民。有效邊防的代價就是地方上持續的造反與叛亂，而這些內部的騷亂也持續削弱安息政府的中央權威。

## 薩珊帝國

二二六年，造反者阿爾達希爾（Ardashir）徹底推翻了安息政權。阿爾達希爾所屬的薩珊家族一直統治波斯與美索不達米亞直到六五一年。在這幾個世紀中，薩珊王室也曾數度遭遇重大危機，而且不是每個國王都遵循相同的政策。儘管如此，唯有阿爾達希爾（統治時期二二六到二四〇年）立下的原則始終為歷任國王所遵守。薩珊王朝的創立者在伊朗豪族支持下取得王位，因此他努力培養一種對昔日波斯帝國的崇敬意識，尤其是致力復興祆教，然後再以祆教來輔佐王朝。以波斯帝國的偉大與瑣羅亞斯德的信仰為號

召，顯然可以說服大批鄉間豪族支持薩珊王室，至少在危機時是如此。薩珊 ◀203
的中央權力因此一直保持著生氣與活力，足以與羅馬帝國分庭抗禮。

　　祆教信仰仰賴地方傳統，而這些傳統受到祭司與貴族家族的重視，阿爾
達希爾的家族也不例外。然而各神龕間存在著令人困窘的歧異。薩珊諸王因
此下令建立祆教聖經的標準版本，使百姓有所依從，而這個標準版本就是
《阿維斯塔》（Avesta）。國王們又下令，祆教遺產應該適當地引進希臘與
印度思想來加以充實。這個改頭換面的信仰，儘管它的聖經賦予它一貫與完
整的內容，卻從未在薩珊帝國的城市生根。雖然如此，地方豪族似乎對此感
到滿意，因為叛亂、奪位與王室暗殺在當時的羅馬層出不窮，在波斯一直相
當少見。換言之，早在君士坦丁在羅馬境內推動政教合一前的一個世紀，薩
珊朝的波斯就已經有效地結合兩者。

　　薩珊朝實驗真正的重要性不在於教義的細節，因為這些細節在穆斯林征
服者結束波斯文化的獨立性後很快就消失無蹤。它真正的意義在於官方宗教
與祭司組織訴諸的超自然約束力有效調和了軍事化的地主與中央王室權威之
間的利益衝突。數量眾多而武力龐大的重裝騎兵階級在保護土地不受草原民
族掠奪的同時，又不會引發無止盡的內戰撕裂文明社會。文明世界裡沒有任
何地方像薩珊一樣發明了一套如此成功的新制度形式。薩珊立下的範例因此
對拜占庭產生深遠的影響，而且經由拜占庭傳到西歐。


## 薩珊的宗教

　　儘管如此，國王、豪族與祆教祭司的聯盟並非毫無代價。美索不達米亞
城市是安息統治者的力量來源，而這些城市或多或少被排除在薩珊的秩序架
構外。或許因為如此，薩珊時代成了美索不達米亞少見的宗教歡騰時期。其 ◀204
中最偉大的人物是先知摩尼（Mani，約二一五到二七三年）。薩珊國王沙
普爾一世（King Shapur I，統治時期二四〇到二七一年）是薩珊王朝創立者
之子與繼承人，他似乎對摩尼頗為傾心，或許他是希望以摩尼的新天啟來平
衡父親扶植的驕縱鄉野祆教。此外，摩尼的信仰也能夠吸引國內城市居民的

注意。

摩尼是最具有自我意識的先知。他著手清除一切既有宗教的腐敗，他認為神的訊息已然揭示這一天的到來，因此這些訊息無論是出自耶穌、佛陀還是瑣羅亞斯德等人之口，其意涵都是一樣的。為了防止自己的天啟出現類似的敗壞，摩尼親自寫下自己的訊息，而且明白禁止隨意傳抄他在接受天啟後寫下的文字。結果，摩尼教的經文一直相當罕見，近代學者無法從殘存的片段與轉述（通常是摩尼教的宗教對手記錄下來的）中重建摩尼的文本。摩尼為了防範文字出錯，反而造成不良的影響。他在建立教會與組織傳教士時，也犯了過度精確的毛病。摩尼預見到各種的錯誤與庸俗化，於是他設下了各項限制，然而這也使他的教義局限在受過特別訓練與有紀律的菁英圈裡。

儘管有這層局限，摩尼終其一生一直在美索不達米亞與其他城市中心（無論東方還是西方）受到歡迎。然而在國內，祆教祭司對於這名先知指控他們敗壞瑣羅亞斯德傳下來的真理可不會那麼仁慈。因此，當沙普爾一世去世之後（二七一年），摩尼便不得不面對祆教正統份子的怒火。結果，他被迫在獄中度過他的餘生，而他的弟子也受到嚴厲的迫害。雖然這無法阻止摩尼教的傳布，但卻使得摩尼教徒成為薩珊政權的反對者。

三百年後，一個名叫馬茲達克（Mazdak）的先知在波斯傳布一個更具革命性的信仰。明確的平等主義似乎是馬茲達克傳道的核心，不過從反對者的指控中，我們難以了解其教義的細節，據反對者所言，馬茲達克信徒似乎還主張共產制與共妻制。馬茲達克教曾短暫獲得王室的寬容；但到了霍斯洛一世（Chosroes I，統治時期五三一到五七九年）在位期間，他對馬茲達克教進行了殘暴的壓制，最後終於摧毀了這個教派。

205 ▶ 　　事實顯示，這些盛行於伊朗與美索不達米亞的宗教運動，沒有成為世界性的宗教。最後，伊斯蘭教入侵伊朗，給予薩珊世界一個適合城市需要，同時又令鄉村感到敬畏的宗教。因此，我們對薩珊的宗教或文化生活的全貌所知有限。然而，如果人們記得，儘管摩尼教起步較晚，卻成為基督教在羅馬帝國境內最大的競爭對手，如果人們了解，中亞綠洲乃至於遠至中國邊境都曾是薩珊文化的邊遠前哨，那麼人們就更能欣賞薩珊文明的強大與活力。

　　藝術也是薩珊文化成就的一項重要指標。拜占廷建築的一些重要特徵似乎源自於薩珊朝波斯。然而遺憾的是，光憑僅剩的蒙塵磚瓦，實在無法讓我們推知薩珊宮殿的真正樣貌。這些建築的外觀也許並不引人注目，但內部的圓頂與拱形，以及曾散發光彩圖案的釉彩壁磚，相信實際的景象一定相當壯觀。

## 拜占庭帝國

　　還有一些事物是羅馬人向波斯模式借用或學習的。舉例來說，象徵王室的王冠與權杖和宮廷典禮的儀式，全是皇帝戴克里先（Emperor Diocletian，統治期間二八四到三〇五年）刻意從波斯引進的。他希望藉此為自己披上神祕的外衣，以防止曾殺死無數先帝的卑鄙暗殺事件再度發生。最重要的是，在君士坦丁之後，羅馬人也讓重裝騎兵成為帝國野戰軍的骨幹。只有重裝騎兵才能抵擋波斯人的攻擊，同時又能阻擋蠻族的騷擾。

　　然而，羅馬人不願將自身的社會結構調整成薩珊的「封建」風格。經過數世紀逐步發展起來的繁複法律原則與實踐，使以城市為中心的社會與政治秩序難以出現大規模的改變。因此，查士丁尼（五二七到五六五年）編纂羅馬法不只是為了行政上的便利，也是為了重申自己傳承了羅馬的精神以及古代城市的本質。◀206

　　為了解決立即的軍事防衛問題，拜占庭皇帝企圖維持一支常備軍——這支軍隊最好留在自己身邊——準備在任何時刻前往受威脅的邊疆地區或叛亂省分，並且在當地貫徹皇帝的意旨。然而稅收不足以維持一批數量龐大、裝備昂貴的重裝騎兵。舉例來說，查士丁尼想收復西地中海地區淪陷的省分，他採取的做法是允許大將貝利薩里烏斯（Belisarius）私下徵集五千名重裝騎兵，以戰利品與掠奪的方式來籌措軍費。因此，貝利薩里烏斯在義大利的長期征戰（五三五到五四九年）帶來了無情而漫長的掠奪，對當地居民造成的破壞居然遠超過先前的蠻族入侵。

　　當國家的精銳部隊全集中在皇帝身邊時，邊疆便不可避免遭受嚴重的攻

擊。例如，經常有一小股掠奪者渡過多瑙河進行劫掠，卻能毫髮無傷地退去，這是因為帝國禁衛軍不能離開君士坦丁堡去追逐每一股流竄的土匪。結果，巴爾幹的內陸地區便任由這些人數不多的劫匪四處橫行。只有少數沿岸城市因為有城牆防衛而倖免於難。這裡不存在任何類似薩珊強大地方防衛體系的事物來保衛羅馬邊疆。

這種邊境易受蠻族掠奪滲透的現象，就某個意義來說，乃是帝國城市人口持續支配社會所付出的代價。擁有武力的鄉村貴族會對城市居民的支配地位構成挑戰，這正是薩珊帝國治下伊朗與美索不達米亞的狀況。皇帝與君士坦丁堡的民眾選擇（如果有必要的話）放棄帝國遙遠邊區與貧瘠區域，仰賴數量不多的機動性常備軍防衛全國最重要的地點，這支軍隊的配備仿傚波斯人，卻是以稅收與戰利品來維持，而非土地授予。

## 異端與正統

207▶　基督教的城市與民主（就某些基本信條來說）性格，在羅馬帝國晚期與拜占庭帝國初期反映與維持了這種強調首都忽略邊區的特性。至於薩珊朝波斯的祆教則帶有貴族的氣息，它強化了農村在軍事較為成功的伊朗政權裡的支配地位。因此，在拒絕完全仿傚薩珊軍隊模式的狀況下，拜占庭主張自己是以海洋為中心的帝國，與波斯這個陸上霸權有著社會政治上的差異。基督教的發展，以及教會組織與教義有著更清楚的定義，這些也凸顯出兩個敵對帝國的不同。

早在君士坦丁將基督教定為國教之前，亞歷山卓的導師們已然開始將基督教的教義組織成連貫的形式。偉大的先驅俄利根（Origen，約死於二五四年）為了討論終極實在，不得不求助於希臘哲學的語彙。從那時起，基督教教義的論辯便以哲學的、有時極端難解的希臘文來表達。官方的迫害一結束（三一二年），基督徒之間便爆發一連串激烈的爭論。北非的多納圖教派（Donatism）與埃及的阿里烏斯教派吸引了君士坦丁本人的注意；當諫議書無法讓爭論的神學家達成和解時，皇帝便於三二五年在尼該亞召開基督教會

的第一次公會議。在會議上，阿里烏斯有關聖父與聖子之間關係的教義不被教會接受，而簡明的信條則被認可為正統。這項決定無法令阿里烏斯派基督徒信服。隨後召開的幾次公會議處理其他異端問題，並且將爭論中抱持不同想法的人逐出教會。

　　基督徒之間重大而持續的教義歧見，反映出根深柢固的種族與文化界線。埃及的科普特教會（Coptic church）與西亞的敘利亞教會表現出對君士坦丁堡統治的不滿，不管是世俗上、種族上還是神學上。這種不滿極為普遍，以致於當穆斯林阿拉伯人入侵埃及與敘利亞時，當地人把他們當成除去異端與壓迫的解放者。

　　說希臘語與說拉丁語的基督徒，兩者之間的關係更複雜。羅馬是教宗（即羅馬主教）的駐在地。傳統認為羅馬教會是使徒彼得建立的。歷任教宗因此自認為是聖彼得的繼承者，而且主張自己是基督教會的領袖，理由是彼得曾被基督特別指定為使徒的領導者。基督教世界其他的大主教反對教宗的主張，他們傾向由所有主教開會共同處理與整個教會有關的問題。當卡爾西頓公會議（Council of Chalcedon，四五一年）接受教宗利奧一世（Pope Leo the Great）的三位一體說時（並且駁斥了在埃及與敘利亞流行的「單性說」），教會中兩個理論的衝突因而得到了緩解，但並未解決。

◀208

　　教義要旨與教會紀律的辯論，產生了數量龐大的論戰與評註作品，還有無數聖經註釋與一些神學空想。許多作品以希臘文撰寫，不僅對正統做了詳細的定義，也對彼此反對的異端做出了劃分。在拉丁文通行的世界，教父的角色不太一樣，他們關心的不是駁斥異端，而是讓拉丁文讀者得以理解基督教的真理與基本文獻。舉例來說，聖耶柔米（St. Jerome，死於四二〇年）將整部聖經翻譯成拉丁文，此即所謂的《武加大譯本》（*Vulgate*），後來成為拉丁基督徒的標準本。與他同時的希波的聖奧古斯丁（St. Augustine of Hippo，死於四三〇年）撰寫了大量的傳道書、聖經註釋與護教作品。他最偉大的作品《上帝之城》（*The City of God*）概略說明了普世的基督教歷史，從創世到審判日，這本書至今還是西歐世界觀的基礎。他的《懺悔錄》（*Confessions*）是有關他改信基督教的生動自傳，末尾還對時間與永恆的性

質做了深刻的哲學探討。整體來說，奧古斯丁的作品使後世的拉丁基督徒得以從哲學的角度精細地陳述自己的信仰，而且也沾染上柏拉圖的思想色彩。

日耳曼人的入侵與隨之造成的混亂（三七八到五一一年）瓦解拉丁西方的城鎮中心，修道院成為最活躍的信仰、教育與文化中心。最早期的基督教修士會到埃及與敘利亞的沙漠，以自己的方式追求神聖。教會管理者很快就發現有必要針對某些修士從事的極端行為進行管理與控制。在教會另一半說希臘語的世界裡，聖巴西流（St. Basil，死於三七九年）的規則為修士行為立下典範，成為往後數世紀遵守的規範。拉丁世界的修院制度從努西亞的聖本篤（St. Benedict of Nursia，約死於五二九年）處獲得永久的定義，他以自己在卡西諾山擔任修院院長的經驗，訂定管理修士生活的「準則」。巴西流與本篤的規則都把祈禱與崇拜放在核心地位。勞動、閱讀與其他活動全不如崇拜上帝重要，至少原則上如此。在殘暴而野蠻的時代，修士組成的社群專心致志服侍上帝，他們是風暴世界裡的平靜島嶼。尤其在拉丁西方，修院成為在通常稱為黑暗時代的時期裡保存最低限度思想文化的主要機構。

隨著帝國西方行政體系（帝國說拉丁語的省分）瓦解，教會在面對世俗權威時不得不擺出獨立的姿態，而這些新統治者其實更像四處破壞的掠奪者。法蘭克國王克羅維於四九六年改信正統基督教，確實在官方意義上讓最強大的日耳曼王國加入了羅馬教宗的基督教行列；然而克羅維與他的後繼者卻很少理會基督教的戒律。查士丁尼發動長期掠奪性征服，使義大利陷入貧困與政治混亂，教宗因此無力將權威伸展到羅馬以外。相反地，東方教會在君士坦丁堡主教的管理下，一直與帝國權威維持緊密的關係。希臘教會幾乎成為政府的左右手，然而在一些事務上，主教也會大膽認定皇帝的敕令帶有異端性質而予以反對。

隨著基督教世界徹底分裂成希臘、拉丁、敘利亞與科普特四個教會，這局面顯然無法抵抗伊斯蘭教的侵襲，尤其阿拉伯人從南方入侵時，北方草原民族也因騷動而發起新一波攻擊，裹脅沿邊民族不斷進入基督教世界防守鬆散的邊疆地帶。

伊斯蘭教爆炸性的發展破壞了整個世界的平衡，此將為下一章的主題。

第十三章

# 伊斯蘭教的興起

西元六三六年，一支阿拉伯軍隊擊敗了羅馬（拜占庭）帝國在敘利亞與 ◀210
巴勒斯坦的駐防軍，並且將羅馬的力量永遠逐出這兩個省分。之後不久，其
他的阿拉伯遠征軍攻下了美索不達米亞（六四一年）與埃及（六四二年），
到了六五一年，伊朗也在節節敗退下被併入新伊斯蘭帝國之中。新宗教啟示
使先知穆罕默德（死於六三二年）燃起熱情，激勵出這些非凡的軍事勝利。
更了不起的是，穆罕默德喚起的宗教信仰，使質樸無文的阿拉伯征服者及其
子孫將中東人從文明之初傳承下來的各色各樣且經常彼此扦格的元素融合成
嶄新而獨特的伊斯蘭文明。

## 穆罕默德生平

在穆罕默德時代，阿拉伯半島分裂成幾個好戰的部族，這些部族有些過
著游牧生活，有些則定居在農業綠洲或貿易城鎮。猶太教與基督教曾傳入阿
拉伯半島，但穆罕默德的出生地麥加（Mecca）仍然信奉異教。年輕的時
候，穆罕默德也許曾跟著運送貨物的商隊前往巴勒斯坦的沿邊城鎮。然後，

211▶ 在大約四十歲的時候，他開始陷入恍惚與聽到聲音，並且隨即認為這是天使加百列（Gabriel）降臨，指示他應遵從阿拉（Allah）的意志。在這種經驗刺激下，穆罕默德開始傳布阿拉的唯一與全能、迫近的審判日與完全遵從阿拉意志的必要。他將訊息總結在「伊斯蘭」這個名稱之下，亦即，「順從」阿拉。每日祈禱五次、施捨、一生至少到麥加朝聖一次、不飲酒不吃豬肉，以及每年有一個月的時間從日出到日落實行齋戒，這些是穆罕默德要求信徒遵守的主要義務。他透露，遵從阿拉的獎賞是上天堂，相反地，偶像崇拜者或其他邪惡之人注定要受到永恆烈火灼身的折磨。末日時肉體的復活是穆罕默德強調的另一項重點。

起初，穆罕默德以為猶太人與基督徒會承認他傳布的教義是上帝意志最後一次同時也是最完美的啟示。他相信，阿拉就是曾與亞伯拉罕、摩西、耶穌以及其他希伯來先知說話的那位唯一真神。阿拉不可能自相矛盾，因此穆罕默德自身的啟示與古老宗教教義之間的差異可以單純歸咎於人類在保存真神訊息時所犯的錯誤。

少數麥加人接受穆罕默德的警告，但絕大多數人不願放棄自己的傳統崇拜，這些崇拜被穆罕默德抨擊為偶像崇拜。於是在西元六二二年，穆罕默德從麥加逃往麥地那（Medina），他得到這座因內爭而陷入分裂的綠洲城市中一個派系的邀請，希望由他這個外人來解決他們的爭端。從這時起，穆罕默德成為一名政治領袖與立法者。在麥地那，他首次直接與猶太人接觸，但猶太人不接受他的權威。穆罕默德於是驅逐猶太人，奪取他們的土地分配給自己的追隨者。不久，他征服了另一處猶太綠洲。這次他讓當地居民繼續擁有財產，條件是他們必須繳交人頭稅做為貢金。最初的幾次接觸有著重大意義，因為它們成為具拘束力的先例，界定了穆斯林統治者及其猶太（與日後的基督徒）臣民間的關係。

213▶ 在麥地那，穆罕默德持續吸引新成員與新信徒前來。結果，集結於麥地那狹窄綠洲的大量信眾不得不另外尋找生計。一項顯而易見的解決方式是掠奪麥加人擁有的商隊。起初搶掠相當成功，於是緊接著的掠奪終於使麥加的抵抗完全崩潰。穆罕默德勝利返鄉，然後繼續進行將全阿拉伯半島統一在伊

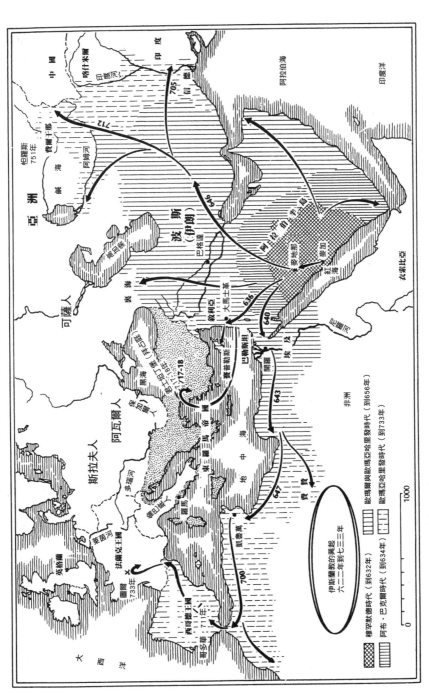

▲ 伊斯蘭教的興起，六二二年到七三三年

斯蘭旗幟之下的工作，部分藉由戰爭，但主要還是透過外交與協商來達成。

　　穆罕默德還沒來得及統一阿拉伯半島，就於六三二年撒手人寰，身後沒有留下任何子嗣繼承事業。他的老朋友與親密夥伴阿布・巴克爾（Abu Bakr）被選為領導穆斯林社群的哈里發（caliph，亦即繼承者）。阿布・巴克爾隨即要面對阿拉伯各族酋長的叛離，這些人覺得自己雖然順服穆罕默德，卻沒有義務成為全穆斯林社群的一員。然而開戰之後，穆罕默德核心信眾的熱情與信仰再次獲得勝利，阿拉伯各族酋長不得不再次統一在新信仰的旗幟之下。阿布・巴克爾渡過這場危機（六三四年）後不久去世。領導權交給了歐瑪爾（Omar，於六三四到六四四年擔任哈里發），他證明自己不只是一名虔誠的信徒，同時也是成功的將領與管理者。

## 阿拉伯人的對外征服與歐瑪亞哈里發時代

　　阿拉伯半島的統一為阿拉伯人一連串令人驚異的對外征服揭開序幕，阿拉伯人的軍事行動將整個古中東（除了小亞細亞）、印度河下游谷地的沙漠地區（七一五年）、北非，乃至於西班牙（七一一到七一五年）置於穆斯林的控制之下。沒有任何軍事變遷可以解釋這些勝利。阿拉伯軍隊既非數量龐大，裝備亦非特別完善，但堅信上帝與他們同在，相信戰死可以在天堂享有至福生活，加上歐瑪爾的有效領導，這些原因使得阿拉伯人戰勝敵人。

　　然而，七一五年之後，勝利不再那麼容易取得。拜占庭成功抵擋阿拉伯人艱苦而漫長的圍城（七一七到七一八年）。除了這場重大挫敗，阿拉伯人也在中亞的一連串邊疆小衝突中敗北，突厥軍隊於七一五年將穆斯林趕出了伊朗東部。之後不久，法蘭克人在高盧中部的圖爾（Tours）擊敗了穆斯林的一個掠奪小隊（七三二年）。

　　一連串的失敗，加上宗教亢奮與信仰不可避免地從最初的熱潮退燒，這些都在穆斯林社群內部造成嚴重問題。在第一代到第二代，阿拉伯戰士或多或少與他們的臣民保持隔離。歐瑪爾另外建立了衛戍城市，阿拉伯人在部族領袖率領下在這些城市定居。每一名戰士獲得的薪水來自於賦稅，而賦稅是

以傳統羅馬與波斯的官僚方法從人民身上徵收而來。這套制度起初運作得很好，就算伊斯蘭社群的領導者不如最初的創業者那麼能幹，制度仍能有效運作。

首次考驗出現在六四四年歐瑪爾遭暗殺之時。歐瑪亞（Ommayad）家族的部族首領繼任哈里發，而這個職位一直由歐瑪亞家族傳承，直到七五〇年為止。歐瑪亞家族以敘利亞的大馬士革（Damascus）為首都。歐瑪亞哈里發的權力基礎來自於在三個非常不同的角色之間維持微妙平衡。首先，哈里發必須維持阿拉伯各個敵對酋長與部族間的平衡，使其彼此牽制。其次，他必須管理從羅馬與波斯繼承下來的官僚體系，並且運用這個體系向民眾徵稅。最後，哈里發必須充當穆斯林社群的宗教領袖。

這三種角色中，歐瑪亞王朝無法勝任的是最後一個角色。嚴肅而虔誠的穆斯林努力了解阿拉的意旨而忠實地予以實踐，他們對於歐瑪亞的統治深感不滿。只要軍事成功能不斷持續下去，這種不滿就無法在政治上產生影響。然而，七一五年之後，穆斯林首次遭遇嚴重挫敗，虔誠的反對派於是要求一名卓越而且由神選定的哈里發，問題因而一觸即發。

身為統治者，歐瑪亞王朝也遭遇越來越多的難題。無數的基督徒、祆教徒與其他宗教信徒認為，伊斯蘭教的神學簡約、戒律精確與實踐成功具有絕佳的說服力。原則上，阿拉伯人歡迎這類改宗者加入穆斯林的行列。然而當改宗意謂著免除賦稅時──起初是如此──伴隨宗教成功而來的即為財政上的困窘。此外，穆斯林社群仍然以部族為組織單位，而部族不可能也不願意接受大批外人加入他們。阿拉伯人瞧不起新信徒，而且並未把他們當成伊斯蘭社群成員而予以平等看待，儘管穆罕默德的啟示已經對此做出公開訓示。

緊繃的情勢於七四四年達到巔峰，繼承權的爭議引發了內戰。最後戰事以歐瑪亞的統治遭到推翻告終（除了西班牙，歐瑪亞王朝的後裔尚能在此維持權力）。當勝利者阿拉伯的阿拔斯（Abbasid）家族定都於美索不達米亞的巴格達（Baghdad）時，阿拉伯衛戍部隊的特權地位也隨之消失。阿拔斯王朝軍事支援的主幹來自波斯的改宗者，可以想見阿拔斯的政策從一開始就勢必受到薩珊帝國的強烈影響。阿拉伯各個部族過去曾顯赫一時，現在卻逐

一解體，因為部族組成的衛戍軍無法再像歐瑪亞時代那樣透過他們的酋長領到薪餉。在阿拉伯半島，當地居民仍繼續過著以往的游牧生活，部族的紐帶關係也維持不變。但在帝國的定居地帶，阿拉伯人與一般民眾雜居，他們通常成為地主或擁有特權地位，不久這些人就完全忘記自己的部族認同與紀律。隨著伊朗、突厥或其他傭兵逐漸成為哈里發的武裝力量核心，令人熟悉的帝國官僚模式也接管了一切日常事務。

回歸古代帝國傳統，可以滿足非阿拉伯的伊斯蘭改宗者的需要，這些人現在跟其他人一樣，都臣服於遙不可及的哈里發，成為他的子民。然而，這些改變無法滿足虔誠穆斯林的需要，他們專注於鉅細靡遺地了解上帝在人世間的意旨。阿拔斯的政治家為這個難題找出了解決方法，而這個方法對於往後的伊斯蘭社會產生了根本性的影響。阿拔斯王朝並未遵循先前的做法，將宗教權威與軍事及政治領導合而為一，而是默許將所有與宗教相關的管轄權交給精通伊斯蘭教義的專家——這些人統稱為「阿訇」（ulema）。

## 穆斯林的聖經與聖律

「阿訇」是自然發展出來的。虔誠的穆斯林在行為上出現疑問時，希望知道上帝可能的意旨。想找出上帝的意旨，必須從先知穆罕默德的言行尋找先例。但是一般民眾不熟悉這些言行，所以必須求教於這方面的專家。隨著第一代的先知夥伴逐漸凋零，系統性的研究變得有其必要。麥地那理所當然成為鑽研穆罕默德事業的首要中心。先知死後不過數年的時間，人們已經蒐羅了他所有的啟示之語，並且仔細依照年代順序加以排比整理。由此纂集而成的聖經《古蘭經》（*Koran*），從此成為穆斯林最高的宗教權威來源。

許多問題《古蘭經》並未提供直接指示，因此有待處理。為了解決這些問題，伊斯蘭教專家起初訴諸於先知夥伴提到的（可能是真的，也可能出於虛構）穆罕默德日常言行。如果這麼做無法解決，那麼與穆罕默德過從甚密的人物言行也能有所幫助。如果連這些「傳統」也無法解決，則「阿訇」會同意以類比的方式來判斷。如果類比也無法提供具說服力的指引，那麼阿訇

216 ▶

最終將回歸穆斯林的共識。他們認為就算個人的判斷可能錯誤，但阿拉絕不會讓整個社群誤入歧途。

　　伊斯蘭的學者利用這些方法，很快地建立一套複雜的法律系統，他們相信這套系統體現了阿拉的意旨。神聖的律法當然不可更動，因為阿拉是永恆不變的。而這套律法也相當詳細而明確，因為制定者想把阿拉希望人們在特定處境下應做的事盡可能清楚規定下來，使其毫無模稜兩可之處。結果，伊斯蘭的聖律反而在日後成為穆斯林社會難以承受的重擔，因為它既不能反駁也不能修改。

　　然而，在阿拔斯王朝統治期間，聖律仍然像新鑄的金幣一樣閃亮。對穆斯林而言，阿拉的意旨似乎明確彰顯在律法上，而穆斯林理當盡一切努力遵循律法上清楚而明確的規定。這點不難做到，因為隨時都有對《古蘭經》、傳統與聖律的細節有著確切知識的學者，端坐在重要城鎮的市場中，針對民眾的信仰問題做出裁決，因而受到民眾的尊敬。絕大多數影響私人和個人生活的政府事務都交由這些宗教專家來審理。虔誠的穆斯林因此覺得每一件與他們息息相關的事都掌握在最優秀與最明智的人手裡。與此相比，那些偶然負責管理中央政府、徵稅、戍守邊疆，與享受奢華宮廷生活的人，跟民眾沒有太大的關係。

◄217

　　儘管心有不甘，但絕大多數穆斯林還是放棄了建立完全神聖社群的早期理想，亦即，由卓越人士繼承先知的事業，專一地依循阿拉的指引。不過，還是有少數頑固的理想主義者堅持原初的觀點，因而淪為異端。這些人主張只有先知的女婿阿里（Ali）的後裔才有資格擔任穆斯林社群的領導人。當阿里的直系子孫到了第十二代絕嗣無後時，有些人認為先知的真正繼承者已經離開這個無可救藥的邪惡世界，但未來他將返回人世，而且會以可怕的復仇之怒來懲罰那些背叛真理與不忠於阿拉命令之人。極端教派分裂成無數的次要團體。有些團體對於阿拔斯王朝抱持極具革命性的不寬容心態，然而事實上，任何既有權威只要缺乏他們那種完全不妥協的理想，都將成為他們敵視的目標。這類團體被稱為什葉派（Shi'a）。絕大多數的穆斯林願意在依循阿拔斯政策的架構下生活，這些人被稱為遜尼派（Sunni）。

　　伊斯蘭世界遜尼派與什葉派的分裂仍持續至今。同樣地，阿拔斯王朝在妥協下對世俗政府的管轄權設下限制，也影響往後所有伊斯蘭國家的政策。

　　聖律要求自治管理，這項主張產生了一項重要的必然結果。穆斯林的政治權威因此期望其他宗教社群領袖能在所有個人與宗教事務上為自己的信眾提出指引與立法，如同伊斯蘭教的「阿訇」指引穆斯林的生活一樣。因此，基督教與猶太教社群得以確保自身的高度自治。

　　穆斯林法律的第二個重要意義是一個人如果無法完全接受伊斯蘭教，就表示他完全否定伊斯蘭教。穆罕默德是阿拉最後一位也是唯一一位具權威性的先知，對穆斯林而言，聖律的每個字句都是阿拉意旨的真實展現。如果不接受這些主張，就表示認為這些主張完全為偽。真偽的判斷在邏輯上毫無中間地帶可言，事實上也不太可能有。簡單地說，伊斯蘭教與在它之前的猶太教及基督教一樣，在教義上缺乏寬容的精神。

　　宗教的渴望在伊斯蘭教找到了表現，而且很快就為中東與北非數百萬人的日常生活烙上鮮明的印記。培養阿拉伯語言使其做為所有宗教論述的必要工具，也成為穆斯林虔信的一部分。於是，快速的語言轉變加上伊斯蘭教的傳布，使阿拉伯語取代了希臘語與阿拉姆語成為中東諸民族每日使用的語言。波斯語雖然有一段時間不被當成文學語言，卻仍在伊朗繼續通行。

## 阿拉伯的宮廷生活與文化

　　以詩歌來記錄部族與個人的英勇事蹟，是前伊斯蘭時代阿拉伯文化的一項重要特徵。穆罕默德輕視這些足以與他的神啟詩歌相匹敵的對手。儘管先知對此感到不悅，但阿拉伯戰士仍不減他們對詩歌與韻文的喜愛。當第一代阿拉伯人開始靠新臣民繳納的稅收度日時，他們從安逸享樂得到的體驗進一步加強了戰士在這類詩歌中所表達的理想。結果，阿拉伯戰士逐漸發展出一種優雅有禮的宮廷生活風格，而且有意識地與虔誠穆斯林的理想相對立。例如，飲酒是禮儀規範的一部分，但穆罕默德卻禁止飲酒。更廣泛來看，對於世俗的感官逸樂、細緻的禮節，以及自傲、憎恨與愛戀等纖細情感的看重與

欣賞，居然與完全遵從阿拉的宗教驅力結合在一起，不得不說是一件相當突兀的事。唯有在上層的政治圈，包括深居宮廷之內的哈里發，這種世俗的、安逸的與本質上屬於貴族的生活方式才有可能欣欣向榮。

　　第二種從過去流傳下來的元素也頑固橫亙在充滿活力的伊斯蘭教虔誠信徒面前。希臘人持續養成的心靈思辯習慣是無法完全扼止的。可以確定的是，在宗教層面，「阿訇」堅決地而且整體來說成功地抗拒了誘惑，並且拒絕沉溺在思辯性的神學問題上。他們認為一個人需要知道的一切事物均可從《古蘭經》與傳統中得知，而且視此為不證自明的真理。

　　有兩種職業是穆斯林或至少是穆斯林當中的富人階層所需要的：預測未◀219來的占星家與治療疾病的醫師。占星術與醫學當然也受到希臘思想的深刻影響。為了接續這些職業，穆斯林不得不引進大量希臘知識來充實自身的學問。一旦穆斯林開始鑽研事物的原理，他們就變得欲罷不能。不久，穆斯林的好奇心開始延伸到醫學或占星術以外的領域。有些阿拔斯哈里發甚至成為學術獎掖者，有系統地翻譯希臘與印度的科學與哲學作品。因此，許多希臘知識與一些印度學問（例如十進位記數制）被翻譯為阿拉伯文，同時也引發大臣與專業人士對這方面知識的興趣。

　　十進位制算術計算的簡便與精確，促使阿拉伯數學家將演算過程與關係概括形成我們所知的代數（algebra，這個字源自阿拉伯文）。使得數學的數字理解走入全新的方向，擺脫了希臘數學思想的幾何風格。

　　阿拉伯人的科學好奇轉向另一個成果豐碩的方向：煉金術。煉金術士的許多觀念與一些技術似乎源自於中國的道教。但阿拉伯人熱情地尋找賢者之石，他們長久而艱苦地嘗試將劣金屬轉變成黃金。在過程中，阿拉伯人發明或改進了蒸餾、加熱與溶解的裝置，以及其他用來改變物質物理狀態的方法；儘管他們對化學反應的理解嚴重錯誤，但還是成功合成了一些化合物。阿拉伯人另一項超越希臘人所知範圍的科學成就是數學光學——穆斯林獲得打磨玻璃透鏡的技術，使透鏡能符合數學曲線。但這類進展並未動搖像醫學上的蓋倫與天文學上的托勒密這類作者的一般權威。除了數學之外，阿拉伯的科學基本上依循希臘人的知識，只有在枝節上才稍微悖離他們的權威。

220 ▶ ## 阿拔斯帝國

　　因此，在阿拔斯王朝統治下，希臘理性主義與科學傳統、前伊斯蘭時代阿拉伯部族民珍視的戰士理想，以及虔誠穆斯林熱情追求的神聖性，都在以波斯為原型的帝國官僚與武裝建制下找到庇護之所。這種混合創造出文明的豐富性與複雜性，不僅超越當時歐洲已知的文明，也足以與遠東的盛唐匹敵。

　　阿拔斯帝國有兩個弱點。在國內，什葉派異議份子利用穆斯林社會的種族與經濟分歧開始坐大，並且接二連三地發動叛亂。八○○年之後，地方分裂勢力從宗教與社會不滿中吸取力量，開始侵蝕帝國結構。其次，在北方邊疆地帶，阿拔斯帝國逐漸無力應付來自大草原的無情壓力。突厥士兵與冒險家從草原滲透到帝國內部，甚至逐漸在巴格達掌握政治權力。但這些突厥人為了隱藏奪權的事實，仍持續擁立阿拔斯家族成員擔任哈里發直到一二五八年為止。不過在此之前，各省叛亂與宮廷政變早已導致中央權力崩解，就連美索不達米亞與敘利亞這兩處帝國核心地帶也無法倖免於難。

　　此後，伊斯蘭教內部的新元素——除了來自大草原突厥部族的影響外，此時的伊斯蘭教已不像早期那樣封閉，神祕主義者因此有更大的空間尋求宗教啟蒙，賦予穆斯林世界截然不同的性格。這些轉變開始的年代大約在一○○○年左右，在此同時，穆斯林與鄰近的印度教徒及基督徒的關係也有了重大變化。但在探討這些變化之前，我們必須適時地回溯，調查其他文明民族對伊斯蘭教的興起有何反應，以及他們對伊斯蘭征服者在舊世界古中東交叉口成功創造的新文明風格有何回響。

第十四章

西元六〇〇年到一〇〇〇年

# 中國、印度與歐洲

◀221由於伊斯蘭教迅速成為一個有系統且合法界定的生活方式，因此四鄰要不是完全接受它，就是完全否定它。這使得文明世界被區隔得比過去更滴水不漏，因為過去獨斷性的宗教並未在文明生活中扮演如此核心的角色。儘管如此，文化之間的刺激仍具有消極性的意義。為了抗拒伊斯蘭教，印度教世界與基督教世界都必須比過去更明確地界定自身的特徵。

從六〇〇年到一〇〇〇年的這幾個世紀，一般可見的第二項特徵是半文明生活方式在早期文明區域廣闊的南北邊境地帶傳布。舉例來說，在一〇〇〇年的遠西地區，凱爾特、日耳曼與斯拉夫部族全被帶進了基督教世界。基督教的傳布至少為他們帶來初步的高等文化與文明的社會秩序。在東歐與中亞，突厥部族也在此時進入文明的邊緣地帶。最有組織的突厥國家不願接受其文明近鄰信奉的宗教，反而傾向於信奉猶太教（如可薩人〔Khazars〕）或摩尼教（如回鶻人〔Uighurs〕），因此維持著較高的精神與文化獨立性。

◀222畜牧、戰爭與商隊貿易仍主宰著大草原上突厥部族的生活，使他們輕易在宗教與文化上與同時代過著農業生活的文明民族相區隔。然而，更往西行，蠻族與文明社群之間就沒有如此差異。相反地，農業技術的重大改良使

得日耳曼及其他蠻族有能力將北歐平原的森林改造成田野。於是，文明現在可以滲透到歐洲遠西的森林地區，其地理與社會層面的影響均比在大草原上來得深刻。關鍵改變在於日耳曼種植者發明了新型重板犁，這種農具能排乾低濕土地的水分，而且硬度足以穿透覆蓋在北歐大部分地區的厚重黏土層。板犁使人首次能在低濕的森林地從事開墾，這是地中海與中東農民慣用的輕犁無法做到的。大草原上並未出現類似的技術變遷來改變當地的生活條件。因此，文明往北傳布到日耳曼與斯拉夫民族所帶來的改變，要比同一時間北傳到東部突厥部族所帶來的改變來得劇烈。

在遠東地區，同樣出現不同的情況。中國人在數世紀前發展的圍圃式種植仍緩慢而辛苦地持續傳布。沒沒無聞的開拓者挖掘溝渠、興築土堤，並且從無數小溪汲引水流灌溉新開闢的田土。這裡並未出現任何技術創新，投入的只是大量的人力。當中國人慢慢將南方長江流域轉變成高度種植區時，位於中國原初生活中心東北方的朝鮮人與日本人也努力提升自身的農業達到與中國相同的水準，因而使遠東農業文明地區在地理上大為擴張。

與同時代的回鶻人一樣，朝鮮人與日本人堅守自己的語言，信奉與他們接觸的文明中心所盛行的不同宗教信仰，他們因此在面對中國時得以維持文化的獨特性。因此，當中國於八四五年滅佛時，朝鮮人反而立佛教為國教，而且大力獎掖。另一方面，日本由於地處偏遠，因此未曾感受到自己有被中國文化圈吞噬的危險。從六〇〇年到一〇〇〇年，日本人歡迎而且竭盡所能地引進佛教、儒家思想以及中國文化的各個面向。他們對外來事物充滿活力與熱情，日後這種引進外來文化的熱情將再次萌發，它賦予了日本歷史一種斷裂的性格。奈良時代（六四五到七八四年），日本天皇迅速而有系統地創造了一個以中國大唐為範本的小朝廷。日本宮廷早熟的感性生活愉悅地展現在紫式部於一〇〇〇年後不久寫成的細膩愛情故事《源氏物語》。然而，真正養成日本文化獨立性格的卻是地方城堡貴族所維持的質樸生活。地方軍閥在政治與軍事力量上的成長，使得中央政府權威逐漸衰微，這種現象成為一〇〇〇年後日本生活的主要特徵，日本文化發展的獨特性也因此逐漸確立。

在此同時，文明世界的南方也出現一連串新民族與新國家，他們的生活

已經達到堪稱文明的水準。與先前的安南（現代的越南北部）一樣，雲南也成為中國文化的衛星地區。西藏介於中國與印度之間，地理位置優越。西藏從印度引進宗教，從中國引進世俗文化面向，然後將這兩種元素結合起來，卻保留了強烈的地方色彩。舉例來說，西藏宗教混合了當地的「苯教」儀式與佛教主題，創造了今人所知的喇嘛教。在喜馬拉雅山脈南緣，孟加拉與喀什米爾（Kashmir）成為印度文化的重要疆界，強大的地方邦國興起支配了北印度平原的政治生活，不過沒有任何一個國家有能力將恆河與印度河流域統一成一個新的「普世」帝國。我們已經提到阿拉伯人迅速向中東擴展的歷史。越過紅海，東非的衣索比亞（Ethiopia）與努比亞以及西非的迦納（Ghana）都成為地方國家的中心，它們自豪地炫耀自己擁有的各種文明外觀。衣索比亞與努比亞接受的是一種被羅馬與君士坦丁堡（Constantinople）宣告為異端的基督教形式（單性說〔monophysite〕）。迦納信奉異教。

　　六〇〇年之後，文明生活方式在地理上的大幅擴張，以及文明世界的南北邊緣地帶出現的各種文化元素在當地混同結合而產生的多樣性，從宏觀來看，宛如重演了西元前二〇〇〇年左右文明首次擴展到雨水灌溉地區時，美索不達米亞周邊地區次文化及其變化類型的發展過程。文明成就本身的吸引力顯然是這兩次文明傳布的主要原因。此外，在這兩次傳布中，從文明世界輸出的大量商品，無論是透過掠奪、貢品還是貿易，均使蠻族的酋長、國王、首領與顯貴能向他們的部眾顯示文明的誘人之處。六〇〇年之後，舊世界各文明社群對外輸出的商品遠較過去為多，因為正是在這段傳統上被稱為歐洲歷史的「黑暗時代」（Dark Age）的時期裡，文明社群的內在經濟與科技發展處處出現了重大進展。

　　為了深入了解這些文明社會如何擴大領域，我們必須逐一進行考察。

## 中國

　　隋朝重新統一中國（五八九年）後不久，短暫的戰爭使新王朝唐取得權力（六一八到九〇七年）。唐朝滅亡後經過一段較長的權力真空時期，才由

◀224

宋朝（九六〇到一二七九年）繼承。事實上，中國政府的現實情況並不完全符合傳統的朝代模式。就本章討論的四個世紀來說（六〇〇到一〇〇〇年），強大的中央政府只維持到七五五年，之後則是帝國權力衰微、藩鎮割據與仰仗以中亞回鶻人為首的強大突厥聯盟的時期。八四〇年回鶻人的傾覆，只是讓中國更替了蠻族主人，這些蠻族在唐朝最後數十年直接統治華北地區。宋朝也無力將這些蠻族統治者從東北部逐出。

225 ▶　　然而，七五五年以後中央權力的瓦解並未嚴重箝制中國的經濟發展。尤其在南方，數百萬農民逐漸將稻田從河邊延伸到山丘斜坡，一眼望去盡是連綿不斷的沃土與受到完善照顧的田野，其所收成的米糧足以供養大城市裡的工匠、地主與官吏。貿易通常掌握在異族手裡，例如回鶻人與阿拉伯人。儒家學說認為商人無論如何都是社會的寄生蟲。因此儘管中國的對外貿易與跨區貿易有實質的成長，但城市階級並未對地主鄉紳的傳統支配構成挑戰。相反地，中國工匠以及外國與中國商人的智巧與技藝全投入於滿足地主官員階級的愛好上，這些飽讀傳統四書五經的知識份子只致力於與其身分地位相符的藝術與儀節。

　　士紳的心靈在唐朝與宋朝初期有了更進一步的發展。舉例來說，繪畫是中國美術的重要部分，在這個時代發展出古典的形式，不過這個時代的作品未能留存至今。詩也在這個時代發展出古典的形式，例如李白（七〇五到七六二年）與杜甫（七一二到七七〇年）的作品，他們的詩文提升了通俗歌曲與短句的形式，建立了後世遵循的典範。李白詩文特有的清新與個人經歷的辛酸要比他的韻律更難以模仿，因此品評者都同意李白不僅是一位開創者，也是中國最偉大的抒情詩人。

　　佛教在唐朝初期的地位幾乎等同於國教，但到了八四五年之後卻遭到有系統的迫害。皇帝想將信徒捐贈給寺院的土地沒收充公，這是造成迫害的一項主要原因。另一項基本原因則是不信任或反感。儒家學者對於異國信仰抱持著這種態度，認為佛教摒棄了良好生活所需的義務與責任。在九世紀的迫害之後，中國佛教只能在比較卑微的社會階層中流傳。

　　儘管如此，佛教對中國文化的貢獻很大。舉例來說，儒家學者從佛教徒

身上學到如何藉由類比與象徵為舊文本注入新意義。此外，儒家學者從經典　◀226
挖掘出許多形上學與宇宙論的新問題，而中國開始注意這些問題則是受到佛
門導師的影響。在道教方面，道教徒為了對抗佛教，不僅援引對手的教義，
還學習他們的寺院組織與教學體系。因此，即使佛教受到官方的打壓，卻還
是留下大量的遺產——這一點可以從日後中國畫家使用具象與敘事的技巧看
出，他們在佛教藝術的影響下，以這種技法來描繪世俗與儒家的主題。

　　重新對儒家傳統經典進行細緻而精深的哲學性詮釋，這種學問稱為理
學。理學獲得充分發展是在本章介紹的時代之後，但理學的萌芽卻是在一
○○○年之前。宋朝初期的統治者熱心獎掖一切具有中國本土色彩的事物，
有意識地排斥任何他們認為來自國外的思想，其擬定的政策因此確立了理學
在官方的獨尊地位。鄉紳在社會上的支配地位也結合了這種文化政策。這些
因素共同運作的結果，使中國歷史和充滿跌宕起伏的西亞與歐洲相比，顯得
平鋪直敘而少有變化。

　　另一項有助於中國穩定的因素是科舉制度，目的是徵召有才能的人擔任
帝國官僚。宋朝時，科舉制度成為進入政府服務的正常管道。考生必須在筆
試中證明自己嫻熟儒家經典。成績最好的考生可以獲得任官資格，而且可望
一路晉升到政府最高的職位。為了準備考試，數年的研讀是不可少的，在這
種狀況下，每個通過考試的人自然而然在經典灌輸下擁有相同的觀點與價值
體系。因此，中華帝國的官員成了同質性極高的團體，其求才取士的方式也
確保了高水準的辦事能力。

　　出身卑微不構成平步青雲的障礙。才智出眾的男孩就算出身寒微，也有
機會當官。有時全村的人會一起支持最有希望中舉的考生，讓他全力準備考
試。一旦中舉，就表示村子在政府高層裡有了一名保護者，此時一切的辛苦　◀227
都是值得的。科舉制度的效果在於讓整個中國社會擁有顯著的社會流動。任
官可以帶來財富與地位；但即使是最富有人家的兒子也必須藉由考試取得官
職，如此才能確保家族的身分地位與財產的繼承。此外，在必須順從官方命
令的人民眼中，科舉也有助於正當化官方的權威，因為執行命令的人是靠自
己的能力贏得發號施令的權利。

## 印度

　　伊斯蘭教未對中國造成直接的軍事挑戰。雖然雙方曾在中亞出現幾次小衝突，但七五一年（怛羅斯之役〔Battle of Talas〕）以後，幾處遙遠綠洲落入穆斯林戰士之手，對中國來說並非嚴重的損失。戰敗後的十年，鄰近唐朝本土的災禍瓦解了帝國的力量；不久，信奉摩尼教的回鶻人開始橫亙於穆斯林與中國人之間，成為兩個世界當中的有效緩衝。印度比中國更直接暴露在穆斯林面前。穆斯林在七一五年征服印度西北部的信德（Sind），而且很快掌握了印度洋航路。穆罕默德的追隨者認為印度教（至少原則上）是一種令人憎惡的偶像崇拜，因此他們切斷了印度與印度在東南亞的文化屬國的連繫。

　　印度的種姓制度，以及種姓制度不可免的政治與軍事弱點，使印度人無法以武力驅逐穆斯林。印度人因此傾向以和平方式回應，目的是保存令穆斯林感到冒犯的印度遺產。一方面，一些印度哲學家開始著手建立《奧義書》思想傳統的體系。這使學者有能力反駁穆斯林對印度教傳統的偶像崇拜儀式的責難，他們解釋，如果能適當了解這些儀式，就能發現這些儀式能幫助一般人循序漸進走向純粹而超越的神學一元論。商羯羅（七八八到八五〇年）創造的哲學體系成為後世印度教的標準。商羯羅甚至為最粗淺的傳統宗教儀式提供合理的說法，他認為這些儀式可以讓智力卑微之人領悟感官經驗背後蘊含的絕對知識。身為良善的印度教徒，商羯羅甚至認為，如果有人無法像穆罕默德一樣看到真理，那麼這些人倒是可以試試穆斯林的儀式。

　　以這麼有技巧的方式駁倒穆斯林的導師固然很好，但這只停留在理論討論的層次。在比較實際的日常層次上，印度人對外國人顯然極不友善。就像唐朝晚期與宋朝的中國人一樣，印度通俗文化也開始有系統地反對一切他們覺得帶有外國色彩的事物，而且護衛與肯定所有看起來屬於本土的東西。在過程中，印度生活許多隱藏起來的原始面向首次記錄成文字。尤其是通稱為坦特羅（Tantrism）的儀式，種類相當繁雜，也逐漸為人所知，而且出現極大的進展。熟悉坦特羅儀式之人企圖以巫術咒語取得一般認為只有聖人與苦行者才擁有的超自然力量。坦特羅因此構成一條通往神聖的捷徑，一般人可

以達成苦行者的目的而無須蒙受苦行者紀律帶來的痛苦與折磨。如此實惠的做法獲得廣泛的歡迎，而且逐漸取代各種形式的苦行。

坦特羅主要是一種私人進行的儀式系統，不過有時也會聚集一小群人一起施行巫術。在公開場合，寺廟除了持續舉行儀式外，偶爾也會舉辦盛大節慶來尊崇印度神廟中的神祇，而這些儀式也變得越來越精巧繁複。在笈多時代，宮廷獎掖作家與藝術家，同時也出現一批欣賞藝術的讀者與觀眾。笈多帝國的和平時期結束後，再也沒有出現可與笈多王朝比擬的宮廷中心。首先取代宮廷地位的是寺廟。這層轉變對於印度文明中比較世俗與具思想性的一面造成傷害。尤其是數學，這門學科在笈多王朝曾有過一番榮景，此後卻一蹶不振；數學在以寺廟為中心的高等文化裡沒有任何功能。宮廷詩歌，例如迦梨陀娑的作品，被佚名的讚美詩取代，這些讚美詩有時會以生動而極具肉慾的語言歌頌上帝與崇拜者之間的愛。旁觀者與參與者的舞蹈與吟唱，可以而且確實產生了高昂的情感與亢奮。數百萬人發現，透過這類儀式可以體驗到與神聖力量合而為一的感受，他們相信每天發生的大小事物背後均存在著這股力量。印度教因此深植於民眾的感受之中，這種強烈的信念足以對抗穆斯林（以及日後的基督徒）傳教士的見解。　◀229

關於這個時代印度的社會與經濟生活，乃至於土地被劃分為多少政治單位的資訊，至今仍很不完整。一般的高水準活動當然仍繼續進行，至於在像孟加拉與高聳的喀什米爾喜馬拉雅谷地這類邊境地區，印度社會則有了可觀的地理擴張。在這些地區，叢林與沼澤、山丘與森林，全轉變成已開墾的鄉野。儘管印度河沿岸的邊境省分落入伊斯蘭教的控制，但印度社會的總體規模仍持續增長。然而持續的成功不足以抵消一個事實，那就是一般而言印度針對穆斯林威脅所做的回應似乎是一種感性上的退縮，只專注於顯然純屬印度自身的事物，而拒絕外來的刺激，並且放棄或忽視了過去笈多時代較活潑而成功的發展。

## 歐洲

直到本章討論的時代結束為止，歐洲人一直採取守勢。但歐洲的防守是以軍事為主，思想與情感則是其次。因此與印度相反，歐洲「黑暗時代」的好戰蠻族與掙扎求生的基督徒接續了古典希臘開啟的主張，他們明確宣示政治的地位居於其他人類結社基礎之上。

我們可以將這個時期歐洲政治史的動盪不安以三次蠻族入侵來加以區分，而三次入侵之間又隔著兩段短暫的穩定時期。我們在第十二章討論了第一次入侵浪潮。這是匈人入侵中歐引發的民族大遷徙，這場遷徙在三七八年到四五〇年左右將哥德人、勃艮第人、汪達爾人、法蘭克人、盎格魯撒克遜人（Anglo-Saxons）與其他日耳曼民族帶進羅馬帝國境內。在克羅維（死於五一一年）子孫統治下，高盧法蘭克人建立的王國日趨穩固，而在查士丁尼皇帝（死於五六五年）統治下，羅馬帝國再度取回北非、義大利與部分西班牙的統治權。這是第一次蠻族大遷徙後，文明（或者就法蘭克人而言只能說是半文明）政府勉強建立的穩定局面。

查士丁尼死後，第二波蠻族入侵隨即成形，人稱阿瓦爾人（Avars）的新游牧民族從南俄往西進入匈牙利平原。與過去的阿提拉一樣，他們開始掠奪位於新根據地以南與以西的廣闊農業地帶。當穆斯林於七一七年到七一八年圍攻君士坦丁堡時，阿瓦爾人的力量也幾乎達到巔峰。不過，位於博斯普魯斯（Bosphorus）由君士坦丁大帝營建的首都城垣成功抵擋了攻勢。新皇帝伊索里亞的利奧三世（Leo III, the Isaurian，七一七到七四一年）繼承大位之後，重組並加強了拜占庭的軍事編制。為此，他賜予土地給願意以戍守邊疆來換取土地的將士。在小亞細亞，這項政策很快擊退了來犯的阿拉伯人，而且證明能永久地將他們阻擋在托魯斯山脈一線之外。然而在歐洲，利奧及其後繼者卻無力扼止斯拉夫人的滲透，斯拉夫人逐漸將巴爾幹半島（Balkan peninsula）北部與中部地區轉變成通行斯拉夫語的鄉野。同樣地，在五六八年之後，屬於日耳曼部族的倫巴底人（Lombards）取代拜占庭人控制了整個義大利內陸地區。

拜占庭奪回小亞細亞（七一八年之後），與兩個蠻族國家的建立，為歐

230 ▶

洲帶來一定程度的穩定。這兩個蠻族國家分別是位於多瑙河（Danube）下游
（六七九年之後）的保加利亞第一帝國（first Bulgarian empire），與位於遠
西（六八七年之後）的卡洛林帝國（Carolingian empire）。保加爾王國
（Bulgar kingdom）＊將斯拉夫人編入突厥的戰士遊群組織裡。這支軍隊充分
證明他們是拜占庭帝國強勁的軍事對手。在過程中，文明政府與管理的特質
逐漸滲透到巴爾幹斯拉夫人之中，其時間甚至發生在保加爾可汗改宗基督教
（八六五年）與接受拜占庭形式的文明之前。

　　法蘭克人當中也出現類似的發展模式。法蘭克王國在克羅維（四九六
年）時代正式成為基督教國家。儘管克羅維的子孫（墨洛溫王朝
〔Merovingians〕）彼此傾軋內爭，但古羅馬的生活遺跡或多或少在高盧留
存下來。然後，在六八七年，埃里斯塔的丕平（Pepin of Heristal）贏得決定
性戰役，將原本一分為二的克羅維王國重新統一起來。丕平出身法蘭克王國　　◀231
東部地區，此地居住著比較純種的日耳曼（Austrasia，奧斯特拉西亞）部
族。丕平是墨洛溫王朝的宮相，由於國王幾乎不掌理政事，因此大權全旁落
到宮相之手。丕平將高盧地區羅馬化比較深刻的廣闊地帶分封給自己的隨從
與支持者，其規模足以構成第二波日耳曼人入侵。七五二年，丕平家族的權
力正式獲得承認，丕平的孫子（也叫丕平）取得法蘭克人的國王的頭銜。再
過一代，查理曼（Charlemagne）將新建立的卡洛林王朝的權力帶至頂峰。
他征服了歐洲所有日耳曼人與羅馬人居住的地區，除了斯堪地那維亞
（Scandinavia）與英格蘭之外。查理曼傾全力讓撒克遜人與其他日耳曼異教
徒改宗基督教。他摧毀阿瓦爾人在匈牙利的根據地，而且鬆散控制了中歐斯
拉夫人土地的邊緣地帶。八〇〇年，教宗承認查理曼的權力，加冕他為羅馬
人的皇帝（Emperor of the Romans）。幾年後，拜占庭皇帝認可教宗的行
動，因此西方在法律形式上重建了羅馬帝國，足以與東方的羅馬（拜占庭）
帝國並駕齊驅。

　　拜占庭人與法蘭克人之間的合作從來就不是那麼密切。政治不信任因持

---

＊ 譯註：即前面提到的保加利亞第一帝國。

續的宗教磨擦而惡化，雙方爭執的焦點在於形象在基督教崇拜裡應扮演何種角色。拜占庭皇帝伊索里亞的利奧三世曾在七一七年到七一八年的穆斯林圍城戰中拯救君士坦丁堡，此時的他想清除基督教教堂裡的形象崇拜。他於是下令禁止使用圖像。利奧三世也許是為了回應穆斯林對偶像崇拜的責難。無疑地，許多基督徒相信自己之所以在面對穆斯林與蠻族時屢遭軍事挫敗，原因在於上帝對他們的偶像崇拜深感不悅。但羅馬教宗與君士坦丁堡許多教會領袖群起反對皇帝破壞聖像的政策。雙方互相指控彼此是異端。與拜占庭皇帝的爭端使教宗的處境艱難。羅馬仍然在拜占庭政府的統治之下，但倫巴底人不斷在義大利擴大勢力範圍，逐漸對羅馬構成威脅。在這種情況下，七五四年，教宗斯德望二世（Pope Stephen II）親赴法蘭克王國（當時丕平剛登基為王），邀請丕平率軍前來義大利保護教廷。丕平照做了，在擊敗倫巴底人之後，還將義大利中部一塊帶狀領土移交給教宗管理。教宗國於焉成立，一直持續到一八七○年為止，而終卡洛林王朝之世，教廷一直與法蘭克王國維持著同盟關係。

最後，拜占庭皇帝終於向君士坦丁堡民眾的意志讓步，同意恢復教堂的偶像（八四三年），正式結束教宗與君士坦丁堡統治者之間的爭端。但實際上，基督教世界的東半部與西半部之間的裂痕卻持續擴大。由於斯拉夫人逐漸滲透到巴爾幹腹地，因此在查士丁尼（死於五六五年）時代之後，拉丁文幾乎已從君士坦丁堡的街頭消失。更早之前，希臘文已被西方人遺忘，就連拉丁文也只能在修院與主教座堂的學校裡勉強維持。一般民眾的語言很快就放棄了古典形式，朝著中世紀與近代各種日耳曼語與羅曼斯語發展。

因此，遭遇第三波與最後一波蠻族入侵的，是一個在文化上與政治上均已分裂的基督教世界。這一次又是一支來自南俄的新戰士遊群，他們進入匈牙利草原，然後以此為基地四出掠奪。此次的入侵者被稱為馬札爾人（Magyars）或匈牙利人。他們於八九六年穿過喀爾巴阡山（Carpathian）的隘口。不久，北非的穆斯林國家突然反轉了地中海均勢，幾乎將拜占庭的海軍力量消滅一空。隨後出現一連串大規模的海盜劫掠，他們的目標指向地中海北岸。在此同時，類似但更加無情的騷擾來自於維京海盜，他們的根據地

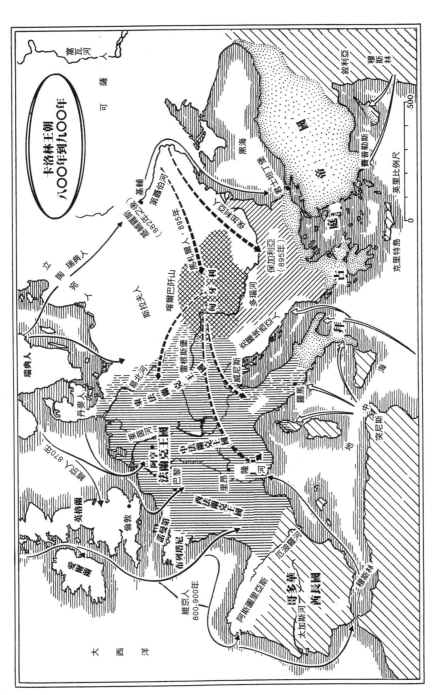

▲ 卡洛林王朝，八〇〇年到九〇〇年

位於斯堪地那維亞。

　　一〇〇〇年左右，西歐與鄰近地區的關係發生了根本變化。其徵兆表現在義大利海運足以在地中海與穆斯林抗衡，以及俄羅斯（九八九年）、匈牙利（一〇〇〇年）與丹麥、瑞典和挪威這三個斯堪地那維亞王國（從八三一年到一〇〇〇年）的改宗基督教。從各方面來看，改宗代表有野心的王室權威的出現，他們引進基督教來馴服桀驁難治的屬民，藉此建立必要的文明生活附屬物，讓野蠻的臣民能夠識字與接受有組織的宗教。

## 234▶ 封建制度的開始

　　自發性的改宗馴服了北方蠻族，這至少部分顯示歐洲制度面對馬札爾人、維京人（Vikings）與阿拉伯人掠奪的打擊，已開始展現與日俱增的效果。在東方，拜占庭帝國終於採取過去波斯人開創的方式，成功進行了轉變。封建制度開始發展，擁有土地的王侯在國家沿邊維持一批重裝騎兵，地方上的自衛力量隨時準備對付鄰近地區的各種掠奪勢力。這項轉變帶來的風險是相當真實的。拜占庭最偉大的征服者，皇帝巴西爾二世（Basil II，統治期間九七六到一〇二五年），他最終征服了保加利亞帝國，並且將疆界推進到多瑙河與幼發拉底河上游，儘管如此，他卻兩次差點遭封建貴族推翻。此外，鄉村戰士大地主的出現也腐蝕了都市對整個社會的支配，這項事實或許與拜占庭海權的削弱有關，海權的喪失使阿拉伯人得以在地中海進行劫掠。

　　在西方，中央政府完全解體。查理曼帝國無法抵擋維京人與馬札爾人的入侵。軍事與政治權力逐漸落入簡單有效的地方領主之手，他們裝備了重裝騎兵或騎士。然而，西方騎士與其他地區的重裝騎兵顯然有很大的差異。這種區別從這項昂貴武裝首次引進到遠西時就已出現，鐵鎚查理（Charles Martel，統治期間七一四到七四一年）時代的法蘭克騎兵使用全新的戰術。不同於波斯人與拜占庭人向敵軍射箭，法蘭克人仰賴重型槍矛。藉由向敵軍全力衝鋒，法蘭克人可以將馬匹與騎士的全部衝力集中在槍尖上，其強大的力道足以突破任何軍事隊形。

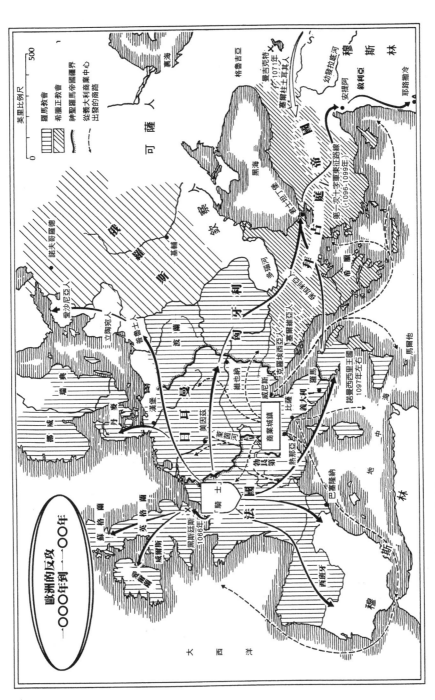

▲ 歐洲的反攻，一〇〇〇年到一一〇〇年

　　馬鐙是這種戰術的核心。如果沒有馬鐙可以讓騎士踩住固定，那麼當整個身體前傾衝鋒時，接觸的衝擊力會讓騎士顏面無光地甩出馬背。遺憾的是，馬鐙的起源與傳布並不清楚。但可以確定的是，在八世紀初，法蘭克人已經結合馬鐙、盔甲、大型馬匹與重型槍矛，這種戰士在一對一的比試下，可說是無人能敵。然而只要騎士的數量一直維持少數，那麼這股新力量仍不足以抵擋蠻族的掠奪。但地方防衛的需求極為急迫，因此，部分是由國王或其他公共權威（公爵、伯爵）在法律上予以允許，部分是由地方越權或以非正式的方法，將越來越多的農地分配給騎士做為支援。結果，在一〇〇〇年之前，西歐絕大多數的村落都落入了職業戰士的控制之下，這些戰士配備了馬匹、槍矛與盔甲，他們的性格充滿了野蠻殘暴。騎士階級的出現，不僅證明他們有能力抵禦入侵，而且很快能越過西方基督教世界的疆界對外發動攻擊。

　　還有兩項根本性的變化賦予歐洲社會新興的中世紀體系額外的發展空間與力量。首先是重板犁的傳布，這一點先前已經提過（見二二九頁）。以重板犁為基礎的農業提供了維持充足騎士所需的經濟支援，也讓歐洲變得格外難以對付。第二項變化是歐洲北方海洋的貿易發展。海盜與海上流浪者很快就發現，當掠奪不再安全時，貿易可能有利可圖。巡迴商人、水手與有時以掠奪為生的海盜發覺，在永久根據地定居下來是個方便之舉，凡是有交通線經過而停泊安全的地方都是適合的地點。以此產生的聚居地，日後成為西北歐中世紀城鎮生活的中心。而首次出現歐洲城鎮民眾習慣自行管理事務並自行抵禦外來者的侵犯，這對西方文明未來的發展產生最重要的意義。這使得西北歐的中產階級過著一種與其他文明的城鎮民眾非常不同且更傾向於自治的生活方式，其他文明的城鎮民眾通常順從於社會地位較高之人，而且對於地主與官員極為恭敬。

　　騎士、重犁與獨立精神，更甭說還有具威脅性的商人，這些事物結合起來賦予了遠西一連串的地方制度與技術，這些都是同時代其他文明未曾聽聞的獨特發明。

　　就這個意義來說，歐洲歷史的「黑暗時代」其實很豐富。風車與水車的

236▶

237▶

建造，提供了新的機械力來源。但風車與水車並非新發明：最早的風車似乎出現在中亞，當地民眾藉由轉動經輪將祈禱文送往菩薩所在之處，而水車則在三世紀時裝設於羅馬附近的臺伯河（Tiber river）上，用來磨製羅馬居民所需的麵粉。不過日後拉丁基督徒建造了更多風車與水車，而且改善設計，使原本只能運用人力或獸力從事的工作可以靠機械力來完成。另一項重要改進是馬的胸帶，馬匹在拖拉重物時可能因勒住自己的脖子而無法出力，有了胸帶之後就不再有這種困擾而能使出全力。馬的胸帶以及馬蹄鐵，使歐洲農民能用馬來工作。馬蹄鐵可以保護易碎的馬蹄，以免馬蹄在碰觸堅硬地表時裂開。過去，馬只能用於軍事目的。由於馬的速度是牛（主要駄獸）的兩倍，因此用馬來犁田與從事其他工作可以讓人在相同時間內完成過去兩倍分量的工作。

## 學術的衰敗

　　但從另一層意義來說，黑暗時代這個傳統稱號也不無道理。在歐洲大陸上，人們忙著彼此鬥爭，無暇顧及文學或藝術。然而在愛爾蘭與不列顛，文藝成就卻卓然非凡，如果沒有戰火的影響，那麼此地很可能發展出自成一派的文明生活方式。這裡發生的首樁劃時代大事，是聖派屈克（St. Patrick，死於四六一年）讓愛爾蘭改宗基督教。之後，在愛爾蘭修道院裡，口傳的異教傳統逐漸添入拉丁文乃至於希臘文的學習與研究。傳教士搭船前往蘇格蘭與英格蘭；其中一些人轉往歐洲大陸，他們在讓日耳曼人改宗基督教上扮演了重要角色。這些人所到之處，帶來了遠比高盧或日耳曼所保存的文化更為精深的思想內容。受尊敬的比德（Venerable Bede，死於七三五年）最偉大的作品是英格蘭教會史，他是這項學術傳統中成就最高的人物。比德死後不久，維京人摧毀了他曾經生活與工作過的修道院。同樣的命運也降臨在其他愛爾蘭與英格蘭的學術中心，因此到九〇〇年，幾乎已無任何東西留下。愛爾蘭，連同剩餘凱爾特人居住的歐洲地區，全部退回到邊緣的角色，在整個歐洲世界裡，他們成為落後的參與者。

◀238

## 摘要

　　嘗試比較中國、印度與歐洲面對穆斯林與蠻族壓力時做出的回應，我們似乎可以清楚發現，直到目前為止，歐洲境內發生的變化是最激烈的。中國實際遭受的侵擾並未傷及筋骨，因此能繼續走自己的路，在經過一段時間的佛教影響之後，中國再次返歸已復原的而且更為豐富的儒家遺產。印度受到的影響較深，但它的回應方式是退縮到自己固有的宗教傳統中。與印度相反，歐洲進行反擊，而且從根本上改變制度，同時也改善了技術，後來證明這些變革使歐洲得以在未來產生更大的成就。然而在當時，無論從任何可設想的標準來看，伊斯蘭、中國與印度的文明水準均遠遠超越歐洲。遠西實際上已倒退到野蠻世界，殘餘的古典學問、文學與藝術已寥寥無幾。直到一〇〇〇年之後，這些領域才湧現出新的創造力。

第十五章

西元一〇〇〇年到一五〇〇年
# 土耳其與蒙古征服的影響

　　草原游牧民族與文明世界之間的緊密紐帶關係，是一〇〇〇年以前幾個 ◀239
世紀的顯著特徵。往後五百年，這層關係引發一連串的滲透與征服，引領著
土耳其人與蒙古人進入中國、中東、印度與東歐。文明的受害者與臣服者也
因此做出不同的回應。

　　穆斯林廣泛而成功地改變了伊斯蘭社會與文明的著重點與內在平衡。事
實上，穆斯林吸收了草原民族的軍事活力。土耳其與（較不重要的）蒙古士
兵重振了伊斯蘭世界，使伊斯蘭世界在印度全境與東歐建立主導地位。在此
同時，商人與流浪的聖人將穆罕默德的宗教傳布到東南亞，並且由東向西橫
跨整個非洲，他們甚至滲透到中國的一些西部省分。

　　中國人對蒙古征服者帶來的各項新奇事物毫無興趣，只要一有機會，他
們就群起反抗，解除身上的異國與蠻族枷鎖。蒙古人的短暫統治（元朝，
一二六〇到一三六八年）幾乎沒有在中國留下任何痕跡，從明朝（一三六八 ◀240
到一六四四年）對古老中國固有文化的重視來看，正可說明中國人對蒙古統
治的態度。

　　多數印度人與東正教基督徒在信仰伊斯蘭教的土耳其人統治下，仍然堅
持自己的宗教傳統。儘管如此，長期在地理上的雜居相處，使得敵對宗教社

群之間出現頻繁的往來，在這種情況下，就算各宗教的信仰維護者想維持自身神學真理的純淨，也無能為力。

## 土耳其人的滲透

在詳細檢視文明的回應之前，我們先簡述這段時期的世界大事。一○○○年，說著土耳其語的部族住在大草原中部，東起阿爾泰山，西達南俄。在伊朗東部，穆斯林的城鎮和農村，與土耳其游牧民族之間已出現廣泛的滲透。許多土耳其人接受了伊斯蘭教，其過程通常相當隨意而膚淺。幾個世紀以來，伊朗的豪族酋帥成功抵擋了草原游牧民族的入侵，但到了八五○年或九○○年之後，卻開始力不從心。箇中原因並不清楚，可能是因為許多伊朗豪族移入城鎮之後，見識到比祖先所知更為豐富的文化內容，耳濡目染下，這些人開始對戰爭失去興趣，於是將殺伐之事全丟給土耳其傭兵去做。這些傭兵很快發現自己可以控制伊朗、伊拉克與敘利亞這些穆斯林核心地帶，藉機提出各項勒索。

因此，當土耳其傭兵與族人開始四處支配伊斯蘭的政治生活時（約九○○年之後），看似新來的土耳其人其實早已熟悉波斯與阿拉伯的穆斯林文化。但土耳其人仍維持自己的語言與某種軍事上同甘共苦的精神，以此自別於其他伊斯蘭社會。土耳其人的統治是一團混亂。去除部族的軍事冒險，其所造成的危險不下於部族領袖權力的動搖。追隨族長的部民只要在文明環境裡待上幾年，部族的紀律便蕩然無存。在這種不穩定的局勢裡，統治者之間無論敵對還是同盟，關係都顯得格外脆弱，伊斯蘭的心臟地帶因此充滿了政治動盪。

儘管如此，後起的土耳其人卻大幅擴展了穆斯林疆域。一○○○年，加茲尼的穆罕默德（Mohammed of Ghazni）發動大規模入侵，為穆斯林深入印度展開序幕。經過三個世紀的時間，整個次大陸只剩南部尚未落入穆斯林之手；到了一五六五年，南方也投降了，毗闍耶那伽羅帝國（empire of Vijayanager）在穆斯林王公聯手進攻下陷落。土耳其人在基督教世界也取得

241▶

重大進展。在曼吉克特戰役（battle of Manzikert，一○七一年）後，拜占庭人將小亞細亞內陸的控制權拱手讓給塞爾柱土耳其人（Seljuk Turks）。在此同時，其他的土耳其部族（欽察人〔Kipchaks〕）也推進到今日的烏克蘭地區，切斷拜占庭與剛改宗基督教的俄羅斯之間的便捷連繫。一連串沉重打擊引發第一次十字軍東征（First Crusade，一○九六到一○九九年）；儘管此次東征獲得巨大勝利，但此次與往後的十字軍東征都未能阻止土耳其人向西推進。相反地，第四次十字軍東征居然攻擊君士坦丁堡，不僅佔領還掠奪該城（一二○四年），拜占庭帝國的弱點因此完全曝露在世人面前。一二六一年後，君士坦丁堡再次由希臘人出任皇帝，但短暫的恢復不足以應付義大利的商業剝削，也無法抵禦土耳其的軍事攻擊。最終的勝利成果由鄂圖曼土耳其人（Ottoman Turks）取得。一三五四年，他們橫渡達達尼爾海峽（Dardanelles），攫取了加里波利（Gallipoli）半島，這是土耳其人首次在歐洲取得據點。一三八九年後，鄂圖曼土耳其人在科索沃一役（battle of Kossovo）擊敗塞爾維亞人（Serbians），在巴爾幹半島建立軍事霸權。一四五三年，土耳其人征服君士坦丁堡並以此為帝國首都，拜占庭帝國的最後痕跡就此從地表消失。

## 蒙古的征服

　　土耳其人入侵印度與歐洲的巨大浪潮，在十三世紀被快速興起的蒙古風暴打斷。成吉思汗（統治期間一二○六到一二二七年）為蒙古締造了偉大功業。他年輕時差點命喪仇敵之手，但他還是成功團結了草原諸民族，建立一個龐大的軍事同盟。之後成吉思汗四向擴張，南侵中國，西征伊朗與伊拉克兩地的穆斯林，以及俄羅斯的基督徒。成吉思汗死後，帝國分給四個兒子。他們不像成吉思汗一樣大肆搶掠，而是採取比較穩定的政治統治形式。大帝國的各部分仍持續合作一段時間。依照蒙古習俗，領導權應交給成吉思汗的幼子及幼子的子孫。他們統治蒙古與中國，並且幾乎接收了所有蒙古軍隊。

　　成吉思汗時代，蒙古族信奉的是薩滿教。他們把人當成動物一樣拿來獻

◀242

祭，如同豢養的家畜，可以隨自己的意思照料或宰殺。然而，一旦蒙古人與農業民族一起同居雜處，他們也跟其他游牧民族征服者一樣，很快就受到臣服者文明的影響。在帝國西部，蒙古人接受了伊斯蘭教。在中國，情況稍有不同，蒙古皇帝的權力仰賴軍隊，他們不願看到軍隊被廣土眾民的中國所吞噬。為了與中國人區隔，蒙古人寧可選擇藏傳佛教為國教，不過宮廷裡仍混雜著各式信仰，像是基督教、伊斯蘭教、薩滿教與其他宗教。與中國人的隔離，使蒙古人特別容易引起在地住民的反感。因此，成吉思汗起兵才一個半世紀，蒙古人便被明朝推翻。

因此，在中國悠久的歷史上，蒙古的統治不過是一段短暫的插曲。中東與俄羅斯幾乎也是一樣，蒙古人起初採行反穆斯林的政策，但最後他們不僅接受了伊斯蘭教（俄羅斯，一二五七年；波斯，一二九五年），而且迅速同化成土耳其社群的一份子。當時的土耳其人已是中央與西部草原的宰制者，蒙古人在當地的數量太少，文化也太粗略，除了被同化，沒有別的選擇。因此，到了十四與十五世紀，伊斯蘭化的土耳其戰士在自稱是成吉思汗子孫的將領指揮下，再次對基督教世界與印度斯坦（Hindustan）發動攻擊。當時穆斯林世界已大致從十三世紀蒙古征服的挫敗下恢復。然而，巴格達與令伊拉克成為沃土的灌溉系統卻未能修復。蒙古人的破壞太巨大。結果，阿拉伯帝國的首善之區就這樣淪為廢墟，直到二十世紀。

243▶

## 鄂圖曼帝國

土耳其捲土重來展開新一波攻勢，在過程中興起了一些新國家，其中最持久也最重要的就是鄂圖曼帝國。起初它只是小亞細亞西北邊陲的一個小公國。穆斯林世界的土耳其戰士全群聚於此為鄂圖曼蘇丹效力，蘇丹入侵基督教世界的行動結合了宗教功德與英雄式的暴力，這是穆斯林世界其他地方所沒有的。在這種情況下，領土的拓展也開始加快，尤其在一三五四年後，土耳其人首次越過海峽在對岸的歐洲建立永久據點。不久，當戰士們依照封建慣例瓜分了征服地時，蘇丹也發現自己很難維持臣民的忠誠與順從。鄂圖曼

統治者為了解決這項難題，於是將自己的侍衛擴充成常備軍。這就是著名的土耳其禁衛軍，又稱「新軍」。禁衛軍士兵，連同率領他們的軍官，都是由法定的奴隸組成。這些受過特別訓練與選拔的軍人被派往各省擔任蘇丹的代理人，當蘇丹為進行戰爭而徵召他們時，他們就成了各地穆斯林地主與戰士的指揮官。由於這些特殊的奴隸指揮官後頭有禁衛軍與皇帝支撐，因此他們的命令通常沒有人敢違抗。鄂圖曼帝國因此掌握了兩項利器，一個是禁衛軍這支有效的常備軍，一個是土耳其戰士組成服從的封建軍隊。

蘇丹底下的奴隸家庭數目多達數千。起初，戰俘提供了所需的大多數人力，不足的部分就透過奴隸販子購買。但這種招募方法很快證明並不適當。土耳其蘇丹因此必須求助簡單易行的做法，那就是在遙遠的巴爾幹地區的基督教村落進行徵兵。於是，出生在巴爾幹半島西部山區的年輕農民，包括塞爾維亞人、希臘人或阿爾巴尼亞人，都成為鄂圖曼帝國軍事與管理幹部的戰略決定要素。

除了鄂圖曼帝國，其他穆斯林國家都未能產生如此非凡而有效的內部組織；也沒有任何穆斯林國家能像鄂圖曼帝國一樣，承擔起世界事務的角色。 ◀244

接下來我們將更仔細地探討各主要文明社會對土耳其與蒙古統治的回應。

## 伊斯蘭世界──蘇菲運動

早在蒙古人攻陷巴格達（一二五八年），消滅阿拔斯王朝，終結外表看似統一的穆斯林世界之前，阿拔斯的哈里發就已經成為土耳其傭兵軍官的傀儡與玩物。在這種狀況下，古典伊斯蘭教賴以成立的原則與妥協都失去了合理性。如果耍弄野蠻詭計與不信神明之人可以在權力寶座上耀武揚威，那麼努力建立一個符合阿拉旨意與命令（這些旨意與命令顯現在穆罕默德及其夥伴面前）的社會又有什麼用處？聖律學者跟過去一樣在私人領域上持續指導個人的行為，他們仔細收集與研究複雜的先例，並且針對與先例相符的困難案例提供意見。然而就算盡了全力，仍不免出現漏洞：無論想像力再怎麼豐

富也無法曲解聖律的內容來正當化穆斯林世界的政治混亂。

　　這種缺乏邏輯且逐漸例行化的神聖儀式，無法維持最初幾個世紀穆斯林所擁有的信仰熱忱。尋求神聖的信徒因此陷入神祕主義之中。各色各樣的聖人與人們口中的「蘇菲」（Sufi），發展出上帝賜福的願景。他們遵守各種不同的戒律。追隨者以特別神聖之人為中心建立起托缽僧教團，這種教團延續了數個世紀，傳布到穆斯林世界的廣大地區。這類教團有時會再度解散，消失得無影無蹤。但組織的鬆散不至於模糊他們感受到的異象，成千上萬的信徒親身感受到上帝的存在，而這種異象賦予蘇菲運動一種「官方」伊斯蘭教所欠缺的情感與活力。

245 ▶　　如果改宗伊斯蘭教的第一個步驟，是尊崇與模仿緊密跟隨上帝的蘇菲聖人，那麼改宗將變得相對容易。想成為穆斯林，人們不再需要接受繁瑣的法律規定，也不需要在私人生活上做出劇烈改變。人們可以先成為穆斯林，然後再依照聖律逐步改變自己的私人生活，新信徒可以在蘇菲神祕主義者將他們引薦到穆斯林社會之後再改變自己。小亞細亞成為穆斯林的領土，西部與中部大草原的廣闊地帶改宗伊斯蘭教，伊斯蘭教團廣泛深入印度境內，東非到西非的廣大區域併入穆斯林世界，特別是幾乎所有殘存於伊斯蘭教核心地帶（如敘利亞與埃及）的基督徒幾乎全改宗伊斯蘭教，這些成功導源於蘇菲神祕主義者對穆罕默德信條賦予的新動力。

　　過去，伊斯蘭教是個城市宗教，聖律規定的某些儀式無法在孤立的農村地區進行。如果只需合乎基本要求（如尊崇「聖人」、向聖人的墳塋致意，以及旁觀令人狂喜的托缽僧儀式）就能成為穆斯林，那麼純樸的鄉村民眾也有機會與繁文縟節的城市居民一起信仰伊斯蘭教。宗教實踐與宗教願景的等級與多樣性，這些事物長久以來一直是印度教的特徵，現在這些特徵也滲透到伊斯蘭教之中。事實上，從中東神祕主義保留了一些印度色彩來看，人們或許可以把蘇菲運動的成功形容為伊斯蘭教的印度化。

　　蘇菲主義也在伊斯蘭高等文化中造成重大變化。它最大的成就是為早期伊斯蘭教紳士與溫文儒雅的理想注入一股不同於肉體之愛、帶著微妙而曖昧的天國渴望。波斯詩歌成為表現這種半宗教、半世俗感性的最佳工具。三名

偉大的詩人分別是魯米（Rumi，死於一二七三年，他是重要蘇菲教團的創始人）、薩迪（Sa'di，死於一二九一年）與哈菲茲（Hafiz，死於一三九○年）。他們與一些較不知名的詩人創作了許多詩歌，這些詩歌很快成為所有有教養的穆斯林教育的一部分。波斯文因此取代阿拉伯文成為穆斯林世界主要的詩歌語言。然而，在書寫神聖文件時，阿拉伯文仍是首要選擇，至於土耳其文則用於戰爭與行政文件。

　　在知識界，蘇菲主義的影響沒那麼順利，不過也不可小覷。有些人有親眼目睹上帝的宗教經驗，這些人對於單純的邏輯推論沒有太大興趣。國王與 ◀246 成功的領袖仍需要醫師與占星家的服務，這兩種職業因此持續發展。醫學體系的出現與兩人有關：伊本—西那（ibn-Sina，又稱阿維森納〔Avicenna〕，死於一○三七年）寫的《醫典》（Canon）受到廣泛使用；比魯尼（al-Biruni，死於一○四八年）努力整合印度、希臘與穆斯林思想，希望能精通一切知識。或許是因為體系建立得太成功的緣故，伊本—西那編纂的那本包羅萬象的專業手冊問世之後，其他醫師完全喪失了繼續深入研究的動機？又或許是因為蘇菲派將注意力全放在對現實的神祕悟解上，因而使理性思考者失去了對純粹外在科學研究的興趣。無論原因為何，穆斯林科學大約在一二○○年以後開始停滯不前。

　　對理性的厭惡與不信任，充分顯現在加札利（al-Ghazali，死於一一一一年）具有體系的作品中。加札利運用亞里斯多德的邏輯，證明人類理性不可能發現神學真理。他的作品《哲學的毀滅》（*The Destruction of Philosophy*），從書名可以看出，加札利明白否認哲學是通往真理的途徑。然而，神祕主義者無法完全不討論或寫下自己的超理性經驗，這類的作品因而演變成對神祕現實的階段與本質進行複雜分析，最後居然出現許多神學與哲學系統的理性內容。蘇菲的學術研討大約在一二○○年之後開始僵化成固定形式，其命運與三百五十年前的伊斯蘭教聖律如出一轍。

　　穆斯林將自己的心靈封閉在兩座孿生的（而且彼此互不相容）陵寢中，而他們的運氣不佳。就在穆斯林封閉自我的時候，西歐人也開啟了中世紀與近代馬不停蹄的調查與研究。因此，非常弔詭地，西班牙穆斯林依本—魯世

德（ibn-Rushd，拉丁文名：亞味羅〔Averroës〕，死於一一九八年）與埃及猶太人邁蒙尼德斯（Maimonides，死於一二○四年），這兩位深受亞里斯多德哲學啟發、嚴謹而熱愛挑戰的思想家，並未受到穆斯林世界的重視，反而在新興的巴黎經院哲學中有著很大的影響力。

簡言之，我們也許可以說，蘇菲主義成功地將希臘人的理性主義傳統、阿拉伯與波斯貴族的優雅傳統，以及穆罕默德的神聖傳統，融合成一個單一但比阿拔斯時代獲得的成果更連貫的整體。如果再加上蘇菲派傳教士將伊斯蘭教傳布到比阿拔斯帝國疆域的兩倍還大的地區時，那麼即使是對神祕主義路線毫無興趣的人，也會對這項運動的規模與成功激賞不已。

## 美術

能與蘇菲運動分庭抗禮的是令人印象深刻且獨具特色的穆斯林建築與繪畫風格。對穆斯林來說，建築一直比繪畫重要，因為伊斯蘭教必須建造清真寺與其他公共建築。然而，從過去到現在，幾乎所有伊斯蘭重要生活中心一直有人居住，因此，建築的詳細歷史經常難以確定。建築物有時會經過整修或改裝，古老的廢墟有時會成為新建築物的地基。在這種情況下，考古學家根本無從挖掘。儘管如此，目前的縝密研究，例如，在開羅的考古研究，已經建立了年代與風格次序。我們可以確定的是，在本章討論的五百年間，建築的規模與富麗堂皇的程度、工匠的技巧，以及細部的精確度，連同整體結構的藝術成就，都有了明顯的進展。伊斯蘭建築師不再像歐瑪亞王朝初期一樣，完全以希臘或波斯建築為範本，而是開展了自己的建築風格，其中以「阿拉伯式」的線條裝飾最為突出。

虔誠的穆斯林總是輕視繪畫藝術，因為人類肖像容易產生偶像崇拜的聯想。儘管如此，波斯卻出現一批書稿彩飾師，波斯偉大詩人的手稿上經常出現他們的彩繪。這些繪畫的色彩鮮豔、描繪細緻，而且線條精巧，使它們躋身世界最高雅與最完美的作品之列。這類作品中最好的幾件（作者不詳）全是在一四○○年到一六○○年間於宮廷作坊繪製的。其他藝術（例如地毯編

織）也同樣達到高雅精緻的水準，這些藝術品讓當地統治者的身旁圍繞著燦爛光采，也讓目睹這些藝術品的首批粗鄙歐洲入侵者感到驚異與印象深刻。

## 印度──印度教的改變

◀248

　　穆斯林征服印度，對印度教產生了巨大的影響。可以確定的是，這些征服者融入印度的社會體系之中，而且並未過度扭曲當地的社會制度，他們和早期的征服者一樣，成為另一個種姓。不過伊斯蘭教是普世與對外傳布的信仰，它的體系與印度種姓制度格格不入。穆斯林的教義主張，在全能的阿拉面前，每個人同樣弱小，在祂眼中，每個人同樣珍貴。因此，不令人意外地，巡迴各地傳布伊斯蘭教的蘇非派聖人，可以很成功地吸引下層種姓的都市印度人信仰穆罕默德。此外，在印度社會的邊疆地帶，特別是在東孟加拉，新加入印度文明的人傾向於信仰伊斯蘭教而不願信仰印度教，因為前者強調人人平等，而後者將他們置於種姓階序接近底部的位置。此外，穆斯林斥責傳統印度信仰的偶像崇拜，即使高深的哲學體系可以解釋與合理化印度已行之有年的各種儀式，但這一點仍難以妥協。

　　因此，印度的伊斯蘭社群被一分為二：上層是人數稀少的統治者、戰士與地主，其中許多人是深受波斯文化影響的土耳其人；下層是人數眾多的卑微地方貧民，他們不可避免地把在地的文化遺產帶進伊斯蘭教之中。因此，印度伊斯蘭教信徒仍然與中東說阿拉伯語的穆斯林有所差異。

　　在穆斯林統治下，印度教出現了三項重大變化。首先，穆斯林入侵者破壞了神廟，以神廟為中心而形成的印度教儀式也因此受到摧殘。穆斯林統治者通常不允許重建這類偶像崇拜的建築物。因此，只有在南印度才能看見昔日遍布印度全境的堂皇神廟建築。印度宗教儀式被逐出淪為廢墟的神廟之後，逐漸走向公眾與平民化的道路，儀式在公共廣場上舉辦，或列隊在城鎮或村落蜿蜒的巷道中迤邐而行。聖人藉由苦行來體驗與毗濕奴、濕婆及其他印度教諸神合而為一的喜悅，他們成為印度教裡的關鍵人物。由於印度教聖人與蘇非派神祕主義者一樣能清楚感受上帝的存在，因此伊斯蘭教在印度土

249 ▶ 地上無法獲得比印度教更多的情感支持。一般而言，只有印度社會的邊緣人才會受伊斯蘭教的吸引。

其次，少數人士發現伊斯蘭教的思想挑戰來勢洶洶，光靠對印度教諸神與儀式抱持溫情根本無濟於事。大膽進取的思想家因此試圖結合印度教與伊斯蘭教，去除兩個體系中他們認為虛假的部分，並且將兩個敵對信仰各自埋藏在虛偽無用外觀下的共通真理予以保留。這類宗教革新者中最著名的首推卡比爾（Kabir，死於一五一八年）。拿那克（Nanak）在年輕時或許曾從學於卡比爾，他也對印度教與穆斯林傳統進行了混合與「純化」，並以此為基礎建立了錫克教（Sikh）。

第三，印度教在笈多時代熱中發展的梵語，此時已很少有人使用。印地語與其他方言開始成為所有宗教儀式的語言。梵語逐漸淪為極少數博學者的珍貴資產，而一般印度教信徒幾乎全忘了印度教過去是以梵語做為信仰基礎。

這三項改變使印度教更貼近一般大眾，卻也切斷了印度教與講求精巧的宮廷及僧侶的連結。這必然有助於印度教的永續發展。但印度文明為此付出的代價也很大，因為文化中比較珍貴的以及屬於官方的部分全出自穆斯林。從建築的觀點來看，印度淪為伊斯蘭世界的一個省分。少了王室與貴族的獎掖，印地語文學無法發展出過去在印度盛極一時（或者說印度文學絕大部分均屬此類）的讚美詩與其他宗教文學。

## 東正教世界

一〇五四年，當羅馬教宗與君士坦丁堡牧首各自宣布將對方逐出教會之時，拉丁（羅馬天主教）與希臘（正教）基督教世界的分裂也正式而永久地確立下來，一直延續至今。爭執的起因是彼此對於使徒信經（Apostles' Creed）的內容意見不同所致；但隨著西歐開始興起新生而充滿活力的文250 ▶ 明，而這些文明與希臘正教（Greek Orthodox）毫無瓜葛，東西方基督教世界的差異也越來越大。西方拉丁世界的財富、力量、文化與自信不斷增加，

東方基督教世界遂淪為拉丁世界對外擴張的犧牲者。

　　土耳其入侵者占領東正教世界的小亞細亞與南俄地區，這段歷史先前已經提過（二四六頁）。除了來自東方的兩路進攻，西方也進行了類似的雙重攻擊。義大利商人從海上來襲；諾曼（Norman）騎士從拜占庭人手中搶下義大利南部（一〇七一年）與西西里島（一〇九一年），然後渡過亞得里亞海（Adriatic）經陸路向君士坦丁堡進軍。拜占庭以外交手段避免了西方的第一波攻擊，他們把難以應付「法蘭克人」引導到聖地（Holy Land），讓這些人在拜占庭的另一個大敵土耳其人身上宣洩暴力。這就是所謂的第一次十字軍東征（一〇九六到一〇九九年）。然而接下來希臘人就沒那麼幸運了。最大的禍事發生在一二〇四年，第四次十字軍東征攻陷君士坦丁堡，扶植了短命的黎凡特拉丁帝國（Latin empire of the Levant）。

　　在東正教基督徒的眼中，穆斯林土耳其人絕對要比拉丁基督徒受歡迎。拉丁人堅持要東正教徒放棄東正教的不變真理，並且接受天主教教義。相反地，穆斯林卻允許各宗派基督徒保留自己的宗教儀式。此外，東正教神學家在正式分類中將伊斯蘭教視為基督教的異端，因此穆斯林的錯誤在神學上其實與拉丁天主教的決裂大同小異。更有甚者，當鄂圖曼土耳其人第一次出現在巴爾幹時，他們徵收的稅賦遠比先前的基督教統治者寬鬆許多。土耳其人依照聖律的規定，給予各地民眾自治的權利，這項措施同樣比先前的基督教統治者更為慷慨。因此，從各方面來考量，如果一定要做選擇，而且只有兩個選擇的話，那麼東正教基督徒寧可接受土耳其穆斯林的統治，而不願接受拉丁基督徒。一四五三年，土耳其人攻陷君士坦丁堡，東正教徒再也沒有選擇的機會。同樣的情況也發生在遙遠北方的俄羅斯森林，亞歷山大・涅夫斯基（Alexander Nevsky）如英雄般抵抗拉丁人的征服，卻乖乖地接受蒙古人的統治。

　　不過，希臘基督徒在屈服於鄂圖曼土耳其人之前，曾經發起一場充滿活力的希臘文藝復興運動。對古典希臘與羅馬異教時代的記憶一直都存在著，但是直到一〇〇〇年左右之後，拜占庭藝術家與文學家才開始以前所未有的熱情珍視古代的異教成就。他們努力模仿與恢復古希臘的古典模式與文學體

◀251

裁，而且獲得一些成果。拜占庭皇帝亞歷西斯（Alexis，統治期間一○八一到一一一八年）的女兒安娜·科姆妮娜（Anna Comnena）以韻文寫成的歷史作品《亞歷西斯傳》（*Alexiad*），是這方面最著名的作品。另外一種非常不同的文學形式是粗野的邊境民歌，描述與穆斯林作戰的英雄事蹟。這些民歌成為佚名史詩《迪格尼斯·阿克里塔斯》（*Digenes Akritas*）的靈感來源。《迪格尼斯·阿克里塔斯》流露的粗獷英雄精神要比拜占庭上層階級略嫌造作的學問更能投合現代人的口味。土耳其人於一四五三年攻陷君士坦丁堡，扼殺了原本欣欣向榮的拜占庭世俗文學；但希臘文藝復興的回音卻迴盪到了義大利，並且在拜占庭文藝復興後的兩個世紀，於義大利結出更豐盛的果實。

土耳其人在歐洲站穩腳步之後，希臘正教會也開始出現耐人尋味的變化。熱中神祕主義空想的修士團體——人稱「靜修派」（Hesychasts）——推翻了掌握教會牧首與高層職位的「政客派」（Politicians）。此後，主教與其他教會高層職位全由修院人員出任，但西方的拉丁教會並未遵循這套做法。正當土耳其人順利掌控巴爾幹大部分內陸地區時，這群受上帝異象激勵的修士成功為東正教社群注入普遍而情感濃厚的精神。伊斯蘭教原本在小亞細亞傳布得很順利，然後跨越海峽來到歐洲，卻因為這群修士而幾乎停頓下來，巴爾幹地區為數眾多的基督徒因此得以存續下去。

東正教世界的北方分支是神聖俄羅斯（Holy Russia）。在蒙古統治時期（一二四○到一四八○年），俄羅斯經歷了緩慢但卻非常重要的發展。農業從人口最初聚集的河岸地帶逐漸往森林深處擴展。經過一點一滴地開墾，廣大地區開闢成農耕地。儘管土地貧瘠而氣候嚴寒，這片土地仍可讓為數眾多的（雖然極為貧困）農民過活。

政治上，蒙古人滿足於包稅的方式，他們先是交由中亞商人負責，然後改由俄羅斯當地王公管理，而莫斯科大公則成為這些王公的領袖。要為不事事過問但要求嚴厲的蒙古主子辦事，莫斯科大公必須組織一批負責收稅的行政官僚。因此，到了一四八○年，當伊凡三世（Ivan III）否認蒙古對俄羅斯的宗主權時，他已經有了現成的行政機器可以發號施令。莫斯科公國因此成

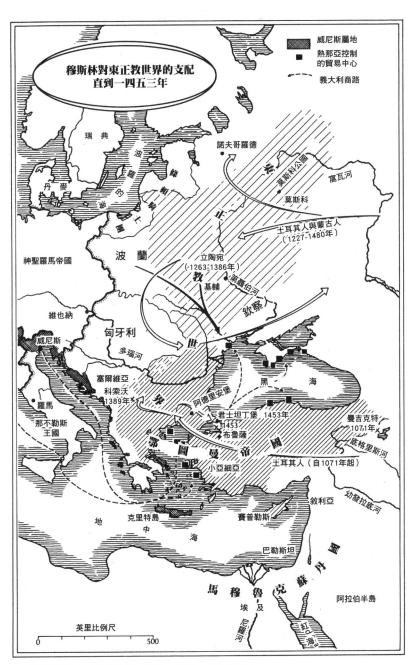

▲ 穆斯林對東正教世界的支配，直到一四五三年

為唯一信奉東正教的獨立大國。俄羅斯的神職人員很快就發展出一種觀念，認為莫斯科是第三羅馬，它接續君士坦丁堡的地位，如同君士坦丁堡接續台伯河畔的第一羅馬一樣，因為唯有在俄羅斯，東正教才保持了純淨。從這時起（而不是從一九一七年共產革命才開始），唯有俄羅斯才能擔負起保護世界真實信仰這項特殊任務，這個觀念一直深植於俄羅斯公共生活之中。

## 中國──傳統的勝利

先前已經提到，中國文明的外觀幾乎未曾因蒙古的短暫統治而出現變化。南宋時代，理學在該學派最偉大的哲學家朱熹（一一三〇到一二〇〇年）活躍的時期獲得充分發展。但朱熹與其他志同道合的文人仍只是忠於古人的說法，這與孔子過去所做的完全一樣。因此，無論在思想還是藝術上、在民間禮俗還是政府施政上，創新從來不是件被公開贊許的事。

儘管如此，在十一與十二世紀，中國出現了各種經濟發展，幾乎類似十八世紀以後西歐的改變。舉例來說，中國在這個時候已經建造出以煤為燃料的煉鐵廠，比英格蘭早了七百年。在此同時，地區專門化為國內貿易擴張奠定基礎；遠洋船隻絕大多數從中國南方的港口啟航，開始發展出規模史無前例的海外貿易。

當然，儒家的原則總是認為商人是社會的寄生蟲。如果一個人因為經商致富，他會傾向於多置田產，讓自己看起來高尚一點。或許是因為這個緣故，大規模的私人工商企業從未在中國興起；而一些或許可以稱為原始工業革命的發展，最終仍無法改變舊有的社會模式。

政府對經濟活動的控制，也降低了社會大規模轉變的可能。即使政府支持某項新產業，長期來看影響也是負面的。例如，宋朝發展的煉鐵業只要政府不下訂單生產武器，這項產業馬上就無戲可唱。政府先是鼓勵而後又停止新事業的做法比比皆是，其中最具戲劇性的例證可以從海外貿易與探險的歷史覓得。明朝（一三六八到一六四四年）初年，遠洋航行在政府主導下，成果相當豐碩。一四〇五年到一四三三年間，一位名叫鄭和的太監進行了一連

串遠征印度洋的航海行動，數百艘船隻組成的帝國艦隊造訪了控扼南洋的戰略要地，如麻六甲（Malacca）、錫蘭（Ceylon）、卡里卡特（Calicut），甚至還有位於波斯灣口的荷姆茲島（Hormuz），並且在這些地方建立臨時據點。然而之後明朝皇帝卻下令停止遠航，禁止臣民建造遠洋船隻或離開國內。這項決定可能與朝中的政爭有關，而停止海外航行也對亞洲未來商業與帝國的權力平衡產生重大影響。但基本上，明朝皇帝居於首都北京，與凶悍的蒙古人為鄰，皇帝認為帝國資源不應虛擲於遙遠的海外事業，而應集中全力防禦游牧民族。

中國不願在南洋扮演積極主動的角色，使得中國的海外殖民地迅速凋零。制海權於是落入日本與馬來海盜手裡，他們很快就開始侵擾中國沿岸，海運因此變得很不安全。有時海盜甚至沿著中國繁密的水道網進入內陸，截斷大運河上的運輸線。

官員可以輕易凌駕於商人與水手的個人利益之上，充分顯示中國官方在經濟與社會事務上的權力。這種權力之所以能夠維持，主要是因為地主鄉紳階級輕易主宰了整個中國社會，地主鄉紳是官員的主要來源，他們的利益長久以來一直由儒家支持護衛，因此即使在商人新貴最能快速累積財富的數百年間，官員的權力仍然固若金湯。此外，即使在十一與十二世紀，農業財富增加的速度並不比工商業慢，甚至猶有過之，這也助長了地主鄉紳的實力。農業生產力暴增的祕密，在於引進了新品種的稻米（時間大約在一〇〇〇年），這種稻米在灌溉良好的土地上能一年兩穫。更重要的是，只有在春天才短期有水灌溉稻田的山區，早熟稻也能順利收成。中國的總農業生產力因此大幅提升，特別是在遙遠的南方，原本不適合種稻的山區也開始種稻。於是在貿易與商業欣欣向榮的同時，地主鄉紳也開始繁盛。在社會上，鄉紳的數量與影響力增長的幅度，與商人及工匠不相上下。過去蒙古統治者特別支持與保護商人（馬可波羅〔Marco Polo〕親眼所見），蒙古被推翻之後，由中國人建立的明朝政府一開始是獎勵，但隨後又扼殺了中國的海外貿易。

鄉紳階級的社會支配意謂著就連這些潛在上令人不安的發明，如火藥（根據中國的史料記載是在一一〇〇年左右發明的）、印刷術（發明於

◀255

七五六年）與磁羅盤（首次提到是在十二世紀初），也要受到管制與用來強化既有的社會秩序。舉例來說，印刷術用來擴展儒家文人的圈子，而非用來流傳一些非儒家正統的新奇事物，因此也就不會產生歐洲宗教改革時期的戲劇性發展。同樣地，與過去相比，火藥更能輕易鎮壓地方軍閥，使帝國政府能有效從中央控制全中國（出現分裂的時間非常短暫），這種情況從明朝驅逐蒙古人開始，一直維持到一九一一年。沒有其他的事物比這個更傳統。

　　簡言之，中國的文化與制度達到如此的內在完美與均衡，以致於唯有全面性的社會崩解才足以對中國學術傳統的信奉者造成深刻而長期的影響，這一直到二十世紀才在中國發生。歐洲人在十九世紀對於中國歷久不變的神話深信不疑，他們未曾注意到，即使中國的政府與官員文化仍拘執於儒家禮儀的理想，但中國社會早期的歷史與各個面向其實一直處於變動狀態。

第十六章

## 西元一〇〇〇年到一五〇〇年
# 中世紀歐洲與日本

伊斯蘭教本身的轉變與擴張，一〇〇〇年到一五〇〇年是世界史上最戲 ◀256
劇性與變化最顯著的一段時間。此外還有一項變化對未來的意義更為重大，
那就是文明世界極邊緣處兩個新文明的興起：西北歐與日本。

這兩個新文明都與鄰近較為古老而成熟的文明有著密切關係：日本關聯
著中國，西歐關聯著拜占庭。日本與西歐有著強烈的尚武精神，而且滲透到
社會各個階層，這是其他地區文明民族所罕有的。但這也讓歐洲人與日本人
在面對優越的鄰近文明時產生一種恐懼，使他們願意盡可能學習這些文明的
長處，卻又不放棄自身的優越感與文化獨特性。中世紀歐洲與日本表現出不
尋常的調適與成長能力，因此到一五〇〇年時，中世紀歐洲與日本都已達到
能與世界其他地區媲美的文化水準與文明風格。

## 中世紀歐洲 ◀257

到了一〇〇〇年左右，西北歐的居民擁有數量相對較多的騎士階級，他
們的武裝與訓練使他們在面對世界上任何一支軍隊時，均能擁有單打獨鬥的
優勢。以板犁為基礎的莊園農業為整個社會提供適當的經濟支持，而莊園農

業還有一項好處，它隨時可以開闢鄰近林地來擴大莊園的規模。最後，充滿活力與進取心的城鎮居民，以及繼承古代精深神學的教會，已準備好要組織與推展自己的經濟與文化生活。

西歐情況的改善，最戲劇性的一幕展現在西歐的地理擴張突破了拉丁基督教世界的疆界。斯堪地那維亞與西方凱爾特人居住的邊緣地帶，這兩個地區經過數個世紀才併入歐洲社會，但挪威與冰島（一〇〇〇年）的改宗，連同盎格魯諾曼騎士入侵威爾斯與愛爾蘭（一一七一年），則讓最終結果清楚浮現。在東向擴張上，日耳曼騎士征服與殖民了易北河（Elbe river）以東寬廣的帶狀區域；其他人則運用船隻，以跳躍的方式沿著波羅的海海岸征服普魯士（Prussia）、利沃尼亞（Livonia，即今日的拉脫維亞〔Latvia〕）與愛沙尼亞，但未能成功壓制內陸的俄羅斯（一二四一到一二四四年）。波蘭與匈牙利為了抵擋日耳曼的入侵，只能模仿日耳曼騎士的武裝，並且引進日耳曼（與猶太人）城市居民以提供必要的工商業服務。這麼做當然使這些拉丁基督教世界的邊境哨站更穩固地成為西歐社會的一環。

對拉丁基督教世界來說，最重要的是南部與東部的邊疆地區，因為這裡的穆斯林與拜占庭人不同於勇猛與落後的蠻族，而能對歐洲文明做出貢獻。諾曼人征服南義大利與西西里島（一〇五九到一〇九一年），使原屬拜占庭的領土歸於教宗與「法蘭克人」的統治之下。*基督徒在西班牙與葡萄牙進行的長期戰爭逐漸蠶食穆斯林的土地。摩爾人在海峽靠歐洲一側的最後據點格拉那達（Granada），最後在一四九二年陷落。這些征服存續的時間要比壯盛的十字軍東征來得長久。十字軍的足跡遍及聖地、愛琴海、北非與埃及，他們建立了歐洲第一批海外帝國。這些帝國歷經數世紀的興衰遞嬗，直到僅存的威尼斯共和國於一七九七年被拿破崙消滅為止。

歐洲向海外擴張的同時，內部也進行大規模的鞏固工作。這項鞏固工作遍及各個層面，而且大獲成功，然而這些成果不足以將歐洲的制度與文化類

---

* 拜占庭人與穆斯林把所有的拉丁基督徒都當成「法蘭克人」。這個詞可以做為一個有用的指標，說明此時東西兩方已經出現文化的分水嶺。

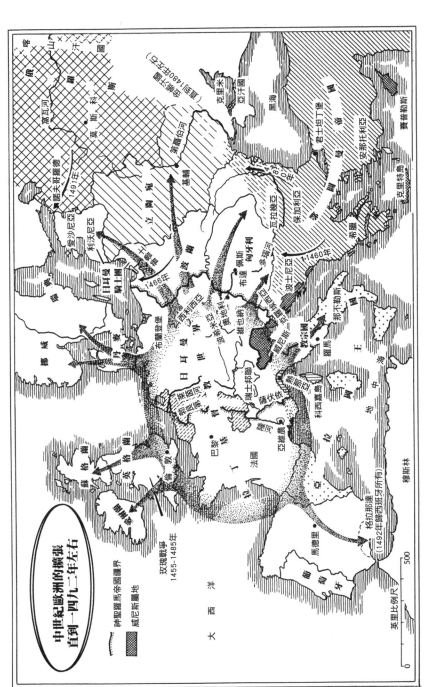

▲ 中世紀歐洲的擴張，直到一四九二年左右

型永久確立下來。歐洲（尤其是晚近的西歐）文明的變化無常，實際上正是歐洲的獨特之處。動盪不安的西方只要一發展出接近「古典」的生活方式（中世紀時首次出現），巨大的困難就會馬上迫使它捨棄剛建立好的社會與文化秩序。接著，在經歷一段混亂局面之後，另一個接近「古典」的模式將再度出現，但還是會遭遇相同的命運。與歐洲相比，日本文化變動之劇烈尤有過之，但就世界其他文明來看，確實很少有文明像歐洲一樣自發地不斷出現轉變。日本與歐洲的差異在於，日本史上的重大變化主要是為了因應外來者造成的局勢，而歐洲人面對的卻是自己創造出來的兩難與機會。

地理的反轉是西歐與日本晚近歷史動盪不安的主因，隨著海上貿易的盛行，原本位在文明世界偏遠孤立之處的西歐與日本，逐漸因地利之便而從海上獲得來自異國的各種影響。由來已久的矛盾，造成兩個文明內部的分化與緊張，這也解釋了為什麼西歐與日本充滿變動不安。

## 歐洲的經濟鞏固

大約從九〇〇年開始，到十四世紀中葉為止，開闢林地，建立新的村落，在舊農地外圍擴展新的可耕地，這些現象在西北歐如火如荼地出現。然後，至少在歐陸的某些地區，黑死病的肆虐（一三四七到一三五一年），連同市場、地租與稅收的些微變動，使農業擴張趨於停止或甚至萎縮。當時，歐洲幾乎所有容易耕作的土地都已開闢。想進一步改善農業，需要新種類的作物、灌溉排水工程或其他昂貴的發明，但這些還需要一段時間才會出現。

城鎮生活也呈現出相同的一般曲線。在一〇〇〇年到一三〇〇年左右，出現非常急速的成長。而後成長的速度減緩，或完全陷入停頓，除了某些特殊地區。例如日耳曼波羅的海沿岸，或義大利的中部與北部，日耳曼與法蘭克騎士創立的新波羅的海與黎凡特「帝國」的商業活力，仍持續支撐重要的城市發展，直到一四〇〇年之後。接著，重要的經濟創新多半集中在日耳曼中部與低地國，這兩個地方的礦業與鯡魚業為大規模資本企業提供特殊的刺激。

　　歐洲商業最明顯的特徵，是未加工的日常用品佔了買賣大宗。一些經常使用的物品，如羊毛織物、穀物、鯡魚與鐵，成為跨地區貿易的重要商品。富人需要的奢侈品與上等貨物，只佔了歐洲商業的一小部分。在絕大多數文明地區，運輸的成本很高，因此遠距貿易通常局限於體積小而價值高的商品。歐洲人可以運送價值較低的貨物到遙遠的市場，因為有許多海灣深入歐洲的內陸地區，而且河流多半緩慢而漫長，因此水運可以通達歐洲絕大多數的鄉村地帶。船運當然比陸運便宜得多，在道路狀況不佳的狀況下，陸運只能以動物載運。

　　印度與中東不像歐洲一樣擁有稠密的自然水道網，但中國的運河與河流，以及日本鋸齒般曲折的海岸線，都提供了與遠西一樣便利的水運環境。然而，我們在上一章提到，中國的社會結構被官員與地主支配，阻礙了船運與貿易的自由發展。至於日本則是到一三〇〇年以後才開始出現大規模的海運。不過到了十七世紀初，在經歷一段英雄式的海上漫遊時期之後，日本也跟中國一樣禁絕一切海軍事業。因此，只有在歐洲，積極的商人階級才有機會在有利的地理環境下改善海運技術，同時他們也沒有充滿敵意的官員攪局。◀261

　　因此，大約從一〇〇〇年開始，歐洲人開始利用自然水路將日用品運送到市場。當然，要面對西北歐的狂風暴雨與大浪，造船與航海技術的改進有其必要。維京時代的航海技術已有重大突破，例如，以更有效率的尾舵取代舵槳。往後，隨著船運不斷成長繁盛，亞當・斯密（Adam Smith）日後在《國富論》（*Wealth of Nations*）描述經濟專門化帶來的種種好處，全在中世紀歐洲產生。貿易與商業影響了社會各階層，此時的農民與城鎮居民及地主一樣，也有能力從小販、工匠或店主那兒買到工具與其他生活必需品。換言之，與亞洲相比，市場在歐洲更能深入到基層之中。相對地，歐洲的製造業也比世界其他地區更能滿足一般平民的喜好與提供更廉價的市場。

## 政治鞏固

在中世紀歷史上，經常出現管轄權重疊，彼此互爭主權的情形，讓人看了眼花撩亂。羅馬教宗與查理曼帝國繼承者都宣稱自己才是基督教世界唯一的領導者——事實上他們指的基督教世界只涵蓋拉丁基督教世界。國家君主、封建王公、地方上的大小地主、城鎮乃至於（位於歐洲邊緣地區的）氏族與自治村落，他們彼此爭搶著權威、權利、豁免權與管轄權。

我們可以將一〇〇〇年到一五〇〇年歐洲的政治發展分成三個階段。第一階段，大多數日耳曼主教與少數義大利主教支持的皇帝（即日耳曼的統治者，其頭銜來自於查理曼襲取的稱號），試圖限制各地方王侯的主權。但實際上，法蘭西、英格蘭、西班牙、蘇格蘭、斯堪地那維亞、波蘭與匈牙利各地的國王全不聽從皇帝的號令而自行其是。皇帝光是統治義大利與日耳曼就已力不從心。第二階段從一〇五九年開始，教廷扮演領導的角色，試圖淨化與改革教會。除了教會本身，這場改革也剝奪了皇帝過去擁有的任命日耳曼與義大利（部分）主教的權力。此舉釀成了長期抗爭，教宗與義大利南部新興的諾曼王國以及義大利中部和北部的城市結盟，共同以軍事力量抵抗憤怒的日耳曼皇帝從北方發動的零星入侵。到了一二五四年，帝國力量完全崩解，教廷成為拉丁基督教世界的唯一領袖。

教廷的權威不久就與法蘭西及英格蘭的王權發生衝突，這兩個國家原與教廷結成鬆散的同盟，一起反對日耳曼皇帝聲稱自己是基督教世界最高權威的主張。一三〇三年，新的權力平衡以極具戲劇性的方式展現在眾人面前，法國國王居然派人綁走了教宗波尼法爵八世（Boniface VIII），但是沒有人提出抗議，而法王也沒有遭到天譴。不久，教宗與西歐各國國王達成協議，教廷在任命主教時必須先徵詢國王的意見，國王則同意教宗可以派人向教區內的教士徵收稅捐與規費。國王與教宗也聯合起來打擊獨立的地方勢力，特別是要削弱地方貴族（無論是世俗還是教會）的權利與力量。

然而，在日耳曼與義大利，情況卻完全相反。小城邦與各王侯建立的國家幾乎取得了完整的主權。一二七三年，帝國在經過一段漫長的皇位虛懸期之後，終於選出哈布斯堡的魯道夫（Rudolf of Hapsburg）擔任皇帝。此後，

除了少數例外，原則上均由哈布斯堡家族成員出任皇帝，直到一八〇六年帝國滅亡為止。然而，哈布斯堡家族的權力並非來自於他們的皇帝頭銜，而是來自於他們的世襲領土，也就是日耳曼東南方的奧地利。

在帝國勉強恢復後不久，曾擊敗帝國的對手，教廷，卻遭遇嚴重挫敗。教宗克雷芒五世（Clement V）與他的繼承者以法國南部的亞維農（Avignon）為教廷駐留地，教廷成為法國的親密盟友，但有時更像是法國的下屬。為了解決這種局面，羅馬方面也另立教宗（一三七八到一四一七年）與亞維農對抗。皇帝西吉斯蒙德（Sigismund）在瑞士城市康斯坦斯（Constance）召開主教大公會議（一四一四到一四一七年），使分裂的教會再度統一。天底下沒有任何一個普世王權能像教廷一樣，撐過這樣的分裂而又能復合。◀ 263

在探討中世紀歐洲的文化鞏固之前，我們應該先談談代議與議會政府的發展。這項獨特的政治制度有兩個主要根源。首先，教會法規定主教必須由主教區所有的教士選舉產生，而與整個教會利害相關的事務也應該由教會領袖開會決定，不管是地方上的會議還是大公會議。尤其在十四世紀，當敵對的兩個教宗都自稱是教會的領袖時，教會改革者開始主張以會議的方式來解決問題。有些人甚至認為權威的產生必須經過被統治者的同意才具有正當性，而被統治者的意見則是透過任命或選出的代表來表達。這種想法很快轉移到世俗政府身上，在這裡，統治者與被統治者的傳統關係成為議會制度成長的第二個根源。各等級的王公貴族有時必須徵詢臣民與僕役的意見，特別是在決定重要的新舉措之前。徵詢最早的目的有兩個：解決臣下的爭端；審慎考慮是否要發動戰爭。此外，還有「補助金」的許可，也就是貴族為了公共支出所需的金錢。

補助金變得越來越重要。受召出戰時，許多騎士或騎士采邑的擁有者（如騎士去世後，繼承者還未成年），他們寧可出錢僱人代替自己出征。騎士應盡的義務因此轉變成固定的金額。國王於是用這筆錢僱用一批領薪的戰士為自己作戰，而這些人要比散布在王國各地的地主來得忠心。

但是，一旦金錢成為君主徵詢臣民的重要事項，便免不了需要城鎮代表◀ 264

的參與，因為城鎮居民是現金的最大來源。城鎮代表與貴族地主通常在不同的屋子裡開會，他們屬於不同的「身分等級」（estate）。上層教士也自成一個身分等級，因為他們聽命於教宗，與世俗權威有著特殊的法律關係。這樣的安排原本出於偶然，卻成為歐洲每個重要王國的君主或王公徵詢各方代表時的慣例。徵詢中最重要的首推徵稅問題，其他則是與全體利益相關的事項。代表很快就發現，他們能以同意徵稅做為條件，迫使君主解決（或承諾解決）他們的苦況。

透過代議制度，歐洲各國內部彼此衝突的各方利益都能獲得發言的機會。農民鮮少有代表權，城鎮工匠也同樣受到忽略。但有產者與納稅人卻能就與他們密切相關的公共事務發表意見。

因此，歐洲的政治鞏固是讓社會最積極進取的份子參與政治過程，這種做法在其他文明地區完全找不到任何類似點。統治者、地主與商人之間相對緊密的關係因此確立下來。舉例來說，我們無法想像有任何一個歐洲政府能像明朝皇帝一樣，可以完全不顧中國南方大批船東與船員團體的利益而下令禁止建造遠洋船隻。歐洲政府組織深植著一項特性，那就是公共行政官員對於一般百姓的經濟利益具有一定的敏感度，雖然不一定準確，但總是有其效果。因此，從這個意義來看，歐洲政府如同歐洲的貿易與商業，是非常貼近民間的。同樣地，歐洲政府也非常容易適應新形式的經濟事業，特別是能夠增加稅收的創新事業。

## 文化鞏固

從歐洲開始逐漸恢復，到一二〇〇年左右為止，超過兩個世紀的時間，西方人急切地學習吸引他們的阿拉伯與拜占庭文化傳統，以及這些文化所蘊含的大膽而充滿生氣的創造力。這段過程為中世紀文化注入青春奔放的氣息，像極了古希臘一開始向古中東文化模式學習，而後擺脫他們的影響，獨立走出自己的文化風格。

在西班牙與義大利南部，許多學者組織起來，有系統地將阿拉伯文翻譯

成拉丁文。原本拉丁文作品幾乎完全出自教會之手，但在大量翻譯之後，許多專業手冊與百科全書資訊也成為拉丁遺產的一部分。亞里斯多德的作品翻譯成拉丁文，其影響尤其深遠。西方人發現亞里斯多德的作品對於整個宇宙提出了理性、完整而且具說服力的說法，然而這些說法都屬於異教觀點。因此，對亞里斯多德學說與基督教真理做出融通，對於想完整保存這兩項思想遺產的人（而且這樣的人還不少）來說至關重要。

　　歐洲文化的另一個向度，主要是蠻族世界的遺產，其中比較特別的是騎士的生活風格，也需要與基督教模式融通。因為十世紀粗獷的野蠻與暴力，與基督教的愛、希望與慈悲幾乎沒有任何共通點。

　　起初，人們以一種莽撞恣意的態度來面對這些挑戰。舉例來說，聖安瑟倫（St. Anselm，死於一一〇九年）與彼得‧阿伯拉（Peter Abelard，死於一一四二年）相信，若能堅定而嚴謹地追求理性，則人類理性與基督教教義必能相互扶持。聖安瑟倫因此認為，人類可能證明道成肉身在邏輯上的必然性，而阿伯拉則對基督教作家在教義上的矛盾提出批判。在此同時，在法律領域上，修士格拉提安（Gratian。約於一一四〇年）針對教會法內部的矛盾提出各種有力的正反意見；伊爾內里烏斯（Irnerius，約死於一一三〇年）開始有系統地研究羅馬法，希望找出解開迷團的鑰匙，釐清歐洲地方法與習慣法的混淆之處。對這些人來說，沒有什麼難題是無法克服的。

　　西歐在一〇〇〇年後的急遽興盛，也展現在紀念性石砌建築的發展上，這種風格稱為「仿羅馬式」（Romanesque）。拜占庭建築風格曾在西歐略有發展，但後來西歐建築師卻明顯放棄了這類風格，轉而以殘存的羅馬巴西利卡（basilicas）與早期基督教教會建築為藍本。抱持著同樣崇高的自信，蠻族的暴力傾向至少有部分逐漸受到基督教的馴服，而且投入於各項事業，例如十字軍東征（始於一〇九六年）與發展騎士理想（濟弱扶傾、服務女性與保護自己受洗的教堂）。

　　大約在一二〇〇年到一三〇〇年間，中世紀歐洲文化萌芽時的充沛活力，發展出一種較複雜而紛擾，但也較豐富的內容。基督教信仰、教會秩序以及對過去權威的盲從，與人類的理性、世俗以及批判能力構成了緊張關

係，而這層關係漸形尖銳。然而，藉由多樣而審慎的方式，這些緊張暫時獲得有效解決，而且開啟了中世紀文化的極盛時期——十三世紀是集大成的時代——至今仍有不少敏感的西方人對這個時代充滿懷舊。

在神學方面，聖托馬斯·阿奎那（St. Thomas Aquinas，死於一二七四年）與聖大阿爾伯特（St. Albert the Great，死於一二八〇年）努力調和信仰與理性之間的關係。阿奎那《神學大全》（*Summa Theologica*）詳列針對信仰與道德問題所提出的權威意見，並且審慎地推論出自己的看法。他的作品很快就得到承認，成為基督教教義的半官方說法。阿奎那巧妙運用亞里斯多德的邏輯與結論來支持基督教真理，並以此推論出一般性的原則：信仰與理性絕不會彼此矛盾，只憑藉理性不可能掌握神學真理，必須有神的啟示才能讓真理啟悟人心。然而阿奎那並非沒有批評者。其中有些最具影響力的學者不相信長串的邏輯證明，他們認為要掌握神聖事物的確實性，靠的是神祕經驗，至於世俗事物的知識，則是仰賴感官提供的資訊加以考察而得。這類思想家如聖文德（St. Bonaventura，死於一二七四年）與羅傑·培根（Roger Bacon，死於一二九四年），他們代表鬆散的柏拉圖主義（與方濟會）思想傳統，明確地反對阿奎那與大阿爾伯特的亞里斯多德主義。阿奎那與大阿爾博特屬於道明會，與方濟會勢同水火。

267▶

在實際行動上，多樣與差異要比集大成更為明顯；但彼此對立的傾向與理想形成的均衡態勢，使人類的衝勁與活力得以表現在範圍廣闊的光譜上。舉例來說，基督教騎士受到「浪漫」理想的影響，開始強調優雅的愛情（不以婚姻為目的的愛情）與遵守追求感性不貪圖肉慾的禮儀規範。此外，在織工與其他工匠團體普遍流傳的異端，也受到虔誠的方濟會與道明會托缽修士的制衡。托缽修士不同於一般僧侶，他們與世俗之人一起生活工作，他們在市井傳道、照顧病人、幫助窮人與無助者，他們以不同的方式見證基督教的理想主義。聖方濟（St. Francis，死於一二二六年）創立方濟會（Franciscan order），聖道明（St. Dominic，死於一二二一年）創立道明會（Dominican order），這兩人是充滿基督教熱誠的重要領袖人物。然而，這當中也出現難題，由於聖方濟非常熱中於追求神聖，因而使他的一言一行有陷入異端的危

險。有些門徒批評教宗與主教未能仿傚基督與使徒過貧困生活（如托缽修士所做的），這樣的言論其實已逾越了他們的聖人創立者定下的界線。在經過冗長的法律程序之後，這些「追求靈性」的方濟會修士儘管（或許正因為如此）極為虔誠，卻還是被判定為異端。

十三世紀的文學活動呈現出當時多樣的思想與情感元素，這些文學作品部分以拉丁文表達，部分以各地方言表達。流傳的民間故事通常對教士充滿了謾罵之詞，另外還有以聖經故事為藍本，表現出民眾虔誠信仰的「奇蹟」劇作，這些作品反映出多采多姿的城鎮生活樣貌。至於貴族生活則可從騎士文學與抒情詩歌一窺究竟。這個時代最偉大的文學家是但丁（Dante，死於一三二一年），他是佛羅倫斯人，後來遭到放逐。他的十四行情詩、政論文章（《論帝制》〔De Monarchia〕）以及最重要的基督教史詩《神曲》（The Divine Comedy），比其他作家的作品更能營造出完整的世界觀，幾乎捕捉了十三世紀歐洲生活的一切面向。

藝術史也表現出勇往直前的精神，創造出多采多姿的樣貌。十三世紀，為了營造出廣大空間來禮拜基督，人們想出一個複雜、精巧而又極為成功的建築方式，這就是哥德式教堂。而哥德式風格很快發展成越來越繁複的裝飾建築，到最後，鑲飾的窗花格逐漸模糊了肋、扶壁與支柱構成的簡潔建築樣式，成為人們目光的焦點。哥德式教堂的火燄式風格正好搭配上晚期經院哲學的繁瑣，也與基督教信仰衰微及信徒耽於聲色奢侈若合符節，這也給了「追求靈性」的方濟會修士對教會高層世俗化大肆抨擊的機會。◀268

一三〇〇年後，中世紀文化由盛轉衰。十四、十五世紀，追求神聖的理想與追求此世的滿足，兩種力量彼此拉鋸，卻找不到令人滿意的解決方式。此時，義大利的發展與阿爾卑斯山以北的普遍看法產生嚴重分歧。義大利逐漸成為銳意復興古典時代的大本營，不過實際上義大利復興的是羅馬，而非希臘遺產。許多受過教育的義大利人在研究異教拉丁詩人與西塞羅之後發現，這些作家提供的不只是優美的文學典型，也對人類應該如何生活如何行動的問題提出振聾發聵的珍貴看法。這些異教羅馬遺產的研究者自詡為人文主義者，儘管如此，這些人卻鮮少與基督教立異。事實上，富有的教士階層

通常極為欣賞人文主義的文學與藝術價值，他們也是人文主義運動最重要的資助者。

義大利城鎮誕生了一種新藝術風格。就像人文主義者仿傚西塞羅的拉丁文一樣，這種藝術風格也刻意以古典為範本。以建築來說，柱、壁柱與圓拱構成了「文藝復興」風格的基本元素。在繪畫方面，幾乎沒有古典範本留存，因此這個時期的繪畫或許表現出最高的原創性。義大利畫家運用大氣透視法（大約始於一四三〇年）與線性透視法，有系統地以極合理與符合光學的方式透過物體排列使人產生錯覺而營造出空間感。他們創造出獨特而充滿力量的繪畫風格，這種風格在一五〇〇年前不久臻於成熟。這種畫法構成歐洲到十九世紀末為止的基本繪圖架構

在阿爾卑斯山以北，像人文主義與自然主義這類成功而充滿冒險性質的主張，很少公開表現出來。相反地，這個地區反而因歐洲文化遺產各項元素的彼此對立而陷入僵局。優雅高尚的宮廷騎士精神與英法百年戰爭（Hundred Years' War，一三三七到一四五三年）的野蠻殘暴形成強烈對比，受僱的傭兵一路所至燒殺擄掠，法國的肥沃原野盡成焦土。民眾的不滿演變成接二連三的農民暴動事件，此外，也興起了新異端運動，例如英格蘭的羅拉德派（Lollards）與波希米亞的胡斯派（Hussites）。

中世紀歐洲的文化框架顯然已滯礙難行，但要完全結束還需要一段痛苦而漫長的過程，最後只能透過幾樁劃時代的大事才能決定性地畫上句點，例如歐洲進入大航海時代以及幾乎與此同時發生的宗教改革。不過，有關近代歐洲起源的討論，我們要留待本書的第三部分再來進行。

## 日本

即使在天皇大權旁落之時，早熟的日本宮廷文化也未曾消失。不過沿著群島往北擴展日本社會的邊境貴族，對於早期日本廷臣從唐朝帶回的高雅而和平的文化理想，不僅未受到薰陶，也感到興趣缺缺。這些貴族自己發展出一套禮法制度與戰士理想，強調在戰陣上應表現英勇，對自己選擇的主君應

該盡忠，重視每個戰士的個人尊嚴，無論這些戰士有多麼貧困或抱持的宗旨有多麼無望。不久，這一類有關「侍」的規範（武士道）變得嚴謹而具有拘束力，甚至明文化成為具體的法典。主君徵召底下的武士，希望一起建功立業。為了成功，他們必須嚴守紀律與精神，武士道因此產生。成功的武士集團可以取得土地，以農民繳納的穀物維生。領地通常可以世襲，但為了守住自己贏來的土地，武士必須持續警戒，隨時證明自己與集團在戰場上能有傑出表現。因此，地方上的戰爭永無休止，不同集團間的爭執只能透過武力解決，就連集團內部的紛爭也很難和平處理。

因此，日本的封建制度非常類似於歐洲中世紀早期的封建制度。就連已經失去權力的日本天皇，其宗主權的存續也像歐洲人心中那股對羅馬帝國的矇矓景仰。然而，如果仔細觀察，我們會發現兩者其實存在著很大的差異。舉例來說，日本武士是以氏族（無論真實或虛構）為團體，歐洲騎士則是以契約關係（臣服與效忠）而非親族關係為團體。此外，支撐日本武士階級的農業類型與支撐歐洲騎士的農業類型完全不同。與中國一樣，日本也盛行以手栽種的集約農業，其中以稻田為大宗。因此，人口稠密的日本農民，平均每個家庭生產的糧食剩餘遠少於歐洲農民，他們成為極度貧窮與極度辛勞的日本社會底層。◀ 270

大約在一三○○年之後，日本社會開始出現具有影響力的第三階層，即城鎮居民與水手。中國在造船技術上的重大進展，使日本社會出現這樣的發展。羅盤、可調整的中插板、龍骨、以布取代竹條編成的帆，以及船身在尺寸與強度上的增加，這些改良都從中國傳到了日本。使日本船隻不僅能環繞日本沿岸航行，還能渡海前往中國、東南亞與較近的太平洋島嶼。漁業很快發展成日本的一項重要產業。此後，當一四三○年代中國從海上撤離之後，日本很快就接替中國成為西南太平洋的海上霸主。

在這種情況下，對於那些土地不足或者在地方爭鬥中失敗的貧困武士來說，海上劫掠與漫遊等於給了他們謀生的機會。日本海盜（倭寇）因此很快成為中國沿海的災難。他們把大量的戰利品運回自己的港口，而港口附近的城鎮生活變得比過去來得重要，部分是因為海盜行為帶來的利益所致。商人

與戰士之間有著廣泛的交流，因此創造出一批好戰自恃的中產階級，在文明世界中，只有歐洲才能找得到類似的階級，而歐洲的海盜背景也有助於了解歐洲城鎮的特性。

日本城鎮的興起也意謂著新社會環境的出現，中國的禮法與日本的現實情況是兩個極端，但這兩個極端卻能在城鎮裡獲得調和。城鎮居民很快就創造出遠比農村武士尚武精神更精緻的上流文化。以武士氏族與戰士集團之間的戰鬥為藍本的戲劇，就是這種交流下的產物。另一項產物是日本繪畫的發展，不過此時的日本繪畫尚未完全脫離中國繪畫的影響。第三項產物是武士禮儀的提升，主要表現在「茶道」與絲質衣物等優雅事物上。

日本的宗教史同樣反映出由中國傳來的宗教在日本獨立發展的情形。佛教的禪宗最早是從中國傳來日本，但在日本的土壤上，禪宗卻與武士理想糾纏在一起，變成與中國禪宗完全不同的宗教。年老或戰敗的武士到禪寺退隱的情形並不罕見，他們頓悟形而上的佛理，藉此彌補自己在塵世中陰鬱的好戰之心。大約從一二○○年以後，淨土宗在日本大為盛行，在民間吸引了大批信眾。淨土宗有信眾組織，明確主張信眾沒有僧侶的協助亦能往生西方淨土。禪宗與淨土宗偶爾會訴諸暴力。禪寺本身如同擁有權勢的地主，因此經常被迫像武士氏族一樣以武力保衛自己的地產。至於淨土宗則是喚起大規模的農民叛亂。這些叛亂幾乎都發生在一四○○年以後，但每一次叛亂的成功都是短暫的。

日本皇室的始祖是天照大神，天照大神的崇拜在十五世紀經歷重大轉變。在此之前，這項崇拜幾乎只在宮廷內由皇室成員進行，而且融合了中國的祖先崇拜形式。然而，一四○○年後，負責祭祀天照大神的神官們開始發展出一套精巧的傳統神話詮釋，其神學的形而上內涵足以與佛教媲美。這種改革後的崇拜，或稱為神道教，確實引發了日本正在興起的民族認同與民族意識，尤其日本人開始從事海上漫遊之後，與外在世界的接觸增加，這種民族感受也越來越強烈。

因此，到了一五○○年，日本社會與文化在複雜、廣大與精巧程度上已能與舊世界其他文明一較高下。然而，日本文化的地理環境相對狹小而孤

立，人民同質性極高，新文明因此無法充分發展。或者我們應該說，在日本 ◀272
文明有能力將文化散播到群島之外，吸引其他民族（如菲律賓人與美洲原住
民）接受它的影響之前，其他的海上文明對手，如伊斯蘭文明與歐洲文明，
早已捷足先登拒日本於門外。因此日本文明無法像其他地理位置優越的文
明，可以將自身的文化傳布給新民族。雖然如此，日本還是及時取得文明地
位，因而能在近代保存了完整的文化與政治自主性，相較之下，非洲、澳洲
與美洲的較落後民族則未能如此，關於這些民族的文化發展，我們將在下一
章探討。

## 第十七章

直到西元一五〇〇年
# 文明世界的邊緣地帶

273 ▶　　到了一五〇〇年，只剩下狹長的苔原與北極沿海地帶未受到舊世界文明發展的影響。一小群馴鹿游牧者仍過著傳統生活，已經習慣在北極沿海地帶特殊環境生活的愛斯基摩人（Eskimos），與那些在氣候良好地區生活的民族似乎沒有任何交流。

　　文明世界像條橫貫歐亞大陸的帶子，在帶子的南方，地理環境與文化關係卻更為複雜。像非洲這麼遼闊而樣貌特異的大陸，我們對它的歷史所知相當有限。儘管我們已經解決不少歷史謎團，但留下的疑惑仍與解決的一樣多。因此在本書中，我們只能簡要介紹一些主要的發展，這些說法只是暫時的見解。讀者應當牢記，本章的描述仰賴的是審慎的推論，而非堅實的證據。

　　一五〇〇年，在非洲尚比西河（Zambesi river）以南，以及整個澳洲與澳洲鄰近島嶼如塔斯馬尼亞（Tasmania）與新幾內亞，這些地區仍屬化外之
274 ▶　地。此地的漂泊住民過著石器時代生活，就目前的判斷，他們過的日子很可能類似史前的獵人。

## 東南亞與南太平洋

　　然而，在這兩處未受文明影響的地區以北，文明的轉變力量無所不在。東南亞與印尼群島社會早在印度或中國探險家抵達當地河口之前，就已熟知塊根農業與原始的航海技術。之後，如前面提到的，大約在基督紀元開始之時，這個地區開始大量接受印度文化。到了六○○年以後，東南亞與印度的關係逐漸疏遠，主要是因為穆斯林取代印度教徒成為印度洋航運的主力。東南亞的印度教（與一些佛教）國家退回到以當地固有的資源支撐，結果仍開創出非凡的成就。例如，爪哇成為印度教帝國的中心，興建了滿者伯夷（Majapahit）大神廟；湄公河（Mekong）下游也興起信仰印度教的高棉帝國（Khmer empire），它的紀念性建築是令人印象深刻的巨大神廟都城吳哥窟（Angkor Wat）。

　　大約從一二○○年開始，有兩股外來力量攻擊東南亞的印度化宮廷文明。來自北方的泰族推翻了高棉帝國，他們在湄公河流域建立了好戰而騷亂頻仍的國家。傳教士適時讓泰族皈依了佛教，不過他們所信奉的是緬藏佛教，而非印度佛教。在此同時，穆斯林的傳教事業也因伊斯蘭社群內部的變化（之前已經提過）而如火如荼地展開。不久，馬來亞、蘇門答臘、爪哇與遙遠的菲律賓民答那峨島（Mindanao）都成立了穆斯林政權。印度教信仰幾乎完全絕跡，除了峇里島（Bali），這裡直到近代仍保留著古老的生活方式。

　　就在東南亞發展的這幾百年間，玻里尼西亞（Polynesia）航海家將他們高度發展的蠻族文化散播到太平洋島嶼上。玻里尼西亞人的文化至少與東南亞文化有著鬆散的關係。玻里尼西亞人的祖先可能來自亞洲大陸，他們之所以能廣泛散布，主要是因為舷外撐架的發明。在獨木舟兩側裝上撐架之後，玻里尼西亞人就能安全地航向外海。這項重大突破（大約出現在西元元年到六○○年之間）使玻里尼西亞人在數百年間散布到廣闊的太平洋上——紐西蘭到夏威夷隔著如此遙遠的距離，但兩地原住民的語言卻極為相近，由此證明當初玻里尼西亞人的確經由太平洋散布到各個島嶼。

◀275

## 撒哈拉以南非洲

非洲可能是人類最初的搖籃，從以前到現在，非洲保存的族裔種類一直比其他各洲多。布希曼人（Bushmen）、霍騰托特人（Hottentots）、丁卡人（Dinka）與馬塞伊人（Masai），這些民族各自擁有相當不同的體型外貌，如此廣泛的人種差異是其他大陸所沒有的。過去，這些民族擁有的領土比現在來得廣闊，而其他的民族，特別是說班圖語（Bantu）的非洲人，他們原本居住的地方只是目前領土的一小部分。有人認為非洲長久以來一直居住著外觀幾乎雷同的黑人族群，這種天真的想法完全沒有根據；然而，真實的狀況太複雜，留下的紀錄也太少，使我們無法輕易重構這段歷史。

撒哈拉沙漠（Sahara desert）將非洲一分為二。非洲北部沿海地帶屬於地中海的古典時代與中世紀歷史的一環，在此不做討論。撒哈拉以南的非洲，其地理環境並不均質單調。剛果（Congo）雨林的北、東、南面均圍繞著熱帶疏林草原。但這道草原圓弧卻在中非與東非被山脈與大湖截斷，因此，這片草原帶並非連綿不絕，而是被區隔成兩個主要部分：西非被蜿蜒的尼日河（Niger river）切成兩半，東非則沿東部山脊一路直達好望角（Cape of Good Hope）。撒哈拉南緣零星的放牧地，群集於險阻山巒的北面。這片面積不大的草原連結了西非與東非兩大生產地帶。

非洲地理的區隔有助於解釋古埃及對外擴張時所遭遇的限制，它的影響力從未走出尼羅河谷地，最南頂多到達努比亞。在基督紀元開始之後，或者可能在開始前不久，重要的印尼元素被帶進了非洲。這個時期印尼有人跨海
276 ▶
到馬達加斯加島殖民，這些人可能來自婆羅洲，因為近代馬達加斯加島的語言與婆羅洲的語言極為接近。印尼或許曾在非洲東岸建立過殖民地。這方面最確切的證據是印尼特有的適合在雨林生長的塊根植物，居然成為非洲農業
277 ▶
的主要作物。這種新作物對西非的影響很大，當地的種植者在這個時期開始穿透廣大的剛果雨林，或許是這種來自印尼的新作物使得農業首次在雨林環境下發展。班圖族最初發源與散布的地方位於西非，或許離貝南灣（Bight of Benin）不遠，他們可能成功栽種過這種來自印尼的新作物。

大約在三〇〇年左右，穿越撒哈拉的駱駝商隊開始將羅馬世界的影響帶

到西非。駱駝商隊運送的主要商品是黃金、鹽與奴隸，憑藉著貿易，西非第一個重要國家開始在三〇〇年到六〇〇年間成形。在此同時，東非的努比亞與阿比西尼亞（Abyssinia）王國也與羅馬世界建立更密切的關係。努比亞與阿比西尼亞很早就接受基督教信仰，但這兩個國家的基督教不久就偏離了羅馬與君士坦丁堡的教義，因此他們與地中海世界也漸行漸遠。阿比西尼亞曾短暫控制亞丁（Aden）海峽，勢力伸展到阿拉伯半島。然而伊斯蘭教的興起與穆罕默德的統一阿拉伯半島，將阿比西尼亞人趕回非洲。此後，阿比西尼亞的基督教文化一直處於守勢。伊斯蘭教很快在東非建立據點，穆斯林不久就掌控了整個沿海地帶，基督徒只能局限於高原地區，直到今日仍是如此。

　　阿拉伯人征服埃及（六四二年）與北非（七一一年），把東非與西非的鄰居從基督徒換成了穆斯林。此後，穆斯林的船隻很快掌控了印度洋，顯示非洲將更容易被穆斯林滲透。一〇〇〇年之前，伊斯蘭教在撒哈拉以南地區少有進展，但之後則大有斬獲。例如，迦納在一〇七六年遭穆斯林征服，西非成為穆斯林國家的天下。最重要的早期穆斯林國家是馬利（Mali）帝國。在東非，為了抵抗伊斯蘭教的攻擊而做的種種努力，創造出阿比西尼亞文化史上的「黃金時代」，但努比亞卻在十五世紀被穆斯林征服。在征服努比亞之後，阿拉伯游牧部族開始沿著撒哈拉南緣橫貫整個非洲大陸。當這些遷徙者抵達西非時，他們對農村燒殺掠奪，使得農耕界線往南大幅退縮。

◀278

　　瓜達夫伊角（Cape Guardafui）以南的東非歷史仍相當模糊。大約在七〇〇年到一四〇〇年的某個時期，今日的羅德西亞（Rhodesia）*有幾個地點出現大規模的採礦。辛巴威（Zimbabwe）與鄰近地區廣大的石砌廢墟證明過去採礦事業的浩大。另一件重要歷史是牧牛民族的南遷。班圖族再次扮演了開拓者的角色，他們很可能從某個文明民族（也許是努比亞）學到飼養牛群的技術。牧牛的班圖族趕走原本居住在東非大部分地區的霍騰托特獵人。到了一五〇〇年，班圖族的疆界已經擴展到尚比西河。

---

＊譯註：羅德西亞已於一九八〇年改名為辛巴威。

▲ 非洲，約一五〇〇年

　　因此，早在歐洲人航行繞經好望角之前，整個非洲幾乎都已受到先進社
會的影響，儘管效果有限，但結果相當明確。無論西非還是東非，只要能進
行農業的地方，文明形式就在當地生根，並且依照各地風土發展出各種形
式。

## 美洲

　　在此同時，美洲也發展出足以稱為「文明」的複雜社會。概括而論，墨西哥與祕魯在一五○○年時對環境的利用程度，非常類似於古美索不達米亞與古埃及在西元前二五○○年左右的水準。當西班牙征服者來到這片與世隔絕之地時，四千年的落後使得美洲印第安人難以迎頭趕上。由於阿茲特克（Aztec）與印加（Inca）帝國的高等文化只留下有限的遺跡，因此我們在討論美洲印第安文明時將不可避免較為粗略。

　　新世界開始種植糧食作物的時間，大約與新石器時代農民開始在舊世界試種小麥與大麥同時。新世界的基本糧食作物是玉米，它是大芻草與其他野生植物自然混種後產生的植物。（現代玉米最早起源於何種植物，至今仍在調查。）尋找合適的糧食作物需要很長的時間，直到西元前二五○○年，美洲才出現生產力足以支持人類生活的植物。不過當時除了田地生產的糧食外，還必須輔以漁獵與採集。因此人口的分布仍相當稀疏。

◀279

　　美洲印第安人面臨的第二項不利因素，是新世界幾乎沒有馴養的牲畜，不僅無法協助農事，也無法豐富人類飲食。駱馬、狗與天竺鼠是新世界的馴養牲畜，然而與舊世界馴養牲畜在種植者與游牧民族生活上扮演的核心角色相比，新世界實在毫不起眼。

　　因此，直到基督紀元開始前不久，美洲才發展出足以稱為文明的複雜社會。這項變化的證據來自於考古發現。一些石砌紀念性宗教中心與充滿特色的神廟，座落於人造金字塔基的頂端，這些建築物位於瓜地馬拉（馬雅）與墨西哥中部高原上。往後幾個世紀，建築技術突飛猛進。在馬雅（Maya）與墨西哥的中心地區，神廟雕刻變得更精細，結構也變得更精確。考古學家認為中美洲的美洲印第安人「古典」文化時期大約出現在三○○年，而後延續了約六百年的時間。在這段期間，馬雅與墨西哥神廟規模更加宏大與精緻。馬雅人發展出精確的曆法，他們的書寫系統今日學者已能解讀一部分。馬雅社會顯然由祭司發號施令；然而，祭司如何動員農民建築巨大神廟，如何維持一批砌磚匠與其他工匠，其中的觀念與神話，宗教原則與行政組織的細節，今日我們已無從得知。

　　祕魯大概比墨西哥與瓜地馬拉的發展稍晚，但祕魯三大主要文化的「古典」時代一般認為與馬雅與墨西哥神廟國家的古典時代相去不遠。馬鈴薯與駱馬是安地斯山脈（Andes）山坡地帶的重要資源，墨西哥並不出產這兩項特產。此外，祕魯沿海地區的社會仰賴技術高超的灌溉工程，中美洲的玉米則種植在雨水灌溉地區。在五〇〇年到一〇〇〇年之間的某個時期，祕魯所有流向太平洋的河谷，處處充滿發源於安地斯山脈高處提亞瓦那科280 ▶（Tiahuanaco）的藝術風格。這或許是軍事征服的結果，也可能是宗教傳播的遺跡。無論中央集權的性質為何，它都不可能長久存續。當印加人開始在安地斯山脈高處中心發展新帝國時，他們不斷擴展的勢力遭遇而且征服了一連串地方城市與部族國家（十五世紀）。印加人在祕魯全境實行非常嚴厲的中央集權制度。他們的帝國透過道路、官員與信奉太陽神的宗教連結成一體，在印加人的宗教中，皇帝同時也是大祭司。印加帝國將宗教與政治集權中央的做法，與古埃及有著驚人的相似之處。

　　墨西哥地區較為多元，就這一點來說，我們可以將它比擬成古美索不達米亞。大約在九〇〇年左右，馬雅與墨西哥這兩個由祭司領導的社群開始崩解。理由我們不清楚。可能是北方蠻族入侵墨西哥谷地，摧毀了這個祭司政權。更往南一點的地方，我們找不到軍事攻擊的遺跡，這個地區的居民可能放棄了信仰，馬雅農民發現就算不支持祭司中心也能確保玉米田的肥力，這有助於解釋神廟的荒廢。儘管如此，更好戰的政權確實來到馬雅人的土地上。首先是在猶加敦半島上建立的奇琴伊察（Chichén Itzá），而後馬雅潘（Mayapan）似乎建立了鬆散的馬雅人帝國，但等到西班牙人抵達的時候，就連這樣的政治統一局面也歸於消滅。儘管馬雅人過去曾擁有偉大的神廟中心，但當西班牙人首次出現時，他們的農民定居的村落社群仍相當簡單，沒有複雜的軍事、政治與祭司組織。

　　阿茲特克人於一三二五年抵達墨西哥中部，並且在當地建立鬆散的霸權，在此之前，北方已出現一連串入侵浪潮。阿茲特克的軍事行動，目標是俘虜戰俘，他們每天挖出戰俘的心供奉神明，全年不間斷。我們推測這些受害者並不樂於接受這樣的命運。一五一九年，當科爾特斯（Cortez）率領一

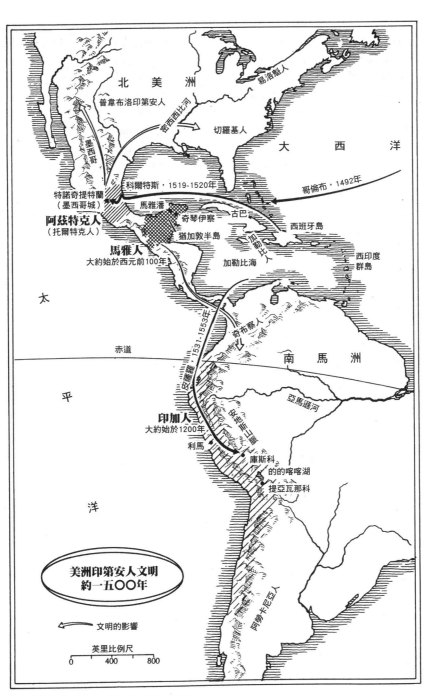

▲ 美洲印第安人文明，約一五○○年

群惡棍來到蒙特祖馬（Montezuma）的宮殿時，墨西哥中部谷地數百萬居民早已對他們的統治者離心離德。

在歐洲人發現美洲之前，其他印第安人社會在農業上已有長足發展。舉例來說，美國東南部出現一些受墨西哥影響的崇拜中心，但形式比較簡單。類似的原始文明存在於今日的哥倫比亞（Colombia）與智利（Chile）。再遠一點，維吉尼亞州（Virginia）與新英格蘭的印第安人知道如何種植玉米，而易洛魁人（Iroquois）早在與白人接觸之前就已開始建立龐大的政治軍事聯盟。

有個問題引起人們的熱烈討論，那就是美洲印第安人文化是否受到跨越大西洋或太平洋而來的航行者的深刻影響。中美洲與東南亞的藝術主題相當類似。此外，早在歐洲人之前，太平洋島嶼已經出現栽種植物，這表示在相當早的時代，太平洋兩岸的文化已經有某種程度的交流。儘管如此，許多學者仍堅決否認美洲印第安人文明曾受到世界其他地區的深刻影響。這個問題仍需集思廣益，要以更詳盡的考古研究才能獲得定論。

▲ 圖 17：穆克特斯瓦拉神廟，約西元九五○年，全景，布瓦尼斯瓦拉。

▲ 圖 18：穆克特斯瓦拉神廟，細部。

▲ 圖 19：持鏡女性，西元十一世紀，布瓦尼斯瓦拉或卡如拉荷某座神廟的細部裝飾。

▲ 圖 20：巨大神廟建築群，西元八到十三世紀，布瓦尼斯瓦拉。

▲ 圖 21：坎帝龐塔德瓦，約西元七〇〇年，爪哇，狄恩高原。

## 東南亞神廟

　　依印度方式建築的神廟，其所採取的宗教儀式大部分是從印度傳入。印度風格的宗教建築傳布到亞洲廣大地區，從北方的西藏，到南方的爪哇，最遠到達東部的柬埔寨。這些地區本身的宗教與政治傳統和印度的文化與宗教習慣混合，因此找不到純粹複製印度原型的建築。儘管如此，印度宗教建築的影響仍顯而易見。蠻族與印度文明生活風格的融合，可以從建築中看出（圖二十一到二十四），這種現象與希臘雕刻風格（經過適當的調整）傳布到羅馬與西歐（圖四到七）的過程如出一轍。

▲ 圖22：窣堵坡，顯示佛陀的眼睛，約西元八到九世紀，尼泊爾，加德滿都附近。

▲ 圖 23：濕婆神廟，西元九世紀晚期，爪哇普蘭巴南，拉喇宗格蘭。

▲ 圖 24：吳哥窟，西元十二世紀初，東北方空照圖，柬埔寨。

▲ 圖 25：馬遠，梅間俊語圖，宋朝，中日特別基金會，波士頓美術館。

## 古典中國繪畫

　　本圖與以下三幅圖，顯示中國文人以有限的工具——紙、筆與墨——創造出廣泛的效果。這些作品都是宋朝（西元九六〇到一二七九年）作品，中國畫於此時達到古典形式。宋以前的作品留存甚少，宋以後的藝術家則大多在宋人建立的各派別下進行創作而少有突破。他們追求雅致與完美，避免浮誇庸俗的個人創新。中國藝術史因此在風格上缺乏劇烈變化。中國畫使用的工具相當簡單，其特色在於維持優雅與各方面的穩定和諧，而這也忠實反映了傳統中國社會的結構。

▲ 圖 26：馬賁（推測），百雁圖，宋朝，局部。夏威夷，檀香山藝術學院。

◀ 圖 27-1：梁楷，李白行吟圖，宋朝。東京國
立博物館。

▶ 圖 27-2：牧谿，柿圖，宋朝，京都龍
光院。

▲ 圖 28：董源，平林霽色圖，宋朝，局部，中日特別基金會，波士頓美術館。

### 中國藝術對波斯的影響一：

　　圖二十九狩獵圖描述的是一首波斯詩的場景——以繪畫來表現文學，這種做法在中國頗為陌生。此外，原作無數鮮艷的小色塊（在此讀者只能想像），與中國畫特有的暗色調大異其趣。然而，此畫左上方的山顯然是中國式的（與圖二十八比較），顯示中國風格——十三世紀統治中國與波斯的蒙古人首次將中國畫引進到波斯——已經影響了技術高度發展的波斯宮廷畫。

▲ 圖 29：比札德，大流士王遭牧者責罵圖，西元一四八八年，開羅，埃及皇家圖書館。

### 中國藝術對波斯的影響二：

　　把以下顯示的樹木拿來與圖二十五的梅樹與圖二十六的竹葉比較，再次顯示出波斯藝術家如何從中國畫裡取得主題而援為己用——雖然有時不太協調。波斯藝術家部分與有限地運用中國主題，這種做法也與一些蠻族全盤接受外國風格（如圖四到七，與圖二十一到二十四）迥然不同。

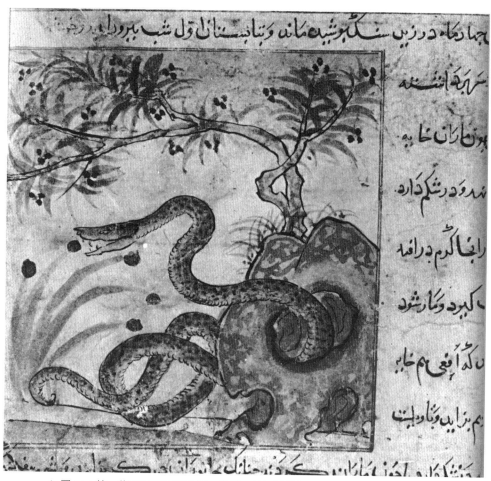

▲ 圖 30：蛇，約西元一三〇〇年，伊朗。芝加哥藝術研究所。

▲ 圖 31：埃米爾哈瑪札羅曼史插圖，莫臥爾，西元
十六世紀。大都會藝術博物館。

## 從中國經波斯到印度

　　蒙兀兒人帶著他們的波斯文化進入印度，這一點可以從這幅畫看出，該
畫完成於阿克巴皇帝統治時代（西元一五五六到一六〇五年）前期。當時，
波斯本土的宗教改革者反對所有的人像藝術，認為這是危險的偶像崇拜；但
這無法阻止源起於五百年前的中國圖像在印度出現。在傳布的過程中，我們
看到（比較圖二十八）原本讓人類為之渺小的巍峨山嶺，萎縮成奇形怪狀的
孔雀棲枝。然而，無論蒙兀兒藝術家如何誤解，這種古怪而引人注意的中國
山水形狀毫無疑問保留了下來。

▲ 圖 32：達拉希克親王與他的兒子，蒙兀兒，西元十七世紀，柏林國立博物館。

## 伊斯蘭帝國的壯麗與光彩

在十六世紀，鄂圖曼、薩法維與蒙兀兒王朝統治的三大帝國鞏固了他們對穆斯林世界的控制。這幾個強大的國家發現要開疆拓土並不困難，他們要不是找陷入內爭的基督教世界開刀，就是朝混亂的印度斯坦下手。

這些政治事實可以在這幅畫裡找到微弱的回響。畫中盛裝打扮的大象，愉快但莊嚴，牠大步向前的神態使一切相形見絀。從這幅畫也可以看出波斯風格（掛毯與騎士的服飾）如何與舊印度風格（大象的踝環）混合，產生了嶄新而獨特的蒙兀兒風格，在藝術與生活皆然。

# 【書目提要】

　　我認為世界史從西元前五○○年到西元一五○○年這一段可以視為一個整　◀283
體，這是擴大的「中世紀」，它夾在文明開始建構的時代，與一五○○年以後西
方開始宰制世界的時代之間。這種時代劃分跟傳統歷史分期不同，傳統歷史以西
元四○○年做為古典時代與中世紀的分界點。然而，傳統的歷史分期與世界其他
地區的歷史格格不入，因此最好的做法是分區域列出書名，而不要做年代排列。

　　**歐洲**。絕大多數的古典作者都已翻譯成英文，而且由 Loeb 古典圖書館出版，
這些譯作通常以英文對照古希臘文或拉丁文的形式印行。此外，比較重要的作家
也有各種不同的譯本，例如埃斯庫羅斯、索福克里斯、阿里斯托芬、希羅多德、
修昔底德、普魯塔克、李維、塔西佗與其他至今仍受歡迎的作者，我在這方面缺
乏足夠的知識，無法針對特定版本做出推薦。然而，任何好學的學生都應該馬上
閱讀這些作者，因為他們是西方文明的根柢。

　　至於現代學者的作品，我必須做出困難而專斷的選擇。兩部優秀的標準用書
是：J. B. Bury, *History of Greece to the Death of Alexander the Great*, 4th ed.(London,
1975)；與 Max Cary, *History of Rome Down to the Reign of Constantine the Great*, 2nd
ed. (London, 1954)。Gisela M. A. Richter, *Sculpture and Sculptors of the Greeks*, rev.
ed. (New Haven, 1950)是另一部標準權威之作；與 Moses Hadas, *History of Greek
Literature* (New York, 1950)，文筆優雅的研究之作。關於經濟史的部分，見 F. M.　◀284
Heichelheim, *Ancient Economic History*, 3 vols. (New York, 1958)；M. I. Rostovtseff,
*The Social and Economic History of the Hellenistic World*, 3 vols. (Oxford, 1941)；同一
個作者寫的另一部更激昂的作品 *Social and Economic History of the Roman Empire*,
由 P. M. Fraser 修訂，2nd ed., 2 vols. (Oxford, 1957)；Tenny Frank et al., eds., *An
Economic Survey of Ancient Rome*, 5 vols. (Baltimore, 1933-40)；A. H. M. Jones, *The
Greek City: From Alexander to Justinian* (Oxford, 1940)；K. D. White, *Roman Farming*
(Ithaca, N.Y., 1970)；M. I. Finley, *The Ancient Economy* (Berkeley, 1973)；與 Ernast
Badian, *Publicans and Sinners: Private Enterprise in the Service of the Roman Republic*

(Ithaca, N. Y., 1972)。關於軍事與政治的特殊面向，以下作品特別引人入勝：A. R. Burn, *Persia and the Greeks: The Defence of the West* (New York, 1962)；H. W. Parke, *Greek Mercenary Soldiers* (Oxford, 1933)；A. H. M. Jones, *Athenian Democracy* (Oxford, 1957)；Sir Ronald Syme, *The Roman Revolution* (Oxford, 1939)；J. R. Hamilton, *Alexander the Great* (London, 1973)；F. E. Peters, *The Harvest of Hellenism: A History of the Near East from Alexander the Great to the Triumph of Christianity* (New York, 1970)；Ernst Badian, *Roman Imperialism in the Late Republic* (Oxford, 1968)；Fergus Millar, *The Emperor in the Roman World, 31 B.C.-A.D. 337* (Ithaca, N.Y., 1977)；Ramsey Macmullen, *Roman Social Relations, 50 B.C.-A.D. 284* (New Haven, 1974)。還有三本值得推薦的書：Marshall Clagett, *Greek Science in Antiquity* (New York, 1956)；W. W. Tarn and G. T. Griffith, *Hellenistic Civilization*, 3rd ed. (London, 1952)；與 Georges Dumezil, *Archaic Roman Religion* (Chicago, 1970)。

早期基督教本身自成一個主題。有兩部古典學家完成的傑作，C. N. Cochrane, *Christianity and Classical Culture* (New York, 1944)；與 Arnaldo Momigliano, ed., *The Conflict Between Paganism and Christianity in the Fourth Century* (Oxford, 1963)。William A. Chaney, *The Cult of Kingship in Anglo-Saxon England: The Transition from Paganism to Christianity* (Berkeley, 1970)闡明了重要轉折時期的連續與不連續。好的早期基督教通史：Kenneth Scott Latourette, *A History of the Expansion of Christianity I: The First Five Centuries* (New York, 1937)；Robert M. Grant, *Historical Introduction to the New Testament* (New York, 1963)；與 Rudolf Karl Bultmann, *Primitive Christianity in its Contemporary Setting* (London, 1956)。更專門的主題如 A. D. Nock, *Conversion, The Old and the New in Religion from Alexander the Great to Augustine of Hippo* (London, 1933)；J. M. Allegro, *The Dead Sea Scrolls and the Origins of Christianity* (New York, 1957)；Jean Doresse, *Secret Books of the Egyptian Gnostics* (New York, 1960)；與 Peter Brown, *Augustine of Hippo* (Berkeley, 1967)。Salo W. Baron, *A Social and Religious History of the Jews*, 2nd ed., 8 vols. (New York, 1952-58)是研究早期基督教的一部非常有用的參照作品。

中世紀歷史幾乎總是區分成拉丁基督教世界與希臘基督教世界，而斯拉夫歐洲則通常被通論性敘事歸類為第三部分。類似的狀況，與伊斯蘭教的關係往往受到忽視，或孤立於通論性敘事之外。結果是無視事實過分強調中世紀歐洲關係的區劃——不把歐亞視為一個整體。Hugh Trevor-Roper, *The Rise of Christian Europe* (London, 1965)；Gustave E. von Grunebaum, *Medieval Islam: A Study in Cultural Orientation*, 2nd ed. (Chicago, 1955)；與 Robert S. Lopez, *The Birth of Europe* (New York, 1967)；超越這類狹窄視野的有 Lynn White Jr., *Medieval Technology and Social Change* (Oxford, 1962)。

最近的中世紀經濟史作品，目光集中在亨利・皮倫（Henri Pirenne）在 *Mohammed and Charlemagne* (New York, 1955)提出的，與在 *Economic and Social History of Medieval Europe* (New York, 1937)的大脈絡中加以斷言的「皮倫命題」上。*The Cambridge Economic History of Europe*, 3 vols. (Cambridge, 1941-63)反映出專家共識；而 C. S. and C. S. L. Orwin, *The Open Fields*, 2nd ed. (Oxford, 1954)則以實際的農耕經驗來説明眾多紛紜的莊園土地模式。最近由傑出學者完成的綜合性作品有：M. M. Postan, *The Medieval Economy and Society: An Economic History of Britain, 1100-1500* (Berkeley, 1972)，與 Robert S. Lopez, *The Commercial Revolution of the Middle Ages* (Englewood Cliffs, N. J., 1971)。

在政治層面，最好先列出比大多數書籍來得有趣與重要的作品；Marc Bloch, *Feudal Society* (Chicago, 1961)；Carl Stephenson, *Medieval Feudalism* (Ithaca, N.Y., 1942)；Sir Steven Runciman, *A History of the Crusades*, 3 vols. (Cambridge, 1951-54)；Charles Homer Haskins, *The Normans in European History* (Boston, 1915)；Geoffrey Barraclough, *The Origins of Modern Germany*, 2nd ed. (Oxford, 1947)；與 P. H. Sawyer, *The Age of the Vikings* (New York, 1962)。

同樣專斷的文化史原則如下：R. W. Southern, *The Making of the Middle Ages* (New Haven, 1953)；Christopher Dawson, *The Making of Europe* (London, 1932)；Johan Huizinga, *The Waning of the Middle Ages* (London, 1924)；L. J. Daley, *The*

*Medieval University* (New York, 1961)；Charles Homer Haskins, *The Renaissance of the Twelfth Century* (Cambridge, Mass., 1927)；C. H. McIlwain, *The Growth of Political Thought in the West* (New York, 1932)；David Knowles, *The Evolution of Medieval Thought* (London, 1962)；Ernst Kitzinger, *Early Medieval Art in the British Museum*, 2nd ed. (London, 1955)；Erwin Panofsky, *Gothic Architecture and Scholasticism* (Latrobe, Pa., 1951)；Paul Oskar Kristeller, *Renaissance Thought:The Classic, Scholastic and Humanist Strains*, rev. ed., 2 vols. (New York, 1961)；與 Ernst Cassirer et al., eds., *The Renaissance Philosophy of Man* (Chicago, 1948)。David Talbot Rice, ed., *The Dawn of European Civilization* (London, 1965)為西元第一個千年的歐洲與近東藝術提供了通論性的、說明詳盡的介紹。兩部通論性作品追溯歐洲文化的重要主題：Clarence Glacken, *Trances on the Rhodian Shore* (Berkeley, 1967)處理歐洲的自然觀念，與 Herschel Baker, *The Dignity of Man* (Cambridge, Mass., 1947，新書名 *The Image of Man*, New York, 1961)。

　　東歐的英文資料較少，但以下是值得一讀的作品：Archibald R. Lewis, *Naval Power and Trade in the Mediterranean, A.D. 500-1000* (Princeton, 1951)；Sir Steven Runciman, *Byzantine Civilization* (London, 1933)；William H. McNeill, *Venice: The Hinge of Europe, 1081-1797* (Chicago, 1974)；Norman H. Baynes and H. St. L. B. Moss, eds., *Byzantium* (Oxford, 1961)；Peter Charanis, *Studies on the Demography of the Byzantine Empire: Collected Studies* (London, 1972)；O. M. Dalton, *East Christian Art: A Survey of the Monuments* (Oxford, 1925)；N. P. Kondakov, *The Russian Icon* (Oxford, 1927)；George Vernadsky, *A History of Russia*, 5 vols. (New Haven, 1943)；與 Jerome Blum, *Lord and Peasant in Russia* (Princeton, 1961)。

　　**伊斯蘭世界**。這是一個彈性很大的詞彙，因為伊斯蘭教從西元第一個千年開始傳布擴張，這股趨勢至今未嘗稍減。此外，為了便於討論，我們將安息帝國與薩珊帝國安置在伊斯蘭世界這個標題之下，事實上，就許多方面來說，這兩個帝國也是阿拔斯王朝的先驅。一般而言，有關伊朗的研究少之又少。兩部簡明的通論性作品是 Richard N. Frye, *Heritage of Persia* (Cleveland, 1963)與 Roman

Ghirshman, *Iran from the Earliest Times to the Islamic Conquest* (Penguin, 1961)。關於安息與薩珊時代，見 Neilson C. Debevoise, *A Political History of Parthia* (Chicago, 1938)；法文讀者可參閱 Arthur Christensen, *L'Iran sous les Sassanides*, 2nd ed. (Copenhagen, 1944)；Roman Ghirshman, *Persian Art, The Parthian and Sassanian Dynasties* (New York, 1962)；與 Arthur Upham Pope and Phyllis Ackerman, eds., *A Survey of Persian Art*, 7 vols. (London and New York, 1938-39)都相當傑出。關於宗教史，F. C. Burkitt, *The Religion of the Manichees* (Cambridge, 1925)，與 Robert Charles Zaehner 的兩部作品 *The Dawn and Twilight of Zoroastrianism* (New York, 1961)和 *Zurvan: A Zoroastrian Dilemma* (Oxford, 1955)可供參考。

在伊斯蘭教眾多的通論性作品中，以下幾本是特別好的：H. A. R. Gibb, ◀287 *Mohammedanism: An Historical Survey*, 2nd ed. (London, 1953)；Bernard Lewis, *The Arabs in History* (London and New York, 1950)；Marshall G. S. Hodgson, *The Venture of Islam: Conscience and History in a World Civilization*, 3 vols. (Chicago, 1974)；Gustave E. von Grunebaum, *Medieval Islam: A Survey in Cultural Orientation*, 2nd ed. (Chicago, 1955)；T. W. Arnold, *The Caliphate* (Oxford, 1924)；與 T. W. Arnold, *The Preaching of Islam*, 2nd ed. (London, 1913)。關於穆罕默德的事業，Tor Andrae, *Mohammed: The Man and his Faith* (New York, 1956)，W. Montgomery Watt, *Muhammad at Mecca* (Oxford, 1953)與 W. Montgomery Watt, *Muhammad at Medina* (Oxford, 1956)是傑出的作品。古蘭經有許多譯本；但沒有任何英譯本可以表現出原文的文學力量，而我也沒有能力辨識哪一種譯本最好。Eric Schroeder, *Muhammad's People* (Freeport, Me., 1955)是翻譯與模仿阿拉伯詩歌的作品，相當引人注目，而內容絕大多數出現於伊斯蘭教興起之前。William Polk, *The Golden Ode* (Chicago, 1974)翻譯了前伊斯蘭時期阿拉伯半島上的重要作品，並且加以討論，做為了解阿拉伯社會的入門之作。屬於完全不同語調的是 Ibn Khaldun, *The Muquaddimah: An Introduction to History*, tr. Franz Rosenthal, 3 vols. (New York, 1958)。W. Montgomery Watt, tr., *The Faith and Practice of Al-Ghazali* (London and New York, 1953)是著名穆斯林神學家的自傳，它提供的洞見生動呈現了穆斯林文明。

關於蘇菲運動為伊斯蘭世界帶來的巨變，A. J. Arberry, *Sufism: An Account of the Mystics of Islam* (London, 1950)與 Reynold Alleyne Nicholson, *Studies in Islamic Mysticism* (Cambridge, 1921)值得推薦。Edward G. Browne, *A Literary History of Persia*, 4 vols. (London and Cambridge, 1902-24)是一部有名的經典作品；T. W. Arnold, *Painting in Islam* (Oxford, 1928)與 Richard Ettinghausen, *Arab Painting* (Geneva, 1962)相當有用。

更專門的主題見 George Fadlo Hourani, *Arab Seafaring in the Indian Ocean in Ancient and Early Medieval Times* (Princeton, 1951)；Andrew S. Ehrenkreutz, *Saladin* (Albany, N. Y., 1972)；W. Barthold, *Turkestan Down to the Mongol Invasion*, 2nd ed. (London, 1928)；Paul Wittek, *The Rise of the Ottoman Empire* (London, 1938)；Halil Inalcik, *The Ottoman Empire: The Classical Age, 1300-1600* (New York, 1973)；Franz Babinger, *Mehmet the Conqueror and His Time* (Princeton, 1977)；J. K. Birge, *The Bektashi Order of Dervishes* (Hartford, 1937)；與 Marshall G. S. Hodgson, *The Order of Assasins* (The Hague, 1955)。

**中亞與大草原**。歐亞大草原很少被視為一個整體。Réné Grousset, *The Empire of the Steppes* (trans. New Brunswick, 1970)是極少數試圖將東西方歷史連結成一個整體的作品。William M. McGovern *The Early Empires of Central Asia* (Chapel Hill, 1939)，與 Owen Lattimore, *The Inner Asian Frontiers of China* (New York, 1940)處理大草原的東部。W. W. Tarn, *The Greeks in Bactria and India*, 2nd ed. (Cambridge, 1951)，A. K. Narain, *The Indo-Greeks* (Oxford, 1957)處理中亞歷史上特別具戲劇性的事件。就我所知，幾乎沒有作品討論貴霜帝國，至於回鶻摩尼教徒時代薩珊王朝勢力逐漸擴散到中亞的歷史，也沒有令人滿意的研究。Sir Aurel Stein, *On Ancient Central Asian Tracks* (London, 1933)記錄了他的發現，卻無法將這些紀錄統整成歷史。

大草原西部被史家研究得較為透徹。M. I. Rostovtseff, *Iranians and Greeks in South Russia* (Oxford, 1922)與 Tamara Talbot Rice, *The Scythians* (London, 1957)已在

第一部分的書目提要提及。Mortimer Wheeler, *Rome Beyond the Imperial Frontiers* (New York, 1955)；E. A. Thompson, *A History of Attila and the Huns* (Oxford, 1948)；Otto Maenchen-Helfen, *The World of the Huns* (Berkeley, 1973)；與 D. M. Dunlop, *The History of the Jewish Khazars* (Princeton, 1954)涵蓋了草原史當中與歐洲相關的重要時期。R. A. Stein, *Tibetan Civilization* (trans. Stanford, 1972)是這個主題的標準研究。兩部有關蒙古人的優秀作品：H. Desmond Martin, *The Rise of Chingis Khan and His Conquest of North China*, ed. Eleanor Lattimore (Baltimore, 1950)，與 Christopher Dawson, ed., *The Mongol Mission* (London and New York, 1955)。Michael Prawdin（本名 Michal Charol），*The Mongol Empire: Its Rise and Legacy* (London, 1940)是極可讀但缺乏事實引證的作品。

**印度與東南亞**。A.L. Basham, *The Wonder That Was India* rev. ed. (New York, 1963)是印度文明最好的通論性入門作品。最近的一般調查是 Stanley Wolpert, *A New History of India* (New York, 1977)。K. A. Nilakanta Sastri, *A History of South India from Prehistoric Times to the Fall of Vijayanagar*, 3rd ed. (Madras, 1966)，與 E. H. Warmington, *Commerce between the Roman Empire and India* (Cambridge, 1928)有趣地呈現出地中海世界與印度洋世界的相互關係。

關於印度的思想與文學，標準作品有 Surendranath Dasgupta, *A History of Indian Philosophy*, 5 vols. (Cambridge, 1932-55)；A. B. Keith, *A History of Sanskrit Literature* (London, 1928)；與 A.B. Keith, *The Sanskrit Drama in Its Origin, Development, Theory, and Practice* (Oxford, 1924)。印度藝術充分描繪於 Heinrich Zimmer and Joseph Campbell, *The Art of Indian Asia*, 2 vols. (New York, 1955)；◄289 Benjamin Rowland, *The Art and Architecture of India* (Penguin, 1953)；與 Calambur Sivaramamurti, *The Art of India* (New York, 1977)。在目前可見的印度文學譯本中，V. R. R. Dikshitar, ed. And tr., *The Lay of the Anklet* (Silappadikāram) (Oxford, 1939)；Johannes A. B. van Buitenen, *Tales of Ancient India* (Chicago, 1959)；Franklin Edgerton, ed. and tr., *The Bhagavad Gita, translated and interpreted* (Harvard Oriental Series, Cambridge, Mass., 1944)；與 N. A. Nikam and Richard P. McKeon, eds. and trs., *The Edicts of Ashoka* (Chicago, 1958)是特別有趣的作品。Johannes van Buitenen 的 *Mahabharata* 多卷本的重要譯本（Chicago, 1973- ）已在第一部分的書目提要提及。兩部優秀作品可以做為印度宗教的入門之作：Robert C. Zaehner, *Hinduism* (Oxford, 1966)與 Mircea Eliade, *Yoga: Immorality and Freedom*, 2nd ed. rev. (Princeton, 1969)。

想研究東南亞歷史，可以求助於以下作品：D. G. E. Hall, *A History of Southeast Asia* (New York, 1955)；John F. Cady, *Southeast Asia: Its Historical Development* (New York, 1964)；H. G. Quaritch Wales, *The Making of Greater India: A Study in Southeast Asian Culture Change* (London, 1950)；J. C. van Leur, *Indonesian Trade and Society* (The Hague, 1955)；B. H. M. Vlekke, *Nusantara: A History of the East Indian Archipelago* (Cambridge, Mass., 1943)；與 G. Coedes, *The Indianized States of Southeast Asia*, trans. (Honolulu, 1968)。

遠東。L. C. Goodrich, *A Short History of the Chinese People*, 3rd ed. (New York, 1959)與 Charles O. Hucker, *China's Imperial Past* (Stanford, 1975)是不錯的中國通史作品。George B. Sansom, *Japan: A Short Cultural History* (New York, 1962)與 John Hall, *Japan: From Prehistory to Modern Times* (New York, 1970)也是很好的日本通史作品。關於朝鮮，有 M. Frederick Nelson, *Korea and the Old Orders in Eastern Asia* (Baton Rouge, 1945)；Homer B. Hulbert, *The History of Korea*, rev. ed. by C. M. Weems, 2 vols. (Hillary, N.Y., n.d.; first published, Seoul, 1905)；與 Woo-kuen Han, *The History of Korea* (Seoul, 1970)。E. O. Reischauer（賴世和）, John K. Fairbank （費正清）, and Albert Craig, *East Asia: Tradition and Transformation* (Boston, 1973) 把遠東當成一個整體。

中國長期政治與社會發展的各項特殊主題：Derk Bodde, *China's First Unifier: A Study of the Ch'in Dynasty as Seen in the Life of Li Ssu* (Leiden, 1938)；Michael Loewe（魯惟一）, *Crisis and Conflict in Han China* (London, 1974)；Arthur F. Wright （芮沃壽）, *Buddhism in Chinese History* (Stanford, 1959)；Kenneth Ch'en（陳觀

勝）, *Buddhism in China: An Historical Survey* (Princeton, 1964)；Arthur Wright and Denis Twitchett（崔瑞德）, *Perspectives on the T'ang* (New Haven, 1973)；Edwin G. Pulleyblank（蒲立本）, *The Background of the Rebellion of An Lu-shan* (London, 1955)；Edward A. Kracke, Jr.（柯睿格）, *Civil Service in Early Sung China, 960-1067* (Cambridge, Mass., 1953)；Shiba Yoshinobu（斯波義信）, *Commerce and Society in Sung China*, trans. (Ann Arbor, 1970)；James T. C. Liu（劉子健）, *Reform in Sung China: Wang An-shih and his New Policies* (Cambridge, Mass., 1959)；Charles O. Hucker, ed., *Chinese Government in Ming Times* (New York, 1969)；與 J. J. L. Duyvendak（戴聞達）, *China's discovery of Africa* (London, 1949)。Raymond Dawson, ed., *The Legacy of China* (Oxford, 1964)包括簡單介紹傳統中國文明各種面向的文章，由各個領域的權威學者撰寫。

◀290

一些有助於了解中國藝術與思想的作品：Osvald Siren（喜仁龍）, *Chinese Painting: Leading Masters and Principles*, 7 vols. (New York, 1956-58)；Lawrence Sickman and Alexander Soper, *The Art and Architecture of China* (Penguin, 1956)；James Cahill（高居翰）, *Chinese Painting* (Cleveland, 1960; reissued in paperback, New York, 1977)是該主題最好的入門書；馮友蘭，《中國哲學史》；與 Wing-tsit Ch'an（陳榮捷）, *A Sourcebook in Chinese Philosophy* (Princeton, 1963)。Wing-tsit Ch'an, tr., *Reflections on Things at Hand: The Neo-Confucian Anthology Compiled by Chu His and Lü Tsu-ch'ien* (New York, 1967)，與 Tu Wei-ming（杜維明）, *Neo-Confucian Thought in Action: Wang Yang-ming's Youth* (Berkeley, 1976)討論支配中華帝國晚期的新儒家思想的兩個面向。《新中國出土文物》（北京，1972）與《漢唐壁畫》（北京，1974）提供了當代中國考古學家發現的最重要物件的彩色照片。Joseph Needham（李約瑟）, *Science and Civilization in China*, multivolumed (Cambridge, 1954- )與 T. F. Carter and L. C. Goodrich, *The Invention of Printing in China and Its Spread Westward,* 2nd ed. (New York, 1955)是相關主題最重要的權威作品。中國最著名的兩名史家，可參考 Burton Watson, tr., *Records of the Grand Historian of China*, 2 vols. (New York, 1961)與 Homer H. Dubs（德效騫）, ed. and tr., *The History of the Former Han Dynasty by Pan Ku* (Baltimore, 1938-55)。Arthur

Waley, tr., *The Poetry and Career of Li Po, 701-762 A.D.* (London, 1951)值得一讀。

Donald L. Philippi, tr., *Kojiki*（《古事記》）(Tokyo, 1968)是古日本最重要的史料。Murasaki Shikibu（紫式部）, *The Tale of Genji*（《源氏物語》）, tr. Arthur Waley (Boston, 1935)是平安時代文化最佳的入門書。有幾本書有助於學習前近代時期的日本史：Ivan Morris, *The World of the Shining Prince* (New York, 1964)；Jeffrey Mass, *Warrior Government in Early Medieval Japan: A Study of the Kamakura Bakufu, Shugo and Jito* (New Haven, 1974)；與 Alfred Bloom, *Shinran's Gospel of Pure Grace* (Tucson, 1965)。

非洲。Roland Oliver and John D. Fage, *A Short History of Africa* (Penguin, 1962)是目前的標準本，但 Philip D. Curtin, *African History* (Boston, 1978)對舊的説法提出挑戰。一般的地區性陳述有：Zoë Marsh and G. W. Kingsnorth, *An Introduction to the History of East Africa*, 2nd ed. (Cambridge, 1961)；John D. Fage, *An Introduction to the History of West Africa*, 2nd ed. (Cambridge, 1960)；E. W. Bovill, *Caravans of the Old Sahara: An Introduction to the History of the Western Sudan* (London, 1933)；J. Spencer Trimingham, *A History of Islam in West Africa* (London, 1962)；A. H. M. Jones and Elizabeth Monroe, *A History of Abyssinia* (Oxford, 1935; reissued as *A History of Ethiopia*, 1955)；與 Nehemia Levtzion, *Ancient Ghana and Mali*, New York, 1973)。Roland Oliver, ed., *The Cambridge History of Africa, III: from c.1050 to c.1600* (Cambrdige, 1977)反映了該主題目前的學術發展狀況。

美洲。Gordon R. Willey, *New World Prehistory*, Smithsonian Institution Report for 1960 (Washington, D.C., 1961)與 H. E. Driver, ed., *The Americas on the Eve of Discovery* (Englewood Cliffs, N.J., 1964)是很好的美洲原住民通論作品。G. H. S. Bushnell, *Peru*, rev. ed. (New York, 1963)；J. Eric S. Thompson, *The Rise and Fall of Maya Civilization* (Norman, Okla., 1954)；G. C. Valliant, *The Aztecs of Mexico* (Penguin, 1950)；與 Friedrich Katz, *The Ancient American Civilizations* (New York, 1972)，這些都是非常有用的作品。關於在哥倫布之前，跨太平洋與新世界接觸的

爭議問題，見 M. W. Smith, *Asia and North America: Trans-Pacific Contacts*, Society for American Archeology, Memoir No.9 (1953)，與 Andrew Sharp, *Ancient Voyagers in the Pacific* (Wellington, N. Z., 1956)。

# PART III

# 西方的
# 宰制

295 ▶ 　　一五〇〇年要比歷史上絕大多數劃時代的大事更適合做為區分近代與前近代的界線。對歐洲史來說尤其如此，因為地理大發現與緊接而來的宗教改革給予中世紀歐洲致命的一擊，之後開啟了長達一個半世紀的時期，人們努力追求合理而穩定的新思想與新行動模式。終於，在一六四八年之後，歐洲文明的新均衡隱約浮現輪廓。一五〇〇年也是世界史重要的轉捩點。歐洲人的地理大發現使海洋成為通往商業與征服的康莊大道。歐洲人將文化疆界拓展到每個適合人居的海岸，這道海岸疆界起初與亞洲文明數世紀以來抵禦草原游牧民族的陸上疆界一樣重要，但最後卻凌駕後者之上。

　　逐漸地，非西方民族發現，面對歐洲人無休止的侵擾，他們必須採取激烈的應對。事實上，西方崛起成為宰制全球的主人正是近代世界史的重要主題。

　　儘管如此，這類變遷需要時間才能發展成熟。克里斯多福·哥倫布（Christopher Columbus，一四九二年）、瓦斯科·達伽馬（Vasco da Gama，一四九八年）與斐迪南·麥哲倫（Ferdinand Magellan，一五一九到一五二二年）遠航後的兩百年間，亞洲古老文明面對歐洲不斷成長的財富與力量構成的海上挑戰，反應相當遲緩。在美洲與發展程度較低的北亞，歐洲的衝擊更為劇烈。這兩個遼闊地區的固有文化，面對傳教士的精神與歐洲開拓者的先進科技，終究只能走上衰頹一途。結果，歐洲的社會形態開始從他們原初的焦點與中心往東往西擴展，深入到西伯利亞，並且橫跨大西洋抵達新世界。

298 ▶ 　　然而，一七〇〇年之後，伊斯蘭民族與亞洲的印度教徒與佛教徒發現自己無力抵抗歐洲人。當地宗教數世紀以來所尊崇的舊制度與舊態度，無法再抵擋西歐民族已然產生的新力量。印度、巴爾幹與中東接二連三地落敗，所有穆斯林與絕大多數印度教徒均感到驚惶失措。一八五〇年之前，傳統生活方式與制度尚未出現全面性的崩潰。但在一八五〇年後，短短十年之間，鄂圖曼、蒙兀兒（Mughal）、滿清與日本很快就面臨選擇的難題：一個是亡國滅種，另一個是冒險拋開熟悉的傳統制度，努力向西方人乞求、借用或竊取他們富國強兵的祕密。

　　這種有意識的現代化（亦即，選擇性的與片面的西方化）一直是所有非西方民族熱切追求的主要目標。社會變遷的腳步逐漸加快，想管理社會以達成指導派系或政黨設定的目標，這樣的想法似乎也逐年獲得支持。

　　然而，一五〇〇年後歐洲史的劃分，與世界史的基準並不是非常吻合。我們的預期也是如此，我們可以這麼說，近代史的主題就是西方如何崛起宰制全球的歷史，歐洲自身的發展階段與歐洲對其他民族及遙遠大陸的影響，其間必然存在著時間上的落差。

　　因此，我們似乎可將非西方世界直到一七〇〇年的歷史與歐洲本身直到一六四八年的歷史歸為同一時期，在這個時期，遠西地區首次決定性地、明確地向世界其他所有文化發起挑戰，他們證明自己在軍事組織與科技、自然科學以及追根究柢的精神上遙遙領先其他文化。同樣地，一七〇〇年到一八五〇年的世界史也可與歐洲舊體制時代（即一六四八年到一七八九年）歸為同一時期，此時歐洲正從前一個時期的鬥爭與混亂中重新組織起隱約能發展出古典風格的歐洲文明。同理，一八五〇年以後的世界史，應該可與一七八九年以後的歐洲史相提並論，工業化與民主化這對學生運動從這個時期開始從根本上改變西方制度，而且賦予西方制度無可抵禦的力量，使世界其他文明在一八五〇年後只能對西方俯首稱臣。

　　因此，接下來的章節將分成兩個層次：我們將先調查一五〇〇年到一六四八年歐洲本身的轉變，然後討論一五〇〇年到一七〇〇年世界各主要◀299地區的發展。接下來幾章將探討一六四八年到一七八九年歐洲舊體制與歐洲社會的殖民擴張，以此為基礎，我們將再次討論世界其他文明，調查這些文明在一七〇〇年到一八五〇年的發展。我相信，這項安排雖然看似拙劣，但年代的參差不齊卻能強調與凸顯近代初期世界史的核心現實。

| 西元 | 美洲 | 歐洲 | 俄羅斯 |
|---|---|---|---|

| | | | 伊凡三世反抗韃靼人的統治 |

**歐　洲　人　的**

一五〇〇年

文藝復興時代

哥倫布

科爾特斯
皮薩羅

霍金斯首次
引進非洲奴隸

**文藝復興**　　**宗教改革**
李奧納多·達文西　　路德
馬基維利　　亨利八世
**查理五世帝國**
天主教改革　哥白尼　　喀爾文
米開朗基羅　　羅耀拉
荷蘭人的叛亂　維薩里　　沙勿略
蒙田　　西班牙的菲利普二世

伊凡四世攻陷喀山與阿斯特拉罕
利沃尼亞戰爭　　俄羅斯人征服西比爾

一六〇〇年

維吉尼亞、
魁北克、
新阿姆斯特丹、
麻薩諸塞的建立

糖種植園使
黑奴在新世界生根

荷蘭人被逐出
新阿姆斯特丹

莎士比亞　法國亨利四世　艾爾·格雷科
培根　　克卜勒
塞萬提斯　　**三十年戰爭**
伽利略　　西里爾·盧卡里斯
英格蘭內戰
彌爾頓　笛卡兒　　林布蘭
哈維　　路易十四
光榮革命　　莫里哀
牛頓　斯賓諾莎　腓特烈大帝
洛克　霍布斯　瑞典帝國的衰微

動亂時代
波蘭人的攻擊

尼孔與教會改革

彼得大帝

舊體制

一七〇〇年

英國取得加拿大

西班牙帝國
廢除貿易壟斷

萊布尼茲　奧地利的興起
馬比雍　巴哈　　紐科門的引擎
　　　　　　南海泡沫事件
伏爾泰
盧梭　　**七年戰爭**
　　　　瓦特的引擎
美國獨立戰爭　莫札特　波蘭遭瓜分
　　　　　　林奈
亞當·斯密　**法國大革命**　休謨
　　　　　　康德

新都聖彼得堡

貴族免服勞役
凱薩琳大帝
庫楚佐夫
伊那爾吉條約　俄土戰爭
普加喬夫叛亂

一八〇〇年　一九〇〇年

新體制

拉丁美洲的獨立

美國南北戰爭

巴拿馬運河
威爾遜

小羅斯福

當代

拿破崙
維也納會議　　赫德
黑格爾
　　1848-1849革命
建築鐵路　達爾文
　　馬克思　加富爾
尼采　拿破崙三世　俾斯麥
汽車　　教宗無誤論
無線電　敵對的聯盟體系

亞歷山大一世　普希金
尼古拉一世
克里米亞戰爭

廢除農奴制度
杜斯妥也夫斯基

建築鐵路

愛因斯坦　佛洛伊德　畢卡索
**第一次世界大戰**
經濟大恐慌
原子能：費米　邱吉爾　希特勒　墨索里尼
**第二次世界大戰**

羅曼諾夫王朝

1905年俄國革命
**1917年俄國大革命**
列寧

史達林

飛機

▲ 年表：從西元一四〇〇年到當代

| 伊斯蘭地區 | 南亞 | 東亞 | 太平洋地區與非洲 |
|---|---|---|---|
| 攻陷君士坦丁堡 | | 鄭和 | |
| 地 | 理 | 大 | 發 現 |
| 伊斯瑪伊爾・薩法維<br>鄂圖曼—法國同盟<br>立法者蘇雷曼 | 達伽馬<br>穆斯林征服爪哇<br>巴布爾　　印度<br>恰伊坦雅 | | 麥哲倫<br><br>葡萄牙人 ——→ 日本 |
| | | 澳門的建立 | 西班牙人 ——→ 菲律賓人 |
| 阿拔斯大帝 | 穆斯林攻陷<br>毗闍耶那伽羅<br>阿克巴，蒙兀兒帝國 | 豐臣秀吉入侵朝鮮 | |
| | 荷蘭與英國<br>成立東印度公司 | 利瑪竇 ——→ 北京<br>俄羅斯人抵達太平洋<br>藏人使蒙古人皈依喇嘛教 | 荷蘭船 ——→ 日本<br><br>日本鎖國 |
| | 泰姬瑪哈陵　　圖爾希達斯 | 滿人征服中國 | 西非奴隸貿易 |
| 鄂圖曼帝國<br>裘普利里家族的復興<br>維也納第二次圍城<br>卡爾洛維茨條約；<br>割讓匈牙利 | 奧朗則布，<br>蒙兀兒帝國最後一位明君 | 尼布楚條約 | 德川幕府時期 |
| | 納迪爾沙 | 禮儀之爭<br>恰克圖條約 | 白令的航行 |
| 阿布杜爾・瓦哈布 | 帕尼帕特戰役<br>英國將法國勢力逐出印度 | 中國控制西藏、<br>蒙古與突厥斯坦 | 庫克船長的航行 |
| | | | 西班牙人<br>建立舊金山<br>殖民澳洲 |
| 塞爾維亞與希臘革命<br>埃及的穆罕默德・阿里擊<br>敗蘇丹與瓦哈布派<br>蘇伊士運河 | 英國鞏固對印度的控制<br><br>英國阿富汗戰爭<br>拉姆・莫罕・羅伊<br>印軍譁變 | 廢除東印度公司的壟斷<br><br>鴉片戰爭<br>太平天國之亂<br><br>歐洲人攻陷北京 | 殖民紐西蘭<br><br>培理迫使日本開國<br>李文斯頓的探險<br>明治維新<br>甲午戰爭　非洲殖民地的爭奪 |
| | | 義和團之亂 —— 日俄戰爭 | |
| 穆斯塔法・凱末爾<br>伊本・紹德 | 甘地<br><br>印度獨立 | 中華民國<br>孫逸仙<br><br>中國共產黨取得政權 | 日本併吞韓國<br>日本佔領滿洲與華北<br>非洲國家獨立 |
| 革 命 | | | |

## 第十八章

# 地理大發現及其對全球的影響

301 ▶　　　有「航海家」之稱的葡萄牙亨利王子（Prince Henry of Portugal，死於一四六〇年），為戲劇性的遠洋探索航行奠定基礎，使歐洲人僅僅只花兩個世代的時間就能環繞世界，航向所有適合人居住之處。亨利王子的貢獻在於，他把當時最先進的理論知識，與船員的傳統經驗法則以及造船者的技術結合起來，改良了船隻的適航能力與可航性。亨利王子打算繞經非洲，希望藉此連繫傳說中的基督教支持者祭司王約翰（Prester John），與其聯手包圍伊斯蘭世界，一舉將其推翻。在非洲沿岸進行奴隸與商品貿易的獲利，有助於維持這項航海事業，但獲利本身並非遠航的主要目的。

　　當時的航海仍很不精確，在令人滿意的航海經線儀（一七六〇年）發明之前，還沒有精準測定經線（東經——西經）的方法。緯線（北緯——南緯）是可以測定的，只要在正午時分測量太陽與地平線的夾角就能得出緯度。如果有一張標明全年每天每個緯度的日偏角表格，船長就能確定船隻位於赤道以北或以南的哪個位置，其中誤差可以控制在三十英里之內，即使他

302 ▶　使用的是相當簡陋的觀測工具。關鍵在於編纂精確的表格。亨利王子將這項任務交給特地選拔出來的天文學家與數學家，他們在經過長時間的計算之

後，終於能提供葡萄牙船長這些必要資訊。探險家一邊推算自己往東或往西航行的距離，一邊繪製非洲沿岸的航海圖，讓後來的航海家在遼闊洋面航行時，可以駛向已經精準標定緯度的預期陸地。例如，一四九七年，達伽馬連續九十七天在完全看不見陸地的大海上航行，但他還是能精確抵達好望角，而此地從巴托羅繆・狄亞士（Bartolomeo Diaz）首次發現以來，已有九年時間未有歐洲人上岸。

達伽馬的方法與先前歐洲水手使用的方法完全一樣。他知道目的地（好望角）的緯度，因為狄亞士先前已在探索航行中做過測量並加以記錄。達伽馬遠離岸邊往大西洋中部駛去，這裡沒有擱淺的危險，風力也比岸邊來得強勁而穩定，他因此能更安全、更快速地航抵好望角所在的緯度位置。然後，達伽馬轉而往東航行，直到預期的陸地在地平線上出現為止。只要船長知道目的地的緯度，他可以安心遠離海岸往北或往南駛向正確的緯度位置，然後再沿著適當的緯線往東或往西航行，直到看到陸地而能進港靠岸為止。

歐洲的造船技術也有長足的進展。葡萄牙人居於領先地位，他們增加桅桿的數量，在較大的中央桅桿上裝上至少超過一面的船帆。這使水手能調整帆布以適應不同風浪，使船更容易操縱與適合航行。進一步，人們有能力建造更大型的船隻；但大船需要更堅固的船身。到了一五○○年，歐洲船的巨大龍骨、重肋與雙層橡木船板已能承受重炮的後座力。像印度洋平靜海面上常見的輕便船隻，如果施放這種重炮，船身將會因為劇烈搖晃而解體。

歐洲造船技術的發展遙遙領先當時盛行的海戰方式。衝撞與登上敵艦是早期的標準戰術，但這種戰術已無法對抗能在兩百碼外開炮轟擊的船隻，而且這些船隻還能快速而靈活地讓敵艦持續受到致命轟擊。因此，當哥倫布、達伽馬、麥哲倫與無數沒沒無聞但膽識過人的船長們為歐洲人開啟全球航海事業時，他們的船隻要比世界其他地區建造的船隻享有壓倒性的技術優勢，而且後者設計的船隻主要用來航行於比北大西洋來得平靜的海域上。只有中國船與日本船能與他們競爭。但中國船與日本船缺乏能與歐洲船匹敵的重炮。炮銅在遠東仍相當稀少，相反地，歐洲較為粗糙但規模較大的冶金產業卻能讓歐洲人比遠東一般造船者更有能力提供大量武器來裝備船隻。

　　技術進步說明了歐洲最初何以能沿著海路快速擴張。一四九九年，達伽馬首次完成往返印度的航程。十年後，葡萄牙在迪烏（Diu）港外的阿拉伯海擊敗數量遠多於他們的穆斯林艦隊，鞏固了印度洋的海上霸權。葡萄牙人隨即在戰略要地果阿（Goa，一五一〇年）、麻六甲（一五一一年）與歐姆茲（Ormuz，一五一五年）興建海軍基地。一五一一年到一五一二年，葡萄牙探險隊深入香料群島（Spice Islands）；一五一三年，商人抵達廣州。一個世代之後，葡萄牙開始與日本建立傳教與貿易關係（一五四五年），並於一五五七年在中國南方沿海的澳門建立永久居住地。在這裡，葡萄牙的擴張對於在一五七一年經墨西哥在菲律賓建立據點的西班牙構成不利的局面。

　　一五〇〇年後歐洲的海上霸權並未對亞洲文明造成任何影響。例如，中國政府根本不在意海上貿易落入一小撮蠻族的手中。東南亞的穆斯林、日本海盜與來自歐洲的鷹鈎鼻「南海蠻族」在北京當局眼中都是一樣的。印度各邦統治者也對商業貿易興趣缺缺，迪烏一役（一五〇九年）失敗後，各邦也不打算聯合抵抗葡萄牙的入侵。相反地，穆斯林商船只是閃躲葡萄牙巡邏船，這些巡邏船其實數量相當稀少，因為印度洋距離葡萄牙本土非常遙遠。輕便小船很快又開始從事貿易，幾乎跟過去沒什麼兩樣。偶爾因為葡萄牙人而損失一艘小船，對穆斯林商人與船主來說，頂多只是不便而已。

　　然而在美洲，西班牙征服者抵達墨西哥（一五一九到一五二一年）與祕魯（一五三一到一五三五年）之後，對美洲印第安人的高等文化卻帶來突如其來而無法回復的災難。阿茲特克與印加帝國的毀滅使西班牙得以在這裡建立廣大的陸上帝國，西班牙人不僅以宗教拯救印第安人的靈魂，也將美洲礦坑的金銀運回西班牙。美洲印第安人極為順從，他們完全屈服於西班牙人的統治。早先的宗教與文化理想只殘存於鄉村聚落或遙遠的雨林、山區與沙漠等西班牙力量與傳教士無法進入的地區。於是，一種嶄新的社會類型在新世界產生，它的形式是西班牙，宗教是天主教，底層則是數百萬幾乎完全無聲的美洲原住民勞工。

　　歐洲新建立的海上霸權對於舊世界並未造成明顯可見的影響。儘管如此，歐洲船隻開始航行於世界各大洋後卻產生了三項主要變化，不僅影響每

個文明社會，也改變許多野蠻與原始民族的生活狀況。首先，美洲大量金銀流入導致價格革命；其次，美洲糧食作物的傳布；最後，疾病的傳播。每項結果都值得花一點篇幅討論。

## 價格革命

　　最早且最劇烈帶來價格革命影響的是西班牙，但不久就延燒到歐洲其他地區，而且影響並不輕微。地中海東部的鄂圖曼帝國也受到波及，遙遠的中國亦然，墨西哥銀使土耳其與中國鑄造出史無前例的大量錢幣。至於印度，我們一無所知。價格革命對土耳其與中國的經濟與社會影響，至今尚未出現研究成果，而其重要程度也不如歐洲。歐洲是最早受到價格革命衝擊且影響最大的地區，因為墨西哥銀最早運抵的地方正是歐洲（尤其是西班牙）的港 ◀305口。仔細調查後發現，在不到一個世紀的時間裡，西班牙的物價居然飆漲到原來的四倍以上。歐洲其他地區的物價雖然沒有上漲得這麼劇烈，但各地物價的變化已足以嚴重破壞傳統的經濟關係。所得固定者的購買力大幅削減，相反地，從商者則大發利市，因為他們的商品價格不斷增加。

　　傳統的社會經濟關係所奠立的日常生活，原本極為明確而穩定，卻在一五〇〇年到一六五〇年歐洲出現的劇烈價格變動下崩解。各國政府發現原本的稅收開始枯竭，不得不另外籌措新財源。就連最卑微的工匠或在市場賣著少許雞蛋的貧農都能感受到價格革命的威力。當然，人們無法了解銀供給量的增加與物價上漲之間的關係。但當整個社會都受到影響，有些人飛黃騰達，許多人遭到剝奪，而無論貧富，每個人都對未來感到不確定時，大多數人於是相信這個世界的貪婪與邪惡要比過去更為猖獗。這種念頭引發極為苦澀的宗教與政治爭端，因而使這個時代與先前及之後的歐洲史大不相同。

## 美洲糧食作物

　　美洲作物與舊世界熟知的作物品種完全不同。其中一些可以用來補充歐

洲、亞洲與非洲已知作物的不足。例如，美洲的玉米很快就傳播到中國西南部、非洲與歐洲東南部。在中國，馬鈴薯的重要性遠不如與它品種完全不同的番薯，番薯可以種植在山坡地與其他無法種植稻米的土地，而且可以獲得很好的收成。在歐洲則剛好相反，當地氣候較冷，適合安地斯山脈高處種植的作物生長，而且歐洲的夏天不夠溫暖，番薯在這裡無法成熟。

306▶
　　美洲糧食作物的引進，增加了各地的糧食供給，糧食充裕，人口也隨之增加。中國南方的情況就是如此。美洲作物也讓非洲人口急遽上升，特別是在西非，十七、十八世紀在新世界種植園工作的數百萬奴隸，絕大多數來自這個地區。

　　美洲糧食作物傳布的細節，至今仍不是很清楚，但新作物開始發揮影響力的時間可能不是在一六五〇年之前，而是之後。歐洲顯然是如此，不識字的種植者與囿於傳統的農民需要一段時間才能發現這些新作物的好處與學會如何種植。

## 疾病的傳布

　　疾病不是在人類的主導下四處傳布，它就像價格革命一樣，並非人類意志所能左右，而當時的人也無法了解這一切怎麼發生。事實上，事件的始末仍撲朔迷離，無論在美洲印第安人之間還是在歐洲城市裡，有關瘟疫肆虐的紀錄非常不清楚，因此無法做出精確的醫學診斷。然而可以確定的是，當船隻在大洋上航行時，從這個港口到下一個港口，所搬運的不只是貨物，還有病菌。這些病菌對人類生命有時會造成極大的危害。舉例來說，歐洲船隻從非洲攜帶了一些疾病運往新世界，很可能包括了黃熱病與瘧疾，這些由蚊子傳播的疾病幾乎殺光了中南美洲的居民。此外，長久存在於歐洲的傳染病如天花、麻疹或傷寒，一旦傳染給沒有免疫力的美洲印第安人，所造成的結果是毀滅性的。美洲印第安人能回敬給舊世界的或許是梅毒，不過美洲梅毒的根源仍是個謎。

　　儘管有許多細節混沌未明，但遠洋船隻傳播病菌造成的結果卻相當明

顯。首先，原本對外孤立的人口遭受嚴重損失。據估計，新世界被併入西班
牙帝國的地區人口，在一五〇〇年時約有五千萬人，到了一六五〇年左右只
剩下四百萬人，而這還包括西班牙移民在內！同樣出現人口劇烈減少的還有
太平洋與其他地區小島，這些與世隔絕且人口稠密的地方一旦遭遇新疾病，
當地人在沒有抵抗力的狀況下就會發生這種慘劇。

◀307

　　文明地區人口已長久暴露在各種傳染病中。事實上，除了梅毒之外，重
要的新疾病似乎無法在舊世界文明居民中找出大量的受害者。相反地，過去
曾嚴重肆虐的傳染病已逐漸成為舊世界特有的風土疾病。因此，到了一七
〇〇年，傳染病已非限制人口成長的重要因素。近代文明人口的急速成長，
很可能是從傳染病性質的改變開始。現有的統計數據明顯指出，在歐洲、中
國、印度與至少中東的某些地區，人口開始以史無前例的速度成長大概是在
一六〇〇年到一七五〇年之間。這段時期，遠洋航行造成的傳染病效應已充
分反映出來，而美洲糧食作物也已經在舊世界生根。另一方面，近代科學醫
學對於一八〇〇年以前歐洲人口的成長影響甚微，對中國或印度的影響更
少，醫學的發展無法解釋近代早期的人口成長現象。

　　顯然，這種藉由海洋傳播的疾病對歐洲人極為有利。歐洲本土人口不曾
遭受不可回復的損失，而且很快就以史無前例的速度飛快成長，相反地，在
美洲與其他偏遠地區，突如其來的疾病癱瘓了原住民，使其無力抵抗歐洲人
的宰制。即使在舊世界也是一樣，中亞最後一個游牧民族聯盟之所以無法成
功反抗文明的武力（一七五七年），原因不在於槍炮，而在於天花。

## 歐洲的知識與創新

　　此外，從另一個層面來看，歐洲人的地理大發現也使歐洲遙遙領先世界
其他地區的文化。從世界其他地區獲得的新技術與新知識，充實擴大了歐洲
的科技與文化。歐洲人在封建時代的祖先就是如此，當時騎士的裝備使西歐
人短暫取得軍事優勢，而近代早期的海上霸權則讓歐洲水手產生一種安全
感，使他們抱持一股天真而自信的好奇去檢視眼前的一切，他們渴望知道與

◀308

發現，而且願意學習其他文化的長處。歐洲人的創新與智巧，隨著他們對世界萬物（無論是自然或人文）知識的不斷擴大而急速發展，這種結果是必然的，也是值得讚賞的。

沒有一個文明像歐洲人一樣，願意冒險回應海上航行開啟的種種可能。有些文明（尤其是遠東）也許對異國新奇事物感到興趣，但只要這些事物對古代與既有傳統造成妨礙，中國士大夫便不會認真加以考慮。穆斯林與印度教徒的反應更是負面，凡是悖逆古老真理的事物，立刻會遭到反駁與否決，或完全受到漠視。

歐洲的反應極為不同，文藝復興時代與宗教改革時代的騷亂，不僅動搖了歐洲社會的核心，甚至徹底粉碎中世紀歐洲的文明架構！地理大發現的刺激與隨之而來的各項好處，並非造成歐洲轉變的唯一原因。歐洲文明內部長久深植的緊張關係，其所造成的影響至少與外在因素不相上下。要檢視這些內在力量及其彼此間的互動關係，我們必須留待下一章來討論。

第十九章

一五〇〇年到一六四八年

# 歐洲的自我轉變

　　儘管內容極為繁複糾結，但我們仍不難看出歐洲從一五〇〇年到 ◀309
一六四八年在政治領域上的主要發展趨勢。與中世紀政出多元的亂象相比，
此時歐洲的權力逐漸集中在少數幾個核心。歐洲大陸逐漸分隔成一連串鞏固
穩定的國家，分別由集權中央的君主政府統治。有些極為成功的國家，其權
力鞏固的程度已能整合整個民族，例如法國、西班牙、英格蘭與瑞典。在中
歐地區，小國也取得獨立自主的權力，例如一些城市國家、公侯國與教宗
國。然而即使是這些小國，其權威與權力集中的方式也與那些大型民族國家
無異。在東歐，權力集中的情況較不顯著，有些國家的貴族與城鎮特權瓜分
了君主權力，例如波蘭與匈牙利。其他一些國家如俄羅斯與土耳其，其中央
集權的程度已超越民族界線，乃至於把操持不同語言與宗教的其他民族都囊
括在單一的帝國統治之下。

　　在成功的國家內部，政府權力迅速擴大。原屬地方的事務，現在改由中 ◀310
央政府派遣的人員掌理。國王與公侯也獲得管理與資助教會事務的權威，即
使在信奉天主教與認同教宗是教會領袖的國家也不例外。貴族的權利與豁免
特權，連同城鎮與村落的自治權限全受到嚴重削弱。地方上根據個人身分地
位而繼承的權威，遭到遙遠君主指派的官員剝奪，這些官員的權力完全來自

於國王或公侯的任命。

這段政治鞏固的過程可以從幾個方面觀察。一方面，阿爾卑斯山以北地區運用的統治技術其實是義大利城邦率先發明的產物。舉例來說，貴族階級與市民階段逐漸被併入（中間也許出現不平靜的混亂與騷動）單一的政治體內，這種現象最早發生在義大利城邦，如佛羅倫斯，足足比法國和英國早了兩百年。此外，在一五〇〇年以前，義大利統治者以常備的職業軍隊來遂行自己的意志已是相當普遍的做法，但西班牙與法國則要到一五〇〇年後才採取這項措施。當然，值得一提的重點是，阿爾卑斯山以北建立的國家，領土顯然龐大許多，義大利任何一個城邦都無法與之相比。隨著領土的擴大，歐洲主要大國政府開始迅速擴充權力，跨國的政治交流也因此越來越頻繁密切。

然而從另一個角度來看，在阿爾卑斯山以北地區，中世紀疊床架屋的政治生活之所以能一掃而空，主要靠的是宗教改革引發的暴力行為與情感，而非義大利那種潛移默化的政治變遷。可以確定的是，革新並賦予教會神聖性的行動，對政治必定有著立即而直接的影響。宗教改革持續並且嚴肅致力於讓人類生活合乎聖經記載的上帝意旨，確實改變了人類的心靈與行為。教義的分歧使暴力擁有正當性，流血衝突因而一觸即發，往後超過一個世紀的時間，歐洲陷入以基督教真理為名的戰爭之中，然而實際上交戰各方的行為卻鮮少合於基督教的教義。

在暴力與流血的過程中，世俗權威無止盡地擴充權力。在改信新教的幾個重要國家中，政府沒收了絕大部分原本由教會掌握的土地，而且獲得重要教士的任命權或至少是同意權。即使在效忠教宗的國家，教會也遭遇近乎相同的命運。儘管天主教國家如西班牙、法國與奧地利的統治者並未將教會的土地與財產沒收充公，但他們還是任命了國內的教士，並且對國內的教會土地徵稅。

從第三個角度來看，政治權力的鞏固逐漸集中在少數幾個中心，這反映出軍事科技的快速進步。隨著武器漸趨複雜，有組織的暴力已經昂貴到地方貴族無法負擔的程度，就連大國君主應付起來也感到吃力。中世紀的騎士一

311▶

且取得了馬匹、盔甲與獲得訓練，幾乎就是自給自足的狀態，或者更精確地說，無論他走到何處，他都不難在各地取得糧食與找到修繕武器裝備的工匠。如果遭到優勢軍力威脅，他可以退守城堡，如果城堡防護得好，他可以堅守到敵人解圍之時。然而，當火炮與裝備了火槍的步兵先是在城堡而後在戰場擊敗騎士時（這個過程約從一三五○年持續到一五五○年），軍事組織也變得遠較過去來得複雜。火藥與槍炮的供給，重炮的運輸，紀律的操練，以及為維持軍隊所需的金錢，這些已非地方性的權威所能負擔，而且對歐洲各大國的君主來說，要有效徵集這些物品也需要相當繁複的準備。

　　由於仰賴日漸繁複的陸軍軍備體系，政府因此必須確保維持這類體系所需的資源：亦即，確保工匠店鋪與製造廠、採礦與冶金的企業主、資本家、銀行家，以及一般性的社會裡的城市元素，光是最後一點就可以聚集所有必需的原料，生產武器以及將這些武器正確分門別類而且及時地交給士兵。因此，真正強大的政府在國境內必須要有充分的城市發展才能滿足新軍事科技的複雜需要。舉例來說，像波蘭這種領土廣大的國家，城市發展卻無法興盛起來，因此無法利用廣大的領土優勢來增強國力。

　　這三項觀點每一項都是有效的。在一個半世紀當中，它們不斷互動，使 ◀ 312
無數個人做出史無前例的行動，這些人發現自己正處於歷史的關鍵點上，面對前所未有的大好良機，因此使這個時期的政治史具有格外緊張與混亂的性質。

　　當時，國王與公侯的政府在面對地方與普世力量競逐主權時，顯然尚未獲得最終勝利。舉例來說，在歐洲的東部與北部地區，貴族與氏族首領不僅維持甚至還加強了自身的自由。這通常是藉由喀爾文派（Calvinist）對教會與國家進行改革而達成的，例如匈牙利與蘇格蘭，或者是透過天主教的恢復與重振而實現，例如波蘭與立陶宛。

　　荷蘭各省與英格蘭也出現類似的政治發展，但原因完全不同。當地的王室權力遭受城鎮居民與商業農民的掣肘，民眾從法律先例與喀爾文教義中找到適合的理由來反對中央集權政府。

　　荷蘭人反抗西班牙菲利普二世的暴動始於一五六八年，一六○九年獲得

決定性勝利，雙方簽署停戰協定結束這場大規模戰爭。面對與西班牙進行戰爭的急迫，反叛的省分組成鬆散的聯邦同盟。聯合省在戰爭中存活下來，雖然日後城市與鄉村周而復始地出現摩擦，荷蘭最終還是成為世界的一等強權。

到了下一個世代，英格蘭內戰（一六四二到一六四八年）也反對這波朝君主絕對主義推進的潮流。議會反對具有效率的近代化王室官僚，而結果是議會獲勝。與宗教改革一樣，議會的主張其實是非常反動的，它不僅再度肯定英格蘭人的傳統自由（《大憲章》〔*Magna Carta*〕與諸如此類的文件），也冷峻地提出清教徒式聖人政府的主張。但如同其他成功的革命份子，清教徒掌權之後便不得不悖離自己原先的計畫。在英王查理一世遭處決後（一六四九年），英格蘭人的自由與聖人政府的理想退化成克倫威爾（Oliver Cromwell，死於一六五八年）治下公然的軍事獨裁。克倫威爾想重建議會制的政府形式，但他的努力與絕大多數英格蘭人的想法衝突，因為英格蘭人不接受克倫威爾以清教徒的理想為藉口大動干戈。克倫威爾死後，國王查理二世復辟（一六六〇年）解決了這場僵局：但新王並未像查理一世那樣試圖重建王權。主權仍掌握在議會手上；英格蘭議會設法平衡地方與國家的利益，使中央政府能合理地對變遷的局勢做出回應。

然而，無論英格蘭議會主義與荷蘭聯邦主義對後世的影響有多大，它們在當時都是例外，完全不屬於時代的典型。讓地主與市民的頑強地方主義獲得表達政治意見的權利，英格蘭與荷蘭政府的做法似乎是在護衛一個必將失敗的理想。這兩個國家之所以能在列強環伺下繼續存活，唯一的原因是它們仰仗海軍實力而非陸軍力量，這解釋了這兩個採取罕見統治模式的國度何以能在不屈服於中央集權官僚的狀況下仍可扮演大國角色，在其他國家，強大的官僚是軍事力量的必要代價，或者說是政治存活的條件。

## 國際政治

一五〇〇年到一六四八年，歐洲政治最引人注目的地方，不是中央權威

的代表持續地削弱地方權力。行政的中央化，無論如何都必須藉由無數次小規模的地方衝突與決定來獲得進展。這段時期更具戲劇性的面向位於政治天平的另一端，此處引發的衝突造成拉丁基督教世界兩大普世制度，教廷與帝國，與西歐和中歐新興領土國家的對抗。顯然，至少在理論上是如此，文藝復興的理性主義與宗教改革致力理解與實踐完整真理的傾向使人類得以避免不確定與錯誤，但這種傾向若經疏導也能用來支持普世國家與單一教會的存在——如果某個君主有能力運用技術不斷改良的戰爭方式，組織強大的軍力鎮壓所有的政敵與異端的話。

　　但這樣的事並沒有發生。儘管如此，在一五一九年，當已然富有四海的哈布斯堡王朝查理五世又錦上添花獲得神聖羅馬帝國皇帝的頭銜與權力時，一時間似乎普世君主有可能成為定局。藉由一場幸運的婚姻聯盟，查理五世不只繼承了家族位於奧地利與日耳曼鄰近地區的土地，而且繼承了廣大的勃民第以及從低地國往南延伸介於法國與日耳曼邊境的不規則帶狀領土。此外，查理五世於一五一六年繼承西班牙王位。藉由西班牙，他很快取得位於美洲的廣大新帝國——最初由科爾特斯（一五二一年），而後是皮薩羅（一五三五年），兩人打開了新世界，將其巨大的財富呈現在歐洲人眼前。而彷彿這樣還不夠似的，查理委任弟弟斐迪南治理奧地利，斐迪南並於一五二六年繼承波希米亞（Bohemia）與匈牙利王位，因為他的妹夫匈牙利王好不容易從充滿災難的莫哈奇戰役（battle of Mohacs）撿回一命，卻未能生下繼承人。

　　然而，查理的敵人就跟他的臣民一樣多，而他的臣民卻如一盤散沙無法為了共同目的長期奮鬥。僵局隨之出現，皇帝權力也遭到削弱，就連日耳曼地區也是如此。但這段不平靜的過程相當漫長，從查理被加冕為神聖羅馬帝國皇帝（一五一九年）開始，到他的子孫心不甘情不願地在西發里亞條約（Treaty of Westphalia，一六四八年）承認日耳曼各邦主權為止。

　　法國國王與土耳其蘇丹是哈布斯堡帝國最一貫的反對者。（兩國在一五三六年訂定同盟條約，雖然很少在戰場上產生效果，卻成為法國某個最虔信國王的恥辱。）此外，查理也與教廷出現激烈衝突，一五二七年，他的

軍隊甚至劫掠了羅馬。不過，從一五六〇年代西班牙軍隊與西班牙信仰者入侵義大利、攻陷教廷以及激勵反宗教改革勢力之後，教宗便開始轉而與哈布斯堡合作。而帝國與教廷的結盟顯然有能力將奧地利、匈牙利與波蘭各地原本對新教存有好感的居民，多數重新轉變為天主教徒。

　　然而，在日耳曼，宗教改革大大增強各邦的實力，使其敢於違逆皇帝號令。查理五世起初感到猶豫，而後才堅決表示反對馬丁·路德（Martin Luther）及其信眾；但法國與土耳其的戰事（戰場主要在義大利與地中海）使他備多力分，查理五世沒有時間將全副心神用來對付路德派。他因此承認自己無力在日耳曼維持宗教統一，於是在一五五五年和信仰路德派的各邦領袖訂定和約，承諾各邦有權保護路德派的崇拜方式與教義。隔年，查理退位，他把西班牙與美洲帝國連同勃艮第領土交給自己的兒子菲利普，把奧地利與皇帝頭銜交給弟弟斐迪南。

　　然而，帝國就算分割成兩半，兩個國家在鞏固權力上最終還是遭遇困難。日耳曼一直處於各邦分立的狀態，而諸侯對於哈布斯堡的帝國野心依然戒慎恐懼。斐迪南及其後繼者長期奉行謹慎保守的政策，反觀菲利普二世治下較為強大的西班牙先是徒勞地鞏固，而後努力地支配低地國。荷蘭叛亂（一五六八到一六〇九年）的成功與英格蘭在一五八八年擊敗西班牙無敵艦隊，均無法遏止西班牙繼續控制勃艮第以及在地中海擊退土耳其人以守住絕大部分義大利的決心。西班牙人在美洲建立廣大的帝國，甚至還一度併吞葡萄牙及其海外帝國（一五八〇到一六四〇年）。

　　一直要到菲利普死後（一五九八年），西班牙的霸權才開始衰退。在此之前，法國深陷一連串的宗教戰爭之中，無力他顧。叛亂的新教徒與國王的權威對抗，但最後法王亨利四世（一五八九到一六一〇年）終於收拾殘局，重建統一而強大的法國。在此同時，產業的停滯乃至於衰退使西班牙無力裝備充足的陸海軍以維繫它的帝國威望。結果，哈布斯堡王朝的領導權與天主教國家領袖的位置便轉移到哈布斯堡家族的奧地利支系身上，這一系傳承自查理五世的弟弟斐迪南一世。同名的斐迪南二世（統治時期一六一九到一六三七年）遠比先前幾任君主更為精力充沛且冷酷無情。他以恢復天主教

為名，推翻地方的權利與豁免權。結果引發波希米亞叛亂（一六一八年），最後擴大成為席捲全歐的三十年慘烈戰爭。這場衝突固然反映了基督教內部新教與天主教的不和，但也不乏諸侯與皇帝爭奪主權的因素。當斐迪南即將獲勝之際，首先是丹麥人，其次是瑞典人，最後是法國人突然跳進來攪局，他們不想讓哈布斯堡的帝國美夢成真。日耳曼地區在飽受摧殘之後，戰爭終於在西發里亞和約（一六四八年）畫下句點，條約承認日耳曼各邦的主權，皇帝的權力因此完全架空。此後大約有兩百多年的時間，日耳曼一直維持數十個邦國分立的狀態，這些宮廷與政府麻雀雖小五臟俱全，但它們已不是西發里亞和約後竄起大國的對手——這個國家就是法國。

◀316

## 歐洲的殖民與貿易

　　從一五〇〇年到一六四八年，歐洲政治、軍事與宗教歷史發展的結果，幾乎與事件本身一樣撲朔迷離。許多獨立的小國割據一方，彼此的關係與過去一樣複雜多變。教宗權力在歐洲絕大多數地區仍確實存在；西班牙仍維持著它在美洲與歐洲的帝國版圖；就連哈布斯堡王朝的奧地利分支也仍保有一定的帝國力量，足以鞏固與加強它在奧地利、波希米亞與匈牙利的世襲領土。一六四八年後法國雖然崛起，但它的勢力即使就歐洲而言也相當有限。當人們提到這個時期的海上強權與海外帝國時，完全不會想到法國，因為英格蘭與荷蘭擁有遠比法國龐大的海軍力量。兩國運用它們的船隻入侵西班牙與葡萄牙的海外帝國，派遣商人到印度洋，同時也讓殖民者到了美洲。

　　荷蘭東印度公司與英格蘭東印度公司的成立（一六〇〇年、一六〇一年），顯示這兩個國家開始將商業組織持續而有效地投入到印度洋與遠東海域。起初，荷蘭人獲得最驚人的成功。從一五九四年初次探險開始，短短五十年的時間，荷蘭人把葡萄牙人趕出麻六甲與錫蘭，並且在爪哇建立據點，之後則成了香料貿易的主人。英格蘭初期居住的地方只位於印度西岸，與荷蘭相比規模小了很多。

　　然而在美洲，情勢完全反轉過來，英格蘭在維吉尼亞（建立於一六〇七

年）與麻薩諸塞（建立於一六二〇年）的殖民地很快就超越了荷蘭在紐約（建立於一六二六年）的殖民地。幾乎就在同時，法國也在加拿大魁北克（建立於一六〇八年）建立殖民地。但是，十七世紀歐洲跨大西洋最有利可圖的事業主要還是在加勒比海的小島上，這裡的糖種植園（由非洲進口黑奴耕種）提供了歐洲需求量極高的商品。到了一六四〇年代，英格蘭、法國與荷蘭（規模較小）的企業家已經主導了糖的貿易，他們將最早在巴西與加勒比沿海地區試種甘蔗的葡萄牙人與西班牙人遠拋在後。

317▶

歐洲殖民與貿易極其快速的擴張，顯示歐洲在面對其他變化較少的民族與文明時，表現出源源不絕的成長力量。歐洲政治長久以來的徒勞與混亂，戰爭的殘酷破壞，以及為了尋求神學真實而陷入狂熱鬥爭，這一切都構成這些年歐洲經驗的內容與實質，因此絕非毫無可取之處。在這段過程中，歐洲人很少得償所願，但他們的奮鬥卻大大增強歐洲動員財富、人力與智巧的能力，使其逐漸能實現政治與經濟目的。國家主權的確立與政府規模的擴張是這段演變的一個重要面向。荷蘭與英格蘭東印度公司這類合股公司（以及其他大規模的企業）的興起是另一項重要發展。此外，在思想與藝術領域，受到科技進展（例如印刷術與望遠鏡）的加強與刺激，歐洲人對真與美的努力追求使歐洲文化從中世紀偏狹而有限的視角與知識中解放，開創出更多樣與堅實的可能。接下來我們即將討論歐洲在這方面的成就。

## 文藝復興

文藝復興與宗教改革這兩個孿生但彼此敵對的運動，凸顯出歐洲文化遺產各種不同的面向。一方面，人們受到歐洲上古時代希臘與羅馬這些異教文化的知識、技術與優雅激勵，另一方面，有些信徒則致力返歸聖經以改革宗教，企圖從西方文明具有的猶太基督元素尋求靈感。兩方陣營都有一些一意孤行之人，全盤否定對方的一切；但這只是少數，因為這兩種運動之間早已出現盤根錯節的影響與互動。最偉大的幾位宗教改革家往往是嫻熟的古典學者，他們發現用來證明異教文本錯謬的考證方法也可以用來考察聖經文字。

318▶

同樣地，文藝復興時代的藝術家與文人對於宗教與神學問題也極為關注，特別是當他們公開批評基督信仰的時候，如馬基維利（死於一五二七年）。

當然，文藝復興源自於義大利，時間大約是一三五〇年。返歸上古，追溯偉大羅馬的記憶，這對義大利人來說有著很大的吸引力。此外，義大利城市居住著入世的平民與貴族金主，他們早已將他們的注意力放在世俗事務上，而非神聖的宗教。

義大利文藝復興達到極盛大約在一五〇〇年左右。達文西（死於一五一九年）不斷地以藝術以及對人與事物進行細微觀察來探索自然世界，馬基維利基於個人經驗與對古典作品的研讀，不帶感情地分析自然與政治權力的使用，他們兩人正是文藝復興巔峰的代表人物。之後不久的米開朗基羅（死於一五六四年）與哥白尼（死於一五四三年）卻放棄了達文西與馬基維利作品中蘊含的對人類理性的完全仰賴。而哥白尼雖然死於波蘭，但他從自己求學的帕多瓦大學（University of Padua）得到思想刺激。米開朗基羅對一切事物感到懷疑，他因此陷入痛苦的深淵，他甚至質疑自己作品的價值；哥白尼的日心說認為行星的軌道是圓形而非橢圓形，這種理論其實是受到新畢達哥拉斯的數字神祕主義影響，而不是根據觀測的數據結果得出。

文藝復興以人類技藝創造出美的理想，讓人類自由施展能力以發現真實，這些做法深深吸引了歐洲其他地區。在阿爾卑斯山以北，貴族與宮廷對文藝復興情有獨鍾；但在城市成長創造出大量中產階級的地區也是如此，如荷蘭、萊茵蘭、英格蘭與法國。各地居民很快在吸引下開始模仿並且超越義大利模式。百花齊放的結果，各國紛紛發展出自己的文學流派，連繪畫也展現出地方色彩。例如塞萬提斯（Miguel Cervantes，死於一六一六年）的《堂吉訶德》（*Don Quixote*）與德維加（Lope de Vega，死於一六三五年）的劇作奠定了西班牙文學的基礎。近代法國的文學形式主要源自三名風格迥然不同的作家：拉伯雷（François Rabelais，死於一五五三年）嘲弄自己無法修改的文字，喀爾文（死於一五六四年）全心全意改革並且將人類生命奉獻給神，蒙田（Michel Eyquem, seigneur de Montaigne，死於一五九二年）要求人們在面對人性弱點時要保持冷漠穩健的心態。英格蘭文學的發展歸功於伊莉

◀319

莎白時代的作家，其中最重要的是莎士比亞（死於一六一六年）。以及欽定版聖經（King James Bible，一六一一年）。德國近代文學的始祖是路德的聖經譯本。日耳曼語系其他語言（如荷蘭文、丹麥文與瑞典文）的文學開始成形也是新教徒把聖經譯為方言的副產品。

## 宗教改革

這個時期歐洲文化生活的另一個主要特質是再次提出對宗教的關切，儘管當時世俗主義的氣燄極為囂張，而義大利文藝復興的思想與感性似乎也助長了世俗主義的魅力。

羅馬天主教會的改革與重振一直是中世紀歐洲反覆出現的課題。但改革運動本身往往冒犯了既有的教會權威，後者往往率爾將批評者視為異端。這就是英格蘭威克里夫（John Wycliffe，死於一三八四年）與波希米亞胡斯（Jan Hus，死於一四一五年）的命運，儘管如此，他們都吸引了大批的支持者。一四一七年，康斯坦斯公會議（Council of Constance）重新恢復教宗的權力，大分裂（Great Schism）告終，往後一個世紀，異端發展的空間大受限制。尤其在西班牙，宗教的統一與政治的忠誠結合為一。十字軍的精神在數世紀與摩爾人（Moors，於一四九二年被逐出格拉那達）的戰爭中發展起來，持續激勵西班牙在歐洲與海外擴展帝國。在西班牙，教會與國家的關係因此異常緊密。在別的地方，教宗與國王在教士納稅上通常能達成共識，但此外則經常衝突。

教廷宣稱對義大利部分土地擁有主權，有些教宗在義大利半島上爭奪政治利益，甚至逾越歷任教宗對基督教世界主張的精神領袖地位。在義大利與日耳曼，主教與修道院院長通常會遵循教宗的指示行事。

在這種庸俗的宗教場景中，路德（死於一五四六年）源自個人的痛苦經驗，他想知道一個罪人如何還能獲得救贖，這信念就像一把復仇天使的寶劍閃閃發光。路德起初對販售贖罪券的有效性提出挑戰。這些文件的販售據說可以讓靈魂少受一點煉獄的折磨，贖罪券徹頭徹尾是以商業精神組織而成

的，為的是籌募資金以興建羅馬的新聖彼得大教堂。一五一七年，路德依據傳統經院哲學的論辯方式，在威騰貝爾格（Wittenberg）教堂大門張貼九十五條論綱，公開反對贖罪券的價值。然而這種論辯並未局限在學院內，相反地，它像一把野火燒遍整個日耳曼地區。與支持教廷的人士公開辯論的結果，反而使路德更加激進，並且進一步完整闡述他的信念。一五二〇年，他寫了三本雄辯流暢的小冊子——《給日耳曼貴族的公開信》、《教會的巴比倫俘囚》與《基督徒的自由》，它們構成路德派教義的核心。隨後的爭議在天主教、路德派與其他新教徒之間發展出無數歧出的教義。這場神學鬥爭的重點主要是宗教權威的來源。路德認為權威來自於聖經以及他自身的經驗，他覺得他的經驗是上帝給予的恩典。路德進而否定教士是個別罪人與上帝之間必要的中介橋樑，他大膽主張所有信仰者都是教士。

　　印刷機快速傳布路德的觀點，使其散播到整個日耳曼地區與鄰近的國度。他的抗議很快就召集了其他不滿者，大家共同打起教會改革的旗號。舉例來說，路德對教廷的攻擊吸引了日耳曼地區許多對於外國人徵稅與剝削感到痛苦的民眾；但是這股日耳曼民族主義的表現很快就因為皇帝查理五世與其他日耳曼重要君主拒絕成為路德派信徒而遭到扼止。

　　因此，新教運動並未成為日耳曼人的運動，而是成為歐洲人的運動，特別在喀爾文於日內瓦建立據點之後（一五四一年），他讓這裡成為強力宣傳 ◀ 321 的中心。舉例來說，英格蘭與教宗在一五三四年決裂，但英格蘭教會只是在部分程度上教義屬於新教，它的獨立主要是受到日內瓦方面的刺激。在此同時，荷蘭人與蘇格蘭人也讓喀爾文派成為國內的主流。在法國，情況剛好相反，政府仍然支持天主教。法國的新教徒雖然一開始充滿活力，但到了一六〇〇年左右變得一蹶不振。在義大利，新教從未獲得廣泛支持，當天主教捲土重來的時候，新教馬上就萎縮消失。另一方面，斯堪地那維亞與日耳曼近半數地區改信路德派。地方的民族主義開始在歐洲各地出現，它們在決定是否改信上扮演了重要角色。

　　社會與經濟抗爭也披著路德派的外衣短暫出現。然而當暴動的農民把基督徒的自由解釋成免除規費與地租時，路德卻猛烈抨擊他們（一五二五

年）。此後，社會不安與宗教激進主義便在再洗禮派與其他宗派之中找到表達。這些團體遭受嚴厲的迫害，而且主要只在窮人之間傳布，通常是以祕密或半祕密的團體出現。

　　一五〇〇年到一六四八年，歐洲社會與經濟的巨變，也對宗教爭端產生推波助瀾的作用。但是我們不應該忘記，對絕對宗教真理的尋求確實能集結龐大的能量，這是因為一個確定而連貫的世界觀本質上就足以吸引人。要讓心靈平靜，需要針對歐洲絕大多數民眾在日常經驗中感受的各種不確定性做出權威而適當的回應。路德很確定自己獲得上帝的救贖。這是路德成功的祕密，因為其他人非常想得到類似的內心平靜，希望確知自己已獲得上帝的救贖。當有人得到確定的答案時，他理所當然會將這種得救的真理告知他人，並且批評其他錯誤的說法。於是便出現大批的傳道作品，而為了做出解釋，接著又有了系統性的教義問答。教廷的辯護者則反過來發展羅馬天主教的反宣傳。於是整個歐洲對於基督教教義的了解更為深刻，而民眾也更加投入情感於信仰之中，無論是選定的還是固有的。

322▶　　新教的諷刺之一，就是它具有不斷分裂成小宗派的傾向。改革者從未放棄單一天主教會的理想，也就是讓所有的基督徒都在同一個教會裡。但他們唯一的宗教權威來源聖經，其本身的詮釋就極為分歧。對某些人來說是自明的真理，對另一些人來說卻不是如此，但兩者都同樣誠心追求救贖的確實性。因此，每個宗派都不得不抨擊其他宗派的教義是虛假的，而且通常訴諸於語言的氣勢而非善行。雖然第一代的改革熱潮隨著時間而逐漸消褪，但絕大部分的新教歐洲在建立教會組織與推動教義統一上卻頗有進展。在英格

323▶蘭，這個過程比較漫長。在都鐸王朝時期（一五三四到一六〇三年），零碎的改革無法讓嚴格主義者或清教徒這個強大團體滿意。為了讓所有人類生活合於上帝的意志，清教徒做了不眠不休的努力，直到克倫威爾時代聖人政府完全失敗才罷手（一六五八年）。

　　羅馬教會對於新教的挑戰，反應相當緩慢。起初，許多人希望可以達成和解。虔誠而有教養的天主教徒最有能力依據自己的主張來面對新教運動，不過他們擔心基督教世界的裂痕會更為加深，因此對於是否對路德派展開反

擊猶豫不決。不過，用來武裝新教徒的那種熱情追求神學確實性的動力，也可以用在天主教徒身上。羅耀拉（St. Ignatius Loyola，死於一五五六年）就是如此。在經歷與路德一樣痛苦的改信過程之後，羅耀拉到處傳道，以教宗的士兵自任。他很快就募集到一群心態類似的年輕人，然後將他們組織成耶穌會。耶穌會很快就成為為天主教辯護與宣傳的最有效組織，不管是歐洲還是海外都是如此。當耶穌會還在草創階段時，特倫特公會議（Council of Trent，一五四五到一五六三年）召開。經過漫長與三次中止會期之後，會議

▲ 宗教改革與反宗教改革

終於成功推動一連串實際的改革，並且以堅定反新教的立場界定有爭議的教義。

　　之後，一開始聽到的要求教會改革但舉棋不定的呼聲消失了，此時歐洲各地的民眾驚訝地發現一個組織嚴密、統一與經過改革的羅馬天主教會，與同樣堅決但組織不如它那樣嚴密的喀爾文運動正陷入熱戰，反觀路德派與英格蘭的保守教會人士則是坐壁上觀，不管哪一邊，它們都不喜歡。最後，教宗與皇帝在三十年戰爭（一六一八到一六四八年）中失敗，而幾乎同時，英格蘭的清教徒革命（一六四〇到一六六〇年）也以失敗收場，許多人因此不再關心宗教爭議，因為這兩場衝突只是用一種透明的外衣來偽裝卑劣的政治與經濟利益鬥爭。

## 科學的成長

324 ▶ 　　事實上，在宗教改革時代，有一小群重要人士，他們未讓神學確定性的追求掩蓋了其他較為世俗的關切。舉例來說，伽利略（Galileo Galilei，一五六四到一六四二年）經歷歐洲宗教衝突的高峰，但他喜歡的是物理與天文調查。伽利略以望遠鏡觀察與數學運算的結果為基礎，支持了哥白尼的論點，他以數學的方式表達有記錄的觀測結果，他開啟的研究路線，至今物理學家與天文學家仍持續進行。笛卡兒（René Descartes，死於一六五〇年）小心翼翼地規避神學爭論，並且建構了一套嚴密數學推理的哲學。這套哲學以崇高的無私與純粹理性的推論，為形上以及從路德開始到他為止，人們苦澀而急切地爭論的一切問題提供了解答。

　　其他的思想傳統也同樣活躍而成果豐碩。帕拉克爾蘇斯（Paracelsus，一五四一年）、維薩里（Andreas Vesalius，死於一五六四年）與哈維（William Harvey，死於一六五七年）成功挑戰蓋倫的醫療權威，他們根據的基礎不再是神祕主義與新柏拉圖主義，而是對人類解剖更明確的觀察。同樣地，迷信的神祕主義者克卜勒（Johannes Kepler，死於一六三〇年）努力想找出行星軌道間的和諧比率，但始終失敗。不過，他在經過長時間辛苦計

算之後，卻發現可以用一套數學公式確切描述每個行星運行軌道呈橢圓形，因此他在偶然間修正了哥白尼的理論，並且排除了反對哥白尼假說最重要的說法。還有另一個樂觀而經驗的傳統，代表人物是培根（Francis Bacon，死於一六二六年），他認為仔細觀察與有系統地收集資訊，可以讓人類無須宗教啟示或數學推論的幫助就能解開自然之謎。

一些新儀器的發明，特別是望遠鏡（約一六〇八年）與顯微鏡（約一五九〇年）、擺鐘（約一六五六年）、溫度計（約一六五四年）與氣壓計（約一六四三年），這些都讓一小群自然哲學家的觀察與實驗比過去更為精準。加上海外流入歐洲的大量資訊，也讓喜愛這類研究更甚於神學爭議的學者有了更多思想的養料。因此，當（一六四八年後）彼此敵對的宗教陣營逐漸被好學深思之人鄙棄時，這群自然哲學家已經準備好要提供較不完整但或許不會比支配前幾個世代而彼此敵對的神學更不吸引人的世界觀。◀325

不過，科學還不到取代宗教的程度。相反地，宗教改革在人們生活的各個層面留下了顯著的宗教關切。科學與其他世俗研究並未明確反對新教或天主教改革者高唱的宗教主張。相反地，神學家忽視的知識縫隙反而成為許多世俗研究努力填補的目標。往後，大約在一六五〇年後，科學調查逐漸受到一定的重視，此時的科學家與學者是住在歐洲文明最活躍的中心的人士，他們不用再真的擔心他們的發現是否可能牴觸官方的神學。爭議仍持續出現。但沒有任何教士（為基督教真理辯護），也沒有任何科學家（主張一些新觀念）有能力壓制或推翻與他意見不同的人。要不是訴諸武力，就是要求重要的主張必須獲得普世同意，這種想法在宗教改革時期似乎是自明的與必要的，但慢慢地已不被政治人物與民眾接受。

## 文化多元主義的出現

因此，從一五〇〇年到一六四八年，歐洲在經歷長期痛苦後得到的結果，相當詭異地與幾乎所有時代偉人希望得到的結局相左。歐洲人並未發現與實踐普世真理，相反地，他們發現自己可以同意他人的反對。思想的多元

主義遠較過去更在歐洲土壤上生根發展。官方的知識階序不再提供理解世界的完整架構，而在中世紀是如此，就算實踐上不是，理論上也是如此。每個獨立的教會、國家與專業各自依照自己的觀點來追求真理。這種多元性確保了歐洲思想持續而快速地發展，直到現在。

藝術與文學也呈現出多元主義。這個時代初發展的方言，逐漸形成各國的文學。繪畫也是一樣，它從偉大的義大利人奠定的模式出發，開始多樣地發展，因此而有西班牙（維拉斯奎斯，死於一六六〇年；格雷科，死於一六一四年）、荷蘭（林布蘭，死於一六六九年）與法蘭德斯（魯本斯，死於一六四〇年）學派，每個學派各有特徵，但都在相同的歐洲傳統下產生。建築的變化較少。在天主教歐洲，文藝復興的巴洛克建築是主流，反觀在絕大多數新教國家，主要是哥德式建築的各種變化。

擺脫中世紀模式遭受的創傷相當巨大。歐洲人從未遭受如此煩悶或無所不在的不確定感。但這種嚴酷的經驗也激發出最不尋常的人類智巧與成就。只列舉幾位重要人物為例，哥倫布與科爾特斯、路德與羅耀拉、達文西與笛卡兒、哥白尼與伽利略，他們是近代世界的開創者，他們代表的意義要比前人深刻得多，因為在此之前的人物並未遭遇如此重大的變局（無論是如實的描述還是比喻的說法），他們不像這個時代的人物，必須以驚奇的眼神注視這個嶄新的世界。這些人物以及其他成千上萬的歐洲人抓住了這個史無前例的機會，創造出超邁前代的成就，關於這一點，從往後西方文明的發展就可以看出，我們與今日的世界都是承繼他們而來。

第二十章

一五〇〇年到一六四八年

# 歐洲的外緣地帶——俄羅斯與美洲

　　當這個時期的歐洲人出現在中國、印度與中東的岸邊時，這些文明不認◀327
為有必要做出任何調適，反觀俄羅斯與美洲居民，在這個時期卻已經緊密地
與西歐結合在一起。美洲原住民高等文化的土崩瓦解，以及征服者將新制度
移植到美洲土地上，這些全出自西班牙人的傑作。俄國的制度較為頑強，因
此不像美洲原住民那樣一遇到全副武裝的異邦人就立刻癱軟崩潰。然而俄國
也發現，要抵禦西歐帶來的新挑戰，不像對付來自草原的傳統壓力那麼容
易。因此俄國的教會與國家在新的變局下，面臨極大的壓力。事實上，同時
期的西歐也在努力掙扎，準備從中世紀的蝶蛹中羽化而出。

## 莫斯科的興起　　　　　　　　　　　　　　　　　　　　　　　◀328

　　一四八〇年之前，俄羅斯尊奉金帳汗國為宗主國，後者的首都位於窩瓦
河（Volga river）畔的喀山（Kazan）。成吉思汗建立蒙古帝國，而後分為四
大汗國，金帳汗國即為其一。不過到了十五世紀，金帳汗與他的勇士說的是
土耳其語，信仰的是伊斯蘭教，因此人們普遍稱他們為韃靼人（Tatars）。
在俄羅斯臣服於金帳汗國的時代，大汗把俄羅斯的徵稅工作交給莫斯科大公

（Grand Duke of Moscow）負責，大公發現不一定每次都必須將所有的稅上繳給宗主。因此當伊凡三世正式拒絕效忠大汗，並於一四八〇年自稱沙皇時，這個行為其實象徵意義大於實質意義。真正重要的是韃靼人已沒有能力束縛伊凡三世。此時草原上的弓騎兵在軍事上已不具有壓倒性的優勢。克里姆林（Kremlin）這座堅不可摧的要塞，幾乎可以禁受得住任何攻擊（除非敵方採取長期圍困的戰術），莫斯科因此成為難以攻陷的城市。當大炮做為守城武器首次搬上檯面時，也宣告草原游牧民族的霸權已走到盡頭。

　　然而，我們不該誇大新戰爭技術運用在戰場上的時間。舉例來說，最晚到了一五七一年，韃靼人仍有能力組成一支不尋常的龐大騎兵隊伍到莫斯科外圍燒殺擄掠。當時的步兵火力已能決定戰場勝敗，但問題是如何讓捉摸不定的騎兵願意在戰場上一較高下。直到邊境設置一連串碉堡哨站，駐防了速度跟韃靼人一樣快但武器更好的騎兵（哥薩克人〔Cossacks〕）之後，草原民族才停止寇邊。而這大約是一六四八年以後的事。

　　雖然俄國軍隊一直無法在邊境針對草原騎兵的打跑（hit and run）戰術做出合宜的防衛措施，但核心的事實是：從一五〇〇年開始，弓騎兵已無法擊敗全副武裝的步兵。俄國的商業與農業社會有能力而且也實際為步兵裝備槍炮，這是當時最先進的武器，反觀草原上的游牧社會因為長久以來對定居的農耕民族享有壓倒性的軍事優勢，因此拒絕下馬學習新的技術，例如火藥。雙方的科技差異很快就造成嚴重的力量失衡。一五五二年，伊凡四世（Ivan IV），也就是恐怖伊凡（Ivan the Terrible），攻下金帳汗國的首都喀山。四年後，他的士兵攻下阿斯特拉罕，完全掌握了窩瓦河下游。莫斯科因此掌握了廣大的領土，而經由裏海與河流和波斯進行交易的商路也隨之開啟。俄國的南翼仍暴露在克里米亞韃靼人的侵襲之下。但韃靼人的力量取決於與君士坦丁堡的政治聯盟和商業關係。面對文明開化的火槍兵，游牧帝國已不可能完全獨立存在。

　　到了下個世代，俄國拓荒者越過烏拉山脈（Urals），推翻了穆斯林的西比爾汗國。到了一五八七年，拓荒者在鄂畢河（Ob river）中游建立了據點。一旦越過了烏拉山脈，這些探險家長久以來培養的駕船（冬天時駕雪

橇）技巧，使他們輕易地通過河與河之間的廣闊陸地。結果，一六三八年，第一批俄國探險家抵達了太平洋濱的鄂霍次克。當地的漁獵與採集民族居住在條件嚴苛的西伯利亞沼澤與森林裡，他們的人數寡少，政治力薄弱。因此，當俄國人要求他們進貢皮草時，這些原住民就以他們的狩獵技巧為新主子提供了大量皮貨，這些皮貨不管在歐洲還是中國都有很高的需求。出口皮草的收入對俄國來說特別重要，沒有這些商品，俄國不可能大量進口歐洲的軍火與製品。

　　草原民族失去軍事優勢之後，農業民族長期面臨的壓力終於消失，但這也造成了崩解。只要莫斯科大公為了迎合遙遠但可怕的宗主國而必須按時將貢品送往喀山，俄國人民就認為有必要遵從與屈服於大公的稅吏。然而，當韃靼人的危險不存在時，移民到窩瓦河或烏克蘭就成為繳稅以外的可行方案；許多不安的年輕人也確實逃遁到蠻荒地帶。烏克蘭與頓河下游粗獷的哥薩克社群以這種方式來招募成員。在更遠的東方，也就是窩瓦河與烏拉山地區，個別的移民與開拓者甚至連哥薩克人鬆散的紀律也不要了，他們發展出孤立小家庭的生活方式，非常類似北美邊疆地帶的模式。

　　這種滲漏使俄國人往新土地殖民的過程極為快速。只要中央權威能夠維 ◀330
持足夠的農民與市民繳稅，那麼這樣的人力損失尚能承受。相較之下，貴族階級的不滿更加危險。鄰邦波蘭─立陶宛的大貴族享有極高的自主權，不受王室節制，這種情況時時提醒著莫斯科專制君主，要推翻王室政府有多麼容易。對西鄰天主教的厭惡，或許是俄國未出現大批群眾轉投立陶宛的最重要因素。然而，莫斯科的專制君主對於叛國行為可不會輕鬆放過。伊凡四世之所以有「恐怖」之稱，正因為他以血腥的手法鎮壓反對他的貴族勢力。事實上，他殺死的貴族人數實在太多，以致於想建立波蘭─立陶宛模式的貴族共和國已不可能。這在俄國動亂時代（Time of Trouble，一六〇四到一六一三年）最明顯，儘管政治正當性已經崩解，但舊貴族勢力還是無法掌握權力，建立波蘭模式的貴族自由體制。相反地，在眾人支持下，專制體制很快又恢復起來。

### 西方的影響──政治動亂

　　莫斯科中央集權專制體制之所以能持續存在，主要原因與來自國外的新威脅有關，這股威脅不是來自於草原，而是來自於西方。西方的壓力來自兩方面：軍事──政治，以及宗教──文化。軍事上，伊凡四世發現無論再怎麼努力，俄國面對瑞典與波蘭都無法避免割地賠款的命運。伊凡發動利沃尼亞戰爭（一五五七到一五八二年），希望能跟他成功在裏海開拓海岸線一樣，為俄國在波羅的海開一扇窗。然而，這場戰爭已超越莫斯科國力的極限，結果終告失敗。一個世代之後，在動亂時期，俄國內部簒逆相尋，陷入內戰，波蘭─立陶宛於是趁勢而起，展開攻勢。波蘭軍於一六〇八年佔領莫斯科，並且扶植了傀儡政權。然而仇外的心理很快在俄國各階級擴散。在此同時，波蘭內部不穩也削弱了佔領軍的實力。因此，到了一六一三年，入侵者撤退，莫斯科宗主教（Patriarch of Moscow）宣布他的兒子米哈伊爾·羅曼諾夫（Michael Romanov）為沙皇。羅曼諾夫王朝一直統治俄國，直到一九一七年。

331▶　　由於瑞典分心於日耳曼地區的三十年戰爭，加上波蘭對此戰結果的關注，使得俄國得以喘息。專制俄國在軍事與政治上得以存續，仍然仰人鼻息，如果俄國的科技與財富遠遠落後於西方，這樣的態勢就不會有任何變化。然而最諷刺的是，為了縮短與西方的差距，甚至進一步超越西方，俄國採取的做法就是完全訴諸武力。這項特點，使俄國與西方原本已經存在的制度與社會關係上的差異更形擴大。伊凡四世建立的祕密侍從團體只聽命於專制君主，這些人普遍淪為好逸惡勞違法犯紀的份子。即使伊凡建立的這批「服役貴族」職能與西方官員與軍官一樣，但他對西方官僚體制的模仿卻是詭異而拙劣的。此外，俄國社會底層的農奴緊緊地與農業束縛在一起，這與同時間西方農民（以及社會其他階層）享有（或因此受害）的個人自由與獨立大異其趣。

　　之所以會有如此發展，原因再清楚不過。在俄國，沙皇缺乏足夠的金錢收入來支付薪餉給官員與軍官。因此，他必須以土地為酬，賜給這些專門服侍他的僕人。但土地沒有農民等於毫無用處。為了防止農民逃跑，因此必須

立法，讓地主有權力追捕逃跑的農民。到了一六四九年，當新法令有系統地整合過去的法規時，從理論上也推演出一套加諸於俄國社會的嚴謹架構，每個人都必須世襲自己的身分與工作，你出生是什麼階層，這一輩子就屬於那個階層。現實上，俄國社會並未完全遵照這套法規行事。逃走的農民成功逃往邊疆，他們不斷將俄國社會的界線往前推，並且越來越往亞洲與烏克蘭地區移動。還有一些人被某些有權有勢的人看上，他們因此從寒微一路扶搖直上成為官員，但這些只是例外。

## 西方的影響──文化變遷

　　與西方人接觸對俄國宗教與文化生活帶來的侵蝕影響，幾乎就跟軍事與政治帶來的磨難一樣巨大。俄國人需要一種民族的使命感，才能使他們在面對絕對佔優勢的西方財富與科技時，能予以反擊並且加以貶低。◀332

　　一四五三年，土耳其人攻陷君士坦丁堡，這起事件使俄國人相信，他們的東正教教會是真實基督教僅存的最後據點。這種自矜自貴的觀點在一五六五年後遭受嚴厲的考驗，當時耶穌會傳教士已經在波蘭立定腳跟，他們很快就擊敗了新教對手，並且認真地針對東正教的信眾進行傳教，說服他們接受教宗的號令。當時波蘭─立陶宛的國土涵蓋俄羅斯西部相當廣大的土地，當地的東正教居民認為自己是受基輔教區管轄。因此，當一五九六年基輔都主教（Metropolitan of Kiev）及其勢轄的大多數主教決定接受羅馬教宗界定的基督教教義時，莫斯科的震撼可想而知。雖然烏克蘭教會或「東儀天主教會」（Uniate）獲准維持斯拉夫人慣有的儀式，但仍無法減少東正教會的沮喪。

　　有效駁斥羅馬天主教耶穌會的論點固然困難，但事實上，俄國教會書籍本身就缺乏一致性，由於複製者與翻譯者的錯誤，許多人們最常用的經文，乃至於聖餐禮的禱文，都有脫漏誤植的問題。由於缺乏惡毒的評論者將這些錯誤一一挑出來呈現在信眾面前，俄國神職人員也就將錯就錯地進行傳統儀式，而這些儀式往往因地而異。然而，一旦耶穌會學者注意到這些錯謬混亂

的地方，並且一一加以指控時，俄國東正教要如何主張自己獨佔了基督教的一切真理？更糟的是，真正的真理、原初的聖經文字，這些從過去傳承下來的文本為什麼彼此會產生出入？俄國教會的傳統學問與虔信顯然無法處理這個問題。

儘管如此，俄國人依然堅信一項無可置疑的事實：那就是希臘基督教比拉丁基督教歷史悠久，因此要比耶穌會代表的傳統更接近原始的文本與教義。然而，要修改俄國的禮拜儀式，使其與希臘模式相符，這就表示過去的傳統完全錯誤，對俄國教會來說，這樣的事實是難以接受的。他們認為，救贖取決於正確的儀式。錯誤，或者承認錯誤，將會動搖整個東正教的結構。

當然，一五〇〇年到一六四八年，俄國注意到的西歐文化成就絕不僅止於宗教知識與宣傳而已。伊凡三世引進了義大利工匠與建築師，藉由石造建築來增添莫斯科的美麗與威嚴。義大利的石造建築與裝飾主旨，與舊式俄國木造教堂的風格相融合，再滲入少量的波斯優雅特質，形成了聖巴西爾大教堂（Cathedral of St. Basil），它成為莫斯科紅場的美麗象徵。這座令人驚奇而成功的建築，是伊凡四世為了慶祝征服阿斯特拉罕汗國而於一五五六年興建的。

俄國的聖像畫也在這個時期達到顛峰。藝術家運用從義大利與拜占庭引進的繪畫技巧，將其用來表達俄國東正教的神祕虔信，這種過程長達數十年的時間，特別是當東正教無法回應羅馬天主教的批評時，只好訴諸這類神祕主義的藝術表現。儘管俄國與已進入近代初期文化急遽變遷的歐洲地區持續交流，但直到一六四八年為止，這種宗教情感仍使俄國東正教文明維持精神的獨立性。

## 西屬美洲

與美洲原住民受到的衝擊相比，神聖俄國的創傷經驗（由於在地理上與西歐接鄰）可說是微不足道，因為美洲原住民不像俄國有足夠的文化遺產讓他們面對相同的挑戰。事實上，當時也不存在有組織與長期的抗爭來保存前

哥倫布時期的生活方式。而美洲原住民文化領導階層災難性的崩解，使西班牙人得以取代原有的阿茲特克與印加帝國內部消滅的祭司與戰士氏族，雖然西班牙人人數極少。在僅僅一個世代的時間裡，墨西哥與祕魯所有的重要聚居點都至少在表面上成了基督徒。不久，只要在能動員必要的勞動力與建築技術的地方，巴洛克風格的教堂就一座座地矗立起來。除了在細節上有點悖逆義大利藝術家的手法，因而稍稍有點不同於歐洲的原型，其餘部分則儼然原封不動從西班牙移來一樣。

　　在城鎮地區，法律形式與關係完全依照西班牙與基督教形式重新打造。 ◀334
礦場也是一樣，完全依照歐洲的技術加以組織。從這裡流出的白銀將打擊世界的物價體系。不過絕大多數的農民仍著跟過去一樣的生活。新主人的宗教與法律對他們的生活影響有限，這點跟過去阿茲特克與印加的統治者一樣。這種簡單關係很快就因疾病殺死大量人口而改變（見三二二頁）。隨著人口大量減少，原本的生計農業瀕臨崩潰，因為西班牙人仰賴農村的勞力來供給城鎮的糧食與礦場的運作。當然，西班牙的法律禁止奴隸制度，官方的政策（根據馬德里方面的宣示）也徹底保護印第安人的權利。儘管如此，西班牙殖民者的勞力需求還是居於優先地位，當他們需要印第安人的勞動力時，他們往往就能取得，方法是透過讓印第安人舉債，然後讓債主有權利逼迫印第安人還債。這些債務是世襲的；印第安債務人必須聽從西班牙殖民者的命令去從事任何工作。

　　隨著第一波征服者的黃金熱潮消褪，基督教傳教士開始取代他們的位置，成為西班牙領土邊疆的開拓者。耶穌會、方濟會與其他傳教士，他們不僅致力於拯救靈魂，也教導原住民有用的歐洲技術，使其文明開化。舉例來說，有一個令人矚目的傳教士社群在巴拉圭出現，這些耶穌會傳教士以仁慈的專制主義在部落間創造出大型而繁榮的印第安人社群，在此之前，他們仍過著相當原始的生活。有效的管理使傳教士能靠著出口印第安人的勞動成果到歐洲市場而賺取足供生活的金錢。不久，耶穌會已經有能力靠這些事業賺取豐厚的利潤。

## 其他歐洲殖民者

耶穌會在傳教士組織架構內從事的努力，主要藉由理性的經濟路線來轉變原住民的行為。有趣的是，這種做法剛好介於兩種政策之間。西班牙當局對於墨西哥與祕魯的印第安人村落採行家父長制與保護政策，對於加勒比地區與巴西沿海地帶以及加勒比海一些小島則採行無情而理性的奴隸種植園經濟。在這些地區，原住民的人口減少得非常快。但當地仍需要勞動力；因此由西非進口奴隸來填補這個缺口。英格蘭人霍金斯於一五六二年到一五六三年駕駛第一艘奴隸船到西班牙水域；不過直到糖種植園立定腳跟之前（大約在一六三○年後），黑奴與種植園仍不具重要性。在那之後，運用非洲的勞動力毫無人性地榨取美洲土地的模式才發展成龐大的規模，並且使非洲流向新世界的移民潮與來自歐洲的移民潮平分秋色。

新世界奴隸經濟的企業主主要是葡萄牙人、英格蘭人、法國人與荷蘭人，而非西班牙人。隨著這些人的到來，美洲原住民必須面對更多比西班牙人更無情的入侵者。傳教士對於改信者肉體與靈魂的福利的關注，一直是限制西班牙剝削美洲原住民的真實要素。然而卻沒有相同的機制來箝制葡萄牙、英格蘭與荷蘭殖民者與商人的行為。法國人與西班牙人一樣，他們嘗試組織傳教士並且保護加拿大原住民，使其免於過於快速地暴露在歐洲文明之下而遭受傷害。但成果不顯著，因為不同於巴拉圭的情況，巴拉圭的耶穌會對進出領域維持嚴格的隔離政策，不僅控制精神，也控制細菌感染，而加拿大的傳教士則未對天花與類似疾病做出任何防護。因此法國的慈善行為，就跟英格蘭與荷蘭的冷酷行徑一樣，實際上破壞與摧毀了北美東岸原本存在的印第安人社會。在巴西，葡萄牙人從一五三○年進行殖民也造成類似的結果。

當然，直到一六四八年為止，歐洲在北美的殖民就跟在巴西一樣，一直局限在沿海地區。南北美洲廣大的內陸地帶只有間接受到白人抵達的影響。但間接的影響也很重要，舉例來說，北美大草原的平原印第安人文化的發展與散布。這種放牧與漁獵的生活方式，是以運用馬匹來狩獵野牛為基礎，而馬匹當然最早是由西班牙人傳入美洲的。

　　因此，即使在歐洲殖民尚未滲透的地區，以及沒有歐洲人涉足的部分地 ◀336
帶，西方文明的衝擊有時也能讓人感受得到。正如俄國人無法無視於西部邊
疆地區傳入的刺激與挑戰，美洲原住民顯然也成為西歐文明的外緣地帶。
一六四八年，世界沒有其他部分遭遇如此劇烈的文化氣候轉變。

## 第二十一章

### 一五〇〇年到一七〇〇年

# 伊斯蘭世界及其印度教與基督教臣民的社群

337▶　　雖然在局部地區出現短暫挫敗，但大體而言，伊斯蘭世界從穆罕默德首次在麥地那建立神聖的穆斯林社群之後，一直穩定呈現擴張局面。即使到了一五〇〇年以後，遠西諸國支配海洋商路，伊斯蘭世界長期對外擴張的進程也未因此戛然中止。相反地，印度、東南亞、非洲與歐洲仍然是穆斯林擴張的目標。事實上，如果估算一五〇〇年到一七〇〇年有幾百萬平方英里的土地或多少新臣民接受穆斯林的統治，我們將發現，這兩個世紀是穆斯林發展最輝煌的時期。

　　舉例來說，在印度，從山區北方流入的難民與探險家使穆斯林統治者有足夠的人力組織軍隊，並且於一五六五年消滅印度南方最後一個印度教大國，毗闍耶那伽羅帝國（Vijayanagar）。而就在本章斷代的末期，幾乎整個印度半島均已落入蒙兀兒（Mugual）皇帝奧朗則布（Aurangzeb，一六五八到一七〇七年）一人的統治之下。

338▶　　在東南亞，幾個濱海的穆斯林國家結成聯盟，在一五一三年到一五二六年間推翻了信奉印度教的爪哇帝國。在這場征服前後，商人與巡迴各地的蘇菲派（Sufi）聖人成功的傳教工作，已經將伊斯蘭教傳布到東南亞的港口與濱海地區，甚至遠及菲律賓的民答那峨島與印尼（Indonesia）的婆羅洲。深

入非洲的行動未曾間斷，穆斯林走的是陸路而非海路，並且以駱駝商隊取代船隻。在東南亞與非洲這兩個廣大地區，貿易與市場關係的發展，與當地人口改信伊斯蘭教攜手並進，這些改信者通常最願意投入貿易所帶來的新型經濟活動。往後，改信伊斯蘭教的地區就會以軍事活動與統治壓力來迫使鄉村與偏遠地區成為穆斯林社群的一份子。於是一連串的穆斯林帝國在西非崛起，像是博爾努（Bornu）、摩洛哥、廷巴克圖（Timbuctoo）與索科托（Sokoto）。這些國家對異教徒的政策與將近一千年前查理曼在西北歐採行的政策類似，當時查理曼以武力逼迫頑強的撒克遜人（Saxons）改信基督教。

　　歐洲對伊斯蘭教的抵抗遠較印度、非洲或東南亞來得有組織。然而，穆斯林的力量還是推進到基督教世界之內。到了一五四三年，匈牙利絕大部分地區已成為土耳其的領土。往後，在周而復始的邊境戰爭中，土耳其人始終佔了波蘭人與奧地利哈布斯堡王朝（Habsburgs）的上風，直到一六八三年。鄂圖曼土耳其人面對歐洲人首次出現明顯的敗象是在一六八三年到一六九九年的長期戰爭，這場戰爭始於土耳其第二次圍攻維也納（Vienna），終於匈牙利絕大部分地區被奧地利人奪佔。然而，鄂圖曼帝國在某些地區仍大有斬獲，例如在一六九九年後，鄂圖曼繼續擴張到羅馬尼亞，而且在當地站穩了腳跟，然而必須坦承的是，這塊帝國版圖的治理是間接透過君士坦丁堡的希臘人來執行的。

　　一七○○年之前，伊斯蘭教真正遭遇長期領土喪失的地區，主要分布在歐亞大陸的西部與中部大草原。俄羅斯對於金帳汗國殘餘下來的喀山、阿斯特拉罕（Astrakhan）與西比爾（Sibir）等汗國進行蠶食鯨吞，這點先前已經提過。而在更往東部的大草原上，伊斯蘭教還遭遇了另一場同樣嚴重的挫敗。從一五五○年到一六五○年，再度恢復元氣的藏傳佛教（Tibetan Lamaism，又稱黃教）搶先一步取得蒙古，並且在伊犁河（Ili river）附近的中亞地帶取代伊斯蘭教成為當地的主要信仰。

　　然而，草原地帶本身是窮困而沒有前途的地區。當貿易路線不再經過草原地帶（轉而往北沿著西伯利亞河流與往南經由海洋），長久以來擔任伊斯

◀340

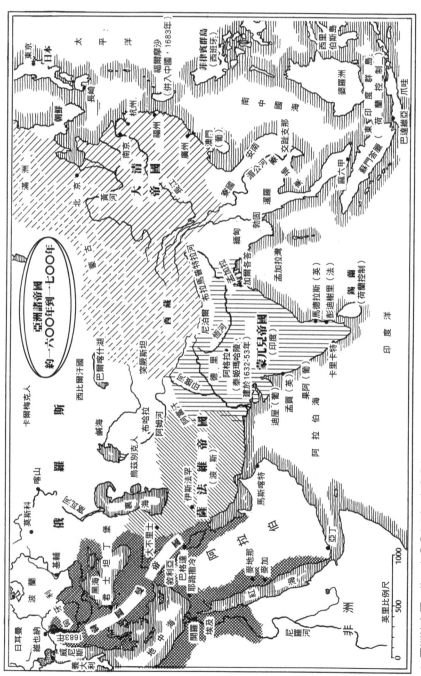

▲ 亞洲諸帝國，約一六〇〇年到一七〇〇年

蘭教主要傳教者的穆斯林商人與聖人也就不再頻繁造訪此地。因此，藏傳佛教在草原地帶的輝煌成就，其實與穆斯林競爭的退卻有關。

## 歐洲商業的入侵

　　海上的情況更加複雜。在地中海與印度洋，西班牙與葡萄牙艦隊挑戰穆斯林的船艦，並且在關鍵海戰中擊敗穆斯林的海上力量。然而這兩個伊比利國家的海軍資源不足以將穆斯林船隻完全逐出海面。因此，到了一五七八年，與土耳其爭奪東地中海霸權的長期鬥爭終於結束，一切又回到一五一一年競爭初啟之時。在印度洋也是一樣，小型輕巧的穆斯林船隻恢復了過去被葡萄牙人奪走的大部分貿易。到了十六世紀末，葡萄牙人甚至允許穆斯林船隻進入他們管轄的口岸，因為他們需要藉由徵收港口稅來增加收入。

　　然而，一六○○年以後，新的勢力開始主張擁有海權。荷蘭、英格蘭與法國取代西班牙與葡萄牙，成為印度洋與地中海的主要商船勢力。短期而言，這項轉變對穆斯林來說似乎是一項勝利。每個新來者都藉由與穆斯林統治者締結特殊條約以取得最初的據點，而且避免從事任何基督教傳教活動。這是一種政策上的大轉彎。西班牙人與葡萄牙人認為傳教與貿易一樣重要；但荷蘭、英格蘭與法國商人卻把宗教宣傳的領域完全奉送給穆斯林。

　　儘管如此，長期而言，新來者的經濟活動對穆斯林傳統生活方式的腐蝕，卻遠比伊比利人的宗教宣傳來得嚴重。穆斯林無論如何都不會接受博學而能言善道的基督教傳教士說法，因為伊斯蘭教義的核心深信穆罕默德的啟示已經更正與取代了基督教片面而扭曲的真理。但穆斯林社會卻無法拒絕經濟的合理化與市場關係的擴展，特別是當歐洲物價革命的影響逐漸滲透到伊斯蘭國家的時候。

　　內陸地區當然受到的影響最小。在遠離海洋的地區，古老的商隊貿易與手工產品，鄉鎮之間的交換與跨地區的奢侈品貿易，幾乎未受到歐洲人商業行為、組織與活力的影響。但在沿海地區，一七○○年時已出現各種重大變化。例如在鄂圖曼帝國，商品農業開始成長，部分因為種植了從美洲引進的

341

玉米與菸草，以及從印度引進的棉花。羅馬尼亞、保加利亞、色雷斯與馬其頓的農民，連同其他在安那托利亞生活的民眾，開始仰賴玉米維生，而且也用玉米飼養牲口。他們可以出口較過去為多的小麥與家畜，因為這種新美洲作物比舊作物生產力來得高。這項發展主要分布在黑海與愛琴海北部沿岸地區。

鄂圖曼帝國商品農業的興起並未刺激製造業的發展。工匠同業公會仍然恪守傳統過程。這些工匠與新軍（janissary corps）結合成強有力的聯盟，在鄂圖曼帝國的各大城市，新軍與工匠雜居一處，這主要是因為一五七二年後法律才首次准許這些令人畏懼的士兵結婚。在工業與商業領域，企業家精神受到包稅人的重稅與高利貸買官的惡習所斲喪。官員為了還債，於是透過法律或法律以外的手段榨取民眾財產。所以，在帝國內部幾乎看不見任何新的工業與商業發展，因為有能力投資新事業的人一定會成為稅吏與索賄的地方官的目標。製造業的科技無法進步，而企業家在商業的活力又受限制，這意謂著鄂圖曼帝國的出口幾乎完全局限在農業品上。這種情況與最後幾百年的拜占庭帝國頗為類似，當時義大利城市壟斷了整個地中海東部的貿易。這種類似預示了日後鄂圖曼社會經濟的衰亡。

在印度洋地區，歐洲人也開始有系統、有組織地改變亞洲經濟以賺取利潤。大型的歐洲貿易公司經常受到國內壓力，要它們出口更多的貨物到印度，以減少白銀外流。但一般而言羊毛織品與其他歐洲製品太粗糙，無法在印度洋濱海地區的溫暖氣候下拓展銷路。因此荷蘭與英格蘭商人必須嘗試在亞洲各港口間發展有利可圖的運輸業，因為這樣可以讓他們以運輸賺取的所得來購買亞洲物品，然後運回歐洲，不需要自歐洲載運大量金銀到印度進行交換。他們的做法獲得很大的成功。

舉例來說，英格蘭人先預付小額金錢給當地的紡紗工與織布工，藉由這種方式在印度西部組織起棉布製造業。然後，他們開始詳細規定他們想生產的棉布種類，透過調整預付金額，他們可以決定銷往市場的布匹數量。於是，只要非洲與亞洲的買家能提出任何有商業價值的物品以供交易，那麼英格蘭規格的白棉布就能銷往非洲與亞洲沿海地區。這種貿易形式促使東南亞

沿海地區快速發展，在此之前，這些地區仍然是相對單純的生計農業社會。在這種制度下，舉例來說，緬甸與暹羅沿海地區，以及菲律賓群島，連同爪哇與蘇門答臘，均經歷了非常快速的商業發展——主要是農產品。然而，東非卻成了便利出口人力的地方。非洲海岸因此出現了一連串以搶掠黑人為生的小侯國與港口城市，用來提供奴隸給穆斯林世界，其規模雖然比不上西非運往美洲的奴隸貿易，但也不可小覷。

荷蘭人控制的香料群島也目睹了更密集與更有系統的經濟轉變。荷蘭人一開始就採取武力征服政策，他們發現可以命令土邦首領繳交一定數量的農產品，然後再銷售到世界各地，其所賺得的利潤完全可以維持荷蘭在當地的行政成本。荷蘭人讓當地的顯貴擔任種植園的監督者，把種植者降格為半農奴。新作物有系統地加以引進，例如阿拉伯半島的咖啡、中國的茶，與印度的甘蔗。荷蘭人蠻橫地要求爪哇人必須栽種這些作物，而荷蘭人的估算完全是基於如何確保商品的最佳組合以適應不斷變遷的市場需要，藉此賺取最高的利潤。

◀343

對印度紡織工與爪哇種植者來說，穆斯林的政治領袖（他們透過傳統行政形式統治印度與東南亞）對他們生活的影響，顯然遠不如英格蘭與荷蘭人主導的新市場導向資本主義企業。這些公司的總部設在倫敦或阿姆斯特丹，而公司的擁有者則是持有浮花股票憑證的股東！然而，在一七〇〇年時，這種現象還不易為人所理解。一名穆斯林政治家或宗教導師可以自我安慰地認為，伊斯蘭教經過考驗的真實制度已然成功抵禦伊比利半島的十字軍，而就當時看來，這支十字軍對十六世紀穆斯林的威脅就跟過去中世紀十字軍帶來的一樣巨大。兩次十字軍均遭擊退，而伊斯蘭的領域也持續擴大，這豈不是阿拉的恩典與伊斯蘭教遠較其他宗教來得優越的明證？

## 什葉派的反叛

這種心態產生的沾沾自喜，如果對照十六世紀初伊斯蘭世界遭遇的深刻宗教衝擊，其對比更是強烈。穆斯林的土地上，長久以來一直包容各種不同

的宗教宗派，這些宗派大致可區分為兩大陣營：遜尼派與什葉派。許多什葉派團體，表現上順從遜尼派的信仰，但對可信賴的份子授以祕密教義。如同苦行僧中的貝克塔希教團（Bektashi order），這些教義有時候根本完全敵視各種有組織的宗教。絕大多數穆斯林領袖支持遜尼派的官方地位，而且包容異議團體，前提是他們不能冒犯官方的宗教建制。

一五〇二年，這項權宜做法遭受動搖。在快速贏得一連串勝利之後，土耳其部落一名狂熱的什葉派領袖伊斯瑪伊爾·薩法維（Ismail Safavi）在大不里士（Tabriz）自行加冕為沙（shah）。不久，伊斯瑪伊爾征服巴格達（一五〇八年），並且擊敗布哈拉（Bokhara）的烏茲別克人（Uzbeks），鞏固了東翼。一五一四年，伊斯瑪伊爾的軍隊與鄂圖曼軍隊在查爾迪蘭（Chaldiran）遭遇；儘管打了敗仗，但他仍感到滿意，因為他目睹勝利的蘇丹由於底下的新軍不願前進而撤軍。

伊斯瑪伊爾沙的軍事成就本身並不矚目，因為帖木兒（Tamerlane，死於一四〇五年）與其他中亞酋帥先前都以迅雷不及掩耳之勢快速建立起龐大的帝國。薩法維帝國的建立之所以令穆斯林世界如此困擾，主要是伊斯瑪伊爾沙底下那群無知無識的群眾居然說他是阿拉的化身；就連比較有學識而且通曉神學的支持者，他們雖然覺得這種說法有褻瀆之嫌，但基於伊斯瑪伊爾沙是伊斯蘭十二名具正當性的統治者其中第七位的子孫，所以他完全可以擔任穆斯林世界的領袖。

這種主張不僅獲得完全虔信的狂熱主義者加以發展，也得到一連串顯赫軍事勝利的支持，它為伊斯蘭世界注入了深刻不安的因子。如果薩法維的主張是正確的，那麼其他的穆斯林統治者當然就是篡奪者。穆斯林世界有許多地區擁有為數眾多的什葉派信徒，他們很可能支持這種想法。事實上，伊斯瑪伊爾沙的支持者於一五一四年在安那托利亞發起了大規模暴亂，狂熱地反對鄂圖曼的權威。

鄂圖曼的回應快速而有效：蘇丹冷酷者塞利姆（Selim the Grim，統治時期一五一二到一五二〇年）擊敗安那托利亞叛軍，之後也繼續無情地捕殺那些不滿的餘黨。這使得鄂圖曼帝國其他地區的什葉派信徒不敢造次。塞利姆

繼續征討伊斯瑪伊爾沙，但如我們所見，他未能斬草除根，因為新軍拒絕繼續推進與異端作戰。在隨後的戰役中，塞利姆併吞敘利亞、埃及與阿拉伯，因此切斷了伊斯瑪伊爾與這些地區統治結盟的可能，他也控制麥加與麥地那這兩個宗教戰略要地。塞利姆的繼承者是立法者蘇雷曼（Suleiman the Lawgiver，統治時期一五二〇到一五六六年），他集中全力與什葉派異端對抗，而且在國內組織遜尼派正統。他設立國家支持的遜尼派宗教學院，而且由國家控制帝國境內各大城市的宗教官吏。在此之前，這種政策肯定會引起最強烈的反抗；但現在遜尼派神學家卻無異議地接受了蘇雷曼的法規。一方面是因為國家發給的薪俸，另一方面是懼怕伊斯瑪伊爾沙的宗教革命將擴散到整個伊斯蘭世界，造成狂熱與混亂。

◄ 345

　　大約從一五一四年起，伊斯瑪伊爾沙自己也覺得宗教革命的大火需要控制。他從伊斯蘭世界找來一些什葉派律法學者——十二伊瑪目派（Twelver sect），希望他們協助潔淨在他手裡造成的各種錯誤信仰。為此，他迫害遜尼派以及異議的什葉派份子，沒收他們的財產。在此同時，他也將自己最初的權力基礎，也就是那些強而有力而且廣受歡迎的宗教宣傳，進一步地導向正統。伊斯瑪伊爾也發行了「簡要的教義問答」（就在同一時期，新教的牧師也用相同的東西加深信徒的印象），使他的臣民能熟悉十二伊瑪目派提出的信條。

　　遜尼派與什葉派對伊斯蘭教教義抱持不同的見解，其衝突具體表現在薩法維與鄂圖曼君主之間的對立上，其他穆斯林國家與民族只能依違其間，不知如何選擇。各地遜尼派與什葉派各有其長期而傳統的儀式安排，兩者的差異隨時有爆發嚴重衝突的危險。宗教原則幾乎成了政治忠誠的表徵。印度的蒙兀兒人特別感到困窘。當他們的力量不足時，蒙兀兒王朝的建立者巴布爾（死於一五三〇年）與他的兒子胡馬雍（Humayun，統治時期一五三〇到一五五六年）公開表示信仰什葉派教義，藉此從薩法維帝國獲得亟需的援助。之後，當他們在印度的地位較穩固時，他們就宣布從薩法維獨立，而且廢棄什葉派教條，改信遜尼派教義。阿克巴（統治時期一五五六到一六〇五年）當政時，蒙兀兒的力量首次穩固，他因此主張獨立的宗教權威。他嘗試

了印度教、基督教與穆斯林的信仰形式，這令羅馬天主教傳教士感到苦惱與不滿，因為他們不只一次相信皇帝即將改信天主教。

在阿拔斯大帝（Shah Abbas the Great，統治時期一五八七到一六二九年）時代，薩法維帝國達到巔峰，但此時宗教信仰的狂熱似乎變得比較淡薄，至少在宮廷裡是如此。鄂圖曼的恐懼終於可以放鬆，一六三八年，蘇丹的政府與先前的仇敵締結永久的停戰協定。宗教緊張實際上大為減輕，因此到了一六五六年後，當改革派在君士坦丁堡獲得權力之後，新任的大宰相穆罕默德·裘普利里（Mohammad Kuprili）甚至准許祕密的什葉派團體在鄂圖曼社會自由活動。它造成了一項耐人尋味的結果，兩百多年來，克里特島、阿爾巴尼亞與保加利亞南部首次出現有大量的基督徒改信伊斯教，而且非正統的苦行僧在這些地區似乎特別活躍。

## 思想的退步與藝術的進步

伊斯蘭世界遜尼派與什葉派的分裂對文化的影響與對政治軍事的影響一樣深遠。波斯人的詩意已經枯竭，因為詩中描寫神與人之間曖昧微妙的愛，在信奉伊斯瑪伊爾嚴謹教派的人眼中成了被詛咒之物。更重要的是，遜尼派的學者未能從根本上負起社會責任。遜尼派神學家面對什葉派的挑戰時，並未從教義本身著眼，去論證教義本身是否為真。相反地，他們仰賴世俗權力壓迫他們的反對者與批評者。因此，往後當歐洲的思想與知識界認為傳統穆斯林的知識有問題時，鄂圖曼帝國的知識階級也無法認真地探討歐洲的新觀念。這些聖律的專家既然在第一次面臨挑戰時選擇躲在鄂圖曼帝國維護治安的權力之後，當第二次挑戰來臨時，他們自然也無法用嚴肅的態度去解決，他們或許是懼怕在對抗基督教新的思想事物的同時，伊斯蘭社會內部會從背後對他們發起攻擊。他們認為最好的做法就是誦念古蘭經與默記聖律的注釋，以求得阿拉的恩典。只要穆斯林的軍事力量強大，足以與外來者平等來往時，這種堅決的保守主義與反智主義自然還站得住腳。直到一七〇〇年後，穆斯林國家的力量已無法與新興的對手抗衡時，其最終付出的代價才讓

人看得一清二楚。

　　思想的愚蠢化大多是官方政策造成的，但這並未造成藝術的衰微。相反地，穆斯林世界幾個偉大帝國的興起，使建築師與藝術家能得到充足而穩定的支持。例如伊斯法罕（Isfahan）在阿拔斯大帝的命令下，被建造成一座花園城市。它是世界上數一數二令人印象深刻的建築紀念碑，也是城市計畫的代表作。一六三二到一六五三年間，蒙兀兒皇帝依照自己的喜好，在印度建立起規模較小但仍極為宏偉壯麗的泰姬瑪哈陵（Taj Mahal）。波斯藝術持續發展到十七世紀。在印度，畫家運用波斯的技法來描繪印度教的宗教主題。這種繪畫特別受到印度「拉吉普特」（Rajput）地主階級的喜愛，他們雖然熱愛波斯風格文化，同時也向蒙兀兒帝國提供服務，但他們並未放棄祖先傳下來的印度教信仰。

　　事實上，如果不以當時西歐文化發展的步調來衡量，伊斯蘭世界在一五○○到一七○○年間可說是處於相當繁盛的時期。這個時期的伊斯蘭社會既不腐敗也不停滯，因此「欣欣向榮」可說是形容當時社會的適當詞彙。諷刺的是，從後見之明來看，就在這段鼎盛的時期裡，伊斯蘭世界並未把握機會，也未察覺到歐洲人已開始在經濟與思想上對他們構成挑戰。


## 穆斯林統治下的其他宗教

　　在從穆斯林文化轉向遠東文化之前，我們應對生活在穆斯林統治下或地處穆斯林世界擴張邊緣的印度教徒與佛教徒的歷史做一概述。此外，生活在巴爾幹半島的東正教基督徒構成了鄂圖曼帝國的重要成分，也需要加以說明。

　　從一五○○到一七○○年，印度教在印度經歷了一段復興時期。穆斯林的征服使印度教不再受國家支持，但新統治者寬容絕大多數的傳統儀式。這種狀況反而迫使宗教活動深入市井，使聖人與詩人為印度這個古老而無組織的信仰注入充滿生命力的新崇拜形式。◀348

　　重振信仰的聖人恰伊坦雅（死於一五二七年），民眾相信他是黑天

（Krishna）的化身。他聚集相當多的信眾，反對種姓制度以及外在的宗教形式，他提倡表現強烈情感的公開儀式。在孟加拉，恰伊坦雅大半生居住於此，他的新教派因此有效抑制了當地民眾改信伊斯蘭教。這意謂著當印度社會緩慢往東發展，並且逐漸開拓恆河三角洲以外的叢林地區時，改信印度教而非伊斯蘭教又再度成為加入開化社會的一項表徵。今日的孟加拉地區（Begal）分別由信仰伊斯蘭教的孟加拉（Bangladesh）與印度分割領有，可說是這種過程的必然結果，因為在此之前，伊斯蘭教已然在邊境地區站定腳根。

有兩位著名詩人蘇爾達斯（Sur Das，死於一五六三年）與圖爾希達斯（Tulsi Das，死於一六二三年）對印度教的復興比恰伊坦雅貢獻更大，因為他們的影響力不僅限於單一宗派。他們兩人都使用印地韻文來表現印度神話傳統的豐富主題。他們創作了大量聖歌與讚美詩以供宗教慶典之用，這些詩歌都能為印度北方說印地語的民眾所理解。圖爾希把重點放在羅摩，蘇爾則比較喜歡黑天：但這兩個神祇都被視為是毗濕奴的化身。因此，這兩名印度教的革新者之間並未出現教義上的衝突。除了恰伊坦雅的門徒，沒有人否認古梵文的虔信或婆羅門教的儀式。但梵文只有專家才能理解。日常的信仰主要是用印地語這種方言來表達。對同時具有神性及人性的神祇的崇拜，使人產生溫暖的情感，虔誠的信徒因此在公開的宗教狂喜中進入到神人合一的境地，而這也讓廣為流行的印度教得以不受穆斯林與基督教傳教士爭論的影響。一五六五年後，政治的衰微使印度教的形式出現變化，但未能破壞它的精神。絕大多數的印度人仍忠於祖先流傳下來、充滿變化的宗教。

佛教在三個較小的民族當中存續著，並且成為他們的國教，這三個民族分別是錫蘭的僧伽羅人（Singhalese）、緬甸的緬甸人與暹羅的泰人。對這三個民族來說，佛教是民族認同的標記，使他們免於遭受多語言與世界主義的信仰入侵：首先是伊斯蘭教，然後是基督教。這些國家起初歡迎基督教，部分是為了用來平衡穆斯林長期的壓迫，但只要發現歐洲人似乎開始嚴重威脅到他們的傳統方式，他們就改採孤立與退縮的政策。直到十九世紀歐洲人捲土重來，這些抗拒外人的藩籬才遭到撤除。

　　鄂圖曼帝國的東正教基督徒不可避免與他們的土耳其主子共同經歷許多相同的經驗。對拉丁西方的偏見，不僅希臘東正教基督徒有之，穆斯林亦然。因此當西里爾·盧卡里斯宗主教（Patriarch Cyril Lukaris）要求討論西方的喀爾文派與天主教提出的問題時，他所得到的成果寥寥無幾。絕大多數的東正教神職人員對於他們從教父與四、五世紀全基督教公會議繼承下來的教義感到滿意。然而，從事醫療的人員倒是與義大利以及其他歐洲科學中心傳來的新觀念一直維持連繫。最優秀的希臘醫生是由帕多瓦大學訓練出來的。他們在學生時期吸收了西方各個面向的文化。這些人就像一條細長卻重要的傳送帶，藉由它的連結，分成兩半的基督教世界得以在思想上持續接觸。

　　當蘇丹不再從巴爾幹蠻荒西部的基督教村落招募成員構成他底下的奴隸家族時，鄂圖曼政府與它的基督教臣民社群之間的關係也出現重大的變化。只要帝國內部的高級官員與軍事領袖曾在偏僻而貧窮的山村度過十二到二十年的農村生活，那麼鄂圖曼政府對於基督教村民就會帶有普遍的同情。然而當這些職位開始由高官的子弟承繼時，一種非常不同的偏見也隨之而生。這種變化發生於一五七二到一六三八年之間；一五七二年，蘇丹的奴隸家庭首次在法律上允許結婚，一六三八年，基督教村民不再被招募到政府服務。

　　當高級官員都由土生土長的城市人來充任時，他們就開始剝削村民，而且對於他人利用法律的邊緣地帶讓農村勞動力從事商品農業視而不見。這種情況使村民的命運急遽惡化，其代價就是使基督教民眾的不滿與日俱增。◄350

　　城鎮與鄉村之間深刻的疏離，這種裂痕與基督徒和穆斯林之間的宗教界線頗為近似，但也只是近似而已，這問題在十七世紀末成為鄂圖曼社會嚴重與根本的弱點。但在基督教國家中，農人也有不滿的現象，因此不應誇大成鄂圖曼不可避免即將式微的徵兆。真正預示國家衰弱的是穆斯林不願意——不，是沒有能力——修正傳統的態度與制度，以因應外來與內生的挑戰。因此，儘管有輝煌的穆斯林藝術、繁複精細的穆斯林學問，以及鄂圖曼、薩法維與蒙兀兒帝國的強大無力，也無濟於事。

## 第二十二章

一五〇〇年到一七〇〇年
# 遠東

351 ▶　　一五一三年，當葡萄牙商人首次來到中國南部海岸時，統治中國的明朝
已顯露出傳統中國王朝盛極而衰的病徵。苛捐雜稅，加上宮廷與政治派系的
鬥爭，使得地方上民變蜂起，在此同時，來自草原與海上的劫掠也越來越嚴
重。明朝軍隊數量龐大而且裝備齊全。在良將指揮下，他們可以輕易擊敗敵
人。舉例來說，一五九二年到一五九八年，明朝軍隊曾協助朝鮮擊敗日本兩
次大規模入侵，而當時日軍的統帥是大名鼎鼎的豐臣秀吉。在海上，明朝水
師也不遑多讓，曾多次擊敗葡萄牙戰艦。然而重視陸軍的北京官員從不批准
建立常備海軍，戰後被遣散的水手因此加入海盜，而此舉更坐實了官員對海
軍的不信任。

　　明朝的滅亡完全追蹤中國的傳統模式。強大而訓練有素的滿人軍隊，以
平定明朝內部亂事為藉口，在明朝將領內應下，於一六四四年進入北京。然
而在入主京師之後，滿人便拒絕與明朝合作。滿人首領自立為帝，建立新的
352 ▶　王朝清朝。滿人真正掌控整個中國大陸還需要數年的時間。臺灣是最後一個
奉明正朔的地區，直到一六八三年才向北京政府屈服。

　　早在征服中國之前，滿人就已經漢化甚深。滿人並未受到西亞文明的影
響，反觀過去曾征服中國的蒙古人則深受西亞文明的薰陶，這使得蒙古人在

入主中原後無法順利接受中國的文物制度。然而儘管滿人比蒙古人更能接受中國文明，但滿清皇帝對於漢人的忠誠存有疑慮，因此仍將軍事力量保留在滿人手中。滿人的軍隊駐防在全國的戰略要地。他們仍維持傳統的服飾與風俗，這種政策可以防止滿人士兵自由與中國人通婚融合。滿清在文官體系上採取滿漢並用的制度，以四書五經為考科的傳統科舉考試仍施行不輟，即使出現中斷的現象也只存在於局部地區，而且只是短期的。

明清遞嬗的過程相當平順，這種情況在中國漫長的歷史上相當罕見。此外，清朝皇帝的施政完全依循傳統。他們將主要的精力與軍事力量全集中於邊疆地區，尤其是草原游牧民族與蠢蠢欲動的藏人。就這一點上，清朝可說是相當成功，這要歸功於武器技術的進步使草原的弓騎兵無法再佔有軍事優勢。然而滿清雖然順利綏服了中國邊疆，緊接著卻必須面臨新的問題，他們不僅要對付草原游牧民族，也要面對不斷東擴的俄羅斯農業帝國。十七世紀初，俄國的皮草商人將貿易範圍延伸越過西伯利亞，於一六三八年抵達鄂霍次克（Okhotsk），本書之後還會再提到。俄國商人嘗試與西伯利亞森林南緣的草原民族建立關係，並且獲得了些許成果。此外，俄商也與中國開展皮草貿易，而中國人也與歐洲人一樣，相當珍視貂皮這項產品。

中俄雙方在經過幾次試探性的衝突之後，於一六八九年簽訂尼布楚條約（Treaty of Nerchinsk）。根據條約規定，大草原絕大部分地區，也就是從外 ◀353 蒙古往西直到中亞將成為無人地帶，以做為中俄兩國的邊界。條約也規定了管制性的商隊貿易，這項貿易以茶、絲與皮草的交換為核心。然而，這項解決方案並不穩當，因為居住在緩衝區的蒙古人與卡爾姆克人（Kalmuks）不願扮演中俄兩國委派給他們的中立被動的角色，相反地，他們還與西藏建立宗教與外交關係。中國擔心他們可能形成新的蠻族聯盟，認為他們潛在上與成吉思汗那樣的邊患一樣危險。為了防患未然，中國決定先發制人，此時俄國正全力與鄂圖曼土耳其作戰，無暇他顧。中國於是發動慘烈的戰爭征服外蒙古與東突厥斯坦。西藏隨後也俯首稱臣。直到一七五七年，這一連串戰役才告終結，卡爾姆克聯盟也在中國軍隊與天花的襲擊下崩潰。卡爾姆克殘部逃往俄國避難，並且被安置於窩瓦河鄰近地區，他們的子孫至今仍生活在當

地。此外，早在發生此事的三十年前，俄國已在恰克圖條約（Treaty of Kiakhta）正式承認中國力量已然擴展到將近一半的歐亞大草原上。

滿清皇帝在海防問題的處理上也一樣成功。一六三六年，日本政府基於自身的理由，禁止民間船隻遠航，並且停止建造海船。如此便切斷了一個多世紀以來劫掠中國沿海的倭寇來源。中國政府的地方代表與葡萄牙商人社群任意指派的發言人進行非官方交涉，結果有效扼止了破壞，並且整頓了歐洲商船前來遠東之後一直從事非法活動的亂象。因此，當中國政局重新恢復穩定之後，傳統防衛海岸的方式也就沒有改革的必要。不難想見，滿清政府並未建立海軍或改善他們的沿海防禦。他們認為沒有必要這麼做，而事實上也確實如此。

354▶ ## 中國的繁榮與保守主義

中國大陸全境恢復和平與正規的行政組織之後，提供了急速繁榮的有利條件。人口也開始快速增加。新美洲作物，特別是番薯與玉米使農業社群得以與手工業製造及商業活動同步擴張。與歐洲商人的貿易活動變得十分熱絡。葡萄牙船長期以來一直壟斷中日兩國間的運送貿易，因為兩國政府不准人民建造海船。此外，茶、瓷器與其他中國貨物出口到遙遠的歐洲客廳裡，其數量也穩定增加。為了供給市場需要，中國企業家開始大規模地生產廉價瓷器。不過，這些改變只是鞏固了傳統中國，使其分量更形龐大，傳統中國的社會結構則仍紋風不動。

文化生活顯示出中國人態度上的堅定保守主義。從一五○○到一七○○年，中國人的經驗沒有一件不符合自古傳承的學問與情感架構。而歐洲人的確曾經引進迷人的新奇事物給中國的士大夫。對於嶄新的地理知識、改良的天文技術，以及擺鐘這類有趣的裝置都曾獲得中國人的認同。一六○一年，耶穌會傳教士在學識淵博的義大利人利瑪竇（Matteo Ricci）率領下，甚至獲准來到北京的宮廷；但這只有在基督教傳教士獲得些許儒家學問的薰陶，而能與朝中學者來往交流之後才發生的。朝代的更迭並未嚴重影響耶穌會在

北京的地位。相反地，從一六四〇到一六六四年，傳教士領袖湯若望（Johann Adam von Schall）與年輕的滿清皇帝建立了深刻的友誼，並且對帝國政府的舉措有一定的影響力。但整體而言，雖然耶穌會在朝廷有一定地位，但他們未能影響與他們交流的中國士大夫，而且向中國民眾傳教的工作也沒有太大進展。

相反地，中國的學者與士紳只是專注於研究經典，並且運用他們發明的最精詳的考證方式來追尋四書五經的真實意義。貧乏的且在訓詁上講求嚴謹的「漢學」因此成為顯學，至於過去新儒家所自由從事的大膽諷喻詮釋則遭到貶抑。◀355

中國人為什麼不願認真研究遠自歐洲傳來的「南蠻」學問與外來思想模式，這點應該不需要多做解釋。如果國內的體制運作良好，為什麼聰明、頭腦清楚且心存國家社稷的人要浪費時間在這些小事上呢？當中國的國威遠播、海內晏然、人民富足、教化廣布、文化高雅、依儒家學說治國、長年苦讀四書五經之人都能獲得禮遇時，人們為什麼要去留意外國的事物？因此，幾乎毫無例外地，中國依循他們健全的常識而行，對於耶穌會傳教士帶到中國的新奇玩意兒只是偶爾留意而已。

## 日本的豐臣秀吉與德川幕府

日本這兩個世紀的歷史迥異於中國顯赫而持續的歷程。十六世紀初，日本內戰蜂起。地方武士、僧兵、以城市為據點的海盜以及各階層游蕩的冒險份子，彼此之間不斷打鬥殺伐，對於毫無實權的帝國政府只是口頭上表示尊敬而已。一五四〇年代葡萄牙人的到來，造成巨大的變化。

日本人對於歐洲文明的許多面向感到印象深刻。歐洲服飾與受洗成為基督徒在日本列島快速風行。當然，不是所有日本人都接受這些新事物，但很少有人未體認到歐洲槍炮的用處。地方領主以金屬與其他值錢之物向葡萄牙人進口槍炮。但是，與歐洲一樣，當大炮與火槍成為戰爭中具決定性的武器時，軍費隨之增加。這表示只有領土廣大的君主才能負擔得起戰勝所需的軍◀356

費。結果造成了政治的快速鞏固。從第一艘葡萄牙船抵達日本後不到半個世紀，整個日本列島就被豐臣秀吉統一（死於一五九八年）。豐臣的權威建立在軍功上，他出身寒微，年輕時曾擔任馬伕。他的政府是以武士氏族的聯盟為基礎，這些武士從特定的鄉村獲取收入，做為向直屬上司服役的報酬，而經由這些直屬上司，這些武士也向豐臣秀吉本人服役。

在鞏固了全日本之後，豐臣秀吉試圖將日本的軍事能量轉而向外。為了進攻朝鮮，他組織了兩次龐大的攻勢，如果他的宣言可信的話，那麼豐臣的意圖是想征服全世界！然而日軍未能在大陸獲得決定性的勝利，等到豐臣秀吉去世，日本國內有爆發內戰的可能，日軍因此撤退。在一場戰役之後，豐臣秀吉的夥伴德川家康贏得勝利，成為日本的最高領袖。

與豐臣秀吉相比，這位日本的新統治者較不冒進也較不具擴張性格。他放棄海外征服的念頭，有系統地鞏固自己的權力，以對抗國內真實與潛在的對手。這意謂著他首先要控制海盜，因為武士氏族的領袖在國內戰爭失去所有家產之後，往往選擇到海外搶掠，重新積攢財富，然後返國嘗試恢復以前在戰爭中失去的一切。德川幕府不願承受這種風險。因此，幕府實行管制，然後完全禁止人民出海為盜，中國沿海從此少了倭寇為患。

日本人數龐大的基督徒社群似乎也成了幕府的隱患。豐臣秀吉曾於一五八七年頒布敕令，禁止外國傳教士來日，但命令似乎未曾執行，或許是擔心此舉會使葡萄牙人中止貿易。一六〇九年後，當荷蘭船首次出現在日本海域時，日本人有了另一個取得西方軍火的管道，因此便能安心地在某些特
357 ▶
定時機開始對基督徒進行迫害。一六三七年，九州的基督徒爆發叛亂，將軍下令將他們全部剿滅。花了整整一年才攻下基督徒所有的據點。這是一場至死方休的鬥爭。所有被俘的基督徒，無論歐洲人還是日本人，全立即受到處決。少數基督徒祕密生存下來，但他們沒有力量，因此失去了影響力。日本
358 ▶
基督徒幾乎全遭消滅，幕府政府血腥而災難地終結了到目前為止基督教在所有亞洲文明國家中最成功的傳教事業。

往後兩百多年，德川幕府持續統治日本。然而，德川政權雖然看似鞏固，但國內經濟與文化生活的巨大變化，使日本社會與文明持續受到嚴酷而

▲ 日本德川幕府時期，從一六〇三年起

隱藏的壓力，與中國在一七〇〇年達到的和平與穩定大異其趣。問題的核心在於戰爭結束後，日本武士完全失去存在的意義。他們將時間虛擲在武士道的鑽研，從事一些合於身分地位的禮儀活動，另一方面則不斷等待永遠不可能到來的徵召令。或者，這些武士可能一頭栽進城市的聲色場所，揮金如土，此時的日本城市正快速發展出充滿生氣、供人逸樂的非官方文化。

　　事實上，許多武士破產，他們把自己從村莊取得米糧的法律權利變賣典當出去。購得這類權利的商人，從農村收集米糧之後，轉運到城市販賣。結果，熱鬧的市場經濟逐漸滲透到農民與地主階級之間，填塞了日本社會所有的小孔隙，幾乎影響了全民。為了抵制這種情況，幕府曾努力強調傳統的武士生活，但收效不大。相反地，日本開始呈現出深刻的二元性，包含充滿活力而庸俗的城鎮生活與嚴肅重視禮儀的官方文化。

　　在整個幕府時代，這種二元性一直在日本盛行著。或許這兩種生活模式實際上可以互補，一方吸引人的地方可以彌補另一方的不足。

## 第二十三章

# 一六四八年到一七八九年
# 歐洲的舊體制

　　宗教改革與反宗教改革在歐洲釋放出火山噴發般的熱情，這股衝動在 ◀359
一六四八年以後漸趨平靜。教會與國家領導人不再強求神學或真理的全盤一
致。歐洲社會的領袖也小心翼翼避免碰觸最容易觸發人類熱情的地帶，並且
轉而仰賴訓練有素的專業者的能力。這些人對真理的掌握是片面的，他們的
性格也較為沉穩。冷靜的專業主義因此在社會的各個戰略位置找到新的發展
空間：軍營、講道壇、法院、大學、學校、政府機關，乃至於新興的權力運
作場所，如特許公司與銀行。藉由為上述乃至於其他專門化職業提供穩定利
基與一展長才的機會，歐洲社會開啟了思想與感性的多元主義大門，這是過
去所未有的現象。每個職業專心致志地追求屬於自己的有限真理，並且接續
上一代的努力繼續推展與精益求精。他們並不想建立涵攝所有真理與知識的
大理論，更不想強逼其他人遵奉這樣的大理論。歐洲的實業家發現，只要職
業的自主性與尊嚴能獲得維持與重視，那麼各行各業的人就可以在一定的限 ◀360
制之內隨心所欲地從事自己的事務。

　　多元主義與妥協當然不只是歐洲的產物，從文明開始出現的那一刻，就
已經在各個文明社會裡出現。事實上，文明的定義之一就是職業專門化的社
會。因此，十七世紀下半葉的歐洲，其真正創新之處與其說是職業專門化，

不如說是承認並且願意容忍差異與矛盾的存在，這是上個世代的熱情改革者拚命想移除卻無法消滅的事物。穩健、均衡與禮節：這些特質取代對形上真理的熱情追求，這種追尋長久以來不斷激勵歐洲人，使他們陷入攻擊與摧毀彼此的泥淖。妥協當然會傷害邏輯，但常識以及實際進行妥協的結果告訴我們，這種做法可以讓分門別類的專門化知識獲得發展，而這些知識可以分別通往自己的真理與道德。

## 有限度的戰爭

穩健、均衡與禮節甚至影響了國際關係。在慘絕人寰的三十年戰爭結束後，外交官與軍人開始達成某種職業上的規章準則。戰爭形式化的極致，經典的例子如封特諾瓦戰役（battle of Fontenoy，一七四五年），法國與英國的軍官居然彼此謙讓要對方先開第一槍。之後，歐洲的戰爭強度再次提升。武器變得更具摧毀性，而政治的利害關係也更形龐大，直到法國大革命的領袖再次武裝民眾的熱情，並將其宣洩在戰場上。

從一六五三年到一六八九年，法國國力開始凌駕於對手之上。法王路易十四（Louis XIV，統治期間一六四三到一七一五年）在小時候曾目睹最後一次貴族為了主張自己的權利而發動武裝暴亂反抗國王（所謂的「投石之亂」〔Fronde，一六四八到一六五三年〕）。成年之後，他要求常勝的皇家軍隊能將法國的領土擴展到「自然疆界」，也就是以萊茵河與庇里牛斯山為國界。法軍起初的勝利使已經衰弱的西班牙帝國難以招架，於是荷蘭與英格蘭（一六八九年），連同哈布斯堡王朝組成同盟以制衡法國的侵略。往後，

361 ▶ 英格蘭與法國進行一連串的戰爭以爭奪北美與印度的支配權，反觀在歐陸方面，奧國利用西班牙歐洲帝國形將解體的時機獲取大量利益，它奪取了西班牙位於義大利與荷蘭南方的土地（西班牙王位繼承戰爭〔Wars of the Spanish Succession，一七〇一到一七一四年〕）。到了一七六三年，英國（一七〇七年與蘇格蘭、愛爾蘭聯合之後改稱為大不列顛）已在海外的印度與加拿大贏得決定性的勝利，往後一個世代，英國的成功果實只有一部分遭到扭轉，那

就是法國協助（一七七八到一七八三年）反叛的英國殖民地居民，使其順利
在北美成立獨立的國家。

　　正當西歐經歷這些動盪但破壞有限的行動時，東歐國家則目擊到更劇烈
的權力重組。一六四八年後，波蘭與瑞典和西歐的荷蘭一樣，已無法維持以
往的大國地位。取而代之的是奧國與新生的日耳曼國家布蘭登堡—普魯士
（Brandenburg-Prussia），這兩個國家與俄國一起競逐瑞典與波蘭的領土
（一六四八到一七二一年）。日後，同樣這三個國家瓜分了波蘭，使波蘭王
國從地圖上消失（一七七二到一七九五年）。

　　中歐仍然扮演著西歐與東歐之間權力均衡的橋樑（儘管如此，此地經常
淪為戰區）。在西發里亞條約（一六四八年）規定下，義大利與日耳曼分裂
成無數小國，這些國家要不是與法國結盟，就是加入反法聯盟的陣營，而其
立場的轉變往往取決於當地情況與敵對情勢、王朝的紐帶關係以及（至少有
時候是如此）誰出價最高。

## 國內利益的平衡

　　在每個歐洲國家內部，政府承認自己在外交事務上行動完全自由，不受
法律限制。但事實上，權力均衡的考量使每個君主的揮灑空間受到極大限
制。同樣地，每個歐洲君主雖然宣稱對自己的臣民擁有絕對權力，但實際上
卻受制各種利益與特權的對抗，這些都是傳統上分配給各個團體與階級的權
利。此外，這些多元的利益通常擁有某種法人性質的組織，這使得他們具備
實質的政治影響力。

　　路易十四的宮廷富麗堂皇，他自豪地宣稱「朕即國家」，這句話掩蓋了　◀363
一個完全不同的現實。即使是在路易年輕的時候，當他幹勁十足的臣子有系
統地推動中央集權時，這些法人特權的制衡力量，如同早已存在的法國各省
代表大會或「等級」，以及其他新建立的如法國東印度公司等勢力，已大大
減損了法國官員的實際成果。儘管如此，皇家政策終究還是達成最主要的目
的：削弱貴族。但路易十四為了達到這個目的，使用了軟硬兼施的手段，一

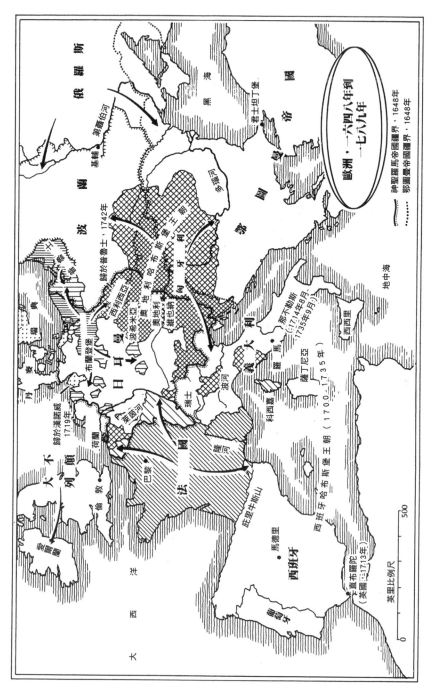

▲ 歐洲，一六四八年到一七八九年

方面明智地發放年金與分配宮廷官職，另一方面則直接壓制貴族的權利與特權。

　　路易十四死後，法國貴族開始要求恢復過去失去的獨立權利，但他們採取法律程序與提出法律論點來達成他們的目的，而不像他們的祖先那樣動輒訴諸武力。軍事組織與內部行政已進展到相當程度，此時若採取其他途徑，顯然不切實際。對一般民眾來說，暴力的減少與鄉間法律體制的建立，是法國與其他西歐國家舊體制的基本成就。

　　各種利益與法人團體之間競爭的均衡關係，因國因時而異，它形成一種不斷變遷的政治形態。一般來說，哈布斯堡王朝治下的奧地利與西班牙，其發展明顯落後於法國。在這兩個地區，中央推動的官僚改革企圖減少或去除各地方的差異，這段過程主要發生在十八世紀，比法國足足晚了一個世紀。教會在哈布斯堡王朝管轄的地區，比在法國擁有更高的獨立權。在法國，教宗權限制主義（Gallicanism）從中世紀起即開始流行。亦即，在羅馬天主教會內部，存在著而且也應該存在著一個獨立的法蘭西教會。事實上，教宗權限制主義意謂著法國教會的主教與重要神職人員均應聽從法國皇室政府的指揮。

## 英國的議會主義

　　一六四〇到一六八八年間，西歐邊緣有兩個不同於一般典型的政府開始取得特定形式。巧合的是，就在英國發展出議會主義的時候，普魯士的軍國主義也開始繁榮昌盛。英國的議會主權是從英格蘭內戰（見上文）中磨練出來的；但傳統的地方主義（代表人物是下議院的地主鄉紳與自治市民）與國家政策需求之間的調整一直要到一六八八年光榮革命（Glorious Revolution）之後才完成。在查理二世（一六六〇到一六八五年）及其弟弟詹姆斯二世（一六八五到一六八八年）統治期間，復辟的斯圖亞特（Stuart）君主發現自己難以信任議會，事實上，他們仰賴法國的補助金好讓自己不卑躬屈膝地靠議會給予的經費過活。在這種狀況下，成功的國家政策甚難推動。

◀364

　　一六八八年的光榮革命使局勢為之丕變，詹姆斯二世的女兒及其夫婿奧蘭治的威廉（William of Orange）成為英格蘭的共同統治者。威廉也是荷蘭執政（Stadholder of Holland），他關切的重點主要是在歐陸。在歐洲，他是反抗路易十四的外交軍事聯盟領袖。如果議會領袖願意提供軍需，助他對抗路易十四，那麼他很樂意將英國交給議會治理。此後，直到喬治三世於一七六〇年登基，沒有任何英國君主企圖規避或控制議會領袖。議會領袖因此發展出治理國家的慣例，而且創立必要制度以妥善處理地區、國家或跨國的各項需求。

　　為了滿足這些需求，英國的政治人物與議會人士創設了內閣與國債制度。內閣由國王任命，但對議會負責。內閣提出的法案必須經由議會多數通過才能成為法律。實際上，法案通過與否往往決定於鬆散但真實的黨派聯盟體系。儘管有時失敗的政黨會因為不滿而吵鬧不休，但這種政府制度卻能有效反映議會所代表的各種不斷變化的各方利益。十八世紀沒有任何一個中央集權官僚體制可以如此敏銳地隨社會變遷進行調整。這就是十八世紀英國議會政府的優越之處。然而，此時的英國議會還不能算是民主政體，因為無產的大眾以及宗教異議人士完全沒有代表。衰廢市鎮與政治酬庸使得富人與擁有家世之人完全掌控了議會。

365 ▶

　　一六八八年後英國議會政府的成功，主要歸功新信貸工具的創設：國債。這使國家能以極有利的條件借款以因應緊急支出。關鍵觀念是讓議會負責清償借款。過去，政府舉債是以國王的名義進行，國王的債務被視為國王個人必須清償的債務，因此國王必須想盡各種辦法還債。然而，到了一六九四年，議會創設英格蘭銀行。它最重要的職能就是貸款給政府，由議會擔保，未來會用課徵的稅收清償。藉由這種方式，軍費將可分好幾年攤還。更重要的是，當清償的擔保增加時，利率也隨之降低，而且英國政府除了可以向自己的民眾舉債，也可以向外國舉債。其他的政府由於缺乏議會的清償擔保，罕能獲得如此優厚的借款條件。英國國力的快速增長，與國債制度的出現有很大的關係。

　　英國在對法七年戰爭（一七五六到一七六三年）中獲勝，證明英國政府

有多麼強大。相應地，英王喬治三世為了控制國會而組織王黨，號召國人超越黨派與私利，但美國革命戰爭（一七七六到一七八三年）令人難堪的失敗，使他的想法化為泡影。因此，在看似零散而無系統的演進中，英格蘭（一七〇七年後改稱英國）政府已逐漸脫離歐陸盛行的官僚君主政治常規。特別是在一七六三年後，一些法國人與歐陸人士相信，雖然英國議會主義在一六四〇年與一六八八年時像是自中世紀演變出來的古老而混亂的制度，但如今似乎提供了一種有用的模式，可用來改組歐陸各國僵固的政治制度。

## 普魯士的軍國主義　◀366

　　普魯士的發展大不相同。大選侯（Great Elector）腓特烈・威廉（Frederick William，統治期間一六四〇到一六八八年）嚴峻而毫不寬容的惕厲，使他得以把從霍亨索倫（Hohenzollern）祖先繼承四散各地的領土，緊密結合成中央集權而極富紀律的國家。三十年戰爭的慘痛經驗，當時布蘭登堡（霍亨索倫的核心領地）不斷遭受瑞典與其他外國軍隊的蹂躪，這使各地反抗勢力願意放下武器接受大選侯的政策。他的目標是獲得充分的軍事力量以擊退攻擊，並且做好不惜犧牲一切的準備。代價當然高昂，因為他的領地非常貧窮而且人口並不多。但是，他極度儉省與毫不鬆懈地關切，使其得以創建一支強大的常備軍，其軍力不僅足以防衛，還能為他開疆拓土。他的繼承者賡續相同的政策，而且獲致同樣輝煌的成果，雖然已不如他那樣刻苦惕厲。腓特烈大帝（統治期間一七四〇到一七八六年）去世的時候，他留下了更廣大且領土更鞏固的國家，普魯士王國。普魯士成為歐洲的強權，足以與日耳曼的奧國以及東方的巨人俄國相提並論。

　　霍亨索倫的統治者顯示出有系統的對經濟發展的關切。普魯士諸王認為製造業與人口乃是戰爭致勝的本錢。在開發不具前景的沙地以及開採有限的礦藏資源上，普魯士獲得極大的成功。到了十八世紀末，普魯士開始出現與西歐同樣錯綜複雜的社會。手工匠、商人、專業人員與其他城市階級數量越來越多且漸具影響力。在這種發展下，大選侯及其繼承者所塑造的軍營氣息

也逐漸淡薄。但尚武的風氣並未從普魯士生活中消失，只是隱退到較狹窄的職業軍官團之中，這些軍官主要招募自東普魯士與鄰近波羅的海地區地主鄉紳（「容克」〔Junkers〕）長子以外的兒子。

### 農業與科技的進步

367 ▶

　　在舊體制時代，歐洲的經濟生活經歷持續而快速的提升。農業仍舊是基礎，大多數人務農，即使在高度都市化的國家也是如此。大部分農民仍依照傳統方式耕種。只要是莊園式集體耕作傳統根深柢固的地方，要對耕作方式進行變革就特別困難，因為財產權共有需要全體（或幾乎全體）耕作者同意才能做出改變。儘管如此，即使在舊的工作節奏下，透過簡單的程序還是能提高收穫量，例如有系統地選種，或者是改善農具。

　　有些重要突破已出現在歐洲最西邊的地區。新作物如苜蓿與蕪菁，可以供給牛馬過冬所需的飼料，而這一直是中世紀農業的弱點。蕪菁需要細心耕種，與傳統在休耕地上犁田一樣有去除雜草的功能。於是田地不再休耕，農業生產力也成比例提升。此外，苜蓿的根部有固氮功能，有助於改善土壤肥度。不過，歐洲農業最重要的改變首推馬鈴薯的傳布，因為馬鈴薯大幅提升了糧食生產力。舉例來說，在波羅的海日耳曼地區的沙地與寒冷氣候中，馬鈴薯收成的熱量是穀物的四倍。日耳曼人口因此急速增加，日耳曼也開始繁榮起來。從一七五〇年左右開始，馬鈴薯首次成為中歐最重要的作物。在巴爾幹與匈牙利，玉米也扮演類似角色；但北歐對玉米來說太冷，而西歐則是太濕。

　　製造業與交通運輸也同樣出現進展。法國率先鋪設適合全天候行駛的道路，同時開鑿運河將國內重要河流連結成單一的水路網。英國直到一七五〇年後才開始迎頭趕上。然而在製造業方面，情況剛好相反，民間企業與經驗

368 ▶

創新在英國的發展空間較大，反觀歐陸仍採取嚴格管制的經濟政策。此外，英國的煤田礦藏豐富又易於開採。焦炭的生產（約一七〇九年）使煤炭能用來熔化鐵砂。因而進一步生產出更多鋼鐵，使金屬可以代替木材製造各種機

器零件。

最重要的革新是開發出力量強大的引擎，利用燒煤產生的蒸汽壓力產生機械能量。早在一七一二年，紐科門（Thomas Newcomen）已經發明簡易的蒸汽引擎來抽取礦坑積水。這種引擎仰賴大氣壓力對蒸汽冷凝造成部分真空時產生的推力。一七六九年，瓦特（James Watt）的改良引擎獲得專利，它以蒸汽持續驅動密合汽缸中的活塞。由於瓦特的引擎不用像紐科門那樣需要反覆加熱冷卻，因此效率更高。不久，工廠與礦場便採用這種引擎，而且很快就推廣到交通運輸上。

在使用瓦特蒸汽機的各項產業中，以紡織業收效最大。在整個十八世紀，紡織機的體積不僅擴大，而且日趨複雜。在相同時間內，布料的生產量大增，成品價格也隨之下跌。到了一七八九年，英國工廠以繞經好望角輸入的印度棉花為原料紡成布料，然後再回銷印度，價格居然比印度手織布更低廉！再沒有比十八世紀英國利用煤、鐵與機械促成的技術進步更令人驚奇的了，因為印度紡織工技巧的純熟與價格的低廉，過去曾經獨步全球。

幾乎整個歐洲的傳統技藝都出現細微或根本的改變。此外，透過有系統與仔細模仿他國產品，新的技藝也隨之而生。歐洲技藝的豐富化，最引人注目的例子就是工匠、科學家、企業家與政府官員合力仿製中國瓷器的過程。中國人嚴守他們的商業機密，而歐洲人在經過長期的試誤之後，才終於能生產出幾乎與中國瓷器相同的產品。

與科技進展同樣重要的是同一時期組織形式的發展，新的組織可以讓歐 ◀369
洲人動員更多資源從事長期且需要眾人合作的任務。歐洲特許公司在海外經濟的重要性已在前文提及（見三三一頁）。在舊體制時代，重要的財政措施，如中央銀行與國債都已開始施行。因此，經濟關係不再受到金銀供需的限制，但也導致起初令人不解且來勢洶洶的景氣循環逐漸進入到物價體系中。事實上，最早的信貸榮景（南海泡沫，一七一八到一七二○年）使人們喪失對合股公司的信任，許多歐洲國家甚至宣布這類公司非法，這種情況一直維持到十九世紀。

歐洲人也探索另一種可以協調工業過程的強力機制的可能，他們思考如

何以精確的數學測量來輔助工匠的手工技巧。如果希望完成的武器能適當地射擊，那麼炮管與槍管的鑽孔便需要做到精密。同樣地，瓦特蒸汽引擎的活塞與汽缸必須密合，而齒輪、螺紋、軸承與其他活動部分全要一致配合。鐘錶、望遠鏡與顯微鏡只能交由專家製造，他們可以切割出特定規格的零件，好讓這些零件能組裝成可運轉的整體。這種生產不僅需要熟練的雙手與眼睛，還要仰賴每項任務越來越精確的數學精細度與每個製造階段對產品的準確測量。

在一七八九年，歐洲經濟組織的這些面向還停留在初步階段，主要的應用仍要留待將來。儘管如此，畢竟已邁出了第一步，觀念已然產生，實用性也獲得驗證。製造過程全面理性化已指日可待，歐洲獲得巨大優勢與財富的日子即將到來。

## 數學與科學

歐洲思想有一個世紀以上的時間聚焦在宗教辯論上，但到了十七世紀下半葉，卻突然出現極大的轉變。

370 ▶

數學在宗教改革時期已經歷過快速發展，當時的學者克卜勒（死於一六三〇年）與伽利略（死於一六四二年）曾活躍一時。新標記法協助拓展與簡化計算，而且引進了新概念。尤其在阿拉伯時代分屬兩種科目的幾何學與代數學，此時開始合而為一，因而產生了解析幾何。解析幾何產生了「流數」或微積分，擴大與提升了數學推理的範圍與能力，而且在物理學研究上有著重要的應用。

數學變得如此流行，許多人因此認為若能將數學推理技術嚴謹而仔細地應用在人文問題上，也許能獲得真實且具普世性的結論。笛卡兒（死於一六五〇年）是首位做出這項大膽嘗試的知名人物。他以幾何學者的方式，從公理與自明的第一原則做出演繹的推論，由於極具說服力，法國與其他國家甚至產生了一群熱情的笛卡兒學派份子。他們努力傳播與護衛笛卡兒的觀點。還有一些人也被數學的確定性點燃熱情，然而，唉，他們卻得出不同且

互不相容的結論。荷蘭的斯賓諾莎（Baruch Spinoza，死於一六七七年）與英格蘭的霍布斯（Thomas Hobbes，死於一六七九年）是最有名的哲學家。到了下個世代，萊布尼茲（Gottfried Wilhelm Leibniz，死於一七一六年）也產生了相同的野心。

　　這些哲學家缺乏滿意的方法來解決彼此間的差異，因為沒有經驗方法可以讓公正的專家檢證那些彼此相左的觀點。然而，牛頓（Isaac Newton，死於一七二七年）在一六八七年出版的《自然哲學的數學原理》（*Philosophiae Naturalis Principia Mathematica*）針對物理與天文運動提出了簡練的分析，一舉打破之前的僵局。與前人一樣，牛頓也想將眼前看到的繁雜化簡為數學秩序。為了解釋天上或地上移動物體的行為，他假設有一神奇的力量存在，稱為萬有引力。牛頓認為，萬有引力在空間中的運作是遵循一個簡單得不合理卻又令人愉快的數學公式，也就是兩個物體之間的引力與兩個物體之間的距離平方成反比。

　　當時的人對於力在一段距離外產生作用的神祕意涵感到懷疑。牛頓努力釐清這個問題，他提到以太（ethereal）的下層，在其他地方又把空間說成是「上帝的心靈」，但這些都無助於緩和人們的焦慮。但是，幾乎讓每個人信服的是牛頓的理論可以用經驗加以驗證。牛頓的運動定律原本產生自他以數學方式表達月球運動的過程。然而，還有無數其他的運動天體可以檢驗他的公式精確性。以這樣的觀察與測量為基礎，很快就會發現這個公式確實成立。事實上，現實證明了牛頓運動定律。◀371

　　在我們這個時代，科學預測與自然律的運作通常被視為理所當然。因此，我們需要一點想像才能了解這項發現在當時有多麼了不起與令人振奮。在過去，人們相信宇宙是由主動而具有人格的上帝統治，祂也許會在任何時刻任何地點干預人事，以奇蹟讓人改信，或原諒人類過去的罪愆；現在，牛頓的宇宙觀一方面讓人感到解放，另一方面也讓人感到害怕。上帝似乎是個數學家，而且根據數學來創造宇宙。在這樣的宇宙裡，創造奇蹟似乎有損上帝的尊嚴，因為這表示祂部分與暫時地取消了自己的命令，而且坦承自然律不適合實現一切善與必要的目標。路德或羅耀拉都認為，上帝與每個人類靈

魂的關係完全是屬於個人的與不可預測的，再沒有比這種世界觀與牛頓的世界觀更鮮明的對比。

　　然而絕大多數人就算接受牛頓的自然宇宙觀，也仍舊維持基督教信仰。牛頓自己曾對聖經做過評釋，他試圖從聖經尋找隱藏的意義；他的漫長人生（一六四二到一七二七年）目睹了許多新宗教運動，這些運動都強調個人與上帝經驗的關係。舉例來說，在新教中，英格蘭的貴格派（Quakers）與循道宗（Methodists）以及日耳曼地區的虔敬派（Pietists）創立的時候，牛頓尚在人世。在羅馬天主教徒當中，楊森派（Jansenism）與寂靜派（Quietism）在牛頓時代獲得最大的影響。然而教宗的正式譴責導致這兩派最後消不見，至於新教的那三派運動，儘管當中發生一些變化，卻一直存續至今。

372 ▶　　其他科學不一定完全遵照數學公式。努力搜集不同形式植物與動物生命的資訊，而隨著傳教士與其他學者記錄自己的觀察所得，遙遠人類社會的新知識，無論文明還是野蠻，也大量湧入歐洲。儘管如此，生物與社會科學的數學公式卻未能從新資訊的雲霧中出現。當然，瑞典植物學家林奈（Carl Linnaeus，死於一七七八年）創立了一套植物分類系統，此後這套系統成為植物分類的標準；法國的「重農學派」與蘇格蘭的亞當·斯密（死於一七九〇年）試圖從政府不願介入個人自然行為來推論對貿易與產業的可能影響，兩者均成功獲得注目。他們相信人類的動機源自於理性的自利，因此他們認為這類政策有利於財富與自由。與牛頓運動定律不同的是，這種自由放任政策從未從經驗中獲得驗證，因為政府與民眾從未理性行動。


## 政治理論、史學與經驗哲學

　　還有兩種社會思想面向也經歷了非常重大的變化。首先，當人不再把神對人類日常事務的干預視為理所當然時，新的政治正當性理論自然應運而生。除非神真的在眾多可能的候選人中挑選某人擔任領袖，否則一名主張君權神授的國王只不過是一名篡位者。接受牛頓宇宙觀的人當然很難接受舊理

論，特別是許多國王顯然不適任。想要解決這個問題，唯有採取社會契約的觀點，也就是說，有關政府的形式與權力，已經由所有居住在這個國家的人默示或明示地同意。顯然，使用不同的語彙書寫這份契約，就有可能形成不同的結論。舉例來說，霍布斯認為人天性卑鄙而殘忍，所以組織國家時，必須把無限的權力委託給一名絕對君主。相反地，洛克（John Locke，死於一七〇四年）主張人民與君主締結契約，如果政府違反約定，則民眾有權叛亂。因此，洛克為一六八八年光榮革命辯護，這場革命把正當性並無疑義的君主趕下臺，這對恪守君權神授說的英格蘭人眼中，無疑是一樁醜聞，而且也讓他們擔心好不容易結束的內戰又將重啟。到了下個世紀，在英吉利海峽的對岸，盧梭（Jean-Jacques Rousseau，死於一七七八年）提出更激進的主張。他認為一旦君主無法滿足人民，則社會契約可以正當化民眾的叛亂行為，因為人民的共同意志（Common Will）是不可讓與且不可剝奪的最高權威。　◀373

　　人類看待自己的方式出現變化，也與無數文獻學者、古幣研究者、歷史學家與其他學者努力研究有間接關係。他們努力不懈地整理歐洲複雜的文學遺產與歷史手稿，探討如何將某一種曆法系統轉換成另一種系統，他們排比統治期、戰爭與其他歷史事件的順序，使其成為可靠的編年史，賦予歷史知識過去未有的深度與精確性。關於這方面的成就，最偉大的人物首推馬比雍（Jean Mabillon，死於一七〇七年），他建立了中世紀初期各時代、各修院與王室檔案使用的各種書寫類型的繁複知識，使人們得以辨識某一份手稿來自何處與大約出自哪個年代，有時甚至只需看一眼。這種專門學問也可以鑑別以往許多歷史記錄中，因各種原因而插入其中的贗品，而且可以提供歐洲學界工具與概念，日後用來研究其他文明。十八世紀末，這項探索終於有了矚目的成果，瓊斯（William Jones，死於一七九四年）發現印度神聖的語言梵文與歐洲語言關係密切，而且年代非常久遠，可能讓熱切的歐洲世界對遠古的祖先產生新的認識！

　　這些學術上的努力使人們得以寫出比過去更精確而完整的歷史。吉朋（Edward Gibbon）的《羅馬帝國衰亡史》（*History of the Decline and Fall of*

374 ▶ *the Roman Empire*，出版於一七七六到一七八八年）是當時最著名的代表作品；但其他的歷史學家，如伏爾泰（Voltaire，死於一七七八年）與休姆（David Hume，死於一七七六年）也很受歡迎。史家在自身的時代與基督教首次建立的時代之間插入了一段漫長而複雜的人類歷史，連同各種不同的插曲，以及道德和神學標準的波動不定。透過這種方式，稍微扼止了宗教爭議的火勢。一旦對過去歷史有更完整的認識，從宗教改革時代以來最大的期望，也就是想讓教會與國家立刻回歸使徒時代的想法馬上就會停止下來，或者，再知道某些羅馬皇帝的行為之後，也不會再做如此期望。

當政治理論與史學繁盛之時，形上學也通過經驗批評的考驗，變得更加強健，儘管內容有點艱澀與遠離日常關切。笛卡兒與追隨他的十七世紀哲學家充滿自信的演繹推論，受到一群英國經驗論者的仔細考查。首先是洛克，然後是休姆，他們都提出了令人困窘的問題，感官經驗如何與人類觀念連結，而他們的結論是對任何事物具有某種程度的認識是不可能的。康德（Immanuel Kant，死於一八〇四年）接受休姆的結論，但他運用他的批判邏輯，並且主張仔細分析人類心靈結構與能力，可以讓我們對一切可能的感官經驗性質擁有精確而必要的知識，因為不可知的物自身之所以能被意識到，是因為它符應了人類感官與思想模式。透過這種方式，康德為十九世紀德國哲學家開啟了剖析精神的大門，他極具說服力地指出精神在界定可知現實上的創造性角色。

## 藝術，古典主義與浪漫主義

自然與社會科學的進展，在十七世紀下半葉開啟了新時代，與此相比，美術（不包括音樂）仍相當保守。風格時而流行，時而衰微，各國學派時而受到尊崇，時而受到冷落，然而它們始終為豐富多元的文化遺產做出貢獻。

375 ▶ 儘管如此，沒有任何事物能比從傳統活動脫穎而出的牛頓世界觀來得新奇。

十七世紀末與十八世紀初，法國文化的聲望達到巔峰。對路易十四政府權力與顯赫的讚揚，其實隱含著相同或更強烈的對法國文學、禮俗與品味的

欣賞。古典主義的根本信念是藝術的卓越應有一套可資辨識與遵循的規則，這樣的觀點在視覺與文學藝術上都頗為盛行。在偉大藝術家手中，這類規則都不構成阻礙。倫敦建築師雷恩（Christopher Wren，死於一七二三年），或法國三大古典戲劇家柯內伊（Pierre Corneille，死於一六八四年）、莫里哀（Molière，死於一六七三年）與拉辛（Jean Racine，死於一六九九年）的創作均合於正確的規則而產生很大的效果，然而這些人若學藝不精，那麼規則反而可能變成他們的包袱。

在十八世紀，歐洲音樂進入到最偉大的時代。新的或剛完成的樂器，以及以物理學、數學對音樂調子進行的分析，使音樂家在技術上有了新的範圍與變化。雖然有許多新事物有待了解，但「古典」和聲與作曲規則不像文學規則。文學規則有時會對文學造成妨礙，但古典規則卻可讓人專注於可管理的變數範圍，進而刺激出創意。巴哈（Johann Sebastian Bach，死於一七五〇年）與莫札特（Wolfgang Amadeus Mozart，死於一七九一年）的作品為往後歐洲音樂建立了規範，這些規範與十五世紀歐洲繪畫因發明了線條與空間透視法而建立的標準一樣根本，但不如後者長久。

在文學方面，十八世紀中期之後，古典主義的思想漸趨淡薄，日耳曼與英國尤其如此。對民族與中世紀過去進行研究，以及對能夠觸動人心的事物進行具說服力的調查，兩相結合起來使許多日耳曼人與一些英國人相信，真正偉大的文學作品只能任由自發性的衝動無拘無束地發展才能獲得。這種浪漫主義的觀點與針對一般民眾的語言和民族的語言的新評價合流。舉例來說，赫德（Johann Gottfried Herder，死於一八〇三年）熱情地表示，日耳曼人只能藉由使用德文而非法文才能實現民族與文學的偉大。這種對民族文學根源的愛好也激勵了佩西（Thomas Percy，死於一八一一年）編纂出版傳統 ◀376 英格蘭與蘇格蘭民謠，《古英詩的遺跡》（*Reliques of Ancient English Poetry*，出版於一七六五年）。

然而，如果過度強調歐洲文化歷史的傳統分類，而認為古典時代之後接續著浪漫時代，兩者截然畫分，則不盡然正確。在任何時期，各種品味與藝術創作都同時存在與流行。舉例來說，在英國文學史上，當彌爾頓（John

Milton，死於一六七四年）寫作偉大的基督教史詩《失樂園》（*Paradise Lost*）時，威徹利（William Wycherley，死於一七一六年）正創作著猥褻的復辟時期喜劇；而在我們描述的這段時期將近尾聲時，伯恩斯（Robert Burns，死於一七九六年）簡潔的藝術表現對上了約翰生博士（Dr Samuel Johnson，死於一七八四年）愛在長字散文中使用充滿加強語氣的掉尾句。同樣地，路德的聖經與莎士比亞的劇作，在他們各自的國度裡永遠流行不輟。另一方面，古羅馬與希臘的古典文學也輝映著歐洲各國的文學，提供了所有受過教育的人共同的知識寶庫與情感範圍，使作家與藝術家可以汲取靈感。他們知道即使是不經意地引用希臘與拉丁經典中的典故，讀者也能立刻輕易地理解。


## 歐洲宰制的根源

　　豐富、多元、活力與隨時捕捉視野內任何新奇之物，這些是歐洲舊體制時代文化生活的特徵。世界上沒有任何地方表現出如此冒險進取的精神。這是第一次，歐洲顯著超越舊世界其他較保守的文化，不只在科技與軍事上，也包括科學、哲學、歷史與學術。但在可以無視理性且任由情感自由揮灑的領域，例如美術，歐洲則並未享有任何清楚而明確的優勢。事實上，中國與穆斯林國家優雅與風格連貫的藝術表現，歐洲人在百花齊放之餘，仍難以望其項背。

　　然而，西方崛起成為世界的宰制者，這段路程已然開始。在往後的篇章，我們必須追溯歐洲新建立的優越性如何破壞，乃至於傾覆其他偉大人類文明的文化自主性。

# 歐洲的藝術與社會

▲ 圖 33：全能者基督像，約西元一一四八年，西西里島，塞法魯主教座堂。

### 上帝的化身，萬物的統治者

　　對確實性的追求在羅馬晚期雕刻（見圖八）中仍可得見，並且以莊嚴華麗的風格確定下來。這件西西里島的馬賽克作品雖然完成於諾曼人統治時期，但它的風格仍屬拜占庭式。不過，在不斷求變的西方，即使是如此強而有力的風格，所提供的仍只是一種萌芽發展的框架，而非最終的形式，關於這點，可以從以下的作品看出。

▲ 圖 34：喬托（1266-1337 年）。拉薩路的復活。帕多瓦，競技場禮拜堂。

### 遠西藝術風格的形成

　　十五到二十世紀，數學精確的透視法，創造出虛幻的三度空間，成為西方藝術風格的表徵。它的特色可以從這裡的繪畫看出。喬托的人物沉靜地居於前景的淺處，但背後風景則以不同的比例呈現。一個半世紀後，法蘭契斯卡已經知道如何將前景與背景組織成單一而連貫的虛幻空間。不過他的畫仍是分割的，復活的基督顯示基督教的過去，反觀沉睡士兵縮短的四肢不僅嘲弄，也昭示嶄新而世俗的此世支配了一切。

▲ 圖 35：法蘭契斯卡（1416-1492 年），基督復活。桑瑟波爾克羅，市立美術館。

▲ 圖 36：杜勒（1471-1528 年），自畫像。慕尼黑，舊美術館。

### 人類的化身，自我的統治者

　　杜勒二十八歲的自畫像與傳統的全能者基督像（圖三十三）頗為類似，不禁令人懷疑這種游走於褻瀆神明的灰色地帶的做法，是否是刻意為之。然而不管如何，他的畫已充分顯現自我意識的高漲與對藝術技巧的自信（畫中的皮草、頭髮與鬍子有著對比鮮明的質感）。人文主義的自我概念，藉由有意識地培養人生的藝術，而在藝術作品中展現全人的樣貌，這正是從鏡中凝視我們的杜勒想告訴我們的。

### 基督徒的朝聖人生

杜勒的騎士別過頭去，不理會威脅的死神（他手持沙漏），背對著魔鬼（他打扮成《啟示錄》裡巨獸的樣子），朝背景山丘高處一座美好的城堡前進。這幅版畫是對基督徒人生的一則諷喻，它同時顯示宗教改革前夕日耳曼地區對基督教的理解。與路德一樣，杜勒版畫的基督教騎士以個人英雄主義的信仰行動來追求自身的救贖。在這裡，杜勒結合了十足陳腔爛調的舊情感，與寫實畫法的新技藝。路德也以同樣的冷酷無情，企圖以最新的人文主義思維研究聖經，從而恢復舊真理。

文藝復興與宗教改革之間的連結與緊張，似乎完全被杜勒這兩件作品的異同所概括了。

▲ 圖 37：杜勒（1471-1528 年），騎士、死神與魔鬼。柯提斯夫人遺贈。波士頓美術館。

▲ 圖 38：行奇蹟者聖尼古拉。莫斯科，盧布勒夫畫派，十五世紀。賓州，休維克利，喬治·漢恩美術館。

## 東方的保守主義

　　前兩幅畫表現出朝現代性前進的衝勁，但即使在歐洲內部，也不是每個地方都是如此或都能立即接受。東方的莫斯科大公國恪守拜占庭傳統，神聖的東正教會直到十七世紀為止一直不受災難性宗教改革影響。這幅畫作顯示俄羅斯文化與社會的保守穩定性。不過，受西方刺激的部分仍可從細節看出，例如聖尼古拉臉孔與手部的陰影創造出虛幻的三度空間——這種技巧出現後不久，某個不知名的僧侶完成了這幅畫作。

▲ 圖 39：葛雷柯（1541-1614 年），聖耶柔米。紐約，弗里克美術館。

## 西方的保守主義

大約兩個世紀後，一名陌生人從克里特島來到西班牙，西班牙人稱他為艾爾‧葛雷柯（即希臘人之意）。葛雷柯的畫風無疑反映出他年輕時熟悉的拜占庭風格。但聖耶柔米的臉與手、炯炯有神的目光，以及他穿著的金字塔狀的衣物，這些全屬於拜占庭的圖像要素，卻以義大利文藝復興技藝來加以表現。這一點明顯展現在耶柔米的頭髮與鬍子上，為了獲得光學上的寫實效果，而犧牲了彼世的神聖性。在征服者與反宗教改革時代的西班牙社會，並存著兩種格格不入的風格，一個是保守的傳統模式，另一個則是激進的新元素。

▲ 圖 40：林布蘭（1606-1669 年），織物商同業公會理事，阿姆斯特丹國立博物館。

## 舊體制的藝術

　　冷靜、嚴肅而自滿的市民，他們謹慎看管自己的金錢，珍惜自己的權利，善於經營自己的利益，對照著纖細苗條、身穿華服、看似無憂無慮的貴族。這兩個階級南轅北轍的生活方式充分顯示在這兩幅畫作上，這也是舊體制的主要樣貌，他們審慎穩健的態度使歐洲在歷經文藝復興與宗教改革破壞性的風暴後得以獲得些許穩定。

▲ 圖 41：佩洛諾（1715-1783 年），索坎維爾夫人，巴黎羅浮宮。

▲ 圖 42：大衛（1748-1825 年），農婦。里昂美術館。

## 自由，平等，博愛

　　大衛畫中的巴黎市場婦女以尖銳而充滿懷疑的眼神看著我們，哥雅記錄拿破崙的士兵如何對待那些不願從暴政與迷信中解放的西班牙人。這些畫顯示了革命法國（一七八九到一八一五年）面臨的難題，人民的一般意志雖然神聖而民主，但某方面來說卻也捉摸不定且難以掌握。

▲ 圖 43：哥雅（1746-1828 年），一八〇八年五月三日。馬德里，普拉多。

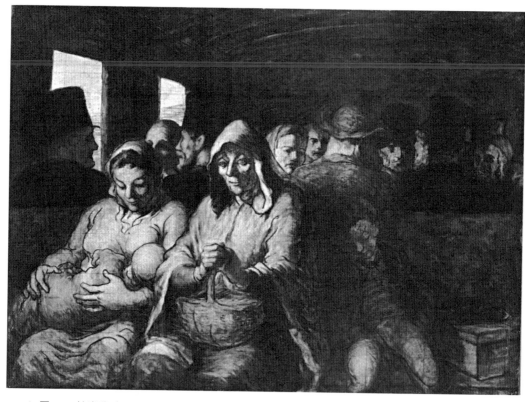

▲ 圖 44：杜米埃（1808-1879 年），三等車廂。大都會藝術博物館。哈夫麥爾收藏品，
哈夫麥爾夫人遺贈，一九二九年。

### 新體制

　　圖四十四為杜米埃畫作，顯示十九世紀工業主義甚至將農村婦女帶到市場，讓她們正襟危坐地與其他返家的城市居民一起混坐在三等車廂裡。因此，在社會底層，城鎮長久以來的區別逐漸泯除，在社會頂層，資產階級與貴族之間的界線也變得模糊，例如薩金特的肖像畫，畫裡是一名白手起家的商人與他出身高貴的夫人。

▲ 圖 45：薩金特（1856-1925 年），威特海默夫婦，倫敦塔特畫廊。

▲ 圖 46：尚恩（1898-1969 年），解放。康乃狄克州，新迦南，詹姆斯・斯若爾・索比收藏。

## 二十世紀的解放

　　第一次世界大戰前夕，一小群破壞成規者揚棄了歐洲繪畫的慣例。這些慣例建立於十五世紀，當時的義大利藝術家首次發現了數學規則，從而在畫中創造出虛幻的三度空間。儘管過程中不乏變遷，但這些慣例仍大體傳承至今。許多人遵循這群藝術家的腳步，切斷了與傳統的連繫，這股風潮蔓延到各個社會。原始的衝動與抽象去個人化的智性思索，兩者詭異地在這個毫無地圖指引的領域上合作，全面地從過去的規則中解放，米羅的畫作（圖四十七）或許可以做為代表。尚恩的作品不僅紀念第二次世界大戰造成的破壞，也顯示人類在百廢待舉中復興的動力。

▲ 圖 47：米羅，《人朝鳥丟擲石子》（1926 年），帆布油畫。紐約，現代藝術博物館。

▲ 圖 48：摩爾（1898-1986），「核能」，芝加哥大學。

## 過去是序幕

　　這件發人深省的作品是芝加哥的紀念象徵。芝加哥是人類首次創造出在控制下進行自我持續核子反應的地方。我們思索自己的命運時萌生的各種希望與恐懼，透過這件作品而獲得視覺的展現——今日，我們的情感也許來自新的前提，但不一定表示我們的感受要比過去來得尖銳。因為過去與現在一樣，每日的生死都繫於一線之間，沒有人知道明日將會如何。

第二十四章

一六四八年到一七八九年
# 美洲與俄羅斯

一六四八年，美洲殖民地與信奉東正教的俄羅斯仍屬歐洲的外緣地區，◀377
尚未充分融入歐洲文明之中。到了一七八九年，情況已有一百八十度的轉
變。原本的外緣地區已成為西方文明（這個文明的範圍不只局限於歐洲，因
此歐洲文明不是一個適當的說法）的積極參與者。歐洲的社會形式已經深深
紮根於美洲，而美洲的觀念與制度，特別是剛獨立的美利堅合眾國向世界吹
響了勝利的號角，也對歐洲舊體制構成前所未有的威脅與挑戰。俄羅斯也是
一樣，到了一七八九年，統治階級已經熟諳歐洲高等文化精雕細琢的生活，
而俄國的國家力量也開始在歐洲的戰爭與政治上扮演舉足輕重的角色。俄羅
斯遼闊的土地與專制政府也威脅到西歐面積相對侷促的小國。與美國民主革
命相比，俄國帶給西歐的影響不容小覷。因此，我們有充分的理由將這個時
期歐洲的兩個巨大分支歸類為西方文明社會體制不斷向外擴展的一環。當
然，美洲與俄羅斯社會確實有許多獨特之處，足以自別於歐洲核心地區，但
這種歧異又不足以使其完全與歐洲分離而自成獨立的文明。相反地，隨著跨 ◀378
大西洋與跨俄國邊境交流的日漸密切，西歐與俄羅斯、美洲這些外緣地區的
差異也不斷縮小。

俄羅斯與美洲社會，和西方文明核心的社會形態最根本的差異在於前者

土地相對廣闊而人力相對缺乏（至少在訓練有素與擁有技術的勞工上極為短缺）。面對這種處境，產生了兩種可能的回應方式。技術、身分階層、勞務與服從模式之間複雜的連鎖，不僅使文明社會得以結合，同時也提供社會階級與專門團體之間可運作的關係模式，這些在文明的外緣地區都瓦解成無政府的平等與文化上的新野蠻主義。在俄羅斯，哥薩克人與許多西伯利亞開拓者採取的就是這種生活模式。同樣的例子如在加拿大的法國「森林奔跑者」（coureurs de bois）、在美國說英語的開拓者、巴西的「旗幟的追隨者」（bandeirantes）、阿根廷的「牛仔」（gauchos）、澳洲的「流浪臨時工」（swagmen）、南非的「開拓者」（voortrekkers）與阿拉斯加的「拓荒者」（sourdoughs）。除非緊鄰著敵對國家，否則一個不斷擴張的文明社會很可能走向這種粗糙的平等而暴力的新野蠻主義。

然而，從另一方面來看，邊疆社會也容易產生兩極化的主奴階級。之所以如此是因為外在的壓力，如經濟、政治與軍事有時需要遠比邊疆平等社會更複雜的社會組織。在這種環境下，客觀的勞動市場法則無法迫使人們為他人工作，因為處於邊疆社會底層的人若對生活不滿，逃遁到蠻荒中獲取自由並不是件難事。因此，唯有透過嚴格執行法律與強制力才能避免這種現象發生。新世界的奴隸制度與舊世界的新農奴制度因此成為邊疆社會的特色，對照美國虔誠的民族傳統總將邊疆生活與自由平等畫上等號，兩者實際上都說明了邊疆社會的實態。

整體來說（當然其中存在著重要的例外），北美與部分南美的社會與政治發展面對人力缺乏的問題時，其回應方式是平等與自由，反觀俄羅斯面對邊疆勞動力的缺乏，採取的做法卻是高壓統治。不過，在美洲最富有與最發展的地方，亦即西班牙人佔領的地區，整個社會卻呈現出明顯的階級分化，這種現象一直延續到一七八九年後很長一段時間；反觀在俄國，無政府的自由精神卻（持續）在公共生活領域中若隱若現。從另一個角度來看，自由與奴役這兩種精神看似對立，在邊疆社會卻有著共同的根源。

## 競逐美洲

十七世紀初，當法國、荷蘭與英國的冒險家分別在美洲取得一小塊殖民地生根發展之後，美洲也被分割成各國的勢力範圍。結果，歐洲的戰爭往往忠實反映在殖民地戰爭上（有時歐洲的戰爭是由殖民地引發），在過程中，印第安的戰士、歐洲的士兵與殖民地的民兵全捲入糾紛之中。

在這些鬥爭中，第一個決定性基準是荷蘭失去了在美洲殖民的領導地位。一六五四到一六六四年，荷蘭首先因地方叛亂而喪失巴西，這些叛亂份子宣布他們（有條件地）效忠葡萄牙，然後將新阿姆斯特丹讓與英國，英國將其更名為紐約。第二次重大轉折出現在一七六三年，在經過一場史無前例的嚴酷全球戰爭後，法國將加拿大讓與英國。然而，在獲得壓倒性的勝利（在此同時，英國也取得印度的支配權）後不久，北美殖民地居民卻對於英國政府徵收稅捐感到自身權益受損。當殖民地居民感覺不再受加拿大威脅時，他們開始覺得英國士兵與英國稅務官員是多餘之物。結果，首先是爭議，而後是戰爭（一七七五到一七八三年），最後則由殖民地居民因獲得法國大力襄助而贏得勝利。法國為湔雪過去的恥辱，因而在一七七八到一七八三年間積極介入美洲殖民地對抗英國的戰爭。

在美洲的太平洋沿岸，歐洲的國際競爭也產生了影響。一七二八到一七四一年，俄國海軍艦長白令（Vitus Bering）不僅發現阿拉斯加，也找到以他名字命名的海峽。俄國皮草商人迅速追躡其後在阿留申群島（Aleutian Islands）與阿拉斯加建立小居留地。這項消息鼓勵了英國哈德遜灣公司（Hudson's Bay Company）對洛磯山山脈以下的加拿大進行探索與佔為己有。這項目的於一七八九年實現。西班牙人受俄國人進展的影響，也開始沿太平洋岸推進，他們在舊金山（一七七五年）與努特卡（Nootka，一七八九年）建立傳道據點。

◀ 381

因此，歐洲權力鬥爭的最後結果是把新世界多少畫分成各個帝國的勢力範圍。當然，社會現實永遠跟不上空虛的主張。因為當美國獨立革命之時，北美殖民地幾乎尚未越過阿帕拉契山脈（Appalachian mountains），其他的地方幾乎沒有白人居住，更甭說在遙遠腹地建立歐洲式的社會。

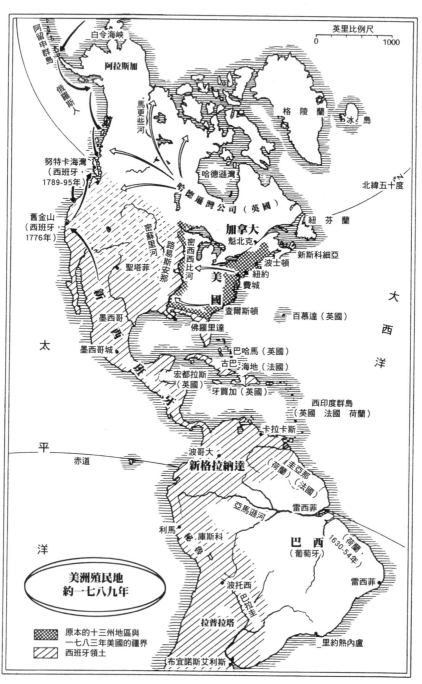

白令海峽
阿留申群島
阿拉斯加
俄羅斯人
馬更些河
哈德遜灣
哈德遜灣公司（英國）
努特卡海灣
（西班牙，
1789-95年）
舊金山
（西班牙，
1776年）
密蘇里河
路易斯安那
密西西比河
聖塔菲
加拿大
魁北克
美
國
紐芬蘭
北緯五十度
新斯科細亞
波士頓
紐約
費城
查爾斯頓
墨西哥
墨西哥城
佛羅里達
巴哈馬（英國）
古巴 海地（法國）
宏都拉斯
（英國）
牙買加（英國）
百慕達（英國）
西印度群島
（英國 法國 荷蘭）
卡拉卡斯
波哥大
新格拉納達
圭亞那
（荷蘭）
（法國）
雷西菲
赤道
亞馬遜河
利馬
庫斯科
波托西
巴拉圭
拉普拉塔
巴西
（葡萄牙）
（荷蘭，
1630-54年）
雷西菲
里約熱內盧
布宜諾斯艾利斯
格陵蘭
冰島
大
西
洋
太
平
洋
英里比例尺
0　　　　1000

美洲殖民地
約一七八九年

原本的十三州地區與
一七八三年美國的疆界
西班牙領土

▲ 美洲殖民地，約一七八九年

## 西屬美洲的壯大

以當前的經濟與政治關係來看，美國民眾恐怕很難對殖民時期有正確的歷史視角。無論從任何標準來看，十八世紀麻薩諸塞的落後或維吉尼亞的山麓地帶，其貧困與鄉野式的粗鄙，擺在利馬與墨西哥城的壯麗面前，實在是相形見絀。事實上，在一七九三年，墨西哥城的人口已多達十萬，除了倫敦與巴黎之外，已超越歐洲任何大城市。

在十六世紀與十七世紀初，印第安人的人口災難性地減少，但這個趨勢到了一六五〇年時已經停止。此後，墨西哥與西班牙帝國其他地區，人口急速增加。或許這是因為美洲印第安人對於摧毀無數祖先的歐洲與非洲疾病已產生了必要的免疫力。人口的增加為商業繁盛奠定基礎，此外在專賣法規鬆綁之後（一七七四到一七七八年），西屬美洲各個港口之間已經可以往來進行貿易，而殖民地的進出口也無須透過西班牙的加地斯（Cadiz）進行。

早在十八世紀晚期重新進行經濟擴張之前，古代的大學與貴族文化傳統已經使西班牙帝國的學者可以參與歐洲文化與思想生活。而經濟擴張本身則產生了一小批活力充沛的中產階級，其中包括專業人士、商人與官員，他們對於新「啟蒙的」西班牙的最新時尚與觀念充滿興趣。

◀382

儘管當時西屬美洲社會在各方面均遠遠超前北美英語系殖民地，但有兩項特徵阻礙西屬美洲進一步發展。首先，整個社會完全仰賴印第安農民的辛苦工作，而這些農民與西班牙殖民生活的高等文化完全沒有交集。其次，教會在思想與道德進展緩慢，這使得教會殖民社會內部遂行的經濟宰制越來越站不住腳。然而，當世俗的自由派人士攻擊教會時，他們也動搖了唯一能讓印第安人在情感上分享西班牙文明與順服西班牙文明的制度連結。任何反對教會的行動，都將開啟印第安人反叛與社會混亂的大門。這種信仰的副產品使自由派人士大感震驚。深刻的內在不確定性困擾著西班牙菁英，這種心境使自利的冒險家與政治無賴得以肆無忌憚。

這樣的評論如果衡諸十九世紀與二十世紀西屬美洲的發展，似乎相當合理。然而直到十八世紀末為止，西班牙帝國社會未來的弱點仍未明顯顯現出來。而且就像太平洋對岸的中華帝國一樣，西班牙的美洲帝國如同一棵巨大

的橡樹，傲視所有鄰近的國家、民族與文化。

## 殖民地中落後與早熟的對比

巴西位於西班牙人的東南翼，即使荷蘭人已經撤離，此地在政治上仍是一片混亂。偏遠部落淘選沙金時表現的活力，他們攻擊巴拉圭耶穌會印第安人保護區時展示的無情，更甭說還有巴西種植園奴隸移植非洲文化的生命力，這些與秩序井然、和平與合理管理的西班牙總督轄區的威嚴與華麗相比，顯得骯髒污穢。儘管如此，幅員遼闊的地方自治政府仍允許巴西平民跟北美英國殖民地民眾一樣自尋繁榮之道。

383 ▶

與巴西一樣，英國殖民地比不上西班牙殖民地的宏偉。可以肯定的是，在波士頓、紐約與費城這些港口，居民開始具體而微地複製英國的社會與文化生活。一七○○年之後，各個殖民地之間乃至於每個殖民地內部的宗教差異，使宗教統一的強制要求變得毫不可行。教會權威崩潰的結果，世俗主義或許更容易有表達的機會；然而既有宗教的崩解也為情感性的宗教復興開啟一條道路，而這也成為殖民地生活的顯著特徵。

在許多方面，英國殖民地落後歐洲當時的發展甚多。但從某些方面來看，北美社會的演進卻又超越了舊世界。美國獨立戰爭在當時清楚表現了這一點。不可諱言，殖民地居民用來反對英王喬治三世與英國國會的理由，絕大多數援引的是傳統對「英國人權利」的定義。然而不僅如此，殖民地居民也採納了更激進的「人權」定義，這使得美國革命超越了地方性的褊狹主義。很多歐洲人相信在美國實現的人權對歐洲愚昧而落後的民族，如法國人，是個有機會效法的典範。因此，透過實例，美國的獨立戰爭以及從戰爭中產生的美國憲法便大踏步地走進世界歷史的舞臺。不久之前還被列為貧窮而偏遠的英國遠親，其揭櫫的自由主義原則，把美利堅事務投射到歐洲政壇的最前緣。

## 俄羅斯的現代化

　　加入歐洲歷史的主流，美利堅殖民地居民並未遭受心理上的打擊。相反地，他們充分恢復了他們的祖先從英格蘭移民來此引進的文化傳統。不需要任何改動。然而，俄羅斯首先必須放棄自己獨特的生活方式，也就是以宣稱掌握了基督教真理的東正教會為核心以及對絕對主義沙皇完全遵從為基礎的生活方式。要放棄這樣的過去是困難的；但這正是俄羅斯人（或者更正確的說法是俄國統治者）在一六五四年（尼孔宗主教開始對教會儀式進行改革）◀ 384到一七二五年（沙皇彼得大帝去世）之間所從事的工作。

　　尼孔企圖以可信而正確的希臘文經文為基準，來修訂教會的儀式手冊。唯有如此，才能確保俄國全境的儀式一致，也唯有如此，才能讓羅馬天主教會宣傳者——他們指出現存俄文經文的種種錯誤——停止惡毒的責難。世俗政府與教會的領袖都充分接受他的理由，因此，即便尼孔日後與沙皇爭論（一六五八年）而且被迫離職（一六六六年），這項改革方針從未改變。

　　但許多貧窮而卑微的基督徒覺得官方擅改他們熟悉的教會儀式文字，如同開啟了反基督的統治。否則，還會有誰敢竄改救贖所需的神聖字句呢？結果，日後俄國歷史稱之為「舊信仰者」的異議份子社群組織起來頑強地（有時則是英雄式地）反對官方的壓迫。試圖用武力解散這些社群，有時會導致遭圍困的舊儀式護衛者集體自殺。有些異議者轉入地下，農民表面上照新規定做禮拜，私底下去祕密聽其他導師講道。這些地下傳道者認為腐敗的教會與世俗政府的邪惡聯盟是反基督的傑作，象徵世界末日即將到來。

　　我們無法得知有多少俄國民眾存有這種看法，但似乎可以合理相信，這些廣大農民的不滿在其他環境下或許可以找到政治表達的出口，但在俄國則轉而由宗教途徑宣洩，只要這些祕密與被迫害的團體能彼此鼓勵等待天國之門為宣布基督再臨而奇蹟式地開啟。這種心理上的安全調節或許是彼得大帝及其繼承者能無情推動改革而未掀起嚴重叛亂的主因。因為彼得的改革是由他的近臣與恩蔭侍從組成的小圈子推動的，這些人除了被俘的瑞典人與被綁架來的荷蘭人，還包括了漂流到沙皇領土的西歐漂流民。◀ 385

　　彼得於一六八九年登基，當時他還是個孩子。直到一六九八年他從西歐

返國（一次匿名的訪問，不過卻大肆宣揚）之後，才開始針對俄羅斯的傳統生活發動革命性的攻擊。此後，他未曾停止狂熱而有時反覆無常的努力，他以工業、行政與思想上一切必要的技術來建立足以與世界其他國家並駕齊驅的陸海軍。彼得過人的精力與暴烈的性格當然有助於實現他的目標，但他的命令必須仰賴下屬的有效執行，而這些人都受過教育，對於他的威嚇性指令奉行不違。彼得底下這些可靠的部屬，全是他在孩提時代建立的衛隊裡提拔上來的。往後，他徵召貴族子弟加入衛隊，以鞏固衛隊的陣容，如果這些人表現優異，他會留意並且拔擢他們，讓他們擔任各項職務，例如民政、軍事、外交或司法，完全視當時的需要而定。

　　這項制度發揮了效果。來自俄羅斯鄉村別墅的年輕人來到宮廷，成為衛隊的一員，他們要重新學習另一套禮俗，而後才能擔負沙皇交代的和平或戰爭任務。馬其頓的菲利普與偉大的鄂圖曼蘇丹都曾使用相同的方式創造一批忠誠的軍事與行政團隊，這些人就像彼得的朋友一樣，能夠精準遵從沙皇的指令，由上而下進行革命，因為這些人在新奇的宮廷文化風格眩惑下，已然將過去拋諸腦後。

　　一七二五年彼得的死使大臣面臨一個嚴重的問題，因為他們找不到清楚的政治正當原則。王位繼承該如何規定呢，特別是革命的沙皇殺死了自己的親生兒子而且未留下任何男性子嗣？由此導致的不確定性引發了陰謀與醜惡的宮廷政變。其中最引人注目的是一七六二年一名日耳曼公主因為皇夫被殺而成為帝制俄國的統治者。她取得凱薩琳二世（Catherine II）的頭銜。儘管她的權力主張啟人疑竇，但凱薩琳統治的時間很長而且創造了繁榮的盛世，就像彼得一樣，她很快就贏得「大帝」的稱號。一個促進穩定的因素是，統治派系之間的爭吵與陰謀只要有可能失去控制，所有人都會懸崖勒馬，因為他們知道，與廣大而充滿憎恨的俄羅斯農民相比，自己的人數寡少且力量單薄。另一項促進穩定的事實是，俄國經濟經歷了一段長期的景氣時期，十八世紀下半葉烏克蘭開放從事商業農作，也有助於俄國地主之間維持可行的團結。

## 俄羅斯一躍成為大國

　　在軍事與外交上，彼得未竟全功。他在一場漫長而艱苦的戰爭中擊敗了瑞典人（一七〇〇到一七二一年），而且在芬蘭灣為俄國確保了一小段海岸線。彼得以不尋常的冷酷在涅瓦河（Neva river）河口的沼澤地建築一座新城，命名為聖彼得堡，並以此做為俄國新都。另一方面，在對抗土耳其人上，彼得的表現不是那麼理想。儘管在一六九六年取得初步勝利，但往後數年他不得不交出所有佔領的土地（一七一一年）。然而，在彼得去世那年，他與穆斯林鄰邦伊朗沙的戰爭獲得勝利，他因此順利將俄國的疆界拓展到裏海的最南端。

　　彼得的後繼者每隔一段時間就會派出軍隊介入歐洲的鬥爭。俄國力量最戲劇性的展現發生在七年戰爭期間（一七五六到一七六三年），俄國君主的更迭使俄軍一夜之間攻守易位，讓原本可能遭遇一場災難的普魯士王腓特烈二世逃過一劫。此外，俄國與土耳其進行過兩次戰爭，結果不分勝負，直到凱薩琳大帝時期才決定性地擊敗蘇丹（一七六八到一七七四年）。可以確定的是，凱薩琳企圖推翻土耳其人，在自己的帝國保護下建立新拜占庭與東正教帝國的偉大計畫最後未能實現。然而俄國確實併吞了遠到德涅斯特河（Dniester river）的黑海沿岸地區。而為了讓凱薩琳稍作克制，不要過度逼迫戰敗的土耳其人，普魯士人與奧地利人讓凱薩琳在第一次瓜分不幸的波蘭時分得大片土地（一七七二年）。在往後兩次瓜分波蘭中，俄國也都分了一杯羹（一七九三年與一七九五年），俄國疆界因此往西直抵維斯杜拉河（Vistula）。

　　當俄羅斯成為積極且受重視的歐洲大國時，在國內，俄羅斯人也不斷往 ◀387 南移居烏克蘭，而製造業與商業的快速發展也使俄國社會越來越具有歐洲面向。農民絕大多數仍是「又聾又瞎」，他們生活的世界與他們的主子完全不同，後者不斷仿傚西方貴族的禮俗而且也獲得西方貴族具有的法律權利。舉 例來說，一七六二年，貴族必須服侍沙皇的法律規定遭到廢除，事實上許多 ◀388 貴族都退隱到自己的地產。此時已有足夠的受過訓練的人才遞補空缺，而政府稅收亦足以支付適度的薪俸，不需要像恐怖伊凡與彼得大帝那樣以土地做

為報酬。

　　農奴對地主的法定義務不但未見放鬆，反而更為嚴格，這些人當然會對主人擁有的各項特權感到不滿。為什麼貧窮的人不能免除勞役？普加喬夫（Emilian Pugachev）領導的大暴動，以俄羅斯南部與西部為中心，這些地區的民眾對於自由邊疆時代的記憶仍很鮮明，因此成為宣洩不滿情緒的突破

▲ 俄羅斯，一七九五年

口。這場暴動遭到血腥鎮壓（一七七三到一七七五年）。此後，農民的不滿回歸到宗教的不滿與酗酒上。另一方面，絕大多數的貴族渴望與法國和其他歐洲大國並駕齊驅乃至於超越它們。凱薩琳時代之後至少一代的時間，這些貴族為他們的理想主義與精力（以及自利）找到了廣大的揮灑空間，致力促進國內農業、商業與行政的改革。儘管農民普遍不滿，但專制政府的公僕卻自信滿滿地認為自己是為全民謀福利，他們要讓俄國富強，成為世界各國敬重的對象。無論使出什麼必要手段讓俄國社會的下層階級出力，似乎都是正當的，因為俄國在軍事與外交上確實獲得勝利。

## 第二十五章

一七〇〇年到一八五〇年

# 亞洲對歐洲舊體制的回應

389 ▶　　在穆斯林眼中，卡爾洛維茨和約（Peace of Karlowitz，一六九九年）完全悖逆了歷史潮流，合約中鄂圖曼帝國把幾乎整個匈牙利地區全割讓給勝利的奧地利人。更令人困窘的是，如此嚴重的挫敗也與基本神學原則衝突，因為自從穆罕默德在麥地那率領信眾起事攻克麥加的嘲弄者以來，穆斯林幾乎戰無不勝，而每一次的勝仗都象徵著真主對信眾的恩寵。阿拉怎麼可能幫助基督教的狗與不信者，更何況這些基督徒甚至離他們自己真實的信仰越來越遠？

　　這種疑惑真正為穆斯林世界帶來重創是在十八世紀末。從一七六八年到一七七四年，俄國徹底擊潰了鄂圖曼軍隊，而俄國之所以未能趁機攻取君士坦丁堡與摧毀蘇丹的權力，並不是因為土耳其政權奮力反擊，而是由於歐洲外交官的干預。在這種狀況下簽訂的庫楚克卡伊那爾吉條約（Treaty of Kutchuk Kainardji，簽約地又叫「小噴泉」）雖然終止了戰爭，卻也埋下不祥的伏筆。往後沙皇可以任意以保護土耳其境內東正教基督徒為名，干涉鄂圖曼帝國的內政。此外，俄國人也獲得黑海沿岸的重要領土，以及自由穿越達達尼爾海峽與博斯普魯斯海峽的航行權利。蘇丹的皇宮與君士坦丁堡因此暴露在俄國海軍艦炮的射程範圍之內。

390 ▶

被神聖羅馬帝國擊敗的挫折，遠遠比不上被俄國擊敗來得羞恥。在穆斯林眼中，神聖羅馬皇帝至少還是基督教世界的政治領袖，但俄國沙皇的祖先卻是金帳汗國的臣民，俄國的東正教甚至還是蘇丹統治下巴爾幹半島臣民的信仰。此外，到了一七七四年，穆斯林在印度的統治也搖搖欲墜，薩法維帝國（Safavi empire）的瓦解使伊朗與突厥斯坦（Turkestan）淪為敵對軍事首領的戰場，摧毀了當地的文明社會。

虔誠的穆斯林相信神恩與軍事勝利密不可分，對他們來說，一六九九年以後世界局勢的發展是一個難解的謎團。面對這種情況，如果不能做到盲目的信仰，恐怕只有叛教一途可走。盲信意謂著等待潮流的轉向，既然阿拉難以理解地改變了世界史的進程，那麼終有一天祂一定會再度反轉一切。在此同時，在宿命論的影響下，穆斯林面對西方這段時期的崛起，他們的態度只是既憎恨又被動，完全不打算做出任何改變。

然而，有些人不打算坐等阿拉的干預。他們提出了兩種解決方案：(一)從「法蘭克人」身上盜取軍事成功的科技基礎，或(二)對伊斯蘭教進行淨化，將穆斯林生活上所有腐敗的形跡完全清除。十八世紀初，這兩派各有擁護者；但不幸的是他們與日本不同，這兩派似乎總是彼此對立。改革的努力因此遭到抵銷，穆斯林社會也更加陷於困惑與挫折。

## 瓦哈布運動

宗教淨化最重要的支持者是阿布杜爾·瓦哈布（Abdul Wahhab，一六九一到一七八七年），他定居於阿拉伯沙漠，在紹德（Sa'ud）家族王公的資助下保護他的信眾並傳布他的教義。瓦哈布的目標很清楚：將先知的信仰回復到最原初的純淨狀態。這表示：穆斯林應該努力且不屈服地拒絕聖人崇拜並且清除蘇菲派帶給伊斯蘭教的腐敗。而這也意謂著應嚴守古蘭經立下的個人行為規範。例如，飲酒與其他宗教上禁止的行為，都受到瓦哈布派的嚴厲懲罰，就算在正當性上存有疑慮，瓦哈布派也都採取從嚴認定的標準。

◀391

　　阿拉伯半島的瓦哈布社群，起初是由一小群人開始發展，與伊斯蘭教萌芽時期有點類似。到了瓦哈布去世時，他的追隨者已經控制了阿拉伯大部分地區，但不久便遭受軍事上的重大打擊。接受歐式訓練與裝備的埃及軍隊在阿拉伯沙漠與這些舊式軍隊發生衝突，一下子就取得決定性勝利（一八一八年）。但戰場上的失利未能毀滅瓦哈布運動。相反地，當瓦哈布主義不再與紹德家族的軍事政治命運存有任何瓜葛之後，反而更加拓寬它的訴求，吸引了印度與鄂圖曼帝國境內虔信而嚴肅的穆斯林加入它的行列。

　　早期伊斯蘭教的律法主義與之後神祕的蘇菲派信仰，兩者在穆斯林世界長久以來維持著微妙的均勢。然而，在西方懷疑主義與瓦哈布運動發展白熱化的交相影響下，這樣的均勢已無以為繼。從立法者蘇雷曼以來，遜尼派的發展基本上就是死守經典文字，世代相傳，思想的僵化已成為此派的特點。瓦哈布狂熱份子雖然認為古蘭經的文字不可更改，但在詮釋上卻懂得順應人世變化，這使得已經喪失靈魂的保守主義不可能繼續存在。然而，穆斯林學術與文明的繼承者對於世界及其運作方式的複雜，其領會程度絕對遠勝於從事游牧的貝都因人，而瓦哈布最初的追隨者卻是來自於這群部落民。城市的居民很難相信，只要完全遵照瓦哈布教義去做，那麼世間所有問題就能迎刃而解。瓦哈布運動未能在伊斯蘭教內部提供能重振思想活力的基礎，他們的努力反而使穆斯林更難擺脫古老的習慣與戒律。

392▶ ## 改革的失敗

　　一八五〇年之前，改革者試圖借用歐洲技術來鞏固穆斯林國家的做法，收效並不大。在十八世紀，鄂圖曼帝國的官員很少有人認真看待這種想法。此外，諷刺的是，任何戰場的成功反而阻礙了進一步改革舊慣的動力。舉例來說，一六九九年之後，鄂圖曼帝國有一群官員確實著手進行改革，他們使用奧地利曾在一六八三年到一六九九年有效擊敗鄂圖曼軍隊的大炮來裝備自己的炮兵部隊。之後，在另一場與奧國的災難性戰爭之後（一七一六到一七一八年），軍事改革開始擴及到少數步兵部隊。當奧國與俄國攻擊土耳

其人時（一七三六到一七三九年），這些新部隊出乎意料地擊敗奧軍。奧國很快就退出戰爭，俄國也一樣。然而，這樣驚人的戰果卻無法說服鄂圖曼政府堅持這項政策。相反地，軍事的勝利反而使人認為軍事改革已無必要。而在往後一段長期的和平時期裡，這些新部隊也逐漸成為無用的隊伍。一七六八到一七七四年，當俄國凱薩琳二世進攻鄂圖曼帝國時，俄軍因為剛受過七年戰爭（一七五六到一七六三年）的鍛鍊與考驗，因此在實力上完全壓過土軍，俄國因此大勝。

　　一七七四年的慘敗使鄂圖曼重啟軍事現代化的政策，但這項改革一直要到一八二六年才見功效。理由是俄軍帶來的慘痛教訓，似乎要求鄂圖曼帝國必須從頭到尾對所有制度進行徹底改革才行。在這種情況下，保守派認為國家的伊斯蘭特質似乎有危險之虞。就連穩健地採取改革軍事的政策，也會導致狂熱的抵抗。直到一連串軍事災難發生，包括蘇丹的塞爾維亞與希臘臣民叛亂成功，才使得改革計畫得以實施。即便如此，花費的成本已極為龐大，因為蘇丹甚至必須下令炮兵轟擊叛亂的新軍與支持新軍的君士坦丁堡暴民。如此血腥而暴力的做法，確實摧毀了保守派的軍事實力，但當局還是未能建立一支可保衛帝國的陸軍來取代舊式軍隊。因此，鄂圖曼帝國不僅遭受歐洲強權的羞辱，也被傲慢的叛徒如實力強大的埃及暴君穆罕默德·阿里（Mohammed Ali，死於一八四九年）所欺侮。

◀393

　　因此，到了一八五〇年，絕大多數土耳其官員都認為模仿歐洲制服與槍炮，與不做任何改變相比，得到的結果都是一樣的。鄂圖曼帝國的決策者找不到任何良方，於是只能耍點小聰明，利用外交陰謀分化歐洲列強，他們能為了各自的利益來拯救這個「歐洲病夫」。

## 英國對印度的控制

　　到了一八五七年，蒙兀兒帝國已名存實亡。歐洲均勢無法挽救它的頹唐，因為早從一七六三年開始，英國已經在印度商業與勢力競爭中獨佔鰲頭。此後，印度動盪的政局允許（實際上是導致）外人繼續蠶食，於是在

一八一八年後，只有旁遮普省的錫克教徒與遙遠西北邊境的部落民還能獨立於英國之外。

蒙兀兒帝國的衰微，其實早在皇帝奧朗則布於一七〇七年去世之前就已相當明顯。雖然他對南印度的征服使帝國版圖達到極盛，但在他去世之前，國內一連串嚴重的叛亂已經嚴重減損了帝國權威。特別是印度中部信奉印度教的山地居民馬拉塔人（Marathas），他們發動游擊戰，速度緩慢的蒙兀兒軍隊難以還擊。日後，錫克教徒也發動叛亂，並且在西北建立擁有領土的國度。不久，各地方總督開始獨立於中央政府，就連首都德里附近地區有時也不聽帝國的號令。

在這種情況下，歐洲貿易公司的代理人認為有自衛的必要。他們招募印度士兵（sepoys），由歐洲軍官指揮，採取歐式的裝備與訓練。不久，這些部隊的戰力便遠優於印度已知的任何軍事力量。印度當地的統治者，與希望取得土地的冒險家，對於這種部隊產生濃厚的興趣，他們於是爭相僱用歐洲人指揮印度兵。這種狀況勢必引發歐洲國家的競爭，因為印度各地統治者一旦僱用歐洲人擔任軍事長官，這些歐洲人顯然能左右宮廷的決定，進而提出有利自己母國的建言。在隨後的混亂中，試圖建立強大印度公司的法國人，成為自一六〇〇年起即在印度洋從事貿易活動的英國人的勁敵。但英國海軍遠較法國海軍強大，這意謂著如果戰爭爆發，駐守印度的英軍可以藉由海路進行調動，而且可以確保後勤補給無虞，反觀法國必須冒著補給被截斷的危險，在喪失戰略機動性的狀況下，除非法國能在陸路進行跨國的調動與運補，否則毫無勝算可言。因此，當一七五六年英法爆發全面戰爭時，不難想見英軍很快就在印度獲得決定性的勝利，並且在戰後排除法國勢力，完全獨攬印度的政治與經濟事務。

正當英法兩國公司進行鬥爭之際，一支由阿富汗入侵的軍隊劫掠印度西北部地區，並且在德里附近的帕尼帕特（Panipat）擊敗馬拉塔人（一七六一年）。此後，印度各土邦君主發現自己遭到兩個同樣具威脅性的外國力量包夾：來自海上的英國人與來自北方的阿富汗人。如果非擇一不可，那麼絕大多數君主寧可選擇與英國人合作。因此，到了一八一八年，在未經過太多戰

▲ 英國取得印度

火之下，幾乎所有印度土邦都與英國締結同盟條約。英國通常透過常駐公使
來遂行對土邦的控制，這些公使如同看門狗一樣，隨時監視各土邦是否忠實
執行條約內容。印度部分地區直接由英國東印度公司管理；除非土邦領袖頑
固拒絕同盟或顯然難堪大任，否則東印度公司不會輕易撤換土邦君主。

　　東印度公司在倫敦的董事絕大多數都不贊成在領土上繼續擴張。他們不喜歡採取軍事手段，因為戰爭不僅花費鉅資而且又妨害貿易的進行。他們的整體目標是盡可能以最低的成本賺取最高的利潤。這表示東印度公司既不會逼迫印度人改信基督教，也不願以任何方法改變印度人原有的生活習慣與政府。事實上，公司許多高級幹部相信，無論用什麼方法，光憑一小撮英國人絕對不可能統治整個印度或永遠維持自身的優越地位。

396▶

　　只要印度還存在著實際獨立的土邦，這種論點就有一定的說服力。然而一八一八年之後，最後一場馬拉塔戰爭結束，英國輕易獲勝，於是印度境內已不存在任何可與英國對抗的軍事力量。此時來自英國本土的傳教壓力，以及印度教徒提出的法律與人道改革要求也乘勢而起。另一方面，因內部紛爭與政治軍事的衰弱而導致西方入侵的印度穆斯林，則希望不受外人干擾。

## 伊朗與突厥斯坦

　　在伊朗與突厥斯坦，穆斯林的政治與經濟生活在與日益強大的歐洲對抗時，也遭遇羞辱的挫敗。納迪爾沙（統治時期一七三六到一七四七年）罷黜了薩法維帝國最後一任君主並且成功入侵印度，他的輝煌功績不下於阿富汗的酋帥艾哈默特沙·杜蘭尼（Ahmed shah Durani，統治時期一七四七到一七七三年）。這兩位英主都恪遵祖先遺留下來的戰士傳統。然而這些偉大的征服者面對的難題在於，當他們遠征異國時，往往會遭遇到歐式訓練與裝備的軍隊，就連他們率領的部隊也越來越仰賴進口的槍炮彈藥。因此，擁有豐富彈藥供給的歐洲文明國家可以明智地思考，以供應武器的方式扶助某個國家來牽制另一個國家，或者利用其他國家來打垮某個正處於巔峰的國家。因此，從十九世紀初開始，伊朗與突厥斯坦的政治生命已開始出現變化，從仰賴地方因素轉而深受英國與俄國補助和懲罰性入侵的影響，例如英國就曾於一八三九年兵臨阿富汗首都喀布爾城下。

　　到了一八五〇年，沒有任何穆斯林對曾一度輝煌的伊斯蘭世界陷入如此悲慘的境地感到滿意。然而，能夠救亡圖存解決政治危機的文化復興與思想

覺醒卻從未出現；相反地，在經濟方面，從一八三〇年起歐洲以機器生產的大量商品使穆斯林傳統的工匠社群更加貧窮。面對這樣的危局，阿拉在哪裡？

## 印度教的改革　◀397

穆斯林世界裡的印度教與基督教臣民似乎很快就適應了新秩序。印度教徒看到另一個入侵者摧毀了外來的蒙兀兒帝國（即波斯人與土耳其人在印度建立的政權），似乎不感到詫異。類似的改朝換代在印度已屢見不鮮，因此這一次也不令他們感到奇怪或特別重要。長久以來，來到印度的歐洲人並未引起印度教徒明顯的反彈，他們只是把歐洲人當成另一個種姓。

此外，英國官方的政策是盡可能不衝擊既有的社會制度與關係。因此，直到一八三七年為止，印度的官方語言一直沒有任何變化，年輕的印度人想服公職，學習的仍然是過去穆斯林主人使用的波斯文，而非英文。

然而，進入十九世紀之後，英國與印度雙方開始積極擴大西方與印度文化之間的交流。教會大學起初設立時受到英國東印度公司的公然反對，之後教會大學引進重要的新知識到印度。一些活力充沛的傳教士以私人的方式前來印度，將歐洲書籍翻譯成印度各地的方言。這對現代印度語言的文學發展帶來強有力的刺激，同時也為印度讀者打開了一扇窗，使其能認識西方文化的重要面向。

只有極少數印度人成為基督徒。印度教似乎頗能禁得起異教的考驗，過去面對穆斯林時如此，如今面對基督徒時也不例外。不過，傳教士的活動確實使印度人更廣泛地獲得歐洲文明的知識，使他們試著去了解英國主子居住的奇異外在世界。最早從事這方面努力的是拉姆・莫罕・羅伊（Ram Mohan Roy，死於一八三三年），他研究基督教與伊斯蘭教，發現世界各個宗教基本上都傳布相同的訊息，即倫理的一位論。他與其他人輕易地說服自己相信，連同西方世界少數熱心的信徒也認為，印度哲學家比其他民族更早發現　◀398
這個普世真理。因此，驕傲而虔誠的印度教徒可以毫無疑慮地借用整個歐洲

技術，因為他們可以提供寶貴的精神洞見做為交換。西方學者必然可以從《奧義書》與《吠陀》中學到不少，尤其在十九世紀初，西方人在這方面表現出極大的熱情。

然而，對早期印度教經典進行的研究卻產生意想不到的結果。既有的印度教儀式與《吠陀》幾乎沒什麼關係。這便為印度教改革派開啟了大門，他們從印度教典籍中找出立論的依據，以支持基督教傳教士與一些東印度公司人員倡導的自由與人道主義改革。例如，丈夫火葬時，遺孀也要被放到火堆上殉死。《吠陀》並沒有這項規定。拉姆·莫罕·羅伊於是寫了一系列小冊子譴責這項風俗，並且要求英國當局加以禁止。一八二九年，英國終於明令禁止。六年後，他們也決定為印度人引進英語教學與歐洲式課程的學校制度。在此之前，羅伊早已倡導這項做法，他認為印度學生必須通過這種制度才能吸收科學知識。

傳統的習慣與制度一旦開始轉變，就不可能停止。英國當局很快發現每進行一次改革就會引發新的需求。結果，行政當局的行動往往趕不上民眾要求的針對傳統社會結構進行更堅定而激進的轉變。少數受過教育的印度教徒也大聲疾呼，希望加快改革的步驟。然而，絕大多數印度民眾依然是被動的，他們對於改革派的關切與渴望，理解相當有限。儘管如此，印度的印度教社群與穆斯林社群卻有著根本差異，印度教領袖雖然未要求改革，但至少默許改革，反觀穆斯林從上到下卻只是對發生在周遭的一切感到不平。印度這兩個宗教社群的不同一直維持到今日，而正是這樣的不同使印度至今仍是一個印度教國家。

399 ▶ **巴爾幹的基督徒**

巴爾幹半島位於伊斯蘭世界的另一邊，這裡的基督教人口相對來說比較樂於見到鄂圖曼主子走上衰敗的命運。當然，君士坦丁堡有一些基督徒因為擔任土耳其人的銀行家與顧問而獲利不少，這些人顯然不願見到做為財富來源的帝國政府崩解。然而居於樞紐地位的一些知識階級，例如商人與專業人

士，西方文化以啟蒙運動為名的世俗面向深深打動了他們，這些人因此渴望改變。尼該亞信條（Nicene Creed）引發的古老神學爭端，伏爾泰與盧梭的讀者對此毫無興趣。此外，市民自由與天賦人權也不受地理與文化的限制。因此，從巴爾幹的東正教基督徒看待此事的嚴肅程度來說，他們想建立自己的自由且現代的民族國家，以取代正在衰敗中的鄂圖曼政權，這種願望其實再自然也不過。

　　這種精神結合了巴爾幹一些舊式的盜匪作風，賦予了塞爾維亞革命（一八〇三到一八一五年）與希臘革命（一八二一到一八三〇年）一種獨特的性格，從而成為巴爾幹國家融合到西方社會的第一步。但巴爾幹的基督教國家對領土的野心不久即構成西化的障礙，然而在一八五〇年之前，這些問題尚能隱藏在對未來的信心裡，他們相信革命將能建立一個自由、博愛的世界。

## 中國的基督教傳教團體

　　在遠東，沒有像英國征服印度或俄國入侵鄂圖曼土耳其這類戲劇性的事件攪亂平靜的儒家世界。中國在整個十八世紀一直維持著偉大而強盛的局面，而日本仍堅持鎖國政策。然而，在一七七五年之後，中日兩國的變化開始侵蝕兩國和平與繁榮的基礎，而這種改變起初難以察覺。因此，到了十九世紀中葉，當歐洲列強開始以工業與內政革命帶來的強大能量衝擊遠東的堡壘時，中國與日本的抵抗能力顯然已大不如前。◀400

　　直到十八世紀末，中國政府的統治仍相當成功，各方面也仍維持傳統舊慣，在此我們不作贅述。歐洲人讚美中國社會，因為它既沒有天啟的宗教，也沒有世襲的貴族制度。許多遠西的「啟蒙」學者在自己的國家提倡這些特質，他們輕易相信具有德行的中國人已經創造出他們夢想的社會模式。然而，中國人對西方卻未如此恭維。事實上，十八世紀的中國人對於歐洲的知識與技術似乎不如過去那樣有興趣，或許是因為中國人已對這些事物司空見慣。這當中也有部分是因為中國的基督教傳教士出現嚴重的「禮儀之爭」，

使中國人普遍不信任歐洲人，因而減少中西文化緊密而大量的交流。

對基督教傳教士來說，禮儀之爭具有根本的重要性。首先來到中國的耶穌會教士，他們認為只要中國的風俗與儀式未與基督教教義直接牴觸，那麼遵守當地的習慣並無不可。舉例來說，他們認為中國人祭祖與祭孔是一種民間儀式，而非宗教習慣，因此毋須禁止改信者舉行這些儀式。缺乏政治手腕的傳教士，例如方濟會，他們對於耶穌會的政策感到震驚，於是向教宗提出投訴。另一個問題是中文的「天」是否等同於「God」，或者「天」是否帶有太多異教的意涵，因此無法正確地用來表示「God」。

顯然，教宗無法決定「God」該怎麼譯成中文，教廷花了很長的時間尋求妥協。然而最終證明不可能做到，一七一五年，教廷做了對耶穌會不利的決定。但這個問題事先已有人向中國皇帝提起，皇帝的決定則有利於耶穌會。不難想像，中國的天子一定會覺得教宗的決定藐視了他在國內的權威，他宣布，除非基督教傳教士採取耶穌會的立場，否則不許進入中國傳教。

401 ▶一七一五年後，就連順從的天主教徒也無以為繼。因此，中國的傳教機構要不是關閉，就是成為非法。有些教士非法入境，但這些成功躲過官府取締的傳教士也只能向窮人與下層階級傳教。因此，基督教不再受到朝廷與中國知識份子歡迎，而逐漸淪為人數寡少且不重要的祕密結社，帶有反政府乃至於公開革命的情緒。有幾名耶穌會士留在宮廷裡擔任天文學家，而當耶穌會於一七七三年被教宗解散後，這個職位便轉由拉匝祿會（Lazarist order）擔任。但禮儀之爭擴大了中國人對基督教傳教士是外國間諜的疑慮，因而使得帝國官員對這些基督教天文學家敬而遠之。

## 中國開放與歐洲的貿易

直到十八世紀的最後二十五年，中國的政治與經濟秩序一直維持得相當好，因此似乎沒有理由關心中國以外的事物。然而，到了一七七五年後，王朝衰敗的循環似乎開始出現，而且日趨明顯。最根本的問題是帝國人口快速增加，許多農田因繼承而不斷細分的結果，導致農家在歉收時就面臨無法生

存的窘境。借貸導致土地兼併。放貸者因此將土地聚攏到自己手裡，而欠債的農民則苦無立錐之地。苦情日積月累，最後便引發暴亂。最早的一場大暴亂發生在一七七四年。往後數十年，暴動相尋，最後於一八五〇年造成災難性的太平天國之亂。

　　內亂相尋的同時，外患也隨之出現。十九世紀初，中國西北邊疆仍相對穩定。草原民族的軍事力量在十八世紀被中俄兩國徹底瓦解。但這種不尋常的平靜卻因南部海岸出現嶄新而史無前例的麻煩而遭到抵消。中國與來自歐洲的「南洋蠻夷」從事貿易，主要集中在南方口岸。這種貿易長期以來是以壟斷的模式進行，一方是廣州商人組成的行會，另一方則是已經排除了歐洲 ◀402 競爭對手的英國東印度公司。然而，一八三四年，英國政府廢除了東印度公司對中國的合法壟斷貿易，並且想在廣州引進與歐洲港口相同的貿易方式。但中國對此表示反對，因為中國政府正打算加強對貿易的管制。事實上，從中國的觀點來看，十九世紀初的廣州貿易完全是可悲的。許多中國人開始吸食鴉片，而英國與其他歐洲人則是樂於提供這種毒品，毒品的主要產地是印度。當中國政府禁止鴉片進口時，歐洲商人不得不仰賴走私與賄賂。於是，貿易又跟過去一樣，成為歐洲人初次在中國沿海從事的不法活動。

　　一八三九年，中國政府派欽差大臣到廣州以阻止非法貿易與鴉片的輸入。起初緝煙頗有成效，但當英國水手在岸上殺人時，中英雙方對於如何懲凶發生爭執，而這便造成兩國爆發戰爭的開端。令中國人驚訝與氣餒的是，英國炮艦有能力壓制中國的海防。一八四二年，中英簽訂南京條約以結束戰爭，中國幾乎答應了英國提出的所有條件。除了廣州外，又增開四個口岸與歐洲人貿易，香港割讓給英國，並且同意在各口岸設立領事館。其他西方國家也跟著提出相同的要求，進而取得外人在中國居住時的治外法權（即不受中國法律管轄）。中國人遭受嚴重的侮辱，但卻沒有能力驅逐外人。

　　中國在十八世紀國力臻於極盛，此時卻突然急遽衰弱，這種情形與過去周而復始的王朝盛衰相符。其他的朝代也曾面臨同樣的結果。直到一八五〇年為止，中國依然能維持著傳統生活。外患雖然令人不悅，卻也是傳統的一部分，因此似乎不需要尋求傳統以外的解決方式。

## 日本的社會緊張

403 ▶

　　日本的歷史很不相同。當中國軍隊在十八世紀於中亞開疆拓土時，日本一直處於和平狀態。日本的人口大體上維持不變，因此不像中國一樣出現農地極度細分的狀況。此外，日本在一八五四年以前一直未受到外力的騷擾。

　　儘管如此，在一七〇〇年到一八五〇年間，日本社會也面臨著艱難。武士階級喪失了傳統的軍事職業。游蕩怠惰導致奢侈，而奢侈使大部分軍人階級積欠沉重的債務。這導致了政治與經濟力量分配的持久矛盾。日本文化反映出這種尖銳的二元性，一方面是武士簡約的美學儀節，另一方面是藝妓與暴發戶以富驕人而淫蕩的城市「浮華世界」。

　　這兩種世界的隔閡隨著時間流逝而越來越小。武士家族有時會收養商人之子，因此能重新恢復以往的財富，並且讓少數平民晉升為貴族。藝術風格的混合，如藝術家對來自中國、西方與日本的傳統元素所做的實驗，反映了對原本界線分明的藝術風格進行了一種融合。

　　更重要的是，少數日本知識份子克服困難研究西方與中國的學問。德川政權把中國的理學立為官學，不許研究其他哲學。然而少數對幕府感到不滿的知識份子卻繼續研究西方學問，這是因為官方每年允許一艘荷蘭船在長崎靠岸，有些西洋書籍因此留入市面，成為這些知識份子接觸西學的來源。

　　還有一些日本人基於儒學與愛國理由而反對德川政權。如果照儒學所言，服從尊長是至高的德行，那麼將軍與天皇的關係究竟為何？就算重新撰寫過去的歷史，也無法不聯想到將軍的地位是篡奪而來，有些日本學者甚至

404 ▶

冒著生命危險說出這項見解。此外，有些學者則捨棄儒學，轉而發揚古代神道教的精神，虔誠地想把仍朦朧不清的神話與儀式發展成更有系統且吸引人的教義。

　　這些在知識上各持異見的思想潮流，最值得注意的地方在於這些流派逐漸匯合為一，互相支持。西方學問受到重視，不僅在於其本身的價值，而在於它指出儒學過去未受指摘的缺點。因此，倒幕、尊王、愛國主義與崇尚西學便結合成一種知識性的地下組織。特別在日本列島的邊陲地帶，有些「外樣大名」仍記得自己的祖先原是德川家的對手，而非臣民，上述的思想觀念

因此在這些大名境內受到有力的保護與支持。所以，當幕府於一八五四年決定放棄鎖國政策時，日本已經有一小群活躍人士正摩拳擦掌準備在自己的國家推動新的政策。

　　換言之，日本的開國猶如卸下了扳機。開國本身並未造成革命，它只是讓反對者取得政權，在尊王攘夷的大旗下開啟一連串西化的過程。沒有任何亞洲民族像日本人一樣，能做好如此充分的準備，利用與歐洲文明接觸的機會取得優勢，因為沒有任何亞洲民族像日本一樣，在德川幕府時代呈現出兩種理想對立的文化二元性與緊張拉鋸。

## 【書目提要】

405▶　　在歐洲人地理大發現之後，全球各遙遠地區的連繫變得比以往更緊密，有些歷史作品反映了這項事實，開始探討跨地區與跨文明的主題。其中特別有趣的是：John H. Parry, *Europe and a Wider World, 1415-1715* (New York, 1949); John H. Parry, *The Age of Reconnaissance: Discovery, Exploration and Settlement, 1450-1650* (New York, 1963); P. M. Ashburn, *The Ranks of Death: A Medical History of the Conquest of America* (New York, 1947); Donald F. Lach, *Asia in the Making of Europe*, multivolumn (Chicago, 1965- ); A. Grenfell Price, *The Wesern Invasions of the Pacific and Its Continents: A Study of Moving Frontiers and Changing Landscapes, 1513-1958* (Oxford, 1963); J. H. Elliott, *The Old World and the New, 1492-1650* (New York, 1970); Alfred W. Crosby, Jr., *The Columbian Exchange: Biological and Cultural consequences of 1492* (Westport, Conn., 1972); Niels Steensgaard, *Carracks, Caravans, and Companies: The Structural Crisis in the European Asian Trade in the Early Seventeenth Century* (Lund, Sweden, 1973); Carlo M. Cipolla, *Guns, Sails and Empires: Technological Innovation and the Early Phases of European Expansion, 1400-1700* (New York, 1966); Walter D. Wyman and Clifton B. Kroeber, eds., *The Frontier in Perspective* (Madison, Wisc., 1957); Robert R. Palmer, *The Age of Democratic Revolution: A Political History of Europe and America, 1760-1800*, 2 vols. (Princeton, 1959, 1964); Hans Kohn, *The Age of Nationalism: The First Era of Global History* (New York, 1962); W. S. and E. S. Woytinsky, *World Population and Production: Trends and Outlook* (New York, 1953); and Barrington Moore, Jr.'s provocative *Social Origins of Dictatorship and Democracy, Lord and Peasant in the Making of the Modern World* (Boston, 1966).

406▶　　歐洲與西方。過多的作品造成混亂。非常受歡迎而且寫得很好的通論作品，Robert R. Palmer and Joel Colton, *A History of the Modern World*, 5th ed. (New York, 1977)。關於歐洲的大帝國：Charles R. Boxer, *Four Centuries of Portuguese Expansion, 1415-1825* (Chester Springs, Pa., 1961); C. H. Haring, *The Spanish Empire in America* (New York, 1947); W. B. Willcox, *Star of Empire: A Study of Britain as a World Power, 1485-1945* (New York, 1950)。英語世界對於第四個歐洲帝國（法蘭西帝國）的研究似乎還不夠深入，但通論性的作品，見 D. K. Fieldhouse, *The Colonial Empires* (New York, 1966)。下列作品對於歐洲內部政治演進有獨到的看法：Crane Brinton, *Anatomy of Revolution*, rev. ed. (New York, 1952); Peter Gay, *The Enlightenment, an Interpretation* (New York: 1966); J. R. Pole, *Political Representation in England and the Origins of the American Republic* (New York: 1966); and Eric J. Hobsbawm, *The Age of Revolutions 1789-1848* (Cleveland, 1963). 關於法國大革命，Georges Lefebvre, *The French Revolution*, 2 vols. (Cambridge, 1965)可以拿來與另外兩部優秀作品的觀點進行比對：Albert Soboul, *The Parisian Sans-culottes and the French Revolution, 1793-94* (Oxford, 1964) and Alfred Cobban, *The Social Interpretation of the French Revolution* (Cambridge, 1964)。關於近代的其他重要轉變，Phyllis Dean, *The First Industrial Revolution* (Cambridge, 1965); John Clapham, *The Economic Development of France and Germany, 1815-1914*, 4th ed. (Cambridge, 1936); David Landes, *Prometheus Unbound* (London, 1969) and Walt W. Rostow, *The Stages of Economic Growth* (Cambridge, 1960)。Peter N. Stearns, *European Society in Upheaval* (New York, 1967) and George Mosse, *The Culture of Western Europe: The Nineteenth and Twentieth Centuries: An Introduction* (Chicago, 1961)是針對各個主題的標準調查。戰間期出現了特定的法國歷史學派，英譯本見 Fernand Braudel, *The Mediterranean and the Mediterranean World in the Age of Philip the II*, 2 vols. (New York, 1972-73)——大師作品——and Lucien Fevre, *Life in Renaissance France* (Cambridge, Mass., 1977)。

關於歐洲科學、科技與經濟的專門著作：Alfred Rupert Hall, *The Scientific Revolution, 1500-1800* (Boston, 1954); Herbert Butterfield, *The Origins of Modern Science, 1300-1800* (London and New York, 1957); Abraham Wolf et al., *A History of Science, Technology and Philosophy in the Sixteenth and Seventeenth Centuries*, 2nd ed. (New York, 1951); Sir Eric Ashby, *Technology and the Academics: An Essay on Universities and the Scientific Revolution* (London, 1958(; John Francis Guilmartin, Jr.,

407 ▶ *Gunpowder to Galleys: Changing Technology and Mediterranean Warfare at Sea in the Sixteenth Century* (New York, 1975); Fernand Braudel, *Capitalism and Material Life, 1400-1800* (New York, 1973); John U. Nef, *Industry and Government in France and England, 1540-1640* (Philadelphia, 1940); W. W. Rostow, *British Economy of the Nineteenth Century* (Oxford, 1948)。

　　想從近代歐美學者汗牛充棟的作品中選出建議書籍是徒勞的：近代語言的經典作品數量全包含在其中。同樣地，針對近代文化發展而寫的大範圍歷史，這些作品對於主題的描寫還不是那麼周全完整，因此讀者最好還是直接閱讀原典為宜。

　　俄國史或許值得特別注意，因為本書的讀者絕大多數對俄國歷史的理解很可能不及他們對西方其他地區的認識。Michael T. Florinski, *Russia: A History and Interpretation,* 2 vols. (New York, 1953-54)是一本好書。Jane Harrison and Hope Mirrlees, trs., *The Life of the Archpriest Avvakum by Himself* (London, 1924)提供了對老信仰者意識珍貴而確切的理解。其他比較罕見的主題有：James Billington, *The Icon and the Axe: An Interpretive History of Russian Culture* (New York, 1966); Otto Hoetzsch, *The Evolution of Russia* (New York, 1966); Raymond H. Fischer, *The Russian Fur Trade, 1550-1700* (Berkeley, 1943); W. E. D. Allen, *The Ukraine: A History* （Cambridge, 1940）. Jerome Blum, *Lord and Peasant in Russia* (Princeton, 1961)在本書第二部分已經提過。有兩部非常有趣的作品追溯俄國與中國最初的關係：John F. Baddeley, *Russia, Mongolia and China*, 2 vols. (London, 1919) and Michael N. Pavlovsky, *Chinese-Russian Relations* (New York, 1949).

　　非洲。除了第二部分書目提要提到的非洲通論歷史外，有兩本生動描寫歐洲奴隸貿易的作品：Basil Davidson, *Black Mother: The African Slave Trade* (Boston, 1961) and Eric Williams, *Capitalism and Slavery* (Chap Hill, N.C., 1944). Philip D. Curtin, *The Atlantic Slave Trade: A Census* (Madison, Wisc., 1969)把過去非洲人被運往新世界的誇張數量做了釐清。Leopold Marquard, *The Story of South Africa*

(London, 1955)是一本簡單而流暢的作品。Robert W. July, *The Origins of Modern African Thought* (New York, 1968) and Philip D. Curtin, ed., *Africa and the West: Intellectual Responses to European Culture*（Madison, Wisc., 1972）處理非洲「第三世界」的觀念。

　　伊斯蘭世界。伊斯蘭世界的近代歷史研究仍無法令人滿意。以下是有用的通 ◀408
論作品：H. A. R. Gibb and Harold Bowen, *Islamic Society and the West, I: Islamic Society in the Eighteenth Century,* 2 parts (London, 1950, 1957); Wilfred Cantwell Smith, *Islam in Modern History* (Princeton, 1957); Gustave E. von Grunebaum, *Modern Islam: The Search for Cultural Identity* (Berkeley, 1962); H. A. R. Gibb, *Modern Trends in Islam*（Chicago, 1947）; and Gustave E. von Grunebaum, ed., *Unity and Variety in Muslim Civilization* (Chicago, 1955). Marshall G. S. Hodgson 的大作 *The Venture of Islam*, 3 vols. (Chicago, 1974)已列於第二部分。Clifford Geertz, *Islam Observed* (New Haven, 1968)提供伊斯蘭世界各地傳統與伊斯蘭教的互動分析。關於伊斯蘭世界各地發展狀況，見 George Antonius, *The Arab Awakening* (London, 1938); Zeine N. Zeine, *The Emergence of Arab Nationalism* (Beirut, 1966); Bernard Lewis, *The Arabs in History*, new ed. (London, 1966); Bernard Lewis, *The Emergence of Modern Turkey* (New York, 1961); Wilfred Cantwell Smith, *Modern Islam in India: A Social Analysis*, rev. ed. (London, 1947); Percy Sykes, *A History of Persia*, 3rd ed., 2 vols. (London, 1952); and Peter Avery, *Modern Iran* (New York, 1965).

　　印度。Percival Spear, *India: A Modern History* (Ann Arbor, 1961), and his revision of Vincent A. Smith, *The Oxford History of India*, 3rd ed. (Oxford, 1958)提供了通論介紹。K. M. Panikkar, *A Survey of Indian History*, 3rd ed. (Bombay, 1956)提供了印度觀點。Stanley Wolpert, *A New History of India* (New York, 1977)已在第二部分提過。Percy Brown, *Indian Painting under the Mughals*, A.D. 1550 to A.D. 1750（Oxford, 1924）提供了對蒙兀兒帝國全盛時期印度文化的洞見。我不知道關於蒙兀兒帝國有哪些好作品，但帝國建立者的回憶錄值得一讀，Annette S. Beveridge, tr., *Babur's Memoirs*, 4 vols. (London, 1912-21)。此外還有兩部作品，W. H. Moreland, *India at* the Death of Akbar: An Economic Study (London, 1920), *From Akbar to Aurangzeb, A Study in Indian Economic History* (London, 1923); and M. Athar Ali, *The Mughal Nobility under Aurangzeb* (New York, 1966)是一本有用的作品。也可參考 Richard G. Fox, *Kin, Clan, Raja and Rule: State-Hinterland Relations in Preindustrial India* （Berkeley, 1971）.

中國與日本。E. O. Reischauer（賴世和），John K. Fairbank（費正清），and A. M. Craig, *East Asia: Tradition and Transformation* (Boston, 1973)。George M. Beckman, *The Modernization of China and Japan* (New York, 1962)是遠東近代史的通論作品。Immanuel Hsü（徐中約），*The Rise of Modern China*（《中國近代史》），2nd ed. (New York, 1975)是最好的一部中國近代史作品。Charles R. Boxer, *Fidalgos in the Far East, 1550-1770* (The Hague, 1948)精采描述了葡萄牙人的角色。關於基督教傳教士，見：Kenneth Scott Latourette（賴德烈），*A History of Christian Missions in China*（《基督教在華傳教史》（New York, 1929）與 Arnold H. Rowbotham, *Missionary and Mandarin: The Jesuits at the Court of China* (Berkeley, 1942)。關於政府，見 Franz Michael, *The Origin of Manchu Rule in China* (Baltimore, 1942) and Etienne Balazs（白樂日），*Political Theory and Administrative Reality in Traditional China* (London, 1965)。Jonathan Spence（史景遷），*The Death of Woman Wang*（《婦人王氏之死》）（New York, 1978）生動描述了帝制中國晚期的下層社會生活景象。Ping-ti Ho（何炳棣），*Studies on the Population of China, 1368-1953*（《明初以降人口及其相關問題研究》）（Cambridge, Mass., 1959）；何炳棣，*The Ladder of Success in Imperial China: Aspects of Social Mobility, 1368-1911*（《明清社會史論》（New York, 1962）；Chung-li Chang（張仲禮），*The Chinese Gentry: Studies in their Role in Nineteenth Century Chinese Society*（《中國紳士》）（Seattle, 1955）；and Hsiao-t' ung Fei（費孝通），*Peasant Life in China: A Field Study of Country Life in the Yangtze Valley*（《江村經濟》）(New York, 1946)，這些作品探討了中國這幾個世紀以來的社會秩序與失序的現象。關於科技，Sun E-tu Zen（孫任以都）and Sun S. C.（孫守全），*Chinese Technology in the Seventeenth Century*（《天工開物》）（University Park, Pa., 1966）。Theodore de

Bary（狄百瑞）, ed., *Sources of Chinese Tradition* (New York, 1966)是根據年代與主題編排的翻譯文獻，頗為有用。John K. Fairbank（費正清）ed., *Chinese Thought and Institutions*（《中國的思想與制度》）（Chicago, 1957）探討中國思想史；費正清編，*The Chinese World Order: Traditional Chinese Foreign Relations*（《中國的世界秩序》（Cambridge, Mass., 1968）也具有啟發性。

Osvald Siren（喜仁龍）, *A History of Later Chinese Painting*, 2 vols. (London, 1938)提供了最佳可得的近代中國藝術樣本。學生也能從傳統中國小說熟悉中國社會的組織。其中兩部有英譯本的重要作品：吳敬梓的《儒林外史》與曹雪芹的《紅樓夢》。

關於日本近代史的研究，見 George B. Sansom, *The Western World and Japan* (New York, 1950)；Donald Keene, *The Japanese Discovery of Europe* (New York, 1954)；Charles R. Boxer, *The Christian Century in Japan, 1549-1650* (Berkeley, 1951)；Conrad D. Totman, *Politics in the Tokugawa Bakufu, 1600-1843* (Cambridge, Mass., 1967); Robert N. Bellah, *Tokugawa Religion* (Glencoe, Ill., 1957); Maruyama Masao, *Studies in the Intellectual History of Tokugawa Japan* (Princeton, 1974); William R. Braisted, tr., *Meiroku Zasshi: Journal of the Japanese Enlightenment* (Cambridge, Mass., 1976); Hugh Borton, *Japan's Modern Century* (New York, 1955); and Tetsuo Najita, *Japan* (Englewood Cliffs., N. J., 1974). Thomas C. Smith, *The Agrarian Origins of Modern Japan* (Stanford, 1959)是一部傑出的作品，描述了近代早期的日本社會。

Peter C. Swann, *An Introduction to the Arts of Japan* (Oxford, 1958)是一部有用的 ◀410 作品。Ichitaro Kondo, ed., *Hiroshige, The Fifty-three Stage of the Tokaido* (Honolulu, 1965)提供了由日本最偉大的藝術家詮釋的晚期德川社會的樣貌。Howard Hibbet, *The Floating World in Japanese Fiction* (New York, 1959)是一部德川日本俗世小說的好入門作品。

# PART IV

# 全球世界主義的
# 開始

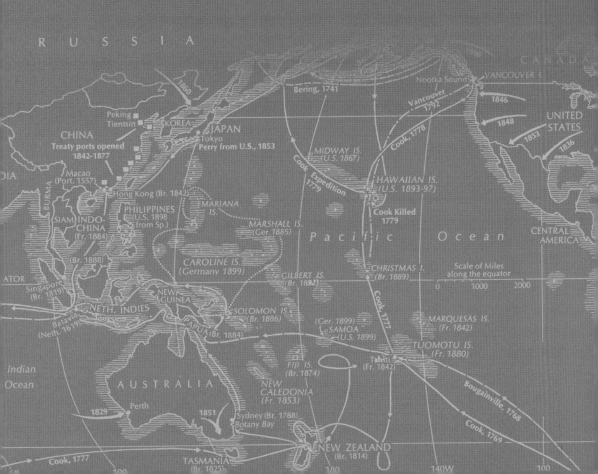

413 ▶ 自十八世紀晚期開始，歐洲社會出現了孿生的轉變。

以法國為中心的政治革命，打破了舊體制下複雜的共同體利益，因而釋放出無數個別市民的精力。政府與人民之間的合作遠較過去緊密，藉由引導同時順從人民的意志，政府變得比以往更為強大，而人民的意志表現在選舉、暴亂、抗爭與新聞輿論上，特別是表現在對既有政府的默許上。數百萬人被動員趕赴戰場，或多或少出於自願。經濟與政治的創新規模也不斷擴大；法律對個人進取精神的阻撓也逐漸消失。

這種「民主革命」的傳布雖然斷斷續續，卻緩慢而堅定地從法國傳布到歐洲其他國家。不久，新形式的共同體特權出現在法國；而介於自由民主理論與實際行動之間的折衷辦法也在歐洲其他地區產生。新體制，或者更好的叫法是布爾喬亞政權，它滿懷希望地在一七八九年開啟，不久即出現老態；新社會主義對主流體制的挑戰，也隨著十九世紀進入尾聲而逐漸增強。

當法國進行深刻的政治革命之時，英國的經濟開始因為使用機械力於製造業而出現變化。聰明的技師與熱切的企業家使用新科技資源的早期著名例子是以蒸汽推動機器紡織棉花。與政治革命一樣，「工業革命」的傳布雖然斷斷續續，但終究傳布到歐洲其他國家，而且不久也登陸到歐洲以外地區。新發明大約在一八七〇年後開始有系統地依照科學理論發展出來，為工業革命增添了新向度。在這種情形下，西方工業國家擁有的財富與權力，也就是軍事與經濟力量皆大為增加。

414 ▶ 在第一次與第二次世界大戰期間，政治與工業的這項根本變化匯流在一起。也就是說，在民主形式支持下，擴大的政府權力重組了工業生產的技術過程以實現政治目的。最初的目的在於贏得戰爭；但一九四五年後，各種目標彼此競逐，想取得優先地位。經濟─社會─政治管理的目標，除了提高消費水準，還要兼顧軍備、物價穩定與資本投資，最近還得留意自然環境保育。

西方國家獲得龐大的力量之後，歐洲人與美國人便可輕易突破其他民族對他們的活動設下的傳統障礙。運輸與交通的改良使距離縮短。十九世紀下半葉，地球上一切可居住地區都被網羅到同一張商業網裡。政治與軍事、思

想與文化的相互關係，就跟經濟交換的紐帶一樣不可避免。經過數十年的時間，歐洲帝國把勢力延伸到將近全部的非洲與大部分亞洲地區；二次大戰之後，這些帝國雖然以更短的時間退回原狀，但這不表示「新國家」撤出或排除於西方世界從一七八九年後建立的世界主義現代性之外。相反地，政治獨立反而讓現代性更加深植於整個非西方世界。

　　人類社會這種迅速而廣泛的改變，也引發了許多暴力與尖銳的政治和意識形態變遷。古老而著名的歐洲國家在十九世紀支配了整個時局的發展：英國、法國、普魯士（一八七一年之後成為德國）、奧地利與俄國。一九一七年，俄國的共產主義革命，以及與其互別苗頭的美國民族自決方案，兩者均宣稱能解決世界的災厄，強大的新政治意識形態對抗自此浮上檯面。然而美國與俄國在一九二〇年代均不過問世界事務，直到劇變再起（以德國與日本為中心）引發了第二次世界大戰，才將美俄捲入戰局，並促使其發揮強大的國力。一九四五年後，這兩個超級強權持續主導世界的政治與軍事場景。然而其他國家，特別是中國與其他亞洲的古文明，仍頑強地想取得更充分的政治與文化自主性，它們為原本共產與非共產政權的二元對立增添了複雜的因子。

　　科學、科技以及弱小國家向富強國家借取強大祕訣的自然渴望，使整個 ◀415
世界統合為一。地理差異、語言藩籬與保存地方文化傳統的願望則使世界呈現分立的局面。因此，往後的世代將如何不同、如何一致，這將一直是個懸而未決的問題。世界各地的傳統文化，其傳承遭遇了嚴重的挑戰。日常生活因都市化、工業化、科層化與自動化而產生的變遷如此嶄新而深刻，因此無人可以預料人類何時能穩定地適應新的生活環境。

　　在這樣一個變動快速而劇烈的時代裡，生活可能不是那麼舒適；但在不久的將來，人類在回顧過去這幾個世紀時，或許會覺得這是個成就非凡的時代，全球世界主義首次在這段時期成為現實。

第二十六章

一七八九年到一九一四年
# 工業革命與民主革命
# 對西方文明造成的轉變

417▶　在一八七〇年之前，英國是工業革命的主要所在地。然後東邊的德國與西邊的美國開始趕上英國的工業科技。一七八九年後，民主革命的主要場地是法國，王室官僚政府的缺失加上法國民眾的批判性格，兩相結合起來促成了一段長期持續、熱情而審慎的努力，希望重塑傳統的政治制度，使其能符合理性與（如果有的話）人民的意志。這兩場偉大的運動都從主要中心傳布開來，遍及西方各國，不久之後又擴及到西方文明範圍以外的地區。

　　隨著這兩場運動的推展，過去的社會、文化與政府模式出現激烈的變化，由於改變實在太過劇烈，有些觀察家甚至認為近代的工業文明與過去的文明已有了根本上的差異，無論是歐洲還是其他地方都是如此。但另一方面418▶　我們也可以認為，這種人類生活方式的重大改變其實是歐洲（西方）文明長期自我轉變過程的最晚近結果。這兩種觀點都有道理，只是身處於二十世紀的我們缺乏足夠的時間視角深度從兩種說法中做出確定的選擇。

　　不過，現在距離一七八九年法國大革命與一九一四年第一次世界大戰爆發之間的時代，已隔了一段足夠的時間，使我們可以開始理解西方人在這段時期出現的一些主要發展路線。從一七八九年到一九一四年這一百二十五年的時間，歐洲與海外的西方國家大幅擴展他們的力量與財富，之所以能如

此，有部分源於西元一千年即已開始的殖民與貿易擴張的延續。舉例來說，數以百萬計的開拓農民在北美大陸上持續向西挺進，他們有些來自歐洲，有些來自美國與加拿大東部。經由這段過程，到了十九世紀末，北美大陸已全部囊括到西方文明的社會體制中。

　　類似的殖民過程也發生在部分的南美洲（阿根廷、智利、烏拉圭）、南非、澳洲與紐西蘭。這些海外遷徙規模雖然龐大，但與俄羅斯農民與開拓者往東與往南的遷徙相比就相形見絀，俄國人移入黑海與裏海之間的窩瓦河下游盆地，以及從烏拉山到太平洋之間的西伯利亞廣大地區。到了十九世紀末，中亞與歐俄境內的良田均已開墾，在此同時，北美洲也經歷相同的過程。當俄國移民從北方森林往南方推進時，接觸到也在向外擴張說著中國語、韓國語、土耳其語、波斯語與羅馬尼亞語的農民，有些俄國農民直接在當地與這些民族通婚融合。同樣地，美國移民在新墨西哥也與西班牙與印第安農耕社群融合，並未將他們驅逐出去。與美洲一樣，西伯利亞比較原始的狩獵與採集民族隨著俄國移民不斷推進，也消融在俄國移民之中，而未做出任何有效的抵抗。

　　這波龐大的殖民浪潮是西方文明由西歐核心地區往外擴展的地理基礎，美國向西殖民，而俄國向東殖民，雙方最後在阿拉斯加相遇。一八六七年，◀419美國從俄國沙皇手中購得阿拉斯加。

　　俄國與美國都有重要的邊疆國家特質，尤其兩國一直維持著壓迫性的強制勞動體制，俄國直到一八六一年廢除農奴，美國則於一八六三年廢除奴隸制度，這種體制才告結束。在美國，因奴隸制度引發的鬥爭極為激烈。林肯總統在艱困的南北戰爭期間（一八六一到一八六五年）發布了解放宣言（Emancipation Proclamation），使蓄奴的南部各州與其他各州為敵。

　　由於北軍在南北戰爭中獲得勝利，美國才得以取消奴隸制度，而這場運動其實是整個西方廢奴潮流的一環。廢奴運動第一次成功是在一八三三年，大英帝國明令廢止帝國轄下各區的奴隸制度。最後一個廢奴的西方國家是巴西，直到一八八八年蓄奴才成為非法。在比較保守的穆斯林國家例如葉門，奴隸制度一直持續到非常晚近才結束，但在世界絕大多數地區，晚近人口的

快速成長意謂著有許多勞動者自願從事最辛勞的工作。在擁擠的勞動市場尋求糊口機會的無技術勞工，他們過的生活也許並不比過去的奴隸好多少。但法律明令禁止奴隸制度仍可說是過去兩個世紀以來的一項正面成就。

西方的社會類型之所以能持續擴展向世界其他領域，主要是因為西方文明核心地區的革命變遷能繼續支持與加速這段擴張過程。科技在十八世紀下半葉進展得特別快速，一般稱之為「工業革命」（這個名詞是一八八○年代一名英國史家所創）。此外，西方政府與國家也經過廣泛的內部重組。這些改變可以通稱為「民主革命」，不過這個名詞較為新穎（一九五○年代所創），與一些古老的詞彙相比也較不明確。工業革命與民主革命相輔相成，憑藉這兩項革命的成果，西方人得以超邁過去，將大量的人力物力長時間動員到遠離國境以外的地方。

沒有任何民族像西方一樣經歷類似的轉變。因此，西方文明在舊體制時代已存在的優勢，到了十九世紀中葉變得更明顯；大約在一八五○年後，所有反抗西方滲透的傳統藩籬已完全崩潰。西方人利用新建立的力量，湧入世界上所有適合人居的地區。這是人類史上第一次，世界邁入了全球世界主義的冒險年代。二十世紀的我們仍在其初期階段中掙扎著。

＊　　　　＊　　　　＊

為了方便起見，我們可以從三個方面來分析西方文明從舊體制到資產階級體制的演變：（一）經濟、（二）政治與（三）思想。然而不管是哪一種區分都是不自然且不完全的，可能會扭曲模糊了上述三種分類之間的互動關係。例如，從某方面來說，工業革命與民主革命其實只是人類將推論能力運用在經濟與政治上的結果。但反過來說，工業革命使財富盈餘大增，與過去相比，更多的人有時間從事思想與藝術追求；民主革命打破階級藩籬，使有才能的人得以在商業、政治與藝術上開展事業。因此，經濟、政治與思想的變遷以極其複雜而密切的方式彼此滲透，如此一來，西方在這三個方面的經驗便能融為一個整體。

## 工業革命

十八世紀，英國的科技改良主要集中在紡織業上。而在一七六九年瓦特（Watt）首次獲得專利權後，英國轉而加強發展可以推動紡織工廠新機器的蒸汽引擎。十九世紀，科技的日新月異不僅幾乎擴展到製造業的每個面向，也創設了許多過去從未有過的大型新產業與產品。◀421

工業革命分兩個時期。在一八七〇年之前，實用的發明主要是聰明的技師與勤奮的企業家努力的成果，他們仰賴的是常識與技能，而非有系統的研究或理論科學。這是煤與蒸汽的時代，在這個時期，鐵路使陸上運輸變成更迅速而有效率，海上運輸的改良表現在鋼鐵船身與蒸汽帶動的螺旋推進器替代了木製船身與風帆。這個時代也是英國在科技與工業的每個階段均居於無庸置疑的領導地位的時期。紡織機器與蒸汽機、鐵路與蒸汽船，連同為新科技提供必要基礎的煤鐵產業，這些全在英國獲得最早的引進或最早實現大規模的發展。

化學產業的興起，以及緊隨而來的電力科技的發展，標誌著工業革命的性格與方向出現了轉折。當然，過去那種偶然性的發明仍舊持續著。舉例來說，在美國，福特（Henry Ford）引進了汽車（一九〇三年），而萊特兄弟（Wright brothers）建造了第一架飛機（一九〇三年），這些都是經過漫長而精心努力的嘗試才達成的。但這種孤立的、個人的發明逐漸被有系統的研究所取代，由熟悉科學理論與科技過程的工程師與科學家在設備完善的實驗室進行。

德國是最早結合理論與實務的國家。德國欣欣向榮的學校與大學體系源源不斷地培養出訓練有素的理論家；工匠傳統則提供熟練的實作技巧。而這些制度的報償有時也相當大。舉例來說，在第一次世界大戰開始時，德國成為唯一能提供各種工業化學原料的國家，而德國的電力產業也在科技創新與效率上領先世界。在別的國家，以及在歷史較悠久且卓然有成的產業裡，要公司支付一大筆錢維持一批人員負責製造機器與發展技術等等與公司獲利無關的項目，似乎是天方夜譚。因此，在一九一四年之前，科學理論與科技實作之間的系統性交流幾乎完全不存在。有計畫的發明，一直要等到戰間期才◀422

真正擁有自己的地位。

　　儘管如此，與過去任何時期相比，十九世紀科技發現與改良的數量其實相當巨大。二十世紀生活處處可見的照相機、自行車、打字機、縫紉機、電話、電燈、汽車、留聲機與電影都發明於十九世紀，只是日後的改良與設計變化，使這些物品的最初形態無法被今人辨識出來。無線電與飛機也在一九一四年以前初具規模，但主要的發展則是在第一次世界大戰期間與之後發生。

　　每一種重要新產品的出現都需要其他新產業配合，也促使新產業發展。舉例來說，汽車需要輪胎，因而使橡膠業出現革命性的發展；電力產業對銅業也有類似的影響，銅成了電流的常用導體。

　　當產業藉由這種方式而變得多樣化時，過去的製造過程也經歷根本性的變化。一般來說是由手工轉變成機器生產。這導致了生產機器與成品的標準化；工人的標準化意謂著每個工人都必須在相同時間上工，在自己負責的生產流程上維持恰當的生產速度，使整個工廠能運作順利。任何停頓或損壞，無論是機器還是人，都會造成遠比過去更大的損失。新的量產方式需要集合數量更龐大的原料、資本與勞動，而某個環節的停頓將使整個生產流程陷入癱瘓。

　　複雜的機器製造過程雖然很容易因中斷而產生損失，但在運轉良好的情況下，增加的生產力可以彌補意外中斷時的損失。量產的產品匯聚成為洪流，沖垮了昔日的手工產業，無論是西方世界還是其他社會與文明都無法逃脫這個命運。世界各地的紡織工、金屬工與無數工匠很快就發現自己無法與廉價、量產的機器商品競爭。

　　因此，工業革命最初也最明顯的特質就是規模的大量擴張。更大的動力、更多的原料、更多的成品、更多的廢料、更多的運輸、更多的職員讓工業與商業流程上軌道、更多消費者購買與更多銷售員販售，而更大的公司擁有更多的資本與更多的勞動力，這一切很快就實現了。古老而簡單的製造形式被廉價而（有時）品質較佳的工廠產品取代。

　　工業規模的提升需要密集的運輸與通訊網路來加以配合。遠方的原料供

應與遠方的產品市場，對於機器量產的成功影響甚鉅。公路與運河的改良，在歐美許多地方極為重要。但鐵路網的興建，從一八四〇年代開始進行，在一八五〇年代與一八六〇年代達到高峰，並且直到第一次世界大戰前夕仍不斷吸收大量資本（橫貫西伯利亞鐵路完成於一九〇三年；柏林到巴格達的鐵路在一九一四年時仍在興建，最後並未完成），其他陸路運輸形式均無法與之比擬。鐵路打開了內陸地區，讓煤鐵這類笨重物品得以運送到遠地。西里西亞與賓州的煤田由於橫貫大陸的鐵路運輸開通，而成為最早擴充產量的煤礦產地。其他深居美國與俄國內陸的煤礦產地則在稍晚也進入大規模開採，在加拿大西部與中亞，這種過程一直持續到一九五〇年代。

　　海運的創新比較緩慢。富爾頓（Robert Fulton）早在一八〇七年就成功建造第一艘蒸汽船，但長期以來這種船消耗過多的煤，使得蒸汽船在遠洋運輸上無法與帆船競爭。直到一八七〇年後，更好的鍋爐與更大的鋼鐵船身才讓蒸汽船成為跨洋運輸的定期航班。結果之一，就是在廣闊而肥沃的北美、阿根廷與澳洲平原種植的穀物（在新機器力量的協助下），大量地湧入歐洲。

　　一八六九年蘇伊士運河與一九一四年巴拿馬運河的開通，使人類居住的世界形狀出現變化。另一方面，航空運輸在一次世界大戰之前仍只存在於想像階段。

　　在晚近越來越密集的工業過程中，通訊與交通一樣，在連繫參與者上幾 ◀424
乎扮演著同樣重要的角色。英國公共便士郵局的成立（一八四〇年）是現代郵政系統的先驅。一八七五年簽訂國際郵政協定（International Postal Agreement）後，國家郵件投遞系統便與跨國的郵件投遞整合起來。一八三七年，電報發明。由於從一地架設電線到另一地，需要的經費較小，因此電報系統在西方世界發展非常快速（第一條跨大西洋電纜於一八六六年完成）。自一八九五年馬可尼（Guglielmo Marconi）首次展示後，無線電報很快就在遠距通訊上獲得實用的重要性。改良的通訊使新聞得以流通，因而從一八五〇年代起支撐了大量發行的報紙。報業的發展又對政治與外交產生影響，政治家必須回應報紙產生或表達的各項輿論與民意。

## 工業革命的結果

　　一般而言，工業革命大量增加了西方世界的財富，而且讓乾淨、衛生與舒適的標準獲得根本性的改善。初期，由於大量工人湧入新工業城市，以及舊城市的快速成長，產生了許多社會問題，傳統的制度根本無法應付。這提供了馬克思（Karl Marx，死於一八八三年）思想的基礎，除非發動社會主義革命解決問題，否則無產階級群眾只會在富裕中越來越貧窮。一八四八年，當馬克思初次清楚陳述他的主要觀念時，這樣的觀點確實相當合理。革命暴力從城市窮人汲取力量，事實上，早在一七八九年的歐洲政治經驗裡，革命已然是一個有效的力量，當時暴民攻擊巴黎巴士底（Bastille）監獄，從而點燃了法國大革命的偉大火炬。

　　然而，一八四八到一八四九年，一連串類似的群眾暴亂終歸失敗。此後不久，各種社會創新開始針對早期工業社會的各種艱難與醜惡進行控制與改善。像城市警察這種現代公共秩序的基本工具，一直到一八四〇年代與之後才出現。與此同樣重要的公共設施，如下水道系統、垃圾處理、公園、醫院、健康與意外險、公立學校、工會、孤兒院、精神病院、監獄與其他用來救濟貧病與不幸民眾的人道慈善機構紛紛成立。十九世紀後期，這些制度與其他創新開始運作，幾乎與人口快速成長的城鎮同時發生，後者對前者存有需求。結果，革命情緒在高度工業化國家逐漸消褪，只能在工業主義擴張的邊緣維持一定的活力——最明顯是在俄國，這是因為沙皇的官僚系統對於工業化社會的需求反應過於遲緩且缺乏同情。

　　工業革命的第二項基本特徵是人口加速成長。舉例來說，在歐洲，一八〇〇年全歐陸的人口約一億八千七百萬。到了一九〇〇年，歐洲人口已經增加到約四億人，這還不計入有近六千萬人在十九世紀移往海外，以及有不計其數的移民從歐俄越過烏拉山脈前往西伯利亞與中亞。死亡率大量降低是人口快速成長的主要因素；其他原因則包括醫療科學與公衛衛生的改善、糧食供給增加、生活物質條件的普遍提升。

　　在第一次世界大戰之前，只有英國出現大量人口離開農村前往城市就業。在英國以外的重要國家，農民依然安土重遷，依照歲時耕種收割，但這

一切到了一九一四年開始出現變化。此後，從農田到工廠，從鄉村到城市，成了整個西方世界共同的景象。這意謂著人類開始脫離新石器以來奠定的生活步調，進而走向一個到目前為止我們仍在摸索的新時代韻律。

　　人類完全擺脫田野所造成的日常經驗與習慣的變化，似乎與過去人類從狩獵者轉變成糧食種植者所造成的變化一樣徹底。因此，工業革命在歷史上的重要性再怎麼強調也不為過，而我們也無法相信人類已經找到最能適應工業化經濟的社會組織與生活方式。

## 法國的民主革命

◀426

　　政府的正當權力來自於被統治者的同意，而且也僅來自於被統治者的同意，這項原則已於一七七六年，由反抗英王喬治三世的北美殖民地居民向全世界做了宣示。這項民主觀念在美國獨立戰爭期間與之後仍持續指導著美國立憲實驗。而這項觀念也對歐洲許多國家產生強烈的吸引力，尤其是英國，一六八八年以來的議會至上主義已經意謂著少數有產者有權投票選出議會代表。然而在法國，新的政治學說卻引爆反絕對主義王權的激烈革命。

　　十八世紀，法國政府變得蹣跚無能。理論上，國王具有絕對權力；但實際上，每當要進行行政改革時，總會有特殊利益團體從中作梗，它們控制了整個官僚體系，因此使改革滯礙難行。對外戰爭的失敗，與對內改革的挫折一樣令人失望；一七七八到一七八三年，法國雖然重創英國的自尊，協助美國獨立，但法國政府也因此債臺高築。這並不令人驚訝，法國在行政一成不變的狀況下，稅收也變得僵固無彈性，反觀戰爭的費用卻因為武器的日新月異而大幅上升。

　　路易十六（統治期間一七七四到一七九二年）願意進行少許的政府改革，他也同意政府應該與一般人民有更密切的連繫。當國王尋求增稅卻遭遇阻撓時，他決定召開法國古老的代表大會三級會議（Estates-General），希望能說服大會授權開徵新稅，以解決政府的財政困窘。然而，當三級會議於一七八九年五月一日召開時，代表們卻認為，在同意開徵新稅之前，政府應

該先進行大規模的改革。代表們普遍希望法國政府應該向人民負責，或者說得更實際一點，向有產者負責。

427 ▶　改革呼聲最熾烈的是第三等級的代表，也就是平民。但少數教士與貴族也支持改革，在缺乏堅定而一貫的王室政策下，整個局勢開始傾斜。六月，三級會議改組成國民議會（National Assembly），開始制定法蘭西王國的憲法。

支持改革的聲浪很快就獲得一般民眾的熱情呼應。國王準備鎮壓國民議會的傳言激起群眾攻擊巴士底（Bastille，七月十四日）。這起事件發生的日子後來被當做革命的誕生日。之後，巴黎組織了革命政府，也就是公社（Commune）。公社的領導人直接獲得巴黎市民的授權，而在遭遇危機之時，他們也直接召集民眾進行抗爭。而當巴黎群眾在面對反對或可能反對人民權威的人士時，他們也以民眾的發言者自居來嚇阻對方。

這股熱情從巴黎傳到了鄉間。到了七月與八月，農民開始焚燒貴族的城堡，並且拒絕繳交傳統的規費與地租。一七八九年八月四日晚間，國民議會在鼓譟下廢除了封建權利與義務。此舉使絕大多數農民轉而支持革命，這對日後革命的演變有根本性的影響。

為法國制定新憲的任務極為艱鉅，而國民議會為了處理眼前急迫的問題，不得不經常中斷制憲，尤其政府的財政破產需要立即解決。國民議會決定以沒收的教會土地做為擔保來發行紙幣指券（assignats），並且打算等教會土地賣完之後，就回收指券不再流通。然而事實上，印行的紙幣越來越多，物價也開始攀高。跟以往一樣，薪資的成長總是遠遠落在物價之後。實際的經濟痛苦成為巴黎群眾示威的重點，因為這麼做可以很容易讓窮困的靠工資為生者相信，高物價全是「人民敵人」造成的。

一七九一年，新憲法完成。憲法確立了有限王權，最高權威屬於立法議
428 ▶　會（Legislative Assembly），而立法議會由全體積極公民選舉產生。所謂積極公民指每年繳付一定稅收以上的公民。

一七九一年憲法最深遠的影響在於它把地方政府長年以來的陋規積習全數廢除，使未來政府的施政不再滯礙難行。此外，將法國劃分成大小約略相

同的地理單位，稱之為「省」（département）。行政、司法與教會管轄權都必須根據新建立的省界做出調整。

　　一七九一年憲法爭議最大的地方是對教會的安排。主教與僧侶由政府給薪，而且由每個主教轄區與教區的居民選舉產生，類似於民政長官。教宗與大多數主教和僧侶均抨擊這項做法悖離了教會法，並且要求返還被沒收的教會土地。凡是對教會構成影響的法律都歸在這部「教士的民事基本法」，這套法律因此造成法國人的分裂，一方支持新的觀念，另一方擁護羅馬天主教會的古老傳統。

　　然而，這部憲法最大的弱點在於把廣泛的權力（否決權、軍官任命權等等）授予給法王路易十六，而國王長期以來並不支持革命運動。事實上，路易十六早已陰謀串通外國勢力（奧地利、普魯士）以及逃亡國外的法國貴族。一七九二年四月，法國與普奧爆發戰爭，法軍初戰不利。在這種情形下，民眾普遍對國王感到懷疑，直到一七九二年八月，巴黎群眾再度介入，促使立法議會停止讓路易十六行使憲法權力。之後，經選舉產生新議會國民公會（National Convention），而這個議會也被賦予了制定另一部新憲的任務。

　　此後開啟了第二階段更加激進的革命時期。國民公會宣布法國為共和國，處死法王路易，而且推動恐怖統治以對抗「人民敵人」，在這段過程中，有數千人遭速審速決，在符合科學效率下被砍頭，這全歸功於吉約丹博士（Dr. Guillotin）發明的斷頭臺。行政權集中在國民公會下設的各種委員會上，其中最重要的就是公安委員會（Committee of Public Safety）。政府以徵 ◀429 兵的方式徵召四肢健全的公民保家衛國，這項行動很快就獲得了成果，法軍不久就推進到萊茵河畔，將革命原則散布到比利時與西日耳曼地區。

　　在此同時，法國內部敵對的政治派系為了合理化與鞏固自己的權力，開始組織熱情而有效的宣傳活動。一七九三年與一七九四年上半年，最成功的政治派系首推雅各賓俱樂部（Jacobin Club），活躍而具有野心的革命份子群聚於此聆聽羅伯斯比（Maximilien Robespierre，一七五八到一七九四年）與其他人的激昂演說，他們企圖以共和原則為名開啟美德統治時代（reign of

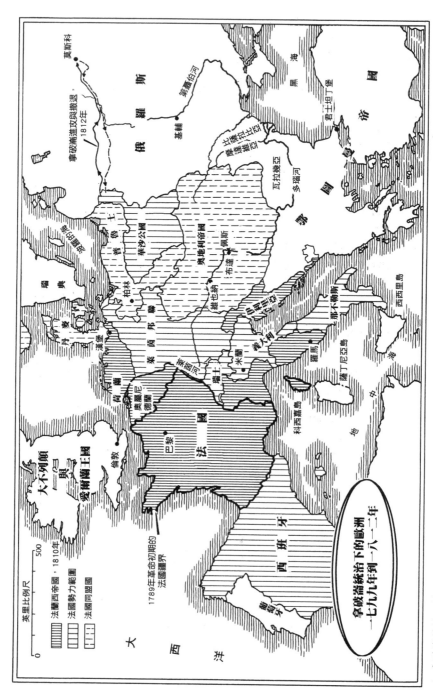

▲ 拿破崙統治下的歐洲，一七九九年到一八一二年

Virtue）。相互敵對的派系無法滿足於在國民公會中透過論辯與投票來解決彼此差異。暴民示威與斷頭臺於是成為協助羅伯斯比與他的盟友擊敗與摧毀一個又一個「叛徒」團體的工具。然而，隨著革命軍擊退外國入侵者，如此高壓的暴力手段失去了存在的理由。一七九四年七月（革命曆的熱月），國民公會議員希望公共事務能改弦易轍，他們無預警地進行投票，決定逮捕與處死羅伯斯比。雖然羅伯斯比的部分政敵並無處死他的意思，但這位革命極端主義的象徵人物被除去之後，馬上引發廣泛的迴響，公安委員會不久也被廢除。

　　一七九五年，國民公會終於完成使命，為法國制定了新憲法。由此產生的督政府在往後四年統治法國。一七九九年，一場政變讓成功的年輕將領拿破崙·波拿巴（Napoleon Bonaparte，一七六九到一八二一年）取得權力。他制定一連串憲法，每一部憲法都給予他更大與更絕對的權力。即使他在一八〇四年加冕為法蘭西皇帝，拿破崙仍然主張他的權力以人們的意志為基礎，因此隨後的憲法他都會提交公民投票，以證明自己深獲民眾愛戴。

　　事實上，拿破崙在許多方面確實是革命之子。他重新制定了法國法律（《拿破崙法典》），將革命演說者揭櫫的諸多原則轉化成日常的法律實踐，例如契約自由，結婚與離婚歸於民事，以及法律之前人人平等。拿破崙 ◀431 軍隊的勝利，使其他國家處於法國的勢力範圍內，《拿破崙法典》便成為這些國家進行法律改革時的現成典範。一旦法律的改變簡化了一個地區或國家的日常習慣與法律關係，則日後幾乎不可能恢復舊體制的複雜特權關係。

## 歐洲其他地區的民主革命

　　雖然拿破崙最後遭歐洲幾乎所有大國聯手擊敗（一八一二到一八一五年），但革命動亂留下的痕跡已無法移除。事實上，到了一八一五年，革命已在拿破崙最頑強的敵人身上留下深刻的印記。因為歐洲各國君主唯有仿傚法國鼓動愛國熱情與訴諸臣民情感與利益之下，他們的軍隊與人民才有能力抵抗與擊敗拿破崙的軍隊。

維也納會議（Congress of Vienna，一八一五年）提出的和平方案，實際上未能如許多日耳曼愛國志士希望的，將日耳曼組成統一的國家，此外，政治上分崩離析的義大利也再度置於奧國與教廷的掌握之下。奧國首相梅特涅親王（Prince Clemens von Metternich）是維也納和平方案主要設計者之一，他試圖在戰敗的法國與脫序的俄國間維持均勢，尤其俄國沙皇亞歷山大一世（Alexander I，統治期間一八〇一到一八二五年）懷有重組歐洲的野心，其激進程度與拿破崙相較有過之而無不及。梅特涅最終還是成功扼止了亞歷山大一世過於熱切的雄心，並且花費數年的時間說服沙皇小心節制，以避免民眾革命再度破壞歐洲和平。

　　然而，自由與革命的渴望依然充滿活力，尤其以受過教育的中產階級為甚。在一八三〇年，以及在一八四八年到一八四九年，民眾暴動推翻了歐陸幾個重要國家的政權。然而這一連串的革命既未能建立人們希望中統一的日耳曼，也未能建立統一的義大利。法國再度成為共和國（一八四八到一八五二年），但之後拿破崙三世仿傚伯父拿破崙的做法，將勝選後的總統職位轉變成他個人的帝國，並且以公民投票的方式確認其正當性。英國雖然沒發生革命，但也採取了逐步改革的政策，從一八三二年（改革法案）到一八八四年，當局不斷擴大選舉權，最後使所有成年男子都有投票的權利。

　　一八四八年革命的失敗，使許多人對於仰賴人民意志進行基本的政治改革感到失望。然而法國拿破崙三世（統治期間一八五二到一八七〇年）及一些具有影響力的英國政治家卻認為將自由與議會政治傳播給歐洲其他國家的民眾是一件好事。一八四八年後，俄國成為中歐政治現狀的主要支持者。當一八五四年俄國犯下大錯與土耳其交戰時，法國與英國都熱心地援助土耳其人，並且在俄國境內的克里米亞擊敗了俄國人。

　　這場戰爭意外顯示沙皇專制政權的孱弱，使兩名大膽的政治賭徒薩丁尼亞的加富爾伯爵（Count Camillo Cavour，死於一八六一年）與普魯士的俾斯麥伯爵（Count Otto von Bismarck，死於一八九八年）各自以自己的君主國為核心統一了義大利與德國。俾斯麥的勝利是藉由一八六四年對丹麥、一八六六年對奧國與一八七〇到一八七一年對法國戰爭獲勝達成。前兩次戰

爭並未留下長久的疤痕；但普法戰爭與戰勝的德國人決定的和平條款（法國割讓亞爾薩斯與洛林給德國）卻激起法國上下同仇敵愾的愛國心。然而，只要俾斯麥繼續主導德國國政，法國人就難以在歐洲找到盟友；而政黨內鬥也使從拿破崙三世戰敗的帝國灰燼中興起的法國第三共和一直跌跌撞撞，難有作為。

　　在義大利，雖然教宗因為喪失義大利中部的領土主權而堅決反對，但義大利還是順利建立了立憲君主政體。在德國，首相俾斯麥為新成立的德意志帝國（一八七一到一九一八年）制定了一部憲法，以極為聰明卻不穩定的方式將互不相容的政治觀念結合起來。民主原則具體表現在帝國議會（由全體成年男性選舉產生）上，國家預算需經議會通過方能生效。但專制原則（君權神授）仍未放棄。德國皇帝在軍事與外交事務上仍擁有完整的權威；首相不對帝國議會負責，而只聽命於皇帝一人。

◀433

　　奧國哈布斯堡王朝皇帝與普魯士國王不同，他們無法在民族主義與民選代議政府的自由需求間找到平衡點。居住在奧國境內的各民族時有衝突，因此無法產生民主共識。儘管如此，到了一九一四年，歐洲所有主要國家都已存在某種形式的議會選舉組織，就連俄國（一九○六年後）也不例外；每個政府都試圖在官方政策與報紙及政黨所發表及主張的「輿論」間建立有效的夥伴關係。

　　表面上，這是民治理想的一大勝利，因為在一七八九年，這些理想仍被許多實務派人士認為是荒誕而不切實際的夢想。但實際上，自由民主的原則在傳布到歐洲各地的過程中，已因與舊體制各種要素混合而被沖淡許多。這點在中歐與東歐尤其明顯，這兩個地區由上而下的官僚控制遠比奧國、俄國與德國只是聊備一格的議會來得更有活力。東歐社會主要變遷的產生，往往是官方主導下的副產品，例如廢除農奴（奧國，一八四八年；俄國，一八六一年）與匈牙利廣泛政治自治的建立（一八六七年）。從一八八○年代之後，俄國對鐵路建設與重要工礦業均極為重視，而這些發展多半仰賴官方推動或政府安排的特許才能進行。

　　在較為自由的西歐國家裡，許多代表特殊利益的團體，例如法人、卡特

爾、工會、政黨、教會、特殊職業團體（如軍官、公務員、律師等等），在十九世紀成長過程中，實際上限制了理論上的人民主權，這種狀況就跟法國大革命前夕既得利益團體限制了理論上法國國王擁有的主權一樣。一旦發生這種情形，在十九世紀初曾喚起許多光明希望的那股爭取自由民主政府的革命驅力便會逐漸消磨殆盡。民主的理想與不堪聞問的權力現實彼此影響感染。特權階級非但不怕以人民為名的革命揭露它，反而如俾斯麥一樣學習到如何隱身幕後操縱民主的群眾政治，以擴大與保護自己的權力。

　　十九世紀中期之後，革命的熱情（或至少是革命的說詞）已由自由主義過渡到社會主義路線。一八四八年，馬克思（Karl Marx，一八一八到一八八三年）與恩格斯（Friedrich Engels，一八二〇到一八九五年）在《共產黨宣言》（*Communist Manifesto*）中表明觀點，提出國際性的革命無產階級將註定奪取權力，並且建立真正的自由與平等。然而，無論馬克思的觀點如何吸引人，它最終證明是難以實現的理想。國際社會主義運動初期一直處於爭論不休的狀態，直到馬克思死後才出現比較穩定的組織，即第二國際工人協會（Second International Workingmen's Association，成立於一八八九年）。

　　然而，大規模且相對較有紀律的社會主義政黨的出現，顯示這些組織已開始安於當時議會政體的運作模式。因此，當一九一四年大戰波及歐洲絕大多數地區時，德國與法國的社會主義者也義無反顧地在祖國旗幟之下奮戰，將過去所謂的國際主義完全拋諸腦後。只有極少數極端主義者拒絕違背全體社會主義運動曾明確宣告遵行的國際階級團結原則。

### 審慎的社會變革與人民支持的政府

　　整體地回顧這段政治演變，法國革命份子及其自由主義子嗣顯然完成了兩件事。

　　首先，毫無疑問地，革命份子已然證明政府確實由人所建立，可以依照計畫或多或少地予以變更與操縱。過去認為政府是神設立的，由上帝任命某

些人來治理他人，一旦有政權宣稱自己的權力來自於人民意志，而且獲得成功，則先前的陳舊想法將越來越不被人信服。社會改革是一段持續的過程，這是自由主義的政治觀。越來越多人認為，如果存在艱困與不公，便應該採取審慎的步驟改善局勢。社會因此具有無限的彈性，可以依照不斷變遷的適切標準逐步加以改進，而改變的需求也受到普遍認同。◀435

這些說法與舊觀念大不相同。一七八九年之前，大多數人認為自己生活在一個穩定的社會結構裡，制度依照上帝的意志建立，因此這些制度不能改變也不該改變。然而，隨著嶄新的自由心靈架構開始傳布，人們開始更快速而有效地回應快速工業化社會創造的社會需求，其產生的抵抗也比過去來得少。

其次，法國大革命以及往後數十年歐洲各國政府的經驗顯示，如果政治領袖善於贏取絕大多數民眾的支持，那麼政府可以獲得比舊體制時代統治者更大的權力。徵兵制是最明顯的例子，它顯示獲得全體人民支持的政府可以徵集到的人力是舊體制的君主想都想不到的。同樣明顯的例子是稅收的增加，人民支持的政府要比未獲得人民支持的政府（例如奧國）更容易擴大徵稅範圍。

西方文明的民主革命增加了政治彈性，擴大了政治權力。因此，民主革命與工業革命一起構成了真正的孿生子，工業革命在本身的範圍內也可以增加彈性與大幅擴大西方人的力量。兩者結合以來增加了西方生活方式的力量與財富，使其遠超過其他文明熟悉的範圍，也使西方人的入侵變得難以抵擋

## 思想與文化革命　◀436

西方優越於世界其他地區的祕密，不光只是物質優越與政治組織而已，雖然這兩者相當重要。十九世紀與二十世紀初，西方科學的思想成就以及西方人以藝術表現他們對真與美的渴望，這些都取得其他地區未能達到的深度、力量與成熟。

要簡述一七八九年到一九一四年西方世界文化活動的規模與種類是相當

困難的。其中尤以藝術與文學為最，因為十九世紀早期的浪漫主義者向來是以藝術本身來衡量藝術，因此他們特別強調個人的自我表現與原創性。對每個國家以及歐洲各地區獨特歷史的關注，與當時盛行的民族主義運動彼此激盪；對於民族特質的重視使得文學分野成各個民族派別。

另一方面，科學仍維持國際與公共色彩，或許因為如此，要找出科學發展的主線遠較文學與藝術來得容易。兩個彼此對立且基本上互不相容的觀點在這段時期各自獲得耀眼的發展。在第一次世界大戰爆發前夕，一連串的問題與矛盾開始使人察覺到這兩個彼此對立的世界觀各有其缺點與局限。

第一個世界觀基本上屬於牛頓路線。以四項基本名詞——物質、能量、空間與時間解釋所有物理性質現象。這項努力獲得驚人的成功。不可摧毀的物質，由分子、原子與（一八九七年後）次原子粒子構成，搭配著同樣不可摧毀的能量，彷彿所有的化學與物理變化都可以解釋成在統一而無限的時空母體中由這兩種不可摧毀之物結合與再結合的結果。

先前看似毫無關聯的各種現象，現在都成了這個巨大架構的一部分。特別是，化學變化的過程可以理解成分子、原子與電子在每次變化中吸收與釋放能量的互動結果。如我們所見，這種理解使化學家能夠控制與改變自然的演變過程，並且以前所未有的速度創造了新的產業與改良舊的產品。同樣地，表面上相當多樣的現象，如可見光、紅外線、紫外線、無線電波、X 光與能量更強的輻射線，都被視為連續的電磁光譜的一環，就在第一次世界大戰爆發前不久，這些事物的控制與利用開始大幅擴展了人類的力量。

然而到了十九世紀末，原本不受懷疑的弱點開始動搖人類對宇宙簡潔而明確的觀點。物質喪失了固體性質，先是分子，而後是原子被分解成更小的在相對廣大的空間中震動的粒子。能量也是如此，有時會以粒子或量子的形式出現。但最令人驚訝與沮喪的是為了測量地球在太空的移動速度所做的實驗，得到了奇怪的結果。阿爾伯特‧邁克生（Albert Michelson，死於一九三一年）運用非常敏感的儀器，發現光往四面八方移動的速度是相等的，即使從正在快速移動的地球往外發散亦然。這項結果最初發表於一八八七年，似乎與牛頓絕對的空間與時間觀念無法符合，因為光移動的方

向若與地球同向，則按照一般的邏輯，應該會比與地球異向時來得快，因為前者光移動的速度還要加上地球的速度，而後者則要減掉地球的速度。

　　愛因斯坦（Albert Einstein，一八七九到一九五五年）試圖以數學來解釋這項令人吃驚的結果，他在一九〇五年提出，空間與時間應該消融成單一的時空連續體，任何兩個物體相對運動的變化，會影響彼此間的測量結果。不僅一般人，就連科學家也認為這種說法與一般直覺的時空觀念差異太大，因此難以接受。同樣地，二十世紀最初數十年，各種次原子粒子與能量量子的發現，使原先優美簡潔的理論失去修補的可能。一個在一八九〇年左右仍受到普遍理解的絕對科學真理體系，它經過實驗檢驗，在無數次實際運用下已被證明為有效，卻只因為無法對少許冷僻的現實現象做出解釋，無法達成完整的適當性，而突然在牛頓理論無法涵蓋的極其微小卻又龐大得難以想像的混亂現象前崩解。◀438

　　十九世紀歐洲的第二種世界觀強調時間的基礎性質，認為所有現實包含自然的、生物的、社會的，都處於不斷變動發展的狀態。對現實抱持這種觀點的人，不會像物理學家與化學家一樣去追求絕對的普世定律，而是試圖理解特定環境與既定條件下演化創新的形態。這些人相信，總能引發他們興趣的現實存在著獨特的轉折時刻，其中蘊含著繼往開來的可能，但也有可能反其道而行，阻礙人類尋求更好的發展。

　　日耳曼哲學家黑格爾（死於一八三一年）最早將所有現實視為不斷變遷的過程。之後，地質學家、生物學家、考古學家與歷史學家的研究也令世人耳目一新，原來地球的歷史遠比過去人類想像的還要來得久遠。地質的漫長年代、有機體的演化（達爾文於一八五九年首次提出了明確論述）與人類歷史似乎屬於同一整體。就連基督教教義與亙古不變的星辰也很快被納入演化觀點的範圍內。幾個世代以來對古典與中世紀文本進行的研究，使歷史與文獻考證工具日趨精微，神學家因而得以運用這些工具研究聖經。結果顯示聖經原來是由許多作者寫成，每個作者各自反映了自身對上帝的獨特觀點，也顯現出每個時代與環境特有的宗教觀。經過這樣的考察，原本顛撲不破的教條也隨之瓦解；當天文學家開始推測恆星與銀河系的誕生與死亡時，天堂永

恆的觀念也在人們猜疑的目光下開始崩坍消散。

　　這樣一個無所不包的變遷，與在人類腳下開展，微小得無法想像的次原子物理學世界一樣，很難與一般人的經驗吻合。與特定時空緊密連繫的人類價值，在時時處於變遷的世界裡，顯然會遭受質疑，因為沒有任何事物（除了變遷本身）是絕對而永恆的。

## 藝術的革命

　　第一次世界大戰前夕，歐洲人思想上普遍的不確定感也反映在藝術上。一些主要居住在巴黎的畫家，先是扭曲，而後完全放棄以透視法做為藝術的組織原理。畢卡索（Pablo Picasso，一八八一到一九七三年）、布拉克（Georges Braque, 一八八一到一九六三年）與其他畫家採取支離破碎的光學經驗元素，連同僅能隱約辨識的現實外形，創造出某種圖案與暗示某種心境。他們尤其反對以繪畫做為描繪藝術作品以外事物的工具。

　　文學與語言緊緊連繫在一起，與繪畫相比，比較不具跨國性，也比較不那麼激進地反對傳統形式。然而在俄國，舊俄羅斯東正教文化傳統與新流行的西方思想與感性的風格之間的緊張，促使一些作家如杜斯妥也夫斯基（Feodor Dostoyevsky，死於一八八一年）、托爾斯泰（Leo Tolstoy，死於一九一〇年）與契訶夫（Anton Chekov，死於一九〇四年）創造出屬於自己的新道德世界。十九世紀俄國文學的這種特性，使其最佳作品仍能讓二十世紀許多面臨類似問題的讀者產生特殊共鳴。不過在俄國之外，西方國家的文學仍然在熟悉與慣用的思想與感性範圍內持續發展，並且依然依循著文藝復興時代以來的基本路線。

　　雖然西方文學相對來說較為保守，但科學、思想與藝術上的變革，加上工業革命造成日常生活的巨大轉變，以及民主革命發展認可的政治與社會結構變化，都帶來深入而廣大的影響，以致於有些人認為西方文明在一九一四年時實際上已瀕臨瓦解，此時歐洲便爆發了史無前例的慘烈戰爭，為這個崩潰過程畫上句點。然而，人們也可以抱持較為樂觀的態度，相信這些矛盾不

過是某種成長的軌跡，使我們走向嶄新但多種趨勢並存的時代。未來的事件　◀440
或許可以為這兩種詮釋做出定論。

　　在此同時，顯然西方文明在二十世紀初雖然陷入困難，卻未因此阻礙西
方對世界其他地區的影響，至少短期而言是如此。相反地，巨大而嶄新的力
量泉源使西方依然對全世界擁有壓倒性的優勢。世界各主要種族在遭遇這種
史無前例的發展時會做出什麼反應，這是以下各章要討論的。

441▶

## 第二十七章

### 一八五〇年到一九四五年

# 亞洲對工業化與民主的回應

　　隨著工業革命與民主革命支配並且開始轉變歐洲國家時，西方外交人員、軍人、商人與傳教士可以掌握的軍事、經濟與思想力量也大為增加。其中的關鍵點出現在一八五〇年到一八六〇年間，當時亞洲的每個主要文明都證明了它們無法以傳統的方法擊退西方入侵者。

　　充分顯示亞洲無法抵擋西方的公共事件一而再、再而三地發生。首先是一八五〇年中國的太平天國之亂。這是一場大規模的農民暴動，領導者的思想有部分是與基督教傳教士接觸後形成的。事實上，太平天國的基督教色彩隨著時間進展而逐漸消褪，尤其當西方列強不願協助他們抗清時更為明顯。然而清朝為了平定這場為期十四年，影響及於半壁江山的叛亂，不得不給予442▶那些與西式兵器相關的外交人員、商人以及傳教士有更多發揮的機會。

　　在這種情況下，中國傳統上把外國人當成朝貢蠻夷的做法，就顯得不合時宜與荒謬無稽。鴉片戰爭（Opium War，一八三九到一八四一年）之後開啟的口岸，成為西方冒險家的聚集地。他們一方面不斷將機器製成的成品販售到中國並因此致富，另一方面也拒絕儒家傳統要求外國商人扮演的卑下角色。最糟的是，從中國的觀點來看，當這些陡然而富的商人與中國官員發生爭執時，幾乎都能倚靠西方的槍炮與外交人員做為後盾。中國知識份子認為

這是極不道德也不公正的做法；但他們長久以來一直無法說服自己放棄儒家思想以扭轉這個不平衡的狀態。在二十世紀之前，中國面對西方時總顯得軟弱無力，與其說是國力不足，不如說是中國社會的領導人與統治者頑固守舊不知變通。

中國無力抵抗西方壓力，成為日本借鑑的對象。日本自一六三八年採行的鎖國政策，在面對西方海上霸權的逼迫下，已無法繼續堅持，因為日本的海防不足以抵抗西方的堅船利炮。有一些務實的日本人看到中國在鴉片戰爭中遭受西方羞辱，當時就已經察覺日本的危機。然而，絕大多數的日本人只是強化了仇外的情緒。一八五三年，情勢轉趨緊張，當時美國派了四艘戰艦在海軍准將培理（Commodore Perry）的指揮下來到日本，培理要求日本開港貿易，並且讓航行於舊金山與上海之間的美國船在此加煤。德川幕府先是猶豫，之後便於一八五四年答應美方要求。此事引起因愛國而不滿的氏族領袖反對，他們認為日本順從外國要求是一種不可容忍的示弱。許多不滿者將他們的希望繫於天皇身上；而當對抗外國海軍再度失敗時，德川幕府的威信也跌到谷底，天皇的權力於是在一八六八年的一場政變中再度恢復。然而極其諷刺的是，那些打著天皇名號推翻幕府的人士，在掌握政權後卻發現唯一能抵禦西方入侵的方式竟是學習西方的技術與政治。有些日本人早在一八五四年培理准將「打開」日本之前便已有此想法；開國之後，越來越多的日本愛國志士有系統地鑽研各種使西方各國得以強盛的技術與知識。為了保衛國家，他們銳意地進行改革。

◄443

沒有任何民族在回應西方的優越時能像日本一樣充滿活力而且成果豐碩。穆斯林三大帝國鄂圖曼、波斯與莫臥爾，在西化的過程中一直不見成效。鄂圖曼土耳其人在一八五四到一八五六年的克里米亞戰爭中與英法並肩作戰，最後擊敗俄國；但土耳其此役耗費之大卻遠超過以往遭俄國人擊敗時的損失。在克里米亞戰爭之前，蘇丹雖然喪失領土，但在國內仍然能保有完全的主權。但克里米亞戰爭期間與戰後，土耳其政府卻必須接受西方外交人員提出的各項建議，以自由及西方的路線來「改革」傳統的鄂圖曼制度。蘇丹與大臣們有時會拒絕配合他們不喜歡的改革項目，更甭說是一般臣民；但

大體來說，對於那些僅有利於帝國的基督徒臣民而違反伊斯蘭教原則的改革，他們似乎只會在口頭上抱怨。蘇丹縱然不喜歡西方人，卻無法拒絕西方人的保護，因為帝國的生存顯然要仰賴西方強國的支援。直到一八七〇年代為止，英國一直是土耳其主要的保護者，之後到了一八九〇年代，德國才成為蘇丹求援的主要對象。

在印度，蒙兀兒帝國的命運顯示一個龐大的穆斯林國家如果沒有外援會有什麼下場。一八五七年，土耳其戰勝俄國的消息傳到在印度英軍服役的印度士兵耳裡，引起印度士兵的廣泛騷動，他們開始串連起來反抗英國人。這些印度士兵有穆斯林也有印度教徒，他們差一點就將英國人趕到海上；然而這些士兵缺乏政治目標，也未能動員支持他們的一般印度民眾。英國政府於是從本國派遣援軍，順利平定叛亂。之後，英國國會決定廢止曾是英國在印度的合法權力機構東印度公司，代之以倫敦內閣任命的總督來進行直接統治。至於蒙兀兒帝國也於此時正式告終。此後，穆斯林喪失對印度的統治權，而佔人口多數的印度教徒從此直接面對英國的統治派系。

在伊朗，穆斯林面對的情勢也沒好到哪裡去。在波斯與阿富汗宮廷，英國與俄國特務競相角逐影響力與提供軍火裝備，或派遣遠征軍入侵此地。當地的統治者別無選擇，只能淪為兩個大國的傀儡。

然而，所有這些亞洲帝國的衰落，不完全是西方軍事與經濟的壓力造成的。無論鄂圖曼、蒙兀兒還是滿清帝國，當它們感受到沉重的西方壓力時，其實內部也受困於傳統的沉痾；日本幕府也已失去了德川時代初期的活力。西方人在各地的人數並不多，即使在印度也相當寡少。一八五〇年後的數十年間，遙遠的歐洲政府之所以光用幾艘炮艦或一個縱隊的哥薩克騎兵就能在這些龐大的亞洲帝國境內橫行，一部分是因為西方的力量，另一部分也是因為亞洲帝國本身的衰弱。

值得注意的是，在絕大多數臣民眼中，滿人、蒙兀兒人與鄂圖曼土耳其人其實都是異族。因此，任何訴諸民族與文化情感的嘗試，都會構成統治當局的威脅。統治者如果以民族與文化為號召，很可能弄巧成拙，危及身為異族的統治權。然而，唯有訴諸這種情感，才能動員全國人民抵抗外國人的入

侵。中國、印度與中東各個帝國的政權因此無法喚起群眾抵抗西方人。在統治者與民眾屬於同一民族的地方，例如日本與阿富汗，往往能更有效地抵制西方的壓力。即使像阿富汗這種連保持國家獨立地位的物質基礎都成問題的地方，依然有能力抵抗西方入侵。

第二個問題困擾著中國大部分地區、印度部分地區以及鄂圖曼帝國，這 ◀445
個問題就是人口過多。從一六五〇到一七五〇年，幾乎所有文明世界的農民人口都開始增加，此後年年持續成長。農地必須分割再分割，經過數代之後，每戶的土地已小到不足以養活家庭。長期負債與半飢餓狀態成為常態。這種狀況往往容易激起政治動亂，龐大的帝國因此陷入癱瘓。這便是中國太平天國叛亂發生時的情況。唯有大變亂造成數百萬人死亡的災難時，激起變亂的因子才會消失。當有夠多的人被殺或因疾病與饑荒而死時，倖存者才有足夠的土地維持生活。當這種狀況在太平天國破壞的地區出現時，反叛的能量隨之減弱，帝國政權因而能更輕易地獲得勝利（一八六四年）。類似的殘忍規律也能在土耳其的歐陸領土看到（特別是伯羅奔尼撒地區），人口壓力導致暴亂，然後暴亂遭到無情壓制，人口因此在一代之內減少，直到同樣的過程再次出現為止。

西方人口也在迅速成長，但在大部分西方國家中，工業革命製造了就業機會，部分人口又移往擴張中的邊疆地帶，因此人口的不斷增長在西方國家反而不是弱點，而是力量的來源。亞洲社會除了日本之外，無法以這種方式解決人口危機。亞洲城市此時遭遇了他們本身特有的經濟危機，因為傳統的手工業貿易，特別是與紡織有關的行業，無法與西方的機器製品競爭。都市與城鎮已經擠滿失業的工匠，因而無法吸收人口過剩的鄉村移民，轉而使其投入到生產經濟活動中。但亞洲城市依然吸引鄉村民眾前來。數百萬赤貧的無土農民移往城市，因為他們在家鄉已無法糊口。他們當中有的死亡，有的藉由打零工、提供邊緣服務、乞討或偷竊以苟延殘喘。即使能找到固定工 ◀446
作，所得也很微薄。因此，城市聚集的為數龐大的貧困階級，往往成為心懷怨懟、失望、易受政治煽動的群眾。

亞洲社會在政治、社會與經濟上的弱點，與西方的出現沒有太大關係。

破壞傳統社會關係的主因是人口的成長，而人口變化很可能肇因於疾病分布與性質的變化，而這是與遠地密切交流的結果；而交流的產生則是導因於十六世紀歐洲開啟了遠洋航線所致。此外，中國、印度與中東諸帝國之政治結構，均有賴重炮的協助而得以存續。大炮使中央政權首次能輕易擊敗地方統治者，後者再也無法仰賴深溝高壘與對方長期對抗。重炮的傳布與初期發展，也歸功於一五〇〇年以來西方探險家與商人開闢海上交通線。或許這是亞洲運氣不佳，因為滿清、蒙兀兒與鄂圖曼帝國臻於極盛後的二到三個世紀，已有足夠的時間讓官僚帝國政權的傳統缺點在面對西方壓力時完全暴露出來，像是貪污、不公平的賦稅、一成不變的例行公事，與高層普遍的愚昧。

　　同樣值得指出的是，西方的衝擊其實是相當晚近的事，而且影響相對淺顯。十九世紀中葉，亞洲各主要文明開始發現傳統的政治與軍事安排不足以因應西方的挑戰，從當時到今日已過了四到五代。初期只有一小群亞洲人直接受到影響。絕大多數農民的生活方式直到最近仍沒有太大變化，印度直到一九三〇年代，中國直到一九五〇年代才有顯著改變。在日本與穆斯林國家，傳統的農業生活方式比印度與中國更早崩解；而就整個亞洲而言，大多數人是到了最近兩三代才感覺到西方的衝擊。在為數達數億的人類社會歷史中，這段時間其實相當短暫。如果有人以為一八五〇年以來的文化衝擊已形成一種可能維持很久的穩定關係或模式，這種想法未免有些愚蠢。

## 伊斯蘭世界對西方支配的回應

　　十九世紀中葉以來，伊斯蘭文明的繼承者面臨著一個矛盾卻又簡單的問題：如何成為一名不是穆斯林的穆斯林。亦即，伊斯蘭的政治與思想領袖在面對西方時，多少要維持穆斯林的文化認同，但在此同時又要擺脫伊斯蘭神聖律法毫不寬容的僵化內容。儘管如此，正是這種內容使穆斯林文明數世紀以來一直能維持支配的一致性。

　　直到一九七八年為止，唯一獲得支持的回應是以西方的語言民族觀念為

▲ 伊斯蘭世界，一八五〇年以降

基礎，來創建現代的世俗民族國家。但這種做法卻帶來不幸的結果，穆斯林因此分裂成幾個相對較小的國家，沒有任何一個國家有能力恢復伊斯蘭世界以往的榮耀。此外，民族主義還有一個缺點，它無法與伊斯蘭教的普世主義相容。任何一個現代的世俗政府在統治穆斯林社群時，無法獲得民眾衷心的支持，因為伊斯蘭教的導師與傳道者必定對於政府不再遵守真主透過穆罕默德揭櫫的意旨而感到不滿。因此，民族主義依然是件不合身的衣服，幾乎就跟神聖律法的衣服一樣笨拙不便。而神聖律法與現代政府與思想習慣格格不入的根本原因在於，伊斯蘭教無法成功彌縫西方與伊斯蘭傳統世界之間的斷裂。

　　這些維持傳統帝國色彩的伊斯蘭國家即使已明顯陷入衰微，但在面對西方挑戰時卻依然故我。無論如何，穆斯林堅信阿拉統治世界，如果推翻穆斯林帝國並且逼迫穆罕默德的追隨者屈從於異教徒的統治能取悅阿拉，那麼虔誠的信徒也只能靜候阿拉神祕意旨的出現。因此，合於邏輯的做法是任何的改變（如果必須改變的話）都應該嚴格遵從《古蘭經》的戒律，亦即回歸早期伊斯蘭教的禁慾與嚴謹。這正是十八世紀以來以阿拉伯半島為據點的瓦哈布派改革者提出的觀點。他們的主張因為符合伊斯蘭教的基本承諾與前提，因此無可非議。在印度與其他地區，有很多敏感而嚴謹的穆斯林深受這條思想路線影響，但要把瓦哈布派的改革實踐到個人生活層面之外，除了阿拉伯沙漠地區，在政治上可說沒有實現的可能。

　　當然，相反觀點的人也有支持者。從一八三九年開始，改革成為鄂圖曼帝國的官方政策，這意謂著仿傚西方的軍事、法律與立憲體制，而從一八五〇年代之後，這些改變開始深化到日常生活之中。少數土耳其人深信可以用這種方式來回應西方壓力；但他們永遠無法讓選定的政策與伊斯蘭教原則融合。唯有不再信仰穆罕默德訊息的人，才能銳意地仿傚外國的非伊斯蘭模式。結果，改革者在鄂圖曼社會得不到支持；他們總是（或似乎總是）淪為西方大使的傀儡與玩物。

　　從一八七八年到一九〇八年，蘇丹阿布杜爾・哈米德（Sultan Abdul Hamid）嘗試不同的做法。他反對改革，而且主張恢復早期鄂圖曼蘇丹享有

的專制權力。他想在鄂圖曼帝國之下動員穆斯林的情感，但收效不彰，因為一名虔誠的穆斯林不可能認真接受阿布杜爾・哈米德以哈里發（即穆罕默德的合法繼承者）自居的主張。此外，哈米德努力要讓軍隊現代化也遭遇失敗。已學得一些西方技術（如炮兵的數學與軍醫的醫學等等）的年輕軍官想分享權力。其中一群青年土耳其人（The Young Turks）於一九〇八年發動政變，推翻了哈米德。之後不久，鄂圖曼在巴爾幹戰爭（一九一二到一九一三年）與第一次世界大戰（一九一四到一九一八年）之後幾乎喪失了巴爾幹全部的領土。

　　第一次世界大戰結束，鄂圖曼帝國遭勝利者瓜分，此時正是伊斯蘭世界政治命運的低點。在這場最終災難之前，伊斯蘭世界位於巴爾幹與非洲的西部省分已全被分割出去，新獨立的基督教國家在巴爾幹興起，歐洲殖民政權也在非洲成立。相同的命運也降臨在伊斯蘭的東部邊界上。菲律賓南部的美國人、印尼的荷蘭人、印度西北邊境的英國人，與中亞的俄羅斯人，他們朝伊斯蘭各個國家與民族步步進逼，強迫他們接受屈辱的臣服。因此，到了一九一四年，只有橫亙於伊斯蘭傳統核心地帶的幾個國家仍維持殘破的獨立：阿富汗、伊朗與鄂圖曼帝國本身。

◀450

　　然而，第一次世界大戰的災難至少預示了部分的政治復興。憤怒的土耳其人頑固地拒絕勝利者的和平條款。凱末爾（Mustapha Kemal，一八八一到一九三八年）是有決心的將領與有魅力的政治領袖，在他的領導下，土耳其人成功保衛了安那托利亞，到了一九二三年，歐洲列強同意讓他們重獲君士坦丁堡。凱末爾在激烈戰鬥中建立的嶄新而革命的土耳其共和國，主張世俗主義與民族主義，完全無視自由主義的想法，為了無限擴張政府的權威，寧可犧牲私有財產制與個人權利。劇烈的內政改革，包括廢除伊斯蘭教的國教地位，將首都從深具國際色彩的君士坦丁堡遷往安卡拉，強制改變服飾（例如婦女脫去罩紗），這些從根本動搖了傳統生活。這些立法伴隨著強力而有組織的宣傳，企圖將土耳其民族的自豪感植根在人民心中，同時讓社會所有階層都能同情新政權。

　　官方的努力確實成功克服了農民的冷漠，而且在土耳其人心中培養出民

族主義的感受。另一方面，對伊斯蘭教殘存的依戀依然隱藏在表面之下；在一九四五年之前，政府努力發展現代產業，但成果並不顯著。問題在於：土耳其共和國雖然成功喚起民眾的支持與參與公眾生活，但民眾的態度與價值仍有部分奠基於伊斯蘭教，部分來自於土耳其戰士傳統。但這些態度與價值一般來說與工業主義格格不入，而且不利於現代化與經濟發展。

這種矛盾在伊朗與阿拉伯國家更為尖銳。一九二五年，巴勒維（Reza Pahlevi）篡奪波斯的權力，並且像同時的凱末爾在土耳其進行的一樣，由上到下進行世俗主義改革。然而新任沙（Shah）的權力依然脆弱，而伊斯蘭信仰在波斯較為強大，結果現代化推進的速度遠不如土耳其。同樣的狀況也發生在阿富汗，儘管如此，它在第一次世界大戰之後獲得的獨立遠較它在幾十年前獲得的獨立來得有效。

阿拉伯人對於第一次世界大戰帶來的動盪反應不一。一九一九年的和平協定將阿拉伯世界中較富有與人口較多的區域劃給了法國與英國殖民政府。伊拉克、敘利亞與巴勒斯坦民眾稍有不滿，但不久就屈服了。然而，在阿拉伯半島，瓦哈布改革運動透過阿布杜爾—阿吉茲·伊本—紹德（Abdul-Aziz ibn-Saud）的勝利而取得權力，後者的家族從十八世紀該運動發端以來就一直是瓦哈布改革者的主要政治與軍事保護者。到了一九二五年，伊本—紹德已經征服了阿拉伯半島大部分地區，尤其是控制了麥加與麥地那兩座聖城。

然而最諷刺的是，伊本—紹德控制伊斯蘭聖地之後，他運用新權力所實現的並不是瓦哈布的理想，亦即創造一個能取悅阿拉的社會與政府，而是引進一連串有利中央集權的工具，如道路、飛機與城市間的電報通訊。伊本—紹德確立權力不到十年，西方商人在阿拉伯半島發現大量石油，他們向國王購買開採權，此後紹德王室便享有數不盡的財富。在這種狀況下，瓦哈布運動遭到石油新貴的背叛，其道德能量也日腠月削。

世俗主義在埃及、敘利亞與伊拉克也大有斬獲。最重要的是，這種精神採取了政治運動的形式，主張從法國與英國統治下（一次大戰結束後，英法兩國瓜分了中東地區）爭取獨立。伊拉克於一九三二年獲得獨立，至少書面上是如此；其他阿拉伯地區真正獲得獨立是在第二次世界大戰之後。阿拉伯

民族主義者夢想恢復早期伊斯蘭的光榮，所有阿拉伯人都在真實信仰的旗幟下緊密結合在一起。然而，這種泛阿拉伯的伊斯蘭理想無法在現有的政治疆界（英法在一次大戰後劃定的界線）上獲得實現。泛阿拉伯理想始終難以執行，因為亞非各地區存在著深刻的差異，就連阿拉伯語也有分歧。此外，伊斯蘭教的原則也不利建立現代國家。阿拉伯人的意識與伊斯蘭教結合得太緊密，使得世俗主義的非伊斯蘭教改革運動無法獲得廣泛支持，如土耳其的凱末爾與伊朗的巴勒維。

◀452

　　這種政治紀錄實在令人悲觀，從一八五〇到一九四五年，穆斯林民族的思想或經濟史顯示他們無法從伊斯蘭教的束縛解脫。傳統的穆斯林教育系統至今仍存續著，與教導西方學科的新式學校並存。制度上的區隔也反映了心靈上的區隔。絕大多數與西方接觸的穆斯林會嚴格將伊斯蘭觀念與西方的技術與知識蘊涵的前提區隔開來。在這種狀況下，很難產生真正的創意與內在自信，事實上，從一八五〇年到一九四五年，穆斯林世界也未出現任何知名的人物。

　　同樣地，在經濟上，現代產業很難在穆斯林世界紮根。與現在相比，過去的伊斯蘭世界充滿了創新與發明，現在新事業與技術改良多半由外國人引進。例如，歐洲行政官員在埃及與伊拉克重整灌溉系統，兩國農民因此有了新土地可以耕種，以餵養不斷增加的人口。一九三〇年代開始成為波斯灣地區重要生計來源的石油產業，也是由外國人主導經營。獨立的穆斯林企業，無論是國營還是私營，都不具重要性。

　　儘管如此，伊斯蘭教並未衰頹。穆罕默德的信仰對數百萬穆斯林來說仍是活生生的信仰，而用來區別穆斯林與非穆斯林的宗教戒律依然大體維持，就連最西化的穆斯林也會遵守。伊斯蘭與基督教世界數百年的對抗，使穆斯林文明的子孫更難放棄自己的宗教，因為這樣不只是叛教，也是放棄了自己的文化。

　　此外，世界上仍有相當部分地區在十九世紀與二十世紀初經歷了一段長久而持續的改信伊斯蘭教的過程。舉例來說，在中非與西非部分地區，伊斯蘭教傳教士壓倒性地勝過了基督教傳教士，因為後者經常被聯想成歐洲殖民

◀453

統治的打手。在印度與東南亞部分地區也是如此，穆斯林在喪失統治者地位並且遭受歐洲政治控制之後，反而產生更強的宗教自我意識與內在紀律，其處境類似於他們的鄰人印度教徒或佛教徒或曾被他們統治的臣民。

　　全世界有七分之一的人口認為穆罕默德是真主的先知，在一九四五年之前，工業革命與民主革命在這些人當中仍少有進展。與此相對，曾經受穆斯林統治的兩個主要社群，巴爾幹半島的基督徒與印度的印度教徒，卻能更成功地回應西方資產階級政權帶來的挑戰。

## 巴爾幹的基督徒

　　從一八〇三年塞爾維亞人反抗土耳其統治開始，一直至一九一二到一九一三年，保加爾人、塞爾維亞人與希臘人合力將土耳其人趕出歐洲，只剩一小處橋頭堡為止，巴爾幹的基督徒掀起一連串叛亂與外交危機，終於從鄂圖曼統治下獲得獨立。吸引農民與城市居民支持的民族主義，不僅充滿敵意而且容易引發衝突，這使巴爾幹在十九世紀成了政治戰場。

　　與穆斯林不同的是，巴爾幹的基督徒不認為傳統東正教與西方現代化路線之間存在嚴重矛盾。因此，經濟與社會發展便在十九世紀與二十世紀初成為民族主義政府斷斷續續但始終認真追求的目標，不難了解國家為維持最低限度的力量與安全，必須擁有自己的兵工廠與交通網，使軍隊能快速運送到遭受威脅的邊疆地區。然而，一直要到二次世界大戰之後，這些努力才真正獲得明確的成果。此後，巴爾幹社會才與西方融合為一，其密切程度或許遠比過去來得更為緊密，因為即使在羅馬時代，帝國內部說希臘語和說拉丁語的兩個區域之間一直存在著文化鴻溝。

454▶

## 印度教徒

　　印度的印度教徒與西方文明的關係，與巴爾幹基督徒迥然不同。一八五七年印軍譁變（Mutiny）之後，曾有一段時期英國在印度的統治似乎

遭受威脅。英國在印度建立的是一個看似仁慈但實際上為專制統治的公務員體系，該體系的成員來自英國大學，而其構成的體系在印度進行了一連串的改革。這些公務員本身奉行的自由主義原則使他們不願運用政府力量強制地進行任何經濟發展；英國人認為，所有形式的貿易與製造最好交由私人來進行。然而，英國人確實鋪設了連貫的鐵路網，將整個次大陸結合成一體，這是過去所未有的。此外，英國當局成立了教育體系，教授的科目幾乎與英國各級學校與大學相同，並且在高等教育全面使用英語講授。絕大多數的印度人無法進入這些學校就讀，儘管如此，這些學校與大學確實造就了一群人數不多但深具影響力的英國化印度人，他們絕大多數在政府機構工作，一開始擔任副手，但之後逐漸取代英國官員負起了統治之責。

在這種體制下，印度對於西方文明的回應顯得平和而相對迅速。經濟創新絕大多數由外人主導：帕西人、希臘人、英國人與其他。幾乎沒有印度教徒願意冒險將私人資本投入於新工商產業，他們寧可把餘錢用來在傳統村落放高利貸或購買土地。然而，一次與二次世界大戰期間，來自英國的供給線部分遭到破壞，這使得印度當局急需找到替代來源，以保證數千種物品能持續獲得供應。因此，建立新產業或擴充既有事業便成了當務之急。在戰時，私人與國有企業的界線變得模糊或甚至消失。結果，當印度於一九四七年獨立時，半社會主義經濟政權便以這種戰時緊急措施為基礎而順利建立起來。　◀455

在政治領域，印度人對於英國人出現在印度的反應是醒目而獨特的。前面曾經提過，十九世紀初，拉姆・莫罕・羅伊（死於一八三三年）運用英國的觀念與說詞在印度推動了一連串法律改革。到了一八八五年，已有相當數量的印度人在英式學校與大學完成教育，他們成為印度國民大會黨（Indian National Congress）的響應者與有力的支持者。印度國大黨於一八八五年組成之後，便把重點放在推動印度自治。一次大戰結束後，國大黨的領導權落入甘地（Mohandas Karamchand Gandhi，死於一九四八年）手中，追隨與仰慕他的人稱他為「聖雄」（Mahatma）。甘地受過複雜的英國法律訓練，身為政治領袖，他擁有律師的精明，又能直接訴諸印度的宗教傳統。尤其他運用了非暴力原則來組織大規模的公民不服從運動（一九一九到一九二三年、

一九三〇到一九三四年），數百萬印度城市居民乃至於農村民眾都參與了這場運動。英國當局原先主張適當地壓抑權力的獨斷使用，但無法在不違反自身原則的狀況下壓制甘地的運動。

聖雄甘地的出身是吠舍，屬於較高階層的種姓，儘管如此，他還是試圖克服傳統印度教對所謂「賤民」與其他低階層種姓族群的歧視。然而在這方面，甘地的成就不如他動員印度教徒反抗英國人來得成功。他依照印度聖人的方式生活，而且不只一次絕食到「瀕臨死亡」的地步，企圖迫使英國當局在一些爭議上讓步。甘地一方面採取印度傳統而獨特的領導風格，另一方面又精明地運用現代大眾傳播來影響英國人的政治與心理態度。這種結合新與舊、英國與印度的方式證明極為有效，並且直接導致二次大戰結束後印度的獨立。

然而，當甘地及其追隨者以印度國大黨為中心動員越來越多的印度教徒時，印度的穆斯林也開始感到不安。一個以甘地原則為中心的獨立印度，將使印度穆斯林淪為相對少數的宗教族群。幾乎沒有任何穆斯林願意接受這樣的前景。因此，當穆斯林聯盟（成立於一九〇五年）宣布它的目標是建立一個獨立的穆斯林國家巴基斯坦時（一九四〇年），幾乎所有印度穆斯林都支持這項理念。結果導致印度民族主義中穆斯林與印度教徒兩大分支直接而激烈的衝突。

456 ▶

甘地訴諸古印度的領導模式，這種做法在直接而且完全（甘地的運動則非如此）以宗教為基礎的印度社會裡激盪出敵對的穆斯林運動。因此，當一九四七年印度獨立時，便牽扯出分裂的議題，儘管印度教徒與穆斯林起初並沒有想到要分割印度的土地各自建立獨立的國家。


## 中國對西方支配的回應

中國文明綿延數千年，創造了光采的成就，因此對中國官員來說，當然難以相信粗鄙無文的外國人有值得學習之處。因此，即使帝國政府已經察覺必須借重外國軍事專家才能平定太平天國之亂，卻仍只有少數官員敢於承認

中國的孱弱並且願意向西方學習。他們致力建設有效率的陸海軍，但最終還是功敗垂成，之所以如此，部分是因為保守派作梗，部分是因為改革派並未真正下定決心，以致於只要一碰觸到傳統中國社會制度，他們便開始退縮。要創立以最新科技裝備的軍事力量，必須做出大規模的科技、教育與行政改革。十九世紀的中國改革者在這方面未做好準備，因此更嚴重的軍事羞辱勢不可免。一八六〇年，英國與法國為了報復中國囚禁他們的外交人員，於是派遣遠征軍攻陷北京，燒燬圓明園。同年，捉襟見肘的清朝政府割讓黑龍江以北之地給俄羅斯人，俄羅斯人因此在太平洋獲得出海口海參崴。法國佔領印度支那（一八八五年），也就是越南、柬埔寨、寮國；英國控制緬甸（一八八六年）也切斷了中國與藩屬國的連繫。這些失敗造成的打擊相當沉重；雪上加霜的是，外國控制了中國的關稅（一八六三年）與郵政 ◀457
（一八九六年），外國也在中國獲得修建鐵路的權利（始於一八八八年），這一切似乎顯示中國主權有即將崩潰之虞。然而，真正重創中國尊嚴的不是歐洲人的侵略，而是日本對朝鮮的侵奪（一八九四到一八九五年）。朝鮮是中國的藩屬國之一，卻格外重要，因為它鄰近中國首都北京，具有拱衛京師的地位。然而日本人從一八七〇年代開始便垂涎朝鮮，最後終於將朝鮮降格為傀儡國。當中國企圖進行干預時，中國軍隊卻遭到才剛裝備西式武器與採用西式組織的日軍擊潰。和約逼迫中國完全撤出朝鮮，而且將臺灣與中國沿岸一些小島割讓給日本。日本人也在中國本土獲得據點（遼東半島），同時也取得賠款。

　　日本因此加入了歐洲帝國主義的陣容，成為中國的迫害者之一，並且開始在太平洋地區進行帝國主義擴張。一八九六年後，朝鮮成為俄國與日本爭奪的對象，雙方因此在一九〇四年爆發戰爭。結果日軍出乎意料地擊敗俄軍。戰後和約規定朝鮮完全劃歸日本的勢力範圍。當朝鮮民族主義抵抗運動逐漸發展時，日本決定罷黜朝鮮最後一任國王，併吞整個半島（一九一〇年）。

　　日本在不到一代的時間就建立起足以擊敗中國與俄國的陸海軍，對此，即使是最保守的中國官員，也不免感到震驚。然而救亡圖存的努力還是不見

# A World History 世·界·史

成效，部分是因為歐洲列強與日本加強了對中國利權的掠奪。對許多中國人來說，政府出讓利權等於是出賣國民利益。因此，祕密會社開始以推翻滿清為目標，希望建立以漢族為主體的國家。這種建立愛國主義政府的風潮很快就在學生與其他青年團體之間傳布開來。皇帝曾進行短暫的激進改革（一八九八年），卻遭到害怕失去特權的滿人權貴破壞，革命的民族主義運動因此獲得新的動力。中國的衰弱也激發出另一種仇外的半祕密會社形式，由於這些人經常聚集練拳，因此西方人稱之為「拳民」。當全民攻擊傳教士與其他外國人時，西方列強組成八國聯軍前來，他們攻佔北京（一九〇〇年）並且簽訂和約，由中國賠償拳民造成的所有損害。

清朝政府的萎靡不振，使民眾對滿人的統治反感日深，因此當一九一一年革命活動大規模展開時，清朝早已喪失民心，共和國無須大量流血便得以建立（一九一二年）；然而由誰來領導新政府卻未獲得有效解決。一次世界大戰爆發後，國內混亂的情勢加深，此時日本利用西方列強無暇東顧之際，趁機擴張在中國的利權（二十一條，一九一五年）。中國進退維谷，而美國則出面遏止日本的野心；但外交情勢依然混沌不明，直到一九二二年才漸趨明朗。

一九二二年，一方面面臨美國的反對，另一方面俄國在遠東的實力也逐漸恢復，於是日本決定讓步。俄國西伯利亞省與濱海省由於布爾什維克革命引發內戰而短暫與莫斯科失去連繫；一九二二年，莫斯科終於控制海參崴。華盛頓會議（一九二二年）反映了新的勢力均衡，希望比照一九一八年到一九一九年巴黎和會在歐洲進行的安排，妥善處理太平洋地區問題。

即使外國的外交干預阻止日本從中國獲得特殊利權，但內部的動盪仍使中國陷於混亂不安。軍閥盤據各省，各擁私軍，中央政府有名無實，只能從名義上統治整個中國。憲政與其他方面的改革只存在於書面，一九一二年清帝退位並未真正改變中國的政府形式。各省的戰爭與混亂使中央政府無從施政。但戰亂頻仍也制衡了西方的經濟滲透。鐵路由於暴亂的緣故經常停駛，現代礦場也基於類似的理由只能零星開工，這些西化工具顯然必須在國內和平時期才能獲得高效率的運用。此外，在上海與其他城市租界以外的地區，

因為暴亂的關係，外資因此卻步，這也使傳統的社會與經濟秩序得以在中國內陸存續。

　　農民因為土地缺乏、債務與沉重的地租和稅賦而心懷不滿，形成動亂的溫床。中國的王朝遞嬗，其原因均源自於這類災難。但到了二十世紀，這些原本象徵著王朝腐敗的災難，性質卻出現變化。中國內部革命的發生，改變了暴動的本質，因為新觀念開始獲得中國知識階級的支持。一九〇五年後，中國廢除科舉取士，知識份子與政治領袖幾乎不約而同拋棄了儒家思想。原本精通四書五經的學生，現在一窩蜂地湧入西式學堂。許多人留學日本，也有一些人留學美國或歐洲。許多教會學校在中國設立，世俗的學校也應運而生。因此，有大量的年輕男女在未充分了解之下便熱情地擁抱西方學問。

　　孫逸仙（死於一九二五年）天真地混合了道德訴求、社會烏托邦主義與民族主義，他的例子忠實反映第一代中國學生對西方思想文化不求甚解所造成的全然混淆。然而，儘管孫逸仙的思想存在著混淆與極端，他仍一手創立了國民黨。從一九一一到一九四九年，國民黨為了控制中國，歷經了軍閥混戰、抗日戰爭與國共內戰。孫逸仙的革命運動起初受挫於號令不一與缺乏組織的問題。這種現象直到一九二三年才獲得改善，當時俄國富有布爾什維克運動經驗的人士來到廣州，他們協助中國人建立一個有紀律、有思想與能作戰的革命政黨。◀460

　　一九二五年，孫逸仙去世，不久，國民黨的領導階層決定往北擴充勢力。軍事指揮官蔣介石開始與俄國顧問產生齟齬；當他決定攻擊與國民黨緊密合作的中國共產黨時，與俄國指導人員的決裂遂成定局。中國共產黨（成立於一九二一年）為求自保只好撤往農村，他們組織農民，反對地主與放貸者。即使蔣介石與國民黨成功從軍閥手中控制了絕大部分的中國（一九二八年），他們仍無法摧毀中國共產黨。內戰雖然零星出現，卻在戰間期持續影響著中國局勢。

　　一九三〇年代，中國情勢因日本重啟擴張政策而漸形複雜。日本先是佔領滿洲（一九三一年）；接著入侵中國（一九三七年），並且迫使蔣介石撤退到長江上游的重慶。在整個二戰期間，蔣介石一直控制著長江上游地區，

而日本則掌握了中國的沿海省分。毛澤東率領的中共盤據西北，鄰近俄國邊界。結果，當日本戰敗（一九四五年），開始撤出中國本土之時，蔣介石的國民黨卻必須面對由毛澤東率領且數量龐大的中國共產黨。在日本佔領中國期間，這兩個政權彼此間偃旗息鼓，等到二戰一結束，雙方隨即重啟戰端。中國的戰事最後以中國共產黨於一九四九年獲勝告終。

　　與儒家思想的決裂開啟了一條通往激進思想與文學變革的道路。一些中國人急於精通西方的科學與技術，但國家在政治與軍事上的不安定，使科技難有進展。胡適（死於一九六二年）的白話文運動，使中文更貼近一般平民的口語。白話文從提倡之初（一九一七年）就廣受歡迎，然後記者也開始採用這種文體，白話文的推廣使中國更容易與世界最新的思潮接軌。雖然中國的思想菁英可以更輕易地接觸外國思想與理想，但社會絕大多數人口仍生活在鄉村，中國深陷政治不穩定、人口過多與極度窮困的惡性循環之中。中國為數眾多的農民真正開始接觸新的觀念與技術，是在一九四九年之後，因此多半帶有馬克思主義而非國民黨的印記。

461▶

## 日本的自我轉變

　　當中國注意到外國觀念與技術的時候，整個社會秩序已出現大規模的崩壞，而政府也陷入貪污腐敗。日本的路線剛好相反。*日本的傳統社會秩序至少到第一次世界大戰之前都大體維持穩定，而國家的領導人則是運用自己的權力對日本的生活面向進行一次又一次的改革。最後，這些改革破壞了傳統的統治基礎，然而在傳統統治模式崩解之前，新的政治象徵與價值已代之而起，使日本國內始終維持有效的凝聚力。

　　當幕府同意外國船進入日本港口時（一八五四年），時代的巨輪已無反轉的餘地。倒幕的武士成功推翻德川政權（一八六八年），他們想更進一步

---

＊ 暹羅亦然，暹羅國王拉瑪四世（Rama IV，在位期間一八五一到一八六八年）為了因應歐洲商人與軍人的需求，進行了劇烈但最終來說相當成功的調整。結果，暹羅（一九三九年改名泰國）自此一直維持獨立到現在。

將外國人逐出日本；但他們的領袖知道，要達成這個目標，首先必須擁有能擊敗外國槍炮船艦的武器。建立現代的海軍與陸軍於是成為首要之務。日本人立即展開行動，他們引進專家並且派出使節購買現代軍艦與海岸火炮。但日本人從一開始已決心要在國內自行建造現代武器。這顯然需要各種的新工廠、工坊與礦場。換言之，為了快速獲得強大的軍事力量，日本的統治者必須推動屬於自己的工業革命。◀462

日本獲得驚人的成功。當然，在訓練管理者、工程師與工人上遇上了許多困難。一開始有些工廠生產極無效率，而且生產出一些劣質品。但日本人從未因此停止改善。通常，他們會開始仿製外國的產品，而且要求仿得越像越好。逐漸地，他們獲得成功。第一次世界大戰給予日本絕佳的機會。當英國與其他西方國家把生產線移來生產軍用品時，歐洲的商品幾乎完全從亞洲市場消失。日本人因此能趁機奪下亞洲的紡織與其他輕消費品市場。戰後，當歐洲商品捲土重來時，日本產品已經能站穩腳跟。廉價的勞動力與有效率的新機器，生產低成本的商品，其價格是其他國家無法相比的。

政府在日本工業發展上扮演著非常積極而核心的角色。在初期階段，許多新工廠是由政府設立，等到最初的建造成本與啟動成本已回收完畢，再移轉給民間經營。日後，當日本出現大規模民營企業時，政府的期望與政策依然對民營企業有龐大的影響力。獲利絕對不是企業的目的。日本的公司總是尋求榮譽與聲望；工廠廠長總是把為國出力、遵守長官命令、訓練與保護下屬當成自己的責任。這種態度直接傳承自數世紀以來支配日本的武士精神。武士的美德如勇氣、堅忍與忠誠，這些全可以從日本人設立與管理鋼鐵廠、紡織廠、造船廠與相關設施時的態度看出。

在公司或工廠裡，人際關係也以古時候武士與農民的關係為範本。也就是說，工廠廠長領導與指揮；工人遵從廠長的命令，但相對地廠長必須支持工人並且照顧工人的生活。經濟不景氣時，公司不裁員；相反地，還要設立◀463新的工作，或把工作分給其他人做。相對地，工人必須做到絕對忠誠與恪守命令，完全不能有一點差錯。罷工與其他形式的產業不安，在歐洲經常出現，在日本則是聞所未聞。

　　此外，原來已經存在的工坊與小型家庭生產，也巧妙地動員起來以家庭代工的方式生產新的產品。這意謂著大公司會提供藍圖與原料、動力工具與貸款給手工業家庭，然後以能讓家庭維持生活的價格買回家庭製作的產品。高層與低層的個人與家庭之間的傳統互惠關係，使這種制度能平順地運轉。

　　古代氏族的尊崇與義務模式在經過適當修改之後，使工業生產關係變得極有效率。即使是極嶄新與不斷變遷的科技，也可以毫無困難地引進到這個命令與義務體系裡，因為這種體系是由鮮明的義務與責任的相互關係構成，它就像傳統日本生活一樣，可以讓所有的人無怨無悔地進到這個體系，然後盡到自己的職責。

　　因此，二十世紀中葉的日本能在工業、科技與科學上與西方並駕齊驅，這不一定與自由民主觀念或議會制政府有關。事實上，在開國之初，開放與外國人接觸而且改變服飾，這些都是極不受歡迎的政策。民主政權不可能徹底執行這些政策。唯有訴諸傳統對天皇的忠誠，以及強調具民族主義色彩的神道教，神道教是一種把天皇視為神明的宗教信仰，藉此日本從上而下的革命才有可能克服危機重重的最初階段。當時的日本社會根本無法窺知日後是否能夠成功，他們只看見周遭的一切正逐漸受到摧毀，而傳統的方式也遭到揚棄。

　　日本政府設立的西式陸軍與海軍也以非常有效的方式結合了新舊元素。根據古老謹守的原則，只有武士才有權利佩帶武器。儘管如此，一八七二年，在四年前推動王政復古的武士們卻決定引進全民徵兵制。這些武士受到當時法國與英國的影響，而在當時，凡是歐洲的事物都對日本的這些暴起的領袖們有著無窮的吸引力。不過這項決定還有一個考量：他們需要一支軍隊與因王政復古而喪失地位的失意武士抗衡。政府已經廢除氏族的土地所有權，同時也廢止了封建責任與特權，廢除的原因不是為了社會正義，而是為了打垮潛在的對手與敵對團體。因此，只有從這個角度方能理解他們為什麼無視傳統上武士與平民的差異，建立新模式的武裝力量。

　　長期來看，這種做法使得武裝部隊成為強大的愛國主義學校與非常重要的社會晉升階。海軍相對來說仍具有濃厚的貴族氣味，而且西化的程度較

深，技術程度也較為複雜。但陸軍卻能讓農村小夥子在接受適當訓練之後一路爬到軍官的位置。其他行業幾乎不可能容許有這樣的身分變化，因為高等教育仍相當昂貴，一名學生必須犧牲賺錢的時間來獲取高等學位，一般農民子弟不可能負擔得起。但加入陸軍的人至少可以保證自己衣食無虞，而且原則上有能力的人可以往上晉升。在軍官的養成過程中，儘管參加者來自於卑微的農村家庭，但課程依然灌輸武士的傳統與價值。與工業組織一樣，日本的武裝部隊在對作戰技術進行現代化與西化的同時，卻還能保留獨特的日本精神。

　　相對於日本生活根深柢固的連續性，王政復古與隨後立憲帶來的政治變遷則相當膚淺。明治天皇（統治期間一八六八到一九一二年）在登基時曾經承諾，他會「廣興會議，萬機決於公論」。一八八九年，他給予這項承諾一個永續的制度形式，他頒布了一套憲法，主要是以俾斯麥德國的憲法為藍本。儘管如此，憲法引進了男性普選眾議院的權利，這為日本政治帶入了民主元素，往後數十年，這項元素還會繼續發展。一八八九年以後，諸侯與其他顯貴若想獲得政治權力，都或多或少必須得獲得民眾的支持。一次大戰之後，不具貴族身分的個人甚至有機會透過選舉獲取政治權力進入眾議院。 ◀465

　　透過選舉，一些類似西方民主革命的現象也在日本出現。但民選的眾議院在憲法規定下只有有限的權力，真正掌握大權的則是核心的「元老」，也就是當初推動王政復古的諸侯或武士的後裔，他們隱身於幕後進行政治操作，這種現象一直維持到一九三〇年代。此時陸軍開始出現一批少壯派軍官，他們認為文人政府不夠積極，無法在亞洲大陸推動侵略性的政策。這些軍官於是組成半祕密會社，有時他們甚至會暗殺反對他們觀點的政治家。結果，東京政府成了與軍隊亦步亦趨的夥伴，先是支持他們征服滿洲（一九三一年），然後又入侵中國（一九三七到一九四一年）。

　　一旦走上軍事征服之路，日本便與美國在太平洋的利益相衝突。美國為了阻止日本的征服行動，於是針對重要的戰略物資如石油與廢鐵（這兩樣物資日本都仰賴進口）進行貿易禁運，此舉促使日本採取冒險的突襲美軍艦隊行動（一九四一年），希望藉此癱瘓美軍一段時間，好讓日本趁機奪取婆羅

州的油田，在東南亞與西南太平洋建立自給自足的「共榮圈」。

攻擊珍珠港美軍艦隊的行動非常成功；共榮圈成了軍事現實；但美國反擊的速度與力量均遠出於日軍想像之外，因此破壞了日本原先的計畫。到了一九四五年，美國的轟炸行動，以及美軍潛艇擊沉日本大多數的商船，重創了日本國內經濟。一九四五年八月，美國於廣島與長崎投下原子彈，日本政府投降。二次世界大戰至此結束，之後，美國佔領軍又為日本社會與經濟開啟了另一段劇烈的自我轉變過程。

466 ▶

無論從哪個角度來看，從一八五四年到一九四五年，日本人在回應工業與民主革命上均獲得極大成功。在文化與思想層面，日本也經歷很大的變遷。西方的觀念與風格被原封不動地輸入日本國內，這在日本自我轉變的初期尤其明顯。前往歐洲與美國的使節團努力學習，將一切可用的事物帶回國內。學生紛紛出國學習西方的某一門學問；然後回國後便成為該門學問的專家，有系統地將自己獲得的知識傳授給其他日本人。

明治政府很早就決定設立小學，讓每個日本孩子都能識字。此外，各種技術學校與大學也依照西方路線設立，給予進階而專門的訓練。到了一九三〇年代，在日本國內進行研究的日本科學家已能對世界的知識做出貢獻，日本的技師與工程師在各方面與西方相比都毫不遜色。

獨特的日本藝術養成過程並未因西化而消失。事實上，在一九三〇年代，在陸軍一味推廣愛國主義之下，日本藝術因此廣受重視，國外的風格與習尚反而受到貶抑。傳統藝術、戲劇與建築形式，連同廣受眾人信仰的神道教，依然生氣勃勃。

整體來說，日本思想與文化生活中新舊的調合依然存在著齟齬與不協調。神道教的神話宣稱天皇是天照大神的直系子孫，因此應視同為神，這顯然與日本生物實驗室的研究格格不入。在藝術上，同一位藝術家可能創作只具日本風格或只具西方風格的作品，但融合兩種傳統的有效做法或嶄新創意卻很少出現，或從未聽聞。

＊　　　＊　　　＊

467 ▶

本章探討亞洲各民族歷時三個世代對西方文明所做的回應，這段過程始

於傳統防衛的實質崩解（約一八五〇年左右），止於第二次世界大戰結束。我們這個時代與未來時代的歷史演進，都將建立在文化互動的過程中，而這段大規模互動的起點，就是始於這個時代。

## 第二十八章

一八五〇年到一九四五年
# 非洲與大洋洲

468 ▶ 　　十九世紀初，對歐洲人來說，非洲仍然是「黑暗大陸」，反觀通稱為大
洋洲（Oceania）的這些陸地，包含澳洲與紐西蘭，連同廣泛散布在太平洋
上的島嶼，歐洲船員對這些地方的認識僅是浮光掠影。在有記載的歷史中，
這些地區一直處於文明生活的邊緣。但自一八五〇年以後，無論非洲或大洋
洲，都感受到一股前所未有的文明擴張力量，它們很快開始相互影響，並且
逐漸被網羅到全球人類社會的圈子裡。

　　非洲與大洋洲長期的孤立與落後，主要可歸因於地理因素。大洋洲的島
嶼有些是珊瑚環礁，如同小塊的土地稀疏散布在浩瀚的太平洋上。到了
一七五九年，由於精確航海天文鐘的發明，使歐洲航海人員可以測定經緯
度；在此之前，一艘船想確切找出任何一小塊環礁是不可能的事。也就是
說，有系統的太平洋海圖至遲到十八世紀下半葉才出現；同時一直要等到
一八二〇年代，當聚居於太平洋高緯度的抹香鯨產生的油成為有價值的商品
之後，歐美船隻才開始穿梭於太平洋南部海域。

469 ▶ 　　澳洲大部分陸地為不毛的沙漠。東海岸因為有足夠的雨量，因此吸引人
前來居住，但其外海因為有大片珊瑚礁包圍，使得船隻難以靠岸。當地原住
民仍過著石器時代狩獵採集的生活，沒有東西可以與西方船員交易，所以幾

世紀以來，西方船隻都是過門不入。不過當英國海軍於十八世紀下半葉開始在澳洲海岸進行有系統的海圖繪製工作時，他們在東海岸大堡礁（Great Barrier Reef）南部發現了可利用的土地。因此，英國政府從一七八八年起，將一船船的罪犯運往雪梨（Sydney）港，希望減輕英國監獄的負擔，同時也把罪犯送到地球的另一端為自己開創嶄新而更好的生活。半世紀後，一八四〇年，也有人移居到較偏遠且較具吸引力的紐西蘭；這是慈善計畫的一部分，希望緩和英倫三島過多與貧窮的人口。在大洋洲的另一端，玻里尼西亞（Polynesia）的夏威夷諸島（Hawaii）自一八五〇年後便深受美國傳教士及捕鯨人的影響。玻里尼西亞人、澳洲原住民與其他大洋洲居民沒有能力反抗西方人入侵。事實上，這些民族全瀕臨滅族的危險，因為他們對於船員帶來的疾病，幾乎沒有什麼抵抗力。

　　一八五〇年的非洲，景象遠較大洋洲來得複雜且變化多端。北非面臨地中海，自法老時代以來就是文明世界的一部分。衣索比亞與西非尼日河上游谷地一千多年來也曾養活許多文明國家或帝國。來自印度、中東、印尼與歐洲的商人在非洲沿岸進行貿易，這段時間即使不及千年，至少也有數百年的歷史。非洲東岸有繁盛的港口，最南可達尚比西河口。在非洲內陸地區有數十個王國，有些王國有系統地組織起來從事戰爭與奴隸貿易，有些則傾向於和平。

　　雖然非洲的地理位置接近人類文明最初發展的核心地區，但整個非洲大陸仍遠遠落後於歐亞兩洲之後。有三項地理因素可以解釋這一點：

　　首先，非洲的土壤與氣候不利農業。絕大部分的非洲大陸缺乏雨水。廣大的撒哈拉沙漠幾乎無法維持人類生存。荒漠隔絕了撒哈拉以南非洲與地中海沿岸的連繫；只有駱駝商隊才能輕鬆地跨越沙漠的阻隔。非洲的西南面還有另一片廣大的沙漠：喀拉哈里（Kalahari）。撒哈拉與喀拉哈里兩座沙漠外圍環繞著廣大的半乾旱地區，只能用來畜牧牛群。在非洲也有水源充沛的地區，例如剛果盆地與西非沿岸地區。這兩個地方每日降雨，因而形成熱帶雨林。要開墾這些雨林相當困難，而且底下的土壤相當貧瘠，因為雨水已將表土有利植物生長的礦物質沖刷一空。唯有東非高地（衣索比亞、肯亞、坦

◀470

尚尼亞）與南非沿海地區（納塔爾〔Natal〕、好望角）才有適宜農耕的土地，但這些地區僅佔整個非洲大陸一小部分而已。

此外還有一項困難，早期非洲農民的農作物，產量沒有歐洲與亞洲的農作物那麼高。來自印尼的塊根作物（大約在基督紀元開始時）以及來自美洲的作物（大約一五〇〇年）緩解了非洲作物不足的問題。其中美洲的玉米尤其重要。從西岸開始，只要土壤與雨量適宜種植玉米的地區，人口便大量增加。

非洲落後的第二項理由是非洲大陸絕大部分地區肆虐著各種疾病。瘧疾、昏睡病與黃熱病尤其盛行。昏睡病是由一種由采采蠅傳播的寄生蟲引起。昏睡病影響了人類與牛群，直到現在，由於這種疾病的存在，許多肥沃而吸引人的土地仍渺無人煙。也因為采采蠅的緣故，防止了人類在許久之前毀滅非洲獸群。采采蠅通常以吸取羚羊血維生，對羚羊不會造成傷害，因為這種野生動物可以容受這種寄生蟲，但這種寄生蟲對人類與牛群卻是致命的。獵人易於感染這種在羚羊群中廣泛傳布的疾病，因此如果靠獵捕羚羊維生，恐怕自身的生命也將不保。因此在采采蠅盛行的地區，人類只好將獵食者的角色讓給獅子。

471 ▶ 　　令非洲人慶幸的是，采采蠅並沒有在整個非洲大陸孳生。由瘧蚊散布的瘧疾傳布範圍較廣；但非洲黑人對這種疾病抵抗力較高。這是因為遺傳的突變（鐮刀型細胞貧血症）使瘧疾寄生蟲無法像在正常紅血球裡一樣寄生。這使非洲人得以在瘧疾流行地區裡生存，而歐洲及其他外國人卻會迅速死亡。另一方面，同時從雙親遺傳這種貧血症反而是致命的；唯有雙親其中之一正常，另一有貧血症，才能享有對瘧疾的抵抗力。

黃熱病是第三種由昆蟲傳染的疾病，它流傳甚廣，對非洲人有嚴重的影響。由於這種疾病，使得整個撒哈拉以南非洲人口直到十九世紀仍非常稀少，尤其與歐亞地理條件稍佳的地區相比，差異更是明顯。

第三個非洲人必須努力克服的地理障礙，就是運輸與通訊的困難。絕大部分的非洲大陸高出海平面甚多，幾乎所有河流都在接近出海口的河段出現陡降的地形。這不僅妨礙了河流運輸，就連從海上運來的貨物要轉運到內陸

數英里處也遭逢困難。尼羅河與尼日河是例外。這兩條河只有在深入內陸的地區才會出現瀑布阻攔。因此非洲最早發展的文明出現在尼羅河與尼日河谷地，這點並不令人意外。沿著這兩條河，以船隻進行長距離的貨物運送並不難做到；這使得統治者可以將大量食物與原料囤積於某些地方，讓專家在此地發展各項技術，也就是我們所謂的文明。

在只能利用馱獸或以人力搬運貨物的地區，要將大量食物與原料集中於一處是非常昂貴的：很少有剩餘的糧食與物資可以供專家使用。因此，非洲大部分地區不可能發展出繁盛的文明。唯有一些罕見貴重商品出現的地方，例如金礦、鹽礦或銅礦產地，才會有大量人口居住。這或許是羅德西亞的辛巴威礦場中心發現大規模廢墟的原因，早期的調查者曾對其出現的原因百思不解。

◀472

非洲的地理限制了強大國家的出現與商人的活動，因此同時也保留了遠較世界其他地區更多的文化、語言與人種體格類型。除了北部的地中海地區人口與東非部分地區，其人種體格類似南歐與中東的阿拉伯人外，非洲主要是居住於剛果雨林從事狩獵採集的俾格米人（Pygmies）的家園，以及世界最高的人種馬塞伊人的故鄉，後者住在非洲大湖區，以畜牧為生。此外有兩種血統接近但與非洲大陸其他人種迥異的人種：布希曼人（Bushmen），住在喀拉哈里沙漠及其鄰近地區，與霍騰托特人，住在好望角附近（經常與白人通婚）。

分布最廣的非洲人種稱為黑種人。在這個人種裡，部落與部落、村子與村子之間，在體格上依然有很大的差異。這是因為在一八五〇年之前，非洲各地社群在大部分時期裡，不但充分保持文化上的孤立，不與外人接觸，就連生物上也是如此。這使得每個社群可以發展出獨特的體格特質。但文明生活使外來者定期而經常地聚集在一起。基因自然而然相互混合，形成更廣泛的基因池，而這種基因池內部的差異往往比過去非洲各地方社群之間的差異來得小。

除了既有的地理與科技條件造成溝通的障礙，非洲人使用的語言多達數百種，這也增加了溝通的難度。在北部與東部沿海地區，阿拉伯語成為貿易

與文明的語言。阿拉伯語也傳布到非洲西部的大草原區，此區位於撒哈拉以南，沿岸雨林以北。在這個相對適宜人居的區域，農業早已建立，而且還有發展健全的國家。這個地帶在一○五○年以後就深受穆斯林的影響。當地的國王與王子定期從伊斯蘭世界聘請專家前來教授穆罕默德的神聖語言。但在撒哈拉以南地區，阿拉伯文依然是一種學習的語言，正如中世紀歐洲必須學習拉丁文一樣。在各地方言交錯混雜的地區，阿拉伯語可以做為交談時的共通語言。

473 ▶

　　非洲另一個較大的語系是班圖語。中非與南非大部分地區的部落都說班圖語，而其中只有些微的差異。不同班圖語的近親關係可以看出班圖語民族是在相當晚近才四散發展。班圖語族的發源地似乎是在貝南灣附近，或許大概是從基督紀元時開始，他們取得印尼的塊根作物與鐵製工具，於是突然間得以深入剛果雨林，成為刀耕火種的農民。日後，一些班圖語部落出現在剛果雨林東部的草原上。他們在當地獲得了水牛。然後他們開始沿著東非與南非的草原高地往北與往南擴展。鐮刀型紅血球突變使他們對瘧疾有較高的耐受性，這或許是班圖族擁有的一項重要優勢。在雨林裡，他們入侵俾格米人（Pygmy）的領域；在草原地區，霍騰托特─布希曼人也因他們的挺進而消失。

　　東部沿海地區城市，商業交易使用的斯瓦希里語（Swahili）是混合阿拉伯語與班圖語而成。阿拉伯語之外，閃米特語也在衣索比亞及其鄰近地區內通用。但在西非大部分地區、尼羅河上游與大湖地區，語言分布如同碎布縫成的被子，人口因此被分隔成彼此無法交談、語言上幾乎毫無關連的群體。

　　大約到了十九世紀中葉，強大的變遷力量開始影響非洲。穆斯林的影響力從北部與東部進入非洲；歐洲人則從西部與南部入侵。然而這些外在元素只是故事的一部分。在非洲內部，戲劇性與激烈的國家建立過程獲得充分的進展，從大陸邊緣逼進的穆斯林與歐洲人則只是起到部分資助與部分箝制的作用。

　　兩項經濟變遷有助於解釋十九世紀非洲突然出現的蓬勃建國浪潮。其中

較為基本的經濟變遷幾乎未受到記錄，因此關於美洲作物如玉米、花生、番
薯，何時首次引進非洲各地幾乎無從得知。然而我們可以確定的是，無論新 ◀474
作物在何地站穩腳跟，糧食生產都增加得十分快速。這使人口得以成長，而
較為稠密的人口則擴大了可用的資源以支持強大國家興起所需的士兵與其他
專家。

　　第二項經濟變遷與前項變遷相輔相成，它表現在奴隸貿易的壓制與非洲
商品（如象牙與棕櫚油）的需求增加。西非奴隸貿易在十八世紀達到巔峰，
但英國傳布福音的基督教改革者做為領導者，受人道主義的情感箝制（一八
〇七年），讓奴隸從西非出口幾乎完全禁止（一八三三年）。一八三三年
後，英國政府派遣一支海軍艦隊駐防在西非海上，負責攔截運送奴隸的船
隻。當奴隸船被截獲時，船上的奴隸會被帶到獅子山（Sierra Leone）的英國
海軍基地予以釋放。因此，在非洲這個地區不久就產生一批非常混雜而熱心
的基督徒。

　　東非地區的奴隸交易由阿拉伯人經營。這種買賣一直在擴張，直到
一八六〇年代，英國才運用外交與海軍壓力首先加以限制，並且最終
（一八九七年）廢止了這個地區的奴隸買賣。

　　奴隸貿易昌盛時，沿岸的一些統治者曾建立起相當富有的國家，例如西
非的達荷美（Dahomey）諸王與東非桑吉巴（Zanzibar）的蘇丹。然而，搜
捕奴隸基本上有害財富與人口。所以對奴隸貿易的抑制，畢竟有助於建立較
為堅強的經濟基礎，以利日後國家的建立。

　　當奴隸貿易逐漸萎縮之時，以歐洲機器紡織品及其他產品換取非洲原料
的貿易也逐漸增加。組織這種貿易並予以課稅，對國家建立的基礎破壞較
少；另一方面，歐洲商人也發現出口槍枝到非洲有利可圖。有了新武器，獵
人可以屠殺象群以擴大象牙貿易。槍枝也讓當地統治者與軍事領導者有巨大
優勢，他們可以用新武器來裝備軍隊。原有的舊軍事體制，包括知名的納塔
爾持矛祖魯（Zulu）戰團，與西非博爾努的重裝騎士，都因為有效率的火器
傳布而遭到淘汰。當然，這個現象使非洲政治體系增加了一個最令人不安的 ◀475
因素。

農業、貿易與武器方面深刻的改變，已使非洲社會陷入動盪與不安。宗教則是另外一項因素。熱心的穆斯林與不斷增加的基督教傳教士的活動，增加了另外一個改變的面向，這個面向在一八五〇年後造成巨大的影響。

非洲穆斯林傳教的歷史幾乎與伊斯蘭教一樣悠久，十九與二十世紀將穆罕默德的信仰不斷傳入新地區的做法，基本上跟過去沒有什麼差異。在東非與西非，大國的統治者認為穆斯林的法律觀念特別有助組織與擴大他們的權力。舉例來說，組織完善的阿香提王國（Ashanti kingdom，位於現代的迦納）在宮中有一群穆斯林法律專家，負責協助統治者管理國務。不過國內許多風俗依然屬於異教，而伊斯蘭教也只能以膚淺的方式傳布到阿香提的村落。

當面對具有優勢武力的歐洲人時，與歐洲人的衝突有時會引發狂熱的穆斯林運動，以宣洩非洲人感受的憤怒與沮喪。一名阿爾及爾人在一八三七年於麥加附近創立薩努西（Sanusi）苦行兄弟會就屬於這一類的運動。薩努西教團散布撒哈拉東部的綠洲地帶，他們領導當地的游牧居民，對法國與義大利侵佔沙漠地區領土的行為進行長期抵抗。在蘇丹，另一名穆斯林聖人穆罕默德‧艾哈邁德（Mohammed Ahmed）於一八八一年向他的追隨者宣稱他是馬赫迪（Mahdi），亦即伊斯蘭教的恢復者。他開始對最近才剛控制尼羅河上游谷地的土耳其—埃及當局發動暴亂。但宗教熱情不足以抵擋炮火；一八九六到一八九八年，英軍與埃及當局合力再度征服蘇丹，並且摧毀了馬赫迪的軍隊。

這類穆斯林運動並未為非洲增添新的景象，因為過去早已有狂熱的宗教兄弟會將宗教復興轉變為領土的攻取，十九世紀的薩努西與馬赫迪運動均是如此。然而，基督教傳教士確實帶來新的事物：學校、醫院、非洲語言的讀寫能力，以及對於西方文明的科技與技術基礎的一般性認識。基督教傳教士的活動範圍在十九世紀逐漸擴大。教會學校逐漸塑造出一批受過正式西方教育與觀念的非洲人。而這也經常引發與傳統生活方式的疏離。因此，當西方的學校教育普及，傳統社會與政治結構的控制也隨之崩解。

從一九七八年的觀點來回顧非洲歷史，可以清楚看出接受西方教育的個

人註定將在二十世紀下半葉扮演關鍵的角色。然而在一八五〇年，乃至於在一八七五年，歐洲教育與其他形式影響對非洲社會的衝擊並不是那麼明顯。當時非洲本土的政治系統仍像過去數世紀以來一樣，控制著非洲大陸大部分地區，歐洲人對撒哈拉以南非洲的滲透相當有限，只有在最南端才有進展，

▲ 歐洲人深入非洲，直到一九一四年

此地的波耳人（荷蘭人）脫離英國控制下的開普殖民地（Cape Colony，建立於一八一五年），而與不斷擴展勢立的班圖部落發生衝突，雙方在一八三〇年代以奧蘭治河（Orange river）為界。在別的地區，古老的國家如長達千年歷史、位於查德湖附近的博爾努王國，以及迅速崛起的新國家如祖魯軍事專制統治（建立於一八一七年）＊，控制了大部分內陸地區。不過，在一些人口稠密的地區，並不存在類似國家的組織，因為家族與村落的紐帶關係足以滿足居民的需要，此時也沒有強大的外來者要求他們依照固定的基準繳稅。

到了一九一四年，政治與經濟圖像出現激烈變化。除了衣索比亞，非洲本土的統治者與國家都淪為外國帝國主義管理者的衛星國與附屬國，非洲大陸沒有任何一部分能逃過被形式整併到國家結構之中。這一切如何與為何發生得這麼快速？

其中一項因素是科技：工業革命使歐洲入侵者可以克服在此之前阻礙文明生活方式進入非洲的運輸與通訊問題。在剛果，蒸汽船可以自由上下航行在鄰近河口的瀑布以上河段。至於遇到無法行船的瀑布就鋪設鐵路繞過去，這種新運輸系統使比利時資本家得以開採內陸豐富的銅礦。在水路無法通航的地區，鐵路使陸上的運輸成本大幅降低。在南非，鐵路可以連通黃金與鑽石產地，在肯亞，則可以鋪設到咖啡種植園旁，英國資本家與殖民者利用鐵路而能在上述地區大舉進行剝削。

當科學家研究出非洲疾病的傳染途徑後，這些疾病也就不再那麼恐怖。歐洲人可以採取各種措施，避免遭受蚊子與采采蠅叮咬。至於在非洲流行的瘧疾與昏睡病，大致要等到歐洲殖民政府建立後許久，絕大部分地區甚至要等到第二次世界大戰結束之後，才獲得有效控制。

然而，考慮了科技與經濟條件之後，很明顯地，還有一項最重要的變化導致歐洲人深入非洲內陸，那就是主要殖民強權的心態。傳教事業具有極大

477 ▶
478 ▶

---

＊ 創立者夏卡（Shaka，一七八七到一八二八年）對軍事戰術做了重大革新，勇士手持重矛進行近戰，而非像傳統一樣用於投擲。結果非常類似於古希臘人的方陣步兵；事實上，夏卡的軍隊以年齡編組，要共同在軍營生活數年，與呂庫古（Lycurgan）的古斯巴達建制沒什麼兩樣。

的重要性，著名的傳教士大衛・李文斯頓（David Livingston）的探險經過廣為宣傳之後，引起了英國對非洲傳教的興趣。從一八四九到一八七三年李文斯頓去世為止，他對非洲探險的戲劇化描述吸引了數百萬英國人與美國人。李文斯頓在非洲神祕失蹤，他被第二位著名非洲探險家亨利・斯坦利（Henry Stanley，死於一九〇四年）「發現」，在全歐洲的報紙造成轟動。不過斯坦利對探索非洲經濟潛力的興趣，遠大於拯救靈魂，這點可以從他日後在剛果的事業看出。

　　事實上，歐洲人覺得這兩種事業並不衝突。相反地，擴大貿易與傳布基督教兩者似乎相輔相成。西方文明的優越對歐洲人來說似乎是不證自明之事，因此他們輕易地相信，將非洲人（與其他落後民族）帶進文明圈是一件道德責任，哪怕必須動用武力。數百萬充滿善意的歐洲人與美國人因此成為充滿熱忱的帝國主義者。到了十九世紀末，歐洲政府已經做好準備，隨時可以將軍隊運往世界任何一個地方，以支持本國傳教士與商人舉起文明大旗，與當地統治者對抗。

　　正是這兩種態度的結合，使歐洲人突然深入非洲內陸地區。一旦運動開始，某個帝國主義政府一採取行動，就會引發其他政府跟著行動，以維持自身的威望與競爭地位。帝國的冒險事業很快就成為謀利的事業：想爭取榮耀，擺脫無聊軍營生活的軍官；追求政治目的的政治人物；追求暴利的資本家；想在國外過著富足生活的工程師、管理者與技師──這些人都為了追求自己的利益而投身其中，同時也推動帝國主義事業一路往前。◀479

　　帝國主義者的態度混合了偽善與暴行，甚至帶有極大的種族歧視與沾沾自喜的種族中心主義。然而，處於流行的想法都傾向種族主義的時代，或許堅持帶有一點偽善的理想主義仍有其價值。當調查顯示，比利時利奧波德國王（King Leopold）底下的官員在剛果使用殘忍而不人道的方法，以形同奴隸制度的方式治理當地來加速經濟發展時，歐洲的輿論大受震撼。利奧波德不得不放棄個人的冒險事業，而由比利時政府於一九〇八年接管治理剛果。

　　剛果的強迫勞動遭揭露後，歐洲的反應之所以如此強烈，主要是因為從十九世紀初以來，廢奴已成為武力干預非洲事務的背後動力之一。歐洲人一

再表示，他們之所以要深入非洲內陸，是為了一勞永逸地解決奴隸貿易問題。

但歐洲人的道德觀與人道觀有明顯的限制。奴隸制度是可憎的，與異教以及非洲國王的處刑者及衛兵執行的專斷獨裁一樣；反觀領取薪資的勞動似乎完全沒有問題，然而事實上，應徵的非洲人不了解條件的優劣，無法討價還價，甚至於沒有其他的工作可以選擇。文明的進展需要非洲的勞動力，由於直接強迫工作在歐洲人眼中如同施行奴隸制度一樣，是不對的，因此帝國的行政人員只好訴諸巧妙的手法，讓人無法一眼瞧破。他們要求非洲人以金錢繳稅。但大部分非洲人只能在歐洲僱主下做事才能取得現金薪資以繳納稅捐。如此一來，歐洲人無論是公部門或私部門，想實施什麼計畫都可以取得充分的勞力供應。

480 ▶
英法這兩個大國競相開啟非洲以引進歐洲文明。法國首次獲取非洲土地是在一八三〇年征服阿爾及利亞。為了保障殖民地開闊的沙漠邊界，熱愛冒險的法國士兵深入撒哈拉沙漠，並且與塞內加爾的法國帝國主義代表會合。法國軍隊與傳教士共同編織著美夢，他們讓非洲文明開化的同時，也要讓法國成為橫跨非洲大陸的大國，從大西洋延伸到紅海。

這項帝國野心與英國的「好望角到開羅」鐵路計畫相衝突。首先對非洲的未來存有這種幻想的是塞西爾‧羅德斯（Cecil Rhodes，死於一九〇二年），他因為南非的鑽石礦而變得富有，之後便投入政壇。羅德斯努力倡導自己提出的非洲政策，希望能在英國本土獲得廣泛支持。而在十九世紀後半的英國，傳統傳福音的基督教傳教士精神如今必須與新興的「強硬派」競爭；後者認為所有歷史與人類生活以「適者生存」為其準則，他們相信盎格魯‧撒克遜人的前途完全取決於其佔有與殖民土地的多寡。

德國受到英國生存競爭觀念的鼓舞，雖然在參與殖民競賽上落後一步，但卻以更無情與更具威脅性的態度入侵非洲（坦干伊喀、西南非洲與喀麥隆）與大洋洲（加羅林群島與馬紹爾群島）。義大利也想追蹤英法的步履，不過，在紅海地區獲得小小的成果之後，隨即在一八九六年被復興的衣索比亞帝國擊敗，這是非洲國家擊敗歐洲國家的唯一例子。比利時國王利奧波德

於一八七六年組織了一個跨國協會，以「探索並且開化」剛果盆地。這項行動很快就淪為私人的工具，用來剝削該區的資源。葡萄牙人也重申他們在安哥拉與莫三比克的古老領土主權。

　　急切的歐洲帝國主義者彼此之間的衝突當然無可避免。起初的衝突主要發生在英法之間。危機出現在一八九八年，一名法軍上校佔領了尼羅河上游一處名叫法紹達（Fashoda）的偏遠村落。法國對尼羅河上游的控制，明顯威脅到英國對埃及的間接控制（始於一八八二年），也阻撓了英國計畫由好望角鋪設到開羅的鐵路。事實上，英國已經預料到法國會往尼羅河流域推進，所以預先在埃及部署軍隊。一方面可以解決與英國有宿怨且目前正控制蘇丹的馬赫迪派狂熱穆斯林，另一方面也可以阻止法國往東非擴張。英軍花了一番工夫才順利幫助埃及收復蘇丹；英軍趕在法軍抵達法紹達之前出動，並且在一小群法軍駐紮當地之後，以優勢兵力趕赴法紹達。隨後幾個星期，兩軍劍拔弩張，雙方似乎不免一戰；但法軍終於撤退，法紹達危機因此落幕。

◀481

　　往後幾年，英法這兩個歐洲帝國主義強權對於重要但懸而未決的領土問題均採取和平方式解決。這是因為歐洲的局勢促使英法結盟對抗崛起的德國。因此，非洲的衝突似乎有助於鞏固英法的邦誼。德國人首次與英國為敵，是因為他們對波耳人表示同情，而英國人才剛在一場苦戰中擊敗波耳人（一八九九到一九〇二年）。然後德國政府又因為支持摩洛哥蘇丹（一九〇五年、一九一一年）而激怒法國，因為摩洛哥正抵抗法國對其施加權威。這種帝國主義爭端加重了國際間的緊張關係，最後導致第一次世界大戰。

　　歐洲殖民政府雖然在一八七五年到一九一四年間成長迅速，卻未深入到非洲大部分地區。南非與阿爾及利亞有很多歐洲人在此定居；在其他地方則相當稀少，而且在一些地區，歐洲人的統治是天高皇帝遠，他們定下的法規很少影響當地人的日常生活。

　　有兩種不同的帝國理論影響了殖民統治的模式。一般來說，英國人傾向間接統治。在印度，英國的顧問派駐在當地統治者的宮廷裡，長期控制各邦的一切重要事務。這種做法運用在非洲，則是讓既有的酋長與國王繼續統治，偶爾由派駐當地的顧問進行干預或提出建議。

482 ▶ 　　法國人傾向直接統治。也就是說，法國會指派地方官員依照殖民地中央政府的指示直接管理當地事務。這類官員有時是白人，有時是黑人；在理論上如此，某方面來說在實務上也是如此，法國政府用人不依據膚色，主要是看教育程度與技術而定。

　　法國的政策顯示文化同化是殖民政府的終極目標：在法國學校受教育的非洲人，至少原則上可以成為黑皮膚的法國人。英國偏愛間接統治，因此保留較多當地的文化傳統。事實上，英國的政策有時會導致這樣的狀況，當多數具有政治意識的非洲人已不再支持不可信任的酋長或腐敗的國王時，英國殖民政府卻仍支持陳舊、傾頹的政治與社會結構。

　　然而，在決定殖民政府的實際性格時，理論扮演的角色並不重要。殖民政府持續面對的是財政問題。非洲相當貧困，光靠租稅收入絕對無法支持歐洲殖民政府想進行的計畫。因此，任何可增加稅收的辦法都受到熱烈的歡迎。這意謂著鼓勵大家到非洲投資。採礦事業特別吸引歐洲投資人與殖民官員，因為黃金、銅與其他礦物可以獲得最確實的利潤與最可靠的稅源。非洲人的利益如果與採礦或類似的事業衝突時，往往被棄之不顧。

　　非洲人每隔一段時間就會反對歐洲人的活動。有時酋長與國王會動員自己擁有的一切資源，反抗或擊退歐洲勢力。阿特拉斯山脈（Atlas mountains）的柏柏人反抗法國長達數十年的時間；西非的阿香提王國曾與英國人打了四次仗，而且直到一九〇一年才併入黃金海岸（現代的迦納）。同樣地，南非的祖魯族在至高無上的酋長戰敗前（一八七九年），一直反抗英國人的間接統治。

　　非洲人的反抗與其他類似活動都以失敗告終，唯一的例外是義大利於一八九六年被衣索比亞皇帝梅內里克二世（Menelik II）擊敗。許多非洲統治者心知要以武力反抗歐洲軍隊並無勝算，因此他們或多或少願意與殖民政
483 ▶ 府達成協議。在這種狀況下，間接統治是最有效的。事實上，非洲統治者有時可以在歐洲人的庇蔭下加強與鞏固自己的權力。例如布干達王國（kingdom of Buganda）就是如此。有時候，歐洲殖民政府為了挽救一個即將分裂的國家，會承認該國統治者對領土與各項傳統特權有合法權力，以支

持該國的存續。巴索托蘭（Basutoland）便是一例，英國殖民政府於一八六八年進行干預，因此使這個部落免於被波耳人消滅。

即使在官僚化最徹底的狀況下，直接統治也未能消除舊日的社會結構。親族團體、村落社群與部族紐帶關係持續存在，而殖民官員也必須透過這些結構才能統治人民。因此，直接統治與間接統治的差異其實並不是那麼大。一切都取決於殖民政府承認與運用當地社會結構掌控的土地面積而定，因此政策的運用是有限制的。殖民官員只能與當地狀況容許的當地領袖協商，他們的統治力不足以讓他們去做別的事。因此，不管法國人在理論上如何偏愛上下一貫的官僚統治，實際上他們能做的也是法國模式下的間接統治。例如在突尼斯與摩洛哥便是如此，歐洲外交情勢的複雜使法國人必須維持當地穆斯林領袖的地位。

儘管歐洲殖民政府的統治基礎相當粗淺，但它的建立仍在非洲造成巨大的差異。首先，一旦明確的疆界確立，所有歐洲大國同意接受這些疆界，那麼暴力的規模將大幅縮減。在一九〇〇年之前，流血衝擊仍相當普遍。在歐洲人滲透到內陸之前，整個非洲宛如浸泡在血泊裡。最著名的非洲國家事實上是建立在戰爭之上，而且幾乎年年征戰。但當歐洲遠征軍進入內陸，由於其武器、紀律與補給系統遠勝於非洲本土的軍隊，因此原本有組織、大規模的暴力便大幅縮減。原本誓不兩立的仇敵在同一個殖民政府統治下必須和平 ◀484
相處。掠奪牛隻與奴隸，這些原本是非洲戰士生活上專注的事務，現在則受到有效的壓制。如此一來，非洲在社會形態與道德價值上便出現廣泛的變化。有時候，兩個不同非洲民族之間力量的均衡，會在戰爭與暴力結束後出現戲劇性的反轉。例如肯亞的馬塞伊人原本是牧牛的戰士，此時卻失去了傳統職業與存在的理由，反觀基庫尤人（Kikuyu）卻人口大增，很快就超過他們的敵人馬塞伊人。

有組織而大規模的暴力遭到壓制之後，人口便普遍地持續增加。各項農業的改善措施也開始進行：尼羅河谷地推動更廣泛的灌溉工程，新的現金作物如西非的可可與花生、東非的丁香與咖啡、南非的甘蔗與柳橙等等。不久之後，在非洲大陸的部分地區，農村人口過剩構成問題，民眾開始湧入城

市。從單純的農村來到依照歐洲模式建立的複雜新興都市，人們面臨調整原有的習俗與習慣以適應城市環境的難題。

然而，在一九一四年之前，與傳統非洲生活模式決裂的狀況尚不普遍。第一次世界大戰只為非洲大陸帶來小小的騷動。英法不費吹灰之力就佔領了德國的殖民地。戰後，這些土地遭到瓜分，也未造成太大爭議。從各方面來看，第一次世界大戰標誌著歐洲帝國主義在非洲以及其他地區的高潮。一九一八年後，帝國主義的觀念與理想就逐漸式微；而熱心的倡議者承諾給予貪婪歐洲投資人的預期利潤，也鮮少獲得實現。事實上，帝國主義整體來說似乎是得不償失。非洲殖民地行政與開發的成本或許已經超過了從非洲出口到歐洲的商品價值。當然，個別的礦場與其他事業有時確實讓業主與管理人獲得驚人的利潤；但其他的事業卻失敗了，而公共投資往往超過了當地的資源。一切都取決於成本考量；如果以為白人在殖民地進行掠奪因而取得大量財富，那麼那只是個偏頗而天真的想法。

在戰間期，非洲外表看起來太平無事。殖民政府幾乎未遭遇任何暴亂，各殖民強權之間的摩擦也少之又少。此時存在著三個獨立國家：南非聯邦、賴比瑞亞與衣索比亞。南非聯邦是英國的自治領，於一九○八年成立，白人（波耳人與英國人）有完整的政治自主權。賴比瑞亞於一八四七年成立於西岸，由美國返回非洲的獲得解放的奴隸定居於此。賴比瑞亞是共和國，其憲法以美國憲法為藍本。

衣索比亞歷任的統治者，從狄奧多爾皇帝（Emperor Theodore，統治時期一八五五到一八六八年）以降，向來都是極具活力、野心與無情之人。他們運用武力，並且輔以體現在阿比西尼亞基督教會的古代文化傳統，將阿比西尼亞高原上難以駕馭的民族結合起來。一九三四年，義大利人攻擊衣索比亞，想湔雪一八九六年的恥辱。這次義大利使用了飛機與毒氣，最後逼迫皇帝海爾·塞拉西（Haile Selassie）退位，使衣索比亞成為義大利在東北非建立的短命帝國的主要部分。

歐洲帝國主義的過時，就某個意義來說，充分表現在英國人撤出非洲這件事上面。起初，英國人於一九二二年象徵性地給予埃及法律上獨立的地

位，之後又在一九三六年訂約，承諾英軍會加速撤離尼羅河谷地。

　　戰間期非洲歷史最重要的面向不只表現在政治，也顯現在經濟與心理。從一九一八到一九四五年，非洲暴露在各種不同的新經驗中，使得所有傳統的社會形式都遭到嚴重的削弱。在世界大戰中服役於歐洲軍隊的人，他們學到新技術與擁有新視野，這使他們不願回到村落生活。在教會學校念書的孩子也有類似的反應，接受中等或高等教育的人尤其如此。遠離家鄉到礦場或城市工作的人變得更多。成千上萬的人在新環境從事新工作，經歷全新的生活方式，舊習俗顯然無法適應。當來自不同部落的陌生人每天共同生活時， ◀486
他們必須找到相互接納的新基礎。親族與部落的行為規範顯然已無法適用。

　　在這種情況下，歐洲法律與行為規範提供的模式具有巨大的優勢。城市與工業生活對歐洲人來說並不新奇；學校與政府的管理者促使非洲人更符合歐洲的規範。城市生活另一種可能的模式是伊斯蘭教。在非洲一些地區，伊斯蘭教已存在許多世紀，民眾固守自己的傳統。然而，在撒哈拉以南的絕大多數地區，即使伊斯蘭統治者過去曾在此地行使國家權力（如奈及利亞北部），伊斯蘭模式的城市生活在與西方模式的城市生活競爭時仍居於下風。事實上，在這些地區，伊斯蘭教已開始步入衰微，因為伊斯蘭教結合了舊式、過時的政治結構，而現代城市裡的非洲人認為這種結構（連同歐洲人的剝削）正是造成非洲衰弱與貧困的元凶。

　　這些過程產生了一批人數不多但位居高位的非洲人，他們具有足夠的西方知識與技術，因此希望取得政治獨立。他們的數量與自我意識的組織程度隨殖民地不同而有差異，但他們無所不在，二次大戰後，當帝國主義政府一個接一個決定卸下非洲殖民管理的重擔時，這些人已做好接手的準備。

＊　　　　＊　　　　＊

　　大洋洲的原住民遭遇更悲慘的命運。在太平洋的小島與澳洲，白人的來臨帶來了疾病與傳統社會結構的崩解。原住民幾乎完全滅絕。白人殖民者接收了澳洲與大部分的紐西蘭。這些地方與南非一樣，分別於一九〇一年與一九〇七年成為大英國協的自治領土。與其他玻里尼西亞人一樣，紐西蘭的毛利人在首次與白人接觸之後，也經歷一段人口急速減少的時期，但在一九 ◀487

○○年之後，人口又再度回升。從那時起，毛利人數量快速增加。他們依然過著農村生活，並且仰賴馬鈴薯做為食物。這是紐西蘭的新作物，由白人殖民者從南美洲引進。

在玻里尼西亞另一個大島群（夏威夷群島），原住民僅能勉強過活。從一八一○年起，夏威夷群島在原住民王朝下獲得統一，但美國人於一八九三年發動政變，並且在一八九八年讓島嶼併入美國。在主權移轉前後，移民接續不斷地前來夏威夷，在美國企業家設立的種植園工作。其中以日本人數量最多；但前來夏威夷居住的種族與民族種類其實相當廣泛。原本的玻里尼西亞社群崩解，原住民成了少數。

一些太平洋島嶼，例如新幾內亞的部分地區，原始生活幾乎原封不動地維持，主要是因為西方人發現當地沒有他們要的東西。其他的島嶼，如菲律賓，當地原住民成功適應外國人的統治，首先是西班牙（一五七一年開始），然後是美國（一八九八年開始）。只有少數地區（塔斯馬尼亞），原住民人口完全遭到滅絕。然而無論在什麼地方，西方入侵稀釋了地方文化與種族的特性，讓移民與原本孤立的原住民相混，而前者通常來自地球各個角落。

同樣的過程也在地球其他地方發生（東南亞的高地、西伯利亞北方、巴西雨林），各地原住民直到十九世紀為止，一直能維持自己的生活。因此整體來說，由於工業革命促使新的運輸與通訊工具出現，導致文明開化的族群得以向外擴張，結果使人類生活趨於同質。從有文明開始，這種過程就不斷持續著。同質化仰賴人類與貨物的遠距移動，跨越文化、地理與基因池的差異，文明社會不僅允許，也需要這種過程。

因此，這一切並非首次發生，只是規模與速度均遠邁前代。此外，歐洲人及其後裔在各地都是最主要的創新者，扮演支配角色，這是從歐亞出現多元文明中心以來從未有過的現象。

489 ▶

為完成世界史考查，最後章節將更詳細研究兩次世界大戰間，世界歷史的發展與轉變。並以此為起點，進一步探討世界各國漸趨緊密的互動對今日世界的影響。

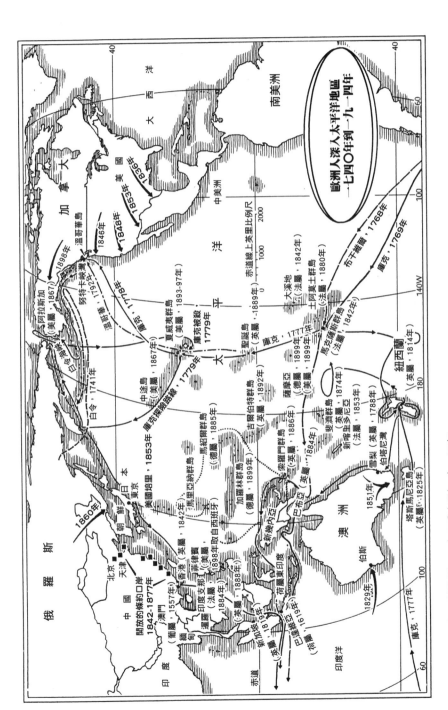

▲ 歐洲人深入太平洋地區，一七四〇年到一九一四年

# 工業時代的建築

▲ 圖 49-1：歌劇院，巴黎，加尼爾

▲ 圖 49-2：英國國會大廈，倫敦，巴里爵士

## 傳統的宏偉

當歐洲的建築師在十九世紀中葉開始設計重要的公共建築物時，他們有兩種不同的傳統可以援用：一是希臘羅馬式，但已經過文藝復興與巴洛克建築者的修改與裝飾；另一種是哥德式。第一項傳統的代表是巴黎歌劇院（一八六一到一八七五年）；第二項傳統的代表是完成於一八五七年的英國國會大廈。這些建築物體現了歐洲人在自由主義與國家自信的巔峰時期，對自身文化與政治成就的自豪。

## 商業大樓的新技術

　　帕克斯頓原是園藝家，後來成為建築師。他探索出新的建築原理，以此建造了水晶宮，做為一八五一年在倫敦海德公園舉辦的萬國博覽會會場。新的建築材料，例如鐵樑與玻璃，使建築物內部充滿明亮光線。十九世紀晚期新建的兩座大型商場，莫斯科的古姆百貨公司與芝加哥的卡森百貨公司，兩者均使用了這項新技術，而讓光線得以進入建築物內。芝加哥的百貨公司使用鋼構，因而能建造大型窗戶，讓更多光線照進室內；莫斯科採取不同的做法，在概念上與水晶宮玻璃屋頂較為近似。不過在外表裝飾上，兩間百貨仍依循過去的觀念，強調雄偉的建築外觀。

▲ 圖 50：水晶宮，倫敦，帕克斯頓。

▲ 圖 51-1：古姆百貨公司，莫斯科

▲ 圖 51-2：卡森百貨公司，芝加哥

▲ 圖52：溫萊特大樓，聖路易斯，蘇利文。

## 美國的建築師與商人往天空發展

　　第一次世界大戰前的數十年，鋼構建築的技術可能（加上高速電梯的發展），使建築師得以往天空發展。摩天大樓的早期發展以美國為主，如聖路易斯相對較為樸實的溫萊特大樓（一八九一年），以及紐約更為花俏的伍爾沃斯大樓（一九一三年）。不過，在新技術與材料的快速與大量運用下，傳統歐洲的華麗建築概念仍主導著建築師的想像，使其仍著重建築外觀的裝置。

▲ 圖 53：伍爾沃斯大樓，紐約，吉爾伯特。

## 繼功能之後，形式也開始適用於兩個工廠

　　「包浩斯」風格盛行於一次大戰後的德國，它有意識地與過去的文化和建築傳統決裂。鋼鐵、混凝土與玻璃建築在結構上的極度簡潔（圖五十五），確立了新的「功能」品味標準，它揚棄了為裝飾而裝飾的做法。第二次世界大戰之後，美國建築師萊特吸收並轉變了僵硬的包浩斯審美觀念（圖五十四），他在大樓的低層部分融合了純玻璃與較為柔和的幾何形式，同時也添入了傳統的磚造建築質地。

▲ 圖 54：格羅皮爾斯，包浩斯，德騷，德國，一九二五年到一九二六年。西南角。紐約，現代藝術博物館。

▲ 圖55：詹森研究大樓，拉辛，威斯康辛州。萊特。

▲ 圖 56：內政部大樓，華府。

## 國家大舉介入建築

從古美索不達米亞時代開始，建築的重要功能一直是表現統治者的尊榮與人民的集體榮耀感。一九三〇年代，羅斯福總統的新政具體表現在大規模的官署大樓興建計畫上，用以容納從四方擁入華府的官員。其中一個例子是內政部大樓，如這裡所顯示的。同時，史達林規畫莫斯科國立大學（一九五三年完工）做為個人的紀念建築與未來政府官員的訓練地。希特勒為了鞏固他的「千年帝國」，於是在紐倫堡為忠誠的黨員建立了一個巨大的集合場。

▲ 圖 57-1：莫斯科國立大學。

▲ 圖 57-2：魯伊特波爾德大樓，紐倫堡。史佩爾。

▲ 圖 58：西格拉姆大樓，紐約。凡德羅與強森。

## 國際風格

　　一九五〇年代，一種國際風格傳布世界各地，改變了各大洲城市的天際線。這股力量來自一種淡化了包浩斯的美學原則，以及直線玻璃與鋼構允許建築師以最低的成本創造最大的空間。這些照片顯示這個風格一開始造成的衝擊：紐約西格拉姆大樓與其他年代較早的摩天大樓形成對比；莫斯科「加里寧街景」對照著幾乎空曠的天際線；巴西利亞的新政府大樓聳立在仍空無一物的內陸中。

▲ 圖 59-1：加里寧街景，莫斯科。

▲ 圖 59-2：國會大樓，巴西利亞。尼邁耶。

▲ 圖 60-1：一九六七年萬國博覽會展覽館，蒙特婁。富勒。

▲ 圖 60-2：國會宮，昌迪加爾，印度。勒‧柯比意。

## 運用新材料的宏偉建築

　　國際風格簡練的幾何線條從來不缺乏競爭者。這裡我們舉出三座建築物為例，它們全落成於一九六○年代。富勒為一九六七年蒙特婁萬國博覽會興建的測地線圓頂，以嶄新而令人驚異的結構原理將短期展覽圍繞在透光的圓球裡，令人想起一八五一年水晶宮萬國博覽會。勒‧柯比意的印度昌迪加爾國會宮，與沙里寧的紐約甘迺迪國際機場 TWA 航站大樓，他們各自以不同的方式，使用玻璃、鋼鐵與混凝土來展現全新的宏偉建築，並且獲得廣大而戲劇性的效果。因此，經過一個世紀無休止的發展，在一八六○年代看似格格不入的事物，到了一九六○年代卻顯得水乳交融：以便宜而人造的材料建造風格雄偉的建築物。

▲ 圖 61：TWA 航站大樓，紐約。沙里寧。

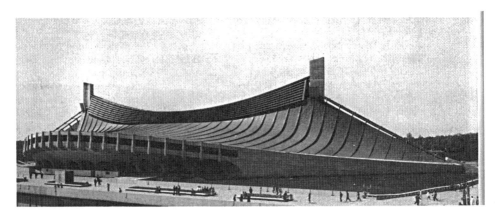

▲ 圖 62-1：國家競技館，東京。丹下健三。

▲ 圖 62-2：人類學博物館，墨西哥。瓦斯格。

### 以新材料展現舊風格

　　鋼鐵、混凝土與玻璃有時也能重新活化古老的地方建築風格。這三張照片顯示日本、墨西哥與北非在這方面所做的努力。丹下健三的競技館（為一九六四年東京奧運而建）使用吊橋技術來營造廣大而毫無障礙的空間；丹下也創造出讓人聯想到傳統日本寺院建築的屋頂線。墨西哥城的人類學博物館刻意重建了阿茲特克神廟庭院，但中央的傘形建築（以四十英尺高的青銅雕柱支撐）卻完全是現代設計的創新技術成果。另一個規模較小的建築是西姆內在阿爾及利亞德詹納哈珊的公共住宅，它與北非古老的住房形式搭配得恰到好處。

▲ 圖63：住宅，德詹納哈珊，阿爾及利亞。西姆內。

▲ 圖 64：曼哈頓中城，紐約。

## 人造迷宮

　　曼哈頓中城的鳥瞰圖，顯示當代大都會令人吃驚的奇蹟，人們快步上班，辦公室一個疊一個，一層又一層，但夜間人們仍能找到平安回家的路。如此集體的創造令每個單一的個人為之渺小；它是現代文明整體結構的縮影，就像城市景象一樣，一切全是人造的——無論燦爛還是可怕，全是人類的雙手創造出來的。

第二十九章

一九一四年到一九四五年

# 西方世界

490 ▶ 　　一九一四到一九一八年的第一次世界大戰，與一九三九到一九四五年的第二次世界大戰，中間僅間隔一段短暫而不安的和平時期。這兩場戰爭的作用猶如一只壓力鍋，加速了歐洲與西方世界社會的轉變。這兩次大戰也引導西方社會走上全新的道路。特別是為了發動戰爭而動員人力物力，這當中的障礙在衝突白熱化的過程中被一掃而空；而政府也發現戰時的「指令型經濟」有多麼強大，它可以集中所有資源來實現特定目標。因此，出現了計畫性地操縱人類社會以追求和平與戰爭的新可能。因此，各個不同的政權，如史達林的俄國、希特勒的德國與小羅斯福的美國，都試著依照計畫來引導人類與國家進行努力。第二次世界大戰加強並證實了這項發現：經濟與社會就像政府一樣，都是人為的；如果可以說服或逼迫足夠數量的人類共同遵守某人的指揮，那麼經濟與社會就可以重新再加以塑造（至少大範圍之內是如此）。

　　從一八一五到一九一四年，一種不同的理想與做法決定了我們可以適切地稱為歐洲與西方歷史「資產階級時代」的特徵。美國與法國的革命與十九世紀自由主義立憲，清楚顯示政治制度既非自然亦非天賜，而是人力所為，491 ▶ 只要有足夠的人數同意變更，就可以加以更動。另一方面，十九世紀的自由

派與保守派都同意，社會與經濟是自然的，因此是意識無法控制的。他們相信人類固有的本性與市場的非人關係決定了人類生活的各種面向，稅收、教育或其他政府施政對這些面向只有邊緣性的影響。只有社會主義者預見到，透過政府的行動，可以大規模而審慎地重新安排經濟關係；但社會主義者預期的革命後社會，跟二十世紀政府事實上實現的，只有一些些相似。

因此，第一次世界大戰成為歐洲及西方歷史上一個不尋常的分水嶺。在四年戰爭期間，交戰國政府跌跌撞撞努力探索嶄新而強大的社會經濟動員方式。戰爭泯滅了階級與地區差異，到了一九一八年，清楚浮現了嶄新後資產階級風格的大眾社會輪廓，不只是俄國，西方所有領先的工業國也是如此。

人們的想法也跟戰前有很大的差異。沒有人想到工業化的戰爭會導致四年僵持與殘酷的屠殺。人們因此對於進步與理性開始感到懷疑，這些理想早在一九一四年之前就有人提出疑問。但要用哪一種人類願景來取代這些過時的十八世紀信仰，大家似乎還無法達成一致的看法，在二十世紀上半葉，這方面的共識遲遲未能出現，卻產生了新的極權主義意識形態——共產主義、法西斯主義與納粹。

## 第一次世界大戰

第一次世界大戰的爆發是偶然的。沒有任何歐洲政府希望發動全面性的戰爭；另一方面，所有歐洲大國，除了義大利以外，在面對對手的外交挑釁時，都寧可開戰而不願退讓。

將歐洲區隔成兩大敵對陣營的聯盟形式，使雙方都減少了轉圜的空間。退讓可能會失去盟邦，而在未來可能的衝突中，盟邦是不可少的。因此，德 ◀492 國支持奧地利對抗塞爾維亞，不表示德國對塞爾維亞（或所有巴爾幹國家）懷有興趣，而是因為哈布斯堡王朝是德國在對抗三國協約（Triple Entente）——法國、俄國與英國時，唯一能幫助德國的盟國。法國也因為同樣的盤算而與俄國站在一起。法國必須展現出不計利害、忠於盟友的態度，才可能在未來與德國開戰時獲得俄國的奧援。

把歐洲捲入大戰的第二個因素,是各國軍方計畫的動員方案過於死板而缺乏彈性。根據計畫,數以百萬計的後備軍人必須從平民轉變為軍人,他們統一分發制服與武器,然後送到前線,在運輸狀況容許的情況下盡速到達。諷刺的是,動員計畫越是縝密地把每一節火車廂都用在運載士兵上,往後計畫需要修改時所需的成本就越高。如果所有步驟都配合得天衣無縫,那麼半途要求停止很可能造成混亂;而混亂將導致軍事失敗,這正是動員計畫一開始要避免的。

因此,當俄國人下令總動員時(他們「必須」動員,因為與敵人相比,俄國人需要更多的時間集結與運送部隊到前線),奧國、法國及德國很快地一個接一個發布了動員令。自動反應取代政策;軍人領導取代文人領導;當敵軍「按照計畫」越過邊界時,動員計畫就轉變成作戰計畫,雖然沒有人下達作戰決定。

這種做法就像按照事先計畫的路線夢遊一樣,絕非長久之計。這當中禁得起考驗的只有德國的希利芬計畫。這項作戰計畫要求德軍先集中全力對付法國,特別是將主力放在北部的沿海地帶。目標是圍困巴黎,務必在開戰的前幾個星期擊敗法國,然後再轉而集中全力對付東方的俄國。不過德國人發現,要實施這項計畫必須借道比利時:法德接壤的國界太狹窄,無法讓大量德軍快速通過而依照計畫取得勝利。有點麻煩的是,一八三九年的條約已經宣布比利時為永久中立國。但對一九一四年的德軍來說,這份條約不過是年代久遠的「廢紙」,不構成太大的阻礙。不過,如果德國破壞比利時的中立,英國就有了正當的參戰理由。義大利人雖然在一九一四年與德奧簽訂了防禦同盟,但如果德奧兩國未遭受攻擊,義大利就不用參戰。

然而,在開戰的前幾個星期,這些考量似乎變得完全不重要。德軍逐漸深入法國北方領土。到了第五個星期,他們已經接近巴黎;然而德軍人困馬乏,加上法軍雖然不斷挫敗,卻未喪失鬥志。九月的第二個星期,戰局出現決定性的反轉,法軍在計程車協助載運下,從巴黎火車站直奔前線,找到挺進的兩支德軍之間的缺口予以突破,成功進行了反擊。在一場混戰之後,德軍最高指揮部下令撤退到馬恩河(Marne river)後方。他們速戰速決的計畫

失敗了。但其他國家的計畫也好不到哪兒去。

　　雙方不斷想包抄對方，卻徒勞無功，情勢演變成僵持的局面。密集的壕溝與堡壘很快就在法國境內開始延伸，從北部的英吉利海峽直到南部的瑞士邊境。往後幾個月，鏟子取代槍炮成為戰爭的主要武器。士兵加深加固壕溝、強化炮座、保護補給線、準備射擊區、設計後方的壕溝以便在敵方攻擊下安全撤退，這些做法使雙方前線成為堅不可摧的陣地。

　　雙方將領逐漸發現，在相互支援的壕溝系統部署機關槍，可以抵擋任何步兵攻勢。他們認為，破解之道是先以炮兵轟炸敵軍陣地，壓制機關槍的火力，然後再讓步兵進攻。這種做法使炮火的強度不斷升級；而炮兵的轟炸可以持續數天，事實上是持續數年，彈藥的消耗量因此超乎想像。為了製造槍彈，必須設立新的工廠與取得更多原料。在此同時，躲在壕溝裡的數百萬士兵也需要吃穿；此外還需要數百萬人進行訓練與裝備，以替補因槍彈傷亡的將士。

◀494

　　為了大規模製造與供給軍火，後方必須做出大幅的調整。勞工必須優先供應到軍火工廠與其他核心產業；糧食、燃料與原料必須進行配給，盡可能將一切資源用來戰爭。不久，民眾的日常生活開始陷入困頓。到了戰爭末期，歐洲各地都已缺乏糧食與衣物，一些非日常必需品更是完全消失。

　　戰爭爆發的前幾個星期，每個交戰國的民眾都充滿著熱情。但隨著列出來的死亡名單越來越長，戰爭帶來的艱苦一天比一天吃重，人民的熱情很快就消失了。這種狀況在俄國尤其明顯，俄國政府早在開戰之初就已不得民心，之後在戰爭物資的調度上又左支右絀。從一九一五到一九一六年東線戰場領土變遷之頻繁，就可以看出俄國政府的問題。在法國，嚴密的補給體系支撐著每一英里的壕溝，投入龐大的努力，戰線的移動卻相當少，戰場上有數以百萬計的槍彈，以及數百萬人的傷亡。經過三年的苦戰，雙方獲得的進展，就只是往前取得數英里被炸得寸草不生的土地。

　　然而，在俄國前線，後方的補給太慢太少，因此無法支持長期而激烈的戰鬥。雙方只能在聚集所有的人力物力在一小塊戰區取得優勢贏得勝利，而落敗的一方則往後撤退數十乃至於數百英里，直到勝利的一方因補給線拉得

太長而停止追擊為止。結果，東線戰場形成劇烈的拉鋸戰。俄軍在一九一四年一開始發起的攻勢曾推進到東普魯士，但很快就全線潰退；但之後經過三次進攻，俄軍終於扳回頹勢，攻取廣大的領土。然而，到了一九一七年春，俄國人又退回到戰前的疆界。糧食與日常必需品的缺乏，阻礙了軍火的生產，俄國各大城市也醞釀著不滿的情緒，特別是首都彼得格勒。

495 ▶

　　主要交戰國之間的激烈戰鬥，使得雙方開始積極尋找新的盟友。土耳其幾乎從一開始就加入了同盟國（德國與奧國）；義大利於一九一五年投入協約國陣營（法國、英國、俄國）；保加利亞協助同盟國並且在同年入侵塞爾維亞，但羅馬尼亞與希臘卻認為待在協約國陣營才是上策。阿拉伯人在英國人鼓勵下反叛土耳其人，在太平洋地區，日本逮到機會奪取德國在遙遠東方的殖民地。

　　為了讓其他國家加入戰局，協約國因此訂定祕約，約定戰勝之後，協約國將可瓜分鄂圖曼與奧地利的領土。事後看起來，這種行為令人感到困窘，但在當時卻成功將戰線擴張到義大利與巴爾幹半島，有效地從陸路封鎖了同盟國。在海上，英國海軍在法國協助下，有效切斷了德奧與世界其他地區的連繫。協約國的海上封鎖極為徹底，就連瑞士與荷蘭這兩個中立國也不許進口補給品以免其轉運到德國。戰爭因此變成了龐大的圍城戰。協約國控制海洋，可以從美國與其他地區進口補給品；同盟國困守在歐洲，只能仰賴自身的資源。

　　戰爭每經過一個月，雙方可用的人力與物力就變得更稀少。這場大戰已經演變成消耗戰。在這種競賽下，帝俄成了最脆弱的一環，因為沙皇擁有的行政與科技資源遠不如其他大國。一九一七年三月，民眾的不滿引發革命；沙皇退位，臨時政府一方面繼續戰爭，另一方面則準備制憲。這種做法短期來看完全是個災難。俄軍由於激進社會主義的鼓動而瓦解。同盟國幾乎能隨心所欲地進軍。在俄國各個城市，由於農民不再把農產品運往市場，使糧食更加缺乏。一九一七年十一月，第二次革命政變使社會民主黨的布爾什維克派掌權，俄國正式退出戰局。這使德國可將剩餘的資源全投入西線戰場。

496 ▶

　　俄國的退出與美國的參戰差不多發生在同一時期。美國國會於一九一七

年四月六日對德宣戰，這是由於海上中立國權利的爭執而起。德國宣布封鎖英國，並且仰賴潛艇來達成這項目的。美國認為這種行動不合法，於是繼續派船運載補給品到英國，其中有些船遭到擊沉。美國認為這是一種戰爭行為，於是決定全面參戰。整起爭議應該只是一場煙幕，美國參戰的基本原因是擔心一旦德國獲勝，將使整個歐陸被一個對美國不友好的國家所統治。

　　要動員美國的資源進行戰爭需要時間，把美國部隊部署到法國需要更長的時間。一九一八年春，德國發動龐大的攻勢，不以冗長的炮擊預告攻擊的發動，而採取新的滲透戰術。與一九一四年一樣，戰線又推進到巴黎附近。對於疲於戰爭的德國來說，勝利似乎已經在握。

　　但此時戰爭的性質已出現變化。軍隊的紀律、裝備與補給體系不再是決定勝負的唯一關鍵。取而代之的是嶄新而有力的意識形態。俄國布爾什維克領袖列寧與美國總統威爾遜（Woodrow Wilson）提出的言論，開始影響各國民眾與軍隊的行為。列寧號召無產階級，特別是在德國與其他工業先近國的無產階級，要求他們起而反抗資本家的壓迫。威爾遜則呼籲歐洲與世界各地的民眾，以政治自決的過程，而不以併吞土地或要求賠款來解決爭端。如果有爭執，多數決應該是和平與理性解決事務的方式。

　　列寧的社會主義理想與威爾遜的民主理想都具有革命性。因為無論照哪個方案去做，都需要將歐洲現有的政府與社會結構部分（威爾遜）或整個（列寧）推翻。這兩者對於歐洲大陸上疲於戰爭的民眾來說，都具有真正吸引力。相較之下，德國、奧國與鄂圖曼帝國便缺乏一種具說服力與號召力的 ◀497
理想，使民眾與士兵願意使出全力贏得勝利。

　　在戰爭的最後幾個月，心理氣候的變化，對同盟國顯然不利。此外，美軍於一九一八年上半年大舉來到法國前線，使德國戰勝的前景變得黯淡。因此，當德國春季攻勢的動能終於在一九一八年七月傾瀉殆盡時，同盟國很快就失去了勝利的希望。鄂圖曼與哈布斯堡帝國的屬國已開始公開準備獨立；同年十月，德奧兩國政府正式接受威爾遜總統提出的著名十四點計畫，做為和平的基礎。但由於細節的磋商，使雙方的交戰行為一直延續到一九一八年十一月十一日才終止。此時，革命運動已經推翻了德奧兩國的皇室，而整個

中歐與東歐，無論在政治上或經濟上都已陷入騷動。

列寧與俄國的布爾什維克黨人認為，德國、奧國與鄂圖曼帝國的傾覆是發動社會主義革命的大好良機。對無產階級叛亂的恐懼，使戰勝國不敢大意。他們對新興東歐政權的重視，主要是因為他們反對布爾什維克主義，而不是因為他們獲得真正的民主支持。事實上，一九一八到一九二〇年間，在混亂的狀況下，中歐與東歐的民主自決只是個遙不可及的理想。

一九一八年，內戰在俄國及其邊境地區爆發，並且一直延續到一九二〇年。烏克蘭與高加索的民族主義運動最後以失敗告終；這些地區與俄國結為聯邦，成立蘇維埃社會主義共和國聯邦。不過在芬蘭、愛沙尼亞、拉脫維亞、立陶宛與波蘭，民族主義擊敗了蘇維埃的號召。到了一九二一年，這些新獨立的國家都與俄國達成協議。

俄國與邊區的事務完全由赤裸裸的軍事力量統治。但武裝力量也仰賴心理與社會條件。就這些方面來說，在整個俄國的心臟地帶，布爾什維克擁有根本的優勢。農民絕大多數深信列寧的黨會允許他們保留在一九一七到一九一八年間，因布爾什維克的關係而取得的地主田地。無論反列寧的人士怎麼說，農民都不相信他們會把農地交還給以前的地主。因此，如果真的要做選擇，大多數農民自然還是選擇布爾什維克。這就是列寧的追隨者最終獲得勝利的原因，但他們的勝利其實是在俄國瀕臨經濟崩潰的狀況下取得的。

一九一九年一月的巴黎和會，俄國的局勢根本未被排上議程。戰勝國只滿足於向戰敗的德國、奧國與鄂圖曼帝國提出各項條件。國界的劃定懸而未決，尤其義大利是因為簽下祕約才願意在一九一五年參戰，因此它要求獲得祕約承諾的所有土地。然而，威爾遜總統卻認為倡導神聖的民族自決原則應居於惡名昭彰的祕約之上，況且美國從未參與這類祕約協議。

第二個難以解決的爭議，是如何確保德國無法重啟戰爭。威爾遜希望仰賴國際聯盟，以法律程序來維持和平。法國對國際聯盟缺乏信心，它轉而尋求與英美結成同盟，並且要求德國解除武裝，與法國駐軍德國領土。

會議的結果是妥協性的。威爾遜成功建立國際聯盟，但美國日後卻拒絕加入。法國達到解除德國武裝的目的，但未能使德國依照條約規定支付賠

款。中歐與東歐新國家，如波蘭、捷克斯洛伐克、羅馬尼亞、匈牙利與南斯拉夫疆界的劃定，說明民族自決原則只是口惠而實不至，重點其實是維持歐洲軍事與行政力量的平衡。

　　和會顯示出協約國戰勝後將陷入分裂的局面。義大利發現自己的領土野心無法得到滿足，便宣布退出和會。法國與英國則為了如何瓜分阿拉伯與其他問題而爭吵。美國很快就對歐洲事務失去了興趣，因此在一九二〇年拒絕 ◀499
簽署凡爾賽和約，諷刺的是，和約的主要建築師卻是威爾遜總統。

## 戰間期

　　一九二〇年美國選出新總統沃倫・哈定（Warren G. Harding），說明美國不想再關心歐洲事務。哈定競選時承諾一切將恢復「正常」。對大多數美國人來說，所謂正常指的是回到戰前的那種單純狀態，複雜的外國問題與他們沒有太大關係，民眾努力賺取財富，很少關心政府的作為。不久，美國的經濟開始繁榮景氣。到了一九二〇年，許多人口移居城市，他們急欲擁有汽車、收音機及其他新的消費產品。分期付款也讓一些貴重物品如汽車首次得以在大眾市場出售。

　　英國也希望再次恢復戰前的生活模式，不希望受到政府的法令束縛。但繁榮始終難以重現。相反地，長期失業使煤礦與其他英國產業萎靡不振。在法國，由於需要大量支出重建被戰爭摧毀的地區，政府因而無法採行英美兩國的做法。德國與東歐已無力量恢復戰前的社會與經濟生活方式，因為戰爭帶來的傷害已重創舊日的社會結構。

　　戰爭使義大利民眾陷入極度不滿，義大利也因此形成特例。政治上的不安引發了政變，使新法西斯政權在一九二二年建立。法西斯主義黨派旨在建立一個偉大而受尊敬的國家，因此特殊階級與個人利益均應置於國家利益之下。在曾為社會主義黨員的墨索里尼（Benito Mussolini，死於一九四五年）領導下，法西斯主義推崇尚武精神且好大喜功。與英法政府相反的是，義大利法西斯政權在和平時期反而持續動員國家全體資源以進行發展，因為這種

500 ▶ 做法在戰時證明極為有效。就這層意義來說，如墨索里尼在當時誇言的，他的政府確實代表「未來的潮流」。

另一個自稱引領風潮的戰後運動是國際共產主義。一九一九年，當俄國內戰方殷之際，列寧召集了國外的共產主義同志，組成新的共產國際。往後幾個月，歐洲的社會主義運動一分為二，一派接受布爾什維克（重新定名為共產黨）領導，另一派則反對共產黨的接管。這場分裂對戰前社會主義運動相當蓬勃的德國影響尤其深遠。與共產主義者的爭執，使德國大部分的社會主義者與「資產階級」政黨密切合作，這種情況出乎社會主義領袖意料之外。德國於一九一八年爆發的社會主義革命因此陷入衰微。一連串的聯合政府依據新憲法而成立，這部憲法是在一九一九年根據民主原則在威瑪制訂完成。政府準備不足，對於左派與右派的革命威脅招架無力。儘管如此，政府還是倖存下來，這是因為政府與殘餘下來的舊日德國軍官團合作，而得以掌控一支決定性的軍力。然而，這也使凡爾賽和約允許的一小支軍隊，落入對新政權缺乏同情的人士之手。不過，在一九二四年後，即使有這樣的缺點也無關緊要。因為在美國貸款的協助下，德國又恢復了繁榮景氣。

德國在一九二〇年代末期，經濟快速成長，與俄國經濟恢復緩慢而困難的情況形成強烈對比。內戰結束之後，列寧決定暫緩建立共產主義。事實上，他的構想始終是建立在這樣的假定上：西歐高度工業化國家也會經歷社會主義革命，因此將產生大量的無產階級經驗與無產階級人口，這將有助於歐洲與世界建立共產主義社會。有鑑於共產主義革命未能在俄國邊界以外發展，原定借助德國及其他外國無產階級力量的計畫，不得不予以擱置。無論如何，俄國現在只能仰賴自己的資源。於是列寧在一九二一年宣布新經濟政策，允許農民與小貿易商自由貿易。俄國經濟中只有具有「指令高度」的部門保留在國家手裡：銀行、工廠、對外貿易與運輸。

501 ▶

許多理想派共產主義者認為新經濟政策背叛了真正的社會主義，對未啟蒙農民的自私經濟行為進行毫無價值的讓步。對俄國以外的國家來說，新經濟政策是共產主義無法實行的明證。不過事實上，俄國的城市經濟如列寧所言，大體上仍掌握在國家手中。列寧於一九二四年去世，引發了一場隱晦卻

又猛烈的奪權鬥爭。一九二七年，史達林成為列寧的繼承者。這個時期，對部分自由（由無數平民，其中多數為農民自行管理，他們對價格的反應遲鈍）與部分管制（由政府官員管理，他們對長官的指令反應也很遲緩，而且鮮少注意市場價格）的經濟進行操作已面臨很大的困難。供給城市的糧食與原料，不足以支持政府希望的各項工業發展計畫。因此，史達林決定放棄新經濟政策，並且強迫農村提供城市與工業經濟擴張所需的糧食與原料。

　　這種做法透過強制的農業集體化而獲得實現。農民被迫將土地與牲畜投入集體農場中；而集體農產收成後必須先將一部分農作上繳國家做為租稅，剩餘的部分才能分配給農民做為工作酬勞。俄國農民抵制集體化；他們甚至寧願宰殺牲畜也不願送往集體農場。這造成了一九三〇年代初嚴重的農業危機。但史達林決定無論如何也要向集體農產徵收糧食，即使不合作的農民因此挨餓或幾近挨餓也在所不惜。

　　以武力向集體農場農民徵收的糧食與原料，支持了龐大的勞動力建造工廠與水壩，開採新礦與從事其他資本投入工程。五年計畫列出了一大串實際的目標。俄國人把力量組織起來以達成這些目標，甚至還超前這些目標，就像在打仗一樣。人力與物力的募集、工作的進行，都依照一連串軍事指揮的原則來進行。就連用語也是軍事性的：報紙與演說進行高聲呼籲與警告，以警醒各生產大隊、前線工人、階級敵人等等。到了一九三二年，史達林宣布第一個五年計畫在四年半內完成，超前了進度。儘管集體化付出了重大成本，但俄國有計畫的動員確實達到工業快速發展的結果。◀502

　　到了一九三二年，這項成就在資本主義世界引發廣泛的回響。一九二〇年代的景氣因一九二九年紐約股票市場崩跌而戛然中止。恐慌在國際間散布，隨後造成大量的失業人口。失業降低了購買力，而這使得不景氣更為嚴重。但俄國不斷擴張的經濟卻自外於這個看似不可避免的惡性循環。對許多西方觀察家來說，強制集體化的高昂成本，對比於經濟大恐慌造成的徒勞與痛苦，似乎變得可以原諒。

　　馬克思主義預言資本主義崩潰，似乎因這場不景氣而得到確證；然而，長久預期的社會主義革命卻未在西方高度開發的工業國出現。法國與英國游

移不定，兩國的政府不能或不願採取激烈的手段來恢復經濟。然而德國與美國卻採取強有力的做法來回應經濟危機。

在美國，羅斯福總統於一九三三年實行「新政」。這可說是部分恢復了第一次世界大戰的經濟動員。各項公共工程的緊急計畫與管制物價及農業生產措施，並未充分終止失業；但不景氣的衝擊卻得以減緩，而輿論對於新政在經濟管理上的創新也給予支持，使新政得以勉強延續到第二次大戰爆發，並且引發新的且不同的問題。

503 ▶
當希特勒於一九三三年一月取得大權時，德國經歷了一場極大的政權變化。希特勒是國家社會主義德意志工人黨（簡稱納粹）的黨魁。他相信意志與英雄主義；他認為德國人在一九一八年被猶太人、馬克思主義社會主義者與其他民族「叛徒」從背後刺了一刀。壕溝裡的袍澤之情，對希特勒與其他大多數納粹領袖來說是一段美好的回憶；只有在黨員中，他們才能為自己具威脅性的態度以及袍澤的情感找到類似的宣洩口。相信金髮、種族純淨的「雅利安人」天生具優越性，這是納粹教條中特別令人作嘔的一個面向。這種學說為攻擊乃至於消滅猶太人與其他所謂的低等族裔提供了合理化的藉口。

希特勒在就職後採取的政策，首先是用修改憲法與消除敵對政黨及政治領袖的方式來取得獨裁的權力。然後希特勒開始組建軍隊，動員人力與機器，採取狡猾而大膽的外交手段，使德國再度強大。英國與法國都無法有效反制希特勒的做法。美國與俄國甚至作壁上觀。因此，希特勒得以在驚人的短時間內使德國再度成為歐陸的支配力量，在國內，藉由迫害猶太人與消除失業，使他在德國的支持度居高不下。他成功的祕訣，在於全盤地運用第一次世界大戰期間德國研發出來的一套經濟動員的方法。納粹的做法非常適合戰時的形態，因此，重建軍備從一開始就是希特勒內政的重點。

直到一九三八年為止，希特勒宣稱的外交政策旨在廢除不平等的凡爾賽和約。這不僅意謂著要重整軍備，使德國能與法國及其他大國平起平坐；也意謂著要將所有日耳曼人置於同一個政治屋頂之下。因此，併吞奧地利（一九三八年三月）與捷克斯洛伐克的日耳曼人居住區（一九三八年九

月），對絕大多數強調民族自決的英國政治家來說，似乎不是全然不合理的事。

　　然而，希特勒並不以合併日耳曼人居住區為滿足。他相信為了爭取生存空間而進行生死鬥爭乃是歷史的內容與實質。希特勒認為，唯有佔領東方廣大的領土並且讓日耳曼人在當地居住，日耳曼民族的未來才能得到保障。然而這項政策英法無法坐視不管。然而史達林看似損失最多，他卻與德國結盟，讓希特勒於一九三九年往東擴展迫使波蘭屈服。一九三九年九月一日，希特勒攻打波蘭，第二次世界大戰爆發，英法雖然不願意，但因對波蘭人做了承諾，因此對德宣戰。直到一九四一年六月為止，史達林一直在經濟與外交上支持希特勒，因此確保德國人（在擊潰波蘭之後）能進行單線作戰，這是德國在一九一四年無法獲得的奢侈品。當然，史達林也達成他的目的，蘇聯不但併吞波蘭一半的領土，也佔領了波羅的海三小國：愛沙尼亞、拉脫維亞與立陶宛。芬蘭為了避免遭到併吞而進行冬季作戰（一九三九到一九四〇年），雖然保住了國家，卻不得不割讓部分領土給史達林。

◀504

## 第二次世界大戰

　　英法兩國在一九三九年時，無論物質上還是士氣上都無法有效抵禦希特勒。結果，德國與其盟邦義大利（一九四〇年起）與日本（一九四一年起）在戰爭爆發的前三年獲得一連串戲劇性的勝利。波蘭於四個星期內被征服，並且被德蘇兩國瓜分。一九四〇年春，德國征服丹麥與挪威，為進擊法國、比利時與荷蘭揭開序幕，並且在幾星期之內就讓這三國土崩瓦解。希特勒完成德意志帝國未能完成的事：幾乎整個歐洲大陸都臣服在德軍腳下。美國依然保持中立，俄國畏縮不前。英國單獨作戰，在空防上擋住德國轟炸機的侵襲，並且在德國潛艇攻擊下仍能保持海上航路暢通。但沒有人相信英國有足夠資源擊敗已成功征服歐陸的強大德國。

　　一九四〇年秋，由於未贏得海空軍方面的優勢，因此登陸英國存在技術上的困難。希特勒於是把軍隊轉向俄國。納粹黨人公開表示，德意志民族應

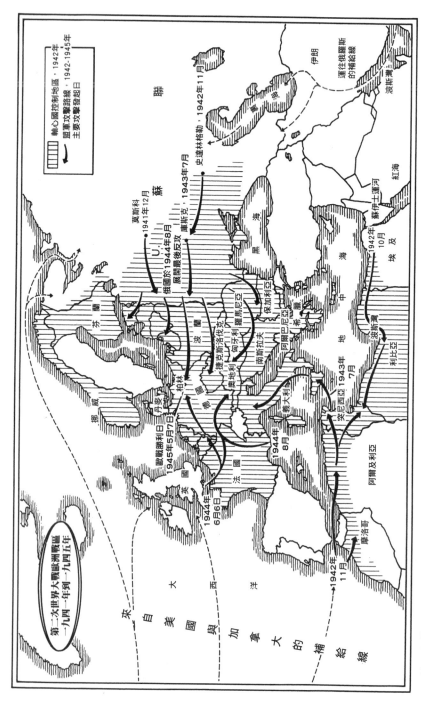

圖例

軸心國控制地區，1942年

盟國攻擊路線，1942-1945年

主要攻擊發起日

第二次世界大戰歐洲戰區
一九四一年到一九四五年

運往俄羅斯的補給線

波斯灣

蘇伊士運河

伊朗

埃及

紅海

蘇　聯

莫斯科
1941年12月

U. 俄國於1944年8月展開最後反攻

史達林格勒，1942年11月

庫斯克，1943年7月

黑海

波蘭

捷克斯洛伐克

匈牙利

羅馬尼亞

保加利亞

南斯拉夫

阿爾巴尼亞

希臘

地中海

芬蘭

挪威

瑞典

柏林

丹麥

奧地利

德國

波斯灣

利比亞

1942年10月

突尼西亞 1943年7月

阿爾及利亞

摩洛哥

1942年11月

歐戰勝利日 1945年5月7日

英國

法國

1944年6月6日

義大利

1944年8月

大西洋

來自美國與加拿大的補給線

▲第二次世界大戰歐洲戰區，一九四一年到一九四五年

當在東方尋找生存空間。此外，希特勒基於意識形態的理由憎惡共產主義，而且他相信擊敗史達林政權是輕而易舉之事。外界的觀察家幾乎一致同意希特勒的看法，因為俄國軍官團在一九三〇年代受到徹底的整肅；而且俄軍在一九三九到一九四〇年進攻芬蘭時，曾被人數較少的芬蘭軍隊阻擋了數月之久。◀ 506

在進攻俄國之前，德國曾發動一場漂亮的「閃電戰」。攻入巴爾幹半島，在三個星期內擊潰南斯拉夫與希臘。一九四一年六月二十二日晚間，希特勒部隊未經正式宣戰就開始攻擊俄國。奇怪的是，史達林居然毫無防備。不斷挺進的德國裝甲部隊因而俘虜了數百萬俄國軍隊。但俄國人在初期雖然立腳未穩，但其抵抗的意志並未潰散；當冬日來臨之時，俄軍的抵抗意志變得更為堅決。德軍開始感到補給品與機械支應不足，前進速度於是減緩。然後寒冬來臨，困住了德軍。

由於以為能輕易取勝，納粹根本未曾準備在俄國過冬。德國的機械在零度以下的環境中無法操作，人員也難以活動。相反地，俄國人習慣寒冷，他們在莫斯科附近與其他地區擊退最精銳的德國部隊。希特勒初嘗敗績，然而還要一年的時間，俄國軍隊才有能力對入侵德軍發動大規模反攻。

一九四一年十二月六日，德軍首次撤離莫斯科前線。次日，日本偷襲珍珠港美軍艦隊，美國因而參戰。最初幾天，外界不確定美國是否將同時對德日兩國宣戰。結果希特勒為美國政府解決了這項難題，他決定對美國宣戰。希特勒可能藉此發洩對美國「未宣戰」卻以實際行動支持英國抵抗德國的憤怒。

一旦全面參戰，美國的政策是先集中全力打敗德國，因為德國是比日本更為強大的對手。這意謂著美國將與英國、俄國以及其他圍繞著三巨頭的盟邦並肩作戰。英美兩國開始計畫協同作戰，而俄國則仍維持獨力作戰的態勢，不過英美持續將民間補給品與軍事物資送往俄國，對其作戰產生很大的助益。在最初幾個月，運送物品極為困難，而俄國從未充分透露有關自身資源的資訊，英美在戰略與生產計畫上因此一直無法與俄國密切配合。◀ 508

到了一九四二年秋，美國戰略物資的生產開始爆增。日本初期的勝利成

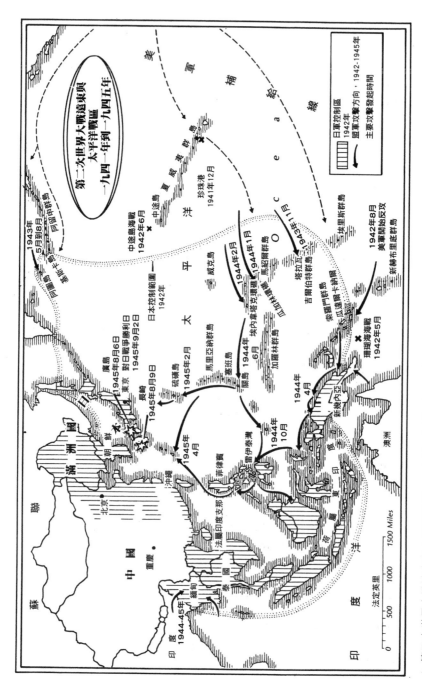

第二次世界大戰遠東與太平洋戰區，一九四一年到一九四五年

美軍補給線

第二次世界大戰遠東區
太平洋戰區
一九四一年到一九四五年

日軍控制區
1942年
盟軍攻擊方向，1942-1945年
主要攻擊發起時間

威夷群島
珍珠港
1941年12月

中途島海戰
1942年6月
中途島

太平洋

1943年5月到8月
阿留申群島
基斯卡島
阿圖島

1944年2月
1944年1月
馬紹爾群島

埃內韋塔克環礁
塔拉瓦
1943年11月
吉爾伯特群島

1944年6月
加羅林群島
瓜加林群島

馬里亞納群島

日本控制範圍
1942年

關島
1944年
塞班島

1944年
8月
黃軍開始反攻

馬雷海戰
1942年5月

所羅門群島
布干維爾島
瓜達爾卡納爾

新不里底群島

栗埃里斯群島

寫里斯群島
新幾內亞

廣島
1945年8月6日
東京
對日戰爭勝利日
1945年9月2日
長崎
1945年8月9日

硫磺島
1945年2月

沖繩
1945年
4月

雷伊泰灣
菲律賓

1944年
10月

朝鮮
北京

滿洲國

蘇聯

中國
重慶

法屬印度支那
暹羅
緬甸
1944-45年

印度

印度洋

0 500 1000 1500 Miles

果已受到遏止，因此在太平洋與亞洲地區形成一道相對穩定的防線。一九四二年十一月，英美兩國首次在北非發動反攻。隔年五月，德國與義大利被逐出北非，英美部隊先後在西西里島與義大利南部登陸。結果，墨索里尼垮臺（一九四三年七月）。義大利政府正式退出戰爭，但直到歐洲戰火平息之前，義大利依然是戰場。

對德國人來說，地中海作戰不過是次要的。一九四二年與一九四三年的主要戰場集中在俄國前線。一九四二年夏，德軍再度發動大規模攻勢，直抵窩瓦河畔的史達林格勒。然後便停滯不前。從一九四二年十一月，到一九四三年二月，俄國人擊退德軍，終止了德軍的攻勢。當德國於一九四三年夏天嘗試發動攻勢時，俄國人迅速扭轉了戰局。此後，德國轉為守勢，邊打邊退地撤出俄國人的土地。一九四四年夏末，俄軍越過戰前的疆界，兵鋒直指柏林。

同年夏季，英美聯軍在諾曼第登陸（一九四四年六月六日，D 日），而且成功地推進到萊茵河畔。盟軍原本計畫在年底前擊敗德國，但德軍的頑強遠超過預期，因此直到一九四五年四月，俄軍與美軍才在德國易北河會師。德國已註定失敗，於是希特勒自殺（一九四五年五月一日），一個星期之後，德國國防軍最高統帥部代表正式投降。由於戰勝國拒絕和納粹政府協商，因此將德國分成四個軍事佔領區，各區的佔領國（俄國、英國、美國、法國）可以依自己的意思設立自己認為適當的地方政府。盟國對德政策難以協調一致，德國於是一分為二：西部面積較大的是德意志聯邦共和國，包括原來的英、美、法三國佔領區；東部面積較小的是德意志民主共和國，為原來的蘇聯佔領區，後來由共產黨統治。

◀509

和一九一八年一樣，一九四五年的德國也是滿目瘡痍。大規模的空襲使德國與其他歐洲國家的城市化為齏粉；交通受到嚴重破壞；經濟普遍陷入癱瘓。但一九四五年後的復原比一九一八年後來得順利，因為各方人士均認為要自發地恢復正常是不可能的。因此，戰間期以及為克服一九三〇年代經濟大恐慌而發展出來的社會與經濟管理技術便運用在戰後歐洲的重建上。

一九四九年後，已經明顯可見經濟復原的榮景。在極短暫的時間內，戰

爭造成的損害幾乎都已修復完畢。歐洲雖然失去了所有海外殖民地,卻擁有超邁前代的生產力與繁榮興盛。因戰爭而推動的各項社會經濟管理方法,一旦施行於和平時期,往往產生驚人的成果。歐洲復原的力量就跟歐洲發動戰爭的力量一樣,顯示若能讓數百萬技術人口協調一致,使其朝眾人支持的目標前進,就能創造出難以想像的成就。而這正是二十世紀西方為世界帶來的重要貢獻,無論是共產主義政權還是非共產主義政權都與有功焉。唯有日本因為大規模集中力量,才創造出足以與西方相比的成就;至於世界其他地區,則是被遠拋在後。

## 思想與文化

我們不知道,二十世紀有哪些事物將來會被視為西方思想與文化真正重要的創新。傳統的價值與假定都受到挑戰;許多都已被捨棄。我們中古與近代的前輩創建的西方文明崩解的情況,如同其他文明在十九世紀的衰敗一樣。當時的中國人、印度人與穆斯林發現他們的傳統思想與行為習慣已不足以對付西方的入侵者。

510 ▶

另一方面,我們也可以說二十世紀新奇的藝術與思想構成了另一場西方文化的自我轉變,就像過去「文藝復興與宗教改革」、「啟蒙運動」或其他一些令人熟悉的歷史標籤一樣。除非更長的時間過去,改變與連續的元素終於可以更明確地區別出來,否則目前要在這兩種對立的觀點之間做出清楚的判斷是不可能的。

有一項因素認為崩解與斷裂是有利的,其論點如下:二十世紀之前,西方世界大多數人跟其他地區的人一樣,幾乎都是農民。因此,他們的生活受到古老的季節規律調節。對工作、家庭關係以及外在世界的態度,基本上都受到農業慣例的塑造。這種規範從二十世紀工業化社會出現之後,就開始隱沒消失。城市的日常經驗模式,一定與過去農村的日常經驗模式有很大的分別。這一點會如何影響文化與社會,仍有待觀察。但影響可能很大,甚至可能大到讓後工業文明與人類之前所知的任何事物完全斷了連繫。

　　城市社會中大眾傳播的範圍，也許標誌著這種新文化階段的開始。收音機與電影在一九二○年代開始產生影響力，而且早在一九三○年代就已開始左右政治。更具威力的電視在第二次世界大戰後才出現，但與原有的傳播工具相輔相成。這些傳播媒體可以打破階級與地域的分別。每個位於大眾媒體網路傳播範圍內的人，都能更貼近一般人共同的水準。由於利用的是口說而不是書面文字（電視又加上了視覺刺激），因此這種傳播途徑激起一種類似面對面接觸所具有的反應。

　　這開啟了新形態方法的大門，人類有意識地操縱人類行為。廣告靠著引發潛意識的反應，將某種人們投入感情的物品與某種商品連結起來。強大的政治運動，例如希特勒，也是訴諸於意識層面的欺騙與謊言，並且刻意地撩撥你的情感。◀511

　　事實上，第一次世界大戰使數百萬人認識到過去從未了解的一點，即人類行為有非理性的一面。佛洛伊德（死於一九三九年）探索心靈的無意識層次，他的研究在戰後德國思想界與藝術圈吸引了許多追隨者，不久也在法國、英國與美國引起興趣。然而共產黨與納粹拒絕容忍佛洛伊德的觀念，因此在一九三九年後，他的思想學派主要在英語世界風行。

　　這顯示出一個更深層的差異。在法語與英語圈，藝術與文學依然被視為個人的作品，是向他人表達私人與個人的事物，而非表現公共的與官方的主題。當藝術家與作家探索自己的獨特世界時，他等於冒著無法被人了解的風險。只有少數人願意做足功課去理解艾略特（T. S. Eliot，死於一九六五年）的奧祕詩篇，或探究喬伊斯（James Joyce，死於一九四一年）《芬尼根的守靈夜》（*Finnegane Wake*）文字的巧妙變化。

　　耐人尋味的是，即使當有些藝術家不再創作可認識的現實景象時，視覺藝術的欣賞者仍與日俱增。這是因為照相重製的方法使得藝術作品的經驗得以不斷地增加（或遭到稀釋）。當歷史上各種藝術風格都能讓一般大眾欣賞時，這種極其多樣的來源刺激將可激勵出藝術家的靈感。非洲藝術與其他原始模式變得具影響力；個人風格的作品狂亂地增生；而照相機仍不斷發展，大幅擴展視覺藝術的範圍，提供給更多人欣賞。

另一種不同的藝術觀點支配了共產主義俄國與納粹德國的藝術場景。革命初期，俄國藝術家確實揚棄了舊有的限制，但在史達林統治下，藝術家被組織起來為國家與黨服務，聽從上級的命令選擇主題與風格。簡言之，藝術成為一種用來影響社會大眾態度與行動的工具；唯有能宣揚政府主張作品才能公諸於世。希特勒也採用類似的政策，但他強調對異議份子的迫害，而非規定可接受的藝術風格。

512 ▶

對個人的無助與非理性特別關注，這是「資本主義」藝術與文學的特點。奇怪的是，這類強調卻與科學的持續成功相配合。雖然一九二○年代中期有海森堡（Werner Heisenberg，死於一九七六年）、薛丁格（Erwin Schrödinger，死於一九六○年）與其他人發展出量子力學，並且為處理極其微小的次原子活動提供了數學上與概念上有力的工具，但在一九一四年到一九四五年間，並無根本創新的洞見改變自然科學的形態。愛因斯坦的相對論與其他舊日科學觀念的應用與演變，則是以驚人的速度呈倍數增加。對於非常微小事物的深入研究，則是與天文學研究嶄新而複雜的發展相呼應。對於恆星如何將物質轉變成能量（與愛因斯坦的公式相符）的縝密計算，產生了恆星如何發光的可信的解釋。

理論的進展只是自然科學整體發展的一小部分。化學家研發出新的合成材料，其中一些（尼龍、乙基汽油）可以運用在消費品與產業上。物理學家建造出新穎強大的機器，可以加速電子到極高的速度以擊碎原子。即使是擊碎原子的技術也能在二次大戰期間用來生產極具威力與破壞性的消費品：第一枚原子彈。

戰時科學家在控制下成功釋放核能，這是發明過程中一個普遍而重要的造成改變的例子。在一九一四年之前，大多數重要的發明或多或少都是個人自行研究而成。發明人或中間人，在發明物獲得實際採用之前，往往要費很大的工夫向別人說明發明的價值。然而在一次大戰期間，發明與應用的傳統關係倒轉過來，在二次大戰時情況更為明顯。人們先決定他們需要什麼樣的機器或武器，然後交由專家負責設計符合規格的產品。發明因此成了一件有計畫，而且在某種程度上受控制的程序。因此人們可以確信地說，什麼時候

513 ▶

可以生產出跑得更遠更快，而且載重量更大的坦克與飛機，甚至可以約略估計，要解決設計與製造改良品需要多少時間。

這種計畫性發明的技術，類似戰時與經濟大恐慌年代廣為應用的社會經濟管理技術。人們會先把整個過程分析成幾個構成部分，然後找出瓶頸，針對這一部分做必要的擴大研究或更改方法，好讓整個過程能依照計畫人的想法去執行。然後，集中一切努力與智巧在關鍵點上，直到新觀念經由實際試驗與運用而提高整個過程的水準。大型工業設備的工程師與設計師一直是用這種方式工作。比較新穎的突破首先是規模，不再是一個工廠，而是整個產業成為計畫目的裡的標準單位。其次是假定，也就是現行的作業方式與物質限制可以透過思考而加以改善。效果非凡，發明加速，而且一旦有目的地朝解決某種特定技術問題前進，其速度與確實性都是前所未有的。這就好像一個瞎子，在一個陌生的房間裡摸索前進，突然間恢復了視力。

計畫性的發明是人類理性的巨大勝利。在其他領域，包括社會科學，理性也贏得一些令人矚目的勝利。舉例來說，經濟學由於凱因斯（John Maynard Keynes，死於一九四六年）與其他人的研究而大有進展。凱因斯反思戰間期不斷困擾英國的經濟蕭條，發現影響貨幣供給與信貸的政府政策是決定經濟活動的主要因素，即使是自由市場經濟也不例外。這種見解，加上日益詳盡的經濟活動統計資料，使經濟學家有能力向政府官員提出建言，以調整稅收與貨幣政策，就算不能因此完全去除，至少也可緩和交替出現的景氣循環，因為從戰間期可以看出，這種交替過程往往造成極大的成本。這種間接控制，事實上可以超越共產黨在經濟管理上的指令技術，因為透過有技巧地管理市場機制，要對供需進行較細微的調整是辦得到的。

人類理性在科學與社會管理上的持續勝利，與二十世紀對個人動機與行動非理性層次的發現，兩者處於奇異的對立。原則上，理性計算或許可以容許非理性的行為，至少在處理統計上具重要性的數目，而非處理單一事件時是如此。唯有這麼做，經濟學才可能成立。管理人員可以運用理性計算來吸引人類心理的非理性層面，藉此改變對方的行為，也許這意謂著說服對方購買新肥皂、引誘民眾投票給某個特定的候選人，或者是把新進人員訓練成聽

話的士兵。

更廣泛與更有系統地將這些技術運用在社會上，將把人類區分成管理者與被管理者、羊群與牧羊人、菁英與大眾。共產主義社會或多或少公開接受這種理想，它把每個行業的領導責任放在黨員肩上。法西斯的學說強調意志與勇氣更甚於理性，但它也是菁英主義。傳承自十八世紀的民主理論，否定統治者與被統治者之間存在任何基本差異，但在西方世界的民主國家裡，行政者與專業人士確實屬於菁英份子。大眾對菁英、非理性對理性、自發對控制，這些是整個二十世紀西方經驗中存在的明顯矛盾的各種不同面向。

從另一個層面來看，時間過程的歷史觀點在十九世紀取得一定的力量，並且持續在考古學與歷史研究的領域擴展，而對非西方社會進行歷史研究也使世界史首次成為可能。史賓格勒（Oswald Spengler，死於一九三六年）與湯恩比（死於一九七五年）是兩位極具影響力的學者，他們以平等的態度看待自己與其他文明。讓歐洲人、中國人或世界其他地區民族以為自己身處於世界中心，進而輕視其他民族的歷史觀如今已站不住腳；但目前為止還沒有出現受眾人一致接受的模式理解人類過去。馬克思主義的進步模式在蘇聯凍結成為教條，主張從奴隸制到農奴制、資本主義、社會主義社會最終發展成共產主義；而在其他地區並未形成共識。

515 ▶ 觀點的差異，因職業種類不斷增加形成的思想自主而不斷倍增，而這一點與早期西方傳統的多元主義若合符節。如果有充分的時間觀察現代人極度混亂的現象，那麼我們甚至可以發現其中一致的跡象。很少有社會能像二十世紀上半葉的西方社會那麼具有創新性。在思想與實務上，在科學、藝術與科技上，在社會與政治組織上，以及在經濟管理上持續創新，使西方生活方式在全世界依然佔有優勢，而且使歐洲及其海外延伸部分成為全球的世界主義文化中心。這個文化中心在二十世紀下半葉，將逐漸使全人類結合成一個彼此互動的整體。

第三十章

一九四五年以降
# 全球對抗與世界主義

　　在二次大戰以前，國際政治以歐洲為中心。歐洲大陸上，老牌而知名的 ◀516
國家，諸如法國、德國、英國與義大利支配了整個局面。在遠東方面，日本
的帝國主義野心與中國內部的混亂創造出另一個相對獨立的風暴中心。龐大
的蘇聯與同樣龐大但相對略小的美國，將歐洲戰場與遠東的權力鬥爭隔離開
來。這兩個沉睡的大國，基於意識形態，只在戰間期的政治操作上居於邊緣
的角色。殖民地總督與官員維持了非洲與南亞的和平；拉丁美洲則在美國經
濟力的陰影下敢怒而不敢言；大英國協國家加拿大、澳洲、紐西蘭與南非，
則樂於由他國來煩心國際事務。

　　這個模式遭第二次世界大戰打破。蘇聯與美國從這場大戰中脫穎而出，
成為支配全球的兩大強權。奇怪的是，在戰前使蘇聯與美國不願自由參與以
及以對等身分參加國際聯盟與其他外交事務的觀念，卻在戰後促使兩國廣泛
地干預世界各國的事務。身為馬列主義國家，俄國認為自己有責任協助在亞 ◀517
洲、歐洲與世界其他地區興起的共產主義運動；反觀美國為了保衛威爾遜的
民主自決願景，因而認為自己有義務防止共產主義向全球擴張。

　　當然，「冷戰」陣營是經過一段時間才變得壁壘分明。絕大多數美國人
在一九四五年時還想比照過去一九一八年的處理方式：把軍隊調回國內並且

復員。在大國共識下成立的聯合國將接手維護和平的任務。問題是一九四五年大國欠缺共識與一九一八年如出一轍。想和德國與日本簽訂雙方合意的和平條約顯然是白費工夫；結果，到了一九四七年，美國政府認為，美軍必須等到史達林俄國的擴張野心受到「圍堵」時，才能從歐洲與日本撤軍。

　　史達林到底怎麼看待戰後情勢，這點仍停留在推測階段。他對國外共產黨未抱很高的期望，而在一九四五年時，他或許並未預期中國與東歐的共產黨能夠奪取政權。但史達林卻輕易讓美國及其他觀察者相信，俄國人正在全球各地策動革命，目的是在各國建立共黨政府。史達林戰後在俄國重申正統馬克思主義，而該主義預言將發生世界革命。他在蘇聯於一九四四年到一九四五年佔領的東歐建立聯合政權，並且打算在兩年內將這些政權轉變為共產黨獨裁的政府。他也稍微嘗試過控制黑海的出海口，並且打算將勢力延伸到伊朗與土耳其東部。在此同時，在亞洲，共產黨逐漸掌握了中國，幾個共產黨領導的游擊隊也在幾個亞洲國家爭奪權力。在西歐，共產黨的勢力也很強大，而且極力倡導革命。這一切對俄國政府來說似乎是理所當然、必然與可取的，馬克思的預測正逐步實現。對美國與許多歐洲國家來說，這些都是莫斯科在世界各地主導陰謀的結果，目的是在戰後困苦或社會不平等的地方製造革命與內戰。

　　當共產黨游擊隊在希臘起事，威脅要推翻當地政府時，美國馬上決定介入。一九四七年三月，杜魯門總統利用這個機會要求國會通過反共運動的政策，反對共產黨在任何時間任何地點以武裝革命為手段奪取政權。三年後，美國在希臘的努力證明是成功的；但要在共產主義革命運動初起時就予以拔除，這項世界政策恐怕不是美國的力量、財富與意志所能承擔。

518 ▶

## 冷戰時代：一九四七年到一九七三年

　　在西歐，美國的冷戰政策證明極為成功。一九四八年，各國政府訂定了歐洲復興計畫（European Recovery Plan）。美國國會成立美國基金，到了一九五三年，當歐洲復興計畫正式結束之時，經濟復甦與政治穩定實際上已

在全歐非共黨統治的地區獲得實現。在此同時，共黨統治的東歐國家也依照蘇聯五年計畫模式實行了經濟計畫。結果使所有東歐國家獲得相對快速的經濟發展。跨國市場與經濟合作在西歐發展得特別成功；在東歐，各國各自實行的計畫最後證明難以協調一致。部分由於這個原因，到了一九六〇年代，西歐的經濟成長與持續技術進步已大幅領先東歐的各項成就。

　　然而，在世界其他地區，無論是俄國還是美國的世界觀都不見得符合當地情況。從俄國的觀點來看，隨著一九四八年後共產主義運動在西方國家的消退，期望與經驗的根本落差也越來越大。因為革命的馬克思主義獲得發展的地方並不是馬克思與列寧所預期的擁有工業無產階級的國家，反而是絕大多數人口仍在務農，現代工業才剛起步的國家。

　　第二個令人困窘的現象是，馬克思預言的國際兄弟情誼，並未因革命勝利而產生。新成立的共產主義政府對於與俄國人合作興趣缺缺。其中尤以中國為最，但共產主義陣營首次出現公開決裂卻是在一九四八年史達林企圖主 ◀520
張對南斯拉夫的控制權時，此舉引發了與南斯拉夫人的公開衝突。從這類緊張可以看出，民族主義與種族文化自尊並未因共產主義革命而被抹除。相反地，亞非的共產主義運動除了高舉共產主義大旗之外，也充滿民族主義色彩，攻擊白人帝國主義時訴諸的種族情感，除了可以反法或反英，也可以用來反俄。

　　俄國意識形態與美俄以外世界的第三項差異，是歐洲殖民帝國在第二次世界大戰後解體的方式。英國首先在一九四七年退出印度。穆斯林與印度教徒之間的不信任感日漸尖銳，英國決定將印度分割成穆斯林統治的巴基斯坦與印度教徒統治的印度，並且盡可能採取多數治理的原則。當英軍撤出後，兩個宗教社群之間爆發大規模動亂，數十萬人被殺，有更多人逃往信仰相同的宗教社群避難。雖然開始並不順利，但一九四七年後，印巴兩國終獲自治。印度（而非巴基斯坦）雖然有文盲、貧窮與地區差異等問題，卻仍能保持議會與民主政體。就在印度獨立的同時，英國也從錫安與緬甸撤軍，不過對馬來亞的統治則持續到一九五七年。

　　一旦英國決定放棄殖民統治，其他殖民大國也發現跟隨英國的做法才是

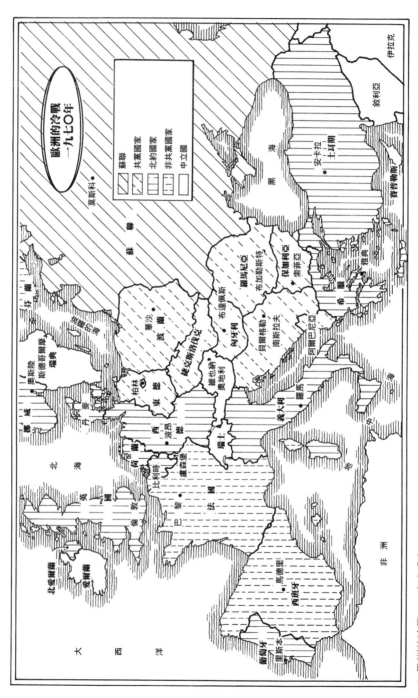

明智之舉。第一個獨立的非洲殖民地是一九五七年的迦納（之前的黃金海岸）。不到五年的時間，非洲除了葡屬安哥拉與莫三比克之外，幾乎所有歐洲殖民地都獨立了。

當然，歐洲殖民大國並不是真的想走。舉例來說，荷蘭曾一度想恢復對印尼的統治，但在遭遇武裝對抗之後就決定放棄（一九四九年）。法國比荷蘭更努力想恢復殖民統治，但敘利亞的軍事抵抗，再加上越南的抗爭，連同英國的殖民政策，最後使法國鎩羽而歸。

法國到目前為止最慘痛的鬥爭發生在阿爾及利亞，因為有許多歐洲移民已經將此地視為他們的家鄉。當阿爾及利亞穆斯林開始騷動，並且以武力爭取獨立時，這些移民也進行反擊。起初，法國輿論支持這些移民，但隨著戰事延長，民眾的想法逐漸分歧，最後連法國也演變到瀕臨內戰的局面。這種局勢促使戴高樂將軍（General Charles de Gaulle）重新掌權。戴高樂在戰時曾領導自由法國運動，並且於一九四五年到一九四六年短暫領導重建的法國政府。戴高樂執政之後，便修改憲法，給予國家元首更多的權力，然後以民選領袖的身分，運用手中的權力與阿爾及利亞締和。一九六二年，在歷經七年戰鬥之後，法國接受民眾壓倒性支持阿爾及利亞獨立的投票結果。 ◀521

歐洲殖民帝國快速而和平的解體，部分原因與歐洲政府觀點的改變有關。舉例來說，英國工黨於一九四六年執政後，便高舉反帝國主義的大旗，希望英國能卸下殖民者的責任，他們不只想放棄印度，甚至想放棄所有的殖民地。第二個原因是殖民地民眾政治意識的興起。獨立運動引發對外國統治的反抗，同時也創造出一種政治結構，可以接續歐洲殖民官員留下的行政工作。諷刺的是，靠自己的力量爭取到獨立的民眾，往往要比未要求獨立但獨立卻從天而降的民眾（如比屬剛果）更能做好自治的準備。

在東南亞，當法屬印度支那分裂成越南、柬埔寨與寮國時，古代的文化與政治差異再度顯現出來。然而，在其他地區，歐洲殖民者劃定的疆界幾乎仍繼續維持。這是因為在這些剛獨立的國家裡，治國重任往往落在曾經在歐式學校受教育的新人身上。一旦本地出生的政治領袖接續白人殖民者的統治模式繼續行使政治行政控制，那麼傳統的部族團體以及在歐洲統治前就已存

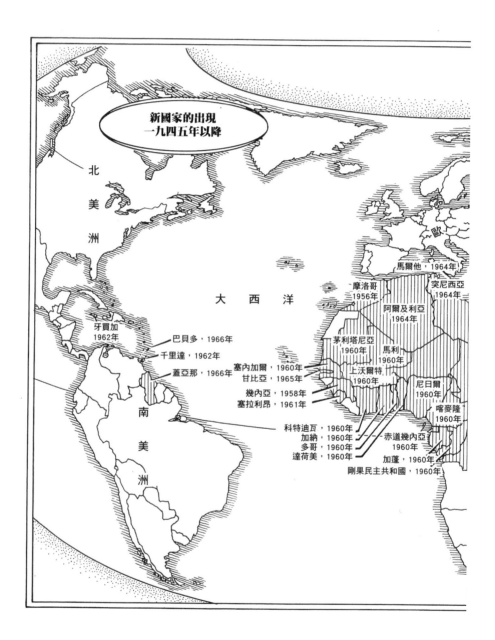

新國家的出現
一九四五年以降

北美洲

歐

大　西　洋

馬爾他，1964年

摩洛哥
1956年

突尼西亞
1964年

阿爾及利亞
1964年

牙買加
1962年

巴貝多，1966年

千里達，1962年

蓋亞那，1966年

茅利塔尼亞
1960年

馬利
1960年

塞內加爾，1960年
甘比亞，1965年

上沃爾特
1960年

尼日爾
1960年

幾內亞，1958年
塞拉利昂，1961年

喀麥隆
1960年

南美洲

科特迪瓦，1960年
加納，1960年
多哥，1960年
達荷美，1960年

赤道幾內亞，
1960年

加蓬，1960年

剛果民主共和國，1960年

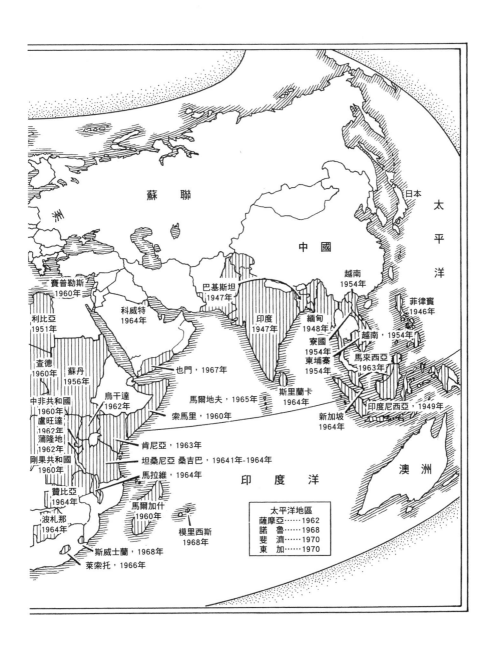

蘇　聯

洲

中　國

日本

太
平
洋

越南
1954年

菲律賓
1946年

賽普勒斯
1960年

巴基斯坦
1947年

科威特
1964年

印度
1947年

緬甸
1948年

越南，1954年

利比亞
1951年

寮國
1954年
東埔寨
1954年

馬來西亞
1963年

查德
1960年

蘇丹
1956年

也門，1967年

斯里蘭卡
1964年

中非共和國
1960年

烏干達
1962年

馬爾地夫，1965年

印度尼西亞，1949年

盧旺達
1962年

索馬里，1960年

新加坡
1964年

蒲隆地
1962年

肯尼亞，1963年

剛果共和國
1960年

坦桑尼亞 桑吉巴，19641年-1964年

澳　洲

贊比亞
1964年

馬拉維，1964年

印　度　洋

波札那
1964年

馬爾加什
1960年

模里西斯
1968年

斯威士蘭，1968年

萊索托，1966年

| 太平洋地區 | |
|---|---|
| 薩摩亞 | 1962 |
| 諾　魯 | 1968 |
| 斐　濟 | 1970 |
| 東　加 | 1970 |

在的舊君主體制便無法打破這種局面。在這種情況下，任何想改變現狀的嘗試毫無例外都將歸於失敗，一九六〇年代晚期奈及利亞的比亞夫拉叛亂（Biafran revolt）就是個例子。

524▶　美國與蘇聯對於歐洲殖民帝國的瓦解均表認同。這是為什麼這場運動一旦開始，進展就如此迅速。但這兩大強國對於結果並不十分滿意。原因之一，大量的「新國家」在聯合國大會上取得席次。這些國家組成了「第三世界」集團，在絕大多數議案上拒絕附和共產主義集團與美國陣營。此外，俄國與美國的意識形態期望最後都落空了。殖民帝國的崩潰並未加速歐洲工業國家的社會革命。前殖民強權就算沒有殖民地也依然繁榮興旺。列寧針對西歐為什麼該發生革命卻未發生革命而提出的解釋因此遭到推翻。（列寧指控西方的無產階級分享帝國主義的利益，因此成為殖民地人民的剝削者，所以延遲了歐洲革命意識發展的過程。）不過，從美國的觀點來看，非洲與亞洲的獨立運動也無法令它感到安心。獨立並未帶來民主與自由，反而促成了一黨專政與軍事獨裁。

從嚴格的意識形態的觀點來看，我們很難看出共產主義政府與美國民主理想的差異會比這些亞非政權與美國政府的差異來得大。美國政府向來主張，莫斯科在幕後策動世界共產主義陰謀，企圖顛覆世界上所有非共產世界的和平與安全。美國基於這種看法，而從一九四七到一九五三年將資源投入歐洲以促其穩定。而中國的發展也強有力地支持這項觀點，美國支持蔣介石領導的政府，但這項努力最後仍不敵共產黨的軍事勝利。

中國共產黨取得權力（一九四九年）後不久，北韓的共黨政府就出兵攻擊南韓（一九五〇年）。美國人認為這是共黨擴張計畫的更進一步。由於蘇聯因抵制而未出席會議，美國因此讓聯合國安全理事會通過制裁侵略者的決議案。美國軍隊與聯合國其他會員國派遣的小規模部隊，對北韓共黨的南侵進行干預。當北韓即將失敗時，中國伸出援手而且很快將聯合國部隊擊退到非常接近原本南北韓分界的位置。

525▶　戰場上形成僵局，最後雙方各退一步同意停戰（一九五三年），但雙方對這場戰爭結果均感不滿。一九九八年，兩韓仍維持著停戰狀態。然而，日

本由於成為聯合國部隊軍事物資的主要供應者，而從韓戰中獲利甚多。這項擴大的需求給予日本工業足夠的刺激，使其能從二次大戰的毀壞中重建，日本在經濟上的突飛猛進，甚至超過同一時期德國的經濟復甦。

冷戰期間，國際關係深受以下事實影響，即美蘇兩強擁有的核子武器可以立即毀滅全球所有的城市。一九四五年，原子彈還是新發明，多虧戰時研究工作保密得當，只有美國擁有這項武器。但蘇聯隨即努力研究以扳回一城。間諜蒐集的科技祕密固然有用，但蘇聯科學家與工程師複製美國原子彈的速度之快，著實讓西方專家嚇了一跳。俄國首次試爆原子彈（一九四九年）後，美國政府決定開始研發更具威力的核子彈頭，即所謂的氫彈，其能量來自於氫融合，與太陽及其他恆星散發光熱的原理一樣。蘇聯大概也在同一時期做了相同決定。無論如何，蘇聯只比美國晚幾個月試爆第一枚氫彈（一九五三到一九五四年）。

摧毀力量大幅提高之後，便立即展開另一項祕密競爭，看哪一方先發展出能運載彈頭的火箭，必要時射程可以繞地球半圈。一九六〇年代初期，美蘇兩國均已裝設火箭，隨時可以發射，從有人按下發射鈕開始，不到半小時就可以毀滅對方城市。這種史無前例的狀況產生的恐怖平衡，顯然對兩國的科技技術構成挑戰，促使它們設計攔截對方火箭的工具，在火箭飛抵彈道的某一點時予以摧毀，使其不至於對防衛國造成傷害。為了反制攔截而採取的措施，包括多重彈頭以及可以在飛行時改變方向以規避攔截的火箭彈道。整個一九七〇年代與一九八〇年代，這種不斷尋求贏得或保持技術優勢的半祕密競爭，需要耗費兩強相當可觀的資源。然而每次技術上的提升均無法讓任何一方擁有充分的防衛力量，使其能避免突然的、毀滅性與全面性的災難。

早在一九五〇年代，核武或許已經對俄國與美國的政策產生約束的效果。兩強不只一次規避對峙，以避免真的爆發核戰。美國在韓戰中未曾轟炸中國，唯恐蘇聯援助中國，進而引發第三次世界大戰。一九五六年，當匈牙利人起而反對共黨統治時遭受俄軍鎮壓，美國基於相同的理由未給予援助。同樣地，一九六二年，當美國發現蘇聯在古巴（卡斯楚在當地成立反美的革命政權）裝設火箭，並且要求俄國撤除這些火箭時，蘇聯退卻了。在經過緊

繃的幾天之後，俄國人決定讓步。古巴人希望拿著同樣精良的武器來對付美國，但蘇聯最後拆除飛彈基地，撤回技術人員，這令古巴人很失望。

蘇聯與美國的軍備競賽產生一件值得注意的副產品，也就是太空探索。能攜帶彈頭繞地球半圈的火箭，也能發射人造衛星。蘇聯在一九五七年首先完成這項豐功偉業。四年後，俄羅斯人加加林成功繞地球一圈，然後平安著陸，達成另一項突破。俄國的這些成就，刺激美國政府在太空科技上投入大量資源。結果，一九六九年，美國太空船兩度載人登陸月球，並且成功返回地球。

這些傑出的科技成就只是太空開發與探索的一小部分。裝有各種感應儀器的無人火箭將穿越太陽系，前去探索其他繞日的行星。此外，許多人造衛星位於地球大氣層上方，執行各種任務：傳遞廣播與電視訊號、拍攝天氣狀況、觀察軍事設施。到了一九七〇年，間諜衛星已能刺探到過去美蘇雙方一直嚴格把守的軍事祕密。奇怪的是，這反而能消除對手疑慮。當衛星觀察系統可以記錄每個洲際彈道飛彈地下倉門開啟的狀況時，無預警突襲的可能性就大為減少。

美蘇開戰將導致世界毀滅，這種令人癱軟的恐懼是軍備競賽另一個出人意表的副產品。兩大超強不願冒險與對方攤牌，雙方的盟友因此相信，令人恐懼的核武不會有用來攻擊對方的一天。因此，法國於一九六六年退出由美國領導的軍事同盟北大西洋公約組織（成立於一九四九年），而中國則指責俄國悖離真正的革命馬克思主義，並且發動「大躍進」，試圖在鄉村以社群為基礎擴大工業與農業產量，以進入共產主義階段。大躍進悲慘地失敗，甚至造成嚴重的饑荒，而俄國則落井下石，召回在中國工作的技術人員（一九六一年），這些技術人員過去負責幫中國建立新工業，其中包括製造原子彈的工廠。

不久，中俄的爭端在共產世界造成反響。有些歐洲共黨政府為了脫離俄國控制而傾向支持中國；其他則與西方自由主義暗通款曲。顯然俄國人無法控制其他的共產國家。在「真實」馬列主義路線背後，隱約可見共產主義陣營長久存在的民族、文化與種族矛盾。類似的狀況也在美國的冷戰盟友中出

現。顯然，美俄兩大陣營對峙形成的冷戰，即使在冷戰發源地歐洲似乎也逐漸衰微，而在一九五〇年代，冷戰確實較能反映歐洲的政治現實，而非其他地區。

在非洲、亞洲與中東，美蘇對立影響了其他根深柢固的差異，這些差異不一定吻合簡略的資本主義與共產主義，或自由主義與馬克思主義的意識形態對立。從二次世界大戰以來，文化差異的舊路線，穿上了新民族主義與革命（通常是馬克思主義）語言的外衣，經常因種族、宗教情感而惡化，它賦予非洲、亞洲與中東政治一種特定的且時常充滿暴力的語調。◀528

一九六一年後俄國與中國的爭執，反映了俄國與這項現實的衝突。美國在一九六四到一九七三年間，在越南有一段更痛苦的經驗。美國政府起初派部隊到越南是為了協助南越防備北越共黨的顛覆行動。一開始，情勢如同韓國的翻版，美國的冷戰原則是協助任何國家的政府抵抗共黨的侵擾。然而越南的狀況與韓國不同。韓國民族主義其實是在聯合國努力下動員起來與北方的俄羅斯傀儡相抗，但在越南，這個關係卻是倒過來。在大部分越南人眼裡，南越統治者是外國人的傀儡──首先是法國人（直到一九五四年），然後是美國人。因此，在一九六四年後，民族主義與種族情感結合起來支持馬克思主義領導的革命，以逐出新的美利堅帝國主義者。當激烈的戰鬥展開，俄國軍事物資運抵北越，以抵消美軍裝備造成的壓倒性優勢。

美國官員長期以來一直不願面對越南的政治現實。但南越士兵的差勁表現，即使接受美國人的訓練與裝備也沒有起色，再加上越共士兵的頑強，這些無疑可以看出越南人普遍厭惡美國的干預；當美國國內也出現大量反戰的聲音時，尼克森總統決定任由南越自生自滅，美國於一九七三年撤軍。共產黨很快接管南越，然後將南北再度合併為一個國家。美國人瀰漫一股憤怒而茫然的情緒，覺得自己的好意遭到背叛。但，被誰背叛呢？在越南遭遇令人矚目而出乎意料的失敗，引起國內的爭議，並且在一九七四年導致尼克森總統下臺，他曾涉入一九七二年選戰的非法行為，此事遭到公開。亞洲、非洲與拉丁美洲層出不窮的動盪不安，使人煩躁慌亂。冷戰的明確目標與初期勝利因此隱沒在充滿迷霧的過去，國內急速的通膨與油價突然飆漲，使◀529

一九四五年以來的經濟繁榮中斷。沒有人知道該怎麼做，而同樣的茫然很快將影響到蘇聯以及世界其他地區。

　　區域性的衝突層出不窮。信仰印度教的印度與信仰伊斯蘭教的巴基斯坦向來不和。當東巴基斯坦於一九七一年發動叛亂並且獨立為孟加拉時，背後其實得到印度的武裝支持。在非洲，羅德西亞與南非的白人與黑人之間的種族衝突，為非洲新獨立國家之間與國家內部派系之間的鬥爭提供了不祥的背景，這些衝突經常演變成地方性的暴亂。一九六七到一九七〇年，比亞夫拉徒勞地想脫離奈及利亞；一九六〇與一九七八年，武裝勢力企圖控制薩伊南部的產銅省分；一九七七年到一九七八年，衣索比亞與索馬利亞之間的慘酷戰爭，這些都屬於這類騷動中比較大規模的衝突。這些爭端清一色來自於種族間的對抗，而與意識形態無關，但大國似乎還是無法從中脫身，因為他們向來扮演著武器供應者的角色。

　　一九四七年後，中東成為衝突的溫床，新猶太國以色列透過武裝行動而站穩腳跟。以色列既與英國人為敵（英國人從一次大戰之後就管理著巴勒斯坦），也與阿拉伯人對抗（阿拉伯人從穆斯林征服巴勒斯坦之後就定居於此）。希特勒在二次世界大戰期間殘殺歐洲的猶太人，因而大大地激起猶太人的民族主義與宗教情感。納粹將數百萬猶太人趕離歐洲家鄉，然後用毒氣室屠殺他們。至少有六百萬猶太人，包括男人、女人與小孩死於納粹之手。僥倖生還者也難以重拾在歐洲的生活。許多歐洲猶太人決定遷徙到聖地，也就是猶太教的發源地，這是唯一能避免淪為受迫害的少數族群的辦法。然而要讓巴勒斯坦容納大量的猶太人與建立猶太國，必須遷離住在當地的大量阿拉伯人。當猶太人開始著手，以武力建立新國家以色列時，鄰近國家的阿拉伯人，以及巴勒斯坦的阿拉伯人深感受冒犯。阿拉伯人的自尊與《古蘭經》的訓令和以色列的興起扞格不入，《古蘭經》在穆斯林社會中為猶太人與基督徒提供了一個寬容但從屬的地位。即使聯合國通過（一九四七年）巴勒斯坦應由猶太人與阿拉伯人一分為二，仍沒有任何阿拉伯政府願意接受以色列國的存在。為了鞏固阿拉伯人的地位而成立的阿拉伯聯合共和國（United Arab Republic）毫無建樹。

530 ▶

　　派系與地區的對立、貧困與科技落後，繼續造成阿拉伯國家的困苦；但這些缺點卻引發民眾對以色列的痛恨，以及對數世紀以來默默居住在穆斯林國家的少數猶太人的敵意。因此，原本居住在穆斯林國家的猶太人也遷徙到以色列，使以色列無法保持最初建國時的純歐洲社會形態。

　　中東脆弱的停火協議經常被突發的戰爭（一九四八到一九四九年、一九五六年、一九六七年、一九七三年）所中斷。前三次戰爭，以色列人獲勝，而且在一九六七年控制了整個耶路撒冷，往東勢力延伸到約旦河，往西則拓展到蘇伊士運河。然而，一九七三年的戰爭，雙方各有勝負，之後協議停火，以色列撤出蘇伊士運河河岸。埃及在重新管理運河後不久，便恢復通航。

　　全球各地的衝突往往因種族、部落與宗教仇恨而起，中東的勢力均衡也直接仰賴大國的武器供應。以色列獨立之初，武器仰賴法國，當時法國正與阿爾及利亞的穆斯林作戰。當法國改弦易轍，開始與阿爾及利亞人及穆斯林尋求和解時，以色列便轉而尋求美國援助。美國向來對以色列親善，其中尤以美國猶太人為最。一九五六年，法國、英國與以色列聯手攻擊埃及，但這項行動從一開始就受到聯合國反對，蘇聯於是開始供應武器給埃及。（附帶一提，這應該是極少數美國與蘇聯在戰後國際爭端上抱持相同立場的例子。）然而美俄在中東問題上進行合作的時間相當短暫。到了一九六〇年代，兩大強權又生齟齬：以色列仰賴美國的武器，阿拉伯國家仰賴蘇聯的武器。不過結盟的情況在一九七三年後突然出現變化，埃及政府改變立場與俄 ◀531 國人決裂。中東局勢因此重新洗牌，世界事務也進入新的時代，對此我們有一個恰如其份的稱呼：冷戰的消融。

## 冷戰的消融，一九七三年到一九九一年

　　在世界關係的新時代來臨之際，美蘇兩國在內政上都出現一些問題。兩國在經濟管理方法上的對比，越來越不明顯。如果考慮到共產主義與美國的政治管理曾在一九五〇與六〇年代讓國家經濟高度發展，那麼現代的衰微確

實令人始料未及。

美國的困境有部分源於民眾不願調高稅收以支付越南戰費。但此外還有更根本的原因。二戰結束後，美國經濟大體上是自給自足。援助計畫把大批糧食與工業產品運往海外，進口貨品的數量不多。這表示，如果能在國內明智地推動財政與稅捐政策（越戰時期的措施顯然不夠明智），那麼經濟活動將有望持續蒸蒸日上。事實上，二戰期間發展出來的新概念與新統計方法，使國家經濟的政治管理更能緩和景氣循環，避免像過去世代一樣深受景氣波動之苦。然而，當美國進口的石油與其他貨品數量越來越多時，原本只在國內施行的財政與借貸政策，效果卻開始大不如前。經濟逐漸全球化，因此需要全球化的管理，但現有的管理機構無法做出必要的決定，也無法在全球實施適當的財政或稅捐政策。

國家經濟管理的局限在一九七三到一九七四年時暴露無遺，阿拉伯石油輸出國為了報復美國支援以色列，於是禁止向美國出口石油。汽油的短缺不僅影響民眾生活，也重創經濟，而當禁令解除時，石油輸出國組織（OPEC）又於一九七四年決定調升油價到原先的四倍。此舉對全球經濟造成重大的衝擊，因為石油已成為世界各地運輸與工業的主要燃料。此後便展開十年的快速調整期。 一九八二年，油價再度下跌，部分是因為石油輸出國有成員超量生產，部分是因為進口國開發了新的油田（例如阿拉斯加與北海），以及使用替代燃料、製造更有效率的燃油爐與內燃機以減少耗油。

面對逐漸全球化的經濟，美國政府與其他國家曾長期處於不確定的狀況，之後它們決定讓貿易更加自由化，並於一九九四年努力協商後達成協定締結關稅暨貿易總協定（GATT），同意降低關稅與其他國際貿易障礙。歐洲經濟共同體（EEC）與北美自由貿易協定（NAFTA）分別在歐洲與北美成立了特別貿易區，加上關稅暨貿易總協定，使美國在一九九〇年代中期出現全新的經濟榮景。有些舊產業在外國的競爭下衰微，但新產業（通常與電腦有關）則逐漸抬頭，取代了舊產業的位子。同樣地，更自由的市場也增加了社會不平等。變化無常的市場價格造成了快速變遷，有人因此陡然而富，也有人跌入貧窮的深淵。

532 ▶

　　日本與西歐（除了英國）比美國更堅持政府應對經濟進行管制，因此在商業活動的革新上比美國晚了一步。在此同時；遠東的中國與幾隻「小虎」，尤其香港、新加坡、泰國與馬來西亞的經濟擴張速度將世界其他地區遠拋在後，主要是因為教育的優越與中國大量的廉價勞動力。非洲落居人後，穆斯林世界、拉丁美洲與印度也是如此，部分是因為人口對國內資源形成壓力，部分是因為私部門與公部門的管理者無心或無力在全球市場經濟裡成功競爭。

　　中國人口佔全球人口五分之一，這使中國的命運格外重要。一九六一年，中國與俄國決裂，之後轉而拉攏美國以抗衡俄國。美國也希望讓共產世界永久分裂好從中得利，於是在一九七二年與中國開啟外交關係。但中國當時仍面臨嚴峻的內部動亂。毛澤東與其他中共建政元老對於政治成功後產生的官僚腐敗問題感到痛心。因此，他們企圖透過所謂的「文化大革命」（一九六六到一九七六年）來點燃熱情，並且號召年輕的紅衛兵攻擊既有特權，必要時使用武力。一九七六年毛澤東的去世只是加深了不確定感，但到了一九八一年，激進份子已大體從權力核心中清除。鄧小平於是推動改革開放，一方面讓中國向世界市場開放，另一方面讓中國共產黨維持政治壟斷的局面。鄧小平解散農村人民公社，允許農民自由種植與販賣農作物。結果，農業生產量大增，不久，主要是消費品的工業生產也獲得相同的自由，這使得海外華人與外國人開始大規模地投資興建新工廠。中國部分沿海地區出現史無前例的繁榮景象，而中國的出口也以驚人的速率成長。不過，中國許多內陸省分在經濟上仍乏善可陳，而中國共產黨對政治活動的壟斷也引發強烈不滿，一九八九年北京天安門廣場的大規模示威抗議就是一例。

　　此外，人口成長對自然環境構成很大的壓力，越來越嚴重的工業污染也對中國脆弱的生態平衡構成威脅。有些（而非全部）經濟活動採行自由市場機制，這種做法其實違反了共產黨的平等理想。結果，當鄧小平於一九九七年去世之後，中國政府發現自己走在繃緊的繩索上，一方面，官員必須承諾信守共產主義，另一方面，在允許自由市場的同時，卻要規避美國與其他國家的指控：不公平貿易與國內的政治壓迫。

◀533

　　然而，無論其他工業社會在內政上遭遇什麼樣的困難，與一九七三年後的蘇聯相比只能說是小巫見大巫。蘇聯於一九三二年開始進行五年計畫，此後指令型經濟為俄國交出了亮麗的經濟成績單。這種經濟模式仰賴大量未利用的資源（水力、煤、石油、鐵與其他礦產），以及龐大未充分就業的農民，政府可以動員這些人從事建設與到工廠工作。四十年來，運用數百萬工人將新資源投入生產，因而確保了蘇聯工業產出的快速增長。人力與物資在使用上的浪費並非關注的重點。連續的五年計畫（只有在第二次世界大戰進行戰爭動員時才出現加速的效果）使大量俄國人口離開農村，而這麼做並未使農業產出減少，因為牽引機與其他農業機器使留在農村的少數人可以餵飽離開農村到礦場與新工業城市工作的人口。但是，二戰結束以後，俄國的人口出生率急速下降，到了一九七〇年代，農村勞動力的預備人口居然只存在於中亞的穆斯林族群。同時，容易開採的礦藏已然耗盡，因此有效率地運用勞力與物質成了俄國的當務之急。

　　然而，蘇聯的中央計畫模式無法做到必要的效率。官方計畫要求廠長製造出遠超過工廠每年產能的產品數量。獎懲取決於計畫是否能夠實現，也就是能否在一定時間內生產出官員要求的產品數量。結果，為了追求數量，往往只能犧牲品質。消費品通常相當粗略而且稀少，因為蘇聯把大部分的工業產能與品管都放在生產軍火上面，希望能與美國一較長短。結果，俄國經濟非但未如領導人自信預言的，能趕上乃至於超越資本主義國家，相反地，蘇聯的平民經濟遠遠落後。當俄國人得知非共產國家的生活是什麼樣子時，他們也就不再相信官員承諾的更好未來。

　　對共產主義的幻滅造成根本性的影響，而以下的事實也令人震驚：廠長甚至不敢嘗試更有效率地使用勞力、燃料與原料。燃料與零組件的運送極不可靠，工廠因此必須在淡季時在廠內囤積工人與原料。他們必須這麼做才能傾全力達成中央計畫者交代給他們的任務目標。一旦農村人力減少與原料來源枯竭，工業生產就會停止成長，在氣候不佳的年份，農業產出萎縮。生產精密軍火的成本高得嚇人，一旦對共產主義承諾的未來產生懷疑，那麼這樣的花費將變得令人難以忍受。

　　一九七三年後，由於石油輸出國組織大幅調升油價，反而緩和了俄國產業的困境。蘇聯擁有大量的石油儲量，因此可以透過石油出口來購買糧食與其他必要進口貨物。蘇聯與國外的貿易雖然達到均衡，但蘇聯內部的生產浪費與其他國家生產最佳化之間的落差卻逐年擴大，絲毫沒有改善的跡象。　◀535

　　因此，當一九八二年後油價開始下跌時，蘇聯便必須額外面對兩個難題，這兩個難題結合起來對共產主義經濟管理體系構成根本的威脅。首先是一九八三年後武器競賽的升級，美國總統雷根說服國會批准一項充滿野心的武器計畫，企圖研發從太空攔截核子彈頭的裝置，以打破目前的戰略僵局。美國的研究耗費甚大而成果有限，但俄國很快發現到，他們無法應付美國研發的這種新科技，也就是以電腦控制的「智慧型武器」。

　　這項挫敗影響了蘇聯軍隊的士氣，雪上加霜的是，此時意外傳來紅軍在阿富汗失利的消息。蘇聯—阿富汗戰爭（一九七八到一九八九年）與先前美國的越戰經驗頗為類似，俄國人起初介入是為了支持搖搖欲墜的共產黨政權，正如美國人想解救蹣跚的南越反共政府。此外，正如中國與俄國在越戰期間提供大量武器給越共，美國政府此時也祕密將大量軍火運送給阿富汗的穆斯林游擊隊。最後，絕大多數阿富汗人都支持穆斯林，不支持共產黨，因為阿富汗共產黨顯然是外國入侵者的傀儡。

　　在幾乎無人信仰共產主義的阿富汗持續作戰，所花費的成本就跟與美國進行軍備競賽一樣難以承受。結果，一九八五年上臺的蘇聯領導人戈巴契夫（Mikhail Gorbachev），於一九八七年和美國簽署拆除並銷毀所有中程核子飛彈的協定，並且在一九八九年讓紅軍撤出阿富汗。戈巴契夫希望外在壓力的消除，可以讓他推動開放與改革，從而使蘇聯經濟更有效率。然而，開放意謂著允許批評現有政策與權威，而由上而下的改革無法真正去除經濟無效率的問題。一旦允許民眾批評，遠超過戈巴契夫希望與想像的激烈改革隨之而來，首先是共產黨統治的東歐國家，然後是蘇聯本身。　◀537

　　結果令人震驚。首先，一九八九年，戈巴契夫默許東德、波蘭、匈牙利與捷克斯洛伐克的共黨政權突然瓦解，他並未像先前的領導人一樣派遣紅軍鎮壓東歐的反政府示威遊行。一九九○年，戈巴契夫甚至允許解放的東德與

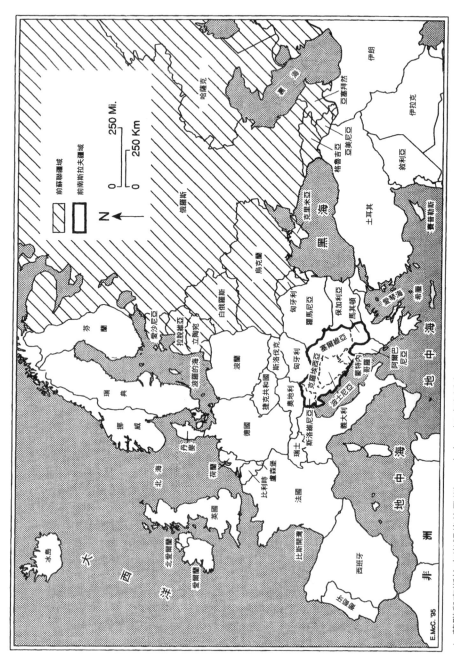

▲ 蘇聯與南斯拉夫崩解後的歐洲，一九九一年（改編自William R. Keylor, *The Twentieth-Century World: An International History*, New York: Oxford University Press, 1996）

西德統一，這對西歐與世界的權力平衡造成深遠的影響。其次，蘇聯境內的共和國開始反對俄羅斯的支配。倉促舉辦的選舉批准了各加盟共和國的獨立地位，於是一九九一年，蘇維埃社會主義共和國聯邦消滅，戈巴契夫喪失了職位，而剛當選俄羅斯共和國總統的葉爾辛（Boris Yeltsin）成為俄羅斯的政治領導人。此時的俄羅斯少了先前的屬國，並且深陷經濟混亂與不確定之中。

　　葉爾辛試圖在俄國建立一個或多或少符合自由市場體制的經濟制度。東歐與中亞的前共黨國家也採取相同的做法，並且獲得程度不一的成果。蘇聯崩解後產生嚴重的經濟混亂，但公開的暴力活動相當少，民眾普遍希望能依照自由民主的路線來重建社會。但舊制度無法一夕扭轉。在鄉村地區，俄國政府仍維持跟以前一樣的集體農場制度，俄羅斯國營工廠轉移給私人的過程，不一定能促成生產效率。相反地，陳舊的機器、浪費的做法以及糟糕的品管仍持續著，表示民眾仍必須以高價購買劣質品。要與進口的外國貨競爭是不可能的，但要放棄現有的工廠另起爐灶也不是可行的選擇，因為這將造成大量失業與更嚴重的物品短缺。當我寫作本書之時，俄國經濟與其他前蘇聯加盟共和國的經濟如何與新管理形式適應，似乎還找不到答案。往後幾年，世界局勢的穩定與否，將與這些問題是否獲得解決息息相關。

　　蘇聯崩解絕對是一九七三年後世界事務的核心戲碼，但不表示除了蘇聯之外，其他地區沒有可觀之處。第二個或許同樣重要的轉變是舊式民族愛國主義的衰微，與宗教和種族認同的強化。◀538

　　宗教認同的復興是世界性的，它影響了穆斯林、基督徒、猶太教徒、印度教徒與佛教徒，以及各種強調狂喜而內容含糊不清的新信仰，如巴西的溫班達（Umbanda）。同樣地，種族認同也變得越來越重要，尤其一國之內生活著不同的種族時，這種認同感會特別凸顯。民族主義者總是要求將少數族群同化到多數族群之中，但這種做法在今日已不可行，因為新的通訊形式使無數族群，如俄羅斯的車臣人、加拿大的法裔人士、美洲各地的印第安人得以主張自己有專屬的利益與權利。

　　國民連帶感的弱化也是世界性的。除了內部產生的宗教與種族挑戰，民

族國家也因為跨國組織的成長與各種組織的連結而遭到削弱。舉例來說，聯合國建立了力量微弱但具有野心的國際官僚組織，負責執行法規與決議。國際商業組織也培養了幹練的民間官僚，而科學家、士兵、演藝人員與其他專業人士也開始與國外同行密切進行合作。這些現象說明了溢出政治疆界的金錢、商品、勞務與資訊，正不斷侵蝕每個國家的主權。

在這種狀況下，行事乖張的專制主義政權特別容易受到考驗。審查制度與其他傳統控制輿論的做法已經沒什麼效果，因為儲存與傳播文字影像的新式設備越來越便宜而且容易取得。到了一九七〇年代，錄音機、影印機與電腦網路已能輕易穿過官方的高牆，揭露許多令人困窘的內容與訊息。

一九七九年伊朗政府的傾覆就是個好例子，它說明新的通訊技術可以煽動宗教革命，以反對專制、世俗與現代化的政府。在國外流亡的什葉派導師何梅尼（Ayatollah Khomeini）曾錄了錄音帶，將其走私回國，由他的支持者每晚在德黑蘭民宅屋頂上播放，裡面都是何梅尼抨擊巴勒維政府的話語。民眾支持何梅尼主張的宗教改革，激憤的群眾走上街頭，迫使巴勒維潛逃出539▶國。流亡的何梅尼以勝利者的姿態返國。直到一九八九年去世為止，何梅尼一直是政府政策最終的仲裁者，不僅在國內執行什葉派的伊斯蘭聖律，也在國外發動致命的戰爭以對抗美國這個「大撒旦」。

伊朗的宗教暴亂是罕見的，但不是孤例。當然，在世界大部分地區，宗教運動一直處於政治的邊緣地帶。一般人對財富與權力的追求，總是透過世俗黨派與領袖來進行政治表達，很少只以宗教做為動員對象。然而，對穆斯林來說，宗教與政治卻是緊密糾纏，這種現象從穆罕默德時代就是如此。此外，一九四七到一九七三年以色列對穆斯林連戰連勝，這更強化了各地穆斯林的宗教意識；關於軍事失利，有一項眾人深信的解釋，那就是穆斯林未能遵守聖律（真主意志的展現），所以真主才降下懲罰。然而在二十世紀要將聖律適用在越來越全球化的經濟上，恐怕非得曲解法典上的文字不可，關於這點，何梅尼與其他什葉派領袖很快就發現到了。沙烏地阿拉伯與巴基斯坦的穆斯林統治者，連同一九七〇年掌握了利比亞大權、容光煥發的宗教改革者格達費（Muammar al-Qaddafi）也發現相同的事。

　　局外人與非信仰者，無論是以色列人、美國人、法國人、俄國人、中國人或印度人總是認為穆斯林的政治暴亂實在令人難以應付。穆斯林國家的世俗統治者對此也感到極為困窘。特別令人不安的是一小群穆斯林極端份子，他們有時會與訴諸恐怖主義且流離的巴勒斯坦人合作，這些人雖然不只針對以色列，但主要的仇視對象無疑是以色列。

　　外交的忙亂說明了世局的混亂。舉例來說，一九七三年以色列與埃及的戰爭結束後，美國同時提供武器給這兩個國家。美國人試圖讓這些國家和解，於是提出了「和平進程」，最後終於讓以色列與埃及（一九七九年）和約旦（一九九四年）簽訂正式和約。馬國甚至促成以色列與巴勒斯坦解放組織（一九九三到一九九四年）同意宛如空文的和平協定，實際上在以色列國界內外都未建立真正的和平。在此同時，美國在伊拉克世俗領袖海珊（Saddam Hussein）攻打何梅尼伊朗時，給予他武器以進行激烈而未分勝負的戰爭（一九八〇到一九八九年），但最後卻使海珊入侵產油的鄰國科威特，造成疆界的突然改變。眼見伊拉克對波斯灣的石油運送造成威脅，美國於是派遣壓倒性的武裝部隊前往該地，在一些阿拉伯國家與盟友提供少數部隊象徵性地助戰之下，美軍在極短時間內就擊潰了伊拉克。 ◀540

　　然後，次年，穆斯林與基督徒之間出人意料的衝突威脅在歐洲土地上爆發，信仰天主教的克羅埃西亞人，與信仰東正教的塞爾維亞人與穆斯林波士尼亞人，這兩方敵對的宗教社群於一九九二年在波士尼亞爆發慘烈內戰。這一回，美國支持穆斯林與克羅埃西亞人對抗塞爾維亞人，最後美國也得到歐洲與俄國的支持，各國派遣遠征軍前來波士尼亞執行一九九五年的停火協議。然而，與以色列一樣，穩定的和平並未出現，而未來仍充滿了問號。

　　俄國也與穆斯林發生衝突，除了在阿富汗，一九九四年到一九九六年，俄國在高加索與車臣人打了一場苦澀而無結果的戰爭。其他的騷亂地點包括土耳其，土耳其將領經常介入政治以護衛世俗的民族主義不受穆斯林政治黨派侵擾；阿爾及利亞的世俗軍事政權與越來越暴力的宗教反抗軍對立。在法國與德國，無數穆斯林移民，像是法國的阿爾及利亞人與德國的土耳其人造成嚴重的社會與政治問題，但並未威脅公共安全，反觀在印度與中國，穆斯

林是少數族群，他們有時會遭到群眾暴力與警察打壓。

　　種族摩擦即使沒有宗教差異介入，有時也會產生明顯問題。舉例來說，在加拿大，爭取法語區獨立的運動，熱情但徹底世俗，它們集合了不少前進的動力，並且維持平和。然而，在非洲，有些長期持續的種族爭端會轉變成暴力事件。一九九〇年代中期的盧安達，胡圖族與圖西族無情地殘殺彼此；此外，種族差異引發的武裝衝突也曾在賴比瑞亞、蘇丹、索馬利亞與薩伊（一九九七年，勝利的叛軍將國名改為剛果）出現。另一方面，在南非，一九九四年和平的民主選舉結束白人專政的局面，權力落到了曼德拉（Nelson Mandela）身上，他希望種族之間能夠和解。

　　拉丁美洲一些國家的印第安人，他們蓄積的怨氣很可能爆發種族衝突。舉例來說，祕魯、玻利維亞、瓜地馬拉與墨西哥的游擊運動，他們從印第安裔農民口中聽來的抱怨，使他們獲得力量。另一方面，受到卡斯楚古巴共黨政府的熱心支持下，反對美國經濟與政治支配所進行的動員在尼加拉瓜與薩爾瓦多較為重要，雷根總統在此運用祕密探員支持親美的政府，而且比先前數任總統更無情地打擊反美的政府。

541 ▶

　　整體來說，我們驚訝在經濟與社會變遷如此快速的狀況下，世界局勢仍能維持平和。儘管國際貿易藉由廉價與商品品質增加了世界的財富，但全球市場經濟擴張卻使世界各地既存的社會模式變得扭曲而緊繃。只要有更新更有效率的生產者開始供給更便宜、品質更好的產品，就會有人喪失慣常的營生方式。市場價格無法保證貧無立錐之地的人能馬上找到新的工作。因此，在經濟轉變的過程中，有人發財，有人貧困。所得的不平等只會越來越普遍，在許多貧窮國家，財富與舒適往往不是雨露均霑。經濟成長與科技轉變的代價高昂，因為長期利益往往是以多數人遭受密集而短期的傷害為代價，無論窮國或富國都是如此。

　　這表示，全球經濟近年來的突破仍充滿了不穩定。政治上的抗拒，特別是在前共黨國家，很可能讓全球化的過程喊停。另一方面，大筆財富與權力獎賞已隨時準備好接受最佳服務與廉價產品，無視對既有利益與現存習慣造成的成本。人類社會總是在開放改變與保存既有方式之間拉鋸。然而，在我

們這個時代，運輸與通訊力量的增加，使得這項淵遠流長的選擇變得比以往更急迫，也更痛苦。

## 一九四五年之後社會與文化的變化

　　二十世紀下半葉政治與經濟的混亂，與人類社會的快速變遷有關，而當中有三個現象格外重要：第一，全球人口數量以史無前例的速率增加，但另一方面，富有城市人口的出生率卻下降到人口替代水準之下；第二，新形式的生育控制與婦女解放的新觀念改變了男女的分工方式，特別是西方世界的城市居民；第三，農村生活在商業化農業與城市各種面向的滲透下，逐漸失去了自主性。 ◀ 542

　　這三個現象，每一個都值得做一點解釋。首先是與人口相關的一些事實。現代人口成長的起點約在一七五〇年，人口學家推測此時的世界人口總數大約是七億九千一百萬人。隨後的成長如下：

1850 年 1,262,000,000 人

1900 年 1,650,000,000 人

1950 年 2,524,000,000 人

1996 年 5,768,000,000 人

資料來源：聯合國人口統計報告，1996,12

　　換言之，人類數量從一八五〇年到一九五〇年增加了超過一倍，從一九五〇年到一九九六年，增加又超過了一倍，而到了二〇〇〇年，預期將超過六十億人。地球的資源有限，這種人口擴張速度不可能永遠持續下去。然而只要目前的增長速度仍維持著，那麼無論在世界的哪個地方，現有的制度安排絕對會越來越吃緊，不僅人類將過得侷促，連其他生物也會受影響。

　　農業改良擴大了糧食供給，運輸改善使食物更可靠地送進飢餓的嘴裡，這兩項因素可以解釋人口的起飛。另一項因素是致命疾病發生率的變化，無論何時何地，人與人之間的密切接觸使傳染病從流行性轉變成地方性。

一九五〇年後人口的快速成長，主要歸功於世界衛生組織在二戰後的數十年間，把現代公衛管理與基礎下水道引進到全球每個國家。天花於一九六〇年代完全絕跡，其他幼兒疾病因為預防接種而大為減少。盤尼西林與其他抗生素治療絕大多數的傳染病，就連瘧疾（傳布最廣）也因為孳生蚊子的地點噴灑了化學物而幾乎絕跡。結果，嬰兒死亡數直線下降，更多的孩子可以長大成人生育自己的孩子，因此產生了成長速度史無前例的人口。

543▶　有清楚跡象顯示，傳染病正捲土重來。許多長期存在的病菌已對抗生素產生抵抗力，少數新傳染病，如愛滋病毒，則已經進入數百萬人的血液中。性行為的改變，導致出生率降低，從而使人口成長率趨緩。二十世紀人口大量增加的現象，恐怕不只是空前，也是絕後，但人口要停止成長恐怕還要很長一段時間，如果真有那麼一天。

　　人口壓力導致近年來經常出現政治動亂、種族衝突與宗教對立。人口未能繼續增長的族群，如法裔加拿大人與以色列猶太人，他們有時會藉由強力動員抵抗外敵來確保自己的未來。相反地，人口快速增長的族群經常訴諸暴力，以種族清洗（如盧安達）或攻擊地主（如拉丁美洲游擊隊）的方式奪取鄰人土地。

　　遷徙是面對人口成長時一種比較重要的反應。一九五〇年以降，富有的城市人口不斷減少，貧窮的鄉村人口不斷增加，此消彼長的結果，促使數百萬人從村落移居城市，這些人經常因此跨越文化與政治疆界。由此形成不同民族的融合，進一步稀釋了民族認同，也造成地方上各種摩擦。

　　整體來說，一九四五年後人口的變化，確實是我們這個時代最特出的事實。歷史上找不到變化如此龐大的例子，至於人類社會與地球生態系要如何與數量繁多的人口調適，這麼重大的問題恐怕只能留待後人來回答。

　　城市家庭結構的變遷與農村的衰敗也是史無前例。從新石器農業革命以來，家庭與村落的紐帶關係一直形塑著大多數人的生活。這些基礎制度的崩解，或許預示著某種大幅悖離人類社會歷史模式的事物即將出現，不過沒有人可以確知，因為城市生活方式的長期存活率尚未獲得證明。

　　城市人口的組成通常仰賴從鄉村遷來的移民，因為城市環境盛行的傳染

病使城市居民長期的人口存活率偏低。在現代城市裡，變遷的家庭模式也有
類似的效果，延後結婚，減少生育與質疑人口的延續性。近來的科技變遷促 ◀544
使城市家庭轉變。首先，方便、廉價與可靠的節育方法直到一九六〇年後才
出現，避孕藥首度在市面上銷售。避孕藥促使性行為出現巨大變化，因為此
後不需要冒著意外懷孕的風險從事性行為。此外，新的家電用品，如洗衣
機、吸塵器等等，與冷凍食品以及其他便利食品的上市，表示烹飪與家務不
再需要全職投入。當不支薪的家務只需要兼職就能完成時，女性走出家門工
作賺錢就成了相當合理的事。二次大戰期間，勞力短缺使婦女投入無數新工
作之中，這股潮流持續到戰後，大多數國家都去除了女性就業的法律與習慣
的障礙，使男女的機會均等。

不過，照顧嬰兒與小孩還是需要全職，城市女性發現，要兼顧養育孩子
與繁忙事業是非常困難的事。即使丈夫願意幫忙，養育孩子對父母生活的影
響還是遠比在農村來得大，農村的工作場所與生活空間是一樣的，就連小孩
也能對家中收入有所貢獻，他們可以在家中與田裡幫忙。結果，生育的孩子
越來越少，而且都是在父母年齡較大的時候生的，因此這些城市富裕人口往
往無法生育太多子女。

鄉村移民可以讓城市維持成長，但西方世界的農村居民其實行為模式與
城市家庭沒有什麼差別，因此新來者必須來自遠方，而且要跨越文化與種族
界線。西歐有數百萬穆斯林，美國有數百萬墨西哥人與其他拉丁美洲人，在
其他富有的都市化國家，也有許多彼此混合的移民人口。（日本是個例外。
日本人傾向在海外設廠與引進外國工人，但到了一九九〇年代，快速老年化
的人口與逐年減少的勞動力已開始對這項政策構成嚴厲的考驗。）

城市匯聚了來自鄉村的移民，這顯示農村的自治地位正面臨崩壞。從人
類文明史可以發現，收取稅賦與地租的官吏會拿走一定比例的村民收成，相
對地，他們會保護農民免受破壞與侵擾，儘管他們的保護並不十分可靠。除
了支付地租與納稅，其他時間村民幾乎是無人管束，可以在地方風俗容許的 ◀545
範圍內做自己想做的事。許多世紀以來，農村幾乎是自給自足的單位，不僅
生產自己需要的東西，也繁衍自己的後代。換言之，農村是社會的基本單

位，絕大多數人在十八世紀前，大約有百分之八十五到九十五的人住在農村，在此延續他們的文化面與生物面，就算出現翻天覆地的戰爭與政治，就算其他的城市動盪不安，也無損農村的步調。

然而，一旦農村開始為了配合城市市場而進行生產，農村的自主性也隨之崩潰。這是個漫長而緩慢的過程，起始點可以遠溯到西元前一二〇〇年，鐵製鐮刀與其他一些城市製造品在這個時期開始改變中東部分地區的農村日常生活。農村社會的進一步商品化，主要仰賴交通運輸，除非商品能廉價而可靠地進行遠距運輸，否則農村不可能生產超過自己所需的物品。運輸每經一次改良，農村與城市社群之間的貿易管道就增添新的可能。這段長期持續的過程在十九世紀有了突破性的進展，蒸汽帶動的交通運輸與立即性的通訊（從電報開始）開啟了跨大陸的連結。然後在一九五〇年後，廣播與電視，加上大幅改善的道路與卡車，更是加強了世界各地城鄉之間商品與觀念的交換。

結果，傳統的村落生活方式無法再維持自給自足。農村年輕人嚮往城市的舒適生活，而他們對城市生活的想像有不少是從電視得來的。蠢蠢欲動的情緒，加上人口快速成長，使子女不可能維持跟父母一樣的生活（即使他們想維持也辦不到），光是土地不夠分配就是個大問題。使用新種子、肥料與農耕機具進行精耕細作也許可行，但直接移往城市卻省事得多，且較有前景。城市因此成長快速，而且現在或許已有半數以上的人口不自己種植糧食，並且居住在城鎮裡。更重要的是，那些留在鄉村的人絕大多數想追隨城市的生活方式，他們對於自己無法享受從電視看到的那種城市愉悅感到憤憤不平。

人類能否在城市狀態下生活，完全擺脫在地、面對面的社群支持（與限制），將是二十一世紀的核心社會問題。到目前為止，人類的生存一直仰賴農村的彈性。從農村社群近來逐漸喪失自主性與士氣來看，這個過去絕大多數人類賴以生活的架構，已然裂了一個大洞。農村習俗以及農村社群內部的個人地位，曾經賦予一般日常生存意義與價值。什麼東西可以替代農村，為城市生活的無名化找到出路，這仍是個待解的問題。

　　從宗教運動在世界的表現可以看出，宗教教派，無論新舊，是目前最有可能取代農村角色的候選者。但宗教的復興或創新也必須面對全球經濟的要求與大眾傳播和大眾娛樂的侵蝕，這些都是造成農村生活方式瓦解與不受青睞的元凶。或許人類也能在沒有關係緊密的地方社群支持與限制下生活。更可能的是，我們的社會需求與傾向將找到新的方式，建構出面對面（或螢幕對螢幕）的社群，以引導我們的日常生活並找出其價值所在。

　　人口成長率的變化，與家庭和農村生活方式的轉變，這些都深受新的大眾傳播與大眾娛樂，以及它們向大眾傳布的資訊所影響。廣播、電視與網際網路是三個最重要的元素。它們的衝擊是非常晚近的事，廣播是一九五〇年後（世界絕大部分地區是如此），電視是一九七〇年後，網際網路是一九九〇年後。它們對人類社會與意識的長期影響是什麼，目前還難以估計，但這個影響肯定是深遠的。

　　對這方面的回應也充滿矛盾。到目前為止，美國唱片、電影與電視節目的吸引力仍所向披靡，英語也在許多專業領域成為世界語言。但埃及與印度也存在繁盛的大眾媒體中心，它們將產品外銷到其他國家，與美國人一較長短。伊朗的例子也顯示，地方傳統的活力能一下子取代美國的文化影響，至少表面上是如此。全球世界主義的吸引力與維護文化多元性的努力，兩者之間會如何互動，沒有人知道。然而，雙方明明是對手，卻不得不彼此學習，如伊朗的宗教改革者使用錄音帶來宣傳他們的革命理念就是一例。這表示，即使是最強硬的傳統護衛者，也有可能改變自己護衛的東西，無形中縮小他們最喜歡之物與最想驅逐之物的差距。 ◀ 547

　　一般來說，新的通訊方式似乎必然能創造出新的人際連結，有了盤旋在頭上的人造衛星一天二十四小時不斷地傳送訊息，空間距離似乎因此完全消弭，人與人之間的資訊傳布也因此省去了大量成本。但人類社會是否能完全免除面對面的相遇與充分的情感和思想溝通（亦即透過口語與肢體語言傳達），仍有待觀察。

　　由古代語言及文明遺產形塑出來的菁英文化，對於這些普遍的社會變遷似乎沒有立即的回應。在西方世界，藝術、文學與高素養的音樂仍延續著

十九世紀以來的做法，不斷追尋個人原創的理想。為了創新，藝術家、作家與作曲家有時會測試人類理解力的範圍與行為合宜的程度。而其結果也各自不同，評價也莫衷一是，想從中判定誰的作品特別重要，目前似乎還不可能做到。

在某些領域，新材料促成了大量創新。像是建築領域，新式的玻璃與混凝土建築，價格低廉，空間寬敞，而且可以滿足新的目的，建構機場，體育館等等。二十世紀的建築風格因此比其他努力實現創意的作品更能傳之久遠。

面對支配的西方高等文化，亞洲與非洲的文學與藝術傳統為了延續，而產生了各種緊張。恢復或修改傳統的文化表達形式，往往可以獲得成功，而這些文化形式吸引的對象不只限於起源地。例如，日本茶道引起美國與其他西方人的興趣，將其引進到他們的藝術中。同樣地，印度的神祕主義與音樂，以及中國的針灸與功夫，也滲透到西方世界之中，部分是好奇，部分是基於異國風情。

對非西方人來說，宗教改革與復興是自別於世界主義與西方影響的最普
548 ▶
遍方式。許多穆斯林遵循這個路線，但佛教、神道教與印度教的復興者也採取這種方式。一項抗衡的運動是基督教狂喜形式的傳布，特別是拉丁美洲、非洲與東歐的五旬節運動。五旬節運動在第三世界與歐洲盛行之前（主要是一九三〇年後才在這些地方紮根），首先是在一九〇一年於堪薩斯州興起，吸引的主要是貧窮而生活不順遂的美國人。其他基督教傳教士教團也獲得成功，至於穆斯林則是持續在非洲、中亞與美國獲得信眾。但傳統宗教—文化認同的巨大變化並未出現，而且似乎不太可能發生，因為宗教（與語言）牢牢連繫著人類獨特的過去，要比絕大多數的行為形式更能抗拒改變。

因此，儘管流行文化極為吸引人，而即時通訊的力量無遠弗屆，宗教與其他文化差異似乎仍緊緊固結在人群的習慣與風俗上。新觀念與新行為當然會改變全球各地重要的生活面向，但文化疆界與藩籬仍然會持續屹立不搖，因為人類身為社會動物，總是喜歡與自己的同胞連繫在一起，而排除外人。

不過，在科學方面，二十世紀下半葉產生了一種新的對現實的演化觀

點，這種觀點似乎註定將物理學、生物學與社會科學融合成新的整體。當然，宇宙論與物理學的新觀念只影響極少數專業人士，但他們對宇宙的新理解卻可能慢慢影響民眾意識，就像牛頓式的科學在牛頓於一六八七年發表萬有引力論後數個世紀才慢慢發揮影響力。之後，預言式（或回推式）科學的數學理想開始盛行於物理學界。十九與二十世紀，反覆實驗而每次都得出相同的結果，這種做法在物理學與化學證明了一連串令人驚豔的發現。人們認為這些嶄新的以數學式表達的理論可以適用於每個地方，乃至於永遠適用。物理學似乎是普世性的、明確真實的、累積的與強而有力的，因為物理學與化學理論不斷地在新科技中找到運用的可能。從一八四〇年代化學染料開始，到電力、電磁通訊，最後達到巔峰，也就是一九四二年到一九四五年在控制下釋放核子能量。

　　其他學科落居在後，它們無法發現普世的、可用實驗加以驗證的真理，也無法在新科技上具體實現。與人類社會有關的資訊的確不斷在累積，如歷史學者判讀古老的手稿並且寫下精確的歷史，那種感覺就像探險家、傳教士乃至於專業的人類學家描述世界各地不同族群如何組織他們的生活。自然史也累積了各種植物、動物及其地理分布的資訊，此時地質學也跟著興起。然而這個世界充滿的各種奇觀，有些就是無法理解，而這些學科也無法像物理學家及化學家一樣以實驗的方式證明理論。 ◀549

　　達爾文在《物種起源》（*The Origin of Species*，一八五九年）提出可信的論點，認為地質資料與現有動植物的分布顯示出物種隨著時間而演化。而在《人類的由來》（*The Descent of Man*，一八七一年），他甚至把演化觀念運用在人類上。但達爾文的有機演化論立基於零碎的化石資料，無法以實驗檢證，而且也無法以數學的方式進行預測，或提出新的方式來操作其他形式的生命。達爾文的學說也因為悖離了聖經的創世故事而引發宗教界的反對。然而，無論他的說法再怎麼合理，與物理學的確定性相比，依然是有瑕疵的。

　　不過，二十世紀卻也出現了令人矚目的變化，改變了十九世紀的思想地貌。實驗觀察過程中層出不窮、令人困擾的矛盾，迫使物理學家與天文學家

修正牛頓的假定，時間與空間構成了物理現實的不變架構。愛因斯坦的廣義相對論（一九一六年）與一九二〇年代量子力學的出現，只是這項改變的發端；到了一九五〇年代，一群天文學家與一小群物理學家合作顯示了宇宙並非統一、無限或永恆的。相反地，他們認為我們的宇宙始於一百億年到一百五十億年前的一場大爆炸，而宇宙至今仍以令人無法想像的速度持續擴張之中。

實驗證據充分支持大爆炸假說，而這項理論很快開始流行，宇宙學家也開始發展極不穩定的宇宙自然史。恆星並非永恆，相反地，恆星會演變成激烈的核子反應爐，宇宙物質在引力集中與爆炸發散之間造成變化，決定了恆星的出生與死亡。新的宇宙也擁有黑洞、密度大得不可想像的小中子星，此外還有類星體與其他極端物理條件的展現，物質、能量、空間與時間或許全混合在一起，那種狀況或許如同一般假定的（證明？）宇宙在大爆炸之後最初幾個微秒的狀況。

550 ▶

因此，物理學與化學的定律似乎只適用於地球，而非整個宇宙。這些定律也許在某些地方能長期有效，但不代表能永遠成立。相反地，在宇宙物質極端集中與極端發散的時刻，在時間的最起點與最終點，此時的物質與能量並非各自分離，而時間與空間也完全失去意義。在我們居住的這個不穩定且不斷擴張的宇宙中，物質、能量、空間與時間的局限，如我們所知，將會因黑洞、類星體與其他天體的接近或超越而遭到打破。

簡言之，物理—化學世界的變化既突然也不可預測，它駁斥了過去天文學家與物理學家深信不疑的統一性與數學的可預測性。不僅如此，他們的新宇宙史像極了生物學家與社會科學家一直努力想了解的混亂而多變的世界。人類歷史、生物演化與地球地質歷史似乎能天衣無縫地拼湊成新的宇宙演化肖像。

物理學、化學、生物學、歷史學的組織層次越來越複雜，促使令人驚訝的新行為形式出現，而複雜結果在經過組織之後，又以令人吃驚的方式影響更單純的層次。因此有學者指出，地球上的植物生命藉由光合作用釋放出氧氣，因而改變了地球的大氣，也因此創造出動物可以進行演化的環境。歷史

學家因此認識到，人類社會對自然生態系的改變有多激烈，透過農業、動物的馴養與更晚近的工業過程，人類引導了整個有機演化的過程。

物理學與天文學轉變成演化科學，這意謂著每個地方都充滿不確定性。物理學與化學的規律性，其適用有時空限制；宇宙的未來就像人類的未來一樣難以確定。歷史學與社會科學不再是不精確而充滿瑕疵的學科。相反地，它們之所以不同於物理學與生物學，主要是因為人類行為的複雜以及人類行 ◀ 551
為變遷的快速。

不過，就實用的目的來說，物理學的精確與科技力量還是跟過去一樣。化學家藉由創造出塑膠與其他各種新物質，以及學習能維繫生命的化學過程，而大幅擴張了領域。一九五三年，詹姆斯・沃森（James Watson）與弗朗西斯・克里克（Francis Crick）宣布他們破譯了 DNA 的分子結構，化學生物學因此獲得了新的通則性與力量，因為地球上幾乎所有形式的生命都能透過些微改變 DNA 分子而予以複製。基因工程最終可能允許生化學家改變生物有機體，以平日處理無生命之物的手法來處理生物的 DNA。基因甚至可能超過電腦，成為改變人類事務最強大的發動機，但這方面的努力至今還未見具體的成果。

儘管如此，科學家似乎仍盤旋在越來越激烈的科技突破的邊緣，而科學與科技過於快速的演進，必然對未來的人類事務構成深遠的影響，如同科學對過去的零星影響一樣。藉由改變做法而產生的新觀念，將會以我們無法預知的方式影響這個世界。這種狀況打從人類首次運用語言，以共同的預期為基礎來協調行為時就已開始。在我們這個時代，大量的新觀念只是加速了古老的過程，使它更為快速、更有力量與更能瓦解傳統的做法與習慣。

人類社會總是必須在有效的公共行動（以彼此同意的預期為基礎）與具破壞性的新奇做法（由新觀念與新技術引進）之間做權衡。最近對新奇的追求似乎較為狂熱。但未來的世代無論如何都必須結合傳統與創新，才能做出令人耳目一新且成功的冒險事業，一如本書概略描述的那些成就。過去的人也面對同樣進退兩難的處境，只不過不像我們現在這麼尖銳，之所以如此是因為難以止息的人類想像總是無法滿足於現狀。事實上，求新求變正是人類

獨特的特質。我們這個時代只是誇大了人類天性中最基本的成分。

552 ▶ 　　必須強調的是，未來總是潛伏著良機（其中災難也並不罕見），而人類有意識的行動可以影響未來，儘管（與過去一樣）我們不一定能預見我們的作為（或不作為）對人群以及周遭的自然世界造成什麼樣的影響。因此，世界史一如以往，仍是一項投向未知、充滿光榮與挫折的冒險事業。

## 【書目提要】

　　幾本試圖解釋人類近期歷史的大致方向的作品：Daniel Chirot, *Social Change* ◀553
*in the Twentieth Century* (New York, 1977); Angus Maddison, *Dynamic Forces in
Capitalist Development: A Long Run Comparative View* (Oxford, 1991); Joseph M.
Kitagawa, *The Quest for Human Unity: A Religious History* (Minneapolis, 1990); Travor
I. Williams, *Science: A History of Discovery in the Twentieth Century* (New York, 1990);
Kenneth Boulding, *The Meaning of the Twentieth Century* (New York, 1964); William H.
McNeill, *The Human Condition: An Ecological and Historical View* (Princeton, 1980);
Alfred W. Crosby, *Ecological Imperialism: The Biological Expansion of Europe, 900-
1900* (Cambridge, 1986); B. L. Turner II, ed., *The Earth as Transformed by Human
Action: Global and Regional Changes in the Biosphere over the past 300 Years*
(Cambridge, 1990); Nobert Wiener, *The Human Use of Human Beings, Cybernetics and
Society* (Garden City, N. Y., 1954); and Alfred D. Chandler, Jr., *Scale and Scope: The
Dynamics of Industrial Capitalism* (Cambridge, Mass., 1990)。

　　關於國際政治的傑出作品：A. J. P. Taylor, *The Struggle for Mastery in Europe,
1848-1918*, new ed. (Oxford, 1987); Norman Rich, *Great Power Diplomacy, 1814-1914*
(New York, 1992); Paul M. Kennedy, *The Rise and Fall of the Great Powers: Economic
Change and Military Conflict from 1500-2000* (New York, 1989); Hugh Tinker, *Race,
Conflict and the International Order: From Empire to United Nations* (London, 1977);
and Walter A. McDougall, *The Heavens and the Earth: A Political History of the Space
Age* (New York, 1985)。

　　關於帝國主義，古典馬克思主義的觀點見 Vladimir I. Lenin, *Imperialism: The
Highest Stage of Capitalism* (New York, 1939)。關於其他的觀點，見 Wolfgang J.
Mommsen, *Theories of Imperialism*（Chicago, 1982）; Woodruff D. Smith, *European* ◀554
*Imperialism in the Nineteenth and Twentieth Centuries* (Chicago, 1982); Daniel R.
Headrick, *The Tools of Empire: Technology and European Imperialism in the Nineteenth*

*Century* (New York, 1981); and Philip Darby, *Three Faces of Imperialism: British and American Approaches to Asia and Africa, 1870-1970* (New Haven, Conn., 1987)。

關於戰爭，建議閱讀 Theodore J. Ropp, *War in the Modern World*, rev. ed. (NewYork, 1962); Michael Howard, *War in European History* (Oxford, 1976); William H. McNeill, *Pursuit of Power: Technology, Armed Force, and Society since A.D. 1000* (Chicago, 1982); and Raymond Aron, *The Century of Total War* (Boston, 1955). 關於第一次世界大戰之前的局勢，Lawrence Lafore, *The Long Fuse: An Interpretation of the Origins of World War I* (Philadelphia, 1965);與 Fritz Fischer, *Germany's Aims in the First World War* (New York, 1967)特別有趣。關於第一次世界大戰，見 Marc Ferro, *The Great War, 1914-1918* (New York, 1989); Barbara Tuchman, *The Guns of August* (New York, 1982); and Gerd Hartach, *The First World War 1914-1918* (Berkeley, 1981).

關於俄國革命，John Reed, *Ten Days that Shook the World* (New York, 1992)是一部經典、富同理心的目擊描述。Leon Trotsky, *History of the Russian Revolution*, 3 vols. (London, 1932-33; reissue, New York, 1980)是主要人物撰寫的分析性回憶錄。關於其他觀點，見 Edward Acton, *Rethinking the Russian Revolution* (London, 1990); E. H. Carr, *The Bolshevik Revolution, 1917-1923*, 3 vols. (London, 1985); John L. H. Keep, *The Russian Revolution: A Study in Mass Mobilization* (New York, 1976); and Allan K. Wildman, *The End of the Russian Imperial Army*, 2 vols. (Princeton, 1980-87). 關於蘇聯社會與政府，Roy Medvedev, *Let History Judge: The Origins and Consequences of Stalinism*, rev. ed. (New York, 1989)代表從俄國內部發出的嚴厲批判聲音。外人的評價包括 Robert C. Tucker, *Stalin in Power: The Revolution from Above* (New York, 1990); Adam B. Ulam, *Stalin: The Man and his Era*, rev. ed. (Boston, 1989); and Alec Nove, *An Economic History of the USSR, 1917-1991*, 3rd ed. (Harmondsworth, 1992).

關於一次大戰以後的時代與一九三〇年代的經濟衰退，見 Sally Marks, *The Illusion of Peace: International Relations in Europe 1918-1933* (New York, 1976); Franz

Borkenau, *World Communism: A History of the Communist International* (Ann Arbor, Mich., 1962); Hannah Arendt, *The Origins of Totalitarianism* (San Diego, 1979); Ernst Nolte, *Three Faces of Fascism: Action Française, Italian Fascism, National Socialism* （New York, 1969）; Charles P. Kindelberger, *The World In Depression, 1929-1939* (Berkeley, Cal., 1986); and Hugh Thomas, *The Spanish Civil War*, rev. ed. (London, 1977).

要了解轉變公共事務的思想潮流，閱讀原典總是最好的。以下是一些最具影響力的原典作品：Karl Marx and Friedrich Engels, *The Communist Manifesto* (1848，有許多重印本)內容簡短，充滿激昂的情感；Adolf Hitler, *Mein Kampf* (New York, 1939)極為冗長而雜亂，但原本收錄在 *Encyclopedia Italiana* 的文章 "Fascism" 卻不斷重印發行。例如，Benito Mussolini, *Fascism: Doctrine and Institutions* (New York 1968)，這篇文章不但簡短而且說理清楚。Sigmund Freud, *The Interpretation of Dreams* (originally published 1899; reprinted New York, 1987)不僅簡短而且有趣；Albert Einstein, *The Meaning of Relativity*, 5th ed. (New York, 1956)試圖（相當成功地）讓一般讀者理解深奧難懂的物理學。有益的二手作品包括：Stuart Hughes, *Consciousness and Society: The Reorientation of European Social Thought, 1890-1930*, rev. ed. (New York, 1977); James H. Billington, *Fire in the Minds of Men: Origins of the Revolutionary Faith* (New York, 1980); and Jim Sampson, ed., *The Late Romantic Era: From mid-Nineteenth Century to World War I* (Englewood Cliffs, N. J., 1991).

◀ 555

第二次世界大戰造成數量繁多的官方史學，最令人印象深刻的作品是 Samuel Eliot Morrison, *History of U. S. Naval Operations in World War II*, 15 vols. (Boston, 1947-62)。J. V. Stalin, *On the Great Patriotic War of the Soviet Union* (New York, 1945)提出非常不同的觀點。超邁前代的綜合性作品 Gerhard L. Weinberg, *A World at Arms: A Global History of World War II* (Cambridge, 1994)。對 Weinberg 一千一百七十八頁大部頭作品望之卻步的讀者，Gordon Wright, *The Ordeal of Total War, 1939-45* (New York, 1966)的洞見值得推薦。Albert Speer, *Inside the Third Reich* (New York, 1970)提供了內部人對納粹戰爭計畫的觀點；Alan S. Milward, *War,*

*Economy and Society, 1939-45* (Berkeley, Cal., 1977)對戰爭動員如何影響所有的交戰國提出寬廣而學術的觀點。

　　冷戰也產生了豐富的史學作品。John L. Gaddis, *The Long Peace: Inquiries into the History of the Cold War* (New York, 1987)是不錯的入門讀本。Walter LaFeber, *America, Russia and the Cold War, 1945-1992*, 6th ed. (New York, 1991)是著名的教科書。關於其他方面，見 Lawrence S. Kaplan, *NATO and the United Sates: The Enduring Alliance* (Boston, 1988); Derek W. Unwin, *The Community of Europe: A History of European Integration since 1945* (New York, 1991); Peter R. Odell, *Oil and World Power*, 8th ed. (New York, 1986); R. F. Holland , *European Decolonization, 1918-1981* (New York, 1985); Robert Gilpin, *The Political Economy of International Relations* (Princeton, 1987); Werner J. Feld, *Nongovernmental Forces and World Politics: A Study of Business, Labor and Political Groups* (New York, 1972); and Robert O. Keohane and Joseph S. Nye, Jr., eds., *Transnational Relations and World Politics* (Cambridge, Mass., 1972). 美國冷戰政策的一些指導觀念最早由 George F. Kennan 提出，而後進一步闡述於他的小書 *American Diplomacy, 1900-1950* (Chicago, 1951)。

556▶

　　聯合國每年編纂與出版世界人口統計，有時還會發行專題研究如 *Consequences of Rapid Population Growth in Developing Countries* (New York, 1991)。關於獨立的學院評價，見 D. Gale Johnson and Ronald D. Lee, eds., *Populaton Growth and Economic Development: Issues and Evidence* (Madison, Wisc., 1987)。關於下降的出生率，Ansley J. Coale and Susan Cotts Watkins, eds., *The Decline of Fertility in Europe* (Princeton, 1986)是權威之作。

　　關於即時的通訊及其社會影響，令人滿意的世界性研究見 Gerald W. Brock, *The Telecommunication Industry* (Cambridge, Mass., 1981); Daniel J. Czitrom, *Media and the American Mind* (Chapel Hill, N.C., 1982); and Ernst Braun and Stuart McDonald, *Revolution in Miniature: The History and Impact of Semiconductor Electronics*, 2nd ed. (Cambridge, Mass., 1982). Richard Critchfield, *The Villagers:*

*Changed Values, Altered Lives and the Closing of the Urban-Rural Gap* (New York, 1994)提供一連串近期而令人信服的案例研究，顯示農村態度的轉變。

西方人經常認為西方的歷程即為全世界的發展歷程，但現代通訊的發展使這個觀點受到某種程度的修正。人類對於新觀念與新技術產生的反應各色各樣，以下提到的作品可以說明世界各地區的多樣性。

非洲。除了第二部分與第三部分的書目提要列出的作品，以下的書籍也值得注意。Paul Bohannan and Philip D. Curtin, *Africa and Africans*, 3rd ed. (Prospect Heights, Ill., 1988)是不錯的通論教科書，而 Roland Oliver, *The African Experience* (New York, 1991)簡明介紹了其畢生研究的非洲歷史與社會。關於奴隸制度，Patrick Manning, *Slavery and African Life: Occidental, Oriental and African Slave Trades* (Cambridge, 1990)是針對非洲最獨特的現代經驗所做的近期統計研究。關於去殖民化的概論，見 Prosser Gifford and William Roger Louis, eds., *Decolonization and African Independence: The Transfers of Power, 1960-1980* (New Haven, Conn., 1988). 關於南非種族關係的辛酸描繪，小說 Alan Patson, *Cry the Beloved Country* (New York, 1948)極具啟發性。關於非洲人最後成功抵抗了種族隔離政策，見 Sheridan Johns and R. Hunt Davis, eds., *Mandela, Tambo, and the African National Congress: The Struggle against Apartheid, 1948-1990: A Documentary Survey* (New York, 1991).

伊斯蘭世界。第三部分書目提要列出的許多作品也提到近代。Ira M. Lapidus, ◀557 *A History of Islamic Societies* (Cambridge, Mass., 1988)是最近最具野心地詮釋整個伊斯蘭世界的作品，但仍無法取代 Marshall G. S. Hodgson, *The Venture of Islam*, 3 vols. (Chicago, 1974)。也可見 Edmund Burke III and Ira M. Lapidus, *Islam, Politics and Social Movements* (Berkeley, 1988); Charles P. Issawi, *An Economic History of the Middle East and North Africa* (New York, 1982); and Elie Kedourie, *Politics in the Middle East* (Oxford, 1992)。

　　關於阿拉伯與以色列的對立，至今仍難有中立的描述，但有些作品努力做了嘗試，見 Sydney D. Bailey, *Four Arab-Israeli Wars and the Peace Process* (Bastingstoke, UK, 1990); J. C. Hurewitz, *The Struggle for Palestine*, rev.ed. (New York, 1978); and Ian Lustick, *Arabs in the Jewish State: Israel's Control of a National Minority* (Austin, Tex., 1980)。關於對立的觀點，比較 Lawrence A. Hoffman, ed., *The Land of Israel: Jewish Perspectives* (Nortre Dame, Ind., 1986)與 Edward W. Said, *The Question of Palestine* (New York, 1980)。

　　關於一九七九年伊朗革命，見 Nikki R. Keddie, *Roots of Revolution: An Interpretive History of Modern Iran* (New Haven, Conn., 1981); Roy P. Mottahedeh, *The Mantle of the Prophet: Religion and Politics in Iran* (New York, 1985); and James A. Bill, *The Eagle and the Lion: The Tragedy of American-Iranian Relations* (New Haven, Conn., 1988). 關於伊拉克，見 Phoebe Marr, *The Modern History of Iraq* (Boulder, Col., 1985); Mario Farouk-Sluglett and Peter Sluglett, *Iraq since 1958: From Revolution to Dictatorship* (London, 1990); and Efraim Karsh and Inari Rautsi, *Saddam Hussein: A Political Biography* (New York, 1991).

　　關於土耳其：Niyazi Berkes, *The Development of Secularism in Turkey* (Montreal, 1964); Walter F. Weiker, *The Modernization of Turkey: From Ataturk to the Present Day* (New York, 1981); and C. H. Dodd, *The Crisis of Turkish Democracy*, 2nd ed. (Huntingdon, Cal., 1990)討論世俗政權的成功與困難。關於埃及類似的最近歷史，見 Arthur E. Goldschmidt, Jr., *Modern Egypt: The Formation of a Nation State* (Boulder, Col., 1988); Panayiotis J. Vatikiotis, *The History of Modern Egypt, from Muhammad Ali to Mubarak*, 4th ed. (Baltimore, Md., 1991); and Derek Hopwood, *Egypt: Politics and Society, 1945-1990*, 3rd ed. (London, 1991).

　　印度與東南亞。印度史的最佳通論作品是 A. L. Basham, *A Cultural History of India* (Oxford, 1975)。關於社會與經濟史，見 Dharma Kumar, ed., *The Cambridge Economic History of India, Vol. 2, 1757-1970*（Cambridge, 1983）。關於英國統治印

度，見 Penderel Moon, *British Conquest and Dominion of India* (London, 1989); and L. S. S. O'Malley, ed., *Modern India and the West: A Study of the Interaction of Their Civilizations* (London, 1968). 兩部著名小說對英屬印度的描述遠勝許多歷史作品深刻：E. M. Forster, *A Passage to India*（London, 1924）; and Rudyard Kipling, *Kim* (London, 1901). Mohandas K. Gandhi, *The Story of My Experiments with Truth* (Boston, 1957); and Jawaharlal Nehru, *Towards Freedom: The Autobiography of Jawaharlal Nebru* (New York, 1941)是印度獨立兩名主要謀畫者辛酸而有力的回憶錄。印度可能取代中國成為世界人口最多的國家，Tim Dyson, ed., *India's Historical Demography: Studies in Famine, Disease and Society*（London, 1989）特別有趣。關於東南亞，David J. Steinberg, *In Search of Southeast Asia: A Modern History*, rev. ed. (Honolulu, Hi, 1987)是不錯的入門書。

◀558

　　遠東。三部傑出的近代中國史通論作品：John K. Fairbank（費正清），*China: A New History*（《費正清論中國》）(Cambridge, 1992)；Immanuel C. Y. Hsu（徐中約），*The Rise of Modern China*（《中國近代史》），4th ed. (New York, 1990)；and Jonathan D. Spence（史景遷），*The Search for Modern China*（《追尋現代中國》）(New York, 1990)。近代美國與中國的關係混合了傳教、商業與意識形態的要素，關於這一點，見 John K. Fairbank（費正清），*The United States and China*（《美國與中國》），4th ed. (Cambridge, Mass., 1983)。關於中國共產主義，見 James P. Harrison, *The Long March to Power: A History of the Chinese Communist Party, 1921-1972* (New York, 1972); Edgar Snow, *Red Star over China* (New York, 1973); and Ross Terrill, *Mao: A Biography* (New York, 1980)。關於人口，Judith Bannister, *China's Changing Population* (Stanford, Cal., 1987)；關於村落生活，William L. Parish and Martin K. Whyte, *Village and Family in Contemporary China* (Chicago, 1978)。

　　關於日本，William G. Beasley, *The Rise of Modern Japan* (New York, 1990); Mikiso Hane, *Modern Japan: A Historical Survey*, 2nd ed. (Boulder, Col., 1992); Edwin O. Reischauer, *Japan, The Story of a Nation* (New York, 1989)是不錯的入門作品。一

部絕佳的讀本，裡面收錄大學應讀的一手史料，Jon Livingston, Joe Moore, and Felicia Oldfather, eds., *The Japan Reader*, 2 vols. (New York, 1973-74)。關於經濟變遷，見 Johannes Hirschmeier and Tsunehiko Yui, *The Development of Japanese Business, 1600-1980*, 2nd ed. (Boston, 1981); G. C. Allen, *A Short Economic History of Modern Japan*, 4th ed. (New York, 1981); and Thomas C. Smith, *Political Change and Industrial Development in Japan: Governmental Enterprise* (Standford, Cal., 1974).

關於日本的第二次世界大戰經驗。Thomas R. H. Havens, *Valley of Darkness: The Japanese People and World War II* (Lanham, Md., 1986); and John Hersey, *Hiroshima* (New York, 1946)特別具啟發性。Gordon W. E. Prange, *At Dawn We Slept: The Untold Story of Pearl Harbor* (New York, 1982)生動而詳盡地描述了兩方觀點。關於太平洋戰爭簡要而平衡觀點，John Tolland, *The Rising Sun* (New York, 1982)值得推薦。

關於日本社會的獨特性，Robert J. Smith, *Japanese Society: Tradition, Self and the Social Order* (Cambridge, 1987); and Tadashi Fukutake, *Japanese Society Today* (Tokyo, 1981)提供了美國與日本的觀點。Joseph M. Kitigawa, *Religion in Japanese History* (New York, 1990); and Irene B. Taeuber, *The Population of Japan* (Princeton, 1958)是該領域的標準。

關於韓國，Andrew C. Nahm, *Korea: Tradition and Transformation: A History of the Korean People* (Elizabeth, N. J., 1988); and Donald Stone Macdonald, *The Koreans: Contemporary Politics and Society* (2nd ed., Boulder, Col., 1990)是有用的調查。關於韓戰，Burton Ira Kaufman, *The Korean War: Challenges in Crisis, Credibility and Command* (Philadelphia, 1986); and Bruce Cumings, *The Origins of the Korean War*, 2 vols. (Princeton, 1981-90)是修正主義的美國觀點。

關於越南與美國對該國的干預，見 Joseph Buttinger, *Vietnam: A Dragon Embattled*, 2 vols. (New York, 1967); David Halberstam, *The Best and the Brightest*

(New York, 1969); and George C. Herring, Jr., *America's Longest War: The United States and Vietnam, 1950-1975*, 2nd ed. (Philadelphia, 1986).

拉丁美洲。E. Bradford Burns, *Latin America: A Concise Interpretive History*, 5th ed. (Englewood Cliffs, N.J., 1990); and Thomas E. Skidmore and Peter H. Smith, *Modern Latin America*, 3rd ed. (New York, 1992)是標準的入門作品。Fernando Henrique Cardoso and Enzo Faletto, *Dependency and Development in Latin America* (Berkeley, Cal., 1978)認為拉丁美洲人被資本主義外來者剝削。關於相反的觀點，見 Frederick S. Weaver, *Class, State and Industrial Structure: The Historical Process of South American Industrial Growth* (Westport, Conn., 1980)。拉丁美洲歷史其他特定主題 Douglas S. Butterworth and John K. Chance, *Latin American Urbanization* (New York 1981); Marvin Harris, *Patterns of Race in the Americas* (New York, 1974); Daniel H. Levine, *Religion and Political Conflict in Latin America* (Chapel Hill, N.C., 1986); Alain Rouquie, *The Military and the State in Latin America* (Berkeley, Cal., 1987); Leopoldo Zea, *The Latin American Mind* (Norman, Ok., 1963); and John J. Johnson, *A Hemisphere Apart: The Foundation of United State Policy toward Latin America* (Baltimore, Md., 1990).

## 國家圖書館出版品預行編目資料

世界史/ 威廉・麥克尼爾（William H. McNeill）著；黃煜文譯. -- 二版. -- 臺北市：商周出
版；城邦文化事業股份有限公司出版；英屬蓋曼群島商家庭傳媒股份有限公司城邦分公
司發行；2023.03
　　面；　公分
譯自：A World History
ISBN　978-626-318-595-1　（平裝）
1.世界史　2.通俗史話
711　　　　　　　　　　　　　　　　　　　　　　　　　　　　112001255

# 世界史

原 著 書 名／A World History
作　　　者／威廉・麥克尼爾 William H. McNeill
譯　　　者／黃煜文
企 畫 選 書／程鳳儀
責 任 編 輯／鄭雅菁、楊如玉
版　　　權／吳亭儀、林易萱
行 銷 業 務／周丹蘋、賴正祐
總 編 輯／楊如玉
總 經 理／彭之琬
事業群總經理／黃淑貞
發 行 人／何飛鵬
法 律 顧 問／元禾法律事務所　王子文律師
出　　　版／商周出版
　　　　　　城邦文化事業股份有限公司
　　　　　　115 台北市南港區昆陽街16號4樓
　　　　　　電話：(02) 2500-7008　傳真：(02) 2500-7759
　　　　　　E-mail：bwp.service@cite.com.tw
發　　　行／英屬蓋曼群島商家庭傳媒股份有限公司城邦分公司
　　　　　　115 台北市南港區昆陽街16號8樓
　　　　　　書虫客服專線：(02)2500-7718；(02)2500-7719
　　　　　　24 小時傳真專線：(02)2500-1990；(02)2500-1991
　　　　　　服務時間：週一至週五上午 09:30-12:00；下午 13:30-17:00
　　　　　　劃撥帳號：19863813 戶名：書虫股份有限公司
　　　　　　讀者服務信箱：service@readingclub.com.tw
　　　　　　歡迎光臨城邦讀書花園　網址：www.cite.com.tw
香港發行所／城邦（香港）出版集團有限公司
　　　　　　香港九龍土瓜灣土瓜灣道86號順聯工業大廈6樓A室
　　　　　　E-mail：hkcite@biznetvigator.com
　　　　　　電話：(852) 25086231　傳真：(852) 25789337
馬新發行所／城邦（馬新）出版集團 Cité (M) Sdn. Bhd.
　　　　　　41, Jalan Radin Anum, Bandar Baru Sri Petaling,
　　　　　　57000 Kuala Lumpur, Malaysia.
　　　　　　Tel: (603) 90563833  Fax: (603) 90576622

封 面 設 計／周家瑤
排　　　版／菩薩蠻數位文化有限公司、鍾鍾
印　　　刷／韋懋實業有限公司
經 銷 商／聯合發行股份有限公司
　　　　　　電話：(02)2917-8022　傳真：(02)2911-0053
　　　　　　地址：新北市231新店區寶橋路235巷6弄6號2樓

■2023 年 3 月二版
■2024 年 8 月二版1.8 刷

Printed in Taiwan

城邦讀書花園
www.cite.com.tw

## 定價／800 元